[MIRROR]
理想国译丛
045

想象另一种可能

理想国
imaginist

理想国译丛序

"如果没有翻译,"批评家乔治·斯坦纳(George Steiner)曾写道,"我们无异于住在彼此沉默、言语不通的省份。"而作家安东尼·伯吉斯(Anthony Burgess)回应说,"翻译不仅仅是言辞之事,它让整个文化变得可以理解"。

这两句话或许比任何复杂的阐述都更清晰地定义了理想国译丛的初衷。

自从严复与林琴南缔造中国近代翻译传统以来,译介就被两种趋势支配。

它是开放的,中国必须向外部学习;它又有某种封闭性,被一种强烈的功利主义所影响。严复期望赫伯特·斯宾塞、孟德斯鸠的思想能帮助中国获得富强之道,林琴南则希望"茶花女"的故事能改变国人的情感世界。他人的思想与故事,必须以我们期待的视角来呈现。

在很大程度上,这套译丛仍延续着这个传统。此刻的中国与一个世纪前不同,但她仍面临诸多崭新的挑战。我们迫切需要他人的经验来帮助我们应对难题,保持思想的开放性是面对复杂与高速变化的时代的唯一方案。但更重要的是,我们希望保持一种非功利的兴趣:对世界的丰富性、复杂性本身充满兴趣,真诚地渴望理解他人的经验。

理想国译丛主编

梁文道　刘　瑜　熊培云　许知远

[英]亚当·图兹 著 陈涛 史天宇 译

滔天洪水：
第一次世界大战与全球秩序的重建

ADAM TOOZE

THE DELUGE:
THE GREAT WAR AND THE REMAKING OF
GLOBAL ORDER

中国华侨出版社
·北京·

THE DELUGE: THE GREAT WAR AND THE REMAKING OF GLOBAL ORDER
Copyright © 2014, Adam Tooze
All rights reserved.

本书中文版根据英国艾伦·莱恩出版社（Allen Lane）2014年出版版本翻译而成，中文版略有节略。

著作权合同登记号 图字：01-2020-7679号

图书在版编目（CIP）数据

滔天洪水：第一次世界大战与全球秩序的重建 /（英）亚当·图兹著；陈涛，史天宇译. -- 北京：中国华侨出版社，2021.5
ISBN 978-7-5113-8278-8

Ⅰ.①滔… Ⅱ.①亚…②陈…③史… Ⅲ.①第一次世界大战—历史—研究②国际关系史—研究 Ⅳ.①K143②D819

中国版本图书馆CIP数据核字(2020)第170618号

滔天洪水：第一次世界大战与全球秩序的重建

著　　者：	亚当·图兹
译　　者：	陈　涛　史天宇
责任编辑：	王　委
特邀编辑：	刘广宇
装帧设计：	陆智昌
内文制作：	李丹华
经　　销：	新华书店
开　　本：	965mm×635mm　1/16　印张：45.5　字数：630千字
印　　刷：	山东临沂新华印刷物流集团有限责任公司
版　　次：	2021年5月第1版　2021年5月第1次印刷
书　　号：	ISBN 978-7-5113-8278-8
定　　价：	148.00元

中国华侨出版社　北京市朝阳区西坝河东里77号楼底商5号　邮编：100028
法律顾问：陈鹰律师事务所
发 行 部：(010) 65255876
网　　址：www.oveaschin.com
E-mail：oveaschin@sina.com

如发现印装质量问题，影响阅读，请与出版社发行部门联系调换。

献给伊迪

或早或晚，大多数棘手的问题都会被交到历史学家手中。让他大伤脑筋的是，这些问题并没有因为已经被政治家画上句号、已经在现实中得到解决并被束之高阁，就变得不再棘手……那些严肃对待自己工作的历史学家夜里可怎么睡得着。

——伍德罗·威尔逊[1]

这部编年史结束了。当一个人合上丘吉尔先生这两千页文字的时候，他是什么样的心情呢？感激，崇敬，也许还有一点嫉妒，因为丘吉尔坚定不移地相信，国界、种族、爱国主义，甚至战争——如果需要的话，都是人类社会的终极真理。这让他对事件的叙述有了某种体面甚至是高贵的色彩。但对于其他人来说，这些都只是噩梦中的一些插曲，是需要被永远回避的事情。

——J. M. 凯恩斯对丘吉尔著作《战后》（*The Aftermath*）的评论[2]

目　录

插图列表..................................i
图表列表..................................iii

前言　滔天洪水：世界秩序的重建..................001

第一部分　欧亚危机

第一章　处于平衡状态的战争..................033
第二章　没有胜利者的和平..................051
第三章　俄国民主被战争埋葬..................071
第四章　中国进入战火中的世界..................092
第五章　《布列斯特－立陶夫斯克条约》..................112
第六章　达成一种苛刻的和平..................129
第七章　世界分崩离析..................146
第八章　干涉行动..................162

第二部分　赢得民主的胜利

第九章　加强协约国 179
第十章　民主的军工厂 208
第十一章　停战：实现威尔逊的设想 227
第十二章　压力下的民主 243

第三部分　未完成的和平

第十三章　东拼西凑的世界秩序 267
第十四章　"和约的真相" 284
第十五章　赔偿 303
第十六章　欧洲的屈服 320
第十七章　亚洲的屈服 338
第十八章　威尔逊主义的惨败 350

第四部分　寻找新秩序

第十九章　严重的通货紧缩 371
第二十章　帝国的危机 393
第二十一章　华盛顿会议 416
第二十二章　再造共产主义 430
第二十三章　热那亚：英国霸权的失败 447
第二十四章　悬崖边上的欧洲 464
第二十五章　战争与和平的新政治 488
第二十六章　大萧条 513

结论　加大赌注 536

注释 545
致谢 611
索引 617
译后记 705

插图列表

1. 豪斯上校与伍德罗·威尔逊，1915年。
2. 复活节起义之后，都柏林，1916年5月。
3. 德国军队进入布加勒斯特，1916年12月。
4. 袁世凯，1916年。
5. 俄国立宪会议时排队投票的人们，1917年11月。
6. 召开立宪会议的塔夫利宫(The Tauride Palace)，1918年1月。
7. 美法军队与雷诺FT轻型坦克，1918年。
8. 一位被蒙住双眼的俄国谈判代表与哈布斯堡军队在去往布列斯特－立陶夫斯克的途中。
9. 巴伐利亚的利奥波德亲王签署《布列斯特－立陶夫斯克条约》，1918年3月。
10. 在基辅的德国军队，1918年8月。
11. 第八次德国战时公债的海报，1918年3月。
12. 第三次美国自由公债的海报，1918年4月。

13．腓特烈大街上的基尔水兵，1918 年 11 月 7 日。

14．开进斯卡帕湾准备投降的"兴登堡号"巡洋舰，1918 年 11 月 21 日。

15．伍德罗·威尔逊在抵达多佛时受到欢迎，1918 年 12 月 26 日。

16．巴黎和会上的克列孟梭、威尔逊与劳合·乔治。

17．马蒂亚斯·埃茨贝格尔与顾问讨论但泽问题，1919 年 3 月。

18．上海的爱国反日游行，1919 年春天。

19．伦敦的失业者集会，1921 年 1 月。

20．一位老年妇女被人护送着参加上西里西亚的公投，1921 年 3 月。

21．沃伦·哈定与卡尔文·柯立芝。

22．华盛顿会议，1921 年 11 月。

23．三 K 党游行，华盛顿特区，1926 年。

24．法国军队看守着煤业辛迪加的大门，鲁尔，1923 年 1 月。

25．日本外相币原喜重郎。

26．在汉口受到群众欢迎的蒋介石，1927 年。

27．阿里斯蒂德·白里安与古斯塔夫·施特雷泽曼，1926 年 9 月。

28．金本位制被取消后，聚集在伦敦股票交易所外的人群，1931 年 9 月 21 日。

所有图片版权来自 Getty Images。

图表列表

图1：各国GDP（资料来源：A. Maddison, *Historical Statistics of the World Economy*, http://www.ggdc.net/maddison/maddison-project/home.htm）

图2：被遗忘的不景气：美国战后冲击，1919—1921年（资料来源：NBER Macrohistory database, http://www.nber.org/databases/microhistroy）

图3：通货紧缩（资料来源：J. S. Davis, 'Recent Developments in World Finance', *The Review of Economics and Statistics*, 4, No. 2 [April 1922], 62–87）

图4：英国在两次世界大战期间的"震动"：1920—1921年失业率的第一次飙升（资料来源：NBER Macrohistory database, http://www.nber.org/databases/macrohistory）

表1：美元都买了什么：英国在海外购买的主要战争物资的份额，1914—1918年（资料来源：K. D. Stubbs, *Race to the Front: The Material Foundations of Coalition Strategy in the Great War*［Westport, CT, 2002］, 300-301, 305–8,313; M. W. Gibson, *British Strategy and Oil, 1914—1923*［PhD, University of Glasgow, 2012］, 73, 96）

表2：民主历史上的最大事件：俄国立宪会议选举结果，1917年11月（资料来源：O. H. Radkey, *The Election to the Russian Constituent Assembly of 1917*［Cambridge, MA, 1950］, 16–17）

表3：从赤字到贸易顺差再到赤字：日本脆弱的收支平衡，1913—1929年（资料来源：H. G. Moulton, *Japan: An Economic and Financial Appraisal*［Washington, DC, 1931］, 486–527）

表4：战时混乱的全球价格体系：批发价格（资料来源：C. Wrigley［ed.］, *The First World War and the International Economy*［Cheltenham, UK, 2000］, 18; M. A. Rifaat, *The Monetary System of Egypt*［London, 1935］, 197）

表5：战时经济的低速发展：美国，1916—1920年（资料来源：C. Gilbert, *American Financing of World War I*［Westport, CT, 1970), 68, 202, 215）

表6：战争，通货膨胀和工人斗争，1914—1921年：罢工数量（资料来源：C. Wrigley［ed.］, *The First World War and the International Economy*［Cheltenham, UK, 2000］, 206; Bureau of the Census, *Historical Statistics of the United States*［Washington, DC, 1961］, D764, 99）

表7：财政实力的新次序：巴黎和会前美国对各国预算情况的评估，1918年12月（资料来源：P. D. Cravath memo for

D. H. Miller, 'Preliminary Suggestions Regarding Indemnities', December 1918, Document 62, in P. M. Burnett, *Reparation at the Paris Peace Conference*〔New York, 1940〕, vol. 1, 457）

表8：来自"盟友"的重拳：协约国对美国的债务（资料来源：据 R. Self, *Britain, America and the War Debt Controversy: The Economic Diplomacy of an Unspecial Relationship, 1917—1941*〔London, 2006〕, 217）

表9：德国的赔款，1918—1931年（赔款部分资料来源：S. B. Webb, *Hyperinflation and Stabilization in Weimar Germany*〔Oxford, 1989〕, 37, S. A. Schuker, *American 'Reparations' to Germany, 1919—1933*〔Princeton, NJ, 1988〕, 25, 44–5, 107–108, C. Bresciani-Turroni, *The Economics of Inflation*〔London, 1937〕, 93; 国家收入部分资料来源：A. Ritschl and M. Spoerer, 'Das Bruttosozialprodukt in Deutschland nach den amtlichen Volkseinkommens und Sozialproduktstatistiken 1901–1995', *Jahrbuch für Wirtschaftsgeschichte* 2〔1997〕, 11–37, C.-L. Holtfrerich, *Die deutsche Inflation 1914—1923*〔Berlin, 1980〕, 221）

表10：过长的战线：大英帝国军事力量的部署，1920年2月（资料来源：A. Clayton, *The British Empire as a Superpower, 1919—1939*〔London, 1986〕, 45）

表11：德国陷入恶性通货膨胀，1919—1923年（资料来源：S. B. Webb, *Hyperinflation and Stabilization in Weimar Germany*〔Oxford, 1989〕, 37, 49; NBER Macrohistory database, http://www.nber.org/databases/macrohistory/contents/; C.-L. Holtfrerich, *Die deutsche Inflation, 1914—1923*〔Berlin, 1980〕）

表 12：与华盛顿达成妥协：战时债务协议，1923—1930 年（资料来源：据 R. Self, *Britain, America and the War Debt Controversy: The Economic Diplomacy of an Unspecial Relationship, 1917—1941*［London, 2006］, 218）

表 13：和善商业：美国私人资本的长期海外投资，1930 年 12 月（资料来源：Royal Institute of International Affairs, *The Problem of International Investment*［Oxford, 1937］, 186–187）

表 14：胡佛延债宣言的效果，1931 年 6 月（资料来源：*The Economist*, 11 June 1932）

表 15：不断增加的对抗成本："一战"前与"一战"后至"二战"前的军事开销（国防负担部分资料来源：*Historical Statistics of the United States*［Washington DC, 1960］; J. Eloranta, 'From the Great Illusion to the Great War: Military Spending Behaviour of the Great Powers, 1870—1913', *European Review of Economic History* 11 (2007), 255–283; J. Eloranta, 'Why Did the League of Nations Fail?', *Cliometrica* (2011), 27–52; 国民生产总值部分数据来源：A. Maddison, *Historical Statistics of the World Economy*, http://www.ggdc.net/maddison/maddison-project/home.htm）

前言

滔天洪水：世界秩序的重建

1915年圣诞节早上，格拉斯哥（Glasgow）工会工人不断发出嘘声，以此来迎接大卫·劳合·乔治（David Lloyd George），这位过去的自由主义激进派、现在的军需大臣。劳合·乔治要求招募更多士兵投入战争，并说出了一番颇有预见性的话。他警告说，这场战争将重建整个世界："这就是那场滔天洪水，它是自然的战栗……给人类社会和工业文明带来闻所未闻的改变；它是一场飓风，把现代社会的花花草草连根拔起……它是一场地震，将欧洲生活的巨石抛到空中；它是大地又一次的震动，各个国家稍不小心，就将前进或者倒退几十年。"[1]四个月后，在战线的另一侧，德国宰相特奥巴登·冯·贝特曼·霍尔维格（Theobald von Bethmann Hollweg）说出了同样的话。1916年4月5日，在噩梦般的凡尔登战役开始六个星期之后，霍尔维格把一个事实赤裸裸地摆在了德国国会面前：我们已经没有退路了，"经历过如此翻天覆地的变化之后，历史已经无法再回到从前"。[2]这场激烈的大战足以改变一切。到1918年，亚欧大陆上的古老王国——沙皇俄国、哈布斯堡王朝以及奥斯曼帝国，都已经在"一战"中土崩瓦解，中国则因内战而动荡不安；到20世纪20年代，东欧和中东的地图已然重绘。尽管这些变化是如此不可思议、众说纷纭，但其重要性仍然是无法否认的，因为与之同时发生的还有另一个更加深刻却不那么引人注目的改变。一种新秩序在战火中冉冉升起，它超越了新兴国家喋喋不休的争吵和民族主义表演，彻底重建了英国、法国、意大利、日本、德国、俄国和美国这些大国之间的关系。理解这场权力转移的规模与重要性需要一些地缘政治和历史的想象力。这个正在形成中的新秩序最主要的特点就是其决定性因素——新兴大国美国——的缺席。但对于那些持这种看法的人来说，这一结构性变化的前景确实有一种让人痴迷的魔力。

1928年年底到1929年年初，在大战结束十年之后，三位同时代的人——温斯顿·丘吉尔（Winston Churchill）、阿道夫·希特勒（Adolf Hitler）和列夫·托洛茨基（Leon Trotsky）——都在回顾历史。1929年元旦，在斯坦利·鲍德温（Stanley Baldwin）保守党内阁中担任财政大臣的丘吉尔正抓紧时间完成他"一战"史诗《世界危机》（The World Crisis）的最后一卷《战后》。对于那些熟悉丘吉尔后来的"二战"回忆录的人来说，最后这一卷令人惊讶。1945年后，丘吉尔将创造一个新词"第二次三十年战争"（Second Thirty Years War），把对德国的长期战争描述为一个单独的历史事件。然而在1929年，他说的可大不一样。[3]那会儿丘吉尔在面对未来时相当乐观，而不是垂头丧气。一套新的国际秩序似乎已经在"一战"的狂风暴雨中逐渐形成了。通过两个区域性条约，全球性的和平已经建立起来：1925年10月在洛迦诺（Locarno）提出的《洛迦诺公约》（Locarno Treaties，12月在伦敦签署）以及在1921年年底到1922年年初所召开的华盛顿会议上签署的《关于太平洋区域岛屿属地和领地的条约》（Pacific Treaties）。对于这两个条约，丘吉尔写道："是一对坚不可摧的和平金字塔……需要得到世界大国及其全部陆海军力量的拥护。"这两个条约使1919年在凡尔赛未能完成的和平具有了实质性的内容，将国际联盟（League of Nations）这张空白支票填写完毕。丘吉尔认为，"我们翻遍历史，也无法找到类似的伟大事业"。他写道："现在，我们的希望建立于稳定的基础之上……我们将永远远离战争的恐惧。在这个美好的时代，各个大国向着世界组织稳步迈进，确信最困难的时期已经过去了。"[4]

而对于希特勒和托洛茨基来说，他们在"一战"后十年回望历史时，显然不会说出这样的话。1928年，曾经的"一战"老兵、从失败的起义者转型成为政治家的阿道夫·希特勒，在大选失利的同时，还在跟自己的出版商讨论，打算在第一本书《我的奋斗》（Mein Kampf）之后再来个续集。第二本书的计划是将他1924年以来的演讲和文章编成合集，但由于《我的奋斗》在1928年的销量就像希特勒在选举中的表现一样糟糕，因此他这份手稿并未出版。这就是后来的"第二本书"（'Second Book'［Zweites Buch］）。[5]对于托洛茨基来说，他倒是有足够的时间进行写作和思考，因为在与斯大林（Stalin）的斗争失败之后，他被驱逐到了哈萨克斯坦，1929年又流亡到了土耳其。在那里，他笔耕不辍，记述下自1924年列宁逝世以来的革命局势。[6]把丘吉尔、托洛茨基和希特勒放到一起，虽然说不上令人反感，但也挺不搭调的。对一些人来说，将这三个人相提并论，本身就足以引发争论。当然，无论是作为作家、政治家、知识分子，还是作为道德个体，这三个人的分量都不尽相同。但值得注意的是，在20世纪20年代末，他们对世界政局的看法互相印证。

和丘吉尔一样，希特勒和托洛茨基也都注意到了一件事。他们都相信，"一战"开启了"世界组织"（world organization）的新阶段。然而，不同的是，丘吉尔认为这一新情况值得庆贺，但对于像托洛茨基或者希特勒这样的人来说，这简直就意味着被历史抛弃。从表面上看，1919年所达成的和解似乎使欧洲中世纪末期开始出现的主权自决观念更为合理了。这一观念在19世纪促成了巴尔干半岛上新生民族国家的形成，以及意大利和德意志的统一，又在当前奥斯曼帝国、沙皇俄国与哈布斯堡王朝的崩溃中达到了巅峰。然而，尽管主权国家的概念变得丰富，但其内涵已经被掏空。[7]大战已不可逆转地削弱了欧洲的所有参战国，即使其中最强大的国家和战胜者也不例外。1919年，法兰西共和国在太阳王*的凡尔赛宫庆祝自己对德国的胜利，但无法掩饰的是，"一战"终结了法国成为全球列强之一的企图。对于那些19世纪诞生的弱小民族国家来说，战争带来了更多的创伤。1914年到1919年，随着战事起起伏伏，比利时、保加利亚、罗马尼亚、匈牙利和塞尔维亚都几近亡国。1900年，德国皇帝趾高气扬地在世界舞台上占领了一席之地；可二十年后，德国就已经堕落到要跟波兰在西里西亚（Silesia）的边界问题上争论不休，最后还得找一位日本子爵来主持争端的地步。德国已经变成了国际政治（Weltpolitik）一词的宾语，而不再是主语。意大利在战争中倒是加入了战胜国集团，但除了盟友信誓旦旦对它许下的承诺，和平只是强化了它作为二等国家的自我认知。如果要说欧洲有一个赢家的话，那就是英国，所以丘吉尔才会有一种晴空万里的感觉。不过，英国以前可是世界帝国的领袖，而不仅仅是一个欧洲强国。当时的人觉得大英帝国在经历过战争后还算是差强人意，这只进一步证明，欧洲的时代已经结束了。在一个世界性强国的时代，欧洲在政治、军事和经济上的地位都已经不可逆转地只能是偏居一隅了。[8]

唯一一个看起来在战争中毫发无损，甚至变得更加强大的国家

---

* 指法国国王路易十四。——编者注

是美国。事实上，美国占据着绝对优势地位，以至于人们再次开始思考17世纪时从欧洲历史中排除出去的那个问题：美国是否就是当年天主教的哈布斯堡王朝意图建立的那个包罗万象、席卷世界的帝国呢？在接下来的一个世纪里，这个问题始终萦绕在人们心头。[9] 20世纪20年代中期，托洛茨基发现，"分崩离析的欧洲"意识到"自己与美国之间的关系正如同"战前欧洲东南部国家与巴黎和伦敦的关系。[10] 它们空有主权国家的华服，却没有任何实质性的内容。希特勒在1928年警告说，欧洲的政治家必须帮助其人民摆脱普遍存在的"政治上的轻率无知"，否则，"北美大陆那位感受到挑战的世界霸主"将把它们都贬低到瑞士或荷兰的地位。[11] 从白厅的角度能看得更清楚一些，丘吉尔感到，这股力量并不是历史的猜测，而是权力的现实。正如我们将看到的，20世纪20年代，英国政府一次又一次地意识到自己必须面对这个痛苦的现实，即美国是一个与众不同的大国。它在一夜之间就变成了一个新型的"超级大国"，对世界其他主要国家的经济和安全利益行使着否决权。

本书的主要目的就是试图勾画出这一权力新秩序的形成过程。这可不是件简单的事，因为美国以一种异乎寻常的方式展示着自己的权力。在20世纪早期，美国的领导人无意将自己塑造成一个世界范围的军事大国。他们通常不会直接出面，而是采取间接的方式、用潜在的手段来施加自己的影响。尽管如此，美国的影响是实实在在的。还原世界各国努力构建国际新秩序，并最终承认美国核心地位的过程，将是本书的主要工作。这个过程是一场全方位的斗争，涵盖了经济、军事和政治各个领域。它在"一战"还未结束时就已经开始了，并一直延续到战后的20世纪20年代。搞清楚这段历史十分重要，因为我们需要理解美式和平（Pax Americana）的缘起，今天，它依然是我们这个世界的主要特点。另外，搞清楚这段历史还能为我们提供一把钥匙，帮助我们正确认识丘吉尔在1945年用"第二次三十年战争"来概括的第二场世界风暴。[12] 20 世纪 30 年代和 40 年代，暴力如脱缰野马一般不断升级，这其实说明了那些暴乱分子认为自己面临着什么样的力量。希特勒、意大利法西斯分子，以及他们的日本同伴采取那样极端的行动，恰恰是因为他们隐隐约约感受到，美国的资本主义民主未来将会支配整个世界。这个敌人看不见摸不着，它正在策划一个阴谋，要将全世界都笼罩在其邪恶的影响之下。这样的想法很显然有些神志不清，但是，如果想要搞清楚两次大战之间的极端暴力政治是如何在"一战"期间及其结束之后逐渐发展起来的，我们就必须认真对待秩序和暴乱的这种辩证关系。如果仅仅将法西斯运动和苏维埃共产主义运动看作与欧洲近代的种族主义和帝国主义相似的事物，或者等到 1940—1942 年它们在欧亚大陆盛行，似乎将要改变历史的时刻才开始了解它们，那就太片面了。意大利、德国、日本，以及苏联的领导者，都把自己看作以暴抗暴，反抗强大且不公正的国际秩序的人。20 世纪 30 年代这些政治家都认为，西方大国不是软弱，而是懒惰和虚伪。它们曾经击垮过德意志帝国，也有能力改变现状，却将自己伪装成正人君子和乐天派，隐藏锋芒。想要抢先一步阻止历史终结于这种不公平的状态之中，就需要冒着极大的危险，做一些惊天动地的事。[13] 这就是那些暴乱分子从 1916 年至 1931 年的历史里获得的可怕经验。本书就将回顾这段历史。

一

哪些关键因素支撑起了这个在其潜在敌人看来如此不公正的新秩序呢？通常认为，这一新秩序有三个主要方面——道德权威，以及支持它的军事力量和经济优势。

在许多参与者看来，这场大战始于帝国冲突，是一场传统的大国战争；然而它的结束却饱含道德和政治意味——一个联盟的伟大胜利，这个联盟宣称自己是世界新秩序的捍卫者。[14]在一位美国总统的带领下，进行并且赢得这场"终结所有战争的战争"，是为了维持国际法的统治，结束独裁和军国主义。正如一位日本观察家所说："德国的投降从根本上动摇了军国主义和官僚主义。结果，很自然地，基于人民、反映人民意愿的政治，即民本主义*，就像在一场竞相奔向天堂的赛跑中，战胜了全世界的思想。"[15]丘吉尔对这一新秩序的描绘十分生动——"一对坚不可摧的和平金字塔"。而金字塔的价值，恰恰就在于它们是精神与物质力量共同塑造的巨大丰碑。对丘吉尔来说，这两座引人注目的金字塔恰似当代人想要将国际权力纳入文明社会的雄心壮志。托洛茨基的性格则决定了他不会使用那么美好的字眼。在他看来，如果国内政治和国际关系确实已经无法分割开来，那么，二者都可以简化为一个单一逻辑：即使是在像法国、意大利或者是德国这样的国家，"全部的政治生活"，包括"党派和政府的更替，归根到底都将由美国的资本主义所决定"。[16]托洛茨基用他一贯的嘲讽风格展现在人们眼前的，不是庄严宏伟的金字塔，而是一幅极不谐调的画面：芝加哥的屠夫、乡下的参议员和炼乳制造商，向法国总理、英国外交大臣和意大利独裁者，大谈特谈裁减军备与世界和平将带来的好处。这样的场景让人看着不舒服，但它们恰恰预示着，美国在用自己标榜的和平、进步和繁荣的国际主义精神来追求"世界霸权"。[17]

然而，无论形式上如何不谐调，国际事务的这种道德化和政治化都是一场高风险的赌博。17世纪宗教战争以来，对国际政治和国际法的传统理解已经在对外政策和国内政治之间筑起了一道防火

---

* 日本大正时期政治学者吉野作造用"民本主义"翻译 democracy，有别于强调宪法主权在民的"民主主义"，吉野的"民本主义"不区别主权在天皇或在人民，但主张政府重视人民福祉、意向，政策、决定以民义为基础、国民为政治主体。——编者注

墙。在一个大国外交和战争的世界里，传统道德观与国内法的观念已经没有立足之地了。新的"世界组织"的建造者要打破那堵墙，他们在有意识地玩一场革命游戏。的确，1917年时，革命的目标已经越来越清晰了，政体变更已经成为停火谈判的一个先决条件。《凡尔赛和约》规定了战争罪，并宣布德国皇帝有罪；伍德罗·威尔逊（Woodrow Wilson）与协约国一起宣布了奥斯曼帝国和哈布斯堡王朝的死刑。到20世纪20年代末，正如我们将要看到的，"侵略"战争被认为是不合法的。然而，尽管这些自由主义的规定如此诱人，但它们却回避了根本性的问题：是什么让战胜国有权制定这样的法律呢？强权就意味着权利吗？为了实现这些规定，他们给历史下了怎样的赌注？这些声明能为国际秩序搭建一个坚固的基础吗？人们不愿意未来发生战争，但宣布一个永久的和平是否就意味着，无论其合法性如何，人们都一定能很好地维持现状呢？丘吉尔可以说一些乐观的话，因为他的国家在很长时间里都是国际道德和法律最成功的推行者。但就像一位德国历史学家在20年代提出来的那样，如果一个人发现，在这个新秩序里，自己属于被剥夺权利的人、属于下等人之列，就像是和平金字塔中的"法拉欣"（'fellaheen'）*，那又会怎样呢？[18]

对于真正的保守主义者来说，唯一令人满意的答案就是将时钟倒拨。他们主张，应该将道德的国际组织这趟自由主义列车倒回去，国际事务应该回到欧洲公法（Jus Publicum Europaeum）的理想化状态之中，在那里，欧洲各王室在一个没有审判、没有等级的世界中比邻而居。[19]然而，这只是虚构的历史，与18世纪和19世纪国际政治的现实毫无关系。不仅如此，它还忽略了1916年春天贝特曼·霍尔维格对德国国会所说的那番话的分量：在这场战争之

---

* 源自阿拉伯语，指中东和北非的农民。——编者注

后，我们已经没有退路了。[20] 真正的选择要更加简单明了：要么选择一种新的循规蹈矩，要么选择发起暴乱。这种暴乱在战争刚刚结束之时就在贝尼托·墨索里尼（Benito Mussolini）身上得到了体现。1919 年 3 月，他在米兰组建起了自己的法西斯政党，他指责说，正在形成的新秩序是"有钱人搞的一场道貌岸然的'骗局'"，这里他指的是英国、法国和美国；"与无产阶级民族相敌对"，这里他指的是意大利；"要将世界均势的现实条件永远固定下来……"[21] 但他并不是要退回到想象中的旧制度，而是提出要继续大步向前。在国际事务政治化的过程中高昂起丑陋头颅的，是不可调和的价值观冲突，这种冲突曾使 17 世纪的宗教战争和 18 世纪末的革命斗争充满血腥和暴力。考虑到第一次世界大战是如此可怕，接下来的，要么是永久的和平，要么是一场更加激烈的战争。

尽管这种对抗的危险清晰真实，但风险的严重性并不仅仅取决于被激发的愤怒情绪或是相互敌对的意识形态。要想建立并维持一个国际新秩序，其风险归根到底还在于，要施加的道德秩序的可信性、它的优点被普遍接受的可能性，以及被召集起来支持它的军事力量。1945 年之后，在波及全球的美苏冷战冲突中，全世界人民都目睹了这种对抗性逻辑如何达到顶峰。两个具有全球性影响的集团，充满自信地宣扬着相互敌对的意识形态，各自用数量庞大的核武器储备武装自己，在"相互保证毁灭"（Mutually Assured Destruction）思想下威胁着人类的生存。有很多历史学家将 1918—1919 年威尔逊与列宁的争论视为冷战的一个先兆。这种推论尽管看起来颇为诱人，但其实是一种误导，因为在 1919 年的时候，美俄两国并不像在 1945 年时那么势均力敌。[22] 1918 年 11 月，屈膝妥协的不光是德国，还有俄国。1919 年世界政治的平衡状态更接近于 1989 年的单极世界，而不是 1945 年的分裂世界。围绕一个单一的权力集团和一套普世的自由主义"西方"价值观重新安排世界，如果这样的想法看起来像是重大的历史偏离,那么,正是这种想法,使第一次世界大战的后果如此引人注目。

对于同盟国集团来说,1918年的战败更是一件痛苦万分的事情。因为在第一次世界大战的过程中,正如我们所看到的,军事主动权不断地来回反复。在大家的共同努力下,德国军官总是能在局部确立优势,并随时有可能形成突破:1915年的波兰、1916年的凡尔登、1917年秋天的意大利战线,以及直到1918年春天的西线。但我们不能因为这些战场上的戏剧性事件就把注意力从战争的根本逻辑上转移开来。实际上,同盟国只对俄国取得了真正的优势。在西线,从1914年一直到1918年夏天,情况一直是十分糟糕的。有助于解释这一点的一个核心因素是军事物资的平衡。从1916年夏天开始,英国军队为欧洲战场建立起了一条跨大西洋的庞大供应线。同盟国当时建立起的局部优势被扭转只是个时间问题,它们在这场消耗战中筋疲力尽。尽管直到1918年11月最后那段日子,同盟国还在坚持着脆弱的抵抗,但在那之后几乎就全面崩溃了。当各大国云集凡尔赛参加那场史无前例的全球性集会时,德国及其盟友已经一蹶不振。在接下来的几个月里,它们曾经引以为傲的军队被解散,法国及其在中东欧的盟友成为欧洲的主人。然而这一变化并不持久,法国人也敏锐地感受到了这一点。1921年11月,在停战三周年之际,各国领导人组成的高端集团第一次齐聚华盛顿,接受了美国用前所未有清楚明白的字眼勾画出的世界秩序。在华盛顿会议(Washington Naval Conference)上,国家实力是用军舰吨位来衡量的,并且像托洛茨基嘲讽的那样,"定量"进行了发放。[23]《凡尔赛和约》中模棱两可的用词以及《国际联盟盟约》(League of Nations Covenant)中的模糊化处理都不再被接受,各国在太平洋地区的战略力量按照10∶10∶6∶3∶3的比例固定下来。位于前列的是英美两国,它们地位相同,是仅有的两个真正的全球性大国,其海军力量遍布公海；日本排到了第三位，但其军事力量仅限于太平洋；法国和意大利则退缩到了大西洋沿岸和地中海。除了这五个国家，其他国家都没能进入这个体系；德国和俄国则根本就没有被邀请参会。看来，这就是第一次世界大战的后果：一个包罗万象的全球秩序。在这个秩序中，对战略力量的控制比今天我们对核武器的控制还要严格。托洛茨基指出，这是国际事务的一个转折点，堪比哥白尼改写中世纪的宇宙学。[24]

华盛顿会议是愿意接受国际新秩序的军事力量一次强有力的发声，但在1921年时，就已经有人怀疑，战舰时代巨大的"钢铁城堡"真的就是未来的武器吗？然而，这样的讨论在当时无关紧要。不管它们在军事上的作用如何，军舰是当时世界上最昂贵、制造技术最复杂的工具，只有最富有的国家才有能力维持一支作战舰队。美国甚至没有用完自己的配额，大家都知道它有这个能力，这就足够了。经济力量已经完美诠释了美国的实力，军事力量只是一个副产品而已。托洛茨基不仅意识到了这个问题，他还迫不及待地进行了定量分析。在国际竞争十分激烈的时代，人们特别喜欢搞一些比较经济测量的"黑魔法"。托洛茨基认为，1872年，美、英、德、法各国的财富大致相当，都在300亿美元到400亿美元。50年后，各国之间显然已经有了巨大差异。战后德国几近赤贫，托洛茨基认为它比1872年时还要贫穷。相比之下，"法国的财富大约增长了一倍（680亿美元），英国也差不多（890亿美元），而美国则拥有大概3200亿美元的财富"。[25]这些数据只是一个大概的估算，但无可争辩的是，在1921年11月华盛顿会议召开的时候，英国政府欠美国45亿美元，法国欠美国35亿美元，意大利欠18亿美元；日本的国际收支平衡正在严重恶化，正急不可耐地向J. P. 摩根（J. P. Morgan）寻求帮助。与此同时，苏联的1000万公民正靠着美国的救济来度过饥荒。没有任何其他国家曾对全球经济有过这样的优势。

如果我们利用今天的统计数据绘制19世纪以来世界经济的发展，可以清楚地看到这些曲线分成两个部分（图1）。[26]从19世纪初开始，英帝国一直是世界上最大的经济体。1916年，也就是凡尔登战役和索姆河战役那一年，美国的总产值赶上了英国。从那以后，一直到21世纪初，美国的经济力量始终是影响世界秩序的决定性因素。

有些人——尤其是英国人，总会忍不住将19世纪和20世纪的历史描绘成一个权力继承的故事，美国从英国手里接过了世界霸权的接力棒。[27]这让英国人感到高兴，却是误导性的，使人们错误地以为世界秩序仍是过去问题的延续，解决问题的方法也可以一以贯之。第一次世界大战后建立的世界秩序所引发的问题，与之前英国、美国或者任何其他国家所遇到的都不一样。然而，这张财务状况表同样也告诉我们，美国的经济实力在数量上和性质上都不同于曾经的英国。

英国的经济优势是在其帝国所创造的"世界体系"内部展开

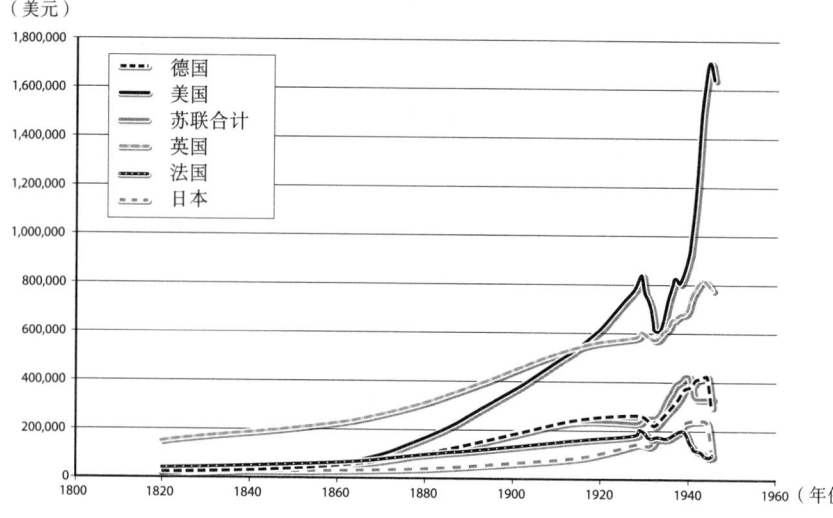

图1　各国GDP（购买力平价以1990年美元价值为标准）

的,这个帝国从加勒比海延伸到太平洋,在一个"非正式的"广阔空间中通过自由贸易、人口迁移和资本输出而不断扩张。[28]大英帝国为后来所有其他经济体的发展提供了一个模型,19世纪后期,这些经济体将全球化的边界不断向前推进。看到主要竞争对手开始崛起,一些鼓吹成立"更大不列颠"(a 'greater Britain')的帝国学者开始游说,要将这个成员混杂的大联合体打造成一个自我封闭的单一经济集团。[29]但由于英国有着根深蒂固的自由贸易传统,因此只在最糟糕的大萧条时期,才实行了帝国特惠关税。对于帝国特惠制的拥护者来说,美国正是他们想要的,英国却不是。美国一开始只是十几个不同殖民地的联合,到19世纪初期,它已发展成为一个高度一体化的广阔帝国。与英帝国不同,当美利坚合众国向西边和南边扩张时,它设法将新的领土纳入自己的联邦体制中。由于自由的北方和蓄奴的南方在18世纪初建时的基础就大相径庭,因此这种一体化十分危险。1861年,在诞生还不到一个世纪的时候,美国快速扩张的政体陷入一场可怕的内战。四年之后,联邦保住了,但所付出的代价从比例上说相当于第一次世界大战中主要参战国的损失。50多年后的1914年,当时活跃在美国政治舞台上的那些人,他们的童年都有那场可怕血腥战争的记忆。只有当我们意识到,美国第28任总统所领导的,是自南北战争以来第一个由南方民主党人组成的内阁,我们才会明白伍德罗·威尔逊执政时提出的和平政策蕴含着怎样的危险。南方民主党人将其自身政治地位的上升视为重新接纳白人主导的美国以及重建美利坚民族国家的证明。[30]在付出了巨大代价之后,美国终于将自己打造成了史无前例的国家。这不再是西进运动时那个贪得无厌地扩张的帝国,但也不是托马斯·杰斐逊(Thomas Jefferson)新古典主义"山巅之城"的理想。它是被古典主义政治理论判定为不可能的某种东西,是一个统一的、横跨美洲大陆的联邦共和国,一个超大规模的民族国家。从1865年到 1914 年，得益于英国所搭建的世界体系中的市场、运输和通信网络，美国经济快速增长，其速度超过了之前的任何经济体。同时在世界两大洋上处于领先地位，这使得美国成为唯一一个想要并且能够发挥全球影响的国家。将美国说成是从英国手里接过了世界霸权的接力棒，就如同 1908 年时一些人坚持把亨利·福特（Henry Ford）的 T 型汽车称作"没有马的马车"。这样的标签与其说是错误的，还不如说是死守成规。这不是继承，而是一种范式上的改变，它符合美国对新型世界秩序的支持。

本书将用大量篇幅来讨论伍德罗·威尔逊及其继任者，但最基本的观点其实很简单。通过咄咄逼人地在整个美洲大陆上进行扩张，美国将自己变成了一个影响全球的民族国家，却避免了与其他大国的冲突。由此可见，美国的战略观既不同于英、法这样的传统大国，也不同于德、日、意这些新兴的竞争对手。19 世纪 70 年代以来，全球帝国主义进入了一个国际对抗的新时期。当美国在 19 世纪末期开始出现在世界舞台上的时候，它就迅速意识到自身在结束这种紧张的国际对抗中的利益。的确，1898 年时，美国的政治家也曾经因为自己在美西战争中首次进行了海外扩张而欣喜若狂，然而，面对在菲律宾实行帝国统治的现实，他们的热情很快消退，一种更加深刻的战略逻辑开始显现。在 20 世纪的世界里，美国不可能孤立存在。在战略空军力量出现之前，美国军事战略中最核心的问题仍将是推动建设一支力量强大的海军。美国需要确保加勒比海和中美洲的邻居都"井然有序"，确保门罗主义这一阻止外部力量干涉西半球的栅栏依然屹立不倒，其他国家绝不允许进入。美国将逐渐增加基地和补给站，以部署自己的力量。但是，乱七八糟、麻烦缠身的殖民地对于美国来说则是多余的。在这个简单却关键的问题上，美洲大陆上的美国与所谓"自由帝国主义"的英国有着天壤之别。[31]

1899—1902 年，在国务卿海约翰（John Hay）最早提出所谓"门户开放"政策的三份"照会"中，我们能清楚看到美国势力的真实逻辑。作为国际新秩序的基础，这三份"照会"提出了一项看似简单但其实影响深远的原则：商品和资本的平等进入。[32] 重要的是搞明白这个原则不包含哪些内容。门户开放并不要求自由贸易，在各大经济体中，美国是最支持贸易保护主义的；同时，为了自己的利益考虑，它也并不欢迎竞争。美国非常自信，一旦大门打开，美国的出口商和银行家就能让所有对手出局。这样，从长远来看，门户开放政策将削弱欧洲国家独占的势力范围。但美国无意搅乱帝国主义种族等级或全球种族界限，商业和投资需要秩序，而不是革命。美国**曾经**明确想要扼制的是帝国主义，而它所理解的帝国主义既不是高效的殖民扩张，也不是白色人种对有色人种的种族统治，而是法国、英国、德国、意大利、俄国和日本所进行的"自私"的激烈对抗，这种对抗会把一个完整的世界分割成四分五裂的利益范围。

战争将把伍德罗·威尔逊总统变成全球瞩目的人物，他被喻为"自由国际主义伟大的开路先锋"。然而，他的整个设计中的基本要素是美国势力门户开放逻辑可预见的延伸。威尔逊想要的是国际仲裁、公海自由，以及贸易政策的非歧视待遇，他希望国际联盟能够结束各帝国之间的对抗。对于一个确信通过软实力的手段——经济和意识形态——就能够远距离施展其全球性影响的国家来说，这是一种反军国主义和后帝国主义的计划。[33] 然而，并不十分清楚的是，威尔逊究竟要将这种美国霸权的计划推进多远，以对抗欧洲和日本帝国主义的阴影。正如本书在开篇几章将要讲到的，1916 年，当威尔逊把美国推到世界政治的最前沿时，他的任务是要避免"正确"的一方赢得第一次世界大战，而要确保没有赢家。他拒绝与协约国公开结盟，对于伦敦和巴黎方面正在进行的，并且希望把美国拉进来与自己并肩作战的这场战争，威尔逊竭尽全力控制战事不再升级。1917 年 1 月在国会发表的那篇著名演讲中，他曾提出一个目标：没有胜利者的和平。只有这样的和平才能确保美国无可争辩地成为世界事务真正的仲裁者。本书将证明，尽管这一政策在1917年春天就已经惨败，尽管美国并不愿意卷入第一次世界大战，但直到20世纪30年代，它始终是威尔逊及其继任者的首要目标。这一点也是回答下面这个问题的关键所在：如果美国打算全力以赴构建一个门户开放的世界，并且也拥有丰富的、可随意调用的资源来实现这个目标，那么，为什么事情最后完全走样了呢？

二

自由主义列车的脱轨是两次大战间历史研究的经典问题。[34]对此，本书大胆提出，只要我们先理解了以英美两国为首的"一战"战胜国究竟占据多大的优势，这个问题就会呈现一个新的面貌。考虑到20世纪30年代所发生的事情，这一点是很难被忽略的，而威尔逊主义的鼓吹者确实毫不犹豫地给出了相反的答案。[35]他们早已预见了巴黎和会的失败，他们用悲伤的词句讲述着，英雄威尔逊如何徒劳无功地想让自己摆脱"旧世界"的阴谋。这位认为未来属于自由主义的美国预言家曾将自己的理念摆在腐朽的旧世界面前，而他与这个旧世界之间的区别将构成故事的主线。[36]威尔逊最终屈服于以英法帝国主义者为首的那个旧世界。结果是一个"糟糕"的和平反过来被美国国会否定，被所有英语国家，而不仅仅是美国的大多数民众否定。[37]更糟糕的事情还在后面。旧秩序的负隅顽抗不仅阻断了改革之路，还给更严重的政治后果打开了大门。[38]就在欧洲被革命和暴力反革命撕裂的过程中，威尔逊发现自己正与列宁相对而立，这似乎是冷战的一个前兆。共产主义反过来复活了极端右翼思想，法西斯主义开始吸引世人的眼光。它首先出现在意大利，然后席卷了整个欧洲大陆，在德国表现得最具毁灭性。1917—1921年经济危机期间出现的暴力运动，以及日益严重的反犹和种族言论让人不安，预示了20世纪40年代更大的恐怖。对于这样的灾难，旧世界只能责怪它自己。欧洲，加上它那个聪明的学生日本，才是真正的"黑暗大陆"。[39]

这个剧情的发展极富戏剧性，历史学家对它进行了大量的阐释。然而，除了能促成大量历史学著作，其重要性还在于，它实际上影响了世纪之交以来大西洋两岸在决策方面的争论。正如我们将要看到的，一直到赫伯特·胡佛（Herbert Hoover）时期，威尔逊政府及其共和党继任者的态度几乎完全取决于他们对欧洲和日本历史的这种理解。[40]这种批评的言论不仅受到美国人的欢迎，很多欧洲人也对它颇有兴趣。对于英国、法国、意大利和日本的激进自由主义者、社会主义者和社会民主党人来说，威尔逊为他们提供了一个可用来反对国内政敌的依据。正是在"一战"之中及战后阶段，欧洲从美国的实力和宣传当中第一次感受到了自己的"倒退"，这种感受在1945年之后更加强烈。[41]然而，认为黑暗大陆是在暴力地抵制历史进步的力量，这样的史观具有切实的历史影响，对于历史学家也是有一定危险的。威尔逊主义令人心碎的惨败投下了一道长长的阴影。威尔逊主义关于两次大战之间世界历史的构建衍生出了极其丰富的内容，以致人们需要有意识地努力不受它的影响。这就使我们开篇提到的那个不和谐三人组——丘吉尔、希特勒和托洛茨基——的观点具有了强大的矫正价值。他们对战后世界的看法与上述观点大相径庭，他们确信，世界事务*已经*发生了根本性的变化；他们还都认为，这种变化是在美国的主导之下进行的，而英国心甘情愿地作为它的随从。如果说确实有人在幕后为激进化进行逻辑论证，并将为极端分子的暴乱打开历史大门，那么直到1929年的时候，托洛茨基和希特勒都还没能清楚地看到这一点。最终，又一场突如其来的危机——大萧条，才使得暴乱如山崩地裂一般被释放出来。一旦让极端分子得到机会，那么，正是觉得自己正面临强大对手的想法，使他们对战后秩序的攻击充满暴力且具有毁灭性。

这让我们开始考虑阐释两次大战之间的灾难时的第二个重要线索，我们将其称为霸权派的威胁。[42]这条阐释线索的起点正是我们在这里所讨论的，即协约国和美国在"一战"中的压倒性胜利。它所关心的问题并不是美国势力的宗旨为何遭到抵制，而是在战争刚刚结束时占据如此明显优势的胜利者为何没能获得最后的胜利。不管怎么说，它们的优势并不是空想出来的，它们在1918年的胜利也不是偶然的。1945年，一个相似的各国联盟将会更加全面彻底地打败德、意、日。不仅如此，1945年之后，美国将继续在其势力范围内建立起一个相当成功的政治经济秩序。[43]那么，1918年之后，到底哪里出了问题？为什么美国的政策在凡尔赛流产了？为什么世界经济在1929年从内部崩溃了？考虑到本书的出发点，这些问题是我们无法回避的，并且它们对于今天仍然具有意义。"西方"为什么没能把手里的胜利牌打得更好一些呢？管理和领导的边界在哪里？[44]考虑到中国的崛起，这些问题的意义十分明显。问题在于，要找到一个评价这种失败的恰当标准，同时还要对意志和判断力的缺失做出令人信服的解释，这种缺失正是富有而强大的民主国家存在的严重问题。

面对两种基本的解释——"黑暗大陆"派与"自由主义霸权的失败"派，本书试图将二者综合起来进行考虑。但要达到这个目的，并不是从两派各找出一些东西糅合搭配到一起。相反，本书将对这两种历史论述的主流派别提出第三个问题，指出它们共同存在的盲点。无论是"黑暗大陆"还是"霸权失败"的历史模型，它们所描绘的历史图景往往都模糊了一个问题，即20世纪初期的世界领导者们所面对的形势已发生了根本性的变革。[45]当黑暗大陆派以"新世界、旧世界"的简陋图景进行阐释时，这个盲点就已经存在了。

这种解释将变革、开放和进步都归因于"外部力量",它也许是美国,也许是革命的苏联;与此同时,帝国主义的破坏性力量则被含糊地定义成"旧世界"或者"旧制度",它所指的时间在某些情况下可以往前追溯到专制主义时代,或者更久远的欧洲与东亚的血腥历史。20世纪的灾难由此被归因于历史沉重的包袱。霸权危机模式对两次大战间危机的解释也许不太一样,但它在回顾历史时却更加随意,并且更不愿意承认20世纪初期也许真的是一个彻底变革的时代。这一派最强有力的观点坚持认为:资本主义世界经济从它在16世纪刚刚诞生的时候开始,一直都依赖一个起到稳定作用的中心力量——它也许是意大利城邦,也许是哈布斯堡王朝,也许是荷兰共和国,也许是维多利亚皇家海军。霸权更替的间歇期通常会出现危机。两次大战间的危机仅仅是最新的一次间歇,它发生于英国和美国的霸权更替之间。

这两种观点都没有考虑到的是,19世纪末以来,国际事务中真实发生的那些变化,其速度、规模和激烈程度都是前所未有的。正如当时的人们很快便意识到的,各大国在19世纪末纷纷加入的"世界政治"的激烈竞赛,并不是一个具有古老传统的稳定体系。[46] 其合法性既不来自王朝传统,也不来自其内在的"自然"稳定性。它随时会爆炸、充满危险、吞噬一切、消耗巨大,到1914年时,也不过才存在了几十年。[47]"帝国主义"这个词并不存在于神圣庄严却腐坏堕落的"旧制度"的词典之中,它是一个新词,直到1900年前后才被广泛使用。它概括了一种新视角来理解一个新现象——在无限制的军事、经济、政治和文化竞赛之下,对全球政治结构的重建。由此可见,黑暗大陆和霸权失败两种模式都基于一个错误的前提。现代的全球帝国主义是一种激进的新力量,而不是旧世界的残余。出于同样的原因,"在帝国主义之后"建立一种世界霸权秩序也是史无前例的。在19世纪的最后几十年,世界秩序现代模式所存在的各种问题集中出现在英国。当时，英国庞大的帝国体系正面临来自欧洲中心地带、地中海地区、近东地区、印度次大陆、广袤无垠的俄国，以及中亚和东亚的挑战。正是英国的世界体系将这些地区联结在了一起，并由此使得它们各自的危机都具有了全球性的影响。当这些挑战不断出现时，英国远不是自信满满地控制着整个局面，而是一次又一次扮演见机行事的救火员。面对快速崛起的德国和日本的威胁，英国放弃了自己的海外地位，选择同法国、俄国和日本一起，努力在欧洲和亚洲达成谅解。英国带领的协约国集团最终赢得"一战"的胜利，但结果只是进一步强化了其战略上的纠葛，并利用英法两个帝国在全球的势力，将之扩展到全世界，扩展到大西洋彼岸的美国。于是，战争遗留下了一个前所未有的全球经济和政治秩序的问题，却没有可以解决它的世界霸权历史样板。从1916年开始，英国人自己尝试采取一些干预、协调和稳定的行动，而在帝国全盛期的维多利亚时代，他们可不屑于做这些事。大英帝国的历史从来没有如此紧密地与世界历史纠缠在一起，反之亦然。这种纠缠不清的状态不可避免地延续到了战后时期。正如我们将要看到的，尽管所能利用的资源有限，但战后的劳合·乔治政府依然扮演了欧洲财政和外交的枢纽这一前所未有的角色。但这也成为他垮台的原因。1923年，连续不断的危机到了最糟糕的时刻，终结了劳合·乔治的首相职位，也让全世界看到了英国霸权实力的捉襟见肘。世界上只有一个国家——如果有的话——能胜任这个新的、没有哪个国家曾认真企图扮演的角色，那就是美国。

1918年12月，当威尔逊总统访问欧洲时，为了搞明白这幅新的世界图景，他带上了一支由地理学家、历史学家、政治学家和经济学家组成的团队。[48]在"一战"刚结束时，几个大国所面临的无序状态在空间上范围甚广。战争在纵横欧亚大陆的土地上创造出了一个前所未有的真空地带。在数个古老的帝国中，只有中国和俄国存活了下来。苏联是第一个恢复元气的。但有人热衷于将1918年威尔逊和列宁之间的"疏远"解读为冷战的前兆，这进一步证明了人们并不愿意承认战争所形成的特殊局势。显然，1918年之后，全世界的保守主义者都在思考布尔什维克革命的威胁。但这其实是在担心爆发内战和出现无政府状态，在很大程度上是一种虚构出来的危险。它根本无法与1945年斯大林红军所展现出来的令人生畏的军事存在相比，甚至也比不上1914年之前沙皇俄国的战略重要性。在经历过革命、对德国的失败以及内战之后，列宁的政权得以幸存，但也只是死里逃生。整个20世纪20年代，共产主义一直在打防御战。哪怕到了1945年，也很难说苏联和美国拥有同等地位。再往前二十多年，如果将威尔逊和列宁视为旗鼓相当的两个人，其实是没能认识到当时局势一个真正重要的特点：俄国内部的严重崩盘。1920年的俄国是如此虚弱，以致成立还不到两年的波兰共和国都觉得可以攻打俄国了。红军的实力足以抵挡敌人的进攻，但当苏联人向西进军的时候，他们在华沙城外遭遇了惨败。这与《苏德互不侵犯条约》（Hitler–Stalin Pact）以及冷战时代的情况形成了极为强烈的对比。

　　意识到欧亚大陆的部分权力真空，我们就不会奇怪，为什么日本、德国、英国和意大利那些咄咄逼人的帝国主义鼓吹者会感到进行扩张的天赐良机正在到来。劳合·乔治内阁里的帝国主义支持者、德国的埃里希·鲁登道夫（Erich Ludendorff）将军、日本的后藤新平，他们毫无掩饰的野心为黑暗大陆说提供了大量证据。然而，尽管他们的观点明显都很极端，但我们还是应当注意到他们战争言论中的细微区别。鲁登道夫这样的人绝不会错误地认为自己彻底重新规划亚欧大陆的伟大设想是传统治国之道的表现。[49]他之所以认为自己的宏大野心是合情合理的，正是基于他认为世界已经进入了一个重要的全新阶段，即全球权力终极斗争的最后或是倒数第二个阶段。这样的人是绝对不会赞成什么"旧制度"的。他们激烈地批评传统主义者，认为后者总以势力平衡与合法性问题为借口，不敢抓住历史的机会。自由主义世界新秩序最激烈的反对者并不是旧世界的鼓吹者，其本身就是未来世界的创造者。但他们又不是现实主义者。通常所说的理想主义者和现实主义者之间的那些区别其实向威尔逊的反对者做出了太多让步。威尔逊也许丢了颜面，但帝国主义者发现自己同样处于不利境地。早在战争期间，人们就清楚地看到，每一个想要进行扩张的宏大计划本身都存在着问题。正如我们将要看到的，《布列斯特－立陶夫斯克条约》（Treaty of Brest-Litovsk，简称《布列斯特条约》）——代表帝国主义最后的和平——在1918年3月被批准生效后仅仅几周，就被它的缔造者否定了，他们正竭尽全力摆脱自己政策的矛盾性。日本的帝国主义者徒劳无功地大发雷霆，因为日本政府打算吞并整个中国的决定性措施被否定了。最成功的帝国主义者是英国，它主要在中东地区进行扩张。但这个例外恰恰证明了这一规律。由于英法帝国对立的主张，整个地区陷入了混乱无序。正是"一战"及其后果，导致中东地区成为一个战略包袱，直到今天还是这样。[50] 在更加成熟的英帝国权力核心之上，其政策主线是退让、自主和地方自治，并最终形成了像爱尔兰和印度这样的白人自治领。这条主线未能获得一致认可，英国人也是相当不情愿的，但不管怎样，它的发展方向是确定无疑的。

对威尔逊的失败所进行的常见描述，总是说这位美国总统陷入了老牌战争帝国主义的攻击。而真实的情况是，过去的帝国主义者自己意识到，在帝国主义时代之后，他们必须找到适合新时代的新战略。[51] 许多关键人物开始将这种新的国家利益具体化。古斯塔夫·施特雷泽曼（Gustav Stresemann）让德国既与协约国合作，也与美国合作。爱德华七世时代帝国主义狂热分子约瑟夫·张伯伦（Joseph Chamberlain）的长子、英国外交大臣奥斯丁·张伯伦（Austen Chamberlain），因为在推进战后欧洲安排上的不懈努力，与德国外交部部长施特雷泽曼都获得了诺贝尔和平奖。第三个因《洛迦诺公约》而获得诺贝尔奖的人是阿里斯蒂德·白里安（Aristide Briand），法国外交部部长，曾经的社会党人，1928 年的《非战公约》（Pact to Outlaw Aggressive War）就是以他的名字来命名的。*日本外相币原喜重郎则代表了一条东亚和平的新道路。所有这些人都与美国亲近，并视之为建立一个新秩序的关键因素。但如果我们过度聚焦于一些个体来认识这种变化的话，无论他们多么重要，总还是未得要领。这些个体对于改变的态度常常是模棱两可的，他们在自己对旧决策模式的留恋和所感受到的新时代本质特征之间摇摆不定。丘吉尔这样的人确信新秩序充满了生机，而希特勒和托洛茨基却沮丧失落，原因正在于，这个新秩序看起来是建立在比个体的人格力量更加坚固的基础之上的。

人们很容易把 20 世纪 20 年代的这种新氛围与"一战"后出现的"公民社会"、大量国际主义者，以及非政府和平组织看成一样的东西。[52]然而，认为新的道德事业就是国际和平社团、权威人士的世界主义大会、热情洋溢相互支持的国际妇女运动，以及遍布全球的反殖民运动，这样的倾向反而间接使人们更加认同帝国主义顽固残留在权力心脏之中的旧有看法。相反，和平运动的软弱无力使愤世嫉俗的现实主义者得以强硬地坚持他们的主张，归根到底，只有权力是最重要的。本书提出的观点有所不同。本书试图在政府机构自身的内部而不是外部，在军事力量、经济和外交的互动之中，找到权力计算的根本性变化。正如我们将会看到的，这在法国表现得最为明显，而法国是"旧世界国家"中最饱受非议的一个。1916 年之后，法国并没有纠缠于历史的仇恨，我们可以看到，巴黎方面当时的最高目标就是与英国和美国共同建立起一个新的、以西方为

---

* 《非战公约》又称《凯洛格—白里安公约》（Kellogg-Briand Pact），故有此说。——编者注

主导的大西洋联盟。这样，它就使自己摆脱了与沙皇独裁政府的可恶同盟，它从19世纪90年代开始就一直依赖于这个同盟，以换取一个含糊不清的安全保证。这使法国的外交政策与其共和国宪法保持一致。寻求成立大西洋联盟成为法国国家政策新的当务之急。在1917年之后，这一国家政策将哪怕是像乔治·克列孟梭（Georges Clemenceau）和雷蒙·普恩加莱（Raymond Poincaré）这样相去甚远的人都联合到了一起。

在德国，唱主角的是古斯塔夫·施特雷泽曼，他是魏玛共和国稳定时期一位伟大的政治家。在1923年鲁尔（Ruhr）危机的高潮之后，施特雷泽曼对于德国亲西方政策的形成无疑起到了关键作用。[53] 然而，作为一个带有俾斯麦印记的民族主义者，他直到比较晚的时候才艰难地适应了新的国际政治。支持施特雷泽曼提出的每一项著名新举措的，是基础广泛的议会制联合政府。但在其成立之初，施特雷泽曼经常与之产生严重分歧。联合政府的三个成员：社会民主党、基督教民主党（Christian Democrats）以及进步自由派（progressive Liberals），是战前德国国会最主要的民主力量。这三个团体都曾因反对俾斯麦而闻名。他们之所以能在1917年6月团结起来，共同接受马蒂亚斯·埃茨贝格尔（Matthias Erzberger）这位平民主义基督教民主党人的领导，是由于对美国的潜艇战带来了灾难性的后果。我们将会看到，对他们新政策的第一次考验在1917年年底就出现了。当列宁提出和平诉求的时候，德国国会联合政府尽可能地放弃了鲁登道夫考虑不周的扩张主义，并试图在其东方构建一个他们希望具备合法性，因而也可持续的领导权。臭名昭著的《布列斯特条约》在本书中被与《凡尔赛和约》相提并论，倒不是因为它的报复性质，而是因为它也是一场"变坏了的美好和平"。德国国内关于《布列斯特条约》所带来的胜利和平的争论被视为国际政治新时代的重要前兆，因为这种争论对德国国内秩序与对国际事务同样关注。德皇威廉二世的政权既不愿履行承诺，在国内进行改革，也不愿制定切实可行的新外交政策，这为1918年秋天革命性的变革奠定了基础。我们将会看到，当德国在西线遭遇失败时，正是德国国会中的多数派，他们在1918年11月到1923年9月之间，不是一次，而是三次，大胆地将自己国家未来命运的赌注押在服从西方国家上。从1949年至今，德国国会多数派的正统继承者，即基督教民主党、社会民主党与自由民主党，依然是德意志联邦共和国的民主政治与德国参与欧洲事务时的中流砥柱。

在国内政策与外交政策的关联，以及究竟选择暴力政变还是屈服退让方面，20世纪初期的德国和日本有着明显的相似之处。19世纪50年代，面对被外国强权灭国的危险，面对俄国、英国、中国和美国这些潜在对手，日本的反应就是占据主动，着手国内改革与对外扩张的计划。正是这项以极高的效率和极大的勇气遵循的方针，让日本获得了"东方普鲁士"的称号。但人们很容易忽略的是，这一过程往往受到另一个发展倾向的制衡，即通过效仿、结盟与合作来寻求安全，这成为日本霞关外交的新传统。[54]这一倾向的首次实现是1902年与英国结成伙伴关系，后来又与美国达成暂时的战略性妥协。与此同时，日本的国内政治也在发生变化。日本民主进程与和平外交政策之间的紧密联合不比其他任何地方简单。然而，"一战"以来，日本逐渐成形的多党议会政治成为对军部领导权的有力约束。正是内政与外交的这种重大关联反过来提高了风险。到20世纪20年代末，那些主张实行强硬外交政策的人同样提出要在国内进行革命。正是在20年代大正时期的日本，两次大战间政治的两极性体现得最为明显。只要西方各国能控制住世界经济的局势并维护东亚的和平，日本的自由主义者就能占据上风。一旦这个军事、经济和政治的框架濒临崩溃，鼓吹帝国主义侵略扩张的人就会抓住机会。

经过这番重新阐释我们就会发现，与黑暗大陆说的观点正好相反，大战的狂风暴雨最初并不是转化成为冷战时美苏相互竞争的两极状态，也不是像同样过时的观点所认为的，转化成了美国民主主义、法西斯主义和共产主义之间的三方竞赛。战后出现的，是对和平与绥靖战略的多边多极探求。在这一探求过程中，所有大国的计划都取决于一个关键性因素：美国。正是这种盲从让希特勒和托洛茨基感到担心，他们两人都希望大英帝国能够成为美国的挑战者。托洛茨基还预言了一场新的帝国主义战争[55]，而希特勒在《我的奋斗》中已经明确表示，要建立起一个盎格鲁—日耳曼联盟，以对抗美国和策划世界阴谋的邪恶犹太人。[56] 然而，尽管20世纪20年代的托利党政府气势汹汹，但英美对峙的局面几乎是不可能出现的。英国做出了一次意义非凡的战略让步，和平地将第一把交椅让给了美国。而当英国的民主政治迎来工党执掌的政府之后，这一倾向也只是得到了进一步的加强。拉姆齐·麦克唐纳（Ramsay MacDonald）在1924年与1929—1931年所领导的两届工党内阁显然都坚定地把大西洋作为自己的重心。

然而，尽管大家都承认了美国的地位，暴乱还是即将到来，这让我们再次回到霸权危机派历史学家所提出的那个重要问题。在那个盛况空前的时代，西方国家为什么失去了对局面的控制呢？该说的都已经说了，该做的也已经做了，现在我们就只能从这样的事实中寻找答案了，即美国未能与法国、英国、德国和日本共同努力稳定一个可行的世界经济，并建立起一个新的集体安全体制。显然，同时解决经济和安全这两个问题，是避免走入帝国主义竞争时代的死胡同的必由之路。鉴于它们都曾经历过的战乱，以及未来有可能出现更严重破坏的风险，法国、德国、日本和英国都能认识到这一点。但同样显而易见的是，只有美国能够让这样一个新秩序稳定下来。这样强调美国的责任并不是要回到美国孤立主义的简单叙事，而是说，在探求答案的时候，我们必须坚定地回过头来把手指指向美国。[57] 应该如何解释美国不愿面对"一战"之后的挑战这一事实呢？如果想把"黑暗大陆"和霸权失败两种解释综合起来，就必须回答这个问题。想要真正地综合二者，不仅需要意识到这两个方面，即"一战"后摆在美国面前的全球领导权是一个全新的事物，而其他各国也在积极寻求一个超越帝国主义的新秩序。第三个需要注意的要点是，大多数对20世纪国际政治的叙述，认为美国自己进行现代化的过程非常简单。但事实上，与世界体系中的任何其他国家一样，这是一个剧烈变动、混乱不堪、捉摸不定的过程。的确，想一想这个曾经是殖民地的国家中隐藏在深处的裂痕：它从大西洋黑三角贸易中诞生，在野蛮侵吞西部的过程中扩张，土地上布满了来自欧洲的大量移民，屡屡遭受创伤，又必须在资本主义大发展的汹涌浪潮之中永不停歇地运转。可以看到，美国现代社会的问题的确十分严重。

在努力治愈19世纪扭曲痛苦的历史的过程中，一种观念逐渐形成，并且在美国得到了政见不一的两党的共同认可，那就是美国例外论。[58] 在一个毫不掩饰的民族主义时代，并不只有美国认为自己的国家具有特殊使命。19世纪自尊满满的那些国家，没有哪个未曾感受到天命。但值得注意的是，"一战"结束之后，美国例外论比过去任何时候都要更加强劲和流行，而恰恰在这个时候，世界其他主要国家正在开始承认彼此之间的紧密联系和相互依赖。如果我们仔细研究一下威尔逊以及这一时期其他美国政治家的长篇大论就会看到，"进步时代国际主义最重要的来源……是民族主义自身"。[59] 他们想让世界接受美国神授的"领头羊"角色。当美国的天命感与强大的实力结合起来时——正如1945年之后的情形，就会形成一种真正的变革力量。1918年，这种力量的基本要素已经具备，但威尔逊政府及其继任者都没有明确说出来。这样，问题又以新的形式出现了：为什么20世纪初的美国例外论最终没能得到一个有效的宏伟战略的支持？

我们将要得出的结论让人不禁想起一个直到今天依然摆在我们面前的问题。人们——尤其是欧洲历史学家——通常把20世纪初描述为美国现代社会一跃而起登上世界舞台。[60] 然而，本书坚持认为，日新月异的发展其实是与深远持久的保守主义比邻而居的。[61] 尽管世界已经发生了重大变化，但美国人还在坚持19世纪末就已经是当时仍在运转的最古老的共和国制度。正如其国内许多批评家所指出的，这在很多方面无法适应现代社会的要求。在维护内战以来的国家团结、激发国家的经济潜能方面，与1945年之后能够高效扮演世界霸权支柱的那个"大政府"相比较，20世纪初的美国联邦政府其实并不健全。[62] 为美国建立一个更加高效的国家机器，这是内战结束后各个政治派别中的进步分子都希望能够完成的任务。19世纪90年代经济危机之后大量涌现的令人不安的平民主义者，更加强了实现这一任务的紧迫性。[63] 必须做点什么，好让在华盛顿的美国政府不受日益严重的斗争的影响，这些斗争不仅会威胁到美国的国内秩序，还会影响美国的国际地位。这是20世纪初期威尔逊及其之前各届政府的主要任务之一。[64] 然而，尽管泰迪·罗斯福（Teddy Roosevelt）*与其同僚认为，军事力量和战争是一个进步国家体制的有力指标，威尔逊却反对这种陈腐的"旧世界"道路。他在1917年春天之前所坚持的和平政策，是要竭尽全力让自己的国内改革计划不要被战争导致的政治狂热与社会、经济混乱所影响。但这最终徒劳无功。在威尔逊第二个任期中的1919—1921年，不幸的事情还是发生了，20世纪第一次想要重建美国联邦政府的伟大努力化为乌有。结果，不仅《凡尔赛和约》被撕毁，一场突如其来的经济冲击更是从天而降——1920年的世界性经济萧条，恐怕

---

* 即西奥多·罗斯福（Theodore Roosevelt），泰迪是他的昵称。——编者注

是20世纪历史上被最严重低估的历史事件。

如果把美国国家体制和政治经济的结构性特点考虑进来，我们将可以用一种更宽容的眼光看待美国例外论。在对美国历史的特殊价值和天命色彩的赞美中，美国例外论带有一种伯克式（Burkean）的智慧，体现出美国政治阶层充分认识到了，在20世纪初期前所未有的国际挑战与他们所管理的这个国家被严重束缚的能力之间，存在着根本性的不协调。例外论者念念不忘的是，这个国家在不久之前刚刚被内战撕裂，它的种族与文化组成如此多样，而共和政体内在的弱点又使其多么容易陷入僵局或严重的危机。在远离欧洲和亚洲如脱缰野马一般的战争暴力的愿望背后，其实是认识到，尽管美国财大气粗，但其政治实力仍有局限。[65]当威尔逊和胡佛时代的进步主义者展望未来的时候，归根到底，他们并没有打算彻底克服这些局限，而是想要保持美国历史的连续性，并调和它与"一战"后开始出现的新国家秩序。这便是20世纪初期最具讽刺意义的事：在一个快速发展变化、以美国为中心的世界体系的核心地带，是一个对其自身的未来持保守观念的政体。威尔逊以防御性的词汇描述自己的目标，即要在世界范围内保障民主制度，这不是没有原因的；"恢复常态"成为20世纪20年代的标志性口号，也不是没有原因的。由此给所有那些试图促成"世界组织"的人带来的压力，将成为贯穿本书的红线。这条红线从1917年1月威尔逊试图用一个没有胜利者的和平来结束一场有史以来最悲惨的战争，一直延伸到14年后的大萧条，这场20世纪初期摧毁一切的危机，转向了它的最后一个受害者：美国。

本书所记载的血腥动荡的事件将19世纪充满自豪感的民族历史彻底掉了个个儿。死亡与毁灭让每一种乐观的维多利亚时代的历史哲学——自由主义、保守主义、民族主义，还有马克思主义——心碎。但人们该如何理解这场巨变呢？对于一部分人来说，这预示着一切历史意义的终结，所有进步观念的崩坏；也可以用宿命论的观点来看待，或者把它看作对最野蛮的本能行动的许可。还有一些人要清醒一些。发展——尽管尚不明确，但甚至也可以说进步——是存在的，但它比人们所期望的更加复杂和充满暴力。历史的发展并没有遵从19世纪理论家所构建的井然有序的阶段理论，而是采取了托洛茨基后来所说的"不平衡和综合发展"模式，它是一张大网，将以不同速度发展的事件、人物和过程松散地连接在一起，这些个体的进程以错综复杂的形式相互关联。[66]"不平衡和综合发展"这个短语本身并不简洁，它很好地概括了我们在此讨论的历史，既涉及国际关系，也涉及相互关联的国家政治的发展，从美国经亚欧大陆直到中国，涵盖了整个北半球。对托洛茨基而言，它规定了一种进行历史分析和政治行为的方法。这个短语表达了他的一个坚定看法：即使历史没有什么确定性，它也不是没有逻辑的。要想获胜，就要使自己的历史智慧变得敏锐，这样才可以发现并抓住罕见的机会。同样，对列宁来说，这位革命理论家的一个关键任务就是发现帝国主义"链条"上最薄弱的一环，并向其发起攻击。[67]

站在政府而不是革命家一方，政治学家斯坦利·霍夫曼（Stanley Hoffmann）在20世纪60年代为"不平衡和综合发展"提供了一个更形象的说法。他将大大小小的国家比喻成"一条铁链上的囚犯"（a 'chain gang'），一群被捆绑在一起、蹒跚前行的人。[68] 这些囚犯千差万别，有的比别人更暴力，有的头脑简单，还有的展现出多重性格。他们既要与自己斗争，也要与别人斗争。他们可以寻求成为整条铁链的统治者，或者寻求与别人合作。在铁链可以活动的范围内，他们享有一定程度的自主，但终究还是被绑在一起。不管我们选用哪一种描述，它们的意思都是一样的：要理解这样一个相互联系的动态系统，就必须先研究整个系统，并追溯其在一段时期内的运动；要理解它的发展，我们就必须先进行梳理。这就是本书的任务。

第一部分

欧亚危机

第一章
处于平衡状态的战争

从西线的战壕里看过去,大战好像没什么变化——成千上万的人牺牲,只是为了争夺几英里的地盘。但是,这样的看法显然是错误的。[1] 在东线以及在与奥斯曼帝国的战争中,战线在不断变换。在西线,尽管战线几乎没什么变化,但这种静止状态其实是由于大规模的军队集结造成的。这种平衡十分不稳定,这个月是协约国掌握主动权,下个月就是同盟国了。1916年初,协约国方面打算由法国、英国、意大利和俄国军队从不同方向依次发起一系列攻击,从而摧毁同盟国集团。正是预料到了这一强大攻势,德国于2月21日抓住机会,在凡尔登发起进攻。通过攻击法国防御链条中的一个关键环节,他们或许就能将协约国杀得片甲不留。一场生死搏斗随即展开。到初夏时节,这场战役已经让法国投入了超过70%的兵力,并使协约国的集中打击战略几乎变成了一系列迫于形势的解围行动。正是为了夺回主动权,1916年5月底,英国同意进行开战以来他们在欧洲大陆上的第一次进攻战,地点就在索姆河。

当战场上的压力已经接近极限时,外交人员也在紧张地忙碌着,把更多国家拉入战争的旋涡中来。1914年,奥地利和德国把保加利亚与奥斯曼帝国拉到了自己这一边;1915年,意大利加入了协约国;1914年,通过抢占德国在中国山东的租借地,日本参战;1916年年底,英国和法国把日本海军从太平洋召到地中海东部护航,以对付德奥两国的潜艇。巨额现金,以及能想到的各种外交手段,都被用来向欧洲中部最后一个中立国——罗马尼亚施压。如果能把罗马尼亚拉进协约国集团,将给奥匈帝国的软肋以致命一击。然而,1916年时,只有一个国家能真正改变战争的天平:美国。不论在经济、军事还是政治方面,它的立场都能起到决定性的作用。英国直到1893年才觉得应将它在美国首都的公使馆升格为正式的大使馆。可现在,才过了不到一代人的时间,欧洲历史将如何写下去,似乎就得全看华盛顿方面对战争的态度了。

一

协约国的战略要想成功,就需要对同盟国发起一系列猛烈的军事打击,并配合以长期的经济遏制。战争爆发之前,英国海军部不仅制订了海上封锁计划,还打算不再向任何与同盟国的贸易往来提供财政支持。然而,1914年8月,由于美国的强烈抗议,英国未能严格执行这些计划。[2] 结果就造成了一种让人难堪的尴尬局面。英法两国没有动用它们全部的海上力量,但即便是不完全的海上封锁,也让美国很不高兴。美国海军认为,英国的海上封锁"不符合迄今为止我们所知的任何海战法律或惯例……"[3] 但更具政治意味的是德国方面的反应。为了能反败为胜,1915年2月,德国海军利用U形潜艇,全面打击跨大西洋的海上运输。他们几乎能每天击沉两艘船,平均每个月能击沉10万吨位。然而,英国有着丰富的海运资源,因此,只要潜艇战持续一段时间,就免不了会把美国拉入战争。

1915年5月的"卢西塔尼亚号"（Lusitania）和8月的"阿拉伯号"（Arabic）只不过是最著名的两次伤亡。由于担心事态升级，8月底，德国的民选政府放弃了这一战术。在天主教中央党（Centre Party）、进步的自由派，以及社会民主党的支持下，德国宰相贝特曼·霍尔维格下令限制潜艇战。正如协约国由于不敢得罪美国而无法充分加强其海上封锁一样，德国的反击计划也因为同样的原因而流产。相反，在1916年春天，德国海军想方设法将英国大舰队引诱到北海地区，以打破海上僵局。在1916年5月31日的日德兰海战（Battle of Jutland）中，33艘英国主力舰与27艘德国主力舰进行了"一战"中最大规模的海战。战争最终胜负难辨，双方都退回自己的基地，从此只在幕后发挥影响，成为争夺制海权时强大却安静的后备力量。

1916年夏天，协约国正竭尽全力在西线重夺主动权，但此时大西洋海上封锁造成的政治问题仍然没能解决。当法国和英国打算把"与敌人做生意"的美国公司列入黑名单从而加强控制时，威尔逊总统难以遏制自己的怒火。[4] 这就是"最后那根稻草"，威尔逊向他最亲近的顾问、来自得克萨斯的温文尔雅的豪斯上校（Colonel House）坦白："我必须承认，我对英国和它的盟友已经快没有耐心了。"[5] 威尔逊本人也不再满足于只进行规劝。美国陆军也许并不强大，但美国舰队在1914年就已经不容小觑了。它在世界上排名第四，而且，与日本和德国海军不同，美国海军引以为傲的是，它在1812年曾与英国皇家海军有过实战。对于镀金时代以来美国最伟大的海权论者、海军少将马汉（Alfred Mahan）的追随者来说，这场大战提供了一个无比珍贵的机会，可以借机超越欧洲，建立起对海洋航道无可争议的控制权。1916年2月，威尔逊总统同意了他们的要求，发起一场运动，旨在获得国会同意，建造一支他宣称是"世界最伟大的无敌海军"。[6] 6个月后，1916年8月29日，威尔逊签署法令，通过了美国历史上最庞大的海军扩军计划，分三年拨款近5亿美元，建造157艘新舰船，包括16艘主力舰。不那么引人注目，但从长远来看具有同等重要性的，是1916年6月紧急船运公司（Emergency Fleet Corporation）的成立。这一机构旨在建立一支商业船队，与英国相抗衡。[7]

1916年9月，当豪斯上校与威尔逊讨论美国海军扩张可能给英美关系造成的影响时，威尔逊的看法非常直接："咱们建一支比它更大的海军，然后想干什么就干什么。"[8]对英国来说，这一威胁极其严重，原因在于，与德意志帝国和日本帝国不同，美国一旦奋起，它显然是有办法说到做到的。不出五年，人们就会承认美国的海军与英国不相上下。从英国的角度来看，1916年，战争因此呈现出了根本性的新面貌。20世纪刚开始的时候，遏制日本、俄国和德国曾是帝国战略中的头等大事；从1914年8月开始，最重要的事是击败德意志帝国及其盟友；1916年，威尔逊明确表示要建立一支与英国海军旗鼓相当的美国海军，他的这一想法敲响了新的警钟。即使是在最好的时代，来自美国的挑战也是让人胆战心惊的。考虑到大战的需要，这一挑战就更加如噩梦一般可怕了。然而，美国的海军野心还不是欧洲人在1916年所要面对的唯一巨大挑战。[9]美国经济实力的崛起从19世纪90年代起就已经很明显了，但导致全球财政领导权突然转移到大西洋彼岸的，还是协约国与同盟国之间的战争。[10]结果，这场战争不但重新定义了财政领导权的所在，更重新定义了领导权的真正内涵。

以现代标准来看，所有欧洲主要参战国在开始这场战争的时候，显然都具有强大的财务平衡、稳健的公共财政，以及大规模的海外投资。1914年，整整三分之一的英国财富由私人海外投资掌握。随着战争的爆发，除了调动国内和整个帝国的资源，还出现了庞大的跨大西洋融资运作。这使得欧洲所有政府都被卷入一种新的国际行为方式中来,但最主要的是英国。1914年之前,在巨额融资的爱德华时代,伦敦的领导地位得到公认。然而,国际金融在当时却是一项私人业务:金本位制度的指挥者——英格兰银行,并不是一个官方机构,而是一家私人企业。如果英国国家曾出现在国际金融当中,它的影响也是微妙和间接的。英国财政部一直待在后台。在战争的巨大压力下,这些无形的、非正式的金钱网络与影响力网络迅速凝聚成了一种呼声,呼唤一个更加坚实的、具有明显政治性质的霸权。从1914年10月开始,英国与法国政府提供数亿英镑的政府贷款支持"俄国蒸汽压路机"(Russian steam roller)*,指望他们从东侧粉碎同盟国集团。[11] 1915年8月在法国布洛涅(Boulogne)达成协议之后,协约国三个主要成员的黄金储备被汇集到一起,为储存在纽约的英镑和法郎的价值提供担保。[12] 英国和法国轮流承担起为整个协约国集团商谈贷款的责任。到了1916年8月,由于凡尔登战役的巨额花销,法国的信贷级别迅速下跌,以致只能由伦敦方面来担保纽约的一切了。[13] 一个新的政治信用网络在欧洲建立起来,伦敦成为其中心。但这还只是事情的一个方面。

用会计学的语言来说,协约国集团在战争融资上的努力包含了一场规模庞大的各国资产和债务重组。[14] 为了提供担保物,英国财政部强行推行了一个购买计划,购买私人持有的北美和拉美一流证券公司的股份,兑之以英国国内的政府债券。这些外国资本一旦到了英国财政部的手里,就被用来为协约国集团从华尔街借贷的数十亿美元提供担保。英国财政部在美国所背负的债务,在英国的国家资产负债表上被它对俄国和法国政府新产生的巨额债权抵销了。但如果把这一庞大的资金转移看作现有财政网络不费吹灰之力的转向,则是低估了这一转变的历史影响,以及这座新的金融大厦的极

---

* 用以形容俄罗斯帝国源源不断的人力,行动迟缓但势不可当。——编者注

度不稳定性。1915年之后，协约国的战争借款彻底扭转了爱德华时代财政的政治结构。

在战争爆发之前，欧洲帝国富有的核心地带——伦敦和巴黎——的私人债权者向周边各国的私人和政府债务者借出了数十亿。[15]而从1915年开始，不仅贷款的源头转移到了华尔街，排队等候贷款的也不再是俄国的铁路或者南非的钻石开采者了。欧洲最强大的几个国家正在向美国公民个人，或者其他任何愿意提供贷款的人借钱。一个富裕国家的私人投资者，用不受政府出借方控制的通货向其他富裕发达国家的政府发放贷款，这种形式的借贷不同于维多利亚晚期全球化大发展时人们所见过的任何状况。正如"一战"后的恶性通胀将要证明的，一个以本国通货来借款的国家，完全可以通过印制钞票找到一条摆脱债务的道路。潮水般的新纸币可以抹掉战时债务的真实价值。但如果英国或法国向华尔街借美元，事情就不是这样了。欧洲最强大的国家开始依赖于外国债权人，那些债权人则反过来对协约国表现出信心。到1916年年底，美国债权人已经给协约国的胜利投下了20亿美元的赌注。自1915年英国负责借贷后，承载着这样一场跨大西洋的资本运作的就是一家私人银行，即主宰着华尔街的J. P. 摩根，而它与伦敦金融城有着深厚的历史联系。[16]这当然是一种商业动作，但摩根的这种行为也表现出了赤裸裸的反对德国、支持协约国的立场，同时也支持了美国国内对威尔逊总统最激烈的批评者——共和党内的干涉主义力量。结果，公权和私权出现了史无前例的国际结合。1916年夏天，在索姆河大规模军事进攻期间，J. P. 摩根为英国政府在美国花掉了超过10亿美元，至少占英国在那关键几个月里战争花销的45%。[17]1916年，银行采购处所负责的协约国采购合同的价值，已经超过了战前几年美国的出口贸易总额。通过这些受到美国东北部商业和政治精英支持的、J. P. 摩根的私人商业合同，协约国集团得以调动相当大一部分的美国经济，而且完全不需要得到威尔逊政府的许可。协约国对美国贷款的依赖无形中也使美国总统在战争问题上有了巨大的优势。然而，威尔逊真的能够运用这一权力吗？华尔街是不是太过独立了？联邦政府有办法控制 J. P. 摩根的所作所为吗？

此前 20 多年，人们一直在激烈地争论美国资本主义的统治，到 1916 年，战争的融资问题，以及美国与协约国的关系，也成为这一争论的话题。1912 年，距离内战结束、美国加入金本位制度已经过去了四十年，但美国依然缺少一个能够与英格兰银行、法兰西银行和德意志帝国银行相提并论的金融机构。[18] 华尔街一直在游说，希望建立一个中央银行作为最终出借人。然而，1913 年威尔逊签字批准成立联邦储备委员会时，银行业对此还缺乏兴趣。如果以华尔街，尤其是 J. P. 摩根来判断的话，威尔逊的美联储政治性太强了。[19] 它并不是一个基于英格兰银行私有模式的真正"独立"的机构。1914 年，随着欧战的爆发，这个新体系经受住了它的第一次考验。美联储和英国财政部采取措施，避免欧洲金融市场的关闭在华尔街引发崩溃。[20] 1915—1916 年，受一场出口导向的工业大繁荣的驱动，美国经济获得发展。为了满足欧洲战争的需要，美国东北部和五大湖的工业区从整个美国疯狂吸纳劳动力和资本。但这只是加大了威尔逊身上的压力。如果人们允许这种繁荣不加限制地发展下去，那么，美国在协约国战争中的投资很快就会变得极其庞大，以至不能出现失败。美国政府实际上将失去自由行动的能力，而正是这种自由在 1916 年时给了它这样的权力。

协约国方面是否有可能表现得好一些，减少对美国资源的依赖呢？毕竟德国在战时就没有享受如此慷慨借贷的好处。[21] 但这种对比恰恰只是说明了从美国进口的产品到底有多么重要（表1）。在消耗巨大的凡尔登战役和 1916 年夏天的索姆河战役之后，德国在西线继续了将近两年的防御战，同盟国各国只在东线和意大利战线

表1 美元都买了什么：英国在海外购买的
主要战争物资的份额，1914—1918年（单位：%）

年份	弹壳	飞机引擎	粮食	石油
1914	0	28	65	91
1915	49	42	67	92
1916	55	26	67	94
1917	33	29	62	95
1918	22	30	45	97

进行一些花销较少的行动。与此同时，经济封锁使他们国内付出了惨重代价。从1916年年底的冬天开始，德国和奥地利的城市居民开始挨饿。保障后方的食品和煤炭供应并不是"一战"期间偶然出现的想法，而是能决定战争最终结果的重要因素。[22] 经济压力需要一段时间来影响事态，但最终会具有决定性的影响。当德国在1918年春季发起最后一次大规模进攻时，士兵大都饥饿不堪，无法维持一场长时间的进攻。与之形成对比的是，如果没有来自北美的支持，1917年协约国不间断的进攻——4月的法军进攻香槟（Champagne），7月克伦斯基（Kerensky）在东线的攻势，7月英国在佛兰德斯（Flanders）的进攻——以及1918年夏秋季的最后总攻，不管是在军事上还是政治上都是不可能完成的。在伦敦，至少直到1916年年底，还不停有人呼吁，英国应避免对美国贷款的依赖；但出于同样的原因，他们也在呼吁进行和谈。然而，随着决定要发起"制胜一击"的劳合·乔治联合政府在1916年12月上台，这些人的呼声被无视了。没有人认真想过要不依赖美国的物资和贷款而全力继续战争。自1916年，协约国拿到第一笔10亿美元的贷款以发起对同盟国一系列军事打击中的第一次重大进攻开始，这一趋势

就在不断加强。而在制订所有后续进攻计划时，协约国都相信，这些计划将得到来自大西洋彼岸的充足物资的支援，这使得对美国的依赖愈发严重。随着借贷的美元越堆越高，持续偿付高筑的债务、避免因违约而蒙羞，成为战争当中压倒一切的头等大事，这在战后甚至更加严重。

二

不管怎样，大西洋两岸关于战争未来进程的斗争决不仅是经济或军事层面的，它总是表现出明显的政治性。继续战争的意愿取决于政治，而这本身也是一个跨大西洋的问题。但在这个问题上，论述的轮廓远远不像在经济和海军力量方面那样清晰。我们对于20世纪初期美国和欧洲之间政治关系的印象其实受到后来"二战"期间美欧关系的深刻影响。1945年，健康自信的美国大兵出现在欧洲战争与独裁的废墟之中，预示着繁荣与民主的到来。但我们必须小心谨慎，不能把美国这种代表着资本主义繁荣和民主的迷人形象过远地投射到20世纪初。正如其海军和金融实力的突然上升，美国宣告其政治领袖地位也是非常突然的。这是大战本身的一个产物。

并不让人感到惊讶的是，尽管曾经发生过可怕的内战，但美国的民主经验在1865年到1914年的这半个世纪里，引来了各种各样的评论。[23] 新统一的意大利和德意志并没有转向美国寻求宪法方面的灵感，它们都有自己土生土长的立宪主义传统。意大利的自由主义者决定要仿效英国，19世纪80年代的新日本宪法则是效法欧洲各国的混合产物。[24] 在格莱斯顿（Gladstone）和迪斯雷利（Disraeli）的全盛时代，即使是在美国，包括年轻的伍德罗·威尔逊在内的第一代政治学家，也都遥望着大西洋彼岸的威斯敏斯特模式。[25] 当然了，合众国也有自己的英雄叙事，亚伯拉罕·林肯（Abraham

Lincoln)就是它伟大的守护者。但直到内战所带来的震荡消散之后,美国新一代的知识分子才得以开始构建一套全新的、重归于好的国家叙事。在西部边界完全确定之后,北美大陆得以统一。1898年的美西战争,以及1902年征服菲律宾,让美国更加扬扬得意。美国工业的活力是史无前例的,它的农业出口给整个世界带来富足。然而,在镀金时代的进步主义改革者中间,美国的自我形象却是模糊不清的。美国是城市腐败、管理混乱与政治贪欲的代名词,也是发展、生产与利润的同义语。在寻找现代政府的典范时,是美国专家跑到德意志帝国的城市去学习,而不是反过来。[26] 1901年,伍德罗·威尔逊在回看过去时说:"19世纪首先是一个民主的世纪……在世纪末时,世界对于作为统治形式的民主的好处,并不比世纪之初更有信心。"民主共和国的稳定性依然是个问题。尽管"源自英国"的联邦制有着最优秀的成绩单,但威尔逊本人仍然承认,"人们并不认为美国历史……的趋势是努力创建一个公平、自由和纯粹的政府"。[27] 美国人自己有理由相信他们的体系,但如果要谈到更广阔的世界的话,他们还有更多的东西需要证明。

同样,我们也不能认为,随着战争的爆发,局面就立刻得到了扭转。在伤亡人数变得难以承受之前,欧洲参战国都将1914年8月战争的大规模动员视为一个为自己国家建设的努力进行辩护的绝佳机会。[28] 以20世纪末的标准来看,没有哪个参战国是成熟的民主政体,但它们也不是古老的君主制或者极权独裁。支撑这场战争的即使不是爱国主义的狂热,至少也是被显著扩展了的共识。英国、法国、意大利、日本、德国和保加利亚,参战期间其国会都正常运转;奥地利也于1917年在维也纳重开国会;即使是俄国,1914年出现的早期爱国热情也使杜马得以复兴。在战线的两边,战士们在接受动员时,首先都被告知,他们是在捍卫权利、财产和国家认同的体系,而他们也觉得这些体系与自己利害攸关。法国人为了保卫共和国而与宿敌作战；英国人自告奋勇，要为捍卫国际文明、消除德国威胁而贡献自己的力量；德国人和奥地利人则为了保卫自己而与怀恨在心的法国、背信弃义的意大利、盛气凌人的英帝国，以及万恶之首——沙皇俄国进行战斗。尽管公开呼吁叛乱的声音会被压制，反对战争的人最终发现自己面临牢狱之灾，或者被派到了最危险的前沿阵地，但公开讨论和谈的情况还是十分常见的，其普遍程度在"二战"末期的任何一方都是不可想象的。

1916年12月，当劳合·乔治重新组建英国政府的时候，呼吁以妥协换和平的声音越来越多，以致这个政府必须重申其对德国进行"制胜一击"的最终目标。内阁的多数重要席位都为托利党占据，但首相本人是一名自由主义激进派，同时对民意有着准确的直觉。早在1915年5月，他的前任阿斯奎斯（H. H. Asquith）就将工会成员带进了内阁。20世纪初的欧洲政治比人们通常所称赞的还要包容。在法国，社会主义者是神圣联盟（Union Sacrée）的重要组成部分，在大战的头两年，这个多党派同盟一直存在于共和国中。即使在德国，尽管政府还是由皇帝任命的人管理，但社会民主党已经成为国会最大的党派。1914年8月以后，德国宰相贝特曼·霍尔维格定期与他们协商。1916年秋天，当保罗·冯·兴登堡（Paul von Hindenburg）将军和鲁登道夫将军开足马力推动战时经济时，他们也需要工会成员同心协力来给予支持。

对于欧洲这样壮观的动员，受罗斯福影响的美国人的反应并不是优越感，而是又敬畏又羡慕。[29]正如罗斯福在1915年1月所说的，战争也许是"可怕而邪恶的，但它也是壮观和高尚的"，美国人不应该"假想"自己"具有高人一等的美德"，也不应该指望欧洲人会"认为"他们"树立起了一个精神榜样……美国人只是优哉地坐在那里，说些无聊的废话，捡起欧洲人的生意；而与此同时，欧洲人正在浴血奋战，以维护他们全心全意相信的理念"。[30]对罗斯福来说，如果美国要证明自己成为一个大国的合法性，它就必须在同一场战斗中通过支持协约国来证明自己。然而，让罗斯福深受打击的是，即使在1915年5月"卢西塔尼亚号"被击沉之后，赞成参战的美国人依然是少数。数百万德裔美国人主张中立，许多爱尔兰裔美国人也是如此。1915年，当德意志帝国军队进入俄属波兰，并在那里受人欢迎地废除了沙皇俄国的反犹主义时，犹太裔美国人却被禁止欢呼庆祝。美国劳工运动和残存的农民民粹运动曾在1912年团结在威尔逊周围，支持他竞选总统，但它们同样都不赞成参战。威尔逊的第一位国务卿不是别人，正是威廉·詹宁斯·布莱恩（William Jennings Bryan），19世纪90年代的福音派原教旨主义者、和平主义者和反金本位制度的激进派。他对华尔街及其与欧洲帝国主义之间的关联一直深表疑虑。当时间一天天临近1914年的七月危机时，布莱恩出访欧洲各国，签订了一系列调停协定，从而避免了美国被卷入战争的可能。战争爆发之后，他主张应当彻底而全面地联合抵制向战争任何一方提供私人贷款。但威尔逊否决了这一提议。1915年6月，在"卢西塔尼亚号"被击沉之后，威尔逊威胁德国说，如果德国不停止潜艇战，美国将采取战争行动。对此，布莱恩辞职以示抗议。但威尔逊本人也绝不是一个赞成干涉行为的人。

在被赞誉为举世闻名的自由国际主义者之前，伍德罗·威尔逊是作为美国国家历史伟大的吟诵者而引人注目的。[31] 作为一名普林斯顿大学的教授、畅销历史书的作者，他让这个仍然没有从内战中完全站起来的民族对自己充满暴力的过去有了一个和谐一致的看法。对于在弗吉尼亚的童年，威尔逊最早的记忆之一便是听到林肯当选的消息，以及内战即将来临的传言。19世纪60年代，他在佐治亚州的奥古斯塔（Augusta）长大——后来在凡尔赛，他对劳合·乔治描述这个地方是"被征服和被破坏的乡村"——从战败一方身上感受到了一场用武力决出最终胜负的正义战争所带来的苦果。[32] 这

第一章　处于平衡状态的战争

使他对任何主张讨伐的言论都持深切的怀疑态度。给威尔逊留下创伤的不仅是内战，还有战争之后的和平，它所带来的伤害更加严重。终其一生，威尔逊都在抨击内战之后的重建阶段，北方努力将一个新秩序强加给南方，让获得自由的黑人拥有选举权。[33] 在威尔逊看来，美国花了不止一代人的时间才得以恢复。直到19世纪90年代，才实现了某种和解。

不管是对威尔逊还是对罗斯福来说，战争都是对美国新自信和新力量的一次考验。罗斯福想要证明美国的英雄气概；而在威尔逊看来，席卷欧洲的这场战争正在挑战他的国家的道德平衡力和自我约束力。通过拒绝卷入战争，美国的民主政治将进一步巩固这个国家的成熟，以及对于战时煽动性言论的免疫力，而在50年前，类似言论曾带来了巨大危害。然而，强调自我约束不应被误解为谦逊。罗斯福等干涉主义者只是在追求平等——希望美国也能被视为一个羽翼丰满的大国，而威尔逊的目标毫无疑问是要让美国占据制高点。这种想法也不是要忽视"硬实力"。威尔逊在1898年时就已经因为美西战争而兴奋不已，他的海军扩张计划，以及坚持美国应控制加勒比海地区的主张，比他之前的所有总统都更加具有侵略性。为了控制巴拿马运河，1915年和1916年，威尔逊毫不犹豫地下令占领多米尼加共和国和海地，并对墨西哥进行干涉。[34] 但是好在美国天然具有广袤的土地，所以它并不需要大面积扩张领土。它在经济方面的需求已经通过世纪之交时的"门户开放"政策表达出来了：美国并不谋求对领土的控制，但它的商品和资本必须能够在全世界自由流动，不受任何帝国国界的限制。与此同时，在坚不可摧的海上防护力量的保护之下，它还投射出一道让人难以抗拒的道德与政治影响力之光。

在威尔逊看来，这场战争是"天命"的一个迹象，它为美国带来了"一个很少被赐予其他国家的机会，一个在世界上提出并达成和平的机会……"——而且是按美国自己的方式。一个按照美国方式建立起来的和平协定将使美国作为"和平友好的真正捍卫者"而被赋予永久的"崇高性"。[35] 1915年和1916年，豪斯上校两次被派往欧洲，游走于各国首都进行调停，但参战双方都对此不感兴趣。1916年5月27日，就在英国发动由华尔街提供资金支持的索姆河战役之前几周，在华盛顿的新威拉德酒店（New Willard Hotel），威尔逊在强制和平同盟会（League to Enforce Peace）的一次集会上发表讲话，提出了他对一种新秩序的看法。[36] 对于主办这次活动的共和党国际主义者的观点，威尔逊表示赞成。他说，自己非常乐于看到美国加入任何愿意维护未来和平的、"可行的国家联盟"。作为这个新秩序缺一不可的两个基础，他提倡公海自由和限制军备。但威尔逊与他的大多数共和党对手不一样的地方在于，他认为，美国在世界新秩序中所扮演的角色，与明确拒绝加入当前这场战争的做法是密不可分的。如果参战，美国就将失去绝对的制高点。威尔逊说，战争的"原因及其目标"，都与美国无关。[37] 在公共场合，他只会说这场战争有着"更深""更复杂"的原因。[38] 而在与美国驻英国大使沃尔特·海因斯·佩奇（Walter Hines Page）的私人谈话中，他则直言不讳。德国的潜艇战激起了公愤，但英国的"海军至上主义"也好不到哪里去，并且给美国造成了更大的战略性挑战。威尔逊相信，这场邪恶的战争并不是自由主义对德国侵略的讨伐，而是一场"英德两国为了解决经济竞争而发生的争执"。佩奇在日记中写道，1916年8月，威尔逊"说英国拥有整个地球，而德国想将之据为己有"。[39]

即使1916年不是竞选年，即使摩根不是共和党最有力的赞助商之一，在亲英的银行家的主张之下与协约国纠缠在一起的一大部分美国经济力量也已经对威尔逊政府提出了严重挑战。当竞选进行到最后阶段时，美国国内因战争繁荣而引起的紧张状况也到了危急关头。从1914年8月开始，信贷刺激下的出口猛增导致生活成本提高，美国人引以为傲的工资购买力正在消失。[40]企业大发战争财，埋单的却是美国工人。夏天过后，威尔逊同意了国会中人民党左翼的提议，开始向对欧出口征税。在1916年8月的最后几天，为了回应铁路系统大罢工的威胁，他站在工会一边，促使国会承认了八小时工作制。[41]结果，美国的大企业前所未有地团结在了共和党的竞选阵营一边。民主党人这边则公开讥讽共和党的查尔斯·休斯（Charles Hughes），说他是服务于华尔街奸商的"战争候选人"。在这场充满敌意的、美国政治史上参与人数最多的竞选结束之后，威尔逊的获胜丝毫没能平息激烈的党派之争。尽管威尔逊在普选中获得了稳定多数，但他也只是因为在加利福尼亚以3755票的优势胜出，才得以在选举人团中获得领先。由此，威尔逊成为继19世纪30年代的安德鲁·杰克逊（Andrew Jackson）之后，第一个成功连任总统的民主党人。对于协约国和他们在美国的赞助商而言，这是个需要好好考虑一下的结果。大部分美国民众已经表明了态度，他们不想卷入冲突。

三

考虑到威尔逊的再次当选，要想指望美国继续默许协约国战事不断增长的经济需求，显然是有一定风险的。但这场冲突本身是不断变化的。随着德国在凡尔登的攻势达到恐怖的高潮，协约国在1916年5月24日决定，要在索姆河发动英国首次大规模进攻。三天之后，威尔逊就在新威拉德酒店表明了自己对世界新秩序的看法。[42]尽管英国的进攻没能取得突破性成果，但它迫使德国开始转入守势。与此同时，协约国在东线上的大战略也快要取得决定性胜利了。那里，在协约国资金和工业生产的支持下，俄国军队得以恢复，有能力对抗摇摇欲坠的哈布斯堡王朝。1916年6月5日，精力充沛的骑兵指挥官阿列克谢·布鲁西洛夫（Aleksei Brusilov）将军毅然派出俄国的精锐部队，在加利西亚（Galicia）与奥匈帝国的军队作战。在那几天举世闻名的战斗中，俄国人摧毁了哈布斯堡王朝的军事实力。要不是德国军队紧急增援并担任军事指挥，东线的南段就将彻底崩溃。这对同盟国产生了严重的冲击，以致产生了一系列连锁反应。

8月27日，罗马尼亚终于放弃了中立立场，宣布加入协约国作战。同盟国曾经严重依赖从罗马尼亚运送来的石油和粮食，可现在向西被派到特兰西瓦尼亚（Transylvania）的，却是一支精神抖擞、由80万人组成的敌军。尽管看起来难以置信，但在1916年8月时，掌握着世界命运的并不是威尔逊总统，而是布加勒斯特（Bucharest）的罗马尼亚首相扬·布勒蒂亚努（Ion C. Brătianu）。正如陆军元帅兴登堡在回忆录中所说的："的确，从来没有一个像罗马尼亚这样的小国，在这样一个恰当的时机，扮演对世界历史具有如此重要意义的角色；像德国和奥地利这样的强国，从来没有以这样一种方式，受到一个人口大约只有自己二十分之一的国家的影响。"[43] 在德皇的宫殿中，罗马尼亚参战的消息"犹如一颗炸弹。威廉二世（William II）惊惶失措，断言战争已经失败，觉得我们必须求和了"。[44] 哈布斯堡王朝驻布加勒斯特大使奥托卡尔·切尔宁（Ottokar Czernin）伯爵"确定无疑地"预言，"如果战争继续下去，同盟国及其盟友将会彻底失败"。[45]

结果，罗马尼亚没能把握住这个机会。以德国为主力的一场反击战扭转了局面，反败为胜。到1916年12月，随着德国和保加利亚的兵力攻入布加勒斯特，罗马尼亚政府和它残存的军队发现自己只能流亡俄占摩尔达维亚（Moldavia）。但正是这一系列戏剧性事件，构成了1916年年底到1917年年初协约国、德国和伍德罗·威尔逊之间冲突的重要背景。1916年8月底，德皇撤换掉了名誉扫地的凡尔登战役策划者埃里希·冯·法金汉（Erich von Falkenhayn），任命陆军元帅兴登堡和他的参谋长埃里希·鲁登道夫组成第三最高陆军指挥部（3. OHL），这标志着柏林方面打算将战争进一步升级。在过去的两年中，鲁登道夫和兴登堡只参与了对俄作战，因此，在近距离了解了西线的战况之后，他们感到极度震惊。德国在凡尔登战役中付出巨大，但英国在索姆河战役中的超密集投入也创下了新高。因此，兴登堡和鲁登道夫做的第一件事就是摆出防御的姿态。如果说他们还希望能与协约国在全球范围内的战争投入一决高下的话，德国就需要进行一场新的自我动员。所谓的"兴登堡计划"就是要让每年的军需品产量翻倍。这一目标的确达到了，但后方为此付出了惨重代价。与此同时，正是出于同样的防御理由，第三最高陆军指挥部支持海军进行潜艇战。德国如果想要存活，就必须切断这条跨大西洋的补给线。兴登堡和鲁登道夫不会立刻发动攻击，他们要给贝特曼·霍尔维格一个进行和平调解的机会，要让德国的社会主义者们确信，他们是在支持一场纯粹的防御战。[46]将潜艇战进一步升级的风险是显而易见的，这会激起美国的敌意。但如果继续退缩，那就正中英国的下怀。从经济方面来说，北美不管怎样都已经完全和协约国共进退了。

协约国面临着一项艰巨的任务，要在不久的将来从美国再筹集10亿美元的贷款，因此并不奇怪，协约国对美国一定支持自己并没抱太大希望。尽管如此，和谈对英国和法国来说，甚至比对德国更没什么吸引力。经过两年的战争之后，德国军队已经占领了波兰、比利时、法国北部的大部分，现在他们又占领了罗马尼亚；塞尔维亚已经被从地图上抹去。在伦敦，1916年秋天，正是围绕战争第三年战略重点的争论导致了阿斯奎斯政府的垮台。[47]具有讽刺意味的是，那些最愿意接受威尔逊和谈观念的人，恰恰也是对美国长期崛起最持怀疑态度的人。像英国财政大臣雷金纳德·麦克纳（Reginald

McKenna）那样的老派自由主义者更是如此。他警告内阁，如果他们继续这样下去的话，"我敢肯定地说，到明年（1917年）6月或者更早，只要他愿意，美利坚合众国的总统就能随心所欲地对我们发号施令了"。[48] 麦克纳试图避免越来越依赖美国的想法，与威尔逊对欧洲政治的厌恶是一个命题的两面。在双方看来，避免未来纠葛的最好办法就是尽快停止战争。但到1916年12月，麦克纳和阿斯奎斯都已经下台了。新上台的是劳合·乔治所领导的联合政府，它下定决心要打败德国。具有讽刺意味的是，尽管这个联合政府的态度与威尔逊想要结束战争的想法根本不相匹配，它的根本承诺却是最大西洋主义的。[49] 劳合·乔治告诉威尔逊的国务卿罗伯特·兰辛（Robert Lansing），他满腔热情地期待一个持久的、建立在"两个伟大的英语国家相互支持"基础之上的国际秩序。[50] 正如他之前在1916年对豪斯上校所说的："如果美国能与英国携手并肩，那么，整个世界都无法撼动我们对海洋的联合控制。"[51] 不仅如此，"美国的经济实力"是"如此强大，没有哪个参战国能与之抗衡……"[52] 然而，正如劳合·乔治在1916年夏天就已经提出的，美国的贷款不仅造成了英国对华尔街的服从，更造成了它们相互的依赖。英国向美国借的钱越多，购买的东西越多，威尔逊就越难将自己的国家与协约国的命运分离开来。[53]

第二章

没有胜利者的和平

当1916年接近尾声的时候,欧洲参战的两大集团都认为美国与协约国之间的金融关系迟早会迫使华盛顿站到协约国一边,并准备为此承担巨大的风险。这也不是什么国家机密,这一猜想已经流传甚广。1916年6月,流亡苏黎世的俄国激进分子弗拉基米尔·伊里奇·列宁（Vladimir Ilyich Lenin）,正在为《帝国主义是资本主义的最高阶段》（Imperialism, the Highest Stage of Capitalism）一书做最后的润色,这本书后来成为他最为著名的小册子之一。[1]在这本书里,美国参战的必然性已经从一种普遍的推想变成了一种铁定无疑的理论规定。在列宁看来,帝国主义阶段的国家会被拖入战争,以服务于国家利益。按照这样一种逻辑,华盛顿显然迟早会对德宣战。然而,这些推测所没能解释的,是1916年11月到1917年春天之间发生的一系列重要事件。成功连任的美国总统肩负着让美国远离战争的使命,他却想做点更有野心的事情。他不仅试图保持中立,还想以某种方式结束战争,从而将华盛顿置于全球领导地位上。列宁也许会宣称,帝国主义是资本主义的最高阶段,但威尔逊的想法可不是这样。[2] 事实证明，参战国也不是这么想的。如果回到战前的帝国主义世界已经不可能了，那么革命并不是唯一的选择。

一

1916年10月整整一个月，J. P. 摩根都在与英法两国紧急商讨盟国的融资前景。在下一个作战阶段，协约国计划筹集至少15亿美元的资金。意识到这个数目过于庞大，J. P. 摩根寻求美国联邦储备委员会和威尔逊本人的确认，未来不会发生什么变化。[3] 随着11月7日竞选日的临近，威尔逊开始起草一份公开讲话稿，这份讲话稿将由美国联邦储备委员会主席发布，警告美国民众不要再将他们的储蓄投到给协约国的贷款中去。[4] 1916年11月27日，就在J. P. 摩根打算发行英法债券的前四天，美国联邦储备委员会向所有会员银行发布了指导意见。为了维护美国金融体系的稳定，美联储宣称，它不认为美国投资者应当增加他们对英国和法国有价证券的持有量。华尔街越陷越深，而投资者又在抛售英镑，J. P. 摩根和英国财政部不得不紧急买入英镑来支撑英国通货。[5] 与此同时，英国政府被迫推迟了对法国采购的支持。[6] 协约国方面想尽办法融资，但仍岌岌可危。1916年秋天，俄国的不满情绪不断增长，因为英国和法国要求俄国将其黄金储备运到伦敦，为盟国的借款提供担保。没有了美国的帮助，不光是金融市场的耐心受到影响，就连协约国自己也陷入危机。[7] 在这一年的年底，英国内阁的战争委员会得出了可怕的结论，他们认为，唯一可能的解释就是，威尔逊想要对他们施压，打算在几周内结束战争。当伦敦方面收到来自其驻华盛顿大使的确认，说确实是总统本人坚持美联储指导意见的严厉措辞时，这一悲观的解释再次得到了确认。

考虑到1916年协约国向华尔街提出的巨额要求，显然在美联

第二章　没有胜利者的和平

储公开表态之前，意见就已经转向了反对继续向伦敦和巴黎提供大笔贷款。[8] 但英国内阁无法忽视的是美国总统的公开反对，而威尔逊还坚决地打算提高赌注。12月12日，德国宰相贝特曼·霍尔维格率先提出了和谈要求，但并没有提到德国自己的目标。不久后，12月18日，威尔逊发出了"和平照会"（Peace Note），他大胆呼吁战争双方说出他们的目的，什么样的战争目标让人们觉得有理由继续这场可怕的屠杀呢？这是一次公开否认战争合法性的行为，而它又与柏林方面的主动出击相互呼应，这就更让人担忧了。华尔街立即对此有了反应。军火股价大幅跳水，德国驻美大使约翰·海因里希·冯·伯恩斯托夫（Johann Heinrich von Bernstorff）和威尔逊的女婿、美国财政部部长威廉·吉布斯·麦卡杜（William Gibbs McAdoo）则被指责因看空与协约国相关的军火股而赚了好几百万。[9] 伦敦和巴黎方面所受到的冲击则更加严重，据说英国国王乔治五世（King George V）甚至为此流下了眼泪[10]；英国内阁陷入震怒之中；伦敦的《泰晤士报》（Times）呼吁大家冷静，但无法掩饰因威尔逊对战争双方不加区分而感到的失望。[11] 巴黎的爱国报刊怒吼，这是战争进行了29个月以来，法国遭受的最严重打击。[12] 德国军队在东西两个方向都已深入协约国领土，必须把他们赶走，然后才能考虑对话。由于1916年夏末战局的突然改变，这看起来也不是不可能。奥地利已经快要走投无路了。[13] 1917年1月底，当协约国在彼得格勒（Petrograd）商讨战局时，他们是在考虑进行新一轮的集中攻击。

威尔逊的干涉让人十分难堪，但让协约国感到安慰的是，同盟国首先拒绝了总统先生的调停建议。这就使协约国可以在1月10日发布自己言辞谨慎的关于战争目标的声明了。协约国要求德国军队撤出比利时和塞尔维亚，要求归还阿尔萨斯—洛林（Alsace Lorraine），它们还提出了更高的要求，即被奥斯曼帝国和哈布斯堡王朝压迫的各民族应获得民族自决权。[14]这是一份拒绝立即谈判、要将战争继续下去的宣言。于是，问题不可避免地又出现了：谁来给战争埋单？为了支付每周在美国购买物资所需的7500万美元，1917年1月，英国从在纽约的资产中只筹到了2.15亿美元。除此之外，恐怕就只能花掉英格兰银行最后的黄金储备了，但这也只能负担最多六个星期的采购。[15]伦敦方面别无选择，只能在1月份请求 J. P. 摩根重新开始准备进行11月搁置下来的债券发行。然而，他们又一次忽略了总统先生。

1917年1月22日下午1点，伍德罗·威尔逊大步流星走向美国参议院讲台。[16]这是个颇具戏剧性的场面。各位参议员直到午饭时才听说总统打算发表一次讲话。自乔治·华盛顿（George Washington）时代以来，这是第一次有总统在这个庄严的地方直接发表讲话。即使是在其他国家的政治舞台上，这样的情况也不多见。显然，威尔逊想要谈谈战争问题，并且他的做法显然不会只是发表评论而已。人们通常把威尔逊开始成为全球领袖的时间确定在一年之后的1918年1月、他阐明所谓的"十四点和平原则"之时。但实际上，美国总统第一次清楚表明对世界领导权的主张，是在1917年1月。威尔逊在参议院讲话的同时，他的演讲稿也被发送到了欧洲主要国家的首都。与"十四点和平原则"的讲话类似，1月22日，威尔逊呼吁在国际联盟、限制军备和公海自由的基础之上建立一个新的国际秩序。然而，"十四点和平原则"是一份战时宣言，它完全符合世纪中叶人们对美国全球领导权的叙述；相比之下，1月22日威尔逊的讲话则很难被纳入这套话语。

1917年1月，当通向美国世纪的大门被打开时，威尔逊泰然自若地站在画面之中。他不是要加入哪一方，而是要争取和平。20世纪美国领导权的第一次重要声明并不是要确保"正确"的一方获胜，而是要确保没有哪一方获胜。[17]唯一能确保世界所有大国共同合作

第二章　没有胜利者的和平

实现的和平，就是各方都接受的和平。大战各方都必须承认，冲突完全是徒劳无益的。这意味着战争只会有一个结果："没有胜利者的和平"。这个表述包含了一种道德平衡的立场，自开战以来，威尔逊一直也正是以这种立场与欧洲保持距离的。他也知道，对于他1917年1月的大多数听众来说，这一表态是难以接受的。[18]"这么说会让人不高兴……我只想面对现实，不加任何掩饰地面对现实。"在当前的杀戮中，美国不能加入任何一方。因为如果美国帮助了英、法以及整个协约国，它们当然会确保获胜。但这样做，美国其实是在延续旧世界可怕的暴力循环。威尔逊在私人谈话中表示，那将不亚于"对文明的犯罪"。[19]

威尔逊后来被指责对国际联盟抱有理想主义的想法，认为国际联盟本身就可以确保和平；而且，在权力问题面前，他像一个道学家一样退缩了。不敢面对国际执行的问题，这被认为是国际"理想主义"与生俱来的缺陷。但从这个意义上说，威尔逊绝不是理想主义者。1917年1月，他所提倡的是"由人类有组织的主要力量确保的和平"。如果战争结束之后，世界被分裂成了胜利者和被征服者，那就需要大量军队来维持。但威尔逊所追求的是限制军备，他要不惜一切代价避免美国自身的"普鲁士化"。因此，没有胜利者的和平就变得极其重要。"胜利就意味着，和平是强加给失败者的。……它可能是在屈辱之中、在胁迫之下、付出了难以承受的牺牲之后才被接受的。这样，它就会留下一些刺痛、一些怨恨、一些痛苦的记忆，建立在这样基础之上的和平就如同建立在流沙上一样，是无法长久的。""就像棘手的领土问题、种族和国家忠诚问题的公平解决一样，健康的心理状态、国家之间健康的感情，对于一个持久的和平来说，也是不可或缺的。……任何不承认或不接受这一原则的和平都将不可避免地遭到破坏。它不取决于人们的爱憎。"[20]威尔逊正是为了创造必要的条件，以达成一个不需要昂贵的国际安全体系就可以维持的和平,才在 1917 年 1 月呼吁结束战争的。各国的好战精神已经消耗殆尽,现实证明战争已失去作用,这些将使国际联盟得以自我维持。

然而,如果这就是威尔逊所说的对等的和平,那它还有一个更深的含义。在美国历届总统中,威尔逊以伟大的国际主义者著称。然而,在他想要创造的世界中,美国作为世界文明领头羊的特殊地位是要被刻在欧洲权力的墓碑上的。威尔逊头脑中的对等的和平,是欧洲国家全都已经筋疲力尽的和平。这个壮丽的新世界的第一幅画面,便是欧洲各国谦卑地匍匐在美国脚下,而美国则作为中立的仲裁者、国际新秩序的创造者,光芒四射地冉冉升起。[21]威尔逊想要的,既不是怯懦的理想主义,也不是要让美国服从于国际权威。事实上,他是基于美国历史命运独特的愿景,过高地要求美国能拥有道德上的优势。

二

与 1918 年"十四点原则"所引起的反应不同,1917 年 1 月威尔逊提出"没有胜利者的和平"之后,各方明显反应不一。[22]在美国,支持总统的进步主义者和左翼人士为他欢呼。与此形成对照的是,大多数共和党人怒不可遏,他们认为这是行政部门一次前所未有的对一方的偏袒。一名共和党人愤怒地表示,在 1916 年的竞选苦战之后,总统的这番讲话,是"从国王宝座上传来的政治演说",把参议院当作一个偏袒一方的行政部门的平台,这是对参议院空前的侮辱。[23]另外一位听众则留下了威尔逊"觉得自己是世界总统"的印象。查尔斯·奥斯汀·比尔德(Charles Austin Beard),这位著名的进步主义历史学家,在《纽约时报》(*The New York Times*)上发表评论说,威尔逊之所以会提出这一倡议,唯一可能的原因就是，冲突的一方已经濒临破产，所以急需结束战斗，就好像1905年罗斯福总统调停日俄战争时那样。[24]而协约国所担心的，正是威尔逊想让它们破产。对于巴黎和伦敦方面来说，威尔逊讲话所引发的问题已经不是什么建制细节的问题，他的观点可能会破坏盟国大后方的团结。截至目前，这种团结使战争在很大程度上得到了国民自发的支持，而不需要进行残酷的国内镇压。更让人担心的是，威尔逊完全知道自己在干什么。总统先生在参议院宣称："在世界各民族大权在握的人当中，或许我是唯一一个能自由说话，而不用隐瞒什么的。"他继续说，"我怎能不补充一句呢，我希望，并且相信，我其实是在为自由主义者，以及每个国家的人道主义和每个自由计划的支持者发声。"威尔逊甚至又进了一步："我很乐于相信，我是在为世界各地沉默的大多数人发声，这些人至今还没有场合、没有机会大声说出亲眼看到死亡和毁灭降临到他们最亲近的人和家庭时，他们内心真正的想法。"

在这里，威尔逊讲话的真正含义才变得清晰起来。这位美国总统正在质疑所有参战国政府作为民众代表的合法性。在协约国这边，一些宣称代表了"大多数人"的、喧嚷不休的组织对威尔逊的暗示做出了回应。就在威尔逊发表讲话的1月22日，英国工党在曼彻斯特举行集会——700位代表，包括劳合·乔治新政府中的一位大臣，代表着225万成员，党员人数比他们在1901年第一次集会时多了四倍。[25]集会的整体论调还是爱国主义的，但当威尔逊的名字被提到的时候，独立工党（Independent Labour Party）内部的反战派爆发出了整齐划一的掌声。[26]《泰晤士报》对此进行了谴责，但《曼彻斯特卫报》（*Manchester Guardian*）*却拍手称快。[27]1月26日，在法国国民议会上，80位社会主义代表要求政府对威尔逊"高

---

* 《曼彻斯特卫报》于1959年改为现在的名称：《卫报》。——编者注

尚而理智的"感情表示赞同。[28]

应该说，所有这些，确实给了德国一个历史性的机会。美国总统权衡了战争的利弊后，决定不加入协约国。海上封锁让人们看到了英国控制海上航道对全球贸易意味着什么，威尔逊的回应是推出了他自己的一个史无前例的海军计划。他似乎已下定决心，阻止更多动用美国经济。他在德国还占据上风的时候呼吁进行和平对话。虽然贝特曼·霍尔维格已经先迈出了一步，但这也没有阻止威尔逊。现在，他越过了英国、法国和意大利的政府，非常坦诚地向这些国家的人民发表讲话，要求结束战争。华盛顿的德国使馆完全明白美国总统讲话的重要意义，拼命催促柏林方面做出积极的回应。早在1916年9月，在与豪斯上校进行了广泛交谈之后，伯恩斯托夫大使就曾向柏林发去电报，表示美国总统将在竞选结束后尽快想办法进行调停，并且，"威尔逊认为，参战双方都不应获得决定性胜利，这是有利于美国的"。[29] 12月时，大使试图让柏林方面明白威尔逊干预金融市场的重要性，用这种方式扼住协约国的喉咙，将远比全面实施的潜艇战要安全得多。最重要的是，伯恩斯托夫明白威尔逊的野心。如果他能结束战争，那么他就可以说，美国总统"光荣地成为世界舞台上的头号政治人物"。[30] 如果德国人想要阻挠的话，他们得清楚这将激怒威尔逊。然而，这些呼吁没能阻止德国将战争升级的想法，自1916年夏天协约国取得一些突破之后，这一想法就已经开始了。

兴登堡和鲁登道夫这两位将军在1914年把德国从俄国人手里拯救出来，又在1915年征服了波兰。但他们认为，自己能被赋予最高指挥权，是因为1916年8月同盟国遭遇的危机。从这一刻开始，与灾难擦肩而过的经历就决定了德国的战争政治。1916年，德国想让法国人在凡尔登流干最后一滴血，但考虑到美国，他们并没有进行潜艇战，协约国由此得以死里逃生。1916年夏天，奥地利遭受了

第二章　没有胜利者的和平

致命攻击。考虑到此时协约国又动员了大批军队，再继续克制就将造成灾难性的后果。柏林的领导层从来没有认真想过，威尔逊也许真的能想办法停止战争。不管美国在政治上表现得如何不同，他们始终坚持认为，美国在经济上永远坚定地站在协约国一方。这样的结果就是自我应验。基于他们对美国政治确定无疑的看法，德国军事战略家让威尔逊的言论没了立足之地。1917年1月9日，兴登堡和鲁登道夫无视德国宰相略带迟疑的反对，强行决定继续进行无限制潜艇战。[31] 不出两个星期，他们就会清楚地看到，他们对局势的判断错得多么离谱。就在1917年1月22日，威尔逊大步流星走向参议院讲台、呼吁结束战争的时候，德国潜艇正在冬季的海洋里发动攻击，对英法的海岸线形成一个弧形包围圈。伯恩斯托夫大使以沉痛的语言告知美国国务院，已经来不及取消这一切了。1月31日下午5点，他向国务卿兰辛递交了官方声明，宣布德国将进行无限制潜艇战，以阻击协约国在大西洋和地中海东部的物资供应线。2月3日，美国国会通过决议，与德国断交。

德国人的决定使"没有胜利者的和平"淹没在了历史之中，它让美国卷入了一场威尔逊厌恶的战争，让威尔逊再也无法得到他发自内心想追求的那个角色：全球和平的仲裁者。1917年1月9日无限制潜艇战的恢复，成为世界历史上的一个转折点。它在侵略行为的链条上又加了一环，这个链条往前可以追溯到1914年8月，往后延伸到1938年至1942年希特勒的疯狂进攻，使德国作为一个难以驯服的暴力力量的形象被牢牢固定下来。当时就已经有人对无限制潜艇战进行痛苦的自我反省了。贝特曼·霍尔维格的外交顾问库尔特·里茨勒（Kurt Riezler）在日记中写道："主宰着万物的命运已经表明，威尔逊事实上可能打算向其他人施压，并且他也有办法做到这一点，这本可以比潜艇战好上100倍。"[32] 对于国际自由主义者——比如伟大的社会学家马克斯·韦伯（Max Weber），这位今天最具洞察力的政治评论家——来说，贝特曼·霍尔维格放任军事上的技术性意见推翻自己更为正确的判断，是俾斯麦对德国政治文化造成长远伤害的罪证。[33]

然而，如果我们只用德国政治史特殊的病态来解释"没有胜利者的和平"为何偏离正轨，那就低估了1916年那个冬天华盛顿与协约国之间分歧的严重性。威尔逊挑战的并不止是德国，而是整个欧洲；实际上他的挑战主要是指向协约国的。从1916年7月的索姆河战役开始，是协约国在不断扩大和加深冲突，主动回应威尔逊明确的和谈主张。协约国的行为最终导致德国把美国赶到了协约国阵营之中，但我们不能因此而忽略掉的另一个事实是，协约国也冒着巨大的风险。使事情变得具有讽刺意味的是，协约国基于某种认识冒风险，德国也基于自己的认识开始了它灾难性的侵略步伐，而这两种假定恰恰互为补充。如果伦敦和巴黎方面再多做一些努力，把美国拖到这场战争当中，那威尔逊就身不由己了。但事实上，只是德国对这个逻辑的预期才使它成了现实。事后来看，这一点可能会变得模糊，但当时的人们可没有忘记它。1918年10月停战交涉期间，人们会再次想起这一点。然而，即使是在潜艇战开始之后，也很难说一切都已不可改变。

三

在与德国断交之后，威尔逊政府中的很多人都想完全站到协约国一方去，其中最著名的大概是国务卿兰辛。他宣称，在这场"解放人类、抵抗专制"的事业中，美国应该与自己"天然的"盟友站在一起。[34]共和党内支持协约国的声音在泰迪·罗斯福的领导下火力全开。英国政府的心情过于迫切，以致他们没能抓住这个机会，建立起一个跨大西洋的政治联盟。正如英国驻华盛顿大使所指出

第二章　没有胜利者的和平

的，伦敦方面后知后觉地意识到，"在进行可能影响我们与美国关系的谈判时，不能把摩根当成正规外交部门的替代物"，于是匆匆忙忙地从财政部选派了一个代表团奔赴华盛顿，希望推动政府间的接触。[35]

到1917年，协约国很容易就接受了大西洋主义。[36]早在战争爆发之前，从1911年在阿加迪尔（Agadir）发生的第二次摩洛哥危机开始，强调英法之间的政治团结，以应对德意志强横的帝国主义行径的言论就变得越来越常见。在英德之间建立良好关系的愿望破灭之后，深感失望的劳合·乔治开始将法国视为"英国在欧洲的理想伙伴"。维护二者的联合，共同对付"欧洲戴着王冠的粗俗之辈"至关重要。[37]在他的战时讲话中，劳合·乔治毫不犹豫地把英国民主制度与欧洲的革命传统联系起来。他许诺，对德国的制胜一击将为所有人带来"自由、平等、博爱"。[38]在为解放和自由而进行的斗争中主张一种共有的大西洋传统，不过是英法在历史和意识形态上结盟链条上的下一环。

在法兰西共和国，这样的想法甚至更容易被接受。早在战争之前，第三共和国中的很多人就把英法协约视为"自由的结盟"，使法国不用再可悲地依赖于与独裁的沙皇俄国所结成的同盟了。[39]当乔治·克列孟梭总理最亲密的搭档之一，安德烈·塔尔迪厄（André Tardieu）在1917年5月被派往华盛顿时，他的任务就是呼吁"两个民主国家，法国和美国"应当携手并肩，证明"在遭到攻击、需要自卫时，共和政体绝不次于君主政体"。[40]当然，在美国也有许多声音想要在这个问题上插一嘴。1917年春天，到访华盛顿和纽约的法国代表团是作为拉法耶特（Lafayette）的后人受到招待的，拉法耶特曾帮助美国在1776年摆脱殖民统治、获得自由。然而，不管是协约国的军事战略家，还是德国人，都忽略了白宫和威尔逊总统所代表的数量庞大的美国舆论群体。尽管德国发动了侵略，但美国还没有参战,而总统先生与他周围的人都打算继续疏远协约国。[41]

威尔逊之所以不愿卷入欧洲的冲突,在很大程度上是因为他觉得还有更多事情亟待处理。正如我们在第五章将看到的,1917年春天,总统先生很大一部分精力被中国所发生的事情牵扯。日本是协约国的盟友,这让他十分头疼。1916年年底到1917年年初,在威尔逊呼吁没有胜利者的和平背后,美国成为世界领导者的战略思考带有明显的种族色彩。考虑到中国的孱弱和日本权力的不断扩张,对威尔逊来说,遏制欧洲帝国主义自杀式的暴力时,重要的不仅是旧世界的琐碎争吵,更是"这个星球上白人至上主义"的未来。[42] 1917年1月底,当美国内阁开会讨论来自欧洲的消息时,一位在场人士这样记下了威尔逊的想法:总统先生"越来越强烈地认为,'白人文明'及其在世界的统治地位,很大程度上取决于我们是否能让这个国家不受侵害,因为我们将必须建设那些受到战争破坏的国家。他说,随着这个想法越来越深地根植于心中,他将不惜任何手段,避免美国真的卷入这场冲突中去"。[43] 威尔逊说,美国如果让自己陷入这场战争的旋涡,那将是"对文明的犯罪"——在这么说时,他想的是"白人文明"。在英国,许多人都与威尔逊一样,对世界历史持这种种族主义的观点。但他们认为,正是由于英国需要把军事主力放在亚洲,所以必须制伏德国人。欧洲的战争不是对全球范围内斗争的干扰,而是这个斗争的重要组成部分。那么,为什么总统先生却不愿看到美国的重大利益也参与其中呢?尽管协约国一直努力地想要把自己的目标与美国价值观看齐,但威尔逊始终保持高度的怀疑。如果我们追溯到威尔逊政治性格在19世纪的起源,就很容易知道原因了。

作为一个保守的南方自由主义者,威尔逊的历史观受到两个重大事件的影响:灾难性的美国内战,以及英裔爱尔兰保守主义者埃德蒙·伯克(Edmund Burke)在其著作中所阐释的戏剧性的18世纪革命。[44] 1896年，威尔逊为伯克最著名的演讲之一《与美国和解》（'Conciliation with the Colonies'）写了一篇热情洋溢的序言。在威尔逊看来，伯克这篇最早发表于1775年的演讲是一个与众不同的重要发言。伯克高度赞美了热爱自由的北美殖民地人民，但"痛恨法国的革命哲学，觉得它是不适合自由民的"。威尔逊发自内心地对此表示赞同。回看一个世纪以来的革命，他谴责那种哲学留给后人的东西是"极端邪恶和腐败的，没有哪个国家能依其原则行事。因为在这种哲学里，政府是一种契约，是一种有意识的安排。但事实上，政府是一种习惯的组织，由无数团体的线条绑在一起，没有哪一根线是故意放在这里的……"与那些认为只要通过一次革命就能实现民族自决的空想不同，威尔逊坚持认为"政府从来没有被成功地、永久地改变过，它只能由一代又一代的人进行缓慢的调整"。[45] 基于法国在1789年、1830年、1848年和1870年所发生的事情，威尔逊在更早的一篇文章中指出："民主在欧洲总是以叛乱的形式出现，成了一种破坏性的力量……它建立起的这些临时政府就跟过去一样……所用的原材料是臭名昭著的集权统治，只是将民众代表的任期改进为一段时期而已……但它所能保证的东西则少得可怜，只有紧挨着自由主义心脏位置的日常地方自治而已。"[46] 1900年，他甚至在第三帝国当中看到了一种危险的、不稳定的君主专制的遗存，其"怪诞的影响力"败坏了现代世界整个民主进程的名声。[47]

对于威尔逊来说，无法否认的是，真正的自由根植于一个民族或种族特定生活方式的深层特质之中。没能认识到这一点，是导致美国自身在民族认同上出现严重混乱的原因。威尔逊指出，镀金时代的美国人总是觉得自己丧失了革命的热情，他们以为正是这样的革命热情激励了美国的诸位开国元勋。他们认为经验已经让自己对"有希望的革命"免疫。但这种看法是建立在一种"古老的自欺欺人"基础之上的。"如果我们被失望所困扰，这其实是一种觉醒的失望。"

那些给美国 18 世纪革命添加上浪漫色彩的人是在"做梦"。事实上,"我们在一百年前建立起的这个政府并不是一次先进的民主制度的试验……"美国人"从来就没有听从卢梭,也没有在革命的问题上与欧洲情投意合"。美国风格的民主自决之所以具有力量,正在于它不是革命性的,它的所有力量都来自它的先人们。"它不需要推翻其他政体,只需要自我组织;它不需要创造什么,只需要扩展自治……它所需要的,只是让自己的生活方式井井有条。"[48] 在他关于"一战"看法的重要叙述中,威尔逊坚持认为:"法国大革命期间所爆发的民众事件和建立一个像我们这样的政府所爆发的民众事件之间几乎没有什么共同点……我们在一百年前就显示了欧洲所丢掉的东西……自制,冷静。"[49] 这样,在美国人普遍认为他们已经与"旧世界"分离的时候,他给出了自己独特的不同看法。在世界大战的危机之中,威尔逊决心要证明的,是美国人从未丢掉"冷静",而这是他最引以为傲的事情。

威尔逊对英国的好感无疑要强于对法国,他发表了长篇大论,讲述英国政体的优点。然而,恰恰由于美国自己的政治文化从历史上来源英国这个国家,因此,对威尔逊而言,英国自身必须停留在过去,这十分重要。想到英国可能在民主进程的道路上与美国齐头并进,而不是落后于美国,这让人感到深深的不安。白宫忘记了,在威尔逊成功连任之后几个星期上台的英国首相劳合·乔治,大概是 20 世纪初期欧洲最伟大的民主先驱。威尔逊只是太高兴了,所以才没有赞同那些激进的批评者抨击英国首相是反动战争贩子的言论。[50] 豪斯上校在访问伦敦时,就更愿意同贝尔福(Balfour)勋爵这样的托利党人,以及爱德华·格雷(Edward Grey)爵士这样的自由党要人打交道,而不是平民主义者劳合·乔治,因为前两者更符合英国在威尔逊眼中的形象。

四

在这样一堵成见之墙面前，欧洲人很容易回应以他们自己对于大西洋两岸差异的固定看法。在凡尔赛，乔治·克列孟梭评论说，他发现只要提醒自己，美国人从来没有"在一个将击毙一位民主党人视为正确做法的世界里"生活过，威尔逊的道貌岸然就不是那么难以忍受了。[51] 但也许是出于礼貌，也许只是他过长的职业生涯所导致的健忘，克列孟梭并没有注意到，他与威尔逊其实是有相同之处的，他们所提到的政治斗争的真正暴力时期都不是在欧洲，而是在美国。尽管已经过去了半个世纪，但内战仍然直接影响了威尔逊内心最深处对正义战争这种辞令的厌恶，而在1917年春天，协约国和它们在美国的啦啦队员迅速接受了正义战争的说法。

如果说威尔逊在美国南方的童年被打上了内战的标记的话，克列孟梭的特点就在于对法国革命传统的继承。[52] 他的父亲曾经因为反对1848年革命后波拿巴主义者的复辟而被逮捕，还差一点就被驱逐去了阿尔及利亚。1862年，克列孟梭自己因为参与反政府活动而在臭名昭著的马扎（Mazas）监狱里待了一段时间。1865年，由于对拿破仑三世（Napoleon III）统治下的法兰西深感失望，伤心欲绝的克列孟梭坐船前往19世纪民主政治的伟大战场：内战中的美国。他当时刚刚拿到医学学位，所以打算志愿在林肯的北军里当一名医务人员，或者到美国西部拓荒谋生。但最后，他在康涅狄格和纽约住下来。随后的几年里，他为自由主义报纸《时报》（Le Temps）撰写了大量报道，介绍通过开展全面重建来彻底打败南方的激烈斗争。克列孟梭深信，重建南方是一种英雄式的努力，通过"二次革命"来最终完成一场正义战争的胜利。克列孟梭很高兴地看到，随着1869年2月第十五条修正案的通过，这场战争最终赋予了非裔美国人以选举权。在克列孟梭看来，激进的共和党废奴主义者是

"这个国家最高尚、最美好的人","罗伯斯庇尔(Robespierre)式的愤怒"激发了他们的热情。[53] 在克列孟梭这里,这可是最高的称赞。面对口出恶言、自私自利的南方民主党人的激烈诘问,支持重建南方的人们正努力将美国从"道德崩坏"和"灾难"中解救出来。

在那些南方民主党人里,就有伍德罗·威尔逊。这个年轻人固执地想要维护南方的利益,给所有熟悉他的人都留下了深刻印象。作为19世纪80年代和90年代最受欢迎的历史畅销书作者,威尔逊教授将美国民族国家描绘成一个皆大欢喜的故事,故事的结尾是一场南北和解的庆典,在这场庆典中,重建南方被认为是错误的,黑人也都是没有公民权的下等人。在威尔逊这里,克列孟梭报道中的英雄是一个"恐惧、堕落、虚伪和社会革命的完美工程"的缔造者。这些支持重建南方的人下定决心要"让南方的黑人把南方的白人踩到脚下",他们将"统治或者毁灭"的政策强加于南方各州。[54] 我们忍不住会想,作为一个来自南方的年轻人,如果在血气方刚的年纪,偶然看到了未来法国的战时领导人在1867年1月发往巴黎的这几行字,这位未来的美国总统会怎么想呢?"如果北方的多数优势被削弱,国家的议员们听任自己被说服,同意为了安抚,或者为了合众国右派的利益,让南方人轻轻松松地重回国会,那么,和平最多只能维持二十五年。南方支持奴隶制的人加上北方的民主党人,这个组合足以挫败废奴主义者的全部努力,而对有色人种最终的、全面的解放也将被无限期拖延。"[55] 作为内战后第一位当选的南方总统,威尔逊倒是应该感谢正义的这种延期。

如果说1917年的克列孟梭正心烦意乱,没有太多时间去回忆半个世纪之前的事情,那么,对于威尔逊在美国的反对者来说,"没有胜利者的和平"所激起的历史回响则强大到让人难以抵抗。1917年1月30日德国宣布进行潜艇战的消息不仅盖过了威尔逊在参议院的讲话,甚至也盖过了对威尔逊讲话最猛烈的抨击,泰迪·罗斯福就是抨击者之一。[56] 他迅速看出了威尔逊对战争所持态度中的保守主义历史谱系。罗斯福提醒他的听众，在殖民时代，想与英国妥协的"1776年的托利党人"曾经"提出没有胜利者的和平"；1864年，在美国内战让人痛苦不堪的最后阶段，那些被称为"铜头蛇"（Copperheads）的人曾经"提出没有胜利者的和平……"[57] 现在，"威尔逊先生"正要求"世界接受一个铜头蛇式的不光彩和平，一个正确的一方没有取得胜利的和平，一个为错误大行其道而设计的和平，一个被中立国胆怯和贪婪的信徒庆祝的和平。"[58] 铜头蛇指一些赞成奴隶制的民主党人，他们在内战期间始终存在于北方政坛之中，尤其是在林肯的家乡伊利诺伊州。在1864年战事最紧急时，他们曾经鼓吹与南方叛乱的奴隶主集团妥协以达成和平。认为北方应完全击败南方的人则用一种毒蛇的名字来称呼他们。

五

1917年3月已经到来，美国还没有参战。让总统先生身边的大多数人倍感挫折的是，总统依然坚持，美国如果让自己陷入冲突，就是一种"犯罪"，因为这将"使我们今后无法拯救欧洲"。[59] 当着整个内阁的面，他否定了国务卿兰辛的看法。兰辛主张，"获得永久和平的一个重要因素就在于，所有民族都应当在政治上得到解放"。[60] 威尔逊希望世界安定，这是毫无疑问的。一个没有胜利者的和平能实现这一点，但一个国家的政治局面则是另一个问题，那是其内在生活的一种表达。认为外部力量可以一下子就"解放"一个国家，那是陷入了法国大革命思想的谬误之中。一个国家必须有充分的时间，同时得到国际新秩序的保护，来按自己的意愿发展。威尔逊担心，在解放运动的意识形态外衣之下，旧世界的军国主义陋习会在美国找到肥沃的新土壤。"容克贵族……会在爱国主义情绪……的掩盖下悄悄混进来。"[61]他坚持认为,"如果冲突以平局结束,我们或许就能得到一个更伟大的和平"。[62]直到清楚地看到德国已不合时宜地展开了灾难性的全面侵略之后,威尔逊才最终被迫放弃了他道德平衡的立场。潜艇战并不是最后的那根稻草。

1917年2月底,英国情报部门从跨大西洋的电报网中截获了一封绝密电报。在这封电报里,德国外交部授权其驻墨西哥城的使馆与日本一起,游说贝努斯蒂亚诺·卡兰萨(Venustiano Carranza)将军领导下的墨西哥政府共同建立一个反美联盟。作为对德国军事援助的回报,墨西哥将立即向得克萨斯、新墨西哥和亚利桑那州发动进攻。[63]2月26日,华盛顿得到了这个消息;第二天,消息被公开了。在同情德国的美国人当中,最初的反应是难以置信。正如德裔美国活动家乔治·西尔韦斯特·菲尔埃克(George Sylvester Viereck)在1917年2月底向报业大王威廉·兰道夫·赫斯特(William Randolph Hearst)所抗议的那样:"那封所谓的信件……显然是伪造的。无法相信,德国外交部部长会在这样一份荒谬的文件上写下自己的名字……威廉大街上的现实政治家决不会主动提出一个以墨西哥征服美国领土的荒唐计划为基础的联盟……"[64]在德国,人们同样也感到震惊。德国人把得克萨斯和亚利桑那州送给墨西哥"强盗",同时谋求与日本结盟,著名实业家瓦尔特·拉特瑙(Walther Rathenau)在写给汉斯·冯·泽克特(Hans von Seeckt)将军的信中说,这种做法"太可悲了,我都没法嘲笑它"。[65]然而,不管这些结盟看起来多么不现实,德国这个想要抓住西半球军事主动权的异乎寻常的计划,在逻辑上符合柏林方面的固有观念,即美国已经跟协约国集团捆绑在一起了,美国参战无论如何都是不可避免的。尽管威尔逊明显不愿意参战,但在1917年3月3日星期天,德国外交部部长阿图尔·齐默尔曼(Arthur Zimmermann)公开承认了消息的真实性。

美国船只不断被德国潜艇击沉,现在柏林方面甚至拒绝否认这场无端的侵略,威尔逊已经别无选择。1917年4月2日,他走到参议院面前,宣布参战。对罗斯福和兰辛等人来说,参战让他们松了一口气,德国已经向所有人展现出了它真正的侵略本性。相比之下,对威尔逊来说,被迫放弃自己"没有胜利者的和平"的观点,使自己的国家支持协约国一方,这是一次痛苦万分的彻底转变。在威尔逊最具洞见的一本传记中,作者极富特色地用神圣的词句描述说,参战是威尔逊的"客西马尼"(Gethsemane)*。[66] 当然,在对国会讲话的结尾,威尔逊还是说了一些路德式的豪言壮语:"美国有幸用自己的鲜血和力量来捍卫那些原则,它们曾经创造了这个国家,并给这个国家带来它所珍视的幸福与和平。上帝保佑它,它别无选择。"但威尔逊自己打算做些什么呢?即使已经加入战争,但他依然犹豫不决。

美国加入战争是为了"反对自私和独裁的力量,维护世界和平与公正的原则;是为了在世界真正自由和自治的民族中间建立目标和行动的一致安排,确保今后人们遵守这些原则……"威尔逊接着说,"这种和平的一致安排必须是由民主国家共同完成的,这样才有可能持久。我们不相信一个独裁的政府能忠于它,或者遵守它的条款。"在这样一场斗争中,美国保持中立"已不再可行,也不再合适"。这看起来是在向兰辛和罗斯福让步,他们一直坚持认为美国不可能在交战双方之间保持一个平衡的立场。但如果仔细研究,我们就会发现,威尔逊的声明有明显的选择性。在宣布参战或谴责独裁政治的时候,他并没有把德国的主要盟友奥斯曼帝国和哈布斯堡王朝包括在内;同样地,他也没有直接承认协约国国家是民主政

---

* 客西马尼园是耶路撒冷的一个果园。根据《新约》,耶稣在被钉死在十字架上的前夜,曾和门徒在最后的晚餐后前往此处祷告。这里也是犹大出卖耶稣的地方。——编者注

治的代表，或者自治的典范。他对自己目标的描述是抽象的、展望式的。威尔逊想从外部结束战争的努力已经失败了，因此他决定要从内部塑造新世界的秩序。但要想这么做的话，他就得让自己始终保持一定距离。威尔逊并没有让美国正式与协约国结盟，他坚持美国应作为一个"伙伴"而保持超然地位。[67] 在关键时刻，这可以让他拥有他想要的自由，在对双方施加影响时，不是站在伦敦和巴黎身后，而是恢复美国作为全球力量仲裁者的角色。

第三章

俄国民主被战争埋葬

1917年4月6日，美国参战，使双方的力量对比开始明显有利于协约国一方。现在回过头来看，这似乎注定将要成为世界历史上的一次转折。但在当时，这明显展露了协约国在美国反对的情况下不断升级战争所冒的巨大风险。如果威尔逊能再拖上几个月不让美国参战，我们就能清楚地看到当时战争处于多么微妙的平衡状态，以及伍德罗·威尔逊1月时所呼吁的"没有胜利者的和平"将具有多么强的吸引力。1917年3月20日，就在威尔逊极不情愿地同意内阁要求国会宣布参战的同一天，华盛顿方面向其在彼得格勒的使馆发出指示，承认俄国新成立的临时政府。[1]

在一个星期的罢工与游行、彼得格勒的卫戍部队也拒绝执行命令后，3月15日，沙皇宣布退位。罗曼诺夫王朝大势已去，沙皇的弟弟们也拒绝继承王位。[2] 美国加入战争的时候，俄国在法律上还不是一个共和国。然而，吸纳了沙皇的尾闾议会——国家杜马——中的进步元素而组建起来的临时政府宣布，将在一年之内召开建立在"广泛基础"之上的立宪会议（Constituent Assembly）。这场革命的大会将效仿美国和法国的优秀先例,解决旧政权遗留下来的最根本,也是最具争议性的问题:国家的政治体制问题、土地问题,以及俄罗斯人与数千万在沙皇压迫之下聚集到一起的非俄罗斯人之间的未来关系问题。与此同时,拥有新的革命合法性的主要力量是被称为苏维埃的代表会议,它由各个城市、乡镇和村庄里激进的战士、工人和农民自发组成。到初夏时,这些苏维埃将成立自己的全国代表大会,并与临时政府合并。

尽管根本性的体制改变有待立宪会议完成,但当时在新秩序的某些特征上还是迅速达成了压倒性的一致意见。自由成为革命的口号;死刑被废除;所有关于集会和言论自由的禁令都被解除;犹太人与其他不同信仰的少数民族都被赋予了平等的公民权;女性主义者大声要求女性和男性一样参加立宪会议的选举,并取得了成功。彼得格勒苏维埃的第一号法令赋予俄国军队的普通士兵与其他公民同样的权利。残忍的体罚被认为是非法的,即使逃兵也不会被处以死刑,士兵被赋予了政治言论和组织的完全自由。俄国出现了让人瞠目结舌的巨大改变,这个欧洲曾经的独裁怪物国家,现在重建成了世界上最自由、最民主的国家。[3] 问题在于:民主的这一伟大胜利对战争意味着什么呢?

一

对于威尔逊的国务卿罗伯特·兰辛这样的人来说,现在是最关键的时刻。[4] 从 1916 年开始,他就是政府内部最有影响力的协约国支持者。英法两国对于沙皇专制主义军队的依赖曾经是他支持"民主主义协约国"时最大的障碍。现在,正如兰辛对内阁同僚所说的那样:"俄国革命……已经移除了我们把欧洲战争定性为民主与专制之战的唯一障碍。"[5] 在宣战声明中,威尔逊自己也对"最近几周在俄国发生的鼓舞人心的美好事情"表示欢迎。异族对俄罗斯的独裁统治已经被"推翻,现在,伟大慷慨的俄罗斯人民也带着他们朴素的威严和力量,加入世界上正在为自由而战的人们中来……"[6]面对一个民主制的俄国,热情与喜悦席卷了伦敦和巴黎。乔治·克列孟梭跟兰辛一样,对于跨大西洋民主联盟的前景兴奋不已。1917年春天,对于美国参战和沙皇被推翻这两件事在时间上的巧合,他简直欣喜若狂:"在威尔逊总统为自己的行动"——宣布参加战争——"辩护的核心思想中,这么做最大的好处就是,俄国革命与美国革命以一种神奇的方式相互补充,从而一劳永逸地明确了这场冲突的道德利害。所有实行民主制度的伟大民族……都在这场战斗中站到了属于自己的位置上。他们不是为了某一个民族的胜利而战,而是为了所有人。"[7]俄国的民主革命将为战争注入新的活力,而不是结束它。

这样的希望并不是完全不着边际的。1917年春天,俄国革命首先是一场爱国主义运动。在所有关于沙皇与皇后的流言蜚语当中,最具杀伤力的便是关于他们与自己的德国表亲相互勾结的传言。否则,怎么解释1914年8月时,尽管改革和动员的呼声越来越高,将俄国的自由主义者甚至许多俄国的社会主义者都推到了沙皇一边,但沙皇仍然固执地拒绝改革和动员呢?在北线,俄国军队惨败于德国人。但俄国在战争中倒也不是一败涂地。1915年,俄国军队痛击了土耳其人;1916年夏天,布鲁西洛夫上将对奥地利进行了毁灭性的打击,并促使罗马尼亚加入了协约国。但正是由于没能保住这样的胜利,才导致征兵暴动、农民抗议和罢工演变成了一场政治革命。沙皇已经被推翻了,不会再有人谈论投降了。身着灰色外套的伟大民兵已经控制了彼得格勒的所有集会,如果有人敢侮辱他们的革命爱国主义,就可能被处以私刑。[8]革命的荣誉,还有数千万人的牺牲正在经受考验。此外,临时政府和彼得格勒苏维埃的军事战略家还得考虑更长远的后果。如果俄国单独与德意志帝国进行谈判，那么，协约国肯定会进行报复，切断伦敦、巴黎和华盛顿方面向俄国发放的贷款。而对于德国人来说，在东线达成和平，就可以让它全力以赴在西线上赢得一场压倒性的胜利；然后再转过头来对付俄国。

然而，如果不能选择有条件的投降，革命同样也不能把沙皇的战争再继续下去。革命前期的指挥者，比如亚历山大·克伦斯基，这位穿梭于临时政府和苏维埃之间、具有工党色彩的社会民主主义者，又比如伊拉克利·策列铁里（Irakli Tsereteli），这位在彼得格勒苏维埃主导了外交政策讨论的、魅力四射的格鲁吉亚（Georgia）孟什维克国际主义者，他们都不想继续这场为了征服达达尼尔海峡（Dardanelles）等帝国主义目标而进行的战争。革命所需要的是光荣的和平，是没有战败的和平。而且，如果不能单独进行和谈的话，克伦斯基和策列铁里就还得带上其他协约国国家。这样，俄国的民主革命者就面临着一个仅仅几周之前还在困扰威尔逊的难题——应当如何结束战争，才能既不助长必胜心态，也不会给战争任何一方带来痛苦的失败。而且，俄国革命者意识到了这种相似性。尽管威尔逊在1916年年底到1917年年初对协约国的挑战主要针对的是伦敦和巴黎方面，但对俄国也产生了影响。正如策列铁里在苏维埃的孟什维克战友尼古拉·苏哈诺夫（Nikolai Sukhanov）所说的，苏维埃在1917年提出的第一个要求应该是废除协约国对威尔逊1916年12月和平照会所做出的好战回答。[9] 4月4日，就在美国参议院投票决定对德开战的当天，彼得格勒苏维埃的执行委员会提出了一项和平方案，包括三个条件：民族自决、不割地、不赔款。俄国军队将继续战斗，直到满足这三项条件的和平得到实现。这个和平里没有自私的胜利者，而是通过声讨沙皇、将俄国置于世界"民主制度"的最前沿，从而为革命增光添彩。

临时政府不出几天就采纳了"彼得格勒方案"。5月,亲协约国的外交部部长、自由主义者帕维尔·米留科夫(Pavel Miliukov)在苏维埃的要求下被解除了职务,因为他始终坚持传统的"兼并主义"战争目标。[10] 苏维埃的"革命护国主义"政策并不是要进行教条的社会主义专政,而是要进行妥协。克伦斯基和策列铁里想用保卫革命这个旗帜把俄国政治舞台上所有的"活跃力量"——马克思主义者、农业社会革命者,以及自由主义者——团结到一起。布尔什维克在讨论中很少出现,列宁还在流亡,正等着德国的特务机关安排他回国。这时的布尔什维克还不起眼,只是在追随苏维埃中的多数派。直到4月16日夜里,列宁才回到彼得格勒,他随即发表了著名的《四月提纲》('April Theses'),宣布他反对革命的苏维埃与继承了旧俄国的临时政府达成任何协议。[11] 任何妥协都是对革命的背叛。

在接下来的一年里,列宁拼尽全力要将策列铁里和克伦斯基赶出历史舞台,但需要认真对待他们所处的位置。革命护国主义是一种爱国主义战略,民主俄国不会向德意志帝国投降。尽管遭到列宁的批评,但它同样也是革命性的。在1917年春天呼吁和平,这并不是要回到战前的状态,而是要在欧洲进行政治变革。正是彼得格勒苏维埃大声说出了威尔逊在参议院讲话中没有言明的东西。到1917年,战争各方都已经承受了巨大牺牲,因此,只有一个愿意彻底告别过去的政府才能促成一个"没有胜利者的和平"。这其实意味着这场有史以来最昂贵的战争是毫无意义的,它要求各国政府都像威尔逊那样,否认自己与战争罪行之间的关系,同时批评战争各方的帝国主义行径,只有这样的政府才能接受一个没有胜利者的和平,而不以此为耻。也正是出于这个原因,法国和英国的政治家们才顽固地抵制威尔逊的呼吁。他们不能接受他的道德平衡论,他们知道,在威尔逊关于政治未来的设想里,没有自己的一席之地。德国不合时宜的侵略决定促使威尔逊站到了协约国这一边。然而，如果俄国革命早几个月发生，如果德国人能把进行无限制潜艇战的决定推迟到春天，或者，如果威尔逊能坚持到5月还不参战，那么结果会是什么？战争还会继续下去吗？俄国的民主制度有可能得救吗？德国驻华盛顿大使伯恩斯托夫伯爵在离开美国时痛苦地回想起这一切：如果德国在1916年年底到1917年年初时"接受了威尔逊的调停，那么，美国对俄国产生的影响就将完全向着和平的方向努力，而不是像事情后来所证明的那样，不利于"德国。"有了威尔逊和克伦斯基的和平计划"，德国完全可以获得一个和平，提供所有"我们认为必需"的东西。[12] 正是这些无法彻底看清的反事实使俄国革命与美国参战的同时发生具有了重大意义。但即使威尔逊已经站到了协约国这一边，俄国革命依然给战争双方都带来了巨大的震动。1917年夏天时，战争似乎就要结束，达成某种类似"没有胜利者的和平"的东西。[13] 然而，极具讽刺意味的是，正是美国的参战，而不是其他任何事，完全消除了这种可能性。这对欧洲，尤其是俄国来说，后果是极其严重的。

二

战争已经走过了可怕的第三个冬天，在1916年支撑着参战国的那些力量正在逐渐消退。沙皇被推翻之后，东线上没再正儿八经打过什么仗。德国人想看看是否有可能与革命政府单独达成和解，因此没有发动进攻。在德国国内，俄国革命使得民众要将战争继续下去的决心开始动摇。保护德国人不受沙皇专制独裁的侵略，曾经是社会民主党支持战争的主要动机。随着俄国革命者宣布放弃所有领土兼并的意图，这一动机开始遭到质疑。宰相贝特曼·霍尔维格想尽一切办法让社会民主党保持对政府的支持。1917年4月8日，在他的坚决主张下，德皇发表了自己的复活节宣言，承诺战争结束后马上在普鲁士进行宪政改革，一人一票将取代三级选举制。三级选举制一直将左派排除在普鲁士州议会之外，而普鲁士州控制着三分之二的德国国土。但这已经太晚了，而且也是杯水车薪。1917年4月中旬，欧洲社会主义的巨型航空母舰——社会民主党——分裂了。[14] 更激进的左翼组成了独立社会民主党（Independent Social Democratic Party，德文缩写为 USPD），他们要求立即按照彼得格勒革命苏维埃所提出的条件实现和平，30万工人在工业重镇柏林和莱比锡举行罢工，热情地支持这一方案。多数派社会民主党（Majority SPD，德文缩写为 MSPD）则继续支持国家进行战争，但他们比任何时候都更加迫切地坚持，这场战争必须只能是一场防御战而已。在德国政府的纵容之下，他们通过中立国，带头与他们在俄国的社会主义同志开始谈判。

与此同时，协约国在军事上奋力一搏却惨遭失败，这就使得同盟国集团内部的这些政治波动变得格外重要。1917年4月18日，在英国的行动越来越虚弱无力后，法国军队再一次突破了德军阵线。然而，尽管他们年轻的新指挥官罗贝尔·尼韦勒（Robert Nivelle）将军非常乐观，这次进攻还是失败了。德国人守住了自己的防线，法国的士气则严重受挫。5月4日，法国军队中开始出现拒绝执行命令的情况；几天之内，好几个师都出现了叛乱。虽然冷酷无情的菲利普·贝当（Philippe Pétain）将军想尽办法恢复秩序，但法国军队已经丧失了战斗力，巴黎方面则竭尽全力想要掩盖这场危机。英军战壕中倒没有发生类似事件，然而，到1917年5月，不满情绪已经弥漫在整个不列颠群岛之上。在下议院，32位自由党和工党的议会议员公开投票赞成在彼得格勒方案的基础上进行和谈。[15] 与此同时，柏林的工业区正因为开战以来最严重的行业骚乱而遭到严重破坏。[16] 成千上万的熟练技术工人不顾工会的命令，放下了手中的劳动工具。6月初，劳合·乔治没有因为即将出现的伟大民主运动而感到兴奋，而是和内阁一起忧心忡忡地讨论一个英国苏维埃的可能。由于担心会激起民众的强烈反对，温莎王室（House of Windsor）明确表示，白金汉宫不欢迎流亡的罗曼诺夫家族。乔治五世向一位密友说出了真心话："民主的氛围"太浓厚了。[17]

潜艇战封锁所造成的冲击加强了协约国越来越严重的无力感。1917年2月到6月，德国击沉了至少290万吨的货物。为了保证自己的进口量，英国削减了给意大利和法国的吨位配额。为了防止士气被彻底摧毁，巴黎方面不得不把食品进口的优先级排在武器生产的需求之上。[18]意大利在物资供应方面更加依赖外国，因此情况也就更加糟糕。1917年初夏时，意大利的煤炭供应量只能满足一半的需求。[19]1917年8月22日，在意大利战时经济的心脏都灵（Turin），食品库存严重不足，以至于商店每天只开门几个小时；罢工导致铁路停运，无政府工团主义者则煽动人们四处抢劫、袭击警察局，还烧毁了两座教堂。在50名工人和3名士兵被杀死之后，军队对城市实施了戒严，逮捕了800名骚乱分子，重新恢复了令人不安的平静。

然而，尽管对协约国造成了打击，但在柏林方面看来，潜艇战还是让人大失所望。1917年1月，海军曾保证，英国人在年底之前就会饿肚子。到了夏天，尽管德国给英国造成了一定损失，但德国显然没有足够的潜艇来对付协约国从世界各个角落调动来的商船队。对这一失败的逐渐认识，完成了德国政治的深刻重整。随着社会民主党左右两翼都更加强烈地呼吁和平，1917年7月初，天主教中央党平民主义派和进步自由派的主要人物也都加入其中。联合的迹象早在1912年国会选举时就已经出现，在那次选举中，都曾经反对过俾斯麦的这三个党派在普选中获得了将近三分之二的选票。社会民主党、基督教民主党和进步自由派组成了一个常务委员会，他们向政府施压，要求在国内实行民主，并进行不以兼并土地为目的的和平谈判。[20] 7月6日，中央党左翼的主要发言人马蒂亚斯·埃茨贝格尔说出了德国国会中多数人的想法。1914年时，马蒂亚斯·埃茨贝格尔曾经振臂高呼，认为应当将领土扩张作为战争的目标，现在他却慷慨陈词，要德国人面对潜艇战失败的后果。德国人必须想办法进行和谈。[21] 贝特曼·霍尔维格拼尽全力想要控制住这场危机，他让德皇再次承诺，战后将在普鲁士实行民主化。但这还是不够，德国宰相没能阻止潜艇战灾难性的升级，现在他必须在政治上付出代价了：他被解除了职务。7月19日，国会以多数票通过了一份和平照会。这个照会呼吁一个"相互谅解的和平"，以及"不同民族间的永久和解"，这样的和平不能是"强行侵占领土"或者是"政治、经济或财政压迫"。这个照会还呼吁，在自由贸易、公海自由，以及成立"国际司法组织"的原则基础之上，构建一个公正的国际新秩序。尽管德国国会多数派避免直接重复彼得格勒方面或者威尔逊的话，但他们之间毫无疑问是有共同点的。埃茨贝格尔希望"在大概几周之后"取得对俄国的胜利。[22]

现在，没有胜利者的和平不再仅仅是一句口号或者一种愿望。由于所有欧洲参战国都已经筋疲力尽，在1917年夏天，看起来它就快要成为现实了。5月初，俄国革命者看上去处于有利位置。美国和协约国都承认了俄国临时政府。考虑到它所做出的巨大牺牲，俄国作为联盟中的忠实成员，有权要求重新讨论战争目标的问题。另一方面，彼得格勒苏维埃作为一个非官方的团体，可以同时自由地推行一场宣传国际团结与和平的运动。协约国内部来自上下两个方面的压力可以完成威尔逊没做到的事，它迫使伦敦和巴黎方面进行谈判，让俄国得以避免在可恶的单独和解与继续打完帝国主义战争之间进行选择的困境。1917年4月，英国和法国派出了由英国工党和法国社会党主要人物带领的代表团，肩负说服俄国继续作战的重任，前往彼得格勒。代表团发现，革命护国主义者坚决反对单独与德国达成和解，但坚持协约国必须重新考虑其战争目标。阿瑟·亨德森（Arthur Henderson）和阿尔伯特·托马斯（Albert Thomas），这两位英法两国社会党中主战的主要人物，对于俄国民主革命偏离轨道的可能感到忧心忡忡。他们同意说服自己国内的同志参加彼得格勒要求于7月1日在斯德哥尔摩召开的国际共产主义大会，希望以此来遏制布尔什维克。[23]法国社会党让他们在内阁中的成员正式辞职。然而，在贝当将军将数千法国叛变者送交军事法庭进行审判，从而恢复了西线的秩序后，巴黎方面不敢再提什么和平主义了，法国社会党人的护照当即被注销。劳合·乔治政府也立即采取了同样的政策。结果，英国劳工运动分裂成了两派：支持战争的大多数，以及不断发声的少数反对者，而后者已经发展到了独立工党之外了。

对于俄国的社会主义者来说，伦敦和巴黎方面的冷酷无情并不意外，但更让人感到失望的是华盛顿方面的态度。[24]即使在美国参战之后，革命护国主义者依然指望得到威尔逊的支持；而威尔逊也充分了解他们的两难境地。在他看来，帝国主义俄国在1915年和1916年参与签订的协约国秘密协定十分可恶。就像他对一位英国密友所说的，他知道，"通过建立新政府和进行民主改革"，俄国人会发现"这场战争罪大恶极，并愿意在任何合理条件下结束它"。彼得格勒所提出的和平方案显然是在重复威尔逊自己"没有胜利者的和平"主张，这让华盛顿方面陷入了尴尬。[25]如果威尔逊倾美国之力支持彼得格勒的和平呼声，产生的影响本应是巨大的。然而，1917年春天德国人的贸然进攻似乎已经让威尔逊相信，只要德意志帝国继续构成威胁，英国和法国的好战情绪就不可能平复。[26]德国只能通过武力驯服，旧世界作为整体也是一样。为了确保这一和解不会变成又一场帝国主义的征服战争，美国必须成为战争的领导者。对于美国总统来说，裁决世界和解是一回事，让俄国革命者来决定

第三章　俄国民主被战争埋葬

政治和解的步伐，则完全是另外一回事。一个美国没有发表实质性意见的、乱糟糟的斯德哥尔摩社会主义和平大会，不会产生什么有用的东西。虽然被迫选择了战争，但威尔逊不想失去对政治和解的控制权。当俄国政府正式向协约国提出修改战争目标的要求时，伦敦和巴黎方面十分乐于让威尔逊率先做出回答。5月22日，美国总统向俄国人民做出回应。他在一开始就再次提到了德意志帝国的致命威胁：德皇政府表面上愿意接受改革，但实际上"只是为了保留他们在德国已经确立的权力……以及他们想要控制从柏林到巴格达甚至更远地区的秘密计划"。柏林依然是"一张阴谋大网"的中心，"它所针对的正是世界的和平与自由。这张阴谋之网必须被打破，但只有在过去的错误都得到纠正之后，我们才能打破它……"[27]持久的和平不能只是恢复战前的状态，因为"这场非正义的战争正是源自其中……我们必须改变那个状态，这样才能避免如此可怕的事情再次发生"。而最关键的前提条件，就是必须打败德国。对此必须毫不犹豫，"……在人类自由的伟大事业中，我们或许不会再有机会这样团结在一起征服对手。现在是我们要选择战胜还是屈服的时候了……如果我们并肩作战，就一定会取得胜利，这胜利还会带来自由。到那时，我们可以给予仁慈，但不管是那时还是现在，我们都不能软弱……"合众国这次发出了洪亮的战斗声音，与威尔逊仅仅几个月之前的姿态完全不同，这让伦敦和巴黎方面喜出望外。英国外交大臣亚瑟·贝尔福愉快地表示，威尔逊这个一百八十度的大转弯很有必要，"抵消了他之前的（和平主义）声明在俄国造成的显著影响"。[28]

　　法国和俄国都处于弹尽粮绝的边缘，只能由英国牵头重新激发战争的活力。因此，美国的帮助是不可或缺的。1917年夏天，英国在战争中所面临的最大威胁不是潜艇战，也不是在利兹（Leeds）出现的苏维埃，而是它极有可能拖欠1915年以来与华尔街签订合同的贷款。就这一点来说,美国的参战立刻减轻了它的压力。早在4月底,当国会还未批准一笔30亿美元的贷款时,华盛顿方面就已经前所未有地向英国支付了2.5亿美元的预付款。结果,国会所用的时间比预计的要长,但这只是凸显了协约国已经陷入完全依赖美国的境地。在6月的最后几天,破产对于英国来说是分分钟的事。[29] 但随着美国成为战时盟友,也就不存在什么实质性的风险了。协约国不需要再依靠变幻莫测、不稳定的私人资本市场,现在它可以进行政府间的公开政治贷款。正是由于有了这样的支持,英国陆军元帅道格拉斯·黑格(Douglas Haig)开始组织一场新的大规模攻势,这就是后来声名狼藉的帕斯尚尔(Passchendaele)战役。它的预备阻击战在7月17日拉开了序幕,在两个星期的时间里,3000多门英国大炮向德国战壕发射了423.8万枚炮弹。这场钢铁风暴花掉了大概1亿美元,进一步证明了大西洋两岸合作之后的战争实力。[30] 从军事的角度来说,这次攻势是为了把德国人从他们在佛兰德斯海岸的据点赶走。但这场战争的根本原因显然是政治性的,帕斯尚尔战役体现了英国政府坚定的决心,确保不会再有什么人谈论没有胜利者的和平。[31]

对于俄国的民主革命者来说,这场战斗秀是一次灾难。如果伦敦和华盛顿方面都不支持和平对话,那么彼得格勒方面就只剩两个选择了。彼得格勒苏维埃有可能冒险与德国开始单独和平对话。如果还没有得到承诺,那么它有可能在7月利用德国国会的和平方案,迫使其他协约国做出回应。尽管威尔逊不喜欢德国人,也不喜欢俄国的社会主义者,但他真的能拒绝这样的要求吗?这对英国和法国又会造成什么样的冲击呢?在英国下议院,独立工党要求政府对德国国会提出的和平方案给出积极回应。工人阶层的不满是无法否认的。[32] 然而在俄国,不管是临时政府还是苏维埃中的多数派,都无法向德国迈出第一步。用寻求单独和解的方式来开启一个革命新时代，这将是严重的背叛。如果被孤立，俄国的民主就不会有未来。

是否有更激进一些的选择呢？在革命的左翼，布尔什维克正在不断发展。列宁在不断地掀起浪潮，他坚决反对革命力量与身上还残留着沙皇时代自由主义和国会保守主义的临时政府成员达成任何妥协。他的口号是"一切权力归苏维埃"。只有让权力牢牢地掌握在革命者手中，才有可能在真正民主的和平与以革命的方式继续战争之间做出一个明确的选择。对列宁来说，彼得格勒苏维埃的和平方案还不够。民族自决和不割让领土听起来也许是进步的，但"不割地"也就意味着，革命者要承认战前状况，这怎么可以呢？[33] 唯一真正具有革命性的方案，就是无条件地支持"民族自决"。自由派和改革派中的进步分子在这样的方案面前退缩了，因为它很容易激起暴力和民族冲突，但列宁支持这个口号。在列宁看来，一年前在都柏林（Dublin）爆发的起义就是未来的预告。1916年复活节后的星期一，1200名新芬党（Sinn Fein）志愿军同英国军队展开斗争，并最终牺牲。正如我们将看到的，这件事情彻底扭转了爱尔兰的政治局面，并为公开的独立斗争奠定了基础。在这之后，更正统的马克思主义者不承认新芬党人，认为他们是自杀性的暴乱者，缺少工人阶级的重要支持。而列宁却认为，他们是革命未来的重要指针："认为没有殖民地或者欧洲弱小民族的反抗，没有部分**带有偏见**的小资产阶级的革命浪潮，我们也可以**实现**社会革命……这样的想法是在**否认社会革命**……"任何期待一场仅由工人阶级参与的"'纯粹'的社会革命"的人，将"**永远看不到这样的革命发生**……在无产阶级为实现社会主义而进行的伟大解放战争中，如果我们不懂得如何利用**每一次**群众运动，那我们就是极其糟糕的革命者了……"[34] 列宁要求马上实现革命的和平。然而，熟悉他著作的人很快就会发现，这个口号很容易被误解。列宁急于制止这场消耗巨大的帝国主义战争，因为它使人们对历史进步的希望濒临破灭。

但列宁想要和平，只是因为他希望和平能够开启一场更加横扫一切的国际阶级战争——"无产阶级伟大的解放战争"。由全面苏维埃的俄国政府带来的革命式和平能促使德国无产阶级起来反抗。自由主义者和孟什维克在这样的革命面前退缩了，他们担心这会引发俄国内战，但对列宁而言，这恰恰就是正确革命路线的标志。列宁不是一个和平主义者。他的目标是要把这场毫无意义的帝国主义屠杀变成一场具有历史进步意义的阶级战争。然而，在1917年夏天，即使列宁也不敢主张单独和解，不敢主张不惜任何代价与德皇达成和平。[35]

除此之外，还有什么别的选择吗？彼得格勒也许可以只采取防御姿态。德国并没有表现出要利用俄国的混乱取得军事优势的迹象。寄希望于俄国会改变想法进行单独和解，鲁登道夫停止了在东线上的进攻。1917年6月，由伊莱休·罗脱（Elihu Root）带领的美国第一个高级代表团到访彼得格勒时，他们也建议俄国按兵不动。只要俄国还支持协约国，美国就愿意提供帮助。5月15日，美国财政部同意立即向临时政府提供一笔1亿美元的贷款。在符拉迪沃斯托克（Vladivostok，今海参崴），各种物资堆积如山，只可惜当时俄国已经瘫痪的铁路系统没法把它们运送到全国各地。为了解决这一困难，威尔逊立即批准派出一批铁路技术人员，以恢复西伯利亚（Siberia）铁路的运力。7月，这批技术人员在美国采购了2500个火车头和4万节车厢。[36]要稳定住俄国的民主制，以服务于联合对德的战争，这个时候也许还不太晚。

然而，蹲守在残破的战壕中，等待下一场胜负难料的战役，这样的前景是革命的彼得格勒完全无法接受的。如果整个夏天军队都按兵不动，那么，临时政府将完全失去曾有的对抗布尔什维克的能力，这是极其危险的。英国人已经不把俄国作为一支军事力量来看待，这是一个非常糟糕的征兆。不管彼得格勒做什么，它都得拉上协约国。但是，如果它已经不再是战争中的积极参与者，它还有什

第三章　俄国民主被战争埋葬

么手段可以利用呢？俄国的民主革命家像威尔逊一样，也不得不背水一战，看看自己能否从内部改变这场战争的进程。为了迫使协约国其他国家认真考虑民主制俄国所提出来的和谈要求，1917年5月，克伦斯基、策列铁里和他们的同僚火急火燎地想要把军队重建成一支战斗力量。他们没有不切实际地认为自己能打败德国。然而，只要俄国能打出像1916年布鲁西洛夫对奥地利所进行的那种攻势，协约国就必须得听听他们的话。这场不同寻常的赌博所揭示出的不是二月革命的怯懦，而是它的孤注一掷。[37]

三

显然，这会儿的俄国并不存在物资供应不足的问题。由于它自己所进行的战争动员，以及协约国如今富足的物资供应链，1917年初夏，俄国军队的装备情况是开战以来最好的。此时的问题在于，它的士兵是否还愿意战斗。五六月间，克伦斯基、布鲁西洛夫以及一批精挑细选出来的政治委员，不惜一切手段想要让士气低迷的俄国军队振奋起来，以对抗那些鼓吹列宁学说的布尔什维克越来越广泛的影响。最早将政委引入俄国军队以宣传革命战争口号的，不是列宁和托洛茨基，而是1917年二月革命的民主革命者。在回忆录中，克伦斯基提到了1917年7月1日，在决定命运的战役打响之时，那个令人窒息的时刻："一切突然陷入死一般的沉寂：进攻的时刻到了。有那么一瞬间，我们充满了恐惧，担心战士们可能会拒绝战斗。紧接着，我们看到了第一队步兵，他们紧握来复枪，冲向德国人的战壕。"[38] 军队向前推进。在南边，在年轻的战斗英雄拉夫尔·科尔尼洛夫（Lavr Kornilov）强有力的指挥之下，俄国军队向虚弱的哈布斯堡军队发起进攻。然而，在布尔什维克最活跃的地方，在战线的北边，大多数军队却拒绝执行命令，在战壕里静坐不动。7月

18日，在俄国的不稳定状态之中，德国人发起了反击。

结果不仅改写了俄国的历史，连德国的历史也被改写了。就在这时，1917年7月19日，埃茨贝格尔向德国国会提出和平方案，推翻了他挑战德皇政权的前提。潜艇战也许失败了，但在东线，德国军队似乎即将赢得战争。德国发起攻击几个小时之后，俄国的防线被攻破，溃不成军。当英国人深陷佛兰德斯的血腥战场时，1917年9月3日，德国军队长驱直入，占领了里加（Riga），这个条顿骑士团国曾经的要塞。历史在这里出现了反转，1916年秋天，协约国似乎即将获胜；而这一次，则是德国即将获胜的前景阻断了和谈的可能。进入拉脱维亚（Latvia）几天之后，兴登堡和鲁登道夫开始调遣七个最优秀的波罗的师团到几千公里之外的南部，对意大利城市卡波雷托（Caporetto）形成了严密的包围。[39]10月24日，德国突击队冲破了意大利的防线。他们继续向南边的威尼斯挺进，在意大利的防线上撕开了一个巨大的缺口。[40]几天之内，意大利军队的伤亡人数已达34万，其中30万成为战俘；还有35万士兵狼狈撤退。当德国人和奥地利人向威尼斯进军时，40万平民惊恐万分地逃走。意大利挺过了这场危机，一个民族团结政府在罗马宣告成立，法国和英国提供了大量支持，德奥军队的行进被阻停在皮亚韦河（Piave River）一带。然而在德国，军国主义却得以重生。埃茨贝格尔、社会民主党，以及国会多数派夏季时在议会中掀起的浪潮戛然而止，成千上万愤怒的民族主义者加入了刚刚成立的德国祖国党（Deutsche Vaterlandspartei），下定决心不能让那些民主主义卖国贼破坏夺取胜利的最后行动。[41]

在俄国，克伦斯基民主战争失败所造成的影响更加严重。革命护国主义的支持者受到了羞辱。大多数来自农村的士兵原本就极不情愿参加最后一场战斗，现在则集体抛弃了这一国家大业。7月17日，当战场上的形势即将出现扭转的时候，一些驻守在彼得格勒周

第三章　俄国民主被战争埋葬

边的激进部队进入城市中心，想要立即结束战争。看起来他们并没有受到来自布尔什维克司令部的命令，但随着游行示威的升级，列宁和党的其他领导人开始暗中支持。这场暴动直到第二天才被平息下去。现在，革命内部出现了公开的分裂。尽管曾经强烈地致力于民主自由，但彼得格勒苏维埃现在别无选择，只能大规模地逮捕布尔什维克领导人。这是在推翻沙皇政府之后，第一次采取这样的措施。但要命的是，临时政府并没有解除叛军的武装，而这些军队正是布尔什维克力量真正的基础；同时，临时政府也不愿意处死布尔什维克组织的领导人，死刑在这时仍然是禁忌。

俄国民主制度抵抗住了左翼的攻击，现在主要的危险来自右翼。布鲁西洛夫已经声名狼藉，替代者显然会是波拿巴主义者科尔尼洛夫将军，他已经被克伦斯基任命为最高统帅。[42]在公开谋划了几个星期之后，1917年9月8日，科尔尼洛夫发动了政变。结果却发现，打败自己的正是导致了夏天战事失败的同一股力量。大多数军队不愿意执行决战的命令，科尔尼洛夫被逮捕了。但现在谁来领导呢？克伦斯基曾经发起灾难性的进攻，并且似乎与科尔尼洛夫有勾结，所以完全丧失了信誉；策列铁里和彼得格勒苏维埃执行委员会里的孟什维克正在想方设法证明自己的合法性，他们无法顶住要求释放托洛茨基和亚历山德拉·柯伦泰（Alexandra Kollontai）等布尔什维克知名活动家的呼声；最后就只剩下立宪会议了。出于策略性的考虑，以及在俄国这样一个庞大的国家里，在战争和社会动荡时期进行一次普选的巨大困难，立宪会议的日期被一再推迟。8月，会议时间最终被确定在11月25日。[43]

在布尔什维克看来，尽管立宪会议建立在普选的基础之上，尽管它包括了资产阶级，也包括了工人和农民，但它永远只是资产阶级权力的一件外衣而已。从一开始，列宁的口号就是"一切权力归苏维埃"。在经历了科尔尼洛夫政变的难堪之后，彼得格勒苏维埃这一重要机构被布尔什维克牢牢掌握在手中。在托洛茨基的领导之下，彼得格勒投票决定在11月7日召开一次全俄罗斯苏维埃代表大会，这次全国代表大会可以合理地取代立宪会议。但出于同样的原因，布尔什维克对于自己能否控制整个全俄罗斯代表大会，并不像他们控制彼得格勒苏维埃那样有把握。[44]

选举在11月的最后一周如期举行（表2）。这次选举常常被人们忽略，但事实上，它完全可以被视为俄罗斯人民政治能力的一座丰碑，也是20世纪民主史上的里程碑。至少有4400万俄罗斯人参加了投票，这是截至当时人类历史上最大规模的一次民意表达。1917年11月参加投票的俄国人数大约是1916年参加总统选举的美国人数的三倍；直到20世纪40年代，才有西方选举超过了这场盛事。

表2 民主历史上的最大事件：俄国立宪会议选举结果，1917年11月

党派	得票数（百万）	得票率（%）
社会革命党（农民党派）	15.9	38
社会民主工党布尔什维克	9.8	24
社会民主工党孟什维克	1.4	3
社会主义少数派	0.5	1
宪政民主党（自由派）	2.0	5
其他非社会主义党派	1.3	3
乌克兰（主要是社会革命党）	4.9	12
伊斯兰党派	0.9	2
其他民族主义党派	1.7	4
其他	3.4	8
总计	41.8	100

这次选举的投票率接近60%，在"落后的"农村地区，投票率要比城市里稍高一点。选举过程中很少或者几乎没有舞弊行为。俄国选民的投票清楚地反映了俄国社会的基本结构，以及1917年2月以来的国家政治事件。正如研究这个被人长久遗忘的时期最著名的那位历史学家所说的："我们可以说……这场选举中没有什么严重的错误。……当市民为了财产权而投票、战士与他们的妻子为了和平及遣散军队而投票、农民为了土地而投票的时候，这里有什么不正常或者不真实的地方呢？"他们也许没什么民主的经验，但革命俄国的"选民们以一种最质朴的方式，知道自己在干什么"。[45]

革命党派——农民社会革命党与他们在乌克兰的姐妹党、孟什维克和布尔什维克——加到一起的话，得到了将近80%的选票。即便是在布尔什维克革命之后，革命护国主义党派——社会革命党和孟什维克——的支持率仍然是最高的。然而在1917年秋天，他们的分布却相当分散。与之形成对比的是，一大群充满活力的少数派紧紧簇拥在城市周边，尤其是彼得格勒周边，对布尔什维克形成支持。从1917年春天开始，社会革命党人与孟什维克就在恳求布尔什维克组建一个基础广泛的革命联盟。但列宁和托洛茨基对此都毫无兴趣。相反，他们看准时机，与农民党派的极端左翼——左派社会革命党——结成联盟，左派社会革命党所鼓吹的阶级斗争比列宁和托洛茨基自己的更加激进。立宪会议的第一次大会直到1918年1月才得以召开，与此同时，布尔什维克开始着手巩固苏维埃政权，以实现列宁最为著名的口号："土地、面包与和平"。

四

布尔什维克革命后不久，农民社会革命党的资深领袖维克多·切尔诺夫（Viktor Chernov）决定为拯救俄国的民主革命进行最后一搏。他向伦敦、巴黎和华盛顿方面寻求帮助,希望能在外交政策方面获得积极有力的突破,以回答列宁所提出的充满诱惑的立即和平的主张。但他的希望落空了,他没有得到任何回应。夏天,当革命的影响力将要波及西方之时,协约国决定隔离限制来自俄国的威胁。至少在华盛顿,已经有人感到,大规模的动荡即将发生。1917年8月初,克伦斯基发起的进攻战失败之后,豪斯上校写信给威尔逊,称他觉得需要采取紧急行动,立即达成和平,这至关重要:"目前更重要的事情是……俄国需要将自己打造成一个强健的共和国,而不是把德国打倒在地。如果俄国国内的混乱到了德国人得以进行干涉的程度,那么俄国将来就有可能在政治上和经济上都被德国控制。这样的话,进步的时钟就真的被往回拨了。"豪斯又强调说,另一方面,如果民主制度能在俄国"稳稳地建立起来",那么,"在短短几年之内,德国的独裁体制就会被迫向代议政府让步"。[46]为了保持进步的势头,美国必须使用各种手段在战前状态的基础上立即促成和平,同时在阿尔萨斯—洛林的问题上做出一些保全颜面的"调整"。巴黎方面也许会反对,但豪斯认为,无论如何法国在那个冬天应该就会"屈服",威尔逊所面对的是"有史以来最严重的危机之一"[47],豪斯请求威尔逊"不要错过这个难得的机会"。[48]在美国人血流成河之前,在华盛顿无可挽回地被卷入战争之前,他应该重新开始没有胜利者的和平计划。

如果豪斯不是到了1917年8月中旬,而是在5月就意识到一个民主制俄国的战略意义,如果威尔逊能对革命护国主义者的和平试探做出更具建设性的回应,或者表现出他接受单独达成和解的迹象,那么俄国的临时政府也许就能得到挽救。然而,没有任何这样的回应。美国的参战已经关上了和平的大门,而威尔逊又拒绝再次打开它。豪斯上校虽然洞察到了推动进步的地缘政治环境,但已经错过了最佳时机。8月底,威尔逊轻蔑地将梵蒂冈(Vatican)的和平提议扔到一边,坚称绝不会与德皇讨论什么和平,这让他过去的支持者感到愤怒。[49] 俄国人最后绝望的求助也没有得到任何回应。正如研究这个命中注定将要失败的农民党的那位著名历史学家所评论的,我们永远无法知道,协约国要继续战争的决定是否"彻底断送了"[50]一个不同于布尔什维克的民主制的可能性,或者"只是营造了一种氛围,让民主的想法无法存活。但非此即彼,这是毋庸置疑的"。[51] 当布尔什维克赤卫队占领冬宫,克伦斯基在美国使馆的护送之下逃走了。

第四章

中国进入战火中的世界

1917年7月21日，就在俄国的克伦斯基攻势失败后不久，自由主义的美国记者、在上海发行《远东评论》(*Review of the Far East*)周刊的中国通托马斯·富兰克林·费尔法克斯·密勒（Thomas Franklin Fairfax Millard），对华盛顿方面提出了一段著名的质疑：

> 是的，在世界大战的问题已经被缩小为对民主制度命运的考验之时，让两个像俄国和中国这样的大国在极其不稳定的状态之下首次尝试共和制度，对于民主政治来说，确实是十分不便的……然而，正是因为本土条件和世界整体条件都非常糟糕，而且，由于战争，这些国家的尝试与整个世界的民主事业联系在了一起，因此，对于俄国和中国所发生的一切，美国如果只想做一个旁观者，这事实上是不可能的。美国已经采取行动，鼓舞、激励和支持俄国，同样也应当立即提出并采取行动，鼓舞、激励和支持中国努力维持共和制度。[1]

第四章　中国进入战火中的世界

到了20世纪40年代，我们已经习惯于把中国和苏联的历史共同放在共产主义的标签下来看待。然而，在1917年的某个瞬间，它们似乎可能形成一种完全不同的联系。中国和俄国有可能与美国组成一个民主联盟，亚欧大陆的自由主义未来在向人们招手，当然前提是这种愿景能够抓住机会变成现实。正如我们将会看到的，这并不只是一个美国记者自己的幻想。与俄国一样，在中国，1917年正处于生死关头的，是共和革命的未来；与俄国一样，国内的斗争与全球战争纠缠在了一起；还是与俄国一样，这一年在爱国主义的共和浪潮中开始，却以演变成内战的灾难而结束。结果，在1917年年底时，尽管西线的战事仍然相持不下，但在欧亚大陆的广袤土地上，从东到西的政治秩序都在发生动摇。

一

促使密勒大声疾呼应该采取行动的是发生在北京的危机。这场危机因1917年2月伍德罗·威尔逊决定与德国断交，并邀请其他中立国也与德国断交而起。威尔逊采取这一立场，是出于"对国际法公正、合理的理解，以及显而易见的人性的要求"，他坦率地表示，自己"想当然地"认为其他中立国都会"采取同样的行动"。[2] 对于中国的政治家来说，这是一次直接的挑战。中国让自己免受战争影响的能力仍有所不足。1914年9月，日本突然占领了德国在山东半岛的租借地青岛；从1916年开始，中国就派出志愿劳工为协约国服务；1917年3月初，德国提高了潜艇战的强度，法国运兵船"阿特拉斯号"（Atlas）被鱼雷击中沉没，500名华工丧生。难道北京不是与华盛顿一样，有责任保护其公民不受德国侵略的伤害吗？如果不与华盛顿采取同一立场，北京就等于丢脸地承认了自己的软弱无能。而且那样的话，就会错失这一天赐良机：让羽翼未丰的中华民国与美国结盟,从而完成1911年年底革命所开启的政治改革。[3]

1912年2月,延续了几个世纪的清王朝最终灭亡,取而代之的是一个共和国,这是近代历史上一个真正的转折点。共和政治已经进入亚洲,这在中国的保守派中引发了恐慌。但这也让日本感到不快。日本在明治维新之后的1889年,以德意志帝国为蓝本,建立起了君主立宪制。中国已经经历了几千年的王朝统治,看起来并不具有适合共和制生长的土壤。当时中国的强权人物很容易找到一些西方学者,乐于认定亚洲的价值观"需要"独裁统治。[4]然而,在经历了几十年的混乱之后,中国显然还是在坚定地从君主制向共和制迈进。[5]1913年,当中国第一次进行普选的时候,只允许21岁以上、受过基本教育的男性参加。不过从当时的标准来看,这个条件并不苛刻。尽管大多数的中国选民并未参加选举,但2000万的投票数也足以让这次选举成为有记载的最大规模的民主活动之一。[6]并且,尽管存在严重的舞弊行为,但革命的领导党派国民党依然因为主张共和制与议会制而获得了绝大多数的选票。

然而,国民党还没来得及在胜利之后做点什么,其国会领袖就被一个与总统袁世凯大帅有关的刺客所枪杀。孙中山与国民党的其他领导人在南方各省举行起义,但很快失败,他们随即流亡海外。袁世凯解散了国会,使得革命党人起草的《临时约法》在实际上失去了效力。袁世凯试图重新转向独裁统治,他通过伦敦和日本,得到了来自外国的贷款支持,但被华盛顿的威尔逊政府所抵制。在封建帝国的最后几年里,袁世凯作为华中、华北地区的新军领袖,地位迅速上升。他推动了军事的现代化,却对新式的政治制度毫无兴趣。[7]但他没有预料到的是来自大多数中国政治人士的反对。1915年年底,袁世凯决定称帝,这激起了全国上下的反对。[8]到1916年春天,长期与北京抗衡的南方各省在日本奸细的挑动下公开反袁，要求制定联邦宪法。[9] 更糟糕的是，袁世凯自己军事集团中的年轻军官——来自安徽的段祺瑞和来自直隶的冯国璋，都宣布反对他们过去的顶头上司。刚刚诞生不久的中国新闻业正充满活力，它们发出了民族主义的怒吼，反对袁世凯独裁。[10] 意识到自己有可能造成国家分裂，从而为日俄两国的干涉打开大门，袁世凯灰溜溜地宣布取消帝制，并任命段祺瑞为总理。段祺瑞显然不是一个自由主义者。他曾在德国接受军事训练，并且认可袁世凯加强专制的看法。但他是德国人后来称为"理性共和主义者"（Vernunftrepublikaner）的那种人，是个具有现实主义的共和主义者。[11]

1916年6月，名誉扫地的袁世凯突然去世，黎元洪继任总统。黎元洪是1911年革命首义时的傀儡之一，也是1913年得到国民党支持的总统候选人。黎元洪所做的第一件事情就是恢复了1912年的《临时约法》，并重新召开由于国民党议员占大多数而被袁世凯解散的国会。在参议院副议长、毕业于耶鲁大学的王正廷的带领下，国会开始着手起草新宪法。1917年2月，国会投票否决了立孔教为国教的提议。一批受到西方影响的新型知识分子接管了北京大学，其中包括中国最早的一批马克思主义者。总而言之，中国的政治看起来似乎将进入一个建设性的改革阶段，主张中华民国应与威尔逊总统结盟的外交政策看起来能与这一时期巩固共和的政策形成一种理想的互补。

对于许多中国人来说，美国作为对抗日本和欧洲帝国主义者的力量，是他们的希望。1917年初，还是一名年轻学生的民族主义者毛泽东在给朋友的信中写道："日人诚我国劲敌，"他非常确定地说，"二十年内，非一战不足以图存。"相比之下，中美友谊对于国家的未来十分重要。"东西两共和国亲和接近，欣然为经济食货之献酬",这种联盟是"千载之大业"。*[12] 驻北京的美国公使、进步主义政治学家保罗·芮恩施(Paul Reinsch),显然非常乐于推动这样的言论。尽管他与华盛顿之间的电报联系经常不太通畅,但在1917年2月初,芮恩施主动提出,要向中国提供一笔1000万美元的贷款,用于备战,以及追随美国与德国断交。[13] 然而,正如芮恩施和英国公使都在报告中提到的,北京方面十分焦虑。继续不作为会很丢脸,与美国结盟显然充满诱惑。但是,由于美国已经公开表明自己并不加入协约国,如果中国与美国结盟,法国、英国,尤其是日本,将如何解读这一行为呢?芮恩施向国务卿兰辛报告说,总统黎元洪与总理段祺瑞非常犹豫,他们担心,如果中国参战,如果这意味着需要"更加合乎要求的军事组织",就会促使日本向协约国要求"授权","以管理这些组织"。[14] 如果北京方面对此表示拒绝,中国可以指望美国的支持吗?现在,很大程度上要看威尔逊总统的态度了。

北京的美国使馆热情高涨,相比之下,华盛顿方面则十分谨慎。1917年2月10日,在看过芮恩施的电报之后,威尔逊对兰辛说:"这几封,还有之前那些提到中国可能采取行动的电报让我良心不安。我们也许会给中国带来厄运。""……如果让中国追随我们现在正在做的事情,"总统继续说道,"那我们就要准备提供援助,并尽一切可能的手段支持它……我们能指望参议院和银行家来满足中国对我们的这些期望吗?"[15] 国务卿兰辛对此表示同意。[16] 任何加强中国自己的军事能力的行为都会被认为是威胁,"使日本可以合理地要求指挥权"。兰辛警告说,如果华盛顿方面想鼓励中国独立行动,他们就必须"准备好迎接日本的反对"。[17]

---

* 引自1916年7月25日,毛泽东致萧子升的信。见中共中央文献研究室、中共湖南省委《毛泽东早期文稿》编辑组编,《毛泽东早期文稿:一九一二年六月——一九二〇年十一月》(长沙:湖南人民出版社,2008),页45。——译者注

二

对于像芮恩施公使和密勒这样的自由主义中国通来说，与日本对抗并没什么不好。但正如我们已经看到的，威尔逊对全球种族平衡怀有深切的忧虑。在徒劳无功地想要保持美国的中立地位时，他觉得自己是"白人文明"的守护者。由于欧洲正在被分裂成两个部分，现在显然不是在东方进行对抗的时候。即使抛开种族的想象，日本显然也是一个需要对付的力量。明治维新以来，它已经在一系列的侵略战争中取得了令人惊叹的胜利。[18] 1895年，清军惨败，日本获得巨额赔款，并使朝鲜脱离了与中国的藩属关系；1905年，作为英国的盟友，它又击败了俄国；1914年8月，应英国外交大臣格雷的要求，再加上日本外相加藤高明的努力，东京方面迅速对德宣战，并入侵了中国山东省。山东位于黄河下游，在北京的攻击距离之内，它是中国三个传统——儒教、道教和佛教共同的圣地。因此，它被占领，是对中国的国家威望一次新的毁灭性打击。

更糟糕的还在后面。为了获得其他协约国的保护，袁世凯希望中国也被要求对德宣战，但日本不允许中国有任何独立行动。相反，1915年1月，东京方面向北京方面递交了一份列有"二十一条"要求的清单，这份清单很快受到全世界的指责，被认为是战争引发的最明目张胆的帝国主义行径之一。"二十一条"的前四号是对势力范围的常见表述，再次强调了日本的目标在于维护自己在与朝鲜殖民地相邻的华北和东北地区的利益。相比之下，臭名昭著的第五号则要求在军事、经济等方面对北京的中央政府进行控制，这将让日本在整个中国拥有比其他列强都要多的权力。[19] 由于它对所有利益相关的国家都提出了挑战，因此，第五号必然会在西方引发争论。然而，无论是日本，还是北京袁世凯总统的小圈子，都没有人预料到它在中国爱国民众中引发的怒潮。[20] 随着日本的要求被报纸披露出来，四万人在北京游行抗议，全国各地掀起了抵制日货的运动，中国的时尚女性抛弃了日俄战争后流行起来的东京发式，北京大学的学生决定每天诵读"二十一条"，以牢记国耻。一时间，日本原本打算的局部突袭，变成了国际性的丑闻。英国外交官竭尽全力避免中日两国矛盾激化，与此同时，《华盛顿邮报》(Washington Post)向它愤怒的读者公布了"二十一条"的全部细节。有人在国会发表抗议演讲，抨击日本是"东方普鲁士"。

日本显然有一群政治家觉得不能辜负了这个名号。政界元老山县有朋是当时还在世的明治元勋中最有影响力的一位，团结在他周围的一群人曾或多或少地公开表示，日本加入协约国一方是一个错误。他们认为日本终究要与美国对抗，因此更倾向于与独裁的沙俄结成一个保守主义同盟。在1916年夏天的一个密约中，这一关系得到了巩固。然而，尽管有充分的证据证明了日本对中国的野心，但反日的愤怒情绪会很容易让西方的观察家无法看到日本帝国主义政治的模糊性。中国政治制度的分崩离析，以及俄国专制政府所进行的侵略性扩张，使得日本的帝国主义总是跟致力于改革的自由主义紧密联系在一起。而当日本的扩张有了英日同盟的支持后，这一点就更加明显了。直到1914年，日本的经济发展与公共财政在很大程度上依赖于伦敦。在国内政治方面，日本的独裁政治同样也并不能为自由主义和反帝国主义的言论提供发展动力。自1912年7月明治天皇去世以来，日本已经经历了四届内阁，但由于受到精英阶层的抨击和群众的反对，它们的任期都不长。1914年4月组阁的大隈重信首相有着与其同时代和同阶层人士相同的偏见，但他也接受过西方政治思想的影响，在明治初年被认为是英国式君主立宪制的拥护者。1914年，已经退出政坛的大隈重信再次出任首相，以平息大正时代的危机。在他的内阁成员中，有不少光彩夺目的人物。日本自由主义最重要的人物、"日本宪政之神"尾崎行雄在其内阁中担任司法大臣。议会中支持大隈重信的主要是立宪同志会。在日本政党政治纷繁复杂的派系中,同志会坚定地主张实行自由主义经济政策,其核心内容是金本位制,以及与伦敦加强关系。这种关系在外相加藤高明身上得到了体现,加藤曾经担任过日本驻英国大使。"一战"结束之后,同志会将成为日本议会政治中最主要的自由主义力量。1925年,他们将努力实现成年男性的普选权。

这些变化都是在没有遭到暴力颠覆的情况下发生的,但我们并不能因此就低估其重要性。跟中华民国还十分粗浅的民主实践比起来,日本在1919年之前的选举非常平稳,在其6000万的人口之中,选民数量大概不到100万。但从世纪之交开始,民众对政治的兴趣激增。报纸的发行量呈现指数级的增长,从1905年的每天163万份,发展到1924年的625万份。[21] 1905年日俄战争爆发之后,群众运动的浪潮在日本不断出现。深受欧洲历史思想影响的日本知识分子认为,很显然,日本与中国一样,都处于历史变化的浪潮之中。现在的问题是,这会对外交政策产生什么样的影响。

当大隈重信和加藤高明把日本带入战争时,与中国那些支持战争的人一样,他们这么做带有一定的历史目的,而不只是为了帝国主义扩张。加藤把爱德华·格雷爵士和英日同盟条约搬出来证明宣战的合理性,这样就能让元老山县有朋身边那些保守的人物不再指手画脚。这样来看的话,"二十一条"其实是加藤的又一次努力,他将日本军队中流行的更激进的种族对抗观念也包含进来,想借此维护日本外交政策在西方人眼里的尊严。然而事与愿违,尽管北京方面被迫做出了屈辱性的让步,但面对全世界的抗议,日本也无法再坚持饱受非议的第五号要求。英国在中日之间斡旋,以使两国达成妥协。外相加藤高明本来是日本自由主义最大的希望,但现在只能辞职。从1915年夏天起,直到一年后袁世凯去世,日本的对华政策突然出现了新的、危险的冒进。加藤辞职之后,大隈内阁不再徒劳地追求国际尊严，而是听从参谋次长田中义一的意见，对北京的中央政权进行根本性的打击。日本决定，要无情地采取分而治之的政策，使中国在太平洋战略布局中不再成为一支具有威胁性的力量，因此它迫使袁世凯做出屈辱性的让步，同时资助像孙中山这样的民族主义者起事反袁。然而，尽管到1916年春天，田中义一终于将中国推到了内战的边缘，但这对于保障日本的长期战略地位并没有起到多少积极作用。

1916年夏天，日本帝国主义自由派的惨败导致了寺内正毅大将的组阁，这个脖子短粗的军人曾经是冷酷无情的朝鲜总督。与大隈重信不同，寺内正毅公开反对对日本体制进行任何自由化的改革。他上任后，宣布其内阁将"超然"于国会之上，而外交政策则是最为敏感的领域。寺内内阁认为日本正面临着来自美国的海上威胁，因此不能只停留在谋求势力范围的地区性政策。对于日本来说，看着英国在华中地区、法国在华南地区占据优势，而日本只在东北开疆辟土，这显然是不够的；至于田中义一所提出的分而治之的破坏性战术，就更糟糕了。[22] 为了应对来自太平洋彼岸的威胁，东京方面必须集中精力将整个中国都置于日本的影响之下，因此也就必须将其他西方国家都排除在这一地区以外。但臭名昭著的"二十一条"第五号给了他们一个教训，日本必须采取一些新的手段来完成这个极具野心的设想。新的方案并不排除军事手段，日本需要想办法缔结政府间的长期军事协定。但自此以后日本的对华政策将主要通过北京政府进行，由银行家主导，尤其是与内务大臣后藤新平有暗中联系的西原龟三。[23]

改变大西洋地区战前金融结构的强大离心力同样也在太平洋上发挥着作用。1916年，日本的财政实力极其强大，协约国的金融地位则极其虚弱，以致东京前所未有地成了协约国的债权人（表3）。第一笔借款是向俄国提供1亿日元，用于购买日本制造的步枪，这

第四章　中国进入战火中的世界

表3　从赤字到贸易顺差再到赤字：
日本脆弱的收支平衡，1913—1929年（单位：百万日元）

类别 时间	经营项目					资产负债表			
	余额	贸易差额	运输收入	净债务/ 净资产	日本的外债	日本给中国 政府的贷款	给法俄英的 政府贷款	其他私人 海外投资	海外铸币持有
1899—1913	-951	-1409	270	-1223	2069	60	—	540	246
1914	9.56	-5	39	—	—	—	—	—	212
1915	265	176	50	—	—	—	—	—	379
1916	575	371	158	—	—	—	263	—	487
1917	784	568	274	—	—	—	443	—	643
1918	868	294	455	—	—	—	575	—	1135
1919	107	-74	368	1399	1822	236	575	1085	1343
1920	-393	-388	268	—	—	—	—	—	1062
1921	-307	-361	140	—	—	—	—	—	855
1922	-98	-268	111	—	—	—	—	—	615
1923—1929	-1022	-2259	906	-738	2549	94	—	1717	0

笔借款将由英国来偿还。日本只需要成为北京方面最主要的外资来源，就可以对其施加影响。日本的国内政治也进一步强化了向长期金融霸权战略的转向。尽管寺内首相及其独裁主义同僚主张"超然政治"，但他们需要国会的支持。[24] 寺内内阁虽然号称是一个独立的保守政府，但为了应对来自前外相加藤高明的批评，以及像尾崎行雄这样的激进自由主义者的尖锐抨击，它实际上是以地方藩阀组成的贵族党——立宪政友会为靠山的。政友会的领袖原敬让人敬畏，他可不是个进步主义者。他对日本日益高涨的民主主义浪潮十分反感，在1917年的选举中，他坦然舞弊，从而获得了国会的多数席位；他对于中国的民族主义理想不屑一顾。然而，原敬坚定不移地相信，新世界的一个核心特征是：统治未来的将会是美国。美国对"二十一条"的不满，清楚地说明了日本应该更加仔细地考虑自己的对华政策。日本必须清楚自己的局限，中国巨大的体量需要格外地小心。正如外相本野一郎在1916年12月所说的："有些人说我们应该把中国变成保护国或者瓜分它，还有人持更极端的主张，认为我们应当利用欧洲战争的机会将整个中国变成我们的领土……然而，即使我们能暂时做到这一点，（日本）帝国也不具备能够将这种情况长期维持下去的真正实力。"[25] 一位中国军阀更加不加修饰地说出了同样的观点。在日本人所有的对外侵略中，他们都"不确定"自己能"吞下"中国。"我们人数众多。如果他们一意孤行，到最后，中国会撑破日本人的肚子。"[26]

三

1917年2月，当威尔逊向中立国提出要求的时候，他所打破的就是这样一种微妙的平衡。日本和中国会做何反应？美国使馆十分清楚自己的任务。为了巩固中华民国的地位，并抵制日本的影响，

第四章 中国进入战火中的世界

北京必须与华盛顿共同行动，马上与德国断交。2月初，芮恩施公使及其团队连续五天不间断地试图说服总理段祺瑞和总统黎元洪。他的一位同事描述说，芮恩施带领着一群"肌肉发达且意志坚定的美国公民来回飞奔，他们残忍地将中国从自给自足的状态下驱赶出来，把它带进国际事务当中"。[27] 在2月7日北京正式发出的公告中，我们能看到这种想要成为国际社会一分子的愿望。面对德国对国际法的践踏，"中国为了维护自己在世界的地位，不能保持沉默。中国将借此机会开始一个外交的新时代，成为国际社会平等的一员，并将以坚定的政策在盟国中获得认可"。英国使馆向伦敦报告说，大多数内阁成员，以及80%平时阅读报纸的中国民众对此表示赞成。在民族主义盛行的南方，主张共和的报纸《中原报》宣称："现在到了采取行动的时候了。我们必须站到公正、人性和国际法的一方……"[28] 然而，就在中国与德国断交之后几天，这些希望就变成了巨大的失望。威尔逊总统和兰辛国务卿并没有对中国加入战争的意愿表示欢迎，而是起草了一份措辞礼貌但让人沮丧的答复："美国政府对于中国的态度深表感怀，但我们不想让中国身处险境。非常遗憾，我们现在无法给出任何承诺……因此，中国政府最好询问一下其在各个协约国的代表，同时也不应忽略日本的态度。"为了减轻这份答复所带来的沮丧情绪，威尔逊让芮恩施口头转达他对中国独立地位的衷心支持。[29] 然而，尽管芮恩施已经过于急迫地做出了承诺，尽管美国已经准备在1917年4月时向协约国提供30亿美元的贷款，但美国甚至连1000万美元也没有拿出来给中国。[30]

日本方面给出的则是完全不同的信息。从1914年开始，东京方面对于中国加入对德战争就一直持消极态度。但现在，寺内内阁急于将自己全面称霸的新战略付诸试验。2月13日，西原龟三到达北京，他的任务是让中国按照日本的方式加入战争。为了不被芮恩施占去优势，日本充分利用了中国想要得到国际尊重的想法。西原鼓励中国向欧洲各国提出实质性的要求，比如暂停十年的庚子赔款，允许中国提高关税、建立起一个对全国政府而言更具可行性的税基，以及在战争期间允许中国军队进驻外国使馆区等。此外，与他的美国对手不一样的是，西原有办法兑现自己的承诺。在到达北京几天之后，他就已经在商谈大笔贷款的事宜了。1917年2月28日，西原得到东京方面的批准，可以先向中国提供一笔2000万日元（合1000万美元）的初期贷款，这笔款项将在中国对德宣战后立即支付。

在东京方面看来，其对华的新战略似乎能获得可观的回报。美国看起来很容易被吓住；而由于欧洲战争的危险局面，英国和法国几乎愿意支持日本所提出的任何要求。[31] 1917年1月，日本同意派出一支小型舰队到地中海东部，以缓解德奥潜艇战的威胁，作为交换，英法秘密同意日本在战后获得德国在山东的权益。最终日本发现，在它寻求一种政策从而获得比帝国主义势力范围更大的利益时，关键在于中国。在东京方面看来，只有两个选择：或者分而治之，或者扶植一个持合作态度的中国政府。但中国民族主义的觉醒让东京方面遇到了严重的困境。1915年，日本的"二十一条"就曾经让整个中国联合起来反对日本。东京方面决定采取新政策，全力与北京政府合作，但没想到这反而让其在中国的合作者名誉扫地，同时也导致了中国的分裂，而这种分裂的结果恰恰是1916年田中将军手下的特务人员一直想尽办法、试图通过颠覆性手段来实现的。总理段祺瑞将接受日本大额贷款的消息被披露出来之后，一股民族主义的反对浪潮开始形成。孙中山在其位于华南的反政府大本营宣布，他反对中国参战。与总理段祺瑞本人向美国表达的担心相呼应，孙中山坚持说："一个国家能否"用战争手段来"提高自身地位"，取决于"它自身的力量。对于中国来说，加入协约国只会带来国内的混乱，而不是进步"。[32]

第四章 中国进入战火中的世界

1917年4月，在美国对德宣战之后，围绕中华民国的未来而展开的争斗开始了。总理段祺瑞在北京召开了督军会议，会议同意中国追随美国参战。但段祺瑞还是担心国会的反应，尽管国会曾投票同意与德国断交，但也许不会同意一个由日本操纵的政府宣布参战。段系军阀随即发挥其特有的手段，雇用了一群武装暴民包围国会。国民党占大多数的国会对这种公开的威胁怒不可遏，表示：出于爱国主义，确实有必要宣战，但只有段祺瑞及其亲日派成员辞去职务，中国才能参加战争以维护自己的荣誉。段祺瑞对此表示拒绝，总统黎元洪随即解除了他的职位。段系军阀离开北京，宣布将起兵反黎，但黎元洪表示决不妥协。军阀对国会的挑战是非法的，要么导致"国家分裂"，要么使中国变成"像朝鲜一样的（日本）保护国"。[33]事实上，在尽可能坚持其新政策的前提之下，东京方面还是表现出了相当程度的克制，拒绝了段祺瑞想要寻求帮助的一些要求。日本想与一个具有权威的政府合作。导致事件最终崩盘的是总统黎元洪，他将最反动的军阀之一张勋召至北京。显然，他认为张勋有实力对抗袁世凯集团中的两大军事派系：总理段祺瑞的皖系和冯国璋将军的直系。然而张勋却有自己的打算，他占领了皇宫，宣布清帝复辟。黎元洪被软禁，最后还是被日本使馆的卫兵解救出来。

黎元洪所招致的混乱局面为东京方面打开了大门，现在他们可以借着维护中华民国国家完整的名义直接对北京进行干涉。西原向北洋的直系军阀提供了一笔可观的援助款，直系军队迅速重新占领首都，击败张勋。直系和皖系对权力进行了划分，段祺瑞重新出任总理，直系首领冯国璋取代黎元洪成为总统。然而，国会中的国民党成员并不接受这些再次名誉扫地的军阀回到北京。1917年夏天，他们撤到南方，建立起一个与北京政府对抗的民族主义政府，由其长期以来的领袖孙中山领导。与此同时，8月14日，段祺瑞通过北京残存的国会宣布参战。他将这个国家带入了战争，由此使中国在巴黎和会上有了一席之地。在中国许多政治家看来，这是进入国际竞技场的一张珍贵门票，也能一劳永逸地在中国彻底结束了君主复辟。然而，由于北方和南方各自存在一个政府，中国长达三十年的分裂和内战也随即开始了。

在这场斗争中，各个派系都在寻求外部援助。由于英国和法国受到欧洲局势的牵制，俄国疲于革命乱局，日本则与北洋军阀紧密勾结在一起，因此南方的民族主义政府决定求助于美国。在南方政府中担任外交总长的是伍廷芳，他曾是清政府的高官，担任过驻美公使，也是第一个在伦敦林肯律师学院获得执业资格的中国人，美国媒体有时候将他比作中国的本杰明·富兰克林（Benjamin Franklin）。1917年7月，伍廷芳直接向美国提出请求。[34]"考虑到当前的危急状况，以及起事督军的态度，我强烈请求，作为全世界民主宪政事业的捍卫者，威尔逊总统应该发表公开讲话，表明美国对中国的态度，并大力支持黎元洪总统。"[35]

然而，尽管像伍廷芳这样的人提出了具有强烈自由主义色彩的要求，白宫还是拒绝支持任何一方。[36] 1917年夏天，当中国国会与军阀在参战的问题上僵持不下时，美国国务卿兰辛表示："中国加入对德作战，或者保持现状，都是次要的问题。""对于中国来说，现在所需要的是恢复其政治实体的地位，并将之延续下去，是沿着它已经取得了显著成就的民族发展之路继续走下去。对于中国的政府构成，以及管理这个政府的相关人员，美国只在双方的友好关系促使它帮助中国时才会感兴趣。但对于中国维系一个统一的、能独立承担责任的中央政府一事，美国则持深切关心……"[37] 兰辛的这一主张让中国的政治家们措手不及。在这一年年初，这些政治家们想到加入反德联盟可以让自己得到国际大家庭排头兵的承认，还激动不已。现在，兰辛则公开表示，中国并没有准备好加入任何这样的联盟，并拒绝在中国的国内斗争中支持任何一方。相比之下，日本已经选择了其中一方，并试图让中国在一个独裁制度之下加入战争。如果段祺瑞和其他军阀建立起了独裁领导，那么，中国的政府显然会是"一个统一的、能独立承担责任的中央政府"，但这真的会是美国所感兴趣的那种政治制度吗？而且，不管这样一个政府看起来多么强大，它真的能够为中国的政治未来提供长久的解决吗？

在北京混乱的政治纷争之中，重大的原则问题正面临考验，而华盛顿方面却拒绝承认这一点。在投奔孙中山南方政府的途中，伍廷芳从上海发出了一封公开信，再次向美国表明自己的看法："欧洲正在进行战争……以结束普鲁士的军事独裁。"他坚持道，"在这里，我希望美国人能明白，中国当下的问题正是出于同样的原因。"受到格莱斯顿时代的影响，伍廷芳的语言充满了自由国际主义的新式腔调："我们正处于民主政治和军事独裁的斗争之中……我希望美国能耐心一些，给中国一个机会。民主必将获胜……我希望能看到那么一天，美国星条旗与中国火红的国旗在永恒的友谊下共同飘扬。"[38] 前参议院副议长、1917年宪法的起草人之一王正廷则更强烈地表达了这一观点。他嘲讽了美国在欧洲和亚洲事务上所采取的截然不同的态度："此事颇为荒谬，美国加入了一场世界战争……宣称其主要目标在于不让坚持民主原则的政府葬身于军事独裁，但美国的实力和影响力只能被用在海外某一个地方，而不能被用在海外另一个地方。""最基本的要求是，究竟是要回到古老的君主体制，还是保留军事寡头政治，还是进一步发展到真正的共和政治。在面临这样的选择时，美国无疑应当运用其影响力以实现后者。如果这会引起对中国政治的准干涉，那美国也必须面对这样的责任。"[39]

在北京夏天的危机出现之后，华盛顿方面的确表现出了一些迹象，要对中国和日本采取更加协调一致的政策。然而在中国的民族主义者看来，美国的这些想法并不能使人放心。兰辛没有接触中国，而是与日本进行交涉。1917年11月，在未征求北京方面意见的情况下，兰辛与日本大使石井子爵发布了一项公开声明，确认在中国实行"门户开放"政策，即所有外国在华贸易投资机会均等原则；但同时也承认，由于地理上的邻近，日本在华北地区享有"特殊权益"。[40]在华盛顿的中国公使、毕业于哥伦比亚大学法学院的顾维钧立即对此提出抗议。他表示，在没有中国参加的情况下，由日本和美国来协商中国的未来，这是让人无法接受的。如果顾维钧有机会参加威尔逊政府内部的私下谈话，他会更加愤怒。9月，豪斯上校向威尔逊建议，应该在获得"中国赞成"的情况下，由美国、日本和"其他国家"三方对人口众多的中国实行国际托管。他觉得中国"现状十分糟糕。疾病流行、缺少公共卫生系统、新的奴役制度、杀婴现象，以及其他野蛮落后的做法，所有这些，都使这个民族从整体上来说构成对人类文明的威胁。没有名副其实的司法，内部沟通则严重不足……"国际"托管"将"根据商定持续数年，但时间足够让中国变得秩序井然，成为一个具有购买力的文明国家，让它摆脱落后民族的面貌，让它成为国际社会的福音，而不是威胁"。[41]

与美国的这种幻想比起来，日本的战略至少基于一个基本的认识，即必须将北京政府视为权力伙伴而与之进行直接交涉。然而，正是出于同样的原因，日本现在面临着美国所希望避免的后果。日本在中国内战中选择支持其中一方，它的介入加剧了冲突。日本在中国的盟友正在进行一场高风险的赌博。他们想赌一把，看看日本提供给他们的资源是否足以压制这些支持所激起的反对声音。正如段祺瑞早在1917年2月的一次谈话中告诉西原龟三的，他打算利用日本的帮助来完成"行政改革"。西原向东京方面报告说，这句话的意思是说，段祺瑞打算击垮自己的政敌，把整个中国都置于自己的统治之下。在1917年8月宣布参战后不久，段祺瑞向芮恩施

第四章 中国进入战火中的世界

解释说，他的首要目的在于"将中国的军事组织整合为统一的国家军队，这样，国家的和平就不会一直遭到地方军官的破坏了"。[42]一位军阀政治方面的著名专家曾评论道，在这一时期，极具讽刺意味的是，中国的混乱并不是由公然的分裂主义引起的，而是由实现国家统一的过度野心所造成的。[43]得到日本的资助后，扬扬得意的段祺瑞想要从军事上统一全国，掀起了南北军阀之间的第一场大战。在这之后十年，中国都处于动荡之中。然而，在执行这一军事战略的过程中，段祺瑞没能确保老对手、总统冯国璋所带领的直系对自己的支持。意图夺回湖南这一华中地区支点的战役因直系的不配合而失利，段祺瑞不得不宣布辞职。对于段祺瑞的离开，日本人也不是完全不高兴。由一个军事强权人物来统一中国，带来的前景至少是模糊不明的，而原敬担心这最终会促使美国采取行动。相反，1918年，日本开始在南北方之间进行调停，希望以此平息中国国内寻求干预的自由主义呼声，同时在一定程度上修复日本糟糕的国际形象。[44]

考虑到当时日本国内微妙的政治平衡，美国此时的一个坚定行动可能也会导致日本做出一些友好的调整。尽管日本的一些帝国主义者抱着黑暗的想法，但东京方面的大多数人并不想与华盛顿对立。1917年的选举使原敬及其政友会获得了他们所需要的多数席位，从而约束住激进的反西方人士。如果美国能够向中国提供与西原龟三所调集的规模相当的资金，也许就会从根本上打破这一平衡。正如游历过许多国家的金融经济学家耶利米·精其（Jeremiah Jenks）在给威尔逊的一封紧急信件中所说的：只要拨给协约国的30亿美元中的"百分之一"，"就能让中国厘清其国内事务中的问题……"；"百分之五"就能让中国彻底摆脱日本，使其发展成为一支"能真正加入战斗的重要力量"。[45]1917年年底，在清政府被推翻六年之后，有迹象表明，华盛顿方面终于打算在其亚洲战略后面加点财政力量了。兰辛建议拿出 5000 万美元，用于中国的军事重建，以及南方的铁路网发展；还有一亿美元用于稳定中国的货币流通。这些钱将由以华尔街为首的一个国际银行财团负责筹集。[46] 威尔逊批准了这项计划，美国陆军部则热衷于向法国派遣十万名中国士兵的想法。然而，这些钱最后并没有到位。

当兰辛和威尔逊在 1917 年 2 月第一次讨论中国的困境时，他们觉得国会和华尔街可能会是潜在的障碍。1917 年 12 月，兰辛提出了他的贷款计划，立即遭到财政部部长麦卡杜的反对。麦卡杜不想为了一大笔给中国的政府贷款而去请求国会的授权，也不想因为给中国筹措资金而影响到自由公债。当麦卡杜最终表示同意时，则要求贷款完全以私人方式进行，总额也只有 5500 万美元。然而，由于看不到美国清晰的战略考虑，J. P. 摩根随即宣布，除非与日本合作，否则自己对于对华贷款毫无兴趣。[47] 日本可以在其势力范围内施加影响，甚至提供少量安全保障，正如英国在华中地区、法国在华南地区所做的那样。美国的潜在资源远远不止于此，但由于华盛顿方面拒绝对中国政治发展的任何清晰愿景做出承诺，使得贷款无法执行下去。

四

在很多人看来，1917 年春天美国的参战预示着自由共和主义将要进行一场跨国征战。然而，到 1917 年年底的时候，那些对华盛顿方面有能力或者有意愿策划这样一场横扫一切的战斗抱有希望的人已经开始动摇了。未能形成一个具有建设性的对华援助政策，毫无疑问，这在一定程度上可以用种族和文化的偏见来解释。直到 20 世纪 20 年代末，美国才开始认真对待中国的民族主义。但这种情况并不只限于中国。在俄国所发生的事情表明，1917 年夏天，华盛顿方面在更大范围内都没能承担起发动一场全球民主战斗的挑战，而这样的战斗似乎正是威尔逊曾经希望的。在中国和俄国，共和党人的革命计划都岌岌可危，政治话语和对资源的有效调动之间存在着一种令人困惑的错位。兰辛关于应当将中国的国家团结统一置于参战问题之上的讲话，如果是在1917年7月针对彼得格勒而发表，将会受到极大欢迎。然而，直到这一年夏天更晚一些的时候，豪斯上校和其他人才认识到了保护彼得格勒民主实验的重大战略意义。反过来，如果经由符拉迪沃斯托克涌入俄国的那些财政和后勤支持被投放到中国，它们一定会对中日之间的相互角力产生重大影响。正如我们将要看到的，同样的情况还会在欧洲重现。1918年，威尔逊会向民主制的德国承诺解放与和平，给人们带来巨大的希望；但这些希望最后都破灭了。

　　这里出现了一种模式。事实上，尽管威尔逊制造出与中、俄、德直接对话的表象，但这几个国家都只是他的战略目标，并不是他真正的谈话对象。在这些遥远的地方进行改变显然是受欢迎的，但这些改变即使在最好的情况下也会是一个长期过程，而且美国需要与之保持距离。威尔逊的公开讲话、他的外交手段和政治战略并不是针对这几个国家的，而是为了牵制他被迫加入的危险联盟。这个由大英帝国、暴躁的日本，以及怀恨在心且难以预测的法国共同组成的联盟，因为旧世界马基雅维利式的帝国主义者在美国本土、国会和华尔街有着众多强大且自私的朋友，而更加危险。威尔逊下定决心，要在这个近在咫尺的权力网中保持优势地位，而不是去控制远在亚欧地区的不确定的发展前景。正是这一决心影响了威尔逊的其他想法。

第五章

《布列斯特-立陶夫斯克条约》

1917年12月2日，在俄国西部一处阴暗的军营中，布尔什维克的政府代表与同盟国国家——德国、奥地利、土耳其和保加利亚——坐下来进行和谈。四个月之后*，他们达成了臭名昭著的《布列斯特-立陶夫斯克条约》(以下简称《布列斯特条约》)。根据条约，俄国丢掉了住着5500万人口的领土，相当于战前帝国人口的三分之一、耕地的三分之一、工业企业的一半以上，以及提供了它将近90%煤炭的矿藏。《布列斯特条约》因其明显体现了德意志帝国的贪得无厌，以及列宁不惜一切代价争取和平的决心而被载入史册。[1]然而，在1918年3月3日最终达成那个粗暴的和平之前，布尔什维克与同盟国国家所走过的道路并不平坦。[2]令人感到惊讶的是，这样一个通常被看作带有希特勒色彩的帝国主义强取豪夺的条约，其谈判过程耗费时日且有实质进展，而谈判者所用的全都是民族自

---

* 此处为原书错误。从1917年12月2日至1918年3月3日达成和约，应为三个月。——译者注

第五章 《布列斯特–立陶夫斯克条约》

决的字眼。[3] 布尔什维克这么做，倒是在意料之中。毕竟，列宁和外交人民委员托洛茨基都是国际关系新原则的著名倡导者。然而，事实上，在布列斯特，与俄国人一样，德国人也想方设法按照新的合法性标准，在东方制造出一个现代和平；至少，德国外交大臣理查德·冯·屈尔曼（Richard von Kühlmann）及其在德国国会多数派中的支持者是这么做的。他们有意识地在东方建立一种自由主义秩序，以取代沙皇帝国的独裁统治，从而掌握主动权。

这样的和平对俄国意味着大片领土的丧失，这一点也不意外。列宁自己曾大声表示，如果民族自决的原则得到认真对待，它将盖过所有那些想要维持领土现状的呼声。[4] 布尔什维克正暴力地巩固在彼得格勒的革命成果，他们有什么权利对沙皇征服得来的土地宣示所有权呢？根据列宁自己的估计，东欧地区有一半的人口都是受压迫的民族。[5] 最终的条约在俄国人看来是苛刻的，但对德国人来说也是如此。从俄国剥离的领土中，只有极小一部分被直接并入了德国。相反，《布列斯特条约》缔造了现代波罗的海国家的前身、一个独立的乌克兰，以及一个外高加索共和国（Transcaucasian Republic）。[6] 当然，在1918年，所有这些国家政体，不管它们愿意不愿意，都被置于德意志帝国的"保护"之下。因此，往往被当作德意志帝国的"傀儡"而被忽视。但这样一来，我们实际上就支持了对布尔什维克的抨击。从1991年开始，所有这些在"布列斯特时刻"诞生的国家，以及其他一些国家，开始被看作世界大家庭中的合法成员。与当时一样，今天的波兰和波罗的海国家都指望着自己在西方的保护人。今天，它们是美国领导的北约，以及德国领导的欧盟中的积极分子。如果它们没有比过去更加担心自己的安全，那在很大程度上是因为21世纪初期的欧亚局势。21世纪初的俄罗斯所受到的限制甚至比《布列斯特条约》时期还要严重。无论是与沙皇时代的过去，还是与后苏联时代的未来相比，东方的布列斯特式和平都并非天然不合理，导致它名誉扫地的是柏林方面未能始终坚持自由主义政策。对俄国不守信用的担心笼罩着柏林，结果使布尔什维克看起来成了受害者，同时也使主动权回到了西方国家手里。

1918年1月，作为对德俄两国在布列斯特进行对话的回应，劳合·乔治和伍德罗·威尔逊都觉得有必要发表强有力的谈话，说明他们对战后自由主义世界秩序的展望。在这两次谈话中，伍德罗·威尔逊的"十四点原则"传遍了整个世界。然而，威尔逊并没有像那些冷战传说所描述的那样，对列宁和托洛茨基发起挑战，而是选择安抚他们。在这个过程中，威尔逊将列宁和托洛茨基描绘成民主和平中潜在的伙伴，把整个"俄罗斯民族"描绘成德国侵略的受害者，强化了布列斯特黑暗传说的色彩。与此同时，柏林和维也纳的民主主义者惊恐地看到，布尔什维克的手段加上德国军国主义的冲动，将一切想要在东方建立秩序的尝试击得粉碎。

一

布尔什维克信守自己立即结束战争的诺言，在1917年11月底向德国人发出邀请进行和谈。但和平将建立在什么样的条件之上呢？1917年春天时，列宁是革命护国主义者及其为了民主式和平而提出的"彼得格勒方案"最严厉的批评者，猛烈抨击了"不割地"的保守主义教条与"民族自决"的革命口号之间软弱的妥协。但是现在，临时政府已经被推翻了，该怎么做呢？1917年11月时，答案并不比六个月之前更清晰。当然，在新政权上台的头几个星期，列宁并不敢大声说，他的政策大致就是接受单独和解，不论德国提出什么条件。同盟国也没有要求俄国做出这样的让步。德国默认了停火的要求，同意就布尔什维克在彼得格勒和平方案基础上提出的任何他们能接受的修正稿进行谈判。而且，德国也没有要求俄国正

第五章 《布列斯特-立陶夫斯克条约》

式中断与协约国的关系。相反，俄德两国发表了一个共同宣言，邀请所有其他参战国加入对话。按照"新外交"的要求，在布列斯特进行的谈判具有异乎寻常的公开程度。[7] 为了传递信息，布尔什维克甚至得到许可，可以定期与德国军队举行友好会谈。在布列斯特，旧派的贵族骑士精神与革命的创新精神奇怪地混杂在一起。这次对话是现代社会的第一次大国会议，从社会革命党转变成为布尔什维克的女性阿纳斯塔西娅·比增科（Anastasia Bizenko），在这次对话中担任苏维埃方面的全权代表。

人们很容易将这样一个惊人的开端看作宣传把戏，但这将会严重低估参与其中的各股力量。1917年11月才夺取政权的布尔什维克还很不稳定，列宁和托洛茨基共同执政，左派社会革命党人不喜欢协约国，但与二月革命的其他派别一样，他们也反对任何与德国单独和解的想法。与布尔什维克党自身的多数积极分子一样，他们也坚持认为，如果不能达成可接受的条件，他们会宣布进行一场"革命战争"，号召俄、德两国人民发扬斗争精神，团结起来抵抗帝国主义。1917年12月，德国后方的分裂已经越来越明显了。1917年4月，第一次大规模罢工浪潮之后，整个夏天都弥漫着工业动荡不安的激昂情绪。通过了和平决议的国会多数派依然在位。[8] 11月，国会议员坚持让格奥尔格·米夏埃利斯（Georg Michaelis）下台，他是兴登堡和鲁登道夫为了取代贝特曼·霍尔维格而选择的傀儡宰相。这次议员们坚持选择一个更务实的人，乔治·赫特林（Georg Hertling）。赫特林曾经担任过巴伐利亚王国的总理，在他之后，整个20世纪，有许多基督教民主党人成为德国领导人。至于赫特林的副手，国会多数派选择了自己人，进步的自由派国会副议长弗里德里希·冯·派尔（Friedrich von Payer）。

德国已经走上了"国会化"的道路。但这开始的几步是否足以平息民众惴惴不安的情绪呢？而且，如果他们真的让左派满意了，是否又会激起右派的强烈反对呢？从 1917 年 8 月开始，极端民族主义的祖国党就在不断动员德国的右翼政客坚持战斗，直到获取最后的胜利。如果这需要实行公开的军事独裁，那就更好了。[9]尽管祖国党表现出了民粹主义的法西斯特点，但事实上，它从未摆脱战前的民族主义背景。但现在让德国国会多数派的领袖们担心的是，德国右翼的负隅顽抗，将会延缓任何进一步的改革，并会在其暴露无遗的左侧阵地引发激进倾向。1917 年秋天，从社会民主党分裂出去的、主张反战的独立社会民主党明显获得了越来越多的支持。毫无疑问，德国工人阶级中发声最响亮的那部分人正在要求进行和谈、结束军事管制、在普鲁士实行民主制度，以及立即改善食物配给，而这些人很可能是工人阶级中的大多数。在即将到来的这个冬天，德国的食物状况十分糟糕。多数派社会民主党最精力充沛的领导人之一弗里德里希·艾伯特（Friedrich Ebert），1917 年 12 月 20 日在国会向各位同僚坦白道："到 4 月和 5 月我们将弹尽粮绝。每天除了缩减到 110 克的面包配额，什么都没有。这可不行。"[10]当俄国提出停火的时候，传说中的乌克兰粮仓正站在东方向德国人招手。然而，为了得到这些急需的物资，批发业人员严重不足的德国和奥地利需要一个贸易协定。当停火就能让布尔什维克感到满意的时候，真正需要尽快达成实质性和平安排的其实是同盟国。

战争爆发之前，德国外交大臣屈尔曼曾自称为"自由派帝国主义者"。他很清楚，必须严肃对待来自国内的压力。德国后方所需要的，是迅速达成一个符合 1917 年 7 月国会和平宣言的、有利可图的和平。然而，德国右翼甚至对停火条件都感到愤怒：现在明明是德国军队获胜，屈尔曼怎么能同意用俄国革命派提出来的和平方案来约束德国呢？为什么军事上的决定性胜利没能让德国放开手脚呢？对于祖国党来说，答案是显而易见的。正如极端保守主义的代表人物库诺·冯·韦斯塔普（Kuno von Westarp）在一次国会会议

第五章 《布列斯特—立陶夫斯克条约》

上所说的,当前在德国国内外都正在发生的,是"民主"的腐蚀性影响。[11]12月6日,普鲁士的保守主义者表明了自己的态度。普鲁士上议院完全无视公众要求德皇进行大刀阔斧改革的要求,投票否决了成年男子普选权的提议。[12]鲁登道夫最亲密的合作者之一、马克斯·鲍尔(Max Bauer)上校对此表示很满意,他说:德国人牺牲掉自己最优秀的孩子们的生命,难道"只是为了让犹太人和无产者爬到我们头上吗"?[13]

对于德国右派来说,这里的界线非常清晰:民主化就是投降的前奏。但更加老练的德国战略的支持者则看到了其他可能。对于像马蒂亚斯·埃茨贝格尔,或者像贝特曼·霍尔维格的亲密合作者库尔特·里茨勒这样的人来说,在国内实现民主化,是让德国成为与英美并驾齐驱的大国的唯一可能条件。[14]社会民主党中绝大多数人的坚定态度已经说明了德国工人阶级爱国热情的巨大力量。然而,如果民主制度能给德国的国家实力发展带来新的活力与合法性,它也就能形成自己的自我约束逻辑,遏制一味扩张领土的趋势。通过兼并来增加领土也许能满足粗浅的、军事方面的安全感,但即使是借助俾斯麦宪法赋予国会的有限权力,接纳波兰的少数族裔也带来了让人头疼的问题。如果人们觉得德国将来会成为一个民主化的人民国家(Volksstaat),那么,怎么能将大片生活着语言、文化、宗教都完全不同的人口的领土并入其中呢?德国并不希望自己面临威斯敏斯特议会里的那种状况,少数心怀不满的爱尔兰人有举足轻重的权力。在宰相赫特林看来,结论非常清楚:"我们想保持一个民族国家不是吗,我们不想把这些异己的民族纳入我们的国家中来。"[15]

在极右翼一派,泛德意志主义的思想家所幻想的未来是德国人主宰支配着无数农奴。泛德意志主义激进的领导人海因里希·克拉斯(Heinrich Class)甚至觉得可以大规模地清除原住民,在东边制造"无人"土地。1917年,战前人口因大量逃亡而减少,更推动了这样的想法。[16] 库尔兰(Courland)是德国兼并主义者们的主要目标之一。到1918年,战前60万拉脱维亚人口中,超过一半的人已经逃离了这里。[17] 对于德国的政治家来说,土耳其人处置其境内亚美尼亚人口的手段并不是什么秘密*。但大多数人还是对土耳其的做法表示强烈反感。即使那些顽固的保守主义者也认为,泛德意志主义者想要奴役比利时人、清除东方人口的言论是危险而不切实际的。[18] 在1917年7月关于和平决议的辩论中,埃茨贝格尔表示,与其满足泛德意志主义者的帝国主义幻想,还不如给他们提供一些精神病院的床位,这会便宜得多。他的话在国会引起了欢呼。正如社会民主党的一位发言人所说的,"像对待一群羊一样把人们分配、划分和驱赶到一起"的年代已经远去了。[19]

1915年10月,弗里德里希·瑙曼(Friedrich Naumann)出版了他那本被严重误解的著作——《中欧》(*Mitteleuropa*),提出应该建立一个统一的中欧。在那之后,就有人开始进行激烈的讨论,认为应当在某种联邦式帝国主义的基础之上,在中欧建立起一个德国霸权区。[20] 古斯塔夫·施特雷泽曼,这位带有民族主义色彩的自由主义者,主张德国应当建立一个包含1.5亿消费者的集团,在此基础上,它也许就有希望与美国的工业实力相抗衡了。[21] 那时俄国还在作战。当沙皇政权在1917年轰然倒塌、美国加入战争之后,在德国那些更加聪明的战略思想家看来,要想摧毁沙皇俄国,柏林方面最好的办法显然就是支持民族自决的要求。[22] 具有讽刺意味的是,布尔什维克对此表示同意。在夺取权力10天之后,11月15日(儒略历11月2日),列宁与深得他信任的副手约瑟夫·斯大林

---

* 指1915—1917年奥斯曼土耳其政府对其境内亚美尼亚人进行的屠杀,受害者数量超过150万人。——编者注

第五章　《布列斯特–立陶夫斯克条约》

发布了《俄国各族人民权利宣言》(Declaration of the Rights of the People of Russia)，这份宣言承认了甚至包括分裂在内的民族自决权。[23] 对于外交大臣屈尔曼来说，在布列斯特的谈判也因此提供了一个在东方建立新秩序的机会，这一新秩序不仅基于德国确定无疑的军事优势，而且基于对新的合法性原则的坚定支持。德国将在欧洲大陆的范围内夺取权力，不过不是通过兼并领土，而是通过将东欧小国置于德国保护之下，从而形成一个经济与军事集团。1916年秋天，德国和奥地利将波兰从俄国领土中剥离出来，成为一个自治王国，就是这一战略的开始。虽然在经济和军事方面，新生的波兰王国将不可改变地与德国紧紧捆绑在一起，但在社会和文化领域，它被给予了"表达自己民族性"的自由。[24] 正如宰相贝特曼·霍尔维格在1916年所说的："兼并领土的时代已经过去了，现在应该是把较小的国家实体一把抱进大国的怀里，以达到互惠互利。"[25] 在马克斯·霍夫曼(Max Hoffmann)将军位于布列斯特的指挥部里，著名的社会民主党人爱德华·达维德(Eduard David)对他解释说，只要德国赞同民族自决和国内改革，它就能实现威廉时代世界政治最宏大的野心。通过与俄国和一群新生的东方国家合作，德国就可以超越狭窄的中欧地区，在整个亚欧地区，从波斯湾到印度洋和太平洋，发挥自己的影响力。[26]

这样的想法当然是自私的。然而，支持这种形式的德国霸权的人不能只被简单地看作盲目追随者或者纳粹帝国的先声。[27] 他们在德国右翼的对手认为他们的确构成了一种威胁。社会民主党的领导人菲利普·谢德曼(Philipp Scheidemann)因为赞成德国方式的民主和平，结果遭到了民族主义者的狂轰滥炸，表达的愤怒即使是俾斯麦时代坚定的遗老也会觉得瞠目结舌。在围绕《布列斯特条约》的争论中，埃茨贝格尔两次因为坚持维护立陶宛和乌克兰的独立而被军事法庭起诉。[28] 即使是宰相贝特曼·霍尔维格和库尔特·里茨勒这样的人，也没有只停留在冷嘲热讽上面。他们认为，历史不会像那些头脑简单的民族主义鼓吹者那样，在奴役和不受拘束的完全主权之间做出选择。对于大多数国家来说，完全主权只是一种痴心妄想。即使中立立场，也只是在特殊条件才有的一种选择。正如伍德罗·威尔逊所发现的，即使是最强大的国家，也只能用完全置身事外的方式来坚持中立。对于绝大多数国家来说，现实只能是在若干强国中选择一个。如果波罗的海国家脱离了俄国，也不可避免地要投靠另一个大国，如果不是德国或俄国，那就是英国。德意志帝国那些更有远见的战略家正在推动的，是一种谈判的主权，小国的经济和军事独立与大国捆绑在一起。[29]

这一建议是由德意志帝国提出的，但我们不能因此就完全不重视它。从20世纪的实践经验来看，我们很难从原则上否认这种想法的合法性。1945年以来，这样的想法已经成为欧洲和东亚所确立的相对和平与繁荣的重要构件。[30]进一步说，这种关于东欧新秩序的想法与国内改革是密切相关的，因此不会任由德意志帝国一成不变。德国人在布列斯特不仅是在讨论东欧的新秩序，他们也是在进行一场关于德国自己政治前途的斗争。[31]但是，如果我们承认1917年12月2日的停火条件并不是一纸空文，如果德国方面对彼得格勒方案的赞同并不只是口头说说而已，那么，我们就很有必要弄清楚，德国人和布尔什维克之间的关系怎么就恶化成了一场残酷的权力斗争——以及到1918年夏天时，德国军队如何就已经占领了俄国的大片领土，面积几乎与1942年希特勒的国防军在到达斯大林格勒之前所征服的一样广阔。

二

1917年12月22日在布列斯特开始的第一轮正式和谈出奇地顺

第五章 《布列斯特-立陶夫斯克条约》

利。[32] 双方都同意"民族自决、不割地、不赔款"的停火原则。圣诞节这一天,同盟国和布尔什维克的谈判代表发表了一份公报,声明他们都赞成不以割让领土来换取和平,以及撤出占领军等基本原则,他们希望协约国也能支持这一方案。感到期盼已久的和平即将到来,大批人群涌上了维也纳街头。正如谈判双方所料,对话的成功让协约国手忙脚乱。如果东线能以自由主义方式达成和平,那西线上为什么还要一天又一天地牺牲上千条生命呢?托洛茨基公布了1915年秘密签订的《伦敦条约》(London Treaty)的全文,揭露了伦敦和巴黎方面用帝国主义分赃的方式收买意大利参战的事实,将协约国推入了更加尴尬的境地。11月的时候,伦敦和华盛顿方面已经达成一致,要发表一个新的声明来说明战争的目的。但很快人们就发现,不管是法国还是意大利,显然都不会容忍这样的变通。[33] 意大利人正为卡波雷托所累;在巴黎,乔治·克列孟梭出任总理,决意将战争进行到底,而不是开启一场可能导致分裂的、关于和平的争论。1917年11月底,协约国第一次内部会议在伦敦召开,美国也前来参会。在这次会议上,由于担心大家很可能会就战争的目的争吵到颜面扫地,因此作为主席的克列孟梭强行将全体会议的时间限制在八分钟以内。[34] 威尔逊和劳合·乔治最终都觉得,他们需要独自掌握主动权。

但是,如果说华盛顿和伦敦方面的气氛都非常紧张的话,任何在布列斯特和谈现场的人也会感到,一场风暴即将爆发。德国那些更有经验的老手一直都清楚地认识到,广受欢迎的圣诞节宣言可不是德国人送给布尔什维克的无私礼物,而是埋在俄罗斯帝国下面的一枚炸弹。作为最基本的和谈准备,谈判双方都同意将其军事力量从俄国的争议地区撤出。布尔什维克确信,通过这个协议,在争议地区举行投票表决之前,德国人已经不可思议地承认了1914年的状况。德国右派也因为同样的误解而对屈尔曼进行了恶毒的攻击。

事实上，德国的谈判代表从来没有想过要让列宁和斯大林把他们的民族自决观念推广到俄罗斯帝国战前的领土上。在屈尔曼看来，当波兰、立陶宛和库尔兰从沙皇的压迫下获得解放后，其人民也就获得了事实上的独立。它们不再属于俄国，因此也就不适用圣诞节协议中关于撤军的条款。在德国的保护之下，这些国家已经实行了自己的权利，决定退出列宁正在公开鼓吹的内战。[35]

屈尔曼将他的对手困在了一张网中。不过编织起这张网的，既有德国人的欺骗，也有布尔什维克的自欺欺人。在走完单独和解的最初几步险棋之后，对于列宁和托洛茨基来说，把和谈表现为一场意料之外的成功，是最合适不过的了。然而，明显过于慷慨大方的圣诞节协议在苏俄方面引起的一片欢呼，让德国代表团的负责人开始担心，一旦布尔什维克不得不面对这一协议的真面目，他们的震惊可能会让整个和平进程偏离正常轨道。霍夫曼将军是德国方面谈判代表中级别最高的官员，他认为自己是现实政治最忠诚的拥护者，既反对泛德意志主义者贪得无厌的兼并主张，也反对德国自由主义者故意用甜言蜜语混淆视听，他对屈尔曼耍的这些手腕感到担忧。在12月27日的午餐会上，他欣然承担起了让俄国人搞明白等待着他们的到底是什么的任务。圣诞节协议所适用的范围，德国军队将逐渐撤出、民族自决原则将得到执行的领土，并不是1915年以来德国所占领的边界地区，而是在东部和北部更远的地方，即德国人在进攻的最后阶段才占领的领土，包括爱沙尼亚（Estonia）以及白俄罗斯和乌克兰的部分地区。结果是一场公共关系的灾难，布列斯特和谈也从此名声扫地。德意志帝国的"欺骗行为"再也瞒不住了。当劳合·乔治与威尔逊对他们的自由主义战争声明进行最后的修饰时，协约国的宣传攻势也开始了。全世界都对霍夫曼将军嗤之以鼻，认为他是军国主义的极端鼓吹者。无论波兰、乌克兰、立陶宛和拉脱维亚的问题是对是错，无论布尔什维克的反诉多么真假难

第五章 《布列斯特—立陶夫斯克条约》

辨，德意志帝国对民族自决的拥护现在看起来只不过是他们耍的花样而已。接下来几个星期在柏林和维也纳所发生的事情则足以说明，更大的危险还在后面。

维也纳已经在漫长的饥荒中度过了三年，从布列斯特发出的圣诞节宣言使人振奋，带来了莫大的希望。几天之后，当人们发现由于"普鲁士军国主义者"愚蠢的贪婪，奥地利人民还得再挨上几个月的饿时，马上做出了反应。1月14日，维也纳全城出现了大规模罢工。[36]奥地利在布列斯特的谈判代表奥托卡·切尔宁伯爵不得不威胁屈尔曼说，很快，想要单独达成和解的就不是布尔什维克，而是维也纳了。但屈尔曼正陷于困境，兴登堡和鲁登道夫并没有意识到他们的侵略行为所带来的灾难性政治后果。德皇同意了布列斯特谈判代表的意见，打算重绘德国的东部边界，从而尽量减少德国境内不受欢迎的波兰新居民。对此，鲁登道夫和兴登堡以辞职相威胁。1918年1月8日，大多数党派聚集到一起，讨论是否能够通过一个新的国会决议，重申德国愿意遵守自由主义和平原则。埃茨贝格尔在这次会议上表示，现在需要处理的是双重威胁。德国工人威胁要举行罢工；可如果德皇的将军们不被允许进行军事独裁，看样子这些将军们也准备发动叛乱了。[37]

然而，与彼得格勒的情况比起来，柏林的紧张气氛就不算什么了。1918年1月，轻而易举就能获得和平的幻想已经完全消失，布尔什维克最终不得不面对严峻的形势了。1917年，被批评得体无完肤的革命护国主义者曾拒绝考虑与德国单独达成和解，正是因为他们预见到了列宁和托洛茨基目前所处的困境。拒绝与德国达成协议也许会导致灾难性的侵略；但如果他们接受了屈辱性的和平，那就得做好内战的准备了。布尔什维克又像往常一样，自我安慰说，德国很快就会爆发革命的。托洛茨基的反应是增大赌注，他向整个世界发出了更加激进的和平诉求，挑战协约国对爱尔兰和埃及实行民族自治。[38]从维也纳传来的消息显然是振奋人心的，但列宁还是非常冷静。[39]他清楚地知道彼得格勒城外俄国兵力部署的情况，因此认为进行一场抵抗的革命战争的想法只不过是白日做梦。苏维埃政权必须单独达成和平，不管条件有多么苛刻。左翼社会革命党人不会同意这样，布尔什维克的领导人，比如尼古拉·布哈林（Nikolai Bukharin）和托洛茨基，也会表示反对。不管普通士兵的态度如何，至少在革命领导者中，不惜任何代价的和平从来都不是受欢迎的口号。

美国与协约国急于利用布尔什维克正面临的困境，它们在彼得格勒的代表开始怀疑，也许德国的侵略并不能提供一个重建"民主战争"联盟的机会。托洛茨基显然对此负有责任。1917年年末，威尔逊在俄国的私人密使埃德加·西森（Edgar Sisson）向华盛顿发去电报："当然，你们明显可以看到，德国在和谈中欺骗俄国的行为被揭露出来，这为我们创造了极大的宣传和发挥作用的机会……如果总统先生要重申美国反帝国主义的战争目标，以及对民主和平的要求，我可以想办法将大量讲稿送到德国去……还可以在军队和任何地方利用其俄语版本达到我们的目的。"[40]仿佛是为了对此做出回答，1月8日，威尔逊发表了很快就成为他最著名的战时讲话的"十四点原则"。这份国际自由主义的宣言响彻整个20世纪，宣告了美国对民族自决、民主制度和国际联盟的支持。它常常被说成是美国在这一世纪的意识形态之争中的序曲。但这种说法更多是基于后来冷战时期的两极对抗，而不是1918年的现实状况。威尔逊在1918年1月想要做的，是把1917年以来快要陷入彻底混乱的问题整理清楚。[41]在过去一年中，他被迫放弃了自己"没有胜利者的和平"方案，同时迫使俄国的民主主义者去打一场他们注定失败的战争。列宁和托洛茨基是这场灾难最大的赢家，他们在谈判过程中拿出来的，正是被他们鄙视的民主主义敌人提出的和平方案。与此

第五章 《布列斯特–立陶夫斯克条约》

同时，德国国会多数派及其所提出的基于民族自决的和平观点被认为只不过是些烟幕弹，好掩盖德国军国主义的真正目的。现在主动权又回到了协约国和威尔逊手里。总统先生用来回应目前扭曲混乱状况的"十四点原则"并不是什么慷慨激昂的宣言。通常被用来形容威尔逊式国际主义的两个关键词——民主制度和民族自决——在这篇文字里完全没有出现。[42] 威尔逊试图要做的，是对过去12个月以来由于他先是关于和平后是关于战争的政策没能得到正常执行而造成的灾难性局面做出回应。而他所选择的方式反映的不是他激进的一面，而是他保守的改革自由主义的一面。

"十四点原则"中有五点都与威尔逊从1916年5月以来想要努力实现的国际政治新秩序有关。秘密外交必须终止，取而代之的应该是"公开达成的公开和平契约"（第1点）、公海航行自由（第2点）、消除壁垒以保护自由平等贸易（第3点）、裁减军备（第4点）。第14点则呼吁成立不久后被称为国际联盟的机构："根据特别盟约……而设立的广泛的国家联盟，旨在不分国家大小，相互保证政治独立和领土完整。"（第14点）然而，这个国际框架并没有对其成员国国内政治体制的类型做出承诺或要求。在"十四点原则"中，威尔逊并没有把民主作为一项规范，而是强调了国家有选择自己的政府形式的自由，但这也不是以强调民族自决的形式表达的。"民族自决"这个词，在"十四点原则"，以及1918年1月8日威尔逊在国会提出"十四点原则"所做的讲话中，都没有出现。在那年1月，是布尔什维克和劳合·乔治将这个极富争议的概念抛到了国际舞台上，威尔逊则是直到更晚一些的春天，才开始使用这个词的。[43]

至于殖民地的问题，威尔逊所关心的并不是被压迫民族的权利，而是激烈的帝国主义竞争。他在第5点中发出呼吁，希望敌对国家不是通过战争，而是通过"自由、坦诚，并且绝对公正的协调"来解决问题。[44] 对于那些被统治的人民，威尔逊只是呼吁"在决定一切有关主权的问题时,应当坚持这样的原则……兼顾当地居民的利益与殖民政府之正当要求"*。这显然违背了事实,殖民国家的要求所受到的重视并不少于被统治民族的要求,但显然,威尔逊在这里谈论的是被统治民族的利益,而不是他们的声音。这样就不会惹恼那些家长作风严重的殖民政府了。

与威尔逊就欧洲战争中的领土问题所发表的看法比起来,这种对词语的精雕细琢就十分明显了。在这里,他同样没有提到绝对的民族自决权,而是使用了19世纪保守自由主义常用的一个说法:有区别的自治能力。一方面,他呼吁从比利时撤军并使其复国(第7点),"千万不要限制它与其他自由国家同样享有的主权";阿尔萨斯—洛林应归还给法国,法国所有被占领的领土应从德国的统治下"被解放"出来(第8点);意大利的国界应当"沿着清晰的民族线"进行调整(第9点)。然而,对于哈布斯堡王朝和奥斯曼帝国(第12条)、巴尔干国家(第11点)以及波兰(第13点)的人民,威尔逊的语气却变得像个严厉的家长。这些国家需要"善意的忠告"和"国际担保",外国监管所能保证的并不是"民族自决",而是"生命安全,以及完全不受打扰的自主发展机会"。这是具有威尔逊世界观典型特征的、柔和的社会生物学语言。在"十四点原则"中,我们看不到"法国式"的激进主义。

在这份宣言接近中间的地方(第6点),威尔逊提到了俄国的情况。考虑到1917年11月以来所发生的事情,人们也许觉得,威尔逊会想方设法严格区分俄国人民与布尔什维克政府。在一份给威尔逊的私人备忘录中,国务卿兰辛希望美国能够谴责列宁政府,指出它"是一种暴虐的寡头政治,与世界上所有绝对专制政治一样,

---

* 译文引自余志森、王春来等,《美国通史》第4卷(北京:人民出版社,2002年),422页。——译者注

是对自由的威胁"。[45] 然而,"十四点原则"中并没有做这样的区分。相反,威尔逊给了布尔什维克他从未给予临时政府的赞扬。1917年5月,威尔逊与协约国一起,向亚历山大·克伦斯基和伊拉克利·策列铁里说明继续战争的必要性,现在他又把准备单独达成和平的布尔什维克代表团说成是"诚恳而认真的"。威尔逊认为,俄罗斯人民的代言人——布尔什维克,其言论具有"真正的现代民主精神",他们阐述了俄国人"的看法,什么是正确、什么是应当接受的人道和荣誉……他们有着坦诚的态度、开阔的视野、慷慨的精神,以及对人类的普遍关怀,这必将获得所有对人类怀有善意的人的赞美……不管他们现在的领导人是否相信,我们发自内心地希望,开启一条道路,使我们有幸能够帮助俄国人民共同实现他们热切希望的自由、安定与和平"。威尔逊呼应了布尔什维克在布列斯特的谈判立场,他呼吁说,和平应当从撤出所有外国军队开始,这样就能让俄国"不受阻碍、无损颜面地自行决定其政治发展和国家政策"。这一表述中引人注意的地方,就是威尔逊确定无疑地使用了"俄国"和"国家政策"这些字眼,来指代一个正处于急剧分解过程中的帝国。[46] 当"十四点原则"在全世界流传的时候,乌克兰、波罗的海国家和芬兰的民族主义运动正在使自己脱离威尔逊送出溢美之词的苏维埃政府。[47] 威尔逊对彼得格勒方面的评价如此之高,以至纽约的一位专栏记者立即下结论说:华盛顿方面可能要正式承认列宁政府了。这显然还早了点儿,但相比起认为威尔逊的讲话是冷战的序曲,对"十四点原则"的这种解读要合理得多。

至于德国,在1917年那个骚动喧嚣的夏天,威尔逊始终坚持自己从4月以来的立场:国会多数派是不可信的,他们的改革声明与和平决议都只是用来掩盖其帝国主义的外衣。正是出于同样的原因,威尔逊拒绝了彼得格勒革命护国主义者的提议,并对斯德哥尔摩所发生的事情采取抵制态度。如今,1918年1月,在经过一段时间之后，当总统先生将其"十四点原则"提交国会时，他明确承认，德国政坛正在进行一场战斗，战斗的双方分别是"德奥两国持更自由态度的政治家"和"只知道保住已有一切的军事领导人"。他说，"世界的和平"将取决于这场战斗的结果。[48] 看样子，威尔逊希望，一旦他的"十四点原则"被德奥两国的反对党所采纳，就有可能开始广泛的和平对话。但这已经太晚了。如果威尔逊在1917年夏天时能考虑进行广泛的和谈，也许就会完全改变俄国和德国的政治局面。我们现在只能猜想，如果在困境中挣扎的临时政府在6月或7月时幻想，立即达成和解的提议会得到像威尔逊如今对托洛茨基那样的不吝赞美，他们会怎么做呢？由于当时美国才刚刚参战，而俄国的民主热情正处于高潮，这样一个和平行动可能会给伦敦和巴黎方面带来巨大的政治压力。然而，到了1918年年初，德国的权力天平已经开始向着不利于国会多数派的一方倾斜，协约国则比以往任何时候都更加坚定。在《布列斯特条约》的阴影之下，不管"十四点原则"获得了多么成功的宣传，它都不能被用来与德国进行谈判。[49] 结果，1918年1月，威尔逊缓解了布尔什维克的压力。布尔什维克的宣传员确保威尔逊讲话的俄文版本贴满了彼得格勒的大街小巷；列宁把它用电报发给托洛茨基，以证明自己已经成功地让帝国主义者彼此敌对。[50]

第六章

达成一种苛刻的和平

威尔逊总统发表讲话，表达他对"俄国"人民温和的支持之后两天，1918年1月10日，独立的乌克兰派出代表到布列斯特，提出他们自己的和平要求，这改变了对话的政治局面。在谈判的前几个星期，大家对彼得格勒方案达成了广泛的一致，民族自决成为基本原则。外交大臣屈尔曼对民族自决的解释被揭露出来之后，所激起的愤怒让德国处于十分不利的位置。但谈判第一轮讨论的是波罗的海国家的领土问题。尽管它们是德国兼并主义者的重要要求，但归根到底只是几碟小菜，而且早就毫无疑问地处于德国军队的控制之下。苏维埃政权站在安全距离以外，可以对帝国主义德国的虚伪行径展开抨击。他们还没有被逼到要摊牌的地步。人们此时依然相信威尔逊给布尔什维克定下的调子，即他们是民主式和平诚恳而认真的拥护者，但受到帝国主义德国的不公对待。乌克兰则是另一个层面的问题，它具有极高的战略价值，它的归属将决定俄国未来的国家实力，并会影响东方的新秩序。1918年年初，乌克兰既不在德国人的控制之下，也不在布尔什维克的掌控之中。在乌克兰的问题上，德国和俄国关于新秩序的对立观点会发生直接冲突，道德与政治制衡的复杂性也将凸显出来。

一

人们很容易认为1917年年底到1918年年初的乌克兰出现了权力真空，很可惜，这样的说法缺少证据。沙皇被推翻之后，与在俄罗斯的其他地方一样，基辅也成立了革命政权。但不同于彼得格勒的是，乌克兰的革命者迅速建立起了议会的雏形：拉达（Rada）。在这个机构中，当地的农业社会革命者所领导的、偏向民族主义的党派占据了明显多数，但并没有人明确提出独立的要求。乌克兰的革命者急于想要在俄国"正义的胜利"中发挥自己的作用。毕竟，"在这个世界上"，还有什么地方"能有如此宽广、民主、包罗万象的秩序呢？还有什么地方能像在这个新生的伟大革命国度一样，人们拥有不受限制的言论、集会和组织的自由"。[1] 1917年夏天，临时政府的自由主义者对基辅方面想要实现真正自治的要求采取了拖延战术。[2] 但乌克兰的政治家们期待着立宪会议，因为这次会议一定会实现联邦制。恰恰是彼得格勒临时政府的倒台，使得基辅方面先是宣布民族自治，随后又在1917年12月宣布彻底独立。不管与临时政府有什么不同，拉达都不能接受由布尔什维克来代表自己。同盟国集团对此自然是举双手赞成，他们马上向基辅方面发出邀请，请它来参加布列斯特的谈判。

对于布尔什维克来说，这意味着一个可怕的前景。在战争爆发之前，乌克兰在世界粮食出口中占了五分之一，是美国的两倍。维也纳和柏林需要这些粮食，但彼得格勒和莫斯科也需要。作为一支工业力量，乌克兰对于俄国的未来也同样至关重要。这一地区出产了俄国全部的焦煤、73%的铁和60%的钢，欧洲所有的高炉都在

第六章 达成一种苛刻的和平 131

使用乌克兰出口的锰矿。[3] 如果基辅成立了独立政府，这对于苏维埃政权来说，将是一个沉重的打击。此外，不同于为德国在波罗的海国家和波兰的合法性提供了遮羞布的大联盟，拉达不能作为一个外国力量的产物而被解散。布尔什维克赞成民族自决，但只限于"革命群众"。在布尔什维克看来，乌克兰拉达只是一个有产者联盟。在1918年年初，布尔什维克宣传家卡尔·拉狄克（Karl Radek）鼓动彼得格勒的民众说："如果你们想要食物……就喊'打倒拉达！'"而乌克兰议会接受了同盟国的邀请，这是"犹大式的背叛"，是在"自掘坟墓"。[4] 各方在波罗的海国家的问题上装模作样地打了一番空拳之后，东方和平的真正考验即将来临。

1月12日，在耐着性子听完了苏俄方面关于民族自决"合法"程序的长篇大论之后，马克斯·霍夫曼将军，这位自打圣诞节危机后就被世界媒体视为德国军国主义典型形象的人，终于忍不住发火了。他想要知道，为什么德意志帝国的代表需要向布尔什维克学习合法性的问题，而后者自己的政权正是"纯粹建立在暴力和强权的基础之上"。[5] 布尔什维克已经在攻击乌克兰的全国立宪会议了，如果德国人从波罗的海国家撤出，那些地方也会发生同样的事情。但托洛茨基毫无羞愧之色，他的反驳是马克思主义国家理论的一段经典论述："将军先生说我们的政府是建立在强权基础之上的，这完全正确。到目前为止，人类历史上所有的政府都是这样的。只要这个社会还是由相互斗争的阶级组成的，那么，政府的权力就只能建立在实力之上，也只能通过武力来进行统治。"德国人反对布尔什维主义的是"这样的事实，我们并不会囚禁罢工者，而只囚禁那些把工人们关在门外的资本家；我们并不会向那些提出土地诉求的农民开枪，但我们会逮捕那些想要向农民开枪的大地主和官员……"托洛茨基继续说道，布尔什维主义所采取的"暴力"，是"受到亿万工人和农民支持的暴力，是用来打击那些想要继续奴役人民的少数分子的；这种暴力是一种神圣的历史进步力量"。当德皇看到布列斯特发回的记录时，他在空白处写道："对我们来说正好相反！"[6]

托洛茨基的话十分清楚直白，以致整个20世纪人们都在讨论它。如果他是对的，政府最终只能建立在暴力基础上，那怎么能用道德标准去衡量政治行为呢？表面上看，权力的现实需求与道德规范之间的这种不可调和，或者是悲剧性的，或者是革命性的。[7] 不论从哪种观点来看，在改变世界的革命没有发生之前，任何妥协、任何对权力的暴力基础的教化，都无法得到重视。对于布列斯特和谈来说，这一坦率直接的表述使整个形势出现了灾难性的恶化。在持完全相反观点、只能在武力的历史功效上达成共识的二者之间，除了武装休战，哪还能进行和谈呢？德国和乌克兰支持达成一个建设性和平的人在一旁观望，而托洛茨基的革命犬儒主义与霍夫曼将军的现实政治则共同把民族自决原则变成了完全空洞无物的东西。他们一起终结了这场以达成共识为目的的谈判，把它变成了对力量赤裸裸的考验。

1月18日上午，谈判暂停，好让托洛茨基带着一幅划明了德国所要求区域的地图回到彼得格勒。1918年1月18日是立宪会议召开第一次大会的日子，会议在下午4点开幕，并很快推选了在选举中获胜的社会革命党领导者维克多·切尔诺夫作为会议主席。1月19日早上，布尔什维克代表团离开了会议室。立宪会议没有再召开，列宁宣告了议会政治的终结。在《来自另一世界的人们》（'People from Another World'）一文中，他描绘哪怕只参加一次立宪会议的大会，都会让他痛苦不堪。[8] 对他来说，这是噩梦一般的经历。从工兵苏维埃"真实""生动"的行动中突然被扔到立宪会议的世界中，就是被扔到了一个"充斥着甜言蜜语、充斥着高谈阔论、充斥着一个又一个承诺的世界……而这些承诺是以向资本家妥协为基

第六章　达成一种苛刻的和平

础的"。

更严重的，最有可能使这个专政政府被俄国的协约国盟友孤立的是，伦敦和巴黎方面在1917年12月就预料到、中央执行委员会主席团在1918年2月3日的一个决定，即拒绝偿还俄国的巨额外债：战前共计49.2亿美元，战争开始后39亿美元，其中后者是由英法两国政府正式给予担保的。苏维埃政府拒绝承担其前任政权的债务，这一行为正如伦敦方面所抗议的，是对"国际法基础"的挑战。布尔什维克回应说，给沙皇政府的贷款是帝国主义圈套的一部分，是为了要让俄国服从于西方的资本主义。俄国人民用"血海尸山"已经"早就偿还清了"他们所欠下的一切。从这以后，债务问题成为一个严重的障碍，使得苏维埃政权和西方国家间根本无法达成友好关系。列宁和托洛茨基已经自断后路。[9]

二

与此同时，在布列斯特，面对同盟国的全部要求，布尔什维克的策略是尽量拖延，托洛茨基则负责战略后退。如果谈判的结果最终完全取决于强力，那么同盟国显然占据着上风。但情况也不完全如此。德国人在东线上或许占据着军事优势，但从更大范围的战局来说，时间并没有站在德国人一边。为了充分利用自己对俄国人的胜利，鲁登道夫和兴登堡正在西线上策划一场大规模的行动。这必将是德国最后的进攻，考虑到时间安排，最高指挥官急需处理好俄国这边的情况。此外，尽管托洛茨基和布尔什维克党左翼夸大了人民发动革命推翻政府的可能性，但德奥两国大后方的稳定确实岌岌可危。1918年1月席卷奥地利全国的大罢工最终以亚得里亚海（Adriatic）上一支奥地利舰队的暴动而告终。[10]在德国，紧张态势同样到了濒临崩溃的地步。1月28日，在维也纳的抗议平息一周之后，一场史无前例的劳工运动浪潮席卷了德国的各个工业城市。罢工者公开提出了政治要求：与俄国达成合理和平、国内实行政治改革、结束军事管制，以及废除普鲁士的三级选举制。多数派社会民主党的领导人第一次感到自己被迫需要全力支持罢工运动。[11]并没有什么迹象表明罢工是亲布尔什维克的，在俄国发生的激进事件使得多数派社会民主党和独立社会民主党都与列宁保持距离，他们的目标是民主制度，而不是无产阶级专政。然而，尽管这些要求都是十分温和的，罢工仍然导致了德国国会多数派中社会民主党与其资本家朋友的分裂。祖国党一直在右翼大喊大叫，这使得天主教中央党和自由派很难与"背信弃义的"社会主义者保持过近的距离。就在布列斯特和谈进入最关键问题的时候，就在威尔逊总统希望知道究竟谁能代表德国发言的时候，进步的国会联合政府里却是一团乱麻。[12]

2月初，屈尔曼与奥地利的首席谈判代表切尔宁伯爵希望能从已经被击得粉碎的、他们对于东方合法秩序愿景的残骸中抢救出一些遗产，因此做了最后一次尝试，想要迫使托洛茨基认真考虑民族自决的问题。他们首先在苏维埃代表团和拉达代表团之间制造了对抗局面。果然不出所料，布尔什维克开始大发雷霆。但德国人控制着整个局面，因此乌克兰代表团并没有被吓倒，反而回应："布尔什维克政府解散了立宪会议，自己则建立在赤卫队的基础之上，这样的政府绝不会真正地在俄国实行民族自决原则。因为他们太清楚了，不光是乌克兰共和国，顿河共和国（Don）、高加索共和国（Caucasus）、西伯利亚共和国和其他地区都不把布尔什维克政府看作自己的政府，即使是俄罗斯人自己，最终也不会承认他们的权利。"[13]对于这样的反驳，托洛茨基显然感到十分尴尬，但他对拉达的回答与之前回答霍夫曼的话一模一样。苏维埃的军队刚刚占领了基辅，拉达政府已经逃亡。因此，尽管布列斯特的乌克兰年轻代表言辞铿锵有力，但他们所能代表的领土，也就比他们所在的会议室大那么一点点。这一事实足以说明一切。但如果真的要对各方力量进行一个简单的判定，到目前为止，手里握着一副好牌的显然是霍夫曼将军而不是托洛茨基。同盟国很有信心能造成某种既成事实，因此他们没有理睬托洛茨基的威胁，而是以正式承认拉达代表团结束了这次会议。

然而，奥地利人所需要的可不止这些。鉴于国内的资源已经耗尽，因此他们需要的不仅是与残余的乌克兰政府签订正式条约，而且需要一份切实可靠的粮食交易合同。鉴于布尔什维克军队占领着乌克兰北部的大部分地区，切尔宁伯爵只能继续试着与托洛茨基达成协议。这就意味着他们必须回到波罗的海国家的问题上来，并为民族自决的真实含义确立基本的原则。在2月6日与托洛茨基的一次私人会面中，切尔宁详细阐述了在能给波罗的海国家带来民族自决的议会问题上达成妥协的基础。为什么不把同盟国和苏维埃都认可的因素包含进去呢？托洛茨基拒绝被这种建设性的对话欺骗。不管绝望的奥地利人做出什么样的让步，托洛茨基都坚持认为，在他的帝国主义对手那里，民族自决原则只是一个思想圈套。至于和平，他可不是笨蛋。托洛茨基知道，德国人能够得到他们想要的东西。考虑到这一点，他所关心的不是德国人会得到什么，而是他们如何得到。"俄国可以向武力屈服，但不会向诡辩屈服。他绝不会……承认德国人在民族自决的外衣下对被占领地区的所有权，但如果德国人厚颜无耻地说出他们的要求……他会屈服的，然后呼吁全世界来批评这种野蛮的强盗行为。"正如德国激进分子卡尔·李卜克内西（Karl Liebknecht）在狱中所写下的，从革命的观点来看，《布列斯特条约》的结果"不会是零，哪怕它"最后导致了"被迫投降的和平"。多亏了托洛茨基，"布列斯特成了一个革命法庭，它的判决传播甚广……它揭露了德国人的贪婪、精心打造的谎言和伪善"。

但它揭露的不仅仅是霍夫曼将军和鲁登道夫。对于托洛茨基和李卜克内西来说，更重要的是，它做出了"一个强大的裁定"，即和平将传递德国民主主义多数派的改革幻想。[14] 如同在俄国一样，决不能有妥协、决不能有伪善、决不能有缺乏彻底革命的民主和平。

现在已经没有什么余地可以达成任何意义上的协议了。2月10日，同盟国向俄国代表团宣布，它们已经与乌克兰单独达成了和解，苏维埃代表团必须给予承认。与乌克兰签订的条约允许柏林和维也纳方面购买全部的剩余粮食。但乌克兰不能挨饿或者是遭到掠夺，同盟国也不能赊账，它们需要用工业产品来支付。[15] 乌克兰谈判团队争取到了明显的让步，尽管他们所代表的那个政府正坐着德国人提供的火车逃亡。维也纳方面极度渴望和平，因此切尔宁伯爵同意成立一个新的享有完全文化权利的罗塞尼亚（Ruthenia）省，以提高奥匈帝国境内乌克兰少数族裔的地位。[16] 更引人关注的是，切尔宁同意将霍尔姆（Cholm）城划归乌克兰，可这个城市之前是被许诺给波兰王国的，奥地利和德国在1916年11月已经在理论上认可了波兰的民族自决权。在1918年最初的几个星期里，德国和奥地利更需要乌克兰人，而不是波兰人。

布尔什维克曾经提出用力量来说话，现在他们需要做出关键性的决定了。按照惯例来说，现在只有两个选择。哪怕不是前线的军队之中，而是在彼得格勒和莫斯科，大多数人赞成的选择也是拒绝德国的条件，重开战火。从来没有哪个俄国政府曾经缴械投降，革命不应该是第一位的。党内中央委员会的大多数人都支持托洛茨基的观点，赞成重新与协约国建立联系。[17] 尼古拉·布哈林与其他左翼布尔什维克的纯正主义者认为可以依靠俄国工人与农民的革命力量，但列宁对于这样的想法只表示了轻蔑的嘲笑。希望进行革命战争的想法"能够满足那些追求罗曼蒂克和漂亮事物的人"，却完全没有"考虑到阶级力量的客观联系……"[18] 列宁现在公开主张不惜

第六章　达成一种苛刻的和平

任何代价达成和平。托洛茨基非常清楚俄国的北方战线是多么不堪一击，因此他无法不赞成列宁强有力的观点。但与列宁不一样，托洛茨基觉得，在布哈林的革命战争与列宁的毁灭性和平之间，也许还有第三种可能。托洛茨基现在不再指望德国国内会爆发革命，而是寄希望于德国国会多数派能阻止战火重开，因此他提议说，俄国可以宣布单方面放弃战争，从而结束和谈。1月22日，党内执行委员会否决了列宁立即达成和平的提议，随后，托洛茨基大胆的新战略勉强获得了委员会的支持。托洛茨基没有承认同盟国与乌克兰签订的条约，2月10日，他宣布"不和不战"，然后中断了谈判。在彼得格勒，人们对此表示欢迎。如果说，托洛茨基并没能实现"没有胜利者的和平"——这个1917年时的巨大希望——他也至少在没有明确承认失败的情况下结束了战争。[19]

三

现在一切都要看德国人的回答了。在托洛茨基宣布了令人吃惊的决定之后，布尔什维克代表团高兴地看到，曾经不断折磨他们的霍夫曼将军现在不得不气急败坏地规劝，单方面停止战争的想法完全就是"闻所未闻……闻所未闻"。[20]屈尔曼的法律专家言之凿凿地表示，在国际法三千年的历史上，只有一次先例，古典时期希腊的一个城邦既不愿打仗，也不愿和平。[21]托洛茨基决定赌一把，看德国温和派的力量是否足以制止军国主义者。如果是在1917年夏天，德国国会多数派力量更强大的时候，有人提出类似托洛茨基这样的办法，也许他们就会坚持"不战不和"的战略了。然而，在1918年2月，托洛茨基过高估计了德国进步联盟的力量，而这一力量正是被他自己的谈判战术大大削弱了的。

2月13日，在德皇位于巴特洪堡（Bad Homburg）的宫殿里举行的一次会议上，双方的对抗达到了顶点。正如托洛茨基所希望的，宰相赫特林与外交大臣屈尔曼在要不要重新开战的问题上发生了激烈的争吵。[22]如果东线上再有任何新的流血牺牲，后方的民众就会彻底感到失望。显然，西线现在需要招募每一个能招募到的人。然而，鲁登道夫十分固执，霍夫曼将军也与他一唱一和。如果托洛茨基不愿意谈判，德国军队就会诉诸行动。没有必要进行喋喋不休的讨论，更不用说再与德国国会磋商了。在德皇看来，只要提起国会，就足以触发一场混乱，深刻表明了整个德国所弥漫着的严重危机。德皇斥责道，根本就不应该由选举出来的政治家在战或者和的问题上指手画脚。现在处于紧要关头的是进行一场最大规模的斗争，德国必须以最残酷无情的姿态向前迈进。几天之前，布尔什维克广播台已经开始广播，号召人们进行革命，推翻霍亨索伦（Hohenzollern）王朝。德皇以同样的方式做出了回答："（我）们必须……尽快干掉布尔什维克……"[23]大概是回想起了过去狩猎的快乐时光，他说："布尔什维克是老虎，包围他们，然后打死他们。"[24]这位皇帝始终放心不下的，是东方的权力真空可能会让英美从中渔利。"如果由盎格鲁—撒克逊人来接管俄国，那就太危险了……布尔什维克必须被处理掉。因此，我提出下面这些建议……我们必须帮助爱沙尼亚；波罗的海国家必然寻求援助以对付强盗，然后我们就来提供援助（就像土耳其在亚美尼亚那样）。组建一支波罗的海宪兵队，以恢复秩序……维持治安，但不打仗。"[25]青年土耳其党"特种警察"部队所犯下的恶行在德国家喻户晓，因此德皇这番话的意思让人不寒而栗。

更有甚者，德皇还让人颇为意外地进一步透露，他认为有黑暗力量在起作用。他说："俄国人"是被"派来为犹太人报仇的，他们（布尔什维克）与世界上所有的犹太人都有接触。共济会也一样……"[26]这场会议的另一份记录则提到了更大范围的阴谋。德皇激动地表示:"威尔逊曾经宣称,推翻霍亨索伦王朝是战争的一个目标,现在他则与全世界的犹太人——共济会东方总会(Grand Orient Lodge)——共同支持布尔什维克。"[27] 威尔逊在其"十四点原则"中对布尔什维克的友好态度似乎已经在德皇心中唤起了犹太世界阴谋的幻想,阴谋的触角就在华盛顿与彼得格勒。在一番这样的言论爆发之后,会议暂时中止,好让德皇得以平复心情。

自助午餐时,德国政府中代表国会多数派的进步自由派、副宰相弗里德里希·冯·派尔,试图从外交大臣屈尔曼这里寻求一些安慰。根据屈尔曼的回忆,冯·派尔十分激动。"他(派尔)对我说,他原以为,在国会里待了这么多年,自己已经能对一些重大国家事务做出判断了。但今天的会议让他大开眼界,看到了很多之前想都没想过的事情。"德皇在愤怒中所揭示出的"德国国家生活内在的巨大矛盾和严重困境"让他"瞠目结舌"。屈尔曼回答说,他"早就知道这些困境。然而,对于一个可能影响别人生死的政治家来说,即使以最大的坦诚,也很难为主要国会议员提供一幅清晰的图景,让他们看到自己必须一步一步与之进行斗争的困难"。[28]

事实上,德皇在2月13日这番怒气冲冲的反犹言论并不是一次独立事件。在1917年年底、1918年年初,他越来越受到极端民族主义宣传的影响,每天给手下的便笺中常常出现对"犹太危险分子"的咒骂。更为严重的是,在巴特洪堡会议前几周,鲁登道夫终于开始面临这个问题,即在他下定决心要兼并的波兰领土上,大量波兰人和犹太人该如何处置。他从泛德意志主义的幻想中找到了解决方法:将有200万人被驱逐出自己的家园,而对于人口众多、在政治上十分危险的犹太人,则会采取特殊政策,以确保他们不再成为威胁。鲁登道夫希望他们都会"因此而移民"去美国。[29] 导致鲁登道夫的激进主义观点不断发展的,不仅仅是对犹太人想象出来的敌意,以及消除布尔什维主义革命威胁的需要,同时还有认为目前这场战争不会是最后一场战争的想法。他之所以会提出越来越出格的要求,是因为他认为当下这场战争不过是一场预演,在未来几十年中,还会有一场更大规模的、与西方大国的全方位对抗。总而言之,巴特洪堡会议让德国的军国主义者得到了他们需要的许可。2月18日,德国军队再次开始了进攻。

四

霍夫曼将军在他的日记中沉思着写下:"整个俄国就是一大堆蛆虫——一大群肮脏的虫子。"[30]他的军队向南、向东沿着未被破坏的铁路行进,几乎没有遭到什么抵抗。到3月初,基辅已经在德国人手里了。托洛茨基的冒险完全适得其反。彼得格勒的资本家在热切期盼着德国军队的到来,而有着危险的暗杀传统的社会革命党人则指责列宁背叛了革命。布尔什维克党的领导层出现了严重分裂,唯一的共识是需要立即制定革命纪律、进行革命动员。2月14日,红军正式建立,托洛茨基亲自带头动员。[31] 2月21日,整个俄国开始执行一项严苛的革命新法令,所有破坏分子和通敌分子都将被立即处决。所有四肢健全的资产阶级分子都必须强制服劳役。[32] 面对势不可当的德军,在讨论了两天之后,列宁说服了布尔什维克中央委员会,接受德国人2月初在布列斯特提出的和平条件。[33] 然而,如今这么做已经不够了。德国人现在要求的是,完全由他们来决定在其控制的领土上实行什么样的民族自决,而且苏维埃政权应立即与乌克兰达成和解。

2月23日,布尔什维克委员会再次碰头,但即使是列宁以辞职相威胁,也无法争取到大多数了。他所提出的接受德国新要求的动议只在担任主席的托洛茨基投了弃权票之后才得到通过。在彼得格勒苏维埃这个革命的内部堡垒中,列宁既受到社会革命党人的强烈

第六章　达成一种苛刻的和平　　141

反对，也受到他自己所在党的左翼的反对。然而列宁百折不挠。就像"一战"的士兵不得不放弃他们对战争的崇高想法一样，他坚持认为，革命者必须接受一种新的、清醒的历史进步观："革命不是美好的旅途！革命的路上布满了荆棘。如果需要的话，我们要在及膝深的淤泥中艰难跋涉，还要在污垢和秽物中爬行，才能走向共产主义。然后，我们将在这场战斗中获胜……"[34] 直到半夜，在26个人弃权之后，列宁的动议才以116票对85票的微弱优势获得通过。

2月26日，接到布尔什维克投降的消息之后，德国人在距离苏维埃首都只有几天路程的地方停了下来。四天之后，在俄国人民的反对声中，头发灰白的老布尔什维克格里高利·索克林可夫（Grigori Sokolnikov）返回布列斯特，准备接受德国提出的任何条件。自从第一次气氛相对友好的会面之后，事情已经变得极其糟糕了。对此感到十分尴尬的德奥外交官希望能建立一系列附属委员会，慢慢讨论和平条件的技术性问题，从而使整个过程显得不那么残忍。然而，让他们大吃一惊的是，布尔什维克拒绝了认真推敲条约文本的提议。任何对话都只是使这一结果合法化，而双方都十分坦率地承认，这个结果完全是基于暴力之上的。他们只是依原样在面前的文件上签字，然后就离开了。

列宁想要通过《布列斯特条约》来争取时间的决定显然是布尔什维克党内原则所遭受的最严峻的考验。虽然德军兵临城下的威胁使列宁获得了他所需要的大多数的支持，但现在，围绕是否承认条约的问题，一场激烈的争论爆发了。布哈林、卡尔·拉狄克和亚历山德拉·柯伦泰形成了一个被称为左派共产主义者的分裂派别，他们全力反对列宁"可耻的"和平。3月7日，德国人的飞机还在头顶上盘旋，布尔什维克在彼得格勒召开了第七次全国代表大会。[35]只有47位代表参加了会议并投票，他们所代表的党员号称有30万，但事实上只有不到17万而已。列宁再一次抨击了左派共产主义者荒谬的罗曼蒂克历史观。他们就像那些"以优美姿势死去的贵族，手中仍然握着剑，说：'和平是可耻的，战争才是光荣的'"。相比之下，列宁认为自己代表了人民群众的声音，他的观点是从"每一位头脑清醒的农民和工人……的角度"出发，这些人知道，这样的和平只是为了"积蓄力量"。[36] 列宁在党内获得了多数支持，但左派共产主义者仍然坚持自己的观点，而托洛茨基也继续弃权。接受了列宁和平的代表为了自我安慰，集体通过了一项决议，要实行"最强有力的、最坚定果决和严苛的政策，来提高俄国工人与农民的自律性与纪律性"，从而为一场"社会主义爱国解放战争"做好准备，将德国压迫者驱逐出去。[37]

在这个充满暴力和混乱的历史时期，列宁坚持认为，当人们已经准备好要为革命进行自我牺牲的时候，清醒的头脑与严密的分析是难能可贵的。为了实施这样的领导，列宁要求进行一系列重要的改革，以明确党的立场，并让它坚定不移地走在革命的道路上。社会民主党的传统名称还是由卡尔·马克思（Karl Marx）和弗里德里希·恩格斯（Friedrich Engels）光荣地提出来的，但显然已经不合时宜了。在解散了立宪会议之后，苏维埃政权必须公开与"'普通'（也就是说，资产阶级）民主标准"分道扬镳。列宁只承认一个历史事件与自己的党有关：1871 年的巴黎公社运动。今后党的名称应该反映出这让人骄傲的传统。当自由主义者还在虚伪地谈论普世人权的时候，一个真正的共产主义政权应当明确，"自由与民主"**不是针对所有人的，而只针对**工人和受剥削的群众，是为了将他们从剥削中解放出来……等待着剥削者的只有'无情的镇压'"。

列宁的宣传在全俄苏维埃代表大会中达到了高潮。彼得格勒已经被抛弃，大会在莫斯科召开——1232 名代表，795 名布尔什维克，283 名左翼社会革命党人，25 名中派社会革命党人，以及最多 32 名孟什维克。[38] 3 月 14 日，列宁做了一个激情澎湃的发言，他

第六章　达成一种苛刻的和平

号召俄国人"从上到下全面评估一下我们被推入的这个失败、分裂、奴役和耻辱的深渊",从而更好地强化"自由"的意志。他承诺说,只要能争取到重建的时间,苏维埃政权就会"从奴役走向全新的独立……"。批准条约的动议获得了占绝大多数的布尔什维克的支持,但左翼社会革命党人仍然坚定地反对这一动议,并退出了自十月革命以来他们就一直参与执政的人民委员会。左派共产主义者中,115人表示弃权,并拒绝再参与任何党内事务。《布列斯特条约》的谈判在彼得格勒苏维埃的民主和平方案中开始,却推动了列宁的苏维埃执政。

与此同时,类似的情景也在德国上演。1918年3月17日,柏林举办了一场可怕的仪式,一个来自库尔兰和拉脱维亚的德国贵族代表团请求德国皇帝出任奥匈帝国的大公。[39]波罗的海国家将成为新封建主义的场所。第二天,在布列斯特和谈开始三个半月之后,在一种完全不同的政治氛围当中,德国国会开会讨论条约的批准问题。马蒂亚斯·埃茨贝格尔试图团结他在国会多数派中的伙伴,通过一项紧急决议,尊重波兰人、立陶宛人和拉脱维亚人的民族自决权。他甚至还表示,如果政府同意的话,就批准战时信贷。[40]但右派取得了无法否认的胜利。古斯塔夫·施特雷泽曼从1916年开始就是无限制潜艇战的热情支持者之一,现在,他宣称,德国军队已经在东方证明了"民族自决权并不适用!我可不相信威尔逊的普遍国际联盟;我相信,在达成和平之后,它就会像肥皂泡一样破裂"。[41]

然而,尽管有这样的必胜信念,但到了1918年春天,即便是以巨大的胜利达成和平,也无法恢复这个国家的团结;而在1914年8月,正是这样的团结让德国开始了战争。独立社会民主党宣称,《布列斯特条约》是一次"强奸式的和平"(Vergewaltigungsfrieden)。社会民主党这边,曾经忠心耿耿的爱德华·达维德激烈地批判德皇政府目光短浅,德国已经输掉了唯一一次在东欧建立永久新秩序的机会。"与所有东欧国家在政治上和经济上都实现友好睦邻关系的美好前景已经被埋葬了。"[42]尽管埃茨贝格尔常常因为投票赞成《布列斯特条约》而受到批评，但他的支持其实是有着严格的条件的。正如他在国会委员会的初步讨论中说的："如果波兰人、立陶宛人和库尔兰人的民族自决权没有得到迅速、完整和真诚的实现，那么，东方的和平就毫无价值。"[43]3月22日投票时，社会民主党表示弃权，而独立社会民主党则表示反对。人们完全没有几个月之前布列斯特达成圣诞节协议的消息最初传来时所表现出的那种兴奋。尽管俄国权力的缩减对于德国来说是一个巨大的收获，但东方的和平并没有结束这场战争。相反，东方的胜利推动了在西方进行最后一搏以获取胜利的想法。

五

从前一年秋天开始，兴登堡和鲁登道夫就在集结军队，打算发起一场攻势。整个冬天，西线上的德国军队从147个师团增加到了191个，而在东线则从85个减少到了47个。1914年以来，德国军队第一次在西线占据了数量上的绝对优势。通过巧妙的声东击西战术，以及把将近一半的德国军队都集中在英国段战线上，1918年3月21日，在战斗即将打响的时候，鲁登道夫成功将双方军队的人数比提高到了对自己有利的2.6∶1。战斗在凌晨4∶40开始，11,000挺机枪和迫击炮对圣康坦（St Quentin）附近的英国军队进行了长达五个小时的毁灭性密集火力攻击，随后，76个师团在50千米长的战线上集中推进。[44]温斯顿·丘吉尔亲眼目睹了这场攻击战，描述这是"世界历史上最伟大的突袭"。[45]从未有一场战斗集中了如此之多的人力和火力。到夜幕降临时，德国突击队已经向前推进了10千米。在亚眠（Amiens），德国军队似乎要把西线一分为二。

第六章　达成一种苛刻的和平

3月23日，德皇宣布全国进行庆贺，同时让巨型大炮大贝莎（Big Bertha）对准巴黎开始第一轮集中火力攻击，以纪念这个时刻。陛下心情愉悦，他对身边的人说："等英国议会议员来求和的时候，他必须先向帝国国旗鞠躬致敬，因为这里的关键是君主制对民主制的胜利。"[46]虽然他没有说，但德皇显然也希望获得德国国会同样的致敬。进步主义的国会多数派此时已经失去了动力。然而，同样地，现在帝国政府明显正在违背许多——也许是大多数——德国人民的意愿而进行战争。付出的代价是可怕的。在后来被证明是德国最后一战的战争第一天，德国就死伤了4万人，这是整个战争中最严重的伤亡。在第二天，鲁登道夫自己的继子也战死了。[47]当倾向于自由主义的马克斯·冯·巴登（Max von Baden）亲王让鲁登道夫说明，如果德国不能取得决定性胜利，前景将会如何时，将军只是简单地回答道："哦，那德国就完蛋了。"[48]威廉二世没能在东方达成具有合法性的和平，也没能对俾斯麦宪法进行一场建设性的改革。现在，德皇及其政权的命运完全得看战斗的结果了。

第七章
世界分崩离析

1918年5月14日晚,列宁向全俄苏维埃代表大会的中央执行委员会发表讲话。他用来描述世界局势的语言既激烈严厉,又非同寻常地离奇荒诞。他宣称,俄国的社会主义居于一片"被帝国主义掠夺的惊涛骇浪包围着的孤岛"之上。[1]帝国主义者已经失去了对战争的控制,苏维埃政权的存活本身就是一个证明。对列宁来说,显然资本主义国家一定有着十分重要的共同利益,乐见自己的政权被摧毁。阻止他们相互合作以扼杀俄国革命的是帝国主义竞争:在东方,日本被美国遏制;在西方,英德两国间你死我活的斗争使得任何一方都不可能把矛头转向彼得格勒。帝国主义的军队在任何时刻都有可能联合起来对付苏维埃政权。但同样突然的,帝国主义在世界某个遥远地方的竞争也会激起它们之间新的争执。真正的革命者必须面对这种可能,即如果这场帝国主义战争继续不受限制地发展下去,人类文明就有可能完全毁灭,任何进步都将不再可能。[2]

资本主义在其最高阶段,将在毫无节制的帝国主义破坏行动中自我消耗殆尽,对这一过程的勾画,是列宁政治思想的特征之一。

第七章　世界分崩离析

列宁鲜明而清楚地坚持认为，如果这一斗争确实如他所言是难以预测的，那么，它就推翻了历史直线发展的观念，而这一观念常常是马克思主义革命者的依据。马克思的理论"很自然地"把历史进程想象为"直线的，而且我们必须把它想象成直线的，这样才能看到它的开端、延续和结局"，然而这一过程"在真实的生活中……绝不是……直线的"，它的"复杂程度让人难以置信"。当千百万人民群众在完全不由他们自己选择的条件下开始痛苦地创造自己的历史时，展现在他们面前的是"曲折"的复杂道路，以及"巨大"、复杂的"拐弯"。[3]这一时期的典型特征不是经济，而是暴力。在俄国，"与一系列战争交织在一起"的内战已经爆发。苏维埃政权必须振作起来，以面对"整整一个时代的……帝国主义战争、国内战争、二者的混合物、将受帝国主义和各种帝国主义国家联合体压迫的民族解放出来的民族战争……这个时代，这个剧烈变动的时代、因战争而不断被强行改变的时代、危机的时代，已经开始了……而这还只是一个开始"。[4]在这样一个世界末日一般的环境下，马克思主义通常的政治逻辑被反转了。1918年4月底，列宁在党内做了一次相当惊人的讲话："我们是世界无产阶级的一支力量，也是第一支力量，如果我们……被推到了领导者的位置上，这不是因为我们这支力量组织精良……它被推到最前沿，是因为历史的发展是不讲道理的。"[5]布尔什维克的胜利是历史不讲逻辑的一个证明，是一个绿洲孤岛，是智慧女神弥涅尔瓦（Minerva）一次离奇的安排。

列宁将帝国主义战争视为地狱的观点从"一战"一直影响到今天，体现在一些并不完备，但依然拥有大量听众的对现代文明的批判中。但他本人十分有政治头脑，因此不会在这个黑暗的前景上耽搁太久。列宁对世界事务的解释是为一种政治战略服务。1918年，他认为苏维埃政权就像被帝国主义竞争的惊涛骇浪包围着的一块孤岛绿洲，而这是他日后统治的基础。需要一种独特的历史洞察力与政治顺应力，才能抵抗住此时此刻的压力。为了存活下去，苏维埃联盟必须不惜一切代价与德国任何掌权的人达成和解。这是一个痛苦的妥协，列宁本人也坦率地承认这一点。然而，当列宁的策略取得成效，苏维埃联盟存活下来，而德国被打败时，列宁的声望就变得至高无上了。[6] 不过，这种必胜主义式的叙述中忽略掉的是，列宁对战争的政治逻辑有着严重的误读，而这种误读差点儿使他的政权灭亡。

一

列宁在布列斯特达成单独和解，也就意味着激怒之前在协约国里的盟友。1917年12月，英法两国已经开始讨论，是否要进行干预，以恢复对德国的东部战线。但它们无法从西线调走大量军队。随着德国在春天展开攻势，英法两国开始陷入绝境。它们开始催促日本主动采取行动。显然，日本也有一些扩张主义者希望寺内内阁能发起打击行动。[7] 1918年3月，当德国人在布列斯特强行实现自己的愿望时，咄咄逼人的内务大臣后藤新平提出，日本应该抓住机会，派出一支100万人的军队打入西伯利亚，这足以打消西方日后想与日本在东亚一争高下的任何企图。对于后藤来说，威尔逊"十四点原则"在全球激起的热烈回应比苏维埃政权更让他感到不安。"如果我们进一步考察美国的真实意图，"后藤坚持道，"它所包含的是我称之为道德侵略的东西。换句话说，它只是掩盖在正义和人道外衣下的虚伪的大怪物。"为了对抗这种扩张性的意识形态攻击，至少需要在日本进行总动员，并压制任何自由主义异见，从而让整个国家做好准备，领导亚洲与西方不可避免的"世界战争"。[8] 然而，内阁中的多数人并不赞同后藤这种侵略性的观点。应英法的要求进入西伯利亚的不毛之地，这并不会加强日本的实力。而且，在俄属太平洋地区采取任何大规模的行动，都需要同寺内内阁与北京方面建立良好关系的战略保持一致。

在布尔什维克掌权之后几天，日本驻华公使提出了一个影响深远的军事协定。日本将对中国军队提供军事技术和装备上的强大支持，日本将与中国一起接手远东地区无人照管的俄国铁路网。[9] 1917年12月，日本在中国的经济代表西原龟三呼吁中国和日本建立一个"基础性联盟"，以保证"东方的自给自足"，同时"永久防止欧洲力量入侵日本海"。元老山县有朋则呼吁日本和中国应该紧密联合，能够"像一个国家一样，异体同心"。[10]

建立一个泛亚细亚的反西方集团，这样的言论虽然听起来非常危险，但后藤等人其实并不能随心所欲地放手去做。正如进步主义者吉野作造所说，在日本，军事行动明显得不到民众的支持。[11] 在国会里，赞成侵略的人还面临着激进自由主义者尾崎行雄这样一些人的反对。尾崎抓住威尔逊的"十四点原则"，强调说："西方盟国正试图摧毁军国主义，而寺内内阁却正试图在国内外强化和保护它。"[12] 在1917年被非法操纵的选举之后，自由主义反对派再无资格提出条件，但原敬的政友会中数目庞大的保守主义多数派有自己的办法来进行约束。原敬坚定不移地相信，"日本的未来依赖于同美国的亲密关系"。[13] 自由主义元老西园寺公望侯爵与牧野伸显男爵和他持相同观点，这无疑大大巩固了他的立场。[14] 他们并没有放弃在亚洲谋求日本的利益，但主张应使用外交手段。后藤新平与尾崎行雄分别出于保守主义和自由主义的目的，将日本与美国之间的战略冲突与国内冲突混为一谈，而原敬则在考虑，如果日本愿意表现出合作态度，那么美国很可能不会挑战日本的国内秩序，对日本支持中国军事独裁之事也将视而不见。原敬并不反对日本军事干涉西伯利亚，然而，如果没有华盛顿方面的绿灯就采取军事行动，他将抛弃寺内，任凭激进主义反对者对其进行处置。

美国将如何决定呢？当围绕《布列斯特条约》的斗争来回摇摆的时候，华盛顿方面以国务卿兰辛为首的一群有影响力的人对布尔什维克的看法与列宁所想象的完全一样——布尔什维克是美国天然的意识形态敌人，必须被消灭。兰辛准确地观察到，在俄国逐渐"浮出水面"的，是"在很多方面比独裁还要可怕"的东西[15]，沙皇的暴政是"愚昧无知的"，而列宁的却是"头脑聪明的"。威尔逊本人则更担心日本。法国人夸张地报告说，日本将要采取行动。对此感到紧张的威尔逊在1918年3月1日表示，愿意与协约国共同行动。然而仅仅一天之后，在最激进的顾问之一威廉·布利特（William Bullitt）一份紧急备忘录的影响下，他就推翻了这个决定。在布利特看来，这会对美国参战的根本原则构成威胁。威尔逊加入战争是希望让协约国走向一个更加进步的方向，因此，他不能为了干涉俄国就放弃道德责任。

布利特坚持认为："今天，在俄国出现了一个民有、民治、民享政府的雏形。"真正对民主构成威胁的，不是列宁的人民委员会（Sovnarkom），而是在协约国集团和同盟国集团中都存在的帝国主义反动力量。布利特问道："如果鲁登道夫占领了彼得格勒，我们就允许协约国让寺内正毅占领伊尔库茨克（Irkutsk），这是在为俄国的民主制度创造一个安全的世界吗？"[16] 1918年3月4日，布利特的观点占了上风。总统先生回到了之前的立场，坚决反对协约国进行任何干涉。[17] 威尔逊不仅收回了他对干涉的支持，而且，在布利特和豪斯上校的建议下，他重新试图与革命的俄国建立民主联盟，以对付反动的德国。苏维埃代表大会将于3月12日召开，听取列宁对批准《布列斯特条约》的论证。威尔逊直接向大会发出呼吁。在比1月时更不和谐的形势中，威尔逊再次表述了"十四点原则"的内容。尽管苏维埃大会取代了被解散的立宪会议，但威尔逊仍然表达了他对于俄国努力"将自己与民主制度紧密结合起来"的"高度赞同",他希望俄国不会受到"任何阴险自私的力量的影响,它们可能会妨碍这种发展"。但正如豪斯所指出的,威尔逊的真实考虑已经超出了德国和布列斯特。"我的想法是……抓住这个机会收拾远东局势,但又完全不提日本。你们关于俄国以及对付德国的那些言论,也可以用于日本或其他任何伺机做据我们所知德国正企图做的事情的国家。"[18]

1918年3月,托洛茨基事实上每天都在同英美两国热情的代表——布鲁斯·洛克哈特(Bruce Lockhart)与雷蒙德·罗宾斯(Raymond Robins)——进行秘密对话,讨论苏维埃政权与西方国家恢复邦交的问题。在3月的第二个星期,一小支英国军队被派到了摩尔曼斯克(Murmansk)北部,以保护协约国的仓库不会落入正在不断前进的德军手里。[19] 然而在苏维埃代表大会上,列宁式的严苛占据了上风,决不能向威尔逊这样的自由主义伪君子妥协。大会发布了一份言辞刻薄的革命式的回复,用列宁忠实的追随者亚历山大·季诺维也夫(Alexander Zinoviev)的话来说,这份回复"给了美国总统一记响亮的耳光"。苏维埃对威尔逊所传递出的信息充耳不闻,但敏感得多的日本内阁成员却没有忽略威尔逊的暗示。3月19日,在原敬的坚持之下,东京的干涉主义者再次遭到否决。在没有明确得到美国赞同的情况下,要按兵不动。[20] 一支迫不及待的日本海军贸然在符拉迪沃斯托克登陆,东京方面立即发布命令要求其撤回。4月23日,寺内内阁中的资深鹰派、外相本野一郎因未能强行通过一项在西伯利亚进行积极干涉的政策,愤而辞职。他的继任者是后藤新平,此人更具侵略性,但并不比他的前任有更多活动空间。正如威尔逊总统向英国代表威廉·怀斯曼(William Wiseman)爵士所说的,"美国政府控制着局面……",没有华盛顿方面的"认可","日本政府不会进行干涉"。[21] 与列宁一样,威尔逊没有承认让他具有如此影响力的力量——日本可靠的议会多数派，这些人下定决心，要让自己的国家摆脱与西方进行海上斗争的暴力幻想，而与美国达成和解。[22]

二

列宁害怕日本人，但他什么也做不了。布尔什维克对俄国东部的控制十分薄弱，很难在当地实行协调一致的政策。出于同样的原因，远东地区不断增长的反布尔什维克浪潮也未能立即威胁到共产主义者对俄国核心地区的控制。列宁图存战略的基石就是与德国达成的《布列斯特条约》。但这当中包含了一个矛盾。在谈判的过程中，布尔什维克尽其所能，让条约失去合法性。然而，这样一个弱势一方公然不承认的条约，又怎么能对强势一方有任何约束力呢？布尔什维克的嘲讽只会促使德国方面采取同样的态度。德国为什么不表现成残忍冷酷的帝国主义者呢？反正它的形象已经被锁定成那个样子了。而且，如果德国不这样的话，它的盟友们又为什么不呢？

1917年春天，德军最高指挥部让他们的土耳其盟友停驻在东南战线上。在这个休整期，羽翼未丰的外高加索联邦共和国在第比利斯（Tiflis）建立起了一个临时国会——色姆（Siem），以代表格鲁吉亚、亚美尼亚和阿塞拜疆这几个原属于俄国的省份。他们也在1917年12月被邀请参加布列斯特的会谈，条件与乌克兰一样。然而与乌克兰不同的是，高加索的革命者拒绝了这一邀请。他们才不会与布尔什维克坐在同一张桌子上呢。但是，当布列斯特的商谈破裂后，他们就成了待入口的猎物。想到1915年以来土耳其曾对亚美尼亚人犯下的暴行，德国外交部火速向君士坦丁堡（Constantinople）方面重申，目前所需要的是军事进攻，而不是再次进行屠杀。[23]然而柏林方面的请求毫无效果。[24]当苏维埃在3月的第一个星期匆匆回到布列斯特的谈判桌前时，土耳其不仅要求

第七章 世界分崩离析

恢复1913年的边境线，而且要求归还自19世纪70年代以来沙皇夺取的所有领土。但即使这样还不够，因为成百上千惊恐的亚美尼亚人在恩维尔帕夏（Enver Pasha）将军的军队到来之前已经逃之夭夭。自打重新开战以来，土耳其人已经流了很多血，也出现过对穆斯林村庄的屠杀。如果外高加索共和国想要和平，就必须以亚美尼亚的领土作为交换。4月28日，在德国人面前，土耳其人平静地告知外高加索代表团中的亚美尼亚代表，除非他们的要求得到满足，否则，联合进步委员会（Ittihadist）的种族屠杀突击队员会将亚美尼亚民族全部杀光。[25]

为了对自己暴跳如雷的盟友至少维持部分控制，德国派出了后来担任魏玛共和国防卫军总司令的汉斯·冯·泽克特将军，作为观察员前往高加索前线。但泽克特很快就陶醉于俄国溃败所展现出来的前景。泽克特在给家人的信中写道："当我站在经过第比利斯通往巴库（Baku）的铁轨上，我的思绪想要走得更远，越过里海，穿过土耳其斯坦的棉花地，一直到达奥林匹亚山。如果战争如我所愿，能再持续一段时间，我们也许就能敲开印度的大门了。"[26] 在德国外交部，一位兴奋的官员写下，如果德国能在这一地区获得一个立足点："也许找到一条陆路通往中国……也不再是大胆的幻想，而能成为现实的考虑。"[27] 然而，当恩维尔帕夏将军把手伸向阿塞拜疆和巴库的油田时，柏林方面更关心的不是中国，而是泛突厥主义的侵略行为可能导致英国从波斯方向进行干涉。亚美尼亚已经被牺牲给了土耳其人，现在德国需要向拥有有利的黑海海岸线和富饶金属矿藏的格鲁吉亚提供保护，从而在这一地区建立一个基地。随着土耳其军队不断向北推进，格鲁吉亚人无法拒绝德国。5月26日，他们与联邦决裂，脱离了外高加索的色姆，宣布完全独立。格鲁吉亚代表团表示，他们对于等待着亚美尼亚人的恐怖命运感到十分遗憾，但"我们不能和你们一起淹死"，格鲁吉亚人说，"我们的人民想尽力挽救他们所能挽救的,你们也必须找到一条与土耳其人达成协议的道路。除此之外,别无选择。"[28]

在划归亚美尼亚的几百平方英里贫瘠多山的保留地上,聚集着60万民众。他们当中有一半是从1915年就开始流亡的难民,身无分文。土耳其的大炮不费吹灰之力就能射中作为临时首都的埃里温(Erevan)。这一地区没有出海口,也没有铁路系统,土耳其人在整个夏季都将这片领土封闭起来,以确保无法收取保留地周边荒地上的产物。[29] 正如当地一位德国军事代表向柏林方面报告的,土耳其人显然打算"饿死整个亚美尼亚民族"。[30] 与此同时,在相对安全的第比利斯,德国国旗与格鲁吉亚国旗并肩飘扬。德皇的代表奥图·冯·洛索(Otto von Lossow)将军签订了一项临时协议,德国有权开采格鲁吉亚的锰矿,并可以使用波季(Poti)港。随着德国军队占领克里米亚(Crimea)并俘获了大部分的俄国黑海舰队,德国在高加索地区的工程队开始检查铁路系统,为鲁登道夫最近一个大胆的想法寻求可能。鲁登道夫打算将一支小型舰队,包括一艘拆解后的潜艇,长途运输到巴库的港口。在那里,他们可以在四周都被陆地环绕的里海上建立起德国海军的霸权地位。[31] 鲁登道夫考虑,可以从高加索的桥头堡出发,对波斯湾的英国人实行打击。

然而,这些都是遥远的未来乐章。《布列斯特条约》最立竿见影的效果,应该是把乌克兰变成了同盟国实质上的附属国和经济伙伴。[32] 在1918年春天占领了中心地带的耕地之后,到5月初,德国人又占领了顿涅茨河(Donets)的工业区。早在1917年12月,柏林就成立了一个商人委员会,评估德国在东方进行投资的可能性。但那是一个远期方案,现在需要优先考虑的是粮食问题。1918年,奥地利和德国信心满满地觉得,他们从新盟友那里至少应该能得到100万吨粮食。然而到了4月底,他们发现,"利用"乌克兰的产粮区会带来更多无法解决的问题。如果他们想要避免完全占领乌克兰

第七章　世界分崩离析

的高额成本，就需要一个愿意合作的当地政权来与之协调。拉达之前被赶出了基辅，只是在德国军队的帮助下才得以重新恢复，现在它需要一段喘息的时间来重建。然而，德奥两国经济需求的规模和急迫性使这根本就不可能。[33]

在乌克兰，与在革命的俄国的其他地方一样，获得民众认可的唯一办法就是让农民拥有土地。[34] 1917 年夏天，全国对贵族的土地进行了再分配。在立宪会议的选举中，农民把大量选票投给了承诺未来农业将建立在村庄基础之上的党派：社会革命党。社会革命党在对付布尔什维克方面是很好的盟友，但它的土地政策直接违背了同盟国的利益。为了尽可能增加可供出口的粮食余量，就需要在市场导向的大面积农庄里进行集中耕种。对于拉达来说，如果为了其德国保护者的利益，重新恢复大地产，这将让自己名誉扫地；对于德国人自己来说，如果他们想强行推翻土地革命，那就需要从西线调动成百上千的军队，而这是鲁登道夫无法做到的。如果德国人能用乌克兰所需要的工业产品来交换粮食，或许能够减轻冲突。在《布列斯特条约》里，德国人也答应了用工业产品来交换粮食。然而，由于战争造成的紧张，可用于出口的工业产品高度紧缺。[35] 为了购买自己所需要的粮食，同盟国只好采取临时的权宜之计，命令乌克兰国家银行印刷他们所需要的任何货币。这让他们在不需要征地的情况下获得了购买力，但几个月之后，就导致了货币贬值。正如霍夫曼将军从基辅发出的报告中所说的："每个人都腰缠万贯。卢布被印刷出来，然后几乎是白送出去……农民有足够吃两到三年的玉米储备，但他们就是不卖。"[36] 事已至此，除了采取强迫手段，没有别的办法了。

4 月初，德国占领军总司令、陆军元帅赫尔曼·冯·艾希霍恩（Hermann von Eichhorn）发布命令，要求在所有土地上进行强制耕种。然而，陆军元帅并没有获得拉达的同意，因此代表们拒绝批准法令。几天之后,德国军队决定采取对抗政策。他们发动了一场政变,驱逐了乌克兰国民大会,建立起一个所谓的"盖特曼政权"(Hetmanate)*,由主张独裁的骑兵军官帕夫洛·斯科罗帕德斯基(Pavlo Skoropadskyi)领导。[37]《布列斯特条约》被批准之后仅仅六个星期,在经济压力之下,德国军队就单方面彻底抛弃了自己成为民族自决运动保护者的声明。斯科罗帕德斯基不会说乌克兰语,他的内阁全由保守的俄罗斯民族主义者组成。德国的实际掌权者似乎已经对建立一个有生命力的乌克兰民族国家失去了兴趣。相反,他们似乎打算把基辅变成让整个俄罗斯重回保守主义的跳板。

如果这些来自南方的威胁还不够凶险的话,到5月时,列宁的政权受到了来自北方的、更为直接的打击。1917年12月,芬兰与其他波罗的海国家一起宣布脱离俄国独立。与列宁的民族主义政策相一致,彼得格勒对此送上祝福,但同时又提供强大的工会支持,指示当地的布尔什维克控制赫尔辛基。到了1月的最后一个星期,芬兰爆发了内战。1918年3月初,德国军队进入乌克兰的时候,德皇和鲁登道夫制订了一个计划,决定建立一支德芬联合军队,首先消灭芬兰的布尔什维克,然后继续南下,向彼得格勒进军。由于天气寒冷,吕迪格·冯·德·戈尔茨(Rüdiger von der Goltz)将军的远征军直到4月初才到达芬兰。然而,在与曼纳海姆(Mannerheim)将军所领导的芬兰白军会合后,他们把耽误的时间补回来了。[38] 4月14日,在艰苦的战斗之后,他们将红军驱逐出了赫尔辛基。为了表达德国人的感谢之情,冯·德·戈尔茨向欢呼的市民分发食物。[39]内战在5月15日结束了,但屠杀并没有就此终止。红军报复性地枪杀了白军俘虏,芬德一方随即展开了"白色恐怖"。到5月初,

---

* 盖特曼(Hetman)原指哥萨克酋长国(1649—1764)的元首,同时兼任国家的最高军事指挥官和首席立法者。1918年4月,由德国人扶持的乌克兰国成立,重新设立"盖特曼"一职为乌克兰国元首,并由帕夫洛·斯科罗帕德斯基担任。——编者注

已有 8000 名左翼人士被杀害,还有至少 11,000 人将在战俘营中因为饥饿和疾病而死去。[40] 1918 年春天,芬兰成为反革命活动的舞台,这只是一系列野蛮残忍的反革命活动的开端,它们将开启 20 世纪政治暴力新的一章。

1918 年 5 月的第一个星期,当国内的白色恐怖正处于高潮之中时,曼纳海姆与他的德国伙伴气势汹汹地向俄国的伊诺(Ino)要塞推进,这是彼得格勒的北大门。在苏维埃看来,德皇与他身边的人大概要重新考虑他们在布列斯特做出的让步了。毕竟德国为什么要让自己被一份条约束缚住手脚呢?更何况苏维埃自己也只把它看成几张废纸而已。如果列宁在帝国主义国家之间寻求平衡的战略能够奏效,他就不应该只停留在批准《布列斯特条约》上。在签订条约之后,列宁已经改变了政策,他鼓励托洛茨基与协约国和美国在彼得格勒与莫斯科的密使建立起密切联系。[41] 现在,5 月初,他打算再次孤注一掷。如果《布列斯特条约》已经无法满足帝国主义德国,那么列宁愿意在和平光秃秃的骨头上再添点儿肉。

5 月 6 日,他召集党的中央委员会召开了一次夜间会议,要求之前极不情愿才同意了《布列斯特条约》的各位同志必须再忍受更大的让步。[42] 预料到党内左翼力量一定会表示反对,因此列宁转而采取攻势,对左派共产主义者的"幼稚"进行了不留情面的嘲笑。列宁以他特有的急躁脾气强调说,"没有人,除了那些最笨的孟什维克笨蛋",会"指望"历史的发展进程能自己"顺利、温柔、轻松、简单地带来'完全的'社会主义"。[43] 但即使是以他的标准来衡量,政策的新转变也让人头晕目眩。5 月 14 日,列宁提出与帝国主义德国进行全面的经济合作计划。[44] 他说,需要在俄国革命与帝国主义德国之间建立紧密联盟,这是由历史自身的扭曲逻辑导致的。1918 年,历史"选择了一条如此**特殊**的道路,它孕育了……两个互不联系但又紧挨着的社会主义,就像在一个国际帝国主义蛋壳里的,还未孵化的两只小鸡"。苏维埃俄国与帝国主义德国被《布列斯特条约》联系到了一起，它们就是那对双胞胎小鸡。俄国实现了社会主义的政治条件，德国实现了经济条件，为了弥合二者之间的分裂，就需要用一个实质性的经济联合来填满"条约"这个蛋壳。列宁向他的同僚承诺，由电气工程巨头瓦尔特·拉特瑙所建立的德国传奇的战时经济组织，"最显著地体现了社会主义经济、生产与社会经济条件的物质性实现"。建立起经济和政治联合之后，这一组织和技术的潜能将被用来推进布尔什维克的政治激进主义。[45]

列宁决定依靠德国人的贪婪，其实并没有错。柏林的外交部制定的德国政策带有明显经济主义的构想，他们热切地抓住列宁的提议，召集了一个包括实业家、银行家和政治家在内的常设委员会，考虑从财政和技术上控制俄国的可能性。正如列宁所希望的，克虏伯（Krupp）与德意志银行（Deutsche Bank）对此垂涎三尺。但冷静下来想一想，这盘菜也许并没有它所承诺的那么美味。尽管俄国提出了十分诱人的长期机会，但要想从中获利，就需要进行巨额投资，而目前的战时财政正面临各种困难。德国也不可能提供俄国重建所需要的数百万吨钢铁。要想进行重建，俄国人只能让自己的高炉重新开工，而1918年夏天时，它们大部分都已经坏掉了。[46]

列宁不会幼稚到低估自己所面临的困难。只与德国建立这样的联合，也不符合他的"平衡"战略。俄国对英法两国的负债已经过于庞大，因此它们不可能成为列宁操控性战术的理想目标。然而，美国在莫斯科的代表，尤其是那位无处不在的罗宾斯上校，却被列宁所描绘的前景深深吸引。1918年4月20日，罗宾斯给美国大使发去电报，催促他做出决定。他坚持说，除非华盛顿方面打算对列宁进行"有组织的对抗"，否则就应该进行"有组织的合作"。当罗宾斯给不情愿的美国大使发去这封电报时，赌注也就被押到了最高值。俄国的重建是"世界现存的最大的经济与文化事业"。[47]问题

第七章 世界分崩离析

在于，这一切是否会"在德国或美国的监督和支持下"发生。

5月14日，就在提出与帝国主义德国合作的重大计划的同一天，列宁向正要离开的罗宾斯上校提供了一份将来与美国进行经济合作的说明书。列宁承认，在未来的许多年里，德国都会被自己的战后恢复所拖累，因此不可能再像战前一样成为俄国主要的工业供应国。"只有美国，"列宁坚持道，"能成为那个国家。"[48]俄国急需铁路设备、农业机械、发电机和采矿设备。整个俄国有大量建设项目。作为交换，俄国每年能出口至少30亿金卢布的石油、锰矿和铂金，以及动物皮毛。但当罗宾斯回到华盛顿之后，他发现没有人愿意听他讲话。威尔逊总统解雇了他，因为"我对这个人没什么信心"。[49]列宁追求平衡的尝试失败了。他突然倒向德国的做法使协约国一方的天平坚决地倾斜向了罗宾斯所说的第一个选择：有组织的对抗。

事实上，1918年5月之后，列宁试图搞平衡的做法在根本上被误导了。他的意识形态幻想使其误以为可以通过经济上的让步摆脱德国的侵略。限制鲁登道夫的侵略行动的，不是苏维埃的外交，而是西线对德国军事资源的要求，以及再次认识到德国国内危险的政治平衡。1917年以来，德国国会多数派就一直主张在东方达成有益的持久和平。1918年2月，在托洛茨基莫名其妙地放弃谈判后，国会多数派阻止战火重开的斗争失败了。然而，国会在3月份郑重批准了《布列斯特条约》，这样，对于德皇和军事长官来说，如果只是简单地无视条约、推翻苏维埃政权，那将是对德国国会历史地位的公然挑战。进一步说，这种侵略行为的战略原因是什么呢？正如外交大臣屈尔曼所指出的，不管布尔什维克多么面目可憎，"像这样武装干涉革命，并不在德国政策的任务之内"。[50]5月22日，屈尔曼向国会外交委员会发表讲话，他明确表示，自己对于利用乌克兰的斯科罗帕茨基政权在俄国实现独裁政治的复辟持严重怀疑态度。德国的战略目标应该是保持乌克兰的独立和沙皇俄国的分裂，哪怕这意味着要容忍彼得格勒的布尔什维克。"保守的、军事主义的德国要去支持另外一个国家的社会主义政府,这看起来好像很奇怪。但我们的利益命令我们必须尽己所能,防止俄国在短时间内重新统一。一个统一的俄国一定是亲协约国的。"[51] 屈尔曼也不认可鲁登道夫向高加索地区的突进。他认为在里海建立海军优势的大胆想法就是"失控的疯狂"。[52]

屈尔曼愿意在国会的一个委员会面前如此直言不讳,说明自布列斯特激烈的和平谈判以来,德国国内已经出现了分裂。1918年2月,外交大臣在私下里表现出对副宰相派尔的失望。到5月,德国军队在东方的独裁行为过于明目张胆,以致引起了公众的反应。5月8日,马蒂亚斯·埃茨贝格尔又一次对德国国家机器进行了轰动一时的批评,公开抨击德国军队在乌克兰实行的高压政策。借助埃茨贝格尔在基辅的联络人所提供的材料,自由主义的《福斯报》(*Vossische Zeitung*)登载了亲历者对斯科罗帕德斯基政变前后各种丑闻的报道。德国士兵袭击了拉达,一个主权国家的议会。就在几周之前,德国国会还通过了一项与之签订的正式条约。一支左轮手枪对准了乌克兰总统、受人尊敬的历史学家米哈伊洛·胡舍夫斯基(Mykhailo Hrushevsky)的脑袋,拉达的成员被迫接受屈辱的搜身,内阁部部长们被德国军队逮捕,新任命的盖特曼是一个反动的哥萨克人。经过这样的暴行,德国再也无法在东方建立起合法的、富有成效的领导权。"在基辅,德国士兵再也不敢不带武器就出门……"埃茨贝格尔感叹道,"……铁路工人和工匠正在计划一场大罢工……农民拒绝交出任何粮食,如果要征粮,一定会出现流血事件。"[53] 在条约中,乌克兰承诺向同盟国输送100万吨粮食,但在1918年,只输送了不到17.3万吨。[54] 但面临危险的还不光是面包。埃茨贝格尔和他在国会多数派中的同僚所关心的问题是:谁在控制德国。[55] 埃茨贝格尔要求,将来所有在东方实行的政策都必须获得德国民选政府的同意，必须完全禁止军队干涉乌克兰和波罗的海国家的内政，因为这些国家都得到了德国的正式承认。[56]

可以想见，德国国会里的民族主义者对埃茨贝格尔的介入感到愤怒。民族自由主义最响亮的声音——古斯塔夫·施特雷泽曼——认为，埃茨贝格尔提出的由民选政府进行控制的建议必须被驳回，因为这会削弱德国政府的基础，同时还会"证实威尔逊（总统）的观点，即德国是一个军事独裁国家，而协约国是无法与军事独裁国家进行谈判的"。[57]那些支持提议的人也只能对此表示同意，但得出了不同的结论。独裁的威胁确实存在，而且必须被制止。尽管西线上传来了振奋人心的消息，但鲁登道夫和兴登堡知道，他们的行动不能完全不考虑国会中的文官。5月18日，在宰相赫特林的紧急调停下，鲁登道夫同意停止芬德联军向彼得格勒的进军。[58]如同在日本一样，民选政治家发挥了自己作为安全阀的控制作用，遏制了德国帝国主义者过于激进的想法。尽管声名狼藉，其合法性也不堪一击，但《布列斯特条约》还是成为阻止战争进一步激化的主要防线。讽刺的是，在这个极不稳定的平衡中，最大的受益者是布尔什维克。这种平衡能否保持下去，则取决于双方是否会升级各自的侵略行为。

第八章

干涉行动

1918年5月16日,当德国在西线的进攻短暂停歇时,英军总参谋部的一份备忘录勾画出了一个世界末日般的局面。假设兴登堡和鲁登道夫在列宁的帮助下,能从俄国各省强征到200万名士兵,那么,同盟国就能将战争至少拖到1919年年底。这些英军参谋推断,这样的话,德国就将重现"古罗马帝国的情形,兵团在前线作战,奴隶在后方劳作,二者都是从被奴役的种族中招募来的"。与西方国家不同,"野蛮"的德国人"不会束缚于……基督教的任何规范……坦率地说,德国人都是些异教徒和机会主义者,为了达到自己的目的,会毫不犹豫地采取任何类似的手段。饥饿和鞭笞,再加上机关枪的支持,很快就能在一群没有受过教育、身后有几百年农奴制历史的人中得到想要的结果"。[1] 六个星期之后,当德国在西线最后的进攻战处于高潮时,英国政府告知美国,"除非协约国立即在西伯利亚进行干涉",否则德国将在整个俄国建立起自己的霸权。那样的话,即使美国全面介入,协约国也"没有机会获得最后的胜利","同时很可能会失败"。[2]

第八章　干涉行动

列宁以为是共产主义的革命性威胁使得协约国、日本和美国开始对他的政权实行干涉，但事实并非如此。萦绕在协约国心头，并促使它们采取行动的，**其实是**对未来的可怕预感。但它们想到的并不是革命的幽灵，也不是冷战的先兆，而是类似于1941年夏天，纳粹国防军有可能将希特勒的奴隶帝国扩展到整个欧亚大陆时的情况。让英法在1918年感到害怕的前景，不是共产主义本身，而是在列宁的领导下，俄国有可能成为帝国主义德国的帮凶。列宁在1918年5月突然转向德国的时候，其平衡政策的倾斜达到了顶点，正是这一点使得干涉行动不可避免地发生了。

一

列宁孤注一掷地想要将《布列斯特条约》的内容固定下来，这让仍然在俄国境内的协约国代表大吃一惊，他们从冬天开始，就一直在紧张工作，以维护双方的关系。英国的首席代表布鲁斯·洛克哈特一反之前赞成与布尔什维克合作的主张，如今向伦敦方面建议说，只要列宁还掌握着领导权，俄国就无法避免被德国控制的命运，协约国必须进行大规模的军事干涉，如果有必要的话，甚至可以不与俄国的反布尔什维克力量合作。不过这一点其实并不存在问题。5月26日，在俄国和乌克兰的多数民众中具有最强大影响力的社会革命党人宣布，他们支持外国武装干涉。左翼社会革命党不愿与协约国同流合污，但也公开反对布尔什维克。在沙皇时代，他们就一直是血腥的政治恐怖主义的开路先锋。5月30日，列宁声称，有证据表明，有暗杀小组在首都活动，因此颁布了戒严令，最后，所有孟什维克和社会革命党都被清除出了全俄苏维埃代表大会的中央执行委员会。[3]

在彼得格勒和莫斯科，布尔什维克还能控制局面，但在俄国的边远地区,苏维埃政权则受到了公开的挑战。到 1918 年春天,从波罗的海到太平洋的全球政治与战略联动已经非常普遍了。但即使这样,当人们发现西伯利亚的命运掌握在一位捷克教授手中时,还是会感到惊讶。这位逃亡到华盛顿的教授,如今指挥着军队在从佛兰德斯到符拉迪沃斯托克的前线上作战,他就是社会学家和哲学家托马斯·加里格·马萨里克(Tomas Garrigue Masaryk)。他所指挥的军队是由爱国的捷克战俘组成的几个师团,他们在 1917 年被亚历山大·克伦斯基动员起来支持俄国脆弱的防线,对付他们的民族敌人奥地利。在布列斯特和谈之后,捷克人重申自己忠于协约国的事业,尽管当时还处于俄国腹地,但他们接受了法国斐迪南·福煦(Ferdinand Foch)元帅的指挥。这是一支纪律严明、热情高涨的军队,5 万名身强力壮的士兵意志坚定,尽管离家万里,也要继续与同盟国战斗。现在,这支军队对布尔什维克和零散分布在俄国南部的德国军队都构成了威胁。当托洛茨基发布命令,要求解除捷克人的武装时,毫不奇怪,人们认为他是在执行德国人的指示。捷克军队与红军在西伯利亚的铁路交会处爆发了武装冲突,到 5 月底,这条横贯大陆的主动脉事实上已经在马萨里克的军队手里了。

对于英法两国主张干涉的人来说,这支捷克军队简直就是天降神兵。然而,考虑到战后和平的问题,马萨里克只有在得到威尔逊同意的情况下才会采取行动,因为众所周知,在捷克独立的问题上,威尔逊的态度十分暧昧。[4] 在 "十四点原则" 中,由于不想关上与维也纳方面单独达成和解的大门,威尔逊完全没有提到捷克问题。直到《布列斯特条约》被批准,以及 1918 年 5 月罗马尼亚被迫接受了更为苛刻的和平之后,威尔逊才公开承认了捷克人和他们南部斯拉夫弟兄的民族自治权。但即便如此,这一承认也没有转换为希望利用西伯利亚境内的捷克人来对付布尔什维克的热情。威尔逊在这一问题上的勉强得到了马萨里克的呼应,后者一直公开表示,自

第八章　干涉行动

己对俄国的"革命民主"持同情态度。一直到6月初,由于英国的战略价值急剧上升,美国国务卿兰辛才开始想办法说服马萨里克,与其让捷克军队向符拉迪沃斯托克撤退,还不如沿着西伯利亚铁路形成封锁,这将是对协约国的重大贡献。[5] 对于兰辛的建议,马萨里克提出,作为交换,他需要威尔逊正式宣布终结哈布斯堡王朝。

干涉西伯利亚的赌注已经越押越高。就在兰辛和马萨里克拿哈布斯堡王朝的终结换取捷克人在西伯利亚的援助时,威尔逊的顾问、激进的威廉·布利特正在为阻止干涉而进行最后的努力。他给豪斯上校写信说:"我们将要犯下人类历史上最悲惨的错误之一。"主张干涉的人都是典型的帝国主义拥护者,在一场暴力的反革命干涉之后,"多少个年头、多少美国人的生命"将被"消耗在俄国民主的重建之中呢"?[6] 毫无疑问,从精神上说,布利特比兰辛更接近威尔逊。然而,就在不到六个星期之前,在谈论日本干涉的问题时,威尔逊夸口说他能控制住日本,而列宁突然转向德国怀抱的行为使他失去了这种控制力。如果干涉的基本理由是反德国,而不是反俄国,他就无法再阻止这一势头。

1918年6月30日,英法两国公开宣称支持捷克的民族抱负,他们的理由则是"威尔逊总统所表达出来的观点和崇高理想"。威尔逊再一次被自己意识形态计划的逻辑困住了,这让他心烦意乱。1918年6月,在向内阁讲话时,他说,协约国决定对俄国进行武装干涉,这让他不知道说什么好。"他们提出要马上去做如此不切实际的事情,这让他常常怀疑,到底是自己疯了,还是他们疯了。"[7] 美国财政部的一位官员在从欧洲访问回来后报告说,英国首相劳合·乔治公开嘲笑以国际联盟为基础达成和平的想法。总统先生回答道:"是的,我知道,欧洲现在仍然被几年之前还控制着我们国家的那些反动力量所统治。但我感到满意的是,如果有必要,我可以直接越过欧洲领导人,去接触他们的人民。"[8] 威尔逊不愿意进行干涉的想法再一次把"没有胜利者的和平"这一政治理念摆到了人们面前。然而，由于德国明显想要控制整个俄国西部，威尔逊无法再坚持这一立场所暗含的道德平衡。7月6日，威尔逊开始采取主动。在事先没有与日本或英国商量的情况下，威尔逊宣布，协约国的干涉行动将直达西伯利亚地区，将派出由7000人组成的两支队伍，由美国和日本提供补给。他们的任务不是为了向德国发起进攻，也不是为了推翻布尔什维克，而只是为了掩护捷克人撤退到符拉迪沃斯托克。

伦敦的劳合·乔治愤怒了。在几个月危险的犹豫不决之后，威尔逊现在自己单方面确定了干涉的条件，虽然这么做一定会激怒布尔什维克，但还不足以推翻他们。正如布鲁斯·洛克哈特后来评论的，不彻底的干涉行动相当于一个"残缺不全的折中办法，在当时的环境下来说就是犯罪"。[9]劳合·乔治当然没有心情听威尔逊讲什么民主，英国首相给英国驻华盛顿大使馆发去了一封怒气冲冲的电报，批驳了认为英国具有反动意图的臆想。列宁近期倾向德国的做法已经完全改变了争论的条件。过去反对干涉行动，还可以说是担心这会鼓励反动力量，可现在，劳合·乔治坚称："我主张干涉，既因为我想赢得这场战争，同样也因为我是一个民主主义者。"劳合·乔治"决不能容忍的"，是在俄国"推动任何形式的高压政权"，"不管它伪装成什么样子"。[10]只有一个民主的俄国才能真正成为对抗德国威胁的缓冲器。正如英国的帝国总参谋长所说："除非在战争结束的时候，民主俄国得以重建为一支独立的军事力量，否则，亚洲大部分地区成为德国的殖民地就只是时间问题。也没有人能够阻挡敌人向印度进军，而英帝国为了保卫印度，将不得不在极度不利的条件下作战。"劳合·乔治坚持认为，俄国的政治局面将决定战后的秩序。"除非在战争结束的时候俄国成为一个自由、进步、民主的国家，"否则，无论是"世界的和平"还是更具体的"印度边境的和平与安全",都无法得到保证。[11] 但他也不无遗憾地承认:"没有美国,我们什么也干不了。"[12] 考虑到困难重重的现实,英国战时内阁决定吞下自己的异议,对威尔逊缺乏诚意的西伯利亚行动表示支持。他们希望,局势的发展会及时推动美国采取更适当规模的行动。

二

如果英国人能在1918年夏天进入鲁登道夫部下的办公室看看,他们一定会给自己的恐惧再添上几把火。宰相赫特林成功地将5月中旬达成的方案维持到了6月底,阻止军队在东方继续前进。这一立场被告知给了布尔什维克,使他们能够将可靠的拉脱维亚军团集中起来对付捷克人。拉脱维亚人相信自己是为了独立而战,而捷克人也是如此。[13] 但德国的平衡状况十分不稳定。6月下旬,鲁登道夫的一位下属准备了一份名为"德国政策的目标"(Ziele der deutschen Politik)的备忘录,从中我们能清楚地看到自布列斯特以来,德国军事政策已经在激进主义的道路上走了多远。鲁登道夫的目标不再仅仅是在从前沙皇帝国的外围地区建立起霸权,而把其他地方留给布尔什维克去搞破坏。与劳合·乔治要把俄国建成民主堡垒的想法恰恰相反,鲁登道夫的目标是要重建一个完整的俄国。这个俄国在政治上是保守的,因此可以期待它成为一个"可靠的朋友和盟友……不仅不会对德国的政治未来形成威胁,而且,在尽可能长的时间内,从政治、军事和经济上依赖德国,同时成为德国经济力量的来源"。[14] 芬兰、波罗的海国家、波兰和格鲁吉亚等周边国家将继续受德国的保护,乌克兰回归莫斯科,作为交换,德国将从经济上控制整个俄国。在德国的治理之下,俄国能帮助德国在整个亚欧大陆建立起自己的统治。这样,贫瘠之地就变成了经济上自给自足、政治上集权的"世界国家结构"（Weltstaatengebilde），有能力与"泛美利坚集团"（panamerikanischen Block）和大英帝国进行正面竞争。[15]

1918年7月初，在斯帕（Spa）的德皇宫殿最近一场关于大战略的讨论中，这一新的战略考虑被正式采纳。[16]然而，正如屈尔曼向国会指出的，利用德国的资助重建一个保守的俄罗斯民族国家的想法充满了矛盾。[17]德国之前曾经有选择地与一些反布尔什维克的俄国人进行过接触，其中最著名的就是立宪民主党的帕维尔·米留科夫，他在1917年5月被彼得格勒苏维埃从外交部部长的位置上赶了下来。这些接触表明，任何有自尊心的俄国爱国者都不会接受《布列斯特条约》的条件，更何况是鲁登道夫更具扩张性的想法呢？[18]屈尔曼与国会还不无担心地指出，德国军人并不清楚，他们想在东方建立霸权的扩张计划必须要与西线战事的需求相协调，而这是非常危险的。尽管一波又一波的攻击使协约国在法国境内的战线几近崩溃，但很明显，德国的力量也快耗尽了。6月15日，德皇的统治进入了第十三个年头，他令人担心地发表了一场预言式的讲话。在战争年代，一切都处于危险当中，在西线可以让步的空间一点也不比在东线上多。"要么是普鲁士—德意志的日耳曼世界观——公正、自由、荣誉和道德——得到尊崇，要么是盎格鲁—撒克逊世界观获胜，拜金主义一统全球。反正在这场斗争里，总有一种世界观要被摧毁。"[19]

这样的语言当然不可避免地会让人想起20世纪40年代希特勒臭名昭著的"桌边谈话"。尽管进行这样的比较很有意思，但这会模糊了1918年和1941年截然不同的政治氛围。即使是在第一次世界大战最激烈的时候，人们还是会遵守19世纪的宪政主义。就在德皇发表预言式讲话后不到十天，他的外交大臣就在国会面前直接反驳了他。[20]屈尔曼坚持认为，德国必须意识到，鉴于这场战争已经发展到了"惊人的量级",因此,想把在布列斯特能够实现的单边和平(Diktatfrieden)同样施加于西线,这是很不现实的。鲁登道夫所想象的最后的终极军事胜利是不可能的。德国怎么会希望自己能彻底打败美国或者是大英帝国呢?德国将不得不进行和谈。事实上,随着西线的战事逐渐不利于德国,和谈将是德国所能期望的最好结果。代表社会民主党发言的爱德华·达维德曾是最著名的主张在东方实现自由主义和平的人之一,他把问题说得更清楚。想要将战争进一步升级的那些人是欧洲"封建秩序的残余",其中"最强大、最有影响力的残余"已经不再位于俄国,而是在"易北河东"了。[21]第二天,兴登堡和鲁登道夫召开了一场新闻发布会。在这次发布会上,德国军方领导人公开否定了德国外交大臣的立场,进一步加剧了不断增长的混乱。军方领导人坚持说,只要在西线取得一次压倒性的胜利,德国就依然能够赢得战争。社会民主党发行的日报《前进报》(Vorwärts)因为竟敢刊登屈尔曼的言论而被取缔。

屈尔曼的政治生涯就此终结。1918年7月9日,尽管得到了国会多数派的支持,他还是被德皇坚定的追随者保罗·冯·辛慈(Paul von Hintze)所取代。[22]然而,国内仍然有大批人反对鲁登道夫在东方的帝国主义幻想。宰相赫特林向国会保证,不管新任外交大臣个人倾向如何,他的政府都不会让比利时成为和平道路上不可逾越的障碍,德国只要求它适当中立。此外,他还坚定地遵守《布列斯特条约》。如果有任何超出条约内容的行为,赫特林和副宰相派尔都将辞职。但这对于社会民主党来说已经不够了,他们虽然投票通过了又一轮战时信贷,但已经不愿再支持赫特林政府了。1917年夏天,基于相同的和平观点,社会民主党人与中央党和自由派得以联合。然而,赫特林政府不仅在1918年1月罢工浪潮失败之后伺机惩罚性地缩减工资与配给,还根本提不出一项能满足社会民主党等党派和平要求的外交政策。一年前,当社会民主党坚决支持国会的和平方案时,美国军队还只是小规模地进入法国。现在,每个月都有成百上千的美国军队涌入。[23] 德国没有连贯的外交政策,战争贩子能够只凭不负责任的心血来潮左右国家的发展,在这个民族命运的紧急关头,社会民主党怎么可能忍受这样一个糟糕透顶的局面呢?

三

尽管鲁登道夫和列宁都没有赋予《布列斯特条约》以实质意义,但其形式上的合法性为德国政治家提供了他们所需要的重要约束力,以遏制德皇政权不断增强的激进倾向。[24] 正如外交大臣辛慈对一群热情洋溢的民族主义代表所说的:"《布列斯特条约》……绝对不能进行任何修改。"[25] 然而,在坚持条约法律框架的问题上,回避问题的其实是德国的民选政治家。主张合法性的那些人能将一份同列宁这样的政权签订的条约坚持多久呢?布尔什维克从来没有隐藏自己对条约的轻视,当列宁试图让协议更有意义时,他也只是向德国商业增加了一些经济诱饵。然而,面对投靠德国在俄国国内四处激起的强烈反对,他在继续拥护帝国主义德国的路上又能再走多远呢?

1918年7月4日,仍然被承认是革命后俄国最高权力机构的全俄苏维埃代表大会在莫斯科召开了第四次大会,这是列宁提出新外交政策后的首次会议。通过各种手段,布尔什维克的稳定多数地位终于得以保证。但这并没能平息反对之声。列宁对自己的控制权过于自信。他委派温文尔雅的格奥尔基·契切林(Georgy Chicherin)向大家宣布要与德国恢复邦交的新情况,后者是沙皇派去参加维也纳会议的一位使臣的直系后裔。人民委员会的贵宾、德国大使米尔巴赫伯爵(Count Mirbach)端坐在会场贵宾席中,契切林开始以

第八章　干涉行动

平淡无奇的语气介绍列宁新的亲德观点。但随着听众对他的发言做出反应，大会开始陷入混乱之中。一位来自乌克兰农民抵抗运动的代表跳到主席台上，发表了慷慨激昂的演讲，反对德国的野蛮占领。左翼社会革命党人对着德国客人的方向比画出威胁性的手势，齐声高喊反列宁的口号："打倒《布列斯特条约》！打倒米尔巴赫！打倒德国走狗！"[26]托洛茨基从椅子上站起来，竭尽全力想要化解这个尴尬的局面。但最后，他只能采取赤裸裸的威胁。他警告说，扰乱秩序的代表将立即被逮捕。第二天，列宁来到大会代表面前，亲自为自己的政策辩护。但坚持反对意见的社会革命党人并没有被吓倒。列宁不断与柏林方面和解的政策并不能增强苏维埃的力量，反而会导致"帝国主义德国的独裁统治"。米尔巴赫伯爵参加苏维埃代表大会这一神圣的俄国革命集会，等于是公然承认了这种谄媚。面对咆哮如雷的列宁多数派，左翼社会革命党人无所畏惧，要求拒绝承认《布列斯特条约》。

　　第二天，他们兑现了自己的威胁。装扮成契卡特工的暗杀者潜入德国使馆，枪杀了米尔巴赫伯爵，其目标很显然是要在俄国和德国之间制造龃龉。稍事犹豫之后，拉脱维亚红军镇压了左翼社会革命党一次脆弱的起义。德国人的反应正中俄国反对派的下怀。德国人要求俄国做出更多屈辱的让步，包括向彼得格勒派遣一支由650名德国士兵组成的完整步兵营作为使馆警卫。这甚至让列宁也感到沮丧。如果同意这些要求，就等于坐实了对自己的指责，即布尔什维克正在把俄国降格成一个"东方小国"，因为只有在那样的地方，西方国家才会要求自己派兵保护使馆。[27]德国做出了让步，同意派到莫斯科的士兵不携带武器，只穿便装。与此同时，布尔什维克用武装行动做出了回答。北部的英国军队，以及太平洋上的日本和美国军队，都已经做好了战斗的准备，苏俄的内战有可能与更大范围内的全球斗争联系在一起。

1918年7月29日，列宁对党的中央委员会评估了一下当前极其严重的形势。英法帝国主义"打造的铁链"将俄国团团绑住，俄国被"拉回了战争"，革命的命运如今"完全取决于谁将获得胜利……苏俄能否继续生存下去的问题……已经简化成了这个军事问题"。[28]当英国代表布鲁斯·洛克哈特追问这是否意味着向协约国开战时，列宁闪烁其词。但布尔什维克已经在幕后做出了他们的选择。沿着5月以来所采取的政策的逻辑，列宁愈发加紧向德国示好。8月1日，在列宁的私人许可下，契切林与米尔巴赫的继任者、著名的民族主义政治家卡尔·赫弗里希（Karl Helfferich）大使会面，请求德国进行武装干涉，以稳定摩尔曼斯克的前线，英国人正在那里建立一个反苏维埃基地。[29]一天之后，赫弗里希确认了这个不同寻常的要求确实来自克里姆林宫，随即将消息转告了柏林。当初，列宁决定要加强与德国的关系，就使得伍德罗·威尔逊不可能再继续抵制要求进行干涉的呼声；现在，威尔逊被迫同意的干涉行动又促使列宁向德国发出邀请，将颇为别扭的布列斯特临时协定变成积极的军事合作。德国激进主义左派的伟大领袖、长期批判列宁的罗莎·卢森堡（Rosa Luxemburg）后来在她最振聋发聩的一篇批评文章中指出，这是俄国革命被迫踏上的一条通往"布尔什维克与德国结盟"的"荆棘之路"的"最后一段"。[30]

可以想到，对于这个能够指挥德芬联军在俄国北部与英国作战的机会，鲁登道夫喜出望外。为了吓唬国会让他们也表示同意，霍夫曼将军开始推销一些阴暗的说法。他说，协约国正在包围俄国，他们会从摩尔曼斯克沿着伏尔加河一直到达巴库和巴格达（Baghdad）。[31]然而，鲁登道夫也有他的限度。"跟布尔什维克结成军事同盟，与他们并肩作战，我觉得这对我们的军队来说是不可能的事。"[32]如果德国要采取干涉行动，那就必须从政治上对俄国进行重组。这首先就需要让德国占领彼得格勒和喀琅施塔得

第八章　干涉行动

(Kronstadt)。考虑到俄国多数地区的无政府状态，鲁登道夫觉得，六个师团就足以从军事上支撑一个新的、受欢迎的俄国政权。8月中旬，德国人与芬兰和俄国的专家进行了高度机密的对话，讨论现在被称为"最后一着"（Schlussstein）的战略。大约5万军力将被派到前线准备战斗，他们将途经彼得格勒，一路扫荡到英国人所在的摩尔曼斯克。[33]

列宁的政权正在向德国彻底投降的边缘摇摆。1918年8月27日，双方签署了《布列斯特条约》的补充协议，更加强了这一印象。为了换取德国的保护，苏维埃政权在之前的《布列斯特条约》之外，又同意向德国支付总额为60亿马克（合14.6亿美元）的赔款。利沃尼亚（Livonia）和爱沙尼亚正式脱离俄国版图，巩固了德国在波罗的海的霸权地位。共产主义者还同意承认格鲁吉亚的独立和德国对高加索的保护，并同意在阿塞拜疆回到苏维埃手中之后，向同盟国提供巴库至少25%的石油。[34] 在条约的这些条件之下，德国和芬兰同意不再进攻彼得格勒，同时向布尔什维克保证，将把协约国军队全部赶出苏维埃的领土。如果苏维埃政权不能履行这些义务，那么，还有秘密条款允许德国和芬兰进行干涉。

最后一着的触发条件被包含在了条约之中。然而，关键问题是，德国外交部确保只有当苏维埃方面明确发出邀请的时候，芬德联军才能够展开行动，应该由共产主义者来决定是否把彼得格勒交给鲁登道夫。当然，列宁是没有能力落实这样的条件的。在德芬联军的攻击面前，红军最多只能进行一些象征性的抵抗。真正起到制动阀作用的，是柏林的民选权力机构。早在8月初，外交部就迫使鲁登道夫做出承诺，保证自己不会超出补充条约的条件行动。[35] 正是这一约束力量使列宁的政权避免了与帝国主义德国的军事纠葛，否则，就如罗莎·卢森堡所说，即使不是革命的全面毁灭，也将意味着"道德破产"。占领彼得格勒的正式授权从未到来，相反，德国外交部不顾鲁登道夫的抗议，同意向苏维埃提供20万支枪、5亿发弹药和7万吨煤炭，使它有能力自卫。[36]

然而，德国的文官基于《布列斯特条约》脆弱合法性的坚持还没有遇到它最严峻的考验。左翼社会革命党的恐怖组织感到布尔什维克政权已经越来越虚弱，因此他们决定冒一次险。8月30日，在《布列斯特条约》的补充协定签字三天之后，列宁前往莫斯科郊区的工业区，宣传自己激烈的新口号，以取代过去的和平承诺——"要么胜利！要么死亡！"在离开米海尔松（Mekhelnson）军工厂的时候，他被暗杀者的子弹击中了脖子和肩膀。彼得格勒契卡的领导人莫尔谢·乌里茨基（Moisei Uritsky）在一次类似的事件中被杀死。从现在开始，苏俄将像"军营"一样管理，一个由托洛茨基领导的军事委员会接管了党的中央委员会的大部分工作。[37]

这让德国那些呼吁应断然进行反布尔什维克干涉行动的人更有理由了。国会多数派反对批准补充协定，因为这会让俄国人在爱国主义的精神下联合起来，反对德国和布尔什维克。[38]鲁登道夫感到自己的机会可能就要到来，他让军队做好尽可能充分的准备，以实践"最后一着"。他还从西线额外调来了空军部队。1918年9月8日，一队德国和芬兰的军事工程师开始勘测彼得格勒周围通往摩尔曼斯克的运输路线。很难说外交部对鲁登道夫侵略计划的反对能坚持多长时间。[39]

埃茨贝格尔在与自由主义的副宰相派尔谈话时，批评了《布列斯特条约》的补充协定。派尔承认，德国政府也不确定自己的立场，因此并不打算把这份协定交由国会批准。外交大臣辛慈将签署它，再回过头来对这种违反宪法的行为进行补救。[40]米尔巴赫的继任者、一向坦率直言的民族主义者卡尔·赫弗里希对这种权宜之计表示不满，8月30日，他以辞职抗议，并对德国政府的道歉行为表示谴责。柏林方面维护《布列斯特条约》的人其实是对一个政权进行了

"系统性的失实描述"。赫弗里希不能忍受人们"假装"列宁的政权是一个与德国拥有同样基础的政府,他不会参与到"与这个政权加强关系,或者至少做出在加强关系的样子"的行动中去。对于德国政府来说,容忍布尔什维克的暴力,不仅会给俄国带来灾难,还会影响德国后方的士气。[41] 然而,尽管赫弗里希提出了抗议,但德国外交部仍然坚持认为《布列斯特条约》是"一种保护措施",就像一位国会代表所说的,"可以用来遏制德国军方"。[42] 否则,允许鲁登道夫在东方为所欲为,发动一场芬兰最近刚刚发生的反革命运动,那太可怕了,让人想都不敢想。德国士气低落的外交官们被要求避免在公开场合表达对布尔什维克的不满,并且只在德国公民处于险境时才对暴行表示反对。

1918年9月24日,德国的外交政策一塌糊涂达到了顶点,外交大臣辛慈在俄国发生了什么的问题上,故意误导国会。有人问道,这个德国现在相当于与之结盟了的政府究竟实行了怎样的政策,辛慈回答说:"在大俄罗斯,革命的大铁锅仍在沸腾……所以当然会有一些不好的行为;但像报纸上所报道的那么大规模的恶性行为,是不大可能的……"外交部进行了"专门的询问,并被正式告知,所报道的人数基本上是被严重夸大了"。[43] 每天都面对着俄国现实的德国驻彼得格勒领事只能对此保持缄默。正如辛慈自己后来承认的,他故意模糊了布尔什维克政权的真实特点,这只能用"更高的政治考虑"来解释。

四

1918年夏天的干涉政治说明了1917年7月以来的自由主义事业已经多么严重地偏离了轨道。1917年7月时,彼得格勒苏维埃的民主和平攻势与德国国会的和平方案是如此接近;到了1918年5月,德国和美国的进步主义者发现，他们只能紧紧抓住与苏维埃政权达成的糟糕和平，这成了防止暴力升级的唯一办法。在列宁这边，尽管他坚持说自己只是让一个帝国主义国家与其他帝国主义国家鹬蚌相争，但事实上，他已经远远越过了那条将令人遗憾的单独和平区别于同帝国主义德国结成的可耻同盟的分界线。至于鲁登道夫，他只想粉碎苏维埃政权，但他的行动被德国政府和国会多数派阻止了。德国政府和国会多数派既不喜欢布尔什维克，也不喜欢德国军队在东方建立起的专制统治，但他们把《布列斯特条约》看作防止事态进一步升级的最好办法。

考虑到这个复杂的局面，伦敦、巴黎和华盛顿那些主张进行干涉的人反而能获得更多支持，也就不足为奇了。列宁明显要与德国结盟的倾向使他们能够确立清楚的政治和战略立场。布尔什维克本身就已经很让人讨厌了，现在它还要与德国军国主义和独裁体制进行联合。日本、美国、英国和法国军队采取的干涉行动，再加上俄国国内的支持，能同时对这两个敌人造成打击。如劳合·乔治和兰辛所坚持认为的，在这一干涉行动当中，战略要求与对民主制度的追求是不可分割的。战争将二者结合在了一起，如果西线的战争还能持续更长时间，也许就很难看到布尔什维克政权继续维持下去了。日本有大量可供调用的人力资源，而日本军方也知道如何抓住自己的机会。他们不顾议会政治家的犹疑，在11月时向西伯利亚派出了多达7.2万名士兵。[44]阻止了事态进一步升级、将布尔什维克从公开向鲁登道夫投降并由此彻底丧失历史合法性的命运中解救出来的，是德国在西线上的突然失败。[45]这不仅避免了最后一着的实现，还在协约国的干涉行动刚刚扬起风帆时就让它停了下来。

第二部分

赢得民主的胜利

第九章

加强协约国

从1918年3月21日到7月15日，德国在法国北部掀起了五次对协约国的进攻浪潮。6月初，德国人似乎又一次能将巴黎收入囊中了，法国人慌乱地做着准备，打算将政府撤退到波尔多（Bordeaux）。然而，7月18日，法国人发起了反击，并在几天之后彻底扭转了局面。筋疲力尽、忍饥挨饿的德皇士兵踉踉跄跄地退往德国边界。到9月时，加拿大、英国、南非和澳大利亚的军队已经决定性地突破了兴登堡防线。这是一次惊人的胜利，而且由协约国方面取得。[1]事实上，春天和初夏时几场关键性的防御战都由英国和法国独立进行，美国在协约国反击战中的军事行动确实起到了重要作用，但约翰·潘兴（John Pershing）将军的军队还需要再积累相当一段时间的战斗经验，才能成长为能打胜仗的力量。美国真正做出决定性贡献的，是在经济动员领域。但正如东线上的战争所展示出来的，如果协约国各国不能在政治上保持一致，那么，无论是军事还是经济上的努力，都将毫无意义。俄国已经被内战撕裂，哈布斯堡王朝和奥斯曼帝国正摇摇欲坠。到了1918年夏天，德意志帝国政权的未来越来越受到公开的质疑。当德国人分析和解释自己的失败时，他们的想法首先就是围绕这样一种政治现实。这是臭名昭著的"刀刺在背"（stab in the back）传说的另一面，它的巨大影响主要归功于协约国的宣传，以及劳合·乔治与克列孟梭蛊惑人心的天赋。德国所缺少的是一个广受欢迎的民主"元首"（Führer）。[2] 然而，尽管劳合·乔治与克列孟梭的感召力毋庸置疑，但如果只关注他们的个人魅力，就会低估了其他发挥作用的力量。

1917年，异常严重的危机动摇了法国和意大利的战事。法国的叛乱和意大利在卡波雷托的溃败，与沙皇俄国在革命之前遇到的情况是一样的。法国和意大利都在第一时间进行了镇压。成千上万的法国叛乱者被送交军事法庭审判，部分人被处死以示惩戒；在意大利，卡波雷托的灾难之后也出现了大规模的报复行为。在这两个事件当中，我们都可以从这些危急时刻开始，一直向前梳理到政治暴力的不断升级，以及在接下来的几十年中，降临在这两个国家身上的战争和更深的创伤。事实上，最近已经有很多历史著作在这样做。[3] 正是推动战争经过1917年、最终走向结局所需的非凡努力，导致了严重的两极分化、极端言论，以及强烈的个人爱憎，它们在战争刚刚结束后便激起了第一次极端主义的急流，20世纪30年代则是第二次。[4] 在意大利，1917年11月屈辱的溃败引发了持久的愤怒情绪，直到墨索里尼孔武有力的法西斯运动时还在回荡。[5] 但仅仅这一点，还不能解释墨索里尼登上权力的巅峰，更无法解释法兰西第三共和国的倾覆。用一条直线把1917年的危机与法西斯主义和1940年欧洲同法西斯主义的合作连接起来，这对于协约国在战争中辛辛苦苦获取来的胜利是不公平的。协约国得以幸存，并在1918年11月最终获胜，高压制度和审查制度显然起了一定作用。此外，协约国国家更富有，战略地位也更有利。然而，它们能在政治上存活下来，也是因为它们有深厚的民众支持可以依靠，因为它们的政治阶层承

第九章　加强协约国

诺在国内进一步扩大民主、给予殖民地更多的政治权利，由此对战争危机做出了回应，而这是同盟国国家没有做到的。

一

1917年3月到11月，战争中的法国经历了一场严重的危机，最终勉强渡过。在伍德罗·威尔逊呼吁没有胜利者的和平、彼得格勒也发出和平呼声之后，法国社会党决定不再支持政府，跨党派的神圣联盟就此破裂。三个短命的内阁先后登场。到了秋天，法国看起来倾向于在德国提出的任何条件下接受和平。当俄国的民主还在苦苦挣扎的时候，伦敦和华盛顿都有人支持拒绝法国要收回阿尔萨斯—洛林的顽固要求，从而尽快达成和解。但法国大多数民众还是坚定地要继续作战。1917年11月16日，这种不稳定的状态戛然而止，克列孟梭出任总理，宣布了他所要优先考虑的问题："全面战争（guerre integrale）……战争，除了战争，别无其他。"[6]

1870年从美国回到法国之后，1871年，克列孟梭作为激进派的代表之一开始崭露头角，他拒绝批准与俾斯麦达成和解，投票赞成战斗至最后一刻。然而，作为一名富于战斗精神的爱国者，他并不打算削弱共和国的政治基础。他对1906年第一次工人团体大罢工进行打击，因为觉得这对共和国有害，社会党人因此把他描绘成魔鬼。但克列孟梭本人一直都是个彻头彻尾的左派。1917年，他把社会党人拉进了内阁[7]，但社会党人对他一直敬而远之。主张改革的工人领袖阿尔伯特·托马斯刚从彼得格勒回到法国，怀揣着自己对首相职位的野心。克列孟梭最终排除了来自下议院的干扰，将两位社会党人纳入自己的政府，不是作为内阁成员，而是作为特派专员。与此同时，克列孟梭一直与之维持良好关系的工会领导人明确表示，与呼吁和平比起来，他们更愿意以增加工资的方法来缓解工人的压力。对于克列孟梭来说，只要能够让举国上下共同致力于战争，通货膨胀只不过是一个小小的代价。为了进一步平息求和的言论，克列孟梭对失败主义进行了强烈的谴责，对于可能来自左翼的大规模挑战，则表现得更加严厉。

克列孟梭在控诉约瑟夫·卡约（Joseph Caillaux）和前任内政部部长路易·马尔维（Louis Malvy）等人时，很可能加入了个人厌恶。但更重要的是，克列孟梭以古希腊英雄德摩斯梯尼（Demosthenes）为榜样，他需要证明法国的抵抗意志不会被打垮，作为一个共和国，它将抓住这个历史机遇，与英美两国并肩结成一个跨大西洋的民主联盟，以对抗同盟国集团。[8] 对于法兰西共和国来说，在这样的时刻摇摆不定，将是对自己历史使命的背叛。克列孟梭坚持"战争，除了战争，别无其他"，不仅仅是要让和平主义者闭嘴，对于那些围绕过于野心勃勃的战争目标而进行的争论，他已经完全失去了耐心。从1915年到1917年春天，沙俄外交官不断游说法国与他们达成协议，共同瓜分奥斯曼帝国与德国。[9] 1916年，在凡尔登战役的倾巢攻击之下，阿里斯蒂德·白里安内阁曾经盘算要不要把德国分割成法国支持下的莱茵区（Rhineland）和俄国占领下的东区，以此来鼓舞己方的士气。要不是沙皇在1917年3月被推翻，这个目标很有可能就会变成官方政策。克列孟梭清楚地知道，在这个国际政治的新时代，这样的想法将成为挂在法国外交脖子上的沉重负担。

如果想知道这种日益膨胀的野心会给法国的国内政治和它与盟国的关系带来怎样的危害，我们只需要看看意大利就行了。克列孟梭成功平息了关于战后秩序的讨论，而1915年到1919年的意大利政坛则因为对其在未来国际体系中的位置意见不同而出现了分裂。[10] 根据战前联盟，意大利在1914年应当加入同盟国一方。然而，在1915年的《伦敦条约》中，它从协约国那里获得了慷慨的承诺，可以获得巨额利益。到1917年，当威尔逊和俄国革命者都开始呼吁

第九章　加强协约国　　　183

和平的时候，这一丑行将为世人所知。在卡波雷托的灾难之后，这些承诺不仅与意大利的军事手段可笑地违和，而且还对整个国家的战时政策造成了明确的伤害。1917年11月，新上任的总理、自由主义者维托里奥·奥兰多（Vittorio Orlando）向意大利人发出号召，要仿效当年的罗马共和国，在坎尼（Cannae）的惨败（公元前216年）之后重新振作起来。他组建了一个基础广泛的内阁，即便意大利社会党持反战态度，他也拒绝进行大规模镇压。这使他与亲威尔逊的菲力浦·屠拉梯（Filippo Turati）所领导的社会主义主战派建立了密切的关系。激进的农民党人、《前进》（Avanti）前主编、获得过勋章的战争老兵莱奥尼达·比索拉蒂（Leonida Bissolati），负责实施了一大堆吸引眼球的社会福利政策。他得到了弗朗西斯科·尼蒂（Francesco Nitti）的支持，这位常常被人称为"美国佬"（l'Americano）的精力旺盛的财政部部长给退役军人拨付了上亿里拉。[11]与此同时，意大利的储户们也支持这项事业，他们认购了1918年1月所发行的高达60亿里拉的最大规模战争贷款。但意大利并不只是靠着自己的力量就得以幸存。在令人绝望的10月和11月，来自法国、英国和美国的军队与装备大量涌入意大利。在成千上万的村庄和小镇，人们自发组织游行，以庆祝意美两国友谊。在这些游行中，手拿星条旗的圣母玛利亚形象并不少见。[12]在意大利自己的军队里，威尔逊主义的传播者与新建的P部门（Servizio P）进行了热情的合作，后者是在意大利军官阶层与普通士兵之间搭建桥梁，以弥合他们在社会与文化上的鸿沟的首次尝试。

　　奥兰多就这样恢复了一项社会和平政策。但意大利的战时政策始终遭到怀疑，被认为缺乏政治稳定性，这是由其加入冲突的方式所决定的。[13]国会并不知道《伦敦条约》的细节，但各种流言足以说明，意大利的政治领导人，尤其是外交部部长西德尼·松尼诺（Sidney Sonnino），已经让这个国家参与了旧世界帝国主义的一次丑恶行径。1918年2月13日，当条约全文在下议院被宣读时，这种担心完全得到了确认。它产生了爆炸性的后果，甚至政府职员也感到愤怒，因为各位部长还是第一次知道意大利原来是为了这些可耻的兼并要求而作战。意大利战前的自由主义领袖乔瓦尼·乔利蒂（Giovanni Giolitti）曾在1915年时反对与协约国结盟，现在他要求立即停止战争。但这并不是唯一的选择。在支持协约国的社会主义者和自由主义者看来，只要意大利能抛弃自己守旧、不现实的帝国主义野心，意大利的战略利益完全可以与民族自决的新时代和谐共处。[14] 正如我们已经看到的，到1918年春天，协约国和美国都认为，哈布斯堡王朝必须被消灭。[15] 正如德国的进步主义者希望能够在东方建立自由主义领导权一样，意大利的进步主义者也预期未来的意大利能够在整个欧洲东南部扮演民族自决原则的推动者和保护者的角色。这样的观点让人们回想起了19世纪传奇的爱国者和泛欧洲主义者，朱塞佩·马志尼（Giuseppe Mazzini）。

1918年4月，在伦敦方面的积极鼓动下，意大利政坛反对兼并的主战派在罗马主持召开了一次整个哈布斯堡王朝的"被压迫民族代表大会"（Congress of the Oppressed Nationalities）。奥兰多总理显然对这个场面兴致盎然，但为了保证一个基础广泛的联盟，他不敢解除《伦敦条约》之父"松尼诺的职位。[16] 在战争爆发之前，松尼诺曾是意大利政治改革最著名的支持者之一，《伦敦条约》所引发的怒潮使他转向了右翼的怀抱。与德国的极端爱国党类似，占下议院三分之一的158名代表联合起来组成了所谓"国家防御议会联盟"以支持松尼诺，坚决不允许出现任何倒退。对于胸怀世界的进步主义者来说，松尼诺顽固地坚持《伦敦条约》，可能会让意大利变成"一个不合时宜的国家"。[17] 一位支持协约国的社会主义者愤怒地表示，松尼诺"没有意识到，这样做会让自己的政治名誉扫地……他再一次把意大利放到了审判席上，被指控为马基雅维利主

第九章　加强协约国

义"；松尼诺看不到"世界的主要潮流，如果不遵循这一潮流，根本就不可能有什么伟大的政治"。[18]

如果说民主政治与帝国政治之间的矛盾是造成1917年到1918年政治紧张态势的主要原因，那么人们可能预期英国是最明显的受害者。的确，不管是在自己国内还是在整个帝国，伦敦方面显然都面临着各种巨大的挑战。然而，即使面对这些问题，英国还是将协约国的战斗带入了可怕的第四个年头。[19]在这场冲突中，英国的政治体制几乎完好无损，其大多数的战略目标也得以实现。1916年到1922年，英国在世界事务和欧洲事务中的领导地位达到了历史上的顶峰。这一结果在很大程度上是因为英国拥有优越的初始条件：英国的地理位置使得同盟国国家难以对它直接发起进攻，而且英国还拥有可依靠的帝国资源。但这场胜利同时也证明了英国政治阶层的适应能力。劳合·乔治与克列孟梭一样，坚定地主张应该进行战斗，而担心后方不能服从或者出现反对的那些人从来没有停止过骚扰。众所周知，西线上的英国士兵纪律极其严明，但这种高压与劳合·乔治战前政治角色的特点有关。1906年到1911年，在首相阿斯奎斯的自由主义政府中，扛起激进主义大旗的正是劳合·乔治。他与上议院斗争，推翻他们对预算的否决，想办法通过税收政策来进行重新分配，引入社会保障体系，确保工会组织具有自由集体谈判的权利。

在痛斥国内的保守主义之前，劳合·乔治曾作为激进的反帝国主义者而闻名。1901年，在第二次布尔战争（Boer War）期间，在沙文民族主义的心脏地带伯明翰（Birmingham），他在骚动不安的人群面前发表讲话，指出大英帝国必须摆脱"种族傲慢"，将自己重新塑造成"无所畏惧的正义"王国，为了民族自由的共同事业而紧密团结在一起。劳合·乔治坚持道："我们应该让每一个地方都获得自由——让加拿大获得自由，让澳大利亚和新西兰、非洲、爱尔兰、威尔士和印度都获得自由。除非我们能给它自由，否则我们永远不可能按印度应该被管理的样子管理印度。"[20]尽管在其历史上，承诺和失望不停地循环出现，但这个看起来有些矛盾的"自由主义帝国"的想法并不是空洞无物的，在20世纪刚刚开始的时候，它也并没有被历史淘汰。劳合·乔治能够在战争期间带领一个托利党人占据绝大多数关键位置的联盟进行一些激动人心的改变，这个事实就证明了，在一个全球大转型的时期，帝国式自由主义的观念具有新的实用性。

二

爱尔兰的紧张局势在不断升级，这已经极其清楚地说明，不能再浪费任何时间了。[21]当自由党人在1906年匆匆上台的时候，他们曾致力于实现已经被拖延了很长时间的、格莱斯顿曾经承诺过的地方自治——在大英帝国内部实现爱尔兰的自治。这让他们得到了议会里温和的爱尔兰民族主义者的支持，这一政治派别在1910年阿斯奎斯选举遭挫之后，实际控制着下议院的权力平衡。不可否认，爱尔兰是大英帝国的殖民地，而且事实上是英国殖民政策的源头。尽管如此，但爱尔兰并不同于帝国其他地区，它是联合王国政治体制一个不可缺少的组成部分。在威斯敏斯特，其代表人数明显超出了正常比例。在战前最后一次选举中，当选的670名议会议员里，有103名是由爱尔兰选民选出来的，其中有84人来自约翰·雷德蒙德（John Redmond）领导的温和民族主义的爱尔兰议会党。[22]然而，向地方自治迈出的每一步，都会引起新教团体的强烈反对。新教徒占爱尔兰北部阿尔斯特省（Ulster）人口的大多数，他们强烈要求继续接受伦敦的直接统治。

到1914年春天，爱尔兰危机开始导致英国国家的分裂。在托利党的鼓励和英国国王的默许之下,爱尔兰军队发出通告,声明不管议会的意愿如何,他们都不会在阿尔斯特省实行地方自治。内战即将爆发的传言不绝于耳,以至1914年7月,英国外交部觉得最好警告柏林方面,让他们不要以为爱尔兰问题会让英国分心而无法帮助法国。1914年8月,尽管存在暴乱的公开威胁,阿斯奎斯政府还是想方设法促使议会通过了地方自治政策,但又立刻延缓施行。这一延缓是在向统一主义者示好,却伤害了爱尔兰的民族主义。然而,雷德蒙德相信,战争是负责任的地方自治所面临的第一次考验,因此他带领自己的政党全力支持战争。正是这一妥协和延缓的政策,为少数在大战爆发之前就曾加入新芬党的极端民族主义者打开了大门。1916年4月24日星期一,极端爱尔兰民族主义者发动了针对英国的自杀式攻击,都柏林在枪炮声中成为一片废墟。[23] 经过一个星期的艰苦战斗,叛乱终于得以平息。当地的指挥官进行了残酷的镇压,这使伦敦处于更加尴尬的位置。尽管起义被镇压了,但正如暴乱分子们所期望的那样,它仍然对英国的统治造成了战略打击。他们一下子就让人们再次想起了英国正在不断淡化的野蛮压迫者的形象,并让雷德蒙德及温和派的名誉受损。

1916年,伦敦方面忍不住开始担心,如果地方自治问题不能得到处理,英帝国也许很快会在印度看到"又一个爱尔兰"。与在爱尔兰相似,在印度,1906年自由主义政府的上台,为如何以自由主义方式解决帝国领主统治的问题注入了新的活力。1909年,立法委员会体系得以引入,从而将更多印度精英纳入英国对印度的统治当中。但到了1916年,这种方式显然开始失去对印度社会的控制。1916年5月,政治煽动者、神智学信徒、英裔爱尔兰人安妮·贝赞特(Annie Besant)的影响力从马德拉斯(Madras,今印度金奈)扩展到了整个印度。在孟买,她向成千上万的人讲述都柏林起义的故事。[24] 激进的印度教领袖巴尔·甘格达尔·提拉克(Bal

Gangadhar Tilak）恢复了印度民族主义的原教旨主义派，加入争取地方自治的队伍中来。1916年春天，在安拉阿巴德（Allahabad），印度教徒主导的印度国民大会党（Indian National Congress）与穆斯林联盟（Muslim League）发表了一项史无前例的联合宣言，要求对政治体制进行影响深远的变革。12月，双方的合作得到了进一步强化，它们在勒克瑙（Lucknow）达成协议，人数较少的穆斯林将通过单独的选举团来保护自己的权利。[25] 这些社会团体内部达成的协议严重动摇了英国的统治。保护印度次大陆上的8000万穆斯林，这是英国统治的主要理由之一。与爱尔兰不同，如果多数派与少数派能够联合起来共同反对伦敦，那么，英国在印度统治的终结将来得比任何人想象得都要快。

正是在印度和爱尔兰双重危机的背景下，劳合·乔治在1916年12月上台，下定决心要扩大帝国战时政策的政治基础。这一战略最重要的部分就在于创建一个统一的帝国战时内阁，在这个内阁里，南非的扬·史末资（Jan Smuts）这样的帝国政治家被赋予了非常重要的角色。但劳合·乔治同时还坚持，1915年印度国大党的主席萨蒂延德拉·普拉桑诺·辛哈（Satyendra Prasanno Sinha）也应该成为帝国内阁的正式成员，因为他能"代表印度人民"。[26] 印度事务大臣、偏自由主义的保守派奥斯丁·张伯伦对印度总督切姆斯福德（Chelmsford）说，辛哈是"在当前环境下印度所能产出的最有可能成为首相的人……印度在帝国的地位由此得到了完全承认，印度人在几个月之前曾经真心期盼，但并没指望能实现的进展得到了实现"。[27] 作为又一个让步，1917年3月初，印度政府宣布，它现在有权对从英国进口的棉纺织品征收保护性关税，这是自治所能带来的好处中最让人期盼的内容之一，因此受到了广泛的欢迎。对于英国的自由主义者来说，这破坏了整个帝国的逻辑。如果允许那些遥远的领土退回到经济上自给自足的状态之中，那为什么还要把它们抓在手里不放呢？但劳合·乔治的态度极其坚定，议会必须给印度它所想要的东西。[28]

然而，经济上和政治上的让步已经不够了。到了1917年春天，伦敦方面显然必须要做点从来没有做过的事情，它必须郑重地公开说明它在印度统治的终极目的。1917年5月22日，奥斯丁·张伯伦向其内阁同僚解释："反复强调我们是为了自由公正和人们自行决定命运的权利而战、俄国的革命（二月革命）及其在这个国家和其他地方被接受的方式、在这里接纳印度代表、印度在帝国委员会中获得的地位——所有这些，都加强了对改革的需求，并造成了思想上的骚动……"如果英国不能提出足够大胆的建议，它就有可能把"温和的人群——目前还是温和的——送到极端主义者的手中"。[29]于是英国将被迫用暴力手段来回应，其温和的合作者将声名扫地，印度落入其当地的"新芬党"手中。

到1917年夏天，所辖范围与欧洲国家面积不相上下的印度各行省行政长官已经不堪重负，迈出了这个丧失合法性的灾难性循环中的最初几步。安妮·贝赞特抵抗运动大本营马德拉斯的行政长官约翰·彭特兰（John Pentland）并不知道伦敦方面正在考虑做出巨大让步，1917年5月24日，他突然发表了一个讲话，表示绝不可能实行地方自治，这导致了暴风骤雨般的抗议。孟加拉地区的行政长官罗纳谢勋爵（Ronaldshay）*面临恐怖主义暴力最严重的威胁，他建议说，为了铲平异见，需要将战时安全力量扩展至印度。他的建议促使英国成立了镇压力量调查委员会，由西德尼·罗拉特（Sidney Rowlatt）法官担任主席。6月16日，彭特兰软禁了贝赞特[30]，这为激进派提供了直接的理由。地方自治搅动着整个印度政治阶层，

---

* 指劳伦斯·邓达斯（Lawrence Dundas），1917年时为罗纳谢（Ronaldshay）伯爵，后受封为第二代设得兰（Zetland）侯爵。——编者注

刚从南非回国的莫罕达斯·甘地（Mohandas Gandhi）也投身到这场运动当中，他号召发起有100万农民签名的请愿。[31]在与总督切姆斯福德的一次见面中，甘地警告说，地方自治在几个月前看起来还是过于激进的要求。但现在，它是"印度要求自己身份的公平道路……"[32]

三

爱尔兰已经出现了公开叛乱，印度的政治氛围也在不断升温。在1917年春夏，英国政府还面临着不断增长的国内危机。5月初，成千上万的工人无视工会的官方领导，举行了史无前例的大罢工。英国政府根据预先通过的《领土防御法》（Defence of the Realm），逮捕了主要的工人代表。[33]1月，独立工党对威尔逊"没有胜利者的和平"讲话表示欢迎。夏天，他们在利兹举行大会，以2∶1的多数通过决议，支持在彼得格勒方案的基础上进行和谈。尽管并没有出现革命推翻政府的真正威胁，但很明显，现在需要解决的不仅是帝国的合法性问题，还有威斯敏斯特政治体系整体的合法性。1910年以来，英国就没有进行选举了。投票将被推迟至战争结束之后，但在那之前，各个党派需要确定他们被委托管理国家的权力将来自哪些选民。

在战争爆发之前的爱德华七世统治时期，人们围绕妇女选举权进行过激烈的斗争，还有些不那么响亮的声音要求进一步将公民权扩大至工人阶级。1910年，只有不到三分之二的男性居民拥有选举权；而在城市的贫困地区，有多达60%以上的人口没有选举权。[34]一场战争又夺去了这些地区成千上万的生命，这样的情况不再能够持续。根据以往的经验，如果选民范围出现实质性的扩大，政治天平很可能就会出现决定性的变化，倒向自由党和新兴的工党。然而，

第九章　加强协约国

与帝国主义德国的情况不同，在英国，民主化的过程决不能成为民主力量和反民主力量之间一场毁灭性的对抗。1918年2月，英国通过了其历史上最大规模的选举权改革方案，而这在公众当中几乎没有引起波澜。

当时和后来的很多观察员将这一重大改革方案的顺利通过归因于明智的程序性设置。[35] 1916年秋天，跨党派的议会会议就已经在讨论这个问题了。会议在下议院发言人、尊贵的托利党温和派詹姆斯·劳瑟（James Lowther）的带领下，成为在复杂问题上达成和解的最佳示范。1917年年初，跨党派会议已经同意给予成年男子选举权；几个月之后，它又通过了一个关于妇女选举权的妥协方案，让数百万妇女拥有了选举权。但总的来说，男性选民仍然占大多数。唯一在议会中进行了激烈讨论的问题是关于比例代表制的提议。这一制度的目的是让少数群体的声音也能得到表达，最后是劳合·乔治去掉了这一保守主义条款。显然，他是想避免冲突。但这产生了一个问题：根本性的制度变化怎么就变得看起来只是一些程序上的调整而已呢？这种程序上的调整就好像一位保守的原教旨主义者所评价的，是"已经被咀嚼过的政治婴儿食品"。[36] 在这个偏离主题的共识的理想化形象下面，还有着更深层次的东西：两个政党的领导人都清楚地意识到，必须确保这一改革看上去既不是因为被收买，也不是因为受到胁迫而做出让步，这样才能确保政治程序的合法性。尽管存在政治上的分歧，但维持英国作为一个稳定国家的形象是有好处的，而这种稳定正源于连续不断的一次又一次自上而下的改革。[37] 然而，在这样一个精心打造的形象后面，显然桌子也会被敲得砰砰作响，不同的原则性观点也会发生冲突。公开民众抗议的威胁对于保持革命的势头非常重要。问题的关键在于，民主女权主义者、工党和工会运动的坚固联盟清楚地表明，让士兵和男性战时工人获得选举权，却不让妇女获得选举权，这样的政策是不可接受的。

反过来，女权主义活动家也大力支持他们与工党结成的联盟。在1917年年初的关键时刻，尽管妇女还只得到了有限制的选举权，但女权主义活动家还是决定支持成年男性的选举权。

感到自己正面对着无法阻止的必然趋势，托利党人决定主动出击。1916年8月，尊贵的索尔兹伯里（Salisbury）勋爵引入了名字极富感情色彩的《战壕选举法案》（Trench Voting Bill）。托利党中央办公室估算了一下大概会新增多少年轻的工人阶级选民与有投票权的工会工人，但没有公开这个可怕的数据，以免使他们在郊区的支持者感到恐慌。与此同时，托利党领导人还在努力平息从他们自己的队伍中爆发出来的、令人尴尬的反民主情绪。[38] 在诺思克利夫（Northcliffe）勋爵的领导下，所有媒体都发出了民主的声音。到1917年，在《泰晤士报》的文字中，反对选举权被说成是分裂行为，其本质就是不爱国。

结果，历史性的变化似乎就自然而然地发生了。正如著名的宪政主义者詹姆斯·布赖斯（James Bryce）勋爵在1917年9月对其同僚 A. V. 戴雪（A. V. Dicey）所说的，这次斗争完全不同于1866年围绕《改革法案》（Reform Act）进行的那场斗争。那一次，争论的双方都觉得选举权的"合理性""必须得到证明"；而这一次，"如果一个人去跟那些年轻的、感情丰富的妇女参政论者聊聊，他就会发现，广大妇女是否了解或者关心政治根本无关紧要。对他来说，这些妇女是人，这就足够了。因此，她们就应当有投票的权利"。[39] 与此同时，左翼富有斗争精神的选举权支持者对这个不可思议的改变感到奇怪，在几十年的时间里，行动主义和各种抗议无疑已经为这一改变铺好了道路，但现在它似乎自己就发生了。1917年春天，面对欢欣鼓舞的妇女参政论者与工党党员，富有斗争精神的妇女参政论者米利森特·福西特（Millicent Fawcett）在一次集会中指出："议长会议的结果证明了选举权运动生生不息的能量与生命力。会议是

第九章　加强协约国

由反对妇女参政的人发起的，由反对妇女参政的人主持，并且在一开始的时候，参会者中有一半是反对妇女参政的。尽管整个准备过程看起来显然是反对选举权的，但当水龙头打开之后——选举权就从里面流淌出来了。"[40]

在英国选举权改革的相关辩论中，几乎没有人特意提到更大范围内的世界的情况。作为"议会政治之母"，威斯敏斯特不需要向外国学习。"外国"影响完全被排除在英国政治之外，这说明了危机的严重性。然而，尽管存在这种战略上的狭隘观念，到1917年，对国际社会的考虑多多少少公开进入了英国政治体制的讨论之中。在回忆这次会议时，劳瑟自己袒露真情地承认，他"强烈地感觉到"，如果"重新开始"已经毁掉了战前时代的、围绕选举权问题的"党派与国内论战"，这"会让英国在它的自治领和殖民地面前颜面尽失，而恰恰在那个时候，国家应该考虑一些更大、更新的问题……随着时间的流逝，我越来越确信这一点。因此，当讨论可能破裂时，我不停地向我的同僚重复这个想法"。[41]对于劳瑟和其他英国保守主义者来说，反对民主制度已经不再符合时代潮流了。

四

当劳合·乔治政府渡过了1917年夏天的国内危机时，印度的事态却迅速发展到了一个顶峰。7月，张伯伦辞去了印度事务大臣的职务。他因此也就承担了1915年美索不达米亚战役惨败的责任，而这场战役原本只是印度政府和印度军队的责任。劳合·乔治并没有选择保守主义者接替张伯伦，而是选择了毕业于剑桥大学的自由主义者埃德温·蒙塔古（Edwin Montagu）。蒙塔古出生于一个著名的犹太人银行家庭，但已经被英国社会同化。对于蒙塔古来说，形势非常清楚：英国必须恢复"曾经让我们成为著名的帝国建造者的那种勇气和坚定",否则,世界各地就会"出现一系列的爱尔兰"。[42] 英国在印度的统治已经变得过于僵硬和官僚化,它不能仅依靠自己的名声发挥功效。用那位著名的英国帝国战略史学家的话来说,它必须"成为政治性的,必须进行自我辩护,必须争取舆论"。[43] 因此,必须将目标阐释清楚。而在蒙塔古看来,1917年时最容易被接受的口号就是"自治政府"。[44] 蒙塔古并不想把拥有2.4亿人口的印度当作一个单一的民族国家来实行地方自治,"我们的目标",他宣告,"……不是一个庞大的地方自治国家,而是一系列自治的行省和土邦,以联邦的形式共同服从于一个中央政府。"他也并不着急,蒙塔古仍然相信,自治政府是一项需要经过"好多年……好几代人"才能实现的事业。[45] 19世纪时,帝国就是用这样的一些语言来为自己辩护的。然而在蒙塔古任职期间,这种渐进主义的改革方式已经越来越没有说服力了。就像他在1917年夏天写给张伯伦的一封信中所说的,现在必须承诺"自治政府"了,如果做不到这一步,就只会产生痛苦的失望情绪,那就最好什么都不要宣布。但如果那样的话,他们就必须让自己变得冷酷起来,准备好"进行规模不断扩大的残酷镇压,同时面对许多——如果不是全部的话——温和派的疏远"。

到8月时,必须做出决定了。尽管温和派已经拼尽全力,但英国还是没有表现出任何退让的迹象,这使得温和派很可能会在即将召开的印度国大党年会上遭遇惨败。已经没有时间可以浪费了,最终,前印度总督、极端保守主义者乔治·寇松(George Curzon)勋爵提出了妥协方案。应当承诺印度的既不是自治政府,也不是民族自决,而是"更充分地实现一个负责任的政府"。寇松用了"负责任"这个词,但他想借此表达的意思人们至今还不清楚。也许他是想警告一下"不负责任的"印度反对派[46],也许他是想重申大家已经很熟悉的英国的自我辩白——保护印度不受上等种姓印度教的暴政。

第九章　加强协约国

但不管寇松的意图是什么,这一方案使蒙塔古能够在1917年8月20日向下议院做一次历史性的讲话。英国在印度统治的最终目标是"增进印度人在管理部门各个分支的合作,逐步发展自我管理机构,最终在英国的庇护之下,渐进地在印度建成一个负责任的政府"。在印度,这样一番平淡的讲话就能激发热烈情绪的时代已经过去了。尽管如此,这番话所表达出来的想法依然具有极其重大的意义。正如蒙塔古向张伯伦承认的,如果他们只承诺"自治政府",这就可能被解释为印度可以被置于"印度教的独裁"之下。"负责任的政府"就清楚地表明,任何统治者都"有责任建立某种形式的议会机构"。[47]

在印度,切姆斯福德总督知道,自己必须做出一个更具体的表态。他驳回了地方行政长官的反对,要求解除对安妮·贝赞特的软禁。1917年秋天,获得巨大胜利的不是伦敦,而是地方自治运动。1917年12月,一个极不协调的场面展现在人们眼前:贝赞特,这位英裔爱尔兰老太太,成功地主持着贵族的印度国大党历史上最具煽动性的群众集会。印度的民族主义开始成为一项群众运动。

在《凡尔赛和约》之后,人们基本都已经认识到,像"民族自决"这样简单的自由主义万金油难以适应复杂的历史现实。然而,西里西亚和苏台德区(Sudetenland)的情况哪怕再复杂,如果与印度事务大臣蒙塔古在试图为印度设计出一套"负责任的"自治政府机制时所遇到的问题比起来,就都不算什么了。蒙塔古的任务需要给整个次大陆设计出一套制度,而这块次大陆的人口惊人地多样,人们被分成了不同的宗教、种族、种姓和阶层。不仅如此,他还需要面对英国人自己都称为"专制"的英属印度政治体制与代议制政府需求之间的矛盾。在发表了他历史性的讲话几个星期之后,蒙塔古情绪有些低落地给总督写了封信:"我考虑这个问题越多,就越意识到这是个多么艰巨的任务……世界上是否有任何国家尝试过只实现了一半的议会,或者只实现了四分之一的议会呢?专制而独立的情况十分普遍,自治政府现在(我甚至不知道为什么)则是唯一被认可的政府形式。怎么能将这二者结合起来呢?能够有一种政府形式,由只对这个国家自己的人民承担部分责任的外国机构进行管理吗?"[48]

1917年年底到1918年年初,蒙塔古、切姆斯福德、国大党和穆斯林联盟的领导人,共同绘制出了这个"只实现了四分之一的议会"的大体方案。具体的细节,尤其是选举条款,则是由威斯敏斯特的委员会进一步详细制定出来的,随后在1919年由第一个获得贵族身份的印度人辛哈说服议会予以通过。印度的统治权由中央机构、行省政府与地方当局分享。中央和行省政府对立法委员会负责,立法委员会的成员一部分通过提名的方式任命,一部分由规模不等的选民选出。值得注意的是,到1922年,英国政府交出了对印度地方政府的官方控制权,城市居民的选举权迅速得到扩大。[49]在面积相当于欧洲中等国家的各个行省,选民的组成各不相同,但土地拥有者和城市商人都有自己专门的代表。为了防止上等种姓占支配地位,非婆罗门有自己独立的选举团。印度教和穆斯林选民的划分则一直是按照1916年国大党和穆斯林联盟在勒克瑙所达成的比例来分配的。蒙塔古和切姆斯福德也承认,这样的妥协还远远算不上实现了自由主义理想,但它们显然也不是反动保守的,女性选举权得到承认就是一个证明。这很快就在行省层面得到了印证。在马德拉斯的立法机构选举中,参加投票的女性人数只是比不上少数最自由的欧洲国家而已,但高于所有其他欧洲国家。

蒙塔古-切姆斯福德改革很快就因1919年的大规模群众运动而陷入泥潭。但在1918年春天,蒙塔古和切姆斯福德所撰写的联合报告仍然可以说是再一次强有力地阐述了自由主义帝国的基本构想。报告坚称,负责任的政府必须成为英国在印度统治的目标,因为这是英国人自己"所知道的""最好的政府形式"。[50]从长远来看,

第九章　加强协约国

在印度坚持种族双重标准是不可行的。尽管存在分割印度社会的各种差异，但其统一性仍在不断增长，大字不识的农民开始成长为有责任感的公民。英国必须赌一把，加快提高印度人自我管理能力的最好办法就是让他们对自己负责，因为这样才能"激发出所需要的能力"。与此同时，麻烦不断的民族主义者不应该被镇压，而应当被看作英国自己的"孩子"。他们对"民族自决"的诉求正是"接受欧洲的历史和思想教育后不可避免的结果"。英国的统治必须满足"它自己制造出来的需求"，如此才能具有长久的合法性。此外，伦敦方面也不要指望印度人会感谢自己，在印度人没有表示感谢的时候也不要感到怨恨，英国人可以从心甘情愿服从帝国统治的臣民那里获得掌声的时代已经过去了。但也不能因为存在抗议和不满就被吓住。正如一位官员后来所指出的，"从专制独裁逐渐走向负责任政府的过程不可能毫无风险"。[51]英国应当在"我们所拥有的信仰"的支撑下，坚持其自由主义进程。

尽管还有大量保留意见，但印度的政治阶层再次对这一提议表示了赞成。[52]直到战争结束，甘地一直在印度各地旅行，为这个自由主义帝国的战时需要招募志愿者。他坚持认为，地方自治并不意味着独立，而是印度"应当成为……帝国的伙伴"，就像加拿大和澳大利亚那样。[53]激进的印度教民族主义者提拉克号召自己的印度同胞与英国一起为战争而努力，这应当被视为"地方自治的证书"。[54] 1919年爆发了声势浩大的反对英国统治的群众运动，但这并不是因为对蒙塔古—切姆斯福德方案的不彻底性感到不满。其导火索是因为印度人曾经相信这一安排，但他们的信任被苛刻的政策所伤害，而这些苛刻的政策正是蒙塔古这样的自由主义者想方设法要避免的。

五

　　民族主义者由来已久的怨恨、早早就做出的自由主义承诺,以及战争的压力,是 1917 年劳合·乔治政府所面临危机的主要动因。1917 年春天,俄国的民主革命——而不是布尔什维克的政变——又进一步增加了这种压力。然而,在这一系列事件中,美国又起到了什么作用呢?在 1917 年夏天被软禁起来时,安妮·贝赞特想象自己正处于一个世界网络的中心。她请求澳大利亚拒绝英国的征兵要求;她让人把自己被软禁期间写的一些日记带给在日本和美国的支持者,这样,"英国的盟友就会向它施压,要求它不能在印度践踏那些他们正在欧洲为之战斗的原则。如果美国的媒体像我们所希望的那样开始关注此事,那么印度政府就无法再掩盖它的所作所为了……英国的民主主义者将从美国那里听到印度政府正在向自由发起的挑战,(美利坚)合众国总统可能为了印度的利益而进行干涉……"[55] 然而,尽管在印度确立一个"威尔逊时刻"看起来十分诱人,但事实上,即使曾经有人这么想的话,也只是一小部分民族主义者。[56] 将印度政治与世界联系起来的,是帝国的内部政治——伦敦、爱尔兰,以及在中东的帝国主义政策。但爱尔兰的情况不是这样,它更多关注大西洋彼岸,而不是帝国其他地区。结果,爱尔兰问题,以及其所衍生出来的英国政治的各种问题,在很大程度上与伦敦和华盛顿的关系纠缠在了一起。

　　1916 年,对于新芬党的诉求,没有哪里的公众反应比美国的爱尔兰社区更为强烈了。[57] 如果说威尔逊"没有胜利者的和平"立场会在任何美国民众中立即造成直接影响的话,那就是爱尔兰裔美国人。此时的民族主义党(Nationalist Party)还保持着温和立场,面对新芬党的异军突起,其领导人约翰·狄龙(John Dillon)向伦敦方面发出了质问:"你们将如何面对欧洲?你们明天将如何面对美国，还摆出一副为了被压迫民族而战的样子？如果你们被告知——是的，你们一定会在和平会议上被告知——'回去把你自己家里收拾好吧'，这时你们该如何回答？"[58] 美国的参战减轻了这种压力，但没能完全消除它。在1917年4月2日对国会的讲话中，威尔逊表示美国将与民主制度并肩作战，对抗不值得信任的独裁统治。但他并没有明确指出协约国的位置在哪里。在与伦敦的通信中，威尔逊专门提到了爱尔兰的僵局，他认为这是美国与英国所进行的"无比衷心的合作"中唯一的障碍。在沙皇制度被推翻之后，能够证明"基于被统治者的同意成立政府，这一机制已经在反普鲁士世界的各个地方都得到了采纳"的，就是地方自治。[59]

必须要做点什么了。但是，到底做点什么呢？如果英国的自由主义者能找到一条在爱尔兰实行地方自治，同时不引发战争的道路，他们一定早就紧紧抓住它不松手了。1917年3月，在对下议院的讲话中，劳合·乔治重申，在伦敦方面看来，这个问题已经在1914年8月的议会上得到了解决，现在应该由爱尔兰人自己决定如何实践地方自治。1917年春天，伦敦方面曾经有人考虑利用澳大利亚和加拿大来施加压力，证明在帝国体系内部建立自治政府的好处。但阿尔斯特新教在加拿大具有极其强大的影响力，而爱尔兰天主教又在澳大利亚极有势力。爱尔兰的问题不仅是英国政治内在的问题，而且也是整个帝国政治内在的问题。[60] 美国是否可能成为打破这个僵局的决定性外部力量呢？考虑到美国对于帝国战备的重要性，保守党的领导人早在1916年就被迫同意，不再谈论任何有关阿尔斯特新教徒暴乱的话题。到最后，只有像塞尔伯恩勋爵*这样的统一主义者还在痛斥"这样的观点：由于美国民意的力量，我们就得改变我们的政治体制"。[61]

---

* 指威廉·帕默（William Palmer），第二代塞尔伯恩（Selborne）伯爵。——编者注

为了达成一个包含整个爱尔兰的妥协，劳合·乔治在都柏林召集了一次制宪会议。但对于更加激进的爱尔兰民族主义来说，这已经不够了。新芬党及其盟友抵制这次会议，他们要求在战后的和平会议上讨论爱尔兰问题，因为和平会议是"一个未包装的世界各民族陪审团"，"英国没有办法威胁或哄骗它"。[62] 即使是同意参加这次会议的温和民族主义者，现在也提出了相当于加拿大或澳大利亚自治领地位的要求。与此同时，统一主义者做出让步，同意在南部实行地方自治，但条件是阿尔斯特永远都不实行自治。这满足了北爱尔兰占大多数人口的新教徒，却让成千上万的天主教徒处于不利地位，成为心怀不满的少数。如果伦敦方面要强行通过一个妥协方案，在必要的情况下还有可能采取武力，华盛顿方面会作何反应呢？如果华盛顿方面要求实现地方自治，那么，劳合·乔治有可能会让威尔逊与自己共同承担解决随之产生的各种棘手问题的责任。在整个制宪会议激烈争吵的过程中，英国给白宫发去的机密报告与白金汉宫里乔治五世所收到的内容是一样的。[63] 表达的信息很清楚，对美国干涉的期望正在使民族主义一方日益坚定，毫不妥协。除非伦敦和华盛顿方面都全力支持妥协，否则爱尔兰就将永远分裂成"一个多数派和一个少数派，各自都依赖于民族自决原则……"。[64]

战争促成了问题的解决。1918 年 3 月，德国的春季攻势已经突破了协约国的防线，现在最需要的就是人。新芬党拒绝为英国打仗，但英国的劳工运动也明确表示，如果都柏林和科克（Cork）还是不出人的话，伦敦和曼彻斯特也将拒绝最近的一次征兵。要想在爱尔兰进行哪怕只具备一点点合法性的征兵活动，唯一的办法就是立刻实行地方自治。然而，这就需要南部同意阿尔斯特不实行自治，以及阿尔斯特同意不实行自治只是暂时的。为了避免最糟糕的情况出现，在做出最后决定之前，英国外交大臣亚瑟·贝尔福极不寻常地与白宫进行了接触，以了解总统先生的意见。贝尔福知道，这一举

第九章　加强协约国

动是前所未有地让美国政府对大英帝国的国内事务发表意见，因此他觉得有必要解释一下，爱尔兰的征兵活动仅仅"看起来"是一个"纯粹的国内"事务而已，如果在这个问题上做出的决定可能打破美国国内意见的平衡状态，那么这将对整个联盟产生重要的影响。[65]结果，美国拒绝了英国的要求，不愿意在爱尔兰问题上与英国共同承担责任。豪斯上校只草草做出了一个回答，重申地方自治的必要。然而白厅的强硬派却不能就那么泰然处之。一位著名的霸权主义者愤怒地表示，像贝尔福的询问这样的"一份文件"，他"觉得任何英国政治家都不可能在上面签上自己的名字"。英国内阁把家丑抖到了美国人面前，卑躬屈膝地请威尔逊和豪斯"来替自己做决定"。然而，尽管这样有损于国家颜面，但确保白宫不会提出反对，这一点非常重要。当劳合·乔治在1918年4月16日向下议院宣布在爱尔兰征兵的时候，他就能够声明，这并不仅是地方自治的交换条件，而且能够打消议会的疑虑，说明这个解决办法完全符合"我们正在摇旗呐喊为之战斗的民族自治原则"，伦敦也会得到"美国的全力支持"。[66]

1917年5月，寇松向上议院发表讲话的时候，他曾憧憬着爱尔兰问题能够得到妥善解决，从而"为地球上三个最伟大的、热爱自由的国家——也就是法国、美国和我们自己——之间的世界合作铺平道路……""对爱尔兰问题的安排"因此将成为"至关重要的世界大事……"[67]而华盛顿方面对1918年4月地方自治折中方案的勉强回应离这个雄伟壮丽的蓝图显然还差得很远，但又有着充分的理由。爱尔兰的政治未来完全没有得到解决，新芬党打算用暴力来抵制征兵，一条通往分裂与血腥内战的道路已经出现在人们面前。但伦敦方面在地方自治方案上小心翼翼的苦心经营已经足以确保自己与华盛顿的关系不会遭到严重破坏。威尔逊拒绝了新芬党希望在巴黎和会上讨论爱尔兰问题的要求，这样它就仍然还是大英帝国的内部事务。[68] 至少从这个最低限度上说，美国是持合作态度的。但在支持英国进行更大范围的努力以重建帝国的问题上，美国能走多远，这还很难说。

六

试探美国能走多远，最有效的办法是在中东地区采取的行动，这是战争期间帝国扩张的主要区域。[69] 从 19 世纪中叶开始，英国在这一地区的政策就出现了分裂，一边庇护着虚弱的奥斯曼帝国，使之不被沙皇俄国兼并，从而保护苏伊士运河；另一边又对巴尔干地区的"土耳其暴行"表示自由主义的愤慨。1914 年 10 月，土耳其决定加入同盟国一方，这让英国的政策明显转变，开始出现反土情绪。12 月，伦敦方面宣布埃及为保护国，这促使俄国人开始向奥斯曼帝国进行领土扩张，英国和法国在 1916 年春天曾经通过所谓的《赛克斯－皮科协定》（Sykes-Picot Agreement），试图控制这一地区。[70] 法国获得了美索不达米亚北部、叙利亚和黎巴嫩地区，巴勒斯坦本身作为缓冲区由国际共管，英国通过在加沙（Gaza）和海法（Haifa）的海军基地保护埃及以东的区域。1917 年，俄国崩溃瓦解，法国衰弱无力，英国军队在美索不达米亚军事地位的恢复，再加上劳合·乔治内阁有了新的帝国主义焦点，这几个因素共同导致了一种更具侵略性的战略。在寇松与阿尔弗雷德·米尔纳（Alfred Milner）子爵看来，战争的结果应该是英国控制地中海东部与东非，在印度洋及其附近地区建立起英国的门罗主义，从而彻底平息帝国主义竞争。这将是一项将整个帝国囊括其中的工作。在对土耳其的所有战争中，印度军队都发挥了决定性的作用。[71] 1917 年时，伦敦方面曾经考虑过，是否有可能将德国的东非殖民地交给印度来管理。[72] 海军部则沸沸扬扬，想把帝国海军舰队部署到印度洋和太平洋。

起先人们确定胜利即将到来,然而,随着《布列斯特条约》所引发的危机进入最严重的阶段,以及1918年春天鲁登道夫在西线展开攻势,这种宏大帝国的想法开始消退,取而代之的想法则是:如果法国溃败、欧洲被猖狂的德国人所控制,那英国就需要一个防御性的堡垒以供撤退。[73]这使英国人更加急迫地需要考虑清楚,这种扩张主义将如何与未来的统治力量——美国——相协调。正如米尔纳所指出的,"世界上其余的自由民族:美国、我们这个国家,以及各自治领"必须"尽可能紧密地联合起来"。[74]这样的野心怎么可能与威尔逊反对在中东进行任何帝国主义扩张的立场相一致呢?华盛顿方面甚至拒绝向土耳其宣战。

与此同时,沙皇被推翻,俄国的政治状况出现变化。1917年5月,彼得格勒苏维埃强迫著名的自由主义爱国者帕维尔·米留科夫辞去其外交部部长的职位,因为他坚持俄国对奥斯曼帝国的要求。如果民主俄国现在呼吁对黑海海峡进行国际共管,英国又该如何证明自己的要求是合理的呢?如果像一位中东专家在1918年夏天所指出的,"公开兼并领土已经不现实了,还会破坏协约国的声明",那么英国就必须把自己变成民族自决的先锋兵。[75]1915年,伦敦方面曾经官方支持了亚美尼亚少数族裔的诉求;1916年夏天,英国资助了阿拉伯国家内部的一次叛乱;1917年,为了应对俄国革命和美国力量崛起带来的挑战,英国的帝国主义战略家开始了一项新的事业:犹太复国主义。[76]

从1914年开始,英国和美国的一部分犹太复国主义者就希望伦敦方面能够成为他们的保护者。这让贝尔福和劳合·乔治这样的人兴高采烈,因为他们都是《旧约全书》的信徒。但这还远不能达到结成明确联盟的程度。英国自身的犹太人口很少,而且已经高度同化。1914年,国际犹太复国主义组织总部在德国成立,高声宣布自己持中立立场。1915年,当德国军队将沙皇军队逐出波兰西部时,欧洲和美国的犹太复国主义者都无法掩饰自己的狂喜。尽管事后回看，会发现这并不可信，但德语区的犹太人在看到《布列斯特条约》时，所联想到的图景便是在东方出现一个信仰自由的新王国。1916年12月，劳合·乔治出任首相，英国的犹太复国主义者开始追求与大英帝国结成新的联盟，为的就是要纠正这种不平衡，将"世界犹太人"争取回协约国一方。1917年春天，伦敦有不少人提出，除了亚美尼亚人和阿拉伯人，英国也应该援助犹太复国主义者。最终，8月，当艾伦比（Allenby）将军的军队准备向耶路撒冷进军时，英国外交部要求哈伊姆·魏茨曼（Chaim Weizmann）所领导的为数不多的英国犹太复国主义者起草一份宣言，要在巴勒斯坦为犹太人建立家园。

这一提议在内阁引发了激烈的争论，主要的反对者是寇松，他认为最大的威胁来自俄国而不是土耳其，此外，持反对意见的还有印度事务大臣埃德温·蒙塔古。蒙塔古此时一心想着自己关于印度政策的重要宣言，他惊恐地看到，英国竟然如此随意地就打算要冒犯奥斯曼帝国。然而，蒙塔古并不只是作为印度事务大臣讲话，他同时还是已经被同化了的英裔犹太人中的杰出人物。蒙塔古本人强烈反对犹太复国主义者宣称自己代表了所有"犹太人民"，同时他也对自己非犹太同僚所表现出的反犹主义十分敏感，而魏茨曼正急切地要把反犹主义变为对自己有利的东西。[77]

英国内阁考虑援助犹太复国主义运动，首要的原因，是他们觉得"世界犹太人"有能力影响美国和革命后的俄国。1917年，公开反犹的《泰晤士报》驻彼得格勒记者进一步加深了广为流传的对犹太人在推翻沙皇过程中所起作用的猜测。人们认为纽约的犹太国会游说团有很大的影响力，而爱尔兰裔美国人社团则实力堪忧，因此对美国的民主制度毫无好感。犹太复国主义活动家自己并没有采取任何行动来阻止这些幼稚的想法，"世界犹太人"的代言人正是他们所追求的形象。美国犹太社团内反对复国主义的人发现他们自己被描绘成了富裕的反动精英，违背了"犹太群众"的民主愿望。事实上，在革命的俄国，大量犹太复国主义组织投票反对入侵奥斯曼帝国，但这样的消息被封锁了。

美国又一次成了关键因素。威尔逊会接受分配给他的这个角色吗？1917年8月，总统先生对巴勒斯坦宣言并没有表现出兴趣，英国内阁于是退缩了。直到10月，威尔逊在核心集团成员不懈的游说下，才改变了自己模棱两可的态度。[78]鉴于这些高于一切的"政治考虑"，寇松收回了自己的反对，蒙塔古的意见被多数票否定。内阁通过了贝尔福的简短声明，宣布英国支持犹太人在巴勒斯坦建立民族家园的意愿。1917年11月2日，罗斯柴尔德（Rothschild）勋爵成为英裔犹太人新的领袖。

七

1917年11月20日，面对跌跌撞撞的法国和意大利政府，以及自己正在遭受质疑的领导地位，劳合·乔治亲自出面欢迎首个在战时访问英国，并将与英国战时内阁举行联合会议的美国代表团。通常这种会面都会被安排在唐宁街10号的内阁会议室，这次却在隔壁的财政委员会会议室举行。劳合·乔治告诉他的客人，18世纪70年代，诺思勋爵*就是在这里"决定并领导"了导致美洲殖民地奋起反抗的悲剧性政策。劳合·乔治承认，那是"一个根本性的错误"[79]，英国从中汲取了教训。当欧洲战争正处于混乱之中时，英国正在为自己的帝国重建一个自由主义未来。在印度进行的改变计

---

* 指腓特烈·诺思（Frederick North），第二代吉尔福德（Guilford）伯爵，于1770—1782年出任英国首相。——编者注

划,以及在中东实行的新政策,都表明了劳合·乔治想要将帝国重塑成一个"伟大的英联邦"的决心。9天之后,英国、美国和其他16个代表团在巴黎召开了协约国内部会议。尽管布尔什维克和德国人已经在布列斯特提出了挑战,但虚弱的法国和意大利政府仍然拒绝讨论更大范围的战争目标。面对这样的僵局,劳合·乔治的反应很能说明问题。

他做出的第一个反应是派出个性鲜明的南非将军扬·史末资去瑞士跟奥地利人进行秘密对话。奥地利人显然已经濒临绝望,很有可能被说服脱离德国。从史末资传达给奥地利人的信息里,我们能看出英国当时的自我认知。史末资向奥地利代表保证,如果奥地利放弃德国,伦敦方面会"帮助奥地利""让它受压迫的民族获得最大的自由和自治权……""如果奥地利能成为一个真正自由的国家……它在中欧就会像英国在世界其他地方一样",成为一个仁慈的自由守护者。[80] 这显然是一种幻想,但确实很能打动人。

然而,要回应来自布列斯特的公开炫耀,秘密外交是不够的。1918年1月5日,劳合·乔治利用工党组织者全国会议的机会,进行了一番关于大英帝国战争目标的重要讲话。这次会议的举办地伦敦卫理公会中央礼堂也是1946年第一次联合国大会的会场。这份发言稿的起草还与支持战争的工党党员和帝国代表进行了密切磋商。劳合·乔治声明,协约国集团是为了民主的和平而进行战斗的民主国家联盟。首相先生宣布,"《维也纳条约》的时代"已经"一去不复返了"。[81] 他公开宣称,这将是一个民族自决的和平,确保政府按照被管理者的意愿进行统治;它将恢复条约的神圣性,将得到一个国际组织的承诺,确保和平得以延续,军备的重担将被解除。伍德罗·威尔逊此时还未完成自己的"十四点原则"讲话,看起来劳合·乔治已经抢先了一步。会是劳合·乔治这位"英国民主"的拥护者,成为对德战争的思想领袖吗?这个问题并不是不切实际的。

第九章　加强协约国

正如豪斯上校后来承认的,"在劳合·乔治发表讲话后……"白宫非常"沮丧"。

威尔逊原本要在几天之后对国会发表讲话。但在劳合·乔治的讲话之后,他还需要再增加什么呢?豪斯并不担心:"我坚持认为,情况在变好,而不是变得糟糕。"劳合·乔治只是消除了大家的担心,说明在美国和伦敦之间不会出现任何争吵。现在,更"需要总统先生做点什么了……在总统先生发表完讲话之后,它一定会大大超过劳合·乔治的发言。那份发言会被人遗忘,而他,总统先生,将再一次成为协约国的发言人,以及真正的……自由世界的发言人"。[82] 事实证明,豪斯是对的。世界舆论不仅将给予威尔逊的"十四点原则"多得多的注意力,而且还将在他的文本上增加一些威尔逊没有说过,实际上是劳合·乔治所说的内容,这种热情也预示了即将发生的事情。但我们不能不弄清楚的一点是,如果说大英帝国的领导人在1918年11月表现得十分自信,那是因为他们认为自己已经确保帝国的基础成为这个正在形成之中的自由主义世界秩序的关键性支撑。

第十章

民主的军工厂

击垮俄国,并且很快还将使同盟国集团分崩离析的政治合法性危机,在法国、英国和意大利也存在。但阻止协约国老百姓走上街头、让它们的军队突破防线的,却是不同寻常的经济支持。用今天的标准来看,"一战"中,即使是最富有的参战国,其物资也并不富足。战前法国和德国的人均收入大概相当于今天的埃及和阿尔及利亚,但他们所拥有的交通、通信和公共卫生技术都远比不上今天。尽管存在这些局限,但到1918年的时候,主要参战国都已经将40%或是更多的总产量用在了破坏性的战争目标上。这是个决定性的时刻,重塑了现代世界对经济潜能的理解。早在1914年,传统的自由主义专家曾坚持认为,世界经济的全球化将使战争不可能持续太长时间,贸易与财政的崩溃会让战争在几个月之内停止。1914年秋天,金融市场失灵,武器库存即将耗尽,危机已经实实在在地降临。这两个问题都是通过具有决定性意义的国家干预而得到解决的。中央银行掌管了纽约、伦敦、巴黎和柏林的货币市场[1],进出口都受到严格管控,稀有原材料和食物都按定额供给。战争不但没有受到限

第十章 民主的军工厂

制,反而在工业动员与技术革新的推动下飞速推进。[2]为此付出的巨大努力产生了三种关于现代经济强国的看法,其中两种至今仍是战争常见形象的组成部分,第三种则基本上已经从人们的记忆中被抹去了,这一点很值得我们注意。

第一种从战争中总结出来的经济模型是自给自足的国家计划民族经济。1918年5月,列宁在为自己倒向德国的行为辩护时,就曾提到国家是经济和工业现代性的最高形态。[3]他坚持说,正是在德国,一种国家资本主义已经诞生,它将为未来的社会主义做好铺垫。通用电气公司(AEG)这个国际电力工程集团的首席执行官瓦尔特·拉特瑙,因提倡一种有组织的资本主义新模式而为人所知。在这个模式中,公司组织与国家权力得以无缝衔接。[4]把德国视为有组织的计划经济的缩影,这一看法颇具讽刺色彩,因为到1916年,战时德国在组织和生产方面的拙劣已经非常明显了。1916年秋天,人们就已经看出,兴登堡的军备计划不可能超过乔治·劳合作为英国军需大臣的成功。[5]到1918年,协约国和美国的生产力、它们设法维系的合作,以及它们愿意承担巨大风险的决心,这些因素结合在一起,让协约国集团具有了绝对优势。[6]从任何维度来说,将战场推向新技术时代的都是协约国的军队。1918年8月8日,对兴登堡防线的攻击战进入高潮,2000架协约国的飞机占据了令人窒息的空中优势。年轻的赫尔曼·戈林(Hermann Goering)所带领的德国空军在数量上被5倍远超。在地面上,这种力量悬殊甚至更加明显。到1917年,法国或英国所发起的每一场大型攻击战都有几百辆坦克给予支持,而德国战场上的坦克数量一直屈指可数。但真正具有决定意义的是火力上的差距。1918年,大炮在战争中的使用达到了极致。1918年9月28日,在为最后突破德军防线所进行的准备中,英国的大炮在连续一天不间断的密集火力中发射出了100万枚炮弹——平均每秒11枚,持续了24个小时。[7]

1918年11月，在更为强大的第二种经济理论——成功的"民主资本主义"模式面前，德国的计划经济举手投降了。立于民主国家战时政策心脏位置的，是具有强大预示意义的美国经济潜力。第一次世界大战标志着美国的财富已经在欧洲历史上留下了烙印。游历过许多国家的工程师和慈善家赫伯特·胡佛是美国丰足物资的第一位使者，他首先在被占领的比利时建立起第一个食物救济组织，该组织随后遍布了战火摧残下的整个欧洲。与此同时，亨利·福特在全球声名鹊起，预示着大规模生产繁荣新时代的到来，这一过程基本上与战争同步。1914年1月，福特在他的T型汽车生产线上引入了具有传奇色彩的"日薪5美元"制度。[8]威尔逊宣布参战之后，福特许下了超出自己能力的惊人承诺：每天生产1000辆双人坦克，1000艘小型潜艇，每天3000台航空发动机，一年15万架飞机整机。但这些承诺都没有实现。20世纪初期，飞机的大规模批量生产主要是在欧洲，尤其是英国、德国、法国和意大利。但是福特的神话就像他的汽车一样坚不可摧。1917年冬天，英国的艾伦比将军很自然地将自己向耶路撒冷的胜利进军归功于"埃及劳力、骆驼和T型汽车"。[9]

美国的"生产主义"迅速成为20世纪初期有影响的意识形态之一。更强大的单位时间生产力意味着不需要再面对艰难的政治选择，它为国内外和谐的新时代打开了大门。无论是社会主义者还是自由主义者，都接受这种理论，甚至在新兴的"反动的现代主义者"当中，也有它的信徒。[10]但作为一种自称的意识形态，对于"生产主义"以及与之相关的、美国物资丰足的故事，我们还是应当给予必要的谨慎。美国的生产力被过分歌颂了，这使得一些历史学家将美国大规模制造业在20世纪40年代才建立起来的统治地位错误地放到了一个更早的时代当中。作为一种意识形态，它模糊了它为之服务的利益；同时，由于它将注意力集中在有形的物质产品上，就会让人们无法意识到美国真正的实力所在。1918年时，美国的实力

第十章　民主的军工厂

首先是建立在金钱而不是物质上面的。在经济领域甚至比在政治领域还要明显，我们能看到欧洲历史突然就因美国正在形成之中的统治地位而黯然失色。如果更仔细地看看美国的资源到底是如何被输送到欧洲的，我们就会发现，欧洲的黯然失色其实是有意识地造成的，而美国的优势一直到今天，都依然只是笼罩在一个脆弱的外表之下。

一

从1917年夏天开始，协约国的军事计划都是基于这样一个假设，即到1918年年底，会有100万美国士兵来到欧洲。[11]然而，到1918年年初的时候，只有17.5万人越过了大西洋，这些人只够让潘兴将军组成两个超大规模的步兵师团。在美国，大批人注册成为准步兵，但他们在训练时只能使用木枪和老式机关枪，他们没有称霸欧洲战场的重型武器。在1918年年初的时候，美国人也没有办法用他们自己工厂生产出来的先进武器来武装新军。尽管美国已经输送了数量庞大的战争物资，但协约国的订单主要集中在原材料、半成品、炸药、火药和子弹上。[12]战场上真正用到的武器还是由欧洲人来进行设计和最后的生产。当美国的军备生产真正开始提升产能时，也是基于欧洲形态的。福特最大的贡献并不是他承诺的几千辆坦克，而是为自由航空发动机所需要的汽缸设计出了一套低成本的大批量生产程序，这款航空发动机是美国工程师杂糅了法国、英国、意大利和德国的设计而拼凑出来的。尽管底特律已经具有了传奇的高超技艺，但美国独具特色的大规模制造业还来不及产生真正具有决定性的影响。[13]1918年可不是1944年。1918年的情形是美国军人拿着法国武器作战，而不是相反。美国空军所驾驶的飞机中，有四分之三是法国生产的。[14]

美国人在西线上还是刚刚开始向英国和法国学习的学生,这并不奇怪,而且,这种跨大西洋的劳动分工非常高效。但还有一件事情会制约美国贡献力量的速度——运输。当美国人承诺的100万名士兵被招募到之后,他们本应主要乘坐美国船只前往欧洲。然而,由于华盛顿内部的明争暗斗,1917年,美国在建造船只方面几乎没有什么进展。一直到这一年年底,美国总参谋部才解决了33.8万吨的运力。为了在夏天时彻底改变双方的人力对比,他们需要弄到至少十倍于这个数字的运力。[15]随后发生的斗争则让人们看清了威尔逊政府与其欧洲盟友在战争最后危急时刻的关系。

1914年之后,英国及其盟友建立起了对全球海洋运输的高效垄断,这对于威尔逊所期望的美国领导下的世界秩序来说,是一个直接的挑战。1916年9月通过的《航运法》意在推动建立一支美国商业船队,以对抗英国的船队。[16]但这些都是和平时期的政策,彼此竞争的利益相关者也很难在细节上达成一致。1917年4月,潜艇战迫使美国政府做出最终决定之后,联邦政府动用紧急处置权,建立了一支国有船队并投入运营。然而,英国当时已经先发制人地霸占了美国所有空闲的船台滑道和干船坞。作为回应,威尔逊要求暂停接受任何新的外国订单,未完成的英国和法国订单则由美国政府买断。最终,在1917年10月,美国所有钢铁制造的货轮全部被置于联邦政府的控制之下。在此基础上,紧急船运公司开启了一个史诗般的造船计划。美国的工业大亨驾轻就熟地把调动能力、企业精神与技术愿景结合起来,向着更高的目标发起了挑战。在大概投入了26亿美元之后,终于有了惊人的结果。1918年下半年,美国造船厂生产了1913年全世界达到的产量——仅在1918年7月4日(美国独立日)这一天,就生产了100艘船。[17]不过,军事危机在1918年的第三季度就已经结束了。

在真正关键的时刻,即1918年3月到7月,当时急需将美国

第十章 民主的军工厂

军队派往法国，可美国的造船厂几乎没有生产出额外的运力。不仅如此，甚至在危机最严重的时候，威尔逊政府也没有将欧洲战争的需要放在首位。在联邦政府所征用的船只中，只有一小部分真正被用于运送军队。1918年4月，德国人不断向前突进，巴黎已经在其火炮射程范围之内，此时威尔逊仍然坚持认为，美国应当继续扩大与巴西和日本之间有利可图的贸易线。沉重的负担被转嫁给了英国和法国舰队。早在1月，英国就已经不惜让自己饿肚子，对运输的优先次序做出了调整：为了有足够的运力来运输每个月的15万名美军士兵，食物的进口量被削减了。[18] 3月21日，当德军的攻势突破了协约国防线之后，恐怕还有必要采取更为极端的措施。然而，现在，劳合·乔治却扭转了局势，他越过了行动迟缓的总统先生，直接向美国民众发出呼吁。威尔逊勃然大怒，甚至打算召回驻英国大使。他曾在某个场合警告说："恐怕战争结束的时候我会恨上（那些）英国人了。"[19]但美国军事部门做出了回应。5月，25万人被派往了前线；1918年2月到11月，一共派出了178.8万人，其中至少有一半人是乘坐英国船只前往战场的。

运输的瓶颈使跨大西洋的战争经济变成了最原始的经济交换：以人易物。为了尽可能多运一些人，美国士兵差不多都没有携带装备。英国人和法国人给这些美国新兵配备了所有来复枪、机关枪、大炮、飞机和坦克。的确，他们不得不用自己所剩无几的库存来供给这些美国人。美国对军事胜利做出的主要贡献就是这些人本身——这一群健康、强壮的年轻人，正处于最佳作战年龄，这样的人现在在欧洲已经找不到了。[20]由于缺乏战斗经验，大多数美国军队并不能直接被派往前线，但他们是获得最后胜利的保证，也是对付德军突破的战略缓冲。只有一个美国军团被投入意大利前线，而且纯粹是出于宣传的目的。三个营一千名来自俄亥俄州的高大健壮的年轻人快速地从一个城镇转到另一个城镇，穿着不同的军装行进在大街上，给人造成有成千上万名援兵的印象。[21]

真正推动了大规模跨大西洋动员的，是协约国集团从1915年开始搭建的、卓越有效的协约国内部经济合作体系。协约国内部的合作一开始只限于金融业和小麦的采购，随后扩展到了煤炭的分配，到1917年秋天，则覆盖了所有重要运力的日常管理。[22]总部位于伦敦的盟军海上运输理事会（Allied Maritime Transport Council）由各参战国政府代表组成，以英国和法国为首。每个代表首先当然要为自己国家的政府服务，但他们还是共同搭建了一个政府间机构。毫不夸张地说，这个机构所做出的决定能影响每一位欧洲居民的生活——无论是平民还是军人。由于它们所面临的极端局面，1918年年初，是协约国各国，而不是威尔逊，在探索全新的合作与协调形式。为了阻止德国人的最后进攻，协约国各国创建了政府间机构的前身，而这是国际联盟未能实现的。从1916年开始，法国、俄国和意大利都在英国的担保下贷款；1916年在巴黎召开了一次经济会议，会议勾画了一个大胆的蓝图，要建立长期的协约国经济合作，以对付共同的敌人。1917年11月，在卡波雷托的灾难之后，最高作战委员会（Supreme War Council）成立；1918年4月，英国和法国的士兵在同一个最高命令的指挥下战斗；5月，福煦元帅的协调范围已经扩展到了从北海到地中海东部的整个西线。与此同时，英国和法国的配给定量也相互协调，实行共同的购买和运输计划。一代商人、工程师和技术专家也参与进来，例如，英国人阿瑟·索尔特（Arthur Salter）以及他最亲近的同事和朋友让·莫内（Jean Monnet），这样的合作启发了第二次世界大战之后从欧洲煤钢共同体（ECSC）这样的功能性综合体走向欧洲联盟的过程。[23]

这就是战争所产生的第三种经济模式，协约国内部的合作模式。在另外两个主要竞争者——德国的计划经济与美国物资丰富的资本主义——面前，它消逝在了历史的记忆之中。[24]这并不是什么巧合。获胜的国家都信奉自由主义政治经济学，痛恨国家干预[25]，法国、意大利和英国内部的这种反对声音在华盛顿那里得到了强烈的回应。[26] 威尔逊政府对这个协约国内部机构充满了怀疑。在战争爆发之前，正是为了打破欧洲各大国的垄断联盟与保护性贸易制度，美国提出了"门户开放"原则。在华盛顿方面看来，1916年巴黎会议所提出的大胆想法就是一种全球垄断，是对"门户开放"原则的直接否定，这使得美国方面对这次会议的抵制变成了某种公开的敌意。[27] 人们被要求与在协约国内部组织里长期工作的美国人保持距离，因为担心他们"与美国的情况脱节……在观念上变成了欧洲人"。威尔逊相信，只需要六个星期，在伦敦工作的美国人就会"英国化"。[28] 但事实上，美国人在欧洲的每一次干涉行动——不管是胡佛在比利时的救济项目，还是潘兴的美国独立军队——都依赖于协约国建立的后勤合作机制。1918年，如果说比利时还在继续得到食品救济的话，那并不是因为胡佛的组织天赋，或是美国的慷慨大方，而是因为协约国内部的运输机构将美国救济物资的运输排到了甚至比法国、英国和意大利的国内需求更靠前的位置。[29]

二

由于潘兴将军和威尔逊政府都持极端不合作的态度，英国人普遍开始认为，西线上的战略平衡可能是一场零和游戏。如果战争在1918年取得胜利，那将是大英帝国的胜利；如果战争被拖到1919年，那英国就只能和法国一样彻底被掏空了。即使还能从印度或非洲招募到大量人力，胜利也只能是美国的。有些人甚至开始担心，如果没有美国的军事贡献，英法的情况是否就无法好转。作为回应，温斯顿·丘吉尔特色鲜明地呼吁大西洋两岸的联合。他说："且不说军事上的迫切需要，英美两国在战场上的联合，以及它们承受的损失和痛苦，会对英语国家人民的未来产生难以衡量的影响。""如果德国在战争之后变得比战争之前更强大，这也许将是我们唯一的安全保障。"[30]

其他一些头脑更冷静的人指出，在任何情况下，想保持独立都是不可能的。不管是在1918年还是1919年取得胜利，不管有没有大批美国军队加入战争，协约国都需要依靠美国。在底特律的航空发动机与匹兹堡的钢铁背后，还有一种无形的但具有决定性的东西：美元贷款。从1915年开始，华尔街就在为协约国提供资金。哪怕美国联邦储备委员会没有在1916年11月突然进行干涉，尽管有J. P. 摩根抱着同情心的合作，协约国在1917年的战争过程中也无疑会达到自己的贷款限额。然而，这个富有的民主国家——美国，打破了私人资本市场的限制，用一种财政与经济实力的全新几何结构取而代之，从而向伦敦、巴黎和罗马输送了巨额公共贷款。正是由于获得了来自美国公共贷款的直接融资，协约国才具有了对付德国的关键优势。1917年4月24日，美国国会通过授权，可以发行自由公债，这为长期贷款奠定了基础。第一笔获得授权的美国战时资金是50亿美元，其中有30亿美元用于发放给协约国的贷款。与美国的军队不同，美国的金钱倒是走得挺快的。到1917年7月，美国财政部部长威廉·麦卡杜已经向英国输送了6.85亿美元[31]；到1918年停战的时候，已经超过了70亿美元；到1919年春天，则达到了100亿美元的最高额度。

金钱决定一切。在1917年4月之前，手里的美元必须省着点儿花，因此相当一部分英国货船只能绕道澳大利亚；1917年4月之后，由于有了足够的美元，物资的购买和运输可以全部使用更为高效的跨大西洋航线了。公共贷款与出口增长之间的关系也成为与美国新关系的一个特点。1917年4月之前，协约国一直是向美国借钱，用于从美国和海外购买物资。美国国会所有贷款的一个附加条件就

第十章　民主的军工厂

是，这些钱只能用在美国。1917年4月之后，美国联邦政府开始实行一个巨大的、由公共资金支持的出口计划。美国的财政状况与美国商业的生产能力前所未有地捆绑在了一起。从17世纪到19世纪，西班牙、荷兰与英国的"金融霸权"都未曾达到如此的协调规模和程度。与协约国内部的其他机构不同，协约国内部供应委员会是应美国的要求成立的，受到美国财政部助理部部长的严密监督，它将订单汇集起来，直接送到美国战时工业委员会。[32]

约翰·梅纳德·凯恩斯（John Maynard Keynes）这位杰出的年轻经济学家是英国财政部的顾问，他曾经预言，给德国最后一击，将使英国只能任凭美国摆布。劳合·乔治有意冒这个险，他想借此让美国明白，美国自己也能从跨大西洋联合中获利。然而，正如凯恩斯即将于1917年夏天在华盛顿亲身感受到的，现实中跨大西洋的伙伴关系并不像民主联盟的口号听起来那么可靠。在凯恩斯看来，威尔逊政府对于能有机会将英国变成一个"财政上彻底无助而需要依赖他人"的国家十分感兴趣。[33]这种依赖性最基本层面的表现就在货币系统。在战争之前，国际金本位制度的稳定依赖于英镑的黄金平价。1914年之后，尽管英国国内已经不再允许自由兑换，但英镑在名义上依然与黄金挂钩，且在纽约仍可以用英镑兑换黄金。对于协约国各国来说，维持自己货币与美元之间的汇率至关重要。如果里拉、卢布、法郎或是英镑快速贬值，那么它们就无法可靠地许诺将偿还它们的美元债务了，债务的美元价格会变得过高。1917年1月，在写给财政部的一份秘密备忘录中，凯恩斯强烈反对放弃金本位制："我们已经沉迷于金本位了，我们从中获得巨大的骄傲……指出德国货币不断贬值，而我们自己的货币却十分坚挺，这已经成了我们最喜欢的宣传内容。"[34]

凯恩斯极富个人特色地指出了问题的核心：协约国对美国的依赖不是必需的。协约国可以像德国一样，在没有美国资源的情况下进行这场战争。只不过那就将是与伦敦、巴黎和彼得格勒方面在1917年年初所计划的截然不同的一场战争。伦敦方面决定带着协约国走向华尔街,这是有意采取的高风险战略的一部分,也是竭尽全力进行"最后一击"的计划的一部分。这的确让协约国无论在战场上还是在国内的物质条件上,都拥有了让人惊叹的物资优势。然而,一旦下定决心要把美国拉下水,一旦这一做法奠定了军事战略和协约国宣传的基础,那么就会带来巨大的依赖,而威尔逊政府在参战前后都对这一点十分清楚。1917年春天,威尔逊的财政部部长(和女婿)威廉·麦卡杜清楚地表明,他打算让美元取代英镑成为全球主要储备货币。[35] 作为第一步,麦卡杜提出,国会授权的自由公债都不能用于支持英镑或法郎,伦敦也不能用这笔钱去偿还1916年年底到1917年年初威尔逊冻结贷款时,它与 J. P. 摩根之间签订的透支额度。这给了伦敦巨大的压力。先是在1917年6月底,后来在7月底,伦敦两次出现了只差几个小时就将无法偿还债务的情况[36],在伦敦和华尔街几乎引发恐慌。这件事情让威尔逊政府充分意识到,即使从长期来看,美元将会取代英镑,但在当前,保护英镑价值是让协约国鼓足力气继续战争最便宜的办法。但这一保证只限于战争期间,一旦敌人被消灭,协约国各国就只能听凭命运的摆布,美元将成为全球唯一一种仍然稳定地与黄金挂钩的货币。

美国的支持只局限于美元与英镑的双边汇率,这显然是考虑到了大英帝国内部的货币关系。英国有两个不平衡的货币支柱。第一个是英镑,它在很大程度上以南非的黄金供应为基础;第二个是印度卢比,它以很不稳定的银币本位为基础。战争使这个体系承受极大的压力。英国从自治领和印度的进口激增,而它向帝国各地的出口却减少到几乎没有。帝国各地已经积攒了大量对英国剩余物资的需求,但考虑到自己对美元和黄金的迫切需要,英国不能让帝国各地向第三方市场——比如美国——大量进口。战争爆发后仅仅几天,伦敦方面就宣布买断所有南非金矿的出口,并人为设定了一个官方低价,同时对运输和保险征收高额费用。南非银行试图以更高一些的市场价格将黄金直接出售给美国,结果遭到制裁,并被恶意地大肆宣传为是在与敌人合作。[37] 矿产企业实际上是被迫为英国的战争政策做出贡献,尽管它们不停抗议,但这一价格一直持续到了战争结束。这样做的结果就是,将全世界最主要的黄金供应国之一的产量都集中到了伦敦,但同时也激起了民族主义尖锐的抗议。在德兰士瓦(Transvaal)的矿区,布尔活动家大声疾呼,应当建立起冶炼厂和铸币厂,完全由南非人自己控制自己的黄金。

在南非,人们的关注集中在一种重要商品上,它由英国人开办的、只雇用少数白人劳动力的巨型采矿企业生产出来。而在印度,战时财政关系涉及英国人与2.4亿以农业为生的人口的关系,因此就更加复杂而不稳定。"在经济上榨干"印度一直是民族主义者讨论的一个主要内容。[38] 不管1914年之前英国与印度的关系带来了哪些有益的结果,战争一旦爆发,"榨干"就成了显著的事实。从1915年秋天开始,贸易的天平就明显向着有利于印度的方向倾斜。如果是在正常条件下,这应该会导致印度的进口增长,或者是贵金属的大量流入。但事实上,为了避免印度的购买力过度增长而导致"非必需"产品的进口量猛增,战时控制被延伸到了次大陆。[39] 印度的出口获利被留在了伦敦的银行账户里,用来购买英国的战争债券。结果,印度迫不得已也得为了战争节省开支,这尤为艰难,因为印度政府为了应对战争花费的需要,已经在大量削减早就承诺过的在基础教育等事业上的投资了。[40]

1916年年初,印度货币正式与白银脱钩。在此之后,支撑卢比的就是印度在伦敦所拥有的英国政府债券了。如果英镑能一直维持战前的价值,那么,这些债券在战后就可以兑换成金银或是各种产品。然而,看样子英镑在战后应该会出现贬值,这样印度也就相应地会遭受损失。与此同时,印度市场充斥着没有任何金属等价物作为支撑的货币。即使是在最好的时候,印度农民也极其不愿持有纸币。随着通货膨胀的危险越来越明显,剩余的白银储备从市场上消失了。这反过来使得大量卢比纸币最终能兑换成铸币的说法更难维持。作为对策,1916年4月,印度政府开始将从美国购买的白银投入流通市场。[41] 然而,由于严重缺少美元,这根本无法满足需要。即使是美国参战,也没能让情况得到缓解。相反,1917年9月,华盛顿方面表示,如果英国可以从印度赊账购买物资,那么美国也应该享有同样的权利。最终,美国从印度赊账购买了价值1050万美元的物资。

到1918年年初,印度的货币体系已经接近崩溃。在孟买,没有人关心围绕着蒙塔古—切姆斯福德改革而进行的政治讨论,因为商人们都惊慌失措地想要把手里的卢比纸币兑换成储备日益减少的白银。鉴于伦敦已经自身难保,现在只有美国能够稳定英属印度的货币体系了。3月21日,华盛顿方面宣布,它将放开出售美国的巨额白银储备。根据《皮特曼法案》(Pittman Act),3.5亿盎司的白银被允许以每盎司一美元的固定价格出售。印度政府得到许可,可以动用它在伦敦的资金,用于购买美国官方的白银储备,以补充自己的白银库存。[42] 这样,印度就与英镑脱钩,转而以银圆为基础。卢比价格为大约三分之一盎司白银,即35.5美分,与英镑的兑换价格则立即从16便士涨到了18便士。英镑的贬值提高了英国进口贸易的成本,但其在政治上的压力则大大减轻了。正如印度货币监理官警告的,如果伦敦方面无法满足对白银的需求,这对于英国在印度的统治来说,将是比军事上的失败,甚至是比"德军在诺福克(Norfolk)登陆"还要严重的打击。[43]

第十章　民主的军工厂

三[*]

　　第一次世界大战使美国成为世界经济的统治力量。在伦敦和华盛顿进行的竞争性对话让人觉得，现在的问题是，美国应该如何继承英国的优势地位。但这显然严重低估了战争所带来的全新局面。在维多利亚时代的全盛时期，英国也没有要求对普鲁士、拿破仑三世的法国，或亚历山大三世的俄国施加影响，可美国现在正不断积累这种影响力。在试图打败德国的过程中，协约国各国对美国的依赖达到了空前的程度。这种财政上新的不对等标志着帝国主义时代的主要特征——大国竞争已经结束。这一过程具有双重意义：一方面，协约国跨大西洋的战时努力终于得以打败德国；但与此同时，它也让美国上升到了一个史无前例的支配地位，不仅是对加勒比海领地或菲律宾的支配，而且是对英国、法国和意大利这些欧洲大国的支配。这基本上就是伍德罗·威尔逊在其"没有胜利者的和平"战略中所追求的单边权力。这能否真正让华盛顿方面拥有他所希望的影响力，取决于三个问题：面对新债权人的财政要求，欧洲的民主国家会同意屈服吗？欧洲各大国试图将美国纳入它们自己的国际经济多边新秩序中，华盛顿方面能阻止这种努力吗？还有，美国自己的各个机构能证明足以胜任全新金融领袖的挑战吗？

　　到1918年，世界需要这样一个领袖已经十分明显了。尽管美国提供了支持，但英国、法国和意大利货币的潜在弱点还是显而易见的。在它们急得团团转的时候，一个更加令人元气大伤的全球事件又雪上加霜：通货膨胀。1923年使魏玛共和国受到重创的战后恶性通货膨胀让人觉得难以置信，可它并不是德国所独有的。在战争结束后，波兰、奥地利和俄国都被要命的恶性通货膨胀所困扰，一

---

[*] 原文误为"二"——译者注。

直到1920年，这些国家的发展都严重偏离了其他参战国的轨道。1914年到1920年，通货膨胀席卷了整个世界。在塞拉利昂（Sierra Leone），一杯米的价格上涨了五倍[44]；在哈拉雷（Harare），非洲工人能拿到的实际工资只有之前的一半[45]；在埃及，与印度一样，支撑货币的基础从金属变成了不稳定的英国政府债务。货币量急剧翻倍，导致城市的生活成本可怕地急剧上涨（表4）。[46]

如此剧烈的价格变动导致了关于购买力和财富分配的激烈社会冲突。需求量大的产品的制造商和可以自主定价的人从战争中大捞了一笔。另外，有足够影响力的买家，如英国，也可以让市场保持对自己有利。英国不光给南非的黄金定价，它还操纵了埃及的棉花价格。[47]在所有参战经济体内，不可或缺的战争产业的工人能够得到奖励工资，但这反过来激励战争规划部门更多雇佣价格更便宜的女性工人，以降低男性工人的比例。随着通货膨胀的升级，围绕收入分配的斗争扩展成了一场所有人对所有人的全面战争。最危险的是，农民越来越不愿意将他们的收成变成不断贬值的货币；只有用工业产品交换，才能让他们不退回到自给自足的状态中去。1917年推翻沙皇君主统治的，其实是等待救济面包的队伍；到了1918年，大多数的中欧国家都在饿肚子，印度洋和大西洋的整个经济体都面临着极其严重的大米危机。[48]在日本，就在寺内正毅内阁于1918年8月决定不顾争议对西伯利亚实施干涉行动之后，一场声势浩大的"米骚动"浪潮就从小渔村蔓延到了沿海的工业市镇，之后又蔓延到了东京，最终导致了寺内内阁的垮台。[49]

导致通货膨胀浪潮的根本力量是位于全球货币体系中心地带的欧洲和美国的货币扩张。任何一个参战国的税收都无法跟上快速飙升的战争开销，国家只能发行要在战后相当长时间后才能兑换的政府债券，购买力因此被削弱。但流通市场上仍然留有大量剩余购买力。不仅如此，相当一部分债券是由银行购买的，而不是储户。这

表4 战时混乱的全球价格体系：批发价格（1913年=100）

年份	1913	1914	1915	1916	1917	1918	1919	1920	1921
欧洲参战国									
法国	100	102	140	189	262	340	357	510	346
荷兰	100	105	145	222	286	392	297	281	181
意大利	100	95	133	201	299	409	364	624	578
德国	100	106	142	153	179	217	415	1486	1911
欧洲中立国									
西班牙	100	101	119	139	160	204	195	222	190
丹麦	100	112	143	189	250	304	326	390	
挪威	100	115	159	223	341	345	322	377	269
瑞典	100	116	145	185	244	339	330	347	211
大英帝国									
英国	100	99	123	161	204	225	235	283	181
澳大利亚	100	106	147	138	153	178	189	228	176
加拿大	100	100	109	134	175	205	216	250	182
新西兰	100	104	123	134	151	175	178	212	205
印度	100	100	112	125	142	178	200	209	183
南非	100	97	107	123	141	153	165	223	160
埃及	100	98	103	128	176	211	231	312	173
西半球									
美国	100	97	107	128	170	203	203	197	123
秘鲁	100	105	125	160	195	217	227	238	
亚洲									
日本	100	96	97	117	149	196	240	258	201
中国	100	91	97	117	133	148	155	147	134

些债券并没有减少家庭资金的流动,而是为银行提供了一种安全的投资方式,银行可以将这些债券再次卖给中央银行——英格兰银行、法兰西银行或者德意志银行——从而换取现金。这些债券因此便像现金存款一样成了大量信用创造的基础,中央银行变成了通货膨胀的打气筒。伦敦方面,财政部和英格兰银行所引发的通货膨胀横扫了整个大英帝国的英镑区;同样的运作方式甚至使新财政权力结构的中心——美国——也出现了快速的通货膨胀。

在威尔逊主义的支持者那里,美国战时财政的故事就是自由公债的故事。[50]战争爆发之前,最多只有50万富裕的美国人定期投资政府债务;而到战争结束时,财政部部长拉塞尔·莱芬韦尔(Russell Leffingwell)宣称,有2000万美国人购买了自由公债,还有大约200万美国人成为自由公债的志愿推销人员,他们深入到了美国的几乎每一个社区。这些债券一共募集到了300亿美元。这一规模巨大的全民动员被威尔逊政府视为民主政治向前迈进的重要一步,同时也是华尔街占统治地位的糟糕岁月的结束。但事实上,在许多情况下,这是一次强制性的动员,它带来了巨大的压力,尤其是对于新移民来说,他们需要证明自己是百分之百的美国人。任何人哪怕只是质疑官方的自由公债宣传,就会受到严厉的刑罚。如果有等量的私人存款与之匹配,那么自由公债就能避免通货膨胀,成为协约国各项战时政策的坚实基础。这显然是随后几年中用于包装贷款的华丽辞藻。数百万普通美国人把自己千辛万苦努力挣得的存款投入了协约国的战争当中,因此一定要得到偿还。自由公债显然已被老百姓想象成了重大事件,同时也不可否认它在这场共同参与的战争中确实起到了关键性的作用,然而,尽管如此,自由公债与实际存款之间的关系却远非那么简单。美国家庭与企业的存款在1918年实际出现了下降,因此,联邦政府的资金流转在很大程度上是靠不断提高的银行信贷来支撑的。财政部和美联储拼命想要避免美国脆

第十章　民主的军工厂

弱的银行系统出现混乱，于是为货币扩张提供了担保。它们放松了准备金要求。在每次发行自由公债之前，财政部都会直接向银行发放大量短期财政部票据以预支收益。从理论上说，这些短期票据可以用销售自由公债而获得的美元赎回。但事实上，大量票据仍然留在银行，使财政部一直承受再融资的压力（表5）。[51]

随着政府开销急剧增长，且私人的需求并未受到实质上的限制，因此，就像在第二次世界大战时那样，只能通过实体经济的增长来补偿。这样，扩张的购买力就可以由额外的产品和服务来解决。在战争的前几年，协约国的采购订单对美国经济就起到了这样的作用，促进了就业和产量。[52]然而到1916年，生产力的扩张已经达到极限。用1914年的价格来衡量的话，美国的GDP在1916年是413亿美元，但在接下来的两年只实现了微幅增长，1918年为429亿美元，1919年则回落到了410美元。[53]尽管宣传机构大肆吹嘘，但事实上，不管是产量还是生产力，美国都没有什么实质性的提高。需求在不断增长，而产量几乎处于停滞状态，结果也就可想而知了。战争是用通胀税来埋单的。尽管实际产量几乎没有任何增长，可1916

表5　战时经济的低速发展：美国，1916—1920年

年份	当时价格（10亿美元）			1914年价格（10亿美元）			占GNP的百分比（％）		
	GNP	联邦支出	陆军部及海军	存款	GNP	联邦支出	陆军部及海军	存款	联邦支出	陆军部及海军	存款
1916	43.6	0.7	0.3	7.0	41.3	0.7	0.3	6.6	2	1	16
1917	49.9	2.1	0.7	7.0	42.1	1.8	0.6	5.9	4	1	14
1918	61.6	13.8	7.0	4.4	42.9	9.6	4.9	3.1	22	11	7
1919	65.7	19.0	11.3	7.6	41.0	11.8	7.0	4.7	29	17	12
1920	82.8	6.1	1.7	5.6	41.0	3.0	0.8	2.8	7	2	7

年至1920年间国家的名义收入却从436亿美元猛增到了828亿美元。翻番的是价格。1914年，福特的"日薪五美元"制在世界范围内引起了轰动；可到了1917年夏天，那就只是一个最低值而已。工资的实际增长远远赶不上生活成本的快速增加。[54]美国出口业在1914年到1916年间的盈利简直是不可思议的。[55]工会为了保证工人的实际收入而进行斗争，这在1917年至1919年间引发了史无前例的劳动争议浪潮，撼动了整个美国。

美国经济的战时动员没能成为国际经济新秩序的定心丸，而是导致了极其不稳定的结果。不管是美国民众，还是威尔逊政府中重要的决策制定者，都意识到自己的国家无法再在这场全球危机中置身事外、高高在上，而是同样危险地深陷其中。战争所造成的后果很快就要到来了。

第十一章

停战：实现威尔逊的设想

1918年7月的头两个星期，西线上的战斗出现了不利于德国的根本性变化。7月22日，鲁登道夫命令部队从马恩河（Marne）全面撤退。这一年年初以来，德军已经损失了90万兵力，而美国军队的新鲜血液则以每月25万人的速度注入欧洲战场。25个强大的师团已经在法国建成；在大西洋彼岸，还有55个师团正在组建之中。[1] 随着时间一周一周过去，天平开始越来越明显地向着不利于德国的一方倾斜。然而，这并不意味着战争会马上结束。德国军队直到10月才开始土崩瓦解。在希特勒统治时期，尽管对手的压倒性优势更为明显，他仍然利用一切高压和宣传手段将帝国人民集结起来，背水一战。在1918年的德国，也有人想做同样的事情。如果他们的意见占了上风，1919年时世界也许就能看到像1944年到1945年那样，德国和中欧的大部分地区沦为废墟的地狱景象了。但这样的事情没有发生。德国政府中的其他人、德国国会的多数派，以及成千上万的普通德国人，他们做出了决定，1918年11月11日早上，战争结束了。

直至今日，1918年11月的停火决定都没有得到它应得的评价，没有被看作民主政治的非凡胜利。这对于德国来说显然是最艰难的，但停火在伦敦、巴黎和华盛顿也引发了争议。这几个国家的领导人也需要在是否和平的问题上做出选择。决定停战，而不是一直打到德国彻底投降，这么做到底对不对？到10月的时候，德国的防御已经土崩瓦解。战争哪怕再继续几个星期，协约国也许就能在年底的时候让德国无条件投降。然而，德国不但让自己在一败涂地之际侥幸逃生，而且还令人惊异地定义了和平政治。毫无疑问，德国根本没有什么立场来要求威尔逊在1917年1月时提出的"对等的和平"。然而，在停战谈判的过程中，柏林方面非常处心积虑地将威尔逊以及他所提出的没有失败的和平重新放到了整个方案的核心位置上。

一

7月，德国最后一次进攻失败，法国随即发动了反击，在这之后，英国一路向亚眠推进，最终把德国人打到毫无还手之力。8月8日是"德国军队黑色的一天"，在这之后，鲁登道夫和兴登堡再也没能挽回局势。[2]然而，由于仍然心存幻想，再加上柏林与德皇位于斯帕的宫殿之间乱作一团的通信线路，直到9月的第二个星期，德国的政治家才开始明白军事形势到底有多么严峻。1917年11月，国会多数派将乔治·冯·赫特林推到了首相的位置。人们期待他能保护国内公民的权利、在普鲁士实现民主，并在东线达成一个可以接受的合法和平，但他在每一项任务上都失败了。《布列斯特条约》的惨败使德国不再被视为一个值得信任的国际社会成员。正如社会党的弗里德里希·艾伯特在国会委员会上所控诉的："我们正在进行的政策具有与生俱来的欺骗性。每个人能拿走什么就拿走什么！

第十一章　停战：实现威尔逊的设想

至于和解与谈判……在政治层面上，我们面前只是一堆乱石头而已！"[3] 1918年9月中旬，奥地利公开呼吁和平，但赫特林政府拒绝回应。盟友垮掉之后，德国显然需要进行和谈，但它需要由一个新政府来做这件事情。英国和美国都曾表示他们希望看到德国改变政体，即使是德皇身边的保守主义者，也开始接受他们或许需要采取民主形式的想法。但权力正在从他们手中溜走。对于国会多数派来说，讨好西方并不是问题的关键。他们要求掌握权力，因为现在的政体在政治上已经破产了。看样子只有自由派、中央党和社会民主党才能制定出清晰连贯的对外政策，并使之获得不可或缺的民众支持。与1917年2月俄国的革命者一样，他们的目标并不是投降。相反，通过在国内建立起民主基础，他们希望能站在一个相对强有力的立场上来进行谈判。[4] 当马蒂亚斯·埃茨贝格尔在1918年9月12日第一次号召社会民主党和中央党共同组成新的德意志政府时，著名的自由派发言人弗里德里希·瑙曼则做了一个生动的历史类比。他希望社会主义者进入政府一事能为德意志带来爱国热情，1870年秋天，法国的激进主义者莱昂·甘必大（Léon Gambetta）正是利用同样的爱国热情，再次激励人们抵抗俾斯麦的侵略军。[5]

10月初，社会民主党、自由派和中央党共同达成了一项政府纲领，由自由派马克斯·冯·巴登亲王出任首相。他的上台本身就意味着要在普鲁士实现民主、结束军事管制，并在德国实现完全的议会制。以一个国际联盟为基础达成的和平，是对这一国内改革主义合乎逻辑的补充。柏林方面提出全面撤出比利时，对于从沙俄统治下解放出来的全部领土，则给予它们完全的自治权。然而，如果和平要求被拒绝，德国新政府就将进行民主的全民动员，让自己顽强地战斗到最后一刻。[6] 这样一个政府会请威尔逊总统出面调停，这并不让人感到惊讶。但这并不是一个必然的选择。德国的新首相并不信任美国总统。冯·巴登尤其反对与华盛顿方面进行任何单边接触，伦敦和巴黎方面一定会认为这样的举动是想挑拨协约国和美国，使之彼此敌对，从而让德国自己获得谈判优势。这会被解读成柏林缺乏诚意的又一个证据。对于一个标榜信誉和一致性的政府来说，不能用这种方法开始自己的工作。如果德国真的想要达成和平，那它就必须同军队在战场上将要大获全胜的国家——英国和法国——直接谈论这个问题，而不是试图利用它们的盟友美国来从中获益。[7]

社会民主党的主要人物也对威尔逊持有这种敌意。党内的右派人士阿尔伯特·苏德库姆（Albert Suedekum）起草了一份备忘录，认为德国以及作为一个整体的欧洲，其真正的敌人是美国资本主义。威尔逊"公开谋求世界仲裁者的角色"[8]，他的目的是要羞辱整个欧洲，使这块大陆退化成一群在经济上全都依赖于美国的民族共和国。唯一能让欧洲国家避免被集体"侵犯"的办法，就是由社会民主党与法国的社会主义者和英国工党一起，确立欧洲民主和平的条件。

然而，这并不是德国国会多数派发言人的主流观点。1918年8月，马蒂亚斯·埃茨贝格尔完成了他的著作《国际联盟：通往世界和平之路》（Der Völkerbund: Der Weg zum Weltfrieden）。[9] 埃茨贝格尔的目的在于告诉德国民众，与社会上流行的观点相反，威尔逊并不只是一个伪君子，他事实上代表了深深扎根于美国民主和反军国主义政治的自由主义传统。不仅如此，虽然英国和法国政府叫嚣着好战的言论，但国际联盟的想法在它们那里也能找到真正的朋友。在1914年之前，德意志帝国轻视在海牙（Hague）召开的国际仲裁大会，这已经是走了错路。现在，德国不能将新的和平政治完全交由自己的敌人来处置。它必须宣称，和平联盟的想法是德国自己国家历史的一部分，中世纪的汉萨同盟就是其先驱，哲学家伊曼努尔·康德（Immanuel Kant）也思考过永久和平的秩序问题。而且，在经历过这场战争之后，还有谁会对德国能从和平中获益有

第十一章 停战：实现威尔逊的设想

所怀疑呢？埃茨贝格尔坚持认为，如果战争结束之后能形成一个联盟，那么，德国所能得到的将远远多于它会失去的。[10] 在菲利普·谢德曼和社会民主党看来，战争毋庸置疑地证明了，对于德国来说，战争已经失去了它作为政治手段的功能。不管它的战士们获得了怎样的胜利，德国都无法战胜一个全球联合体。[11] 相反，德国应当接受在一个具有强大执行力的联盟监督下实行的强制性国际仲裁。埃茨贝格尔预见到了一个联盟，它在世界舆论的力量下得到巩固，并在基督教和民主价值观的共同支撑下得以维持。公共舆论无疑是个模糊不清的东西，但它是德国军国主义者在很长时间内都忽视了的一种力量。10 月，埃茨贝格尔这部著作第一版的 5 万册在几个星期之内就销售一空。[12]

然而，最重要的是，德国的国际主义者也是大西洋主义者。1918 年 9 月 12 日，在西线最后的危机爆发、马克斯·冯·巴登上台之前两个星期，埃茨贝格尔向他在德国国会中的同僚强调，他们必须支持成立联盟，将之作为"跨过大洋走向威尔逊的大动作"的第一步。[13] 尽管首相本人持反美主义立场，但这一战略还是占据了上风。[14] 10 月 6 日，冯·巴登请威尔逊在其"十四点原则"——民族自决、不兼并领土、不赔款——的基础上主持和谈。柏林方面非常清楚这一举动的重要含义，德国这是在自取其辱。德国不顾一切地想要让自己存活下来，因此利用了威尔逊明确想要把美国打造成世界事务仲裁者的愿望。从 1916 年 12 月的和平照会以来，柏林有可能真的接受威尔逊提出的"没有胜利者的和平"，这一直就是协约国战略的噩梦。德国内部的政治分裂使得柏林方面直到 1918 年秋天才有可能做出这一选择。1917 年 7 月，德国国会曾提出和平诉求，却因德国对俄国的军事胜利而未引起关注；想要在布列斯特达成进步式和平的努力则因德国军国主义者和布尔什维克之间的灾难性互动而偏离了正常轨道。1918 年秋天，德国争取自由主义和平的努力再一次差点儿遭遇惨败。11月，停战谈判的政治活动先是激发了一次兵变，随后又导致了一场革命，但这都是在柏林方面让威尔逊有机会向伦敦和巴黎方面施压之后了。由于战败，德国使威尔逊获得了协约国想尽办法不给予他的地位。正是停战问题，使得总统先生再一次从参战方变成了欧洲事务的仲裁者。位于崩溃边缘的德国允许威尔逊来设计脚本，而这决定了之后的和平图景。

二

1918年9月27日，感到战争即将结束的威尔逊利用第四次自由公债在纽约发行的机会发表讲话，再次说明了"自由主义"和平的基本纲领。只有为了"公平正义"而牺牲"利益"，才能获得"有保障的、持久的和平"。实现这种和平一个"不可或缺的机构"，将是国际联盟。威尔逊为和平规划了新的基础，在提出的"五细则"（five particulars）中，他再一次表达了自己本不愿加入对德联合的想法。这一联盟不能在战争期间建立，因为如果那样的话，它就成了胜利者的工具。新的秩序必须对胜利者和战败者都提供公平正义，没有什么特殊利益可以凌驾于全体成员的共同利益之上。联盟内部不能有什么特殊谅解，不能有利己主义的经济联合，或者是任何有战争倾向的长期抵制和封锁。所有国际协议都必须完全公开。威尔逊再一次宣称，要让"普通民众"发出声音，"清晰地"表达自己的想法；同时他向欧洲国家领导人提出挑战，如果他们有这个胆量，可以说出对他的原则的不同意见。不出意料，伦敦和巴黎方面保持了缄默，而马克斯·冯·巴登政府则热切地表示完全同意。在10月7日向威尔逊发出的第一次停战照会中，柏林方面就表示，和谈应在威尔逊9月27日的讲话，以及"十四点原则"的基础上进行。

如果我们一开始就承认，威尔逊对于德国的民主进程一直持高

第十一章　停战：实现威尔逊的设想

度怀疑的话，那么就非常容易理解1918年10月之后所发生的事情了。美国的总统先生绝不是一个普世论者，但他总被误认为是。对于威尔逊来说，真正的政治发展是一个渐进的过程，从根本上是由更深层次的民族文化和"种族"影响所决定的。他对于德国的看法非常简单。从1917年夏天之后他就十分确定，德国的"战争头子"在搞一个双管齐下的战略："……如果他们赢了，就维持现状；如果输了，就让步，搞一个议会制政府。"[15]出于这个原因，德国国会多数派与魏玛共和国的命运取决于威尔逊的考虑。在巴黎和会上，他想尽一切办法不与德国代表团会面。威尔逊说："他也许不会介意与旧制度下旧的铁血民族会面，但他痛恨看到那些新制度下不伦不类的生物……"[16]像艾伯特和埃茨贝格尔这样"不伦不类的家伙"也许会在正确的方向上迈出几步，但真正的自治政府要想在德国扎根，恐怕还需要几年甚至几十年的时间。对于威尔逊来说，与德国的谈判，首先是一种手段，借此牢牢控制住战胜者。现在，德国已处于失败的边缘，因此威尔逊觉得，对自己的世界新秩序观点构成主要威胁的，是法国和英国的帝国主义。正是出于这个原因，尽管成千上万的美国士兵正在与协约国一起并肩战斗，但他还是决定不询问伦敦和巴黎方面的意见，单方面对德国做出回应。威尔逊要求德国人更具体地告知他们所持的立场，马克斯·冯·巴登政府随即欣喜地回应道，他们完全接受"十四点原则"中的每一项内容，愿意在一个"混合委员会"的监督之下，把军队从所有占领区撤出。

1918年10月，英国和法国面临着一个极不寻常的局面：就在战事即将取得胜利的时候，威尔逊好像突然向后转了，回到了1917年1月就曾经摆在它们面前的、美国要成为高高在上的世界事务仲裁者的立场上。1918年春天之后，华盛顿与各个协约国首都之间的关系变得十分紧张。鲁登道夫发起了最后的进攻，威尔逊却迟迟没有反应，这让协约国十分恼火。整个夏天，在对俄国进行干涉的问题上，双方的关系进一步恶化。同样地，尽管事实上伦敦比华盛顿方面还要坚定地支持国际联盟这一想法，但威尔逊与劳合·乔治已经在国际联盟的设计上出现了争执。在威尔逊的核心圈子里，人们谈到欧洲的时候总是充满了恶毒的敌意。在欧洲方面，即使是官方的会议记录，也提到了英国内阁对于威尔逊厚颜无耻地公开与柏林方面进行单边和谈的愤慨。劳合·乔治在10月初的会议记录则更直接地提到了他暴跳如雷的情景。威尔逊是在单独行动，他让德国摆脱了困境，而且他是打着进步和公正的旗号这么做的。当《泰晤士报》都把威尔逊的和平照会称赞为伟大的自由主义行动时，劳合·乔治简直无法克制自己的情绪。[17] 不仅欧洲人再次想起了"没有胜利者的和平"，在美国，共和党人也要求实现无条件投降，而不是停战。

尽管对于自己的单边外交所激起的愤怒有些担心，但威尔逊还是决定抓住这个德国人送上门来的机会，因此打算赌一把。10月14日，在给马克斯·冯·巴登第二次停战照会的回复中，总统先生要求德国给出证据，以证明他们确实是在向民主制迈进。这里的意思很清楚了：德皇必须退位。再一次，威尔逊既担心德国真正发生的变化，也担心国内的民众舆论。他需要表现得既强势，又自由。但在伦敦和巴黎方面看来，这同样是一种失策：在德国，把民主作为和平的条件，一定会引起相反的后果，主张改革的人会被认为是受到了敌人的操纵。这一次，欧洲盟友说对了。

在柏林，威尔逊的第二次照会引发了慌乱。马克斯·冯·巴登政府仍然坚持与华盛顿方面进行和谈。到10月底，军事局势已经极其糟糕，因此国会多数派放弃了动员民众起来抵抗协约国侵略的想法。但在德国极右势力那里，威尔逊提出的德皇退位的要求无异于扔下了一颗炸弹。鲁登道夫完全不顾民选政府的意愿，来到柏林

第十一章　停战：实现威尔逊的设想

表达抗议，并将右派力量团结起来，为保卫德皇的帝国旗帜进行最后的战斗。10月26日，马克斯·冯·巴登解除了他的职位。然而，海军不是那么容易安抚的。德国海军部以准备在佛兰德斯沿岸进行营救行动为理由，下令向北海发动最后一次大规模突击，与英国海军进行终极战斗。正是军官们进行的这场自杀式兵变导致了最后的溃败。在1918年11月的头几天，基尔（Kiel）舰队的士兵们拒绝执行这些叛乱军官的命令。随着消息通过电话和电报传播开来，他们勇敢的行为激励了大家，一场革命浪潮席卷了整个德国。

1917年年底至1918年年初，德国军国主义者在布列斯特的咄咄逼人破坏了德国国会想要在东线达成合法和平的努力，并在柏林和维也纳引发了罢工，最终导致民主反对派四分五裂。现在，右翼势力企图破坏在西线达成和平的做法导致了德皇政权的彻底崩溃。由于德国极端民族主义者的顽固与不理性，德国国会想要有秩序地以民主方式使国家摆脱战争的尝试快要演变成一场灾难了。11月初，兵变和叛乱的消息从德国全国各地接踵传来，权威正在瓦解的冯·巴登政府屏住呼吸，等待西线的消息。威尔逊能迫使协约国接受德国已经迫不及待表示同意的停战条件吗？在德国国家被左派革命和右翼投石者的冲突撕裂之前，协约国会坐到谈判桌前来吗？到了11月4日，看起来伦敦和巴黎方面仍然拒绝妥协，而德国的军事防御正在它们眼前粉碎，柏林方面陷入了一种压抑的恐慌。

三

事后，从德国一方来看，威尔逊式的自由道德主义就是用来骗德国人停战的，再加上法英侵略者在凡尔赛又捅了德国人一刀，这二者合在一起完全就是由英美帝国主义天生的马基雅维利精神安排的、卑劣的策略性联合。然而，从处于有利地位的伦敦和巴黎方面来看，事情却并不是这样。1918年10月，威尔逊完全没有与协约国协调就开启了与柏林方面的谈判。为了让自己多少能控制住一些局面，伦敦和巴黎方面要求威尔逊派遣一位高级代表到欧洲，与它们一起商讨最后的停战条件。10月27日，它们在巴黎等来了豪斯上校。[18] 英国、法国和意大利一开始采取了强硬态度，它们拒绝同意任何包含了"十四点原则"的和平，因为"十四点原则"也是一个单方面的总统声明。法国和意大利并不反对国际联盟的想法，但不愿意将它写入和约；英国则反对维护公海航行自由的一般承诺。与其接受这些束手束脚的限制，它们宁愿自己继续战斗到最后。德国人的和平照会再一次触发了威尔逊与协约国之间的深刻分歧。1918年秋冬，当胜利已经到来时，威尔逊好几次提醒自己身边的人不要忘了他的基本立场。不管是在陆地还是在海上，他都对欧洲国家的政治感到厌恶。"有一度，要不是他知道德国才是世界灾难的根源的话，他都准备好了要和英国一决雌雄。"[19] 随着德国被打败，这个时刻好像到来了。在10月下旬的一次美国内阁会议上，当一位同僚警告威尔逊不要强迫协约国接受一个它们并不想要的和平时，他反击道："它们需要被强迫。"是的，它们毫无疑问是被强迫的。[20]

与德国之间的照会往来让民众兴奋不已。1918年最后几场战役的伤亡与整个战争中任何一场战役一样可怕。这不仅让人们更加厌恶战争，同时也让人员的补给问题变得更为紧迫。1918年11月初，乔治·克列孟梭被迫与塞内加尔领导人布莱兹·迪亚涅（Blaise Diagne）达成协议，以许诺塞内加尔人政治权利来换取能够在当地征兵，法国需要这些突击部队，从而在1919年的胜利中分一杯羹。[21] 在爱尔兰，局势的发展已经不是妥协所能解决的了。如果战争继续

第十一章　停战：实现威尔逊的设想

到冬天，伦敦方面将不得不把成千上万的芬尼亚（Fenian）*暴乱分子强征入伍。尽管克列孟梭和劳合·乔治嘴上说得很好战，但其实他们都不想为战争而战争。虽然他们并不知道德国已经濒临全面崩溃，但显而易见，他们已经获得了历史性的胜利。如果把战争继续到 1919 年，他们也许有希望迫使德国无条件投降，但那样的话，军功章的很大一部分就要分给美国军队了。如果法国和英国现在达成和平，他们就能被当成英雄而得到掌声和欢呼。唯一有可能损害他们胜利的事，就是笨手笨脚地试图阻止停战。这么做的人会被看作反对威尔逊和平民主观点的反动分子。[22]

不仅如此，尽管豪斯上校得到的指令是要"强迫"欧洲人，但他事实上比威尔逊更愿意做出让步。为了让对方同意将"十四点原则"作为和平的基础，豪斯同意由协约国军队的总指挥福煦元帅来决定停战的军事条件。让法国感到满意的是，福煦坚持德国军人应当被完全解除武装，德国军队应当从莱茵河以东撤出；协约国军队将控制莱茵区，并占领莱茵河东岸的桥头堡。这些只是暂时的要求，而不是最后的和平，但当它们被接受时，福煦还是很惊讶。他原本以为这些条件太过分了，柏林方面一定不会接受，这样他就有机会将战争推进到真正的最后胜利了。

在英国这里，豪斯走得更远。他同意大英帝国将其反对意见写成一份清晰的保留意见说明，附在最后给德国的照会中。这有点让人难堪，但至少给了英国一个更加稳固的法律地位。英国可以接受一个不要求惩罚性赔偿的和平，然而，对于这样一场殃及世界大多数地方的战争来说，将赔款只限定在那些德国军队造成了实质性破坏的土地上，这是不公平的。因此停战照会特别指明，德国需要对

---

* 指芬尼亚兄弟会，一个爱尔兰民族主义者团体，致力于推翻英国人对爱尔兰的统治——编者注

其侵略所造成的所有损失负责，这是一个无所不包的大标题。第二个保留意见是关于公海自由的。英国对于其伙伴合法的海上利益并没有疑义。自1917年起，它一直力劝威尔逊政府考虑与英国结成海上伙伴关系。[23] 双边条约失败后，伦敦方面提议加上日本和法国，达成一个四方协议。但是，如果使公海中立，就会导致侵略者也可以不受限制地使用公海，而打败德国的关键之一就是对大西洋的控制。如果国际联盟想要建立一个强有力的经济制裁机制，就需要依靠高效的海上封锁。能为自由的国际秩序提供安全保障的唯一办法，就是让侵略国家无法再构成威胁，将全球交通要道放到值得信任的国家手中。豪斯上校在这一原则上没有做出让步，但他让英国人把他们的保留意见写进了停战条件中。一旦英国和美国都表示了同意，克列孟梭也就别无选择，只能保持一致了。

11月5日，德国政府被告知了停火条件，柏林方面大松了一口气。此刻，这个俾斯麦的国家正经历着革命的扫荡。11月9日，德意志共和国两次——而不是一次——宣告成立。第一次是由德国社会民主党人中比较激进的一派，第二次则是由更温和的一派。到11月10日，德国军队已经出现严重的混乱，以致在贡比涅（Compiègne）的停战谈判代表团根本无法安全地与其在斯帕的总部进行联系。直到11月11日凌晨2点，埃茨贝格尔领导的代表团才收到了来自柏林的确认，新的革命政府授权他们可以在停火协议上签字。在这样的状况下，协约国能接受将"十四点原则"作为未来和平的基础，这应当说是德国国会多数派10月初以来的外交活动所取得的惊人成功。如果法国和英国知道当时德国已经濒临崩溃，它们就能轻松推翻威尔逊的算盘。只需要再多几天时间，德国就会被革命的风暴摧毁，无力抵抗更进一步的军事进攻。然而，这一切都没有发生，德国政府让威尔逊得以定义和平政治。

第十一章　停战：实现威尔逊的设想

四

那些赞同威尔逊观点的人从此便将《停战协议》看作新时代的奠基文件，是对世界和德国做出的"自由主义和平"的承诺；对最终的凡尔赛和平持批评态度的人则会谈到契约、合同和章程。[24]的确，威尔逊不亚于是在神灵的启示下进行了这些工作。然而，这一构建其实是最后一搏，是从文字上巩固和平十分脆弱的政治基础。[25] 1918年10月威尔逊与柏林方面进行单边和谈的姿态，以及英国和法国被迫接受威尔逊条件的方式，都让随后产生的《停战协议》立足于一个脆弱的基础之上。柏林方面对此十分清楚，包括冯·巴登本人，他一直对与威尔逊进行单边接触的做法持怀疑态度；在伦敦和巴黎紧闭的大门背后，传出了愤怒的吼声；在白宫内部，威尔逊对他自己内阁中的批评之声置若罔闻。停战谈判期间，德国在军事和政治上同时土崩瓦解，这一让人不寒而栗的巧合只是更加强化了这一点。后来，像约翰·梅纳德·凯恩斯之类的人指责说，德国被骗了，协约国用虚假的借口让一个还有战斗力的勇猛敌人同意停战。但这样的说法其实是颠倒黑白。一直到战争结束，协约国始终把德国视为一个主权国家，而当时德意志事实上已经四分五裂了。从1918年11月9日到11日，在贡比涅进行谈判的德国人看起来好像代表着一个有能力继续战斗下去的政府和军队，但事实上这二者都已经陷入瓦解。德国人会反对他们的叛变，但考虑到11月头两个星期里在德国各地所发生的事情，在英国和法国看来，这也只是他们背信弃义的又一个证据。[26]

威尔逊现在加入了一场风险极大的赌局。他放弃了用美国的武力强行按照自己的设计实行和平的想法。他想赌一把，认为以他的"十四点原则"为基础实现的停战可以对协约国形成制约。要想成功做到这一点，威尔逊需要团结民众舆论，还需要首先控制住华盛顿这个全球权力的新枢纽。然而，停战前一个星期，就是在华盛顿，威尔逊失去了对事态的控制。在美国，尽管胜利已经触手可及，但大家还在争论不休。克列孟梭和劳合·乔治没办法公开挑战威尔逊，但总统先生在国内的那些政治对手可无所畏惧。当数以万计的美国士兵在法国东北部阿尔贡（Argonne）的丛林中倒下时，威尔逊却想与柏林方面进行单边的电报往来，这激起了愤怒。10月7日，参议院内的民主党人发起了一场辩论，要求争取完全的胜利。亚利桑那州的亨利·F.阿什赫斯特（Henry F. Ashurst）号召协约国"用烈火和热血杀出一条道路，从莱茵河直到柏林"。他在这里对谢尔曼（Sherman）将军进军亚特兰大的提及*，毫无疑问让威尔逊非常恼火。威尔逊邀请阿什赫斯特进行了一次私人会谈，说出了自己真正的战略目标。德国的无条件投降会让英国和法国不受限制，威尔逊坚持道，自己"现在只考虑一件事情，就是把美国放到一个有实力且公正的位置上。我这是在为今后一百年作打算"。[27] 但威尔逊的反对者并未就此动摇。10月21日，参议院的迈尔斯·波因德克斯特（Miles Poindexter）提出一项动议，如果威尔逊继续与德国谈判，就要对他进行弹劾。[28] 几天之后，前总统塔夫脱（Taft）和罗斯福做了欧洲人不敢做的事情：他们公开否定了"十四点原则"。西奥多·罗斯福用他特有的风格表示："我们应当用手里的枪打出和平……而不是在打字机的嗒嗒声中在那儿聊什么和平。"[29]

这可不是毫无目的地故作姿态。华盛顿此时正处于中期选举的热潮之中，和1916年的总统选举一样，党派之争十分激烈。10月21日，《洛基山新闻报》（Rocky Mountain News）发表了一篇激烈的、反威尔逊主义政治的新言论，谴责"在民主党里已经出现布尔

---

* 南北战争时期，谢尔曼为了攻占亚特兰大，下令放火焚城，之后开始了有名的"向海洋进军"，沿路扫荡，鸡犬不留。阿什赫斯特所说的用烈火和热血杀出一条道路，就是借用谢尔曼的做法。——编者注

什维克了"。[30] 在纽约进行的一次长达三个小时的演讲中，罗斯福表示，威尔逊乐于同一个全是社会民主党人，并且与列宁结盟的德国政府接触，这暴露了他对"各个级别的德国化了的社会主义者与布尔什维克"持有真切的同情。[31] 10 月 26 日，作为回应，威尔逊被拉入了一场灾难性的赌局。总统先生被迫要在一场比赛的中途进行非同寻常的表态，他向选民宣告，"欧洲国家只会从一个立场来看待你们今年的投票，它们不会进行细微的区分。如果不支持"民主党的多数地位，就会被"解读为不支持战争，不支持我们为了保卫战争成果而进行的和平努力"。[32] 这样的呼吁与威尔逊对总统领导地位的看法是完全一致的，但它却莽撞地表现出要与前人决裂的态度，这让人惊讶，而且被广泛认为使选举的天平朝着对自己不利的一方倾斜。1918 年 11 月 5 日，共和党在国会两院都赢得了多数席位。威尔逊的死对头亨利·卡伯特·洛奇（Henry Cabot Lodge）成为参议院多数派领袖和外交委员会主席。

毫无疑问，大多数加在威尔逊和民主党人身上的批评是不负责任的。它在美国政治体系中像病毒一样传播开来，为 1919 年荒谬不经的红色恐慌打下了基础。指责民主党人同情社会主义，由此就是不爱国，这样的论调直到今天依然出现在一些右翼的煽动性言论中。但我们也不能因此就忽略双方分歧的实质。威尔逊的单边外交是一次不同寻常的高压行动，动机并不是他对德国民主制度的担心，而是想要让英国和法国屈服于他对美国力量的独特看法。批评威尔逊的共和党人所想的则是完全不同的和平。正如罗斯福向英国外交大臣贝尔福勋爵证实的，美国应该"支持德国的无条件投降，在和平谈判中绝对忠于法国和英国……美国不应该扮演我们的盟友与我们的敌人之间裁判的角色，而应该是盟友中的一员，一定要与之达成一致的看法"。"虽然我们乐于接受任何建立国际联盟的可行方案，但我们希望是与我们现在的盟友一起来开始这件事情，而且，它只是用来补充，而绝不是要取代我们自己力量的准备和我们自己的防御措施。"[33] 罗斯福向一位记者朋友提到一份英美两国之间的合作协议，他觉得现在可以称之为"联盟"了。[34] 威尔逊在共和党的主要反对者倒并不是孤立主义者，就像克列孟梭和劳合·乔治绝不是反动势力一样。他们的共同点在于，他们都反对威尔逊想让美国成为全球领袖的独特看法。他们对战后秩序的看法，其基础在于，美国要与在他们看来同为民主高级俱乐部成员的其他国家，尤其是英国和法国结成特殊的战略联盟。这种看法对德国构成威胁，同时也让威尔逊十分厌恶。从这个方面来说，他与柏林方面站到一起，这并不仅仅是反对党幻想出来的事。

第十二章

压力下的民主

1918年10月到12月，欧洲的旧世界轰然坍塌了。革命不仅扫荡了哈布斯堡王朝和霍亨索伦王朝，还有巴伐利亚（Bavaria）、萨克森（Saxony）和符腾堡（Württemberg）的皇室、十一个公国和大公国，以及七个小的德国亲王国，人们对此并不感到遗憾。德国、奥地利和匈牙利都宣布自己成为共和国，波兰、捷克斯洛伐克、芬兰、拉脱维亚、立陶宛和爱沙尼亚也做了同样的事情。在两次大战之间的欧洲，不管还存在其他哪些政治上的挑战，最明显的就是复辟君主制的衰弱。唯一一个没有宣布成为共和国的是以塞尔维亚皇室为中心建立起来的南斯拉夫王国，塞尔维亚皇室在战争当中成为民族认同的精神支柱，从而再次获得了合法性。然而，正如俄国革命所展示的，王朝的覆灭还只是第一步。接下来会是什么呢？就像1917年的俄国一样，在1918年秋天的中欧，唱主角的是社会民主党人和自由派，在任何地方，真正的共产主义者都还只是微弱的少数派。尽管如此，人们还是很容易想象出苏维埃政权满怀期待地潜伏在东方的画面。就在柏林方面宣布成立共和国的第二天，苏维埃政权的主要报纸《真理报》就号召将1918年11月10日定为国家节日，以庆祝德国工人阶级的起义。这是世界革命的信号吗？

无疑，当威尔逊启程前往欧洲，进行有史以来美国总统对欧洲的第一次访问时，他想象自己正位于全球风暴的中心。"保守主义者没有意识到当前世界正在释放什么样的力量，"1918年12月，威尔逊在"华盛顿号"军舰上对部下发表讲话时说道："只有自由主义能将人类文明拯救于纷乱之中——拯救于即将席卷世界的极端激进主义浪潮之中……自由主义必须比以前更自由，它甚至需要变得激进一些，好让人类文明躲过这场风暴。"[1]如果说俄国提供了一种全球革命的图景，那么对于很多人来说，威尔逊则提供了另外一种。已经被写进《停战协议》的"十四点原则"现在已经引人注目地流传到了世界各地。在朝鲜、中国和日本，游行示威的人们高举着写有威尔逊口号的横幅。在山峦起伏的库尔德斯坦（Kurdistan），土耳其的民族主义领导人凯末尔·阿塔图尔克（Kemal Ataturk）发现自己需要对付部落酋长世俗的后代们，这些年轻人坚持认为，土耳其和库尔德斯坦的关系应当以"十四点原则"为基础解决。[2]在利比亚的沙漠里，柏柏尔（Berber）抵抗力量新成立了的黎波里塔尼亚共和国（Tripolitanian Republic），他们在与意大利敌人的谈判中，宣布"帝国主义时代已经终结，在19世纪能够实现的事情到了20世纪的第二个十年已经行不通了"。他们严格按照威尔逊主义的条件达成了和平，并且用机动车队摆出国际联盟的图案，以示庆祝。[3]

这样的事件预示着政治的视野已经大大拓宽了。它之于我们这个全球时代，在很多方面就像列宁与威尔逊对峙的画面之于冷战时代的历史著作。[4]然而，不管是以威尔逊的方式还是以列宁的方式，1919年世界范围内的革命都没有发生。在欧洲，革命不论深度还是广度都比不上三代人之前的1848年革命。[5] 1919年激进社会主义

第十二章 压力下的民主

所遭遇的失败甚至比1848年欧洲自由主义者所承受的挫折更起决定作用。威尔逊的"革命"最终身败名裂。1924年年初，列宁和威尔逊在几周内先后怀着深深的失望去世。威尔逊主义的真诚信奉者与列宁主义的同行者从这一失败中得出了惊人的结论。据说，1918—1919年中途流产或失败的革命决定了20世纪余下时间的发展方向。正是保守主义、心怀怨恨的民族主义，以及积重难返的帝国主义造成了列宁和威尔逊的失败，并导致人们无法真正与旧世界一刀两断。[6] 相反，这次残暴的大战与即将到来的更残暴的事件被紧紧联系在了一起。

然而，不管是马克思列宁主义还是威尔逊式对失败的描述，都不应让我们忽略那些想办法渡过了危机的力量。如果没有革命，也就没有全面的反革命。尽管它们既不符合列宁的设想，也不符合威尔逊的设想，但战争还是释放出了极其强大的变革力量。如果说结果比威尔逊和列宁的追随者所希望的更保守，那么，我们必须承认的，是这些自诩拥护进步的人在为这个令人失望的结果推波助澜中所发挥的模糊不清的影响。

一

1918年11月，差点被愤怒的暗杀者夺去性命的列宁从伤势中恢复过来，此时的他远不是认为自己正在发起革命攻势，而是处于深深的焦虑之中。尽管他很高兴地看到，从俄国开始的革命已经变成了一场世界运动，但对他来说，这是个空前危险的时刻。自从掌权之后，列宁一直想象着自己是在利用帝国主义德国来平衡协约国的压倒性力量，可现在，能与协约国对抗的德国平衡力消失了。正如列宁所说："当德国被国内的革命运动搞得四分五裂的时候，英国和法国的帝国主义者认为自己是世界的主人。"[7] 1918年7月开始的对俄国的干涉行动显然还会继续加强。而对于德国革命本身，列宁则非常小心，就像他曾经对俄国二月革命的态度一样。11月掌权的爱国的德国社会主义者并不比协约国的"自由的帝国主义者"强多少。德国军队突然从乌克兰撤出，这让布尔什维克得以控制基辅。托洛茨基马上动员了新成立的红军中成千上万的士兵，然而，列宁和托洛茨基所面临的挑战是巨大的。《布列斯特条约》提及和未提及的，曾经属于沙皇俄国的大片领土已经宣布独立。日本、美国、英国和法国的军队占领了从最北边一直到克里米亚和西伯利亚的桥头堡。大批反革命军队正在各个方向上集结——北面，叶夫根尼·米勒（Yevgeny Miller）将军的军队在阿尔汉格尔（Archangel）躲在英国人背后；波罗的海一带是尼古拉·尤登尼奇（Nikolai Yudenich）的军队，他们勾结了芬兰人、德国人和爱沙尼亚人；南面，安东·邓尼金（Anton Denikin）的志愿军得到了哥萨克和英法的支持；东面，亚历山大·高尔察克（Alexander Kolchak）的军队接替了西伯利亚捷克军团的位置。[8] 俄国远不是居高临下地俯视着西欧，与之相反，在两个世纪的时间里，俄国从来没有像现在这样被团团包围、处境艰难。

在协约国内部，确实有人像列宁想象的那样，主张完全摧毁苏维埃政权。对于即将出任战争大臣的温斯顿·丘吉尔来说，布尔什维克的威胁必须铲除。1919年1月，他在一封电报中写道："如果整个欧亚大陆，从华沙到符拉迪沃斯托克，都被列宁统治，那么，我们当［原文如此］有什么样的和平呢？"[9] 1918年12月29日，法国宣布了一个全面封锁计划，目的是给予苏维埃政权致命打击。然而，如果说革命的国际主义政治被团团包围，那么，反革命的政治也是一样。[10] 7月的干涉行动并非像列宁所想象的那样，是由于对布尔什维克的敌意，而是由于列宁自己明显坚定地要将其政权交到帝国主义德国手里。资本帝国主义联合起来对付共产主义政权的

第十二章 压力下的民主

事情并没有发生,德国的投降拯救了苏维埃政府。停战不仅使列宁避免了因与鲁登道夫结成紧密联盟而激起的公愤,还使得干涉行动在开始之前就丧失了动力。并且,随着德国人的撤离,在俄国爱国人士看来,现在,反布尔什维克的白军力量,而不是布尔什维克,才是外国势力的走狗。

1919年1月16日,当主要大国的政府聚集在巴黎奥赛码头(Quai d'Orsay)的法国外交部里讨论俄国形势的时候,劳合·乔治清楚地表明了自己的立场。[11]他深信,布尔什维克至少与德国的军国主义者一样"对人类文明构成威胁",应该制订方案,立刻摧毁它们。但考虑到红军力量在不断增强,这不再是一场小规模行动,而需要组织至少40万人来展开进攻。然而,在当前人们要求解散军队的普遍愿望下,房间里没有人愿意提供必要的人力。结束了与德国的战争,却只是为了开始另一场与俄国的全面战争,这会在西方引发众怒。劳合·乔治向英国战时内阁表示:"为了自由,我们的公民军愿意去任何地方。但我们无法说服他们"——不管首相本人多么确定——"镇压布尔什维克是一场为了自由而打响的战争"。[12]法国海军派往克里米亚的一万名水兵已经举行暴动了。[13]协约国也可以继续执行封锁政策,然而,劳合·乔治继续说,俄国有1.5亿老百姓。封锁政策不会"引发健康问题,它会引发死亡问题"。并且,死去的不会是布尔什维克,而是那些协约国想要保护的俄国人。这样就只剩下一个选择了:谈判。但跟谁谈呢?怎么谈呢?

劳合·乔治的建议是,把俄国各个交战党派都召集到巴黎,"面对"美国和协约国主要国家,"有点像罗马帝国召集周边属国的首领的样子……"但坚决反对布尔什维克的法国人可听不进去这样的建议,他们表示"绝不与犯罪分子打交道"。[14]但他们同样也不愿意放弃自己在俄国的反布尔什维克盟友。与其他国家相比,法国在俄国的损失将会是最多的。最终,各方达成一致,邀请俄国的各个党派到马尔马拉海（Sea of Marmara）的王子群岛（Princes' Islands）召开一次不受外界干扰的会议。乔治·克列孟梭对此表示同意，但这只是因为他想维护与英国和美国的关系。

在苏维埃方面，与威尔逊和协约国进行谈判的想法再次撕开了布列斯特的伤口。托洛茨基反对进行任何对话；红军不顾停火的呼吁，继续作战。但列宁表示，他愿意进行对话。这样一来，计划中的会议未能实现，就是白军的责任了。他们在伦敦和巴黎方面主张强硬路线的人的鼓动下，拒绝了进行接触的邀请。这再次为干涉主义者打开了大门。1919年2月14日到17日，借着劳合·乔治不在巴黎，丘吉尔企图让美国支持军事解决的方案，但威尔逊和劳合·乔治都拒绝了，威尔逊还派出了自己最激进的顾问威廉·布利特前往俄国。布利特与格奥尔基·契切林和列宁进行了密集的会谈，然而，当他在3月底返回西方的时候，大会已经被德国的和平问题占据，没有心思解决引起争议的俄国事务了。与此同时，劳合·乔治做出了让步，他说，如果俄国真的像通常所说的那样强烈反对布尔什维克，那么他们就应该自己解决列宁。伍德罗·威尔逊也倾向于让俄国人自己通过斗争来解决问题。到5月的时候，担心革命会蔓延开来的最严重的恐惧已经过去了。

如果俄国真的与德国结成联盟，那么，不论是妥协或是完全消灭苏维埃的威胁，压力都会大得多。但在1918年年底至1919年年初，列宁更大的兴趣在于安抚协约国，而不是与新的德意志共和国建立联系，这样的想法获得了巨大的回报。战争已经自行做出了裁决，不管革命者和反革命者有哪些遥远的梦想，权力的中心都在西方，而不是东方。[15]德国社会主义的两翼，社会民主党与独立社会民主党，对俄国都不友好。列宁的政权与俄国的混乱状态对于德国来说都是痛苦的记忆，让它们想起自己东方政策的失败。新的德意志共和国迅速关闭了苏维埃在柏林的使馆，对俄国提出的输出粮食的建

第十二章　压力下的民主

议也置之不理，因此也就不足为奇了。而对苏维埃政权两个最直接的政治挑战都来自德国左派内部，这也并不是什么巧合。极左派的罗莎·卢森堡号召德国工人阶级起来进行一场真正的马克思主义革命，反对列宁的统治[16]；中间派的卡尔·考茨基（Karl Kautsky）一直是社会民主党正统马克思主义的教父级人物，他公开批评苏维埃的政策，号召社会主义者参与到议会民主制的建设中来。[17]

建立起德国自己的民主制度成为头等大事。[18] 社会民主党及其在国会多数派中的友好人士希望尽快推动立宪会议的选举，他们把日期定在了1919年1月的第三周。然而对于独立社会民主党和更偏左的少数派来说，这会对整个革命事业造成威胁。正如罗莎·卢森堡所说，"今天，依靠国民大会的做法会有意无意地使革命倒退回资产阶级革命的历史阶段"——这等于是把革命交回到了敌人手里。[19] 在1月举行选举，这会让德国陷在新的现状里停滞不前，如果德国想要进行真正的革命，就一定不能让1789年的法国大革命重演，而是应当立即向前发展到苏维埃体系，这才是未来的保证。让卢森堡感到害怕的是，1918年12月，当德意志苏维埃代表大会在柏林召开的时候，大多数代表投票赞成民主化。他们希望对重工业进行社会主义化，对军队进行彻底的改革，但最重要的是，他们想建立立宪会议。有了这样的支持，社会民主党继续准备在1月的第三周举行选举。为了获得双重保障，他们又加上了两个"谅解"巩固自己的立场：一个是在工会和雇主之间，这是为了维护德国经济的运行[20]；另一个是在临时政府与残余的陆军指挥部之间。从一个善意的角度解读，之所以能达成这些谅解，是出于确保德国不会出现"布尔什维克局面"、不会出现混乱或内战的决心。[21] 社会民主党害怕再次出现1918年11月9日之前席卷整个德国的无序状态。

事实证明，这样的担心并不完全是多余的。然而，引起混乱的却恰恰是政府笨手笨脚想要控制的尝试。圣诞节和新年假期间，柏林的革命军队拒绝离开市中心并要求拿到薪水,结果,德国首都出现了严重的巷战。与此同时,在罗莎·卢森堡和卡尔·李卜克内西的领导下,1919年1月1日,斯巴达克派与其他极左团体共同组成了德国共产党(KPD),它将在多数派社会民主党和独立社会民主党都没能获得成功的地方扮演领导角色。1月5日,具有左倾倾向、支持叛乱的柏林警察局长被解职,导致了大规模的街头示威游行。这个小团体不顾卢森堡的意见,认为行动的时机已经到来。共产党人和来自独立社会民主党的支持者组成了武器简陋的小分队,在首都的中心地区公开叛乱。他们设置路障,并占领了社会民主党的报社办公室。临时政府会做何反应呢?当军事人民委员会委员古斯塔夫·诺斯克(Gustav Noske)要求立即镇压起义时,社会民主党的领袖弗里德里希·艾伯特反驳说,他应该"自己去镇压!"据诺斯克自己的回忆录记载,他对此回应道:"那就这么办!总得有人双手沾上鲜血!"[22]调解失败之后,1月11日星期六早上,诺斯克指挥的正规军一路炸开路障,向德国总理府进军。在那里,艾伯特出现了,他向军队表示感谢,尽管一小部分不负责任的人试图阻拦并引发了内战,但军队使国民大会得以继续进行。53位革命委员会的主要成员被捕入狱、接受审判,最终在1919年夏天被无罪释放。卡尔·李卜克内西和罗莎·卢森堡这两位最受仇视的极左人士则没有那么幸运,他们在1月15日被捕,受到严刑拷打,随后被枪决。正是这次谋杀,而不是导致了大约200人丧生的武装起义,成了诺斯克政治秩序中的污点。这不是共和党人的行事原则,而是得到社会民主党许可的反革命暴行。谋杀的消息在党内各个层面都引发了恐惧的浪潮。有人要求政府辞职,但诺斯克不为所动:"战争就是战争。"[23]

剧烈的冲突对于德国极左派来说是一场灾难,但它们并没有导致军事独裁。1919年1月19日,在斯巴达克起义被镇压一个星期之后,占到德国成年人口83%的3000万男女参加了立宪会议的投票。这是"一战"结束之后西方世界最引人瞩目的一次民主事件。参加这次选举投票的德国人数比 1920 年美国参加总统选举投票的人还要多 300 万,而德国当时的人口是 6100 万,美国则是 1.07 亿。社会民主党在选举中获胜,赢得了 38% 的选票。对于一个像德国这样内部严重分裂的国家来说,这是十分难得的。它比德国历史上任何一个政党所获得的优势都要大,比希特勒在 1932 年最受选民欢迎时所得到的支持还要多。直到 20 世纪 50 年代,康拉德·阿登纳(Konrad Adenauer)在战后经济奇迹顶峰时所获得的选票比例才超过了这一数字。但这还远远达不到多数,即使算上社会民主党在一个社会主义联合政府中公认的伙伴——极左的独立社会民主党,也只能增加 7.6%。这时柏林的暴力活动也使社会民主党与独立社会民主党之间无论如何都不可能结成联盟,他们在一场力量悬殊的内战中各站一边。

尽管 1919 年 1 月的选举结果否定了社会主义共和国,但它也不是要走回头路。社会民主党反对极左派的社会主义冒险主张,而坚定了自己从 1917 年夏天就开始追求的战略。如果与天主教中央党和进步的自由派合作,社会民主党就能获得稳定的民主主义多数,让极左派和极右派都靠边站。在 1912 年战前的最后一次选举中,国会多数派的三个成员——社会民主党、中央党和进步自由派——曾赢得三分之二的选票。1919 年 1 月 19 日,这三者加起来获得了 76% 的选票。德国选民的绝大多数并不赞成社会主义革命,而是赞成民主化,以及使停火明显有利于德国的外交政策。包括古斯塔夫·施特雷泽曼这样的俾斯麦式国家自由党在内的右翼所获得的选票则下降到了不到 15%。在这一激动人心的选举结果的激励之下,获得多数选票的几个党派筹划了一个宏大的共和体制,将自由民主和社会民主主义的基本要求都囊括其中。在整体的安排都确定下来之后,他们抖擞精神,准备迎接和平。

二

早在 1871 年,巴黎公社运动被粉碎之后,尽管有进行社会主义革命的要求,但最终得以强行建立起来的还是共和体制。1919 年,德国出现了同样的暴力裁决。这对于欧洲社会主义及其在战后重建中的角色来说,意味着什么呢?德国选举两周之后,2 月 3 日,社会党和独立社会党都向在伯尔尼(Berne)举行的第二国际战后第一次大会派出了代表团。[24] 作为战前社会主义国际的延续,这次大会有 26 个国家的党派前来参加。这是 1914 年以来德奥代表第一次见到他们来自法国社会党和英国劳工运动的曾经的同志。会议组织者希望向世人展现重建起来的团结,从而恢复对民主改革政治的支持,拒绝布尔什维克的手段。他们还希望支持威尔逊总统实现"民主式和平"。1918 年 12 月,威尔逊在对协约国各国首都进行为期几周的访问时,明确表示他欢迎来自欧洲左派的支持。当他到达法国的时候,带头欢迎总统先生的,正是社会主义党。12 月 27 日,当他在白金汉宫受到招待时,威尔逊穿着特别简单的服饰,表示出坚定的克伦威尔式的态度。他说得非常直率:"你们不要说什么来到这里我们就像你们的表兄弟,更不要说是什么兄弟,我们哪个都不是。你们也不要觉得我们是盎格鲁-撒克逊人,因为这个词再也不适用于美国人民了。英语是我们共同的语言,但这个联系也不应看得特别重要……不,只有两件事能让你们的国家和我的国家建立和保持更紧密的关系:这两个国家在意识形态和利益上是一个共同体。"[25] 威尔逊毫不掩饰这样的事实,即在他看来,他与反对党工党更像是一个价值共同体,而不是与劳合·乔治的联合政府。

因此,在伯尔尼大会上,英国的劳工运动是支持威尔逊提议的主要力量之一,这也就没什么奇怪的了。[26] 但大会本身却一团糟,并没能形成有力的意见。非常明显的是,好几条裂痕正在欧洲的社会主义中蔓延，预示着或者退化成内战，就像德国那样，或者陷于停顿状态。意大利社会党是唯一一个经历了大战但仍然团结在一个激进主义路线周围的党派，但这也就意味着他们拒绝参加伯尔尼大会。他们不会与一群"民族沙文主义者"打交道，因为这群人中的大多数已经背叛了国际主义事业，转而支持自己国家所进行的战争。相反，意大利社会党是第一批接受列宁邀请加入第三国际——共产国际——的西欧政党之一，第三国际于1919年3月19日在莫斯科召开第一次会议，但参加者寥寥无几。法国的社会主义党也设法维持住了组织上的完整性，但正如它在伯尔尼大会上表现出来的，它在意识形态和实践上都是支离破碎的。

在揭幕会议中，法国社会党代表团中的右翼、1917年危机之前一直在法国政府中任职的所谓"爱国"社会主义者，完全主导了会议。他们要求重述1914年7月发生的重大事件，那个时候他们的德国同志去哪儿了呢？考虑到战争留下的积怨，这是意料之中的。但这完全不符合会议组织者官方承认的威尔逊式国际主义，他们曾使用"平等的和平"这样的表述；与英国独立工党的拉姆齐·麦克唐纳的看法也不一致。麦克唐纳认为，法俄同盟与德国人一样对战争的爆发负有责任。法国社会党右翼与德国社会民主党多数派激烈争吵了两天，差点毁掉了整个大会。德国社会民主党觉得愚蠢的德国皇帝确实应当受到谴责，但应当是作为所有帝国主义分子中的一员受到谴责。德国的社会主义者有什么需要道歉的呢？他们是应当在1914年8月向法俄同盟投降，还是应当屈服于英国所造成的饥荒呢？他们是作为一个推翻了德国皇帝、进行了革命的党派来到伯尔尼的，在那些完全没有与自己国家的帝国主义历史决裂的法国同志面前，德国社会主义者有什么不好意思的呢？如果法国想在民主的基础上解决阿尔萨斯–洛林问题，那就举行全民公投好了。可法国社会党代表团中的爱国派又不愿接受这个建议。正如威尔逊本人所承认的，阿尔萨斯—洛林不是民族自决的问题，而只是一个修复正义的问题。[27]

与法、德两国社会主义党右翼顽固的爱国主义比起来，德国左翼独立社会民主党的发言人库尔特·艾斯纳（Kurt Eisner）则大出风头。这位巴伐利亚的代理总理与其他所有代表都不一样，他不仅在一般意义上对帝国主义进行谴责，同时也愿意承认自己祖国所犯下的重大错误。[28] 1919年时，正是这种愿意与爱国主义者决裂的态度，使独立社会民主党被同盟国认为是可以接受的德国民主派。[29]但也正是出于同样的原因，艾斯纳和他的同志们在德国选民中极其不受欢迎。1919年年初，面对着准军事组织自由军团（Freikorps）的枪口，独立社会民主党又向左迈了一步，他们采用了布尔什维克"一切权力归苏维埃"的口号，还与列宁的第三国际眉来眼去。为此他们付出了代价，而且不仅体现在选票上。2月21日，在伯尔尼大会结束后十一天，接受了自己所在党派在国民大会选举中惨败的结果，艾斯纳决定辞去总理职务。在他穿过慕尼黑的街道递交辞呈的路上，一位右翼暗杀者开枪打死了他。

伯尔尼的会议还讨论了暴力的问题。然而，参会的大多数人所考虑的，并不是当时来自右翼的零星攻击，他们所担心的是列宁和托洛茨基公开宣扬的系统性的阶级政策。会议组织者想要采纳作为独立社会民主党代表参会的考茨基的意见，将欧洲的社会主义与那种暴力的教条区分开来。社会民主主义的第二国际很快就会派出一个代表团，为危机四伏的格鲁吉亚共和国送去鼓励——在这个国家，面对红军不断逼近的威胁，社会民主制正在想方设法巩固自己的地位。然而在伯尔尼，大家在布尔什维克的问题上没能达成一致。法国社会党右翼发起的反德运动主导了头两天的会议，现在该轮到法国的左翼了，他们联合奥地利社会民主党的激进派，使会议无法就俄国政治的问题达成任何共同决议。

第十二章 压力下的民主

在伯尔尼会议上，法国社会党两派都没有提出异议的一项动议，是投票表决威尔逊承诺的进步主义和平与国际联盟。当然，对于主张改革的社会民主主义者来说，他们有充足的理由采取这一立场。一个强大的国际联盟能提供国际调停，而1914年7月的悲剧就在于缺少这一点。各国共同制定劳工法规，就能够消除激烈的外国竞争，而这正是制定国内福利政策时最常见的反对意见。这样，组织一系列劳工运动，以此要求国际联盟建立在恰当的民主原则之上，就成为一件很有意义的事情。但是，正如列宁的第三国际很快就会做的那样，激进左派的代言人很容易找到理由驳回这样的对话，称其为"资产阶级的国际主义"。在伯尔尼，左翼口下留情了。然而，不管他们在其他地方存在哪些分歧，如果说有一件事情是德国和法国各派别的社会主义者达成一致的话，那就是他们都很乐于看到威尔逊在"帝国主义者"克列孟梭和劳合·乔治身上投下了阴影。[30]

毫无疑问，负面的成见能够为政治凝聚力的形成提供一个有用的目标，而威尔逊的国际主义很可能推动了欧洲四分五裂的劳工运动融合成一支民主力量的进程。但是，尽管社会主义者的威尔逊主义能让伤口稍稍愈合，可它力量太弱小，无法恢复因战争和布尔什维克的掌权而破坏的团结。随着列宁不断巩固自己对俄国的控制，那种认为只要把从罗莎·卢森堡到古斯塔夫·诺斯克的左派都统一起来，就能在中欧和西欧的任何地方赢得民主多数的想法已然是痴心妄想。在很多地方，民主的国家改革计划确实获得了多数支持，然而，这并不是以统一的社会主义集团为基础的，而是像德国所展示的那样，其基础在于社会民主主义的右翼决定放弃极左派，选择联合基督教民主主义者和自由派。[31]这是一个痛苦的选择。正如德国的例子所显示的，这有可能对极左派产生致命的影响，而如果他们赞成列宁主义的内战言论和实践，从而给镇压它们提供了机会，那就更是如此了。威尔逊主义也没能让事情变得简单。威尔逊对埃茨贝格尔、克列孟梭和劳合·乔治之类的人表示怀疑，这些人因为他的言论而形象受损，但他们恰恰就是将来要建立一个有广泛基础的进步主义联盟时真正需要依赖的人。威尔逊主义让温和的社会民主党人错误地向往一个不同于布尔什维主义的激进国际主义，这就使得有广泛基础的进步主义联盟更难——而不是更容易——想象了。在英国这个欧洲劳工运动最不具布尔什维克色彩、最具有威尔逊特征的地方，这种讽刺的后果也最为明显。

三

在英国，主流的自由党和有组织的工党之间或明或暗的联盟，19世纪70年代以来，就一直是激进改革的中流砥柱。1914年，劳工运动的大多数成员都支持战争。从1916年12月开始，劳合·乔治就始终保证在其战时内阁的核心集团中，一定要有一名工会代表。但威尔逊在1917年开启的和平争论却给这一合作带来了实实在在的压力。从1914年开始，拉姆齐·麦克唐纳就领导着一小群人反对战争，他们与民主控制联盟（Union of Democratic Control）保持着紧密的关系，这个联盟是一群激进自由主义的英国人，是伍德罗·威尔逊政策试水的幕僚。1917年，这个反战集团增加了一名重量级人物，工党党员阿瑟·亨德森。他原本是支持战争的，但由于劳合·乔治政府拒绝让他参加斯德哥尔摩和平大会，他便与这个政府分道扬镳了。1918年1月，劳合·乔治宣布战争目标的讲话是想让工党继续支持战争，然而，在亨德森的领导下，劳工运动如今准备作为另一个可供选择的政府，而不是自由党的辅助力量而加入竞争了。[32] 由于选举权已经大大扩展，看起来工党没有理由不获得多数选票，因为现在绝大多数选民都是工人阶级了。

在适当的时候，这些预言就会变成现实。在1923年到1945年，

第十二章 压力下的民主

英国三次选举出了致力于英国式社会主义的工党政府，这应当被看作现代政治史上值得关注的和平转型之一。但直到1945年，工党才独立地获得了绝对多数。在1923年和1929年，工党政府都还需要自由党的支持。1918年时，工党的过度自信让他们付出了高昂的代价。劳合·乔治决定迅速组织一次战后选举，并在他的联合政府中为工党候选人提供了稳得议席，但工党领导人拒绝了。工党决定依靠自己新的全国组织去竞争将近一半的席位，它觉得自己能斩获颇丰，想要跟这个被它斥为战争贩子的政府划清界限。[33] 然而，事与愿违，12月14日，政府在选举中大获全胜。劳合·乔治和他的托利党伙伴几乎让前首相赫伯特·阿斯奎斯所领导的自由党彻底出局。在300名工党候选人中，仅有57人进入了下议院。

具有讽刺意味的是，在英国新的普选权下进行的这第一次选举，并没有被看作民主改革的胜利而得到欢呼，却被视为民族沙文主义的胜利而饱受恶评。在威尔逊投下的阴影之下，这场"卡其选举"（khaki election）遭到炮轰，但不是来自右派，而是来自左派。面对这个"严重退步的议会"，丢掉了自己席位的拉姆齐·麦克唐纳对人性完全失望了。[34] 看样子，劳合·乔治和他的托利党伙伴已经找到了办法，将民主制度变成通往复古的列车。劳合·乔治这位布尔战争的坚定反对者，现在被指控迎合了民族主义最卑劣的本性。而威斯敏斯特对简单多数选举体系的任意专断，更是让这种受骗的感觉愈发强烈了。尽管阿斯奎斯派、自由党和工党获得了三分之一强的选票，但它们只得到了八分之一的席位。[35] 虽然这让人心生不满，但威斯敏斯特体系的异常举措是意料之中的，它们也没让这个体系变得天然保守。1906年，它曾让自由党—工党联盟大获全胜。在1917年的改革辩论中，极力争取比例代表制的恰恰是保守党人，他们想要保全自己，因为他们认为，在普选体系下，工人阶级一定会获得多数选票。然而，尽管1918年的选民数与1910年相比确实增加了三分之二，但政府没有想到的是，他们的对手表现出了自我毁灭般的无能。1918年，工党没有与阿斯奎斯的自由党达成任何私下协议，这分化了在野党的选票，其结果也就不难预见了。

然而，这个联合政府清楚地知道民众的真实情绪。抛开那些沙文主义的民众游行和报纸上的头条新闻，他们知道，并没有什么民族主义热情的浪潮在支持着政府。尽管劳合·乔治鼓励进行"战壕中的选举"，但绝大多数的士兵已经筋疲力尽，根本没有兴趣去投什么票。保守党在下议院获得了大量席位，但他们只获得了32.5%的选票，除了1945年和1997年的历史性惨败之外，这低于他们在20世纪英国历次选举中的结果。当然，这有一部分原因是他们同意与劳合·乔治联合。但托利党领导人确信，要想应付工党的崛起，劳合·乔治是一个重要的庇护者。[36]这个糟糕的得票率也证明了托利党在20世纪20年代的选举中一直欠佳的运气，在这十年之中，他们仅有一次得票超过了40%。尽管从表面上看，自由党与保守党的联合在议会中占统治地位，但形势显然正在发生改变。在1918年12月14日的英国选举中，工会已经非常强大，占据了工党候选人中的半数。[37]这得益于议会之外的支持，工人阶层被前所未有地动员起来。

1910年到1920年工人阶级斗争的高涨，是一个席卷全世界的现象。[38]这并不是没有发生的社会主义革命的副产品，而应当被视为一个独立的变革性事件。在美国，威尔逊任期的最后18个月，右翼出现了真正的恐慌；在法国，参加巴黎和会的代表们亲眼看到了1919年"五一国际劳动节"那天发生的巷战；到1919年夏天，罗马似乎即将失去对意大利各个城市的控制。英国高涨的工人斗争虽然没有出现那么激进的言论，但也是令人生畏的。当大英帝国还在兴登堡防线上作战的时候，摆在劳合·乔治政府面前的却是警察的罢工和铁路的严重瘫痪。[39]情况极其严重，以至于政府允许当地

第十二章 压力下的民主

警察请求军事援助（表6）。[40]

随着战争终于结束，对劳工斗争的压制也转向主要以安抚为主。1918年11月13日，劳合·乔治慷慨地承诺，要将工资的实际购买力保持在停战时的水平。可是，工资增长已经不再是工会唯一的要求了。在欧洲各地、美国，甚至是刚刚起步的亚洲劳工运动中，八小时工作制已经像国际联盟一样成为新秩序的一个象征。12月，面对铁路大罢工的威胁，劳合·乔治向自己的保守党内阁同僚施压，让他们同意实行全额工资的八小时工作制。1919年春天，克列孟梭做出了同样的调整，魏玛共和国也紧随其后。工会第三个主要要求则是希望国家能对关键产业实行管控。英国的主战场是煤矿。煤炭毫无疑问是最重要的资源，它不仅为英国，也为欧洲其他大部分地区提供燃料。所谓的"三角联盟"（'Triple Alliance'），即铁路工人、码头工人和煤矿工人的联合，能让英国甚至整个协约国内部的供应

表6 战争、通货膨胀和工人斗争，1914—1921年：罢工数量（单位：场）

年份	1914	1915	1916	1917	1918	1919	1920	1921
丹麦	44	43	66	215	253	472	243	110
法国	672	98	314	696	499	2026	1832	475
德国	1233	141	240	562	532	3719	3807	4455
意大利	905	608	577	470	313	1871	2070	1134
荷兰	271	269	377	344	325	649	481	299
俄国	3534	928	1288	707	—	—	—	—
西班牙	212	169	237	306	463	895	1060	373
瑞典	115	80	227	475	708	440	486	347
英国	972	672	532	730	1165	1352	1607	763
美国	1204	1593	3789	4450	3353	3630	3411	2835

网络都陷于瘫痪。

与工党的政治领袖不一样，工会对于力量的实际情况有着清楚的认识。他们知道自己的力量，但他们也知道，全面的罢工将让政府别无选择，而只能借助于武力。正如强大的运输工人联盟（Transport Workers' Union）的领导人欧内斯特·贝文（Ernest Bevin）所说，如果"三角联盟"对政府采取威胁手段，"我想，那一定会发生内战。因为一旦所有工会都被牵扯进来，我无法想象政府如何不使用武力来维持自己的地位和权力；同时我也不相信，如果我们的人民明白这意味着什么的话，还会愿意投身进来"。[41] 由于工党在选举中的失败，劳合·乔治能够得到议会的支持。双方都与英国"和平王国"的自我形象利益攸关，因此不敢冒险发生冲突。相反，工会和劳合·乔治的联合政府都愿意进行谈判。

1919年2月24日，为了安抚三角联盟，劳合·乔治说服了英国矿工联合会（Miners' Federation of Great Britain）接受一个皇家委员会，以开启国有化进程。1918年11月，尽管托利党伙伴很不情愿，但首相先生还是让他们和自己共同参与了一个号称"民主重建计划"的纲领。保守党领袖安德鲁·博纳·劳（Andrew Bonar Law）在向尊贵的贝尔福勋爵解释这一安排的逻辑时，表现出了惊人的坦率。托利党人或许很想结束与他们过去的强敌劳合·乔治的合作，但如果这么做的话，他们就会面临"自由党与工党联合……"的风险。即使保守党人自己也能获得多数，随之出现的两极分化也将是十分危险的。"唯一能够……理性解决"一大堆重建问题的办法，就是由一个不是从英国社会的某一"部分"诞生出来，而是包含所有主要阵营的政府来处理这些问题。只有这样，才能"至少提供一个机会，使毫无疑问必须要进行的改革能够以一种尽可能不那么革命的方式来进行"。[42] 在关键时刻，劳合·乔治提醒他的内阁同僚注意这种基本的政治洞察。在投入大量人力、物力，从而获取了战

第十二章 压力下的民主

争的胜利之后,在保证国内和平所需的几亿金钱上争吵不休,简直就是荒谬。如果战争再继续一年,他们不是也得想尽一切办法再筹集20亿英镑吗?相比之下,"花7100万英镑来保证我们不受布尔什维主义的威胁,其实算不上昂贵"。[43]

当然,战争期间的花钱方式不能无止境地继续下去。1919年4月30日,财政大臣奥斯丁·张伯伦向议会提交预算,削减一半的公共支出。[44] 军事花销被大幅削减,同时留出五分之一的预算,用于补贴面包价格、火车票价,以及支付战争抚恤金等其他军队复员相关的费用。在这之前,福利花销从来没有如此明确地被置于帝国防御之上。

在战争爆发之前,劳合·乔治在与上议院斗争,创建现代累进税收制度的过程中,证明了自己是现代民主制度的伟大缔造者之一。他当时面临的挑战则是要找到一个民主的基础,同时支撑不断增长的福利支出,以及与德国威廉二世的海军军备竞赛。1919年,在为打败德国做出贡献之后,他的政府面临着难以想象的严重财政危机。1914年,英国的公共债务只有6.948亿英镑,五年之后,这个数字攀升到了让人晕眩的61.42亿英镑,其中有10亿是欠美国的,需要用美元而不是英镑来支付(表7)。[45] 1919年,债务就已经达到了预算的25%,并且在可预见的未来,会上升到大概40%。这些负担极其沉重,但好在英国还算是富有。相比之下,法国和意大利的国内外债务情况则更加糟糕。根据当时的估算,战争期间签订的公共债务占到了意大利战前国家财富的60%,在英国是50%,在美国则只有13%。[46]

1918年12月11日,在布里斯托尔(Bristol)的一次即兴演说中,劳合·乔治发表了他关于"卡其"选举运动最具煽动性的发言。谈到赔款问题时,他向下面欢呼的人群宣布,德国人可别指望能轻松逃脱——"我们要搜他们的口袋"。[47] 劳合·乔治的批评者声称,

表7 财政实力的新次序：巴黎和会前美国对各国预算情况的评估，1918年12月（单位：10亿美元）

	德国	英国	法国	意大利	美国
国家各类财富总值（战前）	75.0	75.0	60.0	20.0	250.0
战前国家年收入	10.0	11.0	7.0	3.0	40.0
战前政府债务	1.2	3.5	6.6	2.9	1.0
战争结束时的政府债务	40.0	40.0	28.0	12.0	23.0
战后债务的利息（不包含偿债基金）	2.0	2.0	1.4	0.6	1.0
当前税收所得	1.9	4.0	1.5	0.9	4.0
战前储蓄	2.5	2.5	0.9	0.4	5.0
战前贸易平衡	-0.4	-0.7	-0.3	-0.2	0.7
战前陆军开销	0.3	0.1	0.2	0.1	0.1
战前海军开销	0.1	0.2	0.1	0.1	0.2

首相先生诉诸民粹主义，结果为巴黎和会的灾难开启了大门。但如果认为他的演说只是在蛊惑人心，就忽略了财政危机的现实和空前严重的社会冲突。尽管工党左翼在谈论威尔逊式没有赔偿的和平，但赔款并不是一个左或者右的简单问题。如果不想让战时债务的偿还影响人们通过公共教育、社会保险和公共住房等途径创建一个更加公平的社会——这是欧洲所有新自由主义者和社会主义改革派都认可的内容——那么就必须找到其他的资金来源。赔款问题的主要批评者之一约翰·梅纳德·凯恩斯在1919年春天承认说，"在赔款问题上……民众这种强烈情绪……"并不是基于对"德国人究竟能赔多少的合理计算"，而是人们"充分意识到"，如果德国不分担一大部分负担的话，欧洲各个战胜国可能都会出现"难以承受的局面"。[48]当英国社会保险体系之父劳合·乔治说要搜德国人的口袋来获得赔

款的时候,他向那些焦虑的中产阶级纳税人保证的,是这些新产生的巨额负担不会只由他们来承担。

当然,对于劳合·乔治的批评者来说,这正是他的讲话具有煽动性的地方:把孤儿寡母的抚恤金跟德国的赔款联系起来。只要政府敢于向他们自己富裕的精英阶层课以重税,自由主义和平与国内改革其实可以完美共存。[49]财产税——根据财富而不是收入课税——在1919年的英国饱受热议,在法国和德国也是一样。当时一些最具影响力的经济学家都在认真考虑这个问题,包括英国财政部这个正统经济学的堡垒。[50]正如他们战前的政策记录所显示的,不管是克列孟梭还是劳合·乔治,都不反对从富人身上要钱。然而,要想实行这样的激进政策,需要的正是建立在广泛基础之上的自由党和工党的激进联合,可不管是法国的社会主义者还是英国的工党,都不愿意考虑这个方案。左派没能获得有效多数,更激进的财政政策因此也就无法面世。

不管怎样,没有广泛征收财产税的事实并不意味着欧洲的精英阶层能够毫发无损。在欧洲各地,税率都被推到了一个空前的水平。尽管没能实现彻底改革的雄心,但不管是通过通货膨胀还是税收,"一战"的后果之一就是使整个欧洲的财富达到了一个前所未有的均衡水平。这不是只发生在某一个国家的变化。欧洲主要的参战国都再也回不到从前了。此外,这还是一个相互联系的过程。通过赔款和战争期间积累起来的巨额国际债务,欧洲的各个政府与社会史无前例地联系在一起。1919年5月27日,倒霉的法国财政部部长路易-吕西安·克洛茨(Louis-Lucien Klotz)发现自己不得不呼吁下议院批准提高税率,这样才能展示给"我们的盟友,让它们知道,法国仍然明白应如何在当前条件下做出必要的牺牲,这样我们就能够……继续维持军事、经济和财政领域的各项协定,正是这些协定让我们能够以理胜力"。[51]

征税不再是严格的一国事务了。向德国索取高额赔款是解决这一困境的一个办法，但并不是唯一的办法。美国和协约国通过合作获得了战争的胜利。对于在战争中受损最严重的经济体来说，它们最大的希望，就是这种互助模式能延续到和平时期。1918年，为了在重建时期维持稳定，英国和法国都提出了建立一个战后经济组织的计划。[52] 这些计划对它们的国民做出了空前的承诺。正如法国社会主义者莱昂·布鲁姆（Léon Blum）所指出的，历史上第一次，经历了战争的国家向其公民承诺，要补偿他们所遭受的损失。[53] 这在国际和国内都产生了影响。正是本着这种精神，法国商务部部长、社会连带主义者与社会改革家艾蒂安·克莱芒泰尔（Étienne Clémentel）在1918年12月给克列孟梭写信，表达了他的自信："我们的新盟友美国当然也会持同样的想法，它也会同意，法国北部和比利时的完全重建从本质上来说是每个人的事情，是自由民族经济联合的首要任务。"[54] 这样的想法即将在凡尔赛得到考验。

第三部分

未完成的和平

第十三章

东拼西凑的世界秩序

1919年1月18日,在巴黎城外路易十四的凡尔赛宫,期盼已久的和平会议在镜厅召开。差不多五十年前的这一天,新生德国的第一位皇帝正是在同一个地方接受加冕。此时,中欧的革命浪潮正如火如荼,1200万美国和协约国的士兵正在战败国的边界上等待遣返,因此,会议应该首先就欧洲的和平问题展开广泛讨论,似乎是显而易见的。然而,三个星期之前,在其欧洲访问的英国段,威尔逊总统已经明确拒绝了把欧洲的和平问题置于优先位置。他告诉英国的听众,美国"现在对欧洲政治没什么兴趣",也"不只是关心欧洲的和平";美国所关心的是"世界和平"。[1] 似乎是为了让旧世界安分守己地待在自己的位置上,1月25日,最高理事会的第一份决议并不是让会议先讨论欧洲问题,而是指定了一个由美国、英国、法国、意大利和日本五大国代表组成的委员会,让他们与中国、巴西、塞尔维亚、葡萄牙和比利时的代表团一起,共同起草《国际联盟盟约》。2月3日星期一,委员会第一次全体会议在豪斯上校的套房——俯瞰着协和广场(Place de la Concorde)的克里雍饭店(Hotel

Crillon）351号房间召开。从17世纪末开始，就一直有人主张成立和平联盟；现在，在两个星期的时间内、在十几次夜间会议里、在总共约三十个小时的过程中，国际联盟的第一份草案出炉了。2月14日，在奥赛码头法国外交部举行的和会全体会议上，筋疲力尽的伍德罗·威尔逊向参会的众多代表提交了盟约的第一份草案。在过去几个月中被反复修订的这份文本将成为《凡尔赛和约》的第一部分内容。

正如他的一位传记作者所指出的："1919年2月14日将是一个重要的日子，在这一天，威尔逊的人生出现了重大改变。"[2]威尔逊刻意将自己置于整个事件的中心位置，他主持了几乎所有的委员会会议，只有一次例外。这是他的胜利，但也是他的失败。按照威尔逊主义宣传家的说法，总统先生对新世界的希望被欧洲和日本的贪婪毁掉了。[3]就是那些人，他们将总统先生的想法击得粉碎，使它成为国内政敌易于攻击的目标。但把联盟讲成伍德罗·威尔逊讨伐帝国主义旧世界的恶习却是在自欺欺人，它不愿承认这样一个事实，即在1919年年初，英国、法国和日本都希望和会能解决如何构建世界新秩序的问题。它们确实有要维护的利益，也有想要追逐的野心，但它们已经被欧亚大陆两端所发生的战争和巨变严重动摇。显然，战前的帝国主义做法已经不可能继续下去了。帝国主义世界政治的时代已经被证明具有毁灭性的危险。尽管人们会信口谈起"旧世界"或者是"传统的"帝国主义，但大国在世界各个地区的直接对抗并不是它们根深蒂固的习性。这一情况是从19世纪80年代才开始的。英国、法国和日本想要构建的，是一种新的安全秩序，在这个问题上，它们的急切之情并不亚于美国代表团。《国际联盟盟约》的起草对于它们来说，意味着威尔逊将要回答战后世界最根本的那个问题：大家能指望从美国那里得到什么？它们得到的答案是支离破碎的。对于那些有着最敏锐洞察力的批评者来说，国际联盟的本质特征并不是它的国际主义，也不是它掩盖起来的帝国权力逻辑，而是它没能清楚地设计出一种领土或政治组织的新模式，从而也就没能对20世纪的挑战做出回应。[4]威尔逊本人坚持认为《国际联盟盟约》一定不能是约束性的，它一定"不能成为一个紧箍咒"，它是"权力的载体，但这一权力的载体可以任由那些开动它的人进行改变，来适应不断变化的时代环境"。[5]这就使世界其他国家的心头涌现出一个挥之不去的问题：谁有权力来进行这种改变、来行使这一权力呢？

一

在威尔逊和他身边的人看来，早在1918年年底，他们就已经与欧洲人划出了一条重要战线。12月初，当总统先生乘坐着"乔治·华盛顿"号军舰跨过大西洋前往欧洲时，他身边的人对旧大陆的态度趋向强硬。威尔逊对英国拒绝"公海自由"原则感到十分恼火，他斥责法国、英国和意大利正谋划着要"从德国手里拿走一切"它们可以拿走的东西。威尔逊对此"强烈反对"。正如他对一位随行记者所说的："我曾经发表过声明，这应当是一个'没有胜利者的和平'。今天，我比任何时候都更加坚持这一点。"[6]对此，"旧世界"将做出怎样的回答呢？

12月29日，克列孟梭总理向法国下议院发表讲话。在过去的几个月中，人们向他提出了各种问题：政府是否承认"十四点原则"？它是否支持国际联盟？与威尔逊和劳合·乔治不同，克列孟梭对于战争目标一直保持缄默。现在，他终于对质问者做出了回应。[7]他对国际联盟所开启的希望表示尊敬，但他认为，获得安全保障的根本原则并没有发生变化，法国必须仰仗自己的军事力量、自己的边界和自己的盟友。突然之间，法国总理好像让人们看到了即将到来的争执。不少人反对总统先生亲自参加巴黎和会，但在威尔逊的幕僚长约瑟夫·塔马尔蒂（Joseph Tumulty）看来，克列孟梭的讲话证明，这一决定是正确的。讨论"权力平衡与国际联盟之间的最后问题"的条件已经准备好了。[8]但如果以威尔逊的方式来理解克列孟梭的讲话，那就没有抓住问题的要点。克列孟梭并不是传统意义上旧式现实政治的拥护者。他脑海中的跨大西洋安全体系既不是老式的，也不是保守的；事实上，它是史无前例的。[9]从1917年春天开始，他就一直在称赞这个难得的历史机遇，可以将三个民主大国合到一起，创造一个见证"正义得到巩固"的和平。[10]克列孟梭并不认为裁军和调停是灵丹妙药，但他真正担心的，是国际联盟会让英国和美国自由退回到自我满足的孤立状态，只留下法国自己。为了防止出现这两种情况，国际联盟委员会中的法国谈判代表莱昂·布儒瓦（Léon Bourgeois）等最具有国际主义精神的法国共和党人，坚持认为国际联盟必须是一个多边民主联合，有强有力的共同安全条款。如果说在1919年2月初时，国际联盟委员会里有人在兜售极具国际主义色彩的观点，那么，它不是由威尔逊提出来的，而是由法兰西共和国的代表提出来的。[11]

对于英国来说，它与美国的战略关系同法国一样重要。劳合·乔治指出，国际联盟作为全球和平组织的"事实"必须建立在"大英帝国与美国的合作"这一基础之上。[12]与法国相比，英国更愿意尽可能弱化国际联盟的组织架构，因为它们想把国际联盟当作自己与华盛顿方面联合的灵活工具。但与法国一样，英国所提出来的是全新的东西，自1494年西班牙和葡萄牙通过《托尔德西里亚斯条约》（Treaty of Tordesillas）瓜分了新世界之后，世界上还没有出现过类似规模的战略构想。在法国和德国的观察家看来，这样一个英美两国共同统治的前景，就是在宣告欧洲作为一个独立的全球政治力量中心的终结。[13]

第十三章　东拼西凑的世界秩序

排名第四的大国又是什么情况呢？在 1919 年美国国会的"和约斗争"中，对日本帝国主义的指责将对《凡尔赛和约》的名誉造成永久的伤害。日本的名声一向很糟糕。1918 年秋天，它迫不及待地向西伯利亚派兵 7.5 万人，而在夏天时，威尔逊极其不情愿地同意的，只是这个数字的十分之一。这只是日本侵略野心最近的一次表现。然而，具有讽刺意味的是，就在这时，日本政治却在毅然决然地向着相反的方向发展。1918 年 9 月，由于席卷全国的"米骚动"，保守的寺内正毅内阁垮台。作为议会最大党的党首，原敬被任命为首相，这是日本现代政治史上第一次由平民出任这一职位。[14] 原敬并不是进步主义者，但他的保守战略的基石是要寻求与美国的和解。自由主义的西园寺公望男爵和牧野伸显男爵成为原敬最重要的盟友，他们率领代表团参加巴黎和会。早在 19 世纪 70 年代，当西园寺公望在法国时，他在激进自由主义的圈子中就已经与克列孟梭熟识。这位受人尊敬的男爵之所以被选为首席代表，是因为他在日本民众中很受欢迎。[15] 但牧野同样也是新规则的信奉者，他坚持认为，"尊重和平，拒绝强硬，乃今日世界之潮流"。考虑到"美国主义"正在"被整个世界接受"，日本不能再继续其军国主义侵略中国的政策了。

这也不仅仅是一种精英分子的战略考量，民意的重要性正在不断上升，这一点在西方观察家那里没有得到足够的重视。一场强大的民主运动正在席卷整个日本，并在 1925 年促成了男性普选权的实现。日本成千上万的学者和学生，还有新兴新闻报纸的众多读者，正前所未有地参与到政治生活中。日本最有影响的自由主义思想家吉野作造认为，1918 年 11 月的胜利显然是一次黑格尔式的历史裁决，战争带来了自由主义、进步主义和民主制度对独裁主义、保守主义和军国主义的胜利。吉野作造曾经是著名的自由帝国主义者，现在，他张开双手拥抱"不兼并土地"原则和国际联盟，因为它们体现了"当下的世界趋势,通过在内部强化民主,在外部建立平等,实现更伟大的国际正义"。[16] 然而,日本的民间政治运动并不限于左翼,民间的民族主义也经历了急剧的复兴。他们也想知道:和平会在新的世界秩序中为它们的国家提供一个合法的、合适的位置吗?

二

当他们在1919年1月到达巴黎的时候,美国代表团明白,与大英帝国合作,有着现实的必要性。甚至在委员会开会之前,美国和英国的谈判代表就已经达成共识,利用托管制度处置德国和奥斯曼帝国,他们还准备了一份《国际联盟盟约》的草案。正如威尔逊所指出的,"在制定《国际联盟盟约》的时候,'或多或少地'听取英国的要求,让英国感到它的观点基本都被写进了最后的草案,这将是很好的与英国进行博弈的策略"。[17] 基本的架构已经很清楚了,国际联盟将包含国际联盟行政院和全体大会,要保护主权和领土的完整,可能会采取共同的强制行动。但在盟约一些最重要的细节上,双方的看法有所不同。罗伯特·塞西尔(Robert Cecil)清楚地表明了英国的立场。要想真正发挥作用,行政院的规模就必须很小。几个大国必须始终在投票中拥有多数权限,任何大国都不应该因为国际联盟会员国中某个小国微不足道的怨恨而被强行"拖"到国际对抗中去,萨拉热窝的故事不能再重演了。因此行政院的决定必须获得全体一致同意,这就再次要求决策机构必须精简。

根据这一设想,在最初的英美联合草案中,国际联盟内部行政院的成员仅限于五个大国。[18] 其他会员国只在大国需要听取它们意见的时候才会被召集起来。这无疑触怒了那些"小国"。会议记录中十分隐晦地写道,在委员会第二次会议时,讨论十分"热烈"。[19] 为了让他们的观点得到接受,小国的代表团不顾英美的反对,坚持要求盟约起草委员会的成员再增加四个国家：希腊、波兰、罗马尼亚和捷克斯洛伐克。尽管对于英国来说，坚持各个国家的绝对平等似乎是"最不切合实际"的，尽管一个由关系密切的大国所组成的行政院在实践中具有明显的优势，但塞西尔是一个真诚的国际主义信奉者，而国际联盟最重要的目标则在于成为"世界的声音"，肯定"国家间的平等"。[20] 作为委员会主席的威尔逊则没有明确表态。威尔逊没有公开与英国保持距离，他坚持认为，大国需要特殊代表权，这是有充足理由的，毕竟强制执行国际联盟决议的重担最终主要还是落在它们头上。而且，如果关心的问题是应当由什么来决定代表权限，那么，由于各大国在世界各地的活动，它们将"始终是利益相关者"。相比之下，在国际联盟成立之后，小国跟以前相比，更少需要独立外交了，因为它们知道有一个国际组织在保护它们的根本利益，大可安心。[21] 然而，人人皆知的是，在威尔逊自己起草的盟约草案第一稿中，小国在行政院也有一席之地，并且，作为主席，他也很乐于听取来自塞尔维亚、比利时和中国的重要意见。[22]

扑面而来的反对，使塞西尔同意重新修改草案，但这就回避了行政院内部席位分配的问题。一些代表对于这种大国和小国的区分感到不满，而威尔逊"大""中""小"国家的三级划分就更让人反感了。此外，比利时代表指出，这种等级划分也就意味着有可能"出现其他一些也能够被称为大国的国家……"，因此必须有条款将新兴国家提升为行政院常任理事国。同时为了保证平衡，还要相应地增加小国作为非常任理事国。作为回应，塞西尔问，比利时是否认为德国在未来会成为行政院常任理事国呢？这引发了普遍的恐慌，并让法国第二代表费迪南德·拉尔诺德（Ferdinand Larnaude）得以充分阐明法国真正面临的危险是什么。鉴于塞西尔的思路，拉尔诺德"认为,使用'大'国、'小'国这种内涵较为宽泛的词语是不可取的",国际联盟是"这场战争的产物"。当然，并不是只有五大国在战争中做出了贡献,"但问题在于,这并不是要抽象地或基于情感讨论的问题,而是冰冷的事实。而这个事实就是,赢得这场战争的是英国、法国、日本、意大利和美国。因此,国际联盟应该以这五个发挥了主要作用的国家为核心建立起来,这是非常有必要的……"[23] "在战争中,"法国第二代表布儒瓦继续说道,"这五个国家已经形成了一个带有几分联盟意味的东西,它们被同一个想法驱使,为之而战。现在,有必要让全世界知道,受同一个想法的影响,这五个国家决定建立国际联盟。"[24]

最终,1919年2月13日,在委员会第九次会议上,常任理事国和非常任理事国的比例以五比四确定下来,与威尔逊最初的提议一致。[25] 从一般意义上说,这是一种妥协,它承认了国际联盟不是大国统治的载体,而是"世界大家庭"的代表大会,用比利时代表保罗·海曼斯(Paul Hymans)的话来说,是一个肯定"各国尊严"的场所。[26] 盟约还避免了在大国与小国之间进行明确的区分,五大国只是被列入了常任理事国名单,行政院的其他成员则从"其他会员国"中挑选。在2月份得到认可的草案中,并没有专门对五大国的重要地位做出说明,不管是它们的体量还是它们在战争中的作用,都没有提及。盟约没有区分大国和小国,也没有区分协约国、援助国和战败国,它避免在全球各国之间划分等级。出于同样的原因,盟约也没有说明,在什么条件下,可以对盟约自身的文字进行修订。

在盟约的每一项议题上,都出现了同样的观点冲突。比如,谁有资格成为国际联盟会员国呢?在威尔逊自己起草的初稿中,他把"民众自治"作为申请成为会员国时需要满足的一个条件,这就能让国际联盟成为民主国家的联盟。但这一条款被法律专家们删掉了。在2月5日召开的委员会第三次会议上,威尔逊试图对此进行补救,规定"只有自治国家"才能在将来成为国际联盟会员国。对此,布儒瓦做出了极具个人特色的有力干预。自治本身是不够的,"政府

第十三章 东拼西凑的世界秩序

的形式是共和制还是君主制,"他继续说道,"这没什么区别。问题应该在于:这个政府是否对人民负责。"[27]对法国来说,关键问题是国际联盟及其会员国的政治"性格"。他们决定要进行最严格的测试,因此要求所有投票都必须是全体一致通过。至于英国,塞西尔的方式表现出他特有的灵活性。他认为,自治这个"词语""很难进行定义,也很难用这个标准去判断一个国家"。重要的是,英国非常希望将印度包含进来,然而,尽管印度已经在自治的道路上取得了进步,但委员会并不愿意承认它已经具备了资格。这一尴尬局面的解决是把印度列为盟约的原始签字国,这样,新加入会员国所需要满足的条件对它就不再适用了。在扬·史末资提出了这一程序上的解决办法后,塞西尔对于威尔逊批准的各项内容都乐于表示同意。英国人认为,如果德国是最大的困扰,那么,最好就不要制定什么普遍的规则。毕竟,从名义上,很难说德国国会不是一个"民主机构"。更何况,"几年之后,德国国会有可能使德国变成真正意义上的宪政国家"。为了给之前的敌国设置严格的准入条件,塞西尔建议修改条款,让国际联盟能够"对任何想要进入国际联盟的国家施加它认为合适的条件",这就使国际联盟可以"对某个国家说,你的军事色彩太强了;对另一个国家说,你过于专制了等等"。[28]

尽管威尔逊本人一直在推动修订工作,但令人困惑的是,他拒绝阐明自己的条件。正如他欣然承认的,他"用了生命中二十年的时间""讲授自治国家,并一直试图对之进行定义",但他对给出一个无懈可击的定义已经丧失了信心。归根到底,这是一种实践性的智慧。威尔逊坚称,"当我看到的时候",能够"分辨出"这种政治体制。人们不应当被德国国会或德国选举政治可怕的组织所误导。不管"它在纸上看起来是什么样子,没有人会在战争之前看着德国政府,说它是个自治国家"。[29]法国人提议采用塞西尔的想法,为特定的申请国定制条件,威尔逊则回应以一种更令人困惑的准入条件。他突然插话说,过于坚持排他性的会员国条件也许是不明智的,因为这样的话,可能设置起一些"我们自己都没能一直坚持做到的标准"。"即使是所有现在坐在这里的国家,也不是在其他所有国家看来,都有良好品质的。"[30]这番话的结果只是让法国人更加紧张。对于贴着克列孟梭标签的共和党人来说,把无法达成国际共识当成借口,后退到最低限度要求的相对主义中去,这是不合情理的。正是由于世界有可能被冲突撕裂,民主人士才必须区分朋友和敌人,并学会团结一致,这就是国际联盟需要设置明确的会员条件和有效的强制机制的原因。然而,英国人和美国人反对按照法国人的想法进行修改。委员会最终达成了妥协,但没有人对此感到满意。任何对民主、宪政,或是负责任的政府的提及都被废弃,而改为只要求申请加入者应当是"完全自治的"。这显然排除了殖民地国家,但对会员国的国内体制问题仍未作规定。[31]

三

在关于国际联盟强制机制的讨论中,各种根本看法之间的分歧更加针锋相对。法国人坚持认为,如果想要提供确实有效的安全保障,国际联盟就必须有可供自己调遣的国际军队,它必须有一个常设的参谋部和一个监督裁军的强制性机构。如果这一建议得以实施,那么,1918年春天在危机的最后关头确立起来并一直持续到1919年春天的福煦元帅对协约国军队的最高指挥,就会变成一种永久性军事组织的模式。但对于英国人和美国人来说,这都是不可接受的。当法国人冒冒失失地想要推动这项内容时,英国人显示了权力的平衡,这决定了在国际联盟问题上究竟能做出多大让步。2月11日早上,罗伯特·塞西尔批评莱昂·布儒瓦:"私下里非常坦率地说",塞西尔提醒布儒瓦,"美国并不能从国际联盟获得什么",因此,"美

第十三章 东拼西凑的世界秩序

国提出来请求大家支持的方案,实际上是对法国的一种馈赠,在一定程度上,这差不多也是英国的立场。""如果国际联盟不能成功的话",塞西尔警告说,英国就将退出谈判,考虑单独"在英国和美国之间组成联盟"。担心法国人会彻底摊牌,"会议暂时休会,大家都去吃午饭"。[32] 现在,英国人已经唱了白脸,威尔逊就可以唱唱红脸了。他欣然向法国人让步,表示这场战争"已经充分证明,统一的指挥权绝对是十分必要的……然而,只有当人类文明遭到迫在眉睫的威胁时,统一指挥权才有可能实现。在和平时期提出实行统一指挥权,没有哪个国家会接受这个建议……"[33] "我们必须搞清楚哪些是可能的,哪些不是。"[34]

在幕后,人们所熟知的凡尔赛会议上的角色其实是反过来的,威尔逊的现实主义将法国人从激进的国际主义者变成了现状的维护者。如果他们超前的国际主义观点遭到否决,那么,法国的最低谈判目标就是让《国际联盟盟约》在裁军方面的规定宽松一些,使它们不要采取带有明显倾向性的方式,以致损害法国的安全了。当英国和美国提出应结束征兵制的时候,法国回应说,征兵制是"民主制度的基本要素",是"普选权的必然结果"。[35] 结果,各国达成了一个平衡各方利益的妥协方案,比起其他盟友,这一方案更适用于英美两国。在第 8 条中,裁军的目标水平将依据各国"之地理形势及其特别状况"而调整,将由行政院依据并未做出详细说明的程序来决定每个会员国可以拥有的"适足"军事力量水平。国与国之间可以就武器装备"互换最坦白、最完整之情报",但不应有审查或"控制"。国际联盟不设常备军,而是成立一个"常设委员会",就裁军以及"陆、海、空各问题"给出意见。*

---

* 译文引自世界知识出版社编,《国际条约集(1917—1923)》(北京:世界知识出版社,1961 年),269—270 页。——译者注

盟约对安全体制的规定主要集中在第 10 条，它要求缔约国"尊重并保持所有联盟会员国之领土完整及现有之政治独立，以防御外来之侵犯"。然而，与威尔逊的共和党对手后来所宣称的正好相反，盟约并没有规定自动强制执行机制，"筹履此项义务之方法"由行政院来进行判断。* 盟约真正的本质在于它所规定的阻止和调解冲突的程序机制。任何一方在将争端提交仲裁之前，不得使用武力（第 12 条），国际联盟应当在六个月之内做出裁定，敌对各方在卷入冲突之前，应再等待三个月；如果裁定已做出，其条件应当予以公布，这为正在形成中的国际法主体奠定了基础（第 15 条）。只有不包括冲突相关方在内的行政院成员一致同意的报告才具有约束力，如果冲突一方遵守获得行政院一致同意的建议，则任何国际联盟会员国不得向其宣战。不遵守此调停程序的行为，将被视为对国际联盟其他所有会员国的侵略，国际联盟有权根据第 16 条对之进行制裁。这包括立即进行全面的经济封锁，同时禁止破坏盟约国的公民与世界其他地方的一切交流。行政院有责任考虑是否需要进行联合军事行动，但并不需要采取行动。如果行政院未能达成一致，则只需要将多数成员和少数成员的看法都公布出来。比利时代表提出，仅获得行政院多数同意的决定也应当具有约束力，但在威尔逊的支持下，这一提议被英国人否定了。对于行政院成员的否决票不能置若罔闻，国际联盟不能强迫任何大国采取行动。

为了进一步缩减其义务，同时为了避免被迫去维护一个无法维护的现状，英国坚持认为，在适当情况下，国际联盟应该有权调整其义务范围的边界。但这有可能把国际联盟行政院变成世界上所有修正主义者和民族统一主义者的上诉法庭。因此，第 24 条规定，代表团负责"随时请联盟会员国重新考虑已经不适用之条约，以及

---

* 译文引自《国际条约集（1917—1923）》，270 页。——译者注

第十三章　东拼西凑的世界秩序　　　　　　　　　　　　　279

长此以往将危及世界和平之国际局势"。然而，在提出这样的建议时应该遵循什么样的程序，并没有得到规定；盟约也没有指出发现这种情况之后会产生什么样的结果。在第25条中，各国被要求宣布任何不符合《国际联盟盟约》的条约无效。然而，同样地，盟约并没有规定，当新旧义务产生冲突时，应当依据何种程序来解决。*

　　对于那些希望创建一个强大的国际安全体制的人来说，这让他们深感失望。然而，在威尔逊看来，把怀疑和担忧作为这些讨论的起点，这本身就是错误的。他强调："不要认为，当国际联盟的某个成员在遭到攻击的时候，它会孤立无援……我们会飞奔到那些遭受攻击的人身边，帮助他们，但我们无法提供世界环境不允许我们给予的东西……当危险到来的时候，我们也会到来，我们会帮助你，但你必须相信我们。我们必须依赖于共同的美好信仰。"[36]布儒瓦和拉尔诺德都很客气，他们没有指出，就在不到四年之前，威尔逊总统还宣布自己"因为骄傲"而不愿参战；他们也没有指出，即使在1918年最危急的时候，美国士兵也没有"飞奔"过来保卫法国。相反，法国人只是要求，威尔逊费尽口舌呼吁的"共同的美好信仰"，它的一些标志应被写进盟约。难道它不应该明确提到团结一致、承认大家在战争中并肩洒下的热血吗？然而在这个问题上，法国人却再三受到英国人和美国人的阻挠。他们坚持说，国际联盟不应当背负战争仇恨的"负担"。可是，如果闭口不谈战时的团结，那么威尔逊在这里呼吁的共同纽带又是什么呢？

　　作为代替，布儒瓦建议，国际联盟应当诉诸战前"海牙公约"的经验，它们给了人们惨痛的教训。主张国际主义的人必须联合起来，因为他们的事业并不像威尔逊天真地想象的那样，得到了民意

---

* 根据《国际条约集(1917—1923)》，此处所列第24条和第25条内容，应为第19条和第20条。参见273—274页。——译者注

不可抗拒的支持。布儒瓦提醒委员会，"海牙公约"的支持者遭到了"右翼反对者"、自我标榜的"现实主义者"和心胸狭隘的民族利己主义鼓吹者无数的"讥笑和嘲讽"，那些"试图污蔑世界上首个正义组织的伟大事业"的人向"海牙公约"的支持者发出了铺天盖地的批评。布儒瓦最后以诚挚的呼吁结束他的讲话："我预见、我宣布，同时我希望这能被记录下来，对于我们正在进行的工作，还会有人进行同样的批评和同样的嘲讽，他们甚至会试图说这项工作毫无用处，只是竹篮打水而已。"这样的谴责并不是微不足道的，对"海牙公约"的嘲讽批评使得"那些本该是最坚定支持者"的人不再表示支持。考虑到这种脆弱性，拉尔诺德坚持认为，"不提及海牙会议不仅是数典忘祖，甚至更加严重，那是对我们利益的忽视，不要偏离那些在这场战争中发挥了重要作用的协定"。[37] 但英国人不为所动。代替威尔逊做主席的塞西尔认为这只是个"形式问题"，拒绝予以考虑。豪斯上校也表示反对，但他的理由不太一样。由于美国国会是在保留权益的情况下才批准"海牙公约"的，因此，哪怕只是在《国际联盟盟约》中提到海牙，这个"形式问题"都有可能引发"一大堆严重的"麻烦。

四

在讨论国际事务的时候，克列孟梭可不是一个头脑简单的现实主义者。相反，在1919年4月初，他将提出一项慷慨激昂的要求，使《凡尔赛和约》制造一个惊世骇俗的先例，将德国皇帝作为国际罪犯送上审判席。[38] 然而，拉尔诺德和布儒瓦在盟约委员会遭遇的挫折已经确认了克列孟梭的怀疑，即对于法国来说，国际联盟已经失败了。为了尽可能挽救败局，克列孟梭加入了英国和美国的队伍，让自己远离布儒瓦不切实际的要求，希望能借此巩固与英美两国结

第十三章 东拼西凑的世界秩序

成的跨大西洋三边协定,这才是他真正的目标所在。[39]如果能结成一个民主的联盟,那么法国可以忍受仅有一个空壳的国际联盟。在巴黎方面看来,真正的危险在于,国际联盟有可能成为一个排他的英美双寡头机构。在当时和之后,一直有批评家提出,国际联盟成了维护英美两国统治权的便利工具。[40]但这些指控又有什么实质性内容呢?英国当然希望把国际联盟变成大西洋两岸共同统治的场所,至少对于一些共和党参议员来说,这种想法充满了吸引力。[41]但威尔逊政府的态度却并不积极,尤其是在最重要的金钱和船只问题上,更是如此。

1918年年底到1919年年初,协约国方面有人提出将国际联盟变成国际金融结算的载体。但正如我们将要看到的,这些想法很快就破灭了。如果说威尔逊在海军事务上的立场有什么不同的话,那就是更让人担心。在12月出访伦敦之前,他字斟句酌地接受了《泰晤士报》的一次访问,他说,有必要"在两个民主的英语国家之间达成最广泛的理解"。[42]然而,对于未来海上力量的组织来说,这意味着什么呢?在1918年10月与德国单独就停火问题进行交涉时,威尔逊反复呼吁英国人所厌恶的公海自由。为了进一步施压,在10月底,他让国会为第二个海军三年计划拨付了资金。12月初,在前往欧洲的路上,他一不小心阐明了这一行动的含义:如果英国不做出妥协,美国就会"建造世界上最强大的海军,赶上并超过英国人……如果他们不做出限制,就会爆发另一场更加可怕、更加血腥的战争,英国将被从地图上抹去"。[43]当威尔逊到达欧洲时,看起来英国没什么胜算实现它的两个主要目标:与美国达成友好的权力分享协议,或者让美国承认,一个世界范围内的帝国有着特殊的海上需求。夹在这两种相互对立的想法之间,到1919年3月底,双方海军官员之间的关系变得极其糟糕,以至海军上将威胁要打上一仗。要不是有人拉住,他们恐怕就要冲上前给对方一顿痛打了。[44]

国际联盟的相关讨论至少在一个关键问题上缓解了这种紧张的态势。正如威尔逊本人也不得不承认的，坚持国际联盟拥有进行国际封锁的权力，与要求绝对的公海自由，这二者本身就是矛盾的。在国际联盟要求实施制裁时，皇家海军显然将发挥关键作用。威尔逊承认，被"嘲弄"的是"他自己"。关于公海自由的讨论就这样被悄无声息地搁置到了一边。然而，英国和美国海军能够合作吗？威尔逊已经下定决心要继续建造世界上最强大的海军了吗？如果美国单方面进行挑衅，英国能忍住不做回应吗？如果国际联盟的起步不是裁军，而是有史以来最大规模的军备竞赛，那可就成了大笑话了。然而，直到凡尔赛和谈已经开始，美国战时的造船计划才姗姗来迟地走上正轨。[45] 任何认为有必要限制海军建设的建议都很容易被解读为欧洲的傲慢，事情的结果出现了颇具讽刺意味的反转。

从1916年开始，威尔逊就提出，美国需要打造一支强大的海军，以迫使英国接受新秩序。随着和会进入最紧张的两个星期，1919年3月底，劳合·乔治终于反败为胜。威尔逊从华盛顿回到巴黎，陷入了一个尴尬的境地。他与国会领导人的谈话已经清楚地表明，如果盟约没有清楚地将门罗主义包含其中，那就不会通过。英国对此并不反对，因为它就是这一原则的始作俑者之一，而皇家海军在整个19世纪都是其实际上的支持者。然而，美国对海上统治权的主张让人深深感到不安，而且不仅对于英国来说是这样。在4月的第一个星期，当大会陷入僵局时，劳合·乔治明确表示，除非威尔逊同意停止进行全面的海军军备竞赛，否则英国绝不会在加入了门罗主义的修改后的盟约上签字。[46] 塞西尔认为劳合·乔治这是玩世不恭的表现，对此感到惊骇。但他的愤怒并不能影响唐宁街的逻辑："国际联盟要想取得胜利，首要条件是……大英帝国与美利坚合众国、与法国、与意大利之间形成牢固的相互理解，彼此不会在建造军舰和建设军队方面展开竞争。在盟约签字之前，必须达成这一点，否则国际联盟就会成为一个冒牌货和笑话。"[47]威尔逊没能用美国的海军军备强迫英国同意自己关于国际新秩序的看法,反而是英国以威尔逊的盟约为要挟,遏制了美国的海军军备。4月10日,在威尔逊做出让步,表示美国会重新考虑1918年的海军计划、会就军备计划展开常规性对话之后,劳合·乔治才同意了修改后的盟约。[48]国际联盟的空壳终于填满了,里面装的即使不是英美联盟,至少也是避免对立的承诺。

第十四章

"和约的真相"

对于法国人来说，和谈的开局非常糟糕。在国际联盟委员会中，英国和美国联手压制了法国人关于国际联盟的想法。盟约将构成战后全球秩序的框架，但其中对于保证欧洲和平所需的规定，即使有的话，也少之又少。在1918年秋天争取停火的斗争中，英国人已经充分发挥了自己的影响力，确保他们最重要的一个目标得以实现：德国舰队被扣押在斯卡帕湾（Scapa Flow）。相比之下，法国却不得不靠着每个月都会变化的苛刻的停火条件来寻求安全。在凡尔赛所发生的一切在很大程度上体现了法国试图实现自己利益的努力。而1919年6月的成果，用两次大战间法国最有影响力的右翼历史学家和国际法专家雅克·班维尔（Jacques Bainville）的话来说，是一份"对所有人都太仁慈因此十分残忍"的条约。[1]这一切是如何发生的？我们首先会想到的答案就是：这是双方达成的有害妥协。法国人主张实行严厉的政策，而英国人和美国人则扮演了倡导更加宽大的和平的角色。"太残忍"主要是像约翰·梅纳德·凯恩斯这样的英国自由主义者的判断，而班维尔与他的许多同胞一样，

第十四章 "和约的真相"

觉得这个和平"太仁慈"了。[2]

这种简单的角色分配毫不意外地会引来反驳之声。在对待德国的问题上，法国真的就只是怀恨在心、英国和美国真的就是宽宏大量吗？除了角色分配的问题，还有没有其他更深层次的原因造成了《凡尔赛和约》糟糕的结果呢？和约的仁慈和残忍或许都是道德自由主义不稳定的情感经济的表征。[3]一场正义战争所引发的怒火会导致惩罚的冲动，但随着时间流逝，这种冲动经常变得令人不快，出现同样不稳定的反弹，而这种反弹会以绥靖的面貌出现。[4]无论如何，一个正义的和平将意味着既要把德国皇帝送上绞刑架，同时也要遏制不讲理的波兰人。然而，在试图解释《凡尔赛和约》如雅努斯（Janus）*一般的两面性时，班维尔超越了犯罪与惩罚的情绪循环，看到了这一和平在更深层次上的历史性和结构性特点。不管它是残忍的还是仁慈的，在《凡尔赛和约》的安排中，最吸引班维尔的一点，是它将国家主权原则推广到了包括德国在内的整个欧洲。尽管俾斯麦在1871年的创举同时引发了灾难，但是一个统一的德意志主权国家仍然被视为新秩序的基本要素。在班维尔看来，这一认定正是感情用事的19世纪自由主义的标志性特点。[5]和约所体现出来的残忍和仁慈的怪异混合，恰恰是克列孟梭希望调和法国的安全需求与他对国家原则的浪漫坚持的直接产物。不管我们如何看待班维尔的政治立场，都无法否认，他的观点非常有力。自17世纪现代民族国家体系在欧洲诞生以来，对德国国家主权的认定使1919年的和约在现代历史的浪潮中具有了独特性。《凡尔赛和约》体系所特有的大多数问题——如果不是全部的话——都是源自这一点。

---

* 古罗马神话中的人物，掌管天门的启闭。他有两副面孔，一张面向过去，一张面向未来。——编者注

一

考虑到法国坚持要求解除莱茵区的武装、占领战略桥头堡、将德国置于国际监管之下，并剥夺其边境地区，再坚持说德国主权是凡尔赛和平的一个重要特点，似乎不合情理。只要能符合他的谈判战术，克列孟梭乐于让主张实行甚至更激进政策的人出来说说话。然而，正如对法国政治史有着敏锐洞察的班维尔所深刻理解的那样，对于一个像克列孟梭这样的人来说，德国的国家地位实际上是无法否认的。作为人们共同的追求，民族自决这一观念并不是由美国总统输出到蒙昧无知的欧洲大陆的。自法兰西第一共和国在18世纪90年代开启革命战争，如何协调法国的安全与其他民族的自治权利，就一直是首要的问题。此外，正如克列孟梭这样的激进共和党人不无遗憾地承认的，法国漫长的侵略历史在激发德国民族主义仇恨的过程中起到了极其糟糕的作用。凡尔赛镜厅那些镜子上方的中楣上，就记载了路易十四在莱茵河两岸的横冲直撞。最早的那些法国革命者认为自己摒弃了波旁王朝的遗产，宣称自己是这个被奴役的欧洲的解放者。然而，这场正义的革命战争很快就被拿破仑的帝国主义所取代。法国革命的倒退给欧洲历史带来的这一悲惨转变对于克列孟梭特有的共和主义历史观非常重要。[6] 1815年的维也纳会议给欧洲带来了和平，但它否决了德国的民族愿望。19世纪60年代，波拿巴的侄子在狂妄自大的野心之下为俾斯麦打开了大门，导致了灾难性的结局。如果说拿破仑三世的法兰西在1870年时没什么朋友，那是有原因的。对于一个曾经囚禁了自己和父亲的政权，它的失败并没有让克列孟梭感到悲伤。不幸的是，德意志受到伤害的自尊心现在因普鲁士的侵略而得到满足。对于德国，克列孟梭能说出很多粗野且带有偏见的话，但他也没有否认，1914年的"德国佬"在很大程度上是法国自己扭曲历史的产物。

第十四章 "和约的真相"　　287

当然，法国并不是唯一一个要对否决德意志民族愿望一事负责的人。在1919年之前和之后每一次欧洲事务的安排中，德国支离破碎的主权都是一个重要特征。1648年的《威斯特伐利亚和约》(Treaty of Westphalia)结束了三十年战争(Thirty Years War)，承认了以法国为首的欧洲新兴国家的主权，但德意志地区仍由神圣罗马帝国掌管，这一地区按照宗教被分成了几百个亲王国、公国和自由城市。尽管这一地区在拿破仑占领德意志之后进行了重新整合，但在1815年时，它依然维持着同样的模式。人们常常令人不快地将1919年垂头丧气的德国代表在巴黎受到的冷遇与维也纳会议时战败国法国的代表塔列朗(Talleyrand)所受到的热烈欢迎进行对比。但这完全没有切中要害。塔列朗所代表的是复辟的正统主义波旁王朝。在1815年，即使最微弱的要求德意志统一的声音也会被奥地利、普鲁士和俄国的秘密警察压制下去。直到1866年，在后来导致了普奥战争的危机中，法国政治家阿道夫·梯也尔(Adolphe Thiers)才得以宣称"欧洲政治最伟大的原则"就是，德意志必须由各独立州以联邦的形式组合而成。[7]正是在这样的背景之下，克列孟梭说出了一番乍看似乎不合时宜的话："……《凡尔赛和约》可以夸口说……它的确考虑了——甚至在一定程度上带来了——某种建立在国家平等基础之上的关系，而在过去，不断爆发的历史暴力使大家相互对抗。"[8]在凡尔赛之后，一个统一的德意志国家将矗立在欧洲的心脏地带。不仅如此，哪怕是随便看一眼战后地图，人们也很容易发现，由于三个东方帝国几乎同时覆灭，德国不只是在战争中得以存活，1918年失败后它所扩大的面积，比1871年的胜利所带来的要多得多。

德国民族国家的存在是否有可能被推翻呢？1918年，记者、高级军官，甚至是奥赛码头法国外交部里的人，都在热烈地谈论着"新威斯特伐利亚"。或许法国能够恢复路易十四时期的统治地位，或许德国的民族主义能被遏制或者将矛头转向德国自己。德国的统一毕竟是一件暴力事业。1849年，普鲁士军队在德意志南部粉碎了一次爱国的自由主义革命；1866年夏天，在通常被称为，但其实这一名称带有误导性的普奥战争中，普鲁士所面对的并不仅仅是奥地利，而是由萨克森、巴伐利亚、巴登（Baden）、符腾堡、黑森（Hessen）、汉诺威（Hanover）和拿骚（Nassau）组成的联盟。在相当于一场南北内战的事件中，死伤的德国人超过10万。这样一个以如此暴力的方式刚刚统一起来的国家，为什么不应该被解散呢？然而，尽管对于那些只从法国的狭隘视角来考虑问题的人来说，这样的想法很诱人，但他们忽视了自1871年以来不断增强的德意志民族感情。正如克列孟梭所承认的，德国的爱国主义并不是浪漫的自由主义想象出来的东西，它是事实，并在战争中再次得到了高度的确认。更重要的是，重新瓜分德国的幻想回避了武力的问题。即使法国自己能促成莱茵区脱离德国，它如何能将这一分离维持下去呢？《威斯特伐利亚和约》和《维也纳条约》得到了整个欧洲的同意，并由大家共同保障执行。在20世纪以这样的办法来解决问题倒也不是不可能，1945年之后所执行的，正是对德国的分区占领。然而，第二次世界大战后对德国的分区占领能够在将近两代人的时间里成为欧洲秩序的稳定特点，促成这一局面的各项条件也正说明了1919年法国所面对的极度两难局面。

第二次世界大战后西德（联邦德国）的重建已被作为成功"改变政治制度"的证据载入史册，也常常被用作参照物，以对比1919年的"失败"。但我们不应低估了第二次世界大战之后的重建所投入的金钱和政治资本。对于第一次世界大战后的战胜国来说，筹集到这样的资源要困难得多。同样，我们也不应该美化战后的强制性国际框架，重建正是在这样的框架下才得以完成。与1919年人们所考虑的问题比起来，1945年之后的和平安排对德国主权的影响更

第十四章 "和约的真相"

为极端。第一次世界大战后怒气冲冲的民族主义者想象出来的恐怖景象，许多都在第二次世界大战之后变成了事实：国家被大规模军队占领，领土四分五裂。在东面有争议的边境地区，1100万德国人遭到种族清洗，受害人数至今仍无法做出精确统计，但愤愤不平的民族主义者宣称有100万德国平民成为受害者。数以万计的妇女被奸污；德国的每个角落都在承担赔款和占领费用；战争犯被四处追捕；数千人被处死，数万人被关押，并被永久禁止参加公共活动。在东西两个区域，整个政治、法律、社会和文化体系都需要按照外来者的要求进行怨声载道的重新改造。这场重建的成功和合法性最终只在联邦德国得到了承认，但在东德（民主德国）却一直没有。即使是在西德，这也是几代人不懈努力的结果，他们坚持不懈而且往往是相当有胆量地指出，他们需要与自己国家的历史决裂。东德的统治则依赖于有史以来最强大的警察国家。一直到1989年，随着苏联解体，两德得以统一，这个故事才有了一个美好的结局。然而，即使是在1990年，推动两德统一的"2+4"谈判所体现的，也更多是德国需要通过北约和欧盟继续遵守的各种条件，而不是其主权的完全恢复。

西方国家前所未有的参与，是这一引人注目的历史进程得以发生的一个重要前提。但诸多影响因素中同样不可或缺的，就是大量红军部队造成的威胁。1945年之后，正是苏联人有可能全面接管这种实实在在的危险，使得西德不管愿不愿意，都只能投向并且停留在西方的怀抱中。这同样也让1919年成为欧洲历史上一个独一无二的时间点。从18世纪开始，在德国的历史上就一直笼罩着俄国的阴影。[9] 1917年，德国在军事上打败了俄国，从而消除了欧洲强权政治的这一基本参数。不管是对于法国还是对于德国，这都具有非同寻常的影响。在19世纪90年代，正是出于对统一后德意志的共同担心，独裁的沙皇俄国与共和制的法国，方枘圆凿却结成了同盟。对于克列孟梭之类的法国战略家来说，这实在是让人心烦意乱。1917年，俄国革命与美国参战两件事情同时发生，这使得重建法俄联盟以对抗德国的想法既不可能，也没有必要。相反，法兰西共和国可以通过与美、英两国结成政治和战略同盟，为自己的安全搭建起一个更加和谐的基础。这个跨大西洋的民主联盟足够强大，既可以接纳也可以控制统一后的德国。在东面，波兰和捷克斯洛伐克这些受到协约国支持的新兴国家可以安全地将德国与俄国分隔开来。关键问题是，法国能否将它与英美两国具有划时代意义的战时合作延续到和平时期。

1918年秋天，伦敦和华盛顿方面都同意了法国的要求，阿尔萨斯—洛林不需要全民表决就可以归还法国。1919年，在法国参议院发表讲话时，威尔逊总统似乎又进了一步。他宣称，法国矗立"在自由的前线"，它"将永远不会再""孤独地"面对"危险"，也不需要担心"谁会来帮助它的问题"。法国要知道，"这次所发生的事情，以后还会经常发生，对此我们不应有丝毫的犹豫或迟疑或猜测，但是，法国或任何其他自由的民族，只要他们受到威胁，整个世界都会随时采取行动，维护它的自由"。[10] 让我们先忘掉"因为骄傲而不愿参战"和"没有胜利者的和平"，如果"自由的前线"这一提法不只是一个空洞的词组的话，那它就有一些颇为前卫的含义。它暗示了在不同的政治价值领域之间，存在一种明确的、绝对的领地划分——一边是自由，另一边是它的敌人。这是1947年杜鲁门总统用来为遏制政策、马歇尔计划和北约进行辩护的语言。然而，让法国深感遗憾的是，威尔逊并没有承认他所说的话有什么含义。就在几个星期之后，在国际联盟委员会上，他又重新谈起了道德对等之类的东西。在《国际联盟盟约》的问题上，法国人选择了让步；但在德国的问题上，他们不能。

二

法国人的首要目标是解除德国的武装。在这个问题上，美国人选择了弃权，而英国人的不同意见主要是技术层面的问题。1919年2月，三国达成一致意见，废除征兵制，并且把德国军队限制在一支10万人的轻武装志愿部队。法国接下来的目标则是要确保剩下的德国军队完全撤出其边界地区，他们希望阿尔萨斯以北的萨尔（Saar）煤矿区能交由法国控制。这样，法国南部工业区的煤矿在德国军队撤退过程中惨遭洗劫而受到的损失就可以得到弥补了。在莱茵河向北流入荷兰的地方，河流以西的大片土地构成了德国的莱茵区。福煦元帅与其他一些慷慨激昂的民族主义者主张，应将这一地区从德国分离出来，成立一个独立的共和国，它可以与比利时和卢森堡形成一个小的团体，或者保持中立。在战争期间，克列孟梭一直压制这样的声音，然而1919年2月25日，他却允许自己最亲密的顾问安德烈·塔尔迪厄在大会上公开提出了这一大胆的议案。但克列孟梭对时机的选择非常小心。他避开了与威尔逊的直接交锋，后者当时不在巴黎，正说服美国国会同意成立国际联盟。等到威尔逊在3月14日回巴黎时，和会最大的危机即将上演。威尔逊被法国人的过分要求惊呆了，但克列孟梭十分强硬。劳合·乔治担心和会因为这个僵局而失败，因此提出了一个出人意料的解决方案。他向威尔逊建议说，英国和美国应该向法国提供三边安全保障。尽管这远远背离了英美两国的初衷，尽管这样一个单独存在的军事联盟与威尔逊关于国际联盟的一些著名言论并不相符，但总统先生还是被说服了。他必须表示同意，否则就只能看着和会与《国际联盟盟约》一起走向失败。[11]

克列孟梭也认识到了这一提议的重要意义。相比起将法国士兵安置在某个地区，他更看重在三个西方民主国家之间建立起的政治联盟。[12] 他知道，英国和美国摆出这样的立场，是史无前例的。他意识到，一旦未来与德国交战，这能让法国有望获得它所期望的最后胜利。然而，在仔细思考了几天之后，回到三大国会议的克列孟梭再次提出了自己的要求。莱茵区可以继续归德国所有，但它必须解除武装，由协约国共同占领；协约国军队必须控制莱茵河东岸的桥头堡，德军必须撤退到 50 英里之外；萨尔区无论是否脱离德国，其煤炭都必须留给法国。英国和美国对此十分恼火。劳合·乔治与他的顾问们退到枫丹白露（Fontainebleau）的一座宫殿中，在那里再次起草一份关于和平"宽大"目标的重大声明，以此表明他们与法国人不一样，他们想要为一代和平制作方案。[13] 4 月 7 日，威尔逊威胁说要干脆放弃巴黎。[14] 自此以后，克列孟梭在达成安全条约的过程中未能采取更合作态度这件事情，被和平的批评者们视为他言而无信的最好证明。然而，人们这次又没能认真对待法国人的话。

　　法国最主要的目标不仅仅是要保护自己的国家不受德国的威胁，也不是要避免被打败，而是要让自己的国家不会遭受侵略和占领。[15] 当然，法国人绝不会忘记他们在 1870 年和 1914 年的经历。但在这里，他们再次在更广泛的意义上表明了一种新的看法。在大战之前，国际法的发展方向一直是尽可能让普通百姓远离战争。正是这一发展方向，让饱受讥讽的诺曼·安吉尔（Norman Angell）等自由主义理论家提出，倘若国际法的规定得到了遵守，那么从普通百姓的角度来看，他们生活和工作于哪个文明政府之下，应该都没有什么不同。[16] 然而，德国军队占领比利时和法国北部的时候，恰恰完全破坏了那些战争法。协约国的宣传通常会有些夸张，但德国人甚至都没打算否认，因为认为那些人是非法武装，他们处死了比利时和法国北部的数千普通百姓。[17] 他们也没有否认，在向兴登堡防线撤退期间，他们将法国北部变成了一片废墟。1917 年到 1918 年截获的德国文件让法国人确定，德国人之所以要这么做，不仅仅是出于战术上的考虑，更是要对法国经济造成永久性的破坏。[18]

法国所遭受的损失是惊人的。在一片只占法国面积4%的地区，德国人就造成了总计20亿美元到30亿美元的损失。[19]让法国和比利时深感失望的是，威尔逊到达欧洲之后，拒绝前往那些遭到破坏的地区，显然是因为害怕这会打乱自己情感上的平衡。[20]法国人可玩不起这种超然态度，对他们来说，德国违背了正在形成之中的国际文明规则，这是一个明明白白的警告。这清楚表明，法国政府不能再只是防止自己战败，它有义不容辞的义务，要保护自己的人民不会再经历一次德国占领。这是一个新出现的领土问题，需要用领土的办法来解决，侵略者必须为此埋单。

4月8日，在经历了数天艰苦的讨价还价之后，三大国的关系总算没有公开破裂。[21]萨尔由国际联盟联合管理，到1934年可以举行全民公投，决定到底是回归德国还是加入法国。在这期间，其生产的煤炭归法国所有。莱茵区将被完全解除武装，由协约国占领十五年。协约国的军队将分阶段撤出，条件是德国应履行《凡尔赛和约》所规定的其他义务，同时英国和美国要兑现它们的安全保证。正如克列孟梭后来坚持认为的，他赢得了法国希望达成的全部条件。[22]他紧紧扼住了德国的脖子，他获得了英国和美国的支持。如果英美退出，那对于法国来说将是一场灾难。但巴黎方面至少有权根据和约在占领区牢固树立起自己的地位。克列孟梭希望的是得到这些保证，同时加强而不是削弱战时联盟。对他来说，和约所规定的与英美两国的合作与反德内容同样重要。英美两国派遣的部队将与法国军队一起并肩看守德国，大家共同承担监督德国裁军的责任。对于克列孟梭来说，"责任"是关键词。他认为，只有加入了"动力……信仰、思想"，以及把"传统上相反甚至有些时候相冲突的利益"融入一个共同目标的"意愿"之后，条约才具有约束力。这就是1917年以来协约国已经做到的事情。如果这种战时的伙伴关系能够变成"和平时期坚不可摧的联盟",那么法国就能获得最大程度的安全。[23] 克列孟梭没有考虑到的,是他自己的好战立场所造成的损害,这倒也符合他的特点。他同时惹恼了英美两国,而当其内阁在5月4日通过和约时,他也还没有平息法国舆论中很大一部分激烈的声音,那些人认为这是个天真而宽大的和平。[24]

三

这种紧张态势因为在东方构建安全体系的努力而变得更加严重。为了防止俄德两国结成友好关系给自己造成战略灾难,法国需要用东欧的民族国家构建起一道坚固的封锁线。然而,在这个"残忍的"和平当中,没有什么比东面的边界安排更让德国人恼火的了,而那些说英语的观察家又全都是些同情心泛滥的家伙。1919年4月,一位美国军事观察家表示:"在中欧,到处都能看到法国人的制服……帝国主义观念已经让法国人的脑子变得疯狂,可以看到,他们正在尽可能按照法国的意愿创建一连串高度军事化的国家……"[25] 波兰、罗马尼亚和捷克斯洛伐克就像法国的看门狗。但如果以这种方式来讨论这个问题,则等于让德国从一开始就在宣传上占据上风。正如威尔逊自己在反驳那些批评这一领土安排的人时所说的,《凡尔赛和约》"对德国施加了沉重的责任和严厉惩罚,但……它并不只是一个与德国签订的和平条约。它解放了那些伟大的民族,他们之前一直没能找到通往自由的道路"。[26] 克列孟梭持同样的态度。和平的主题是民族解放,和平缔造者想得"更多的是新东西,而不是旧事物"。[27] 在中欧,现有国家不可避免地要为此付出代价。

至于捷克,哪怕有一点把这个问题看成德国的问题,也等于从一开始就承认泛德意志主义了。当波希米亚王国在1526年被并入哈布斯堡王朝的时候，它的西部有一大片狭长的德语区，这就是后来臭名昭著的苏台德区。这一地区在经济上具有重要地位，如今构成了捷克全境的一道天然防线。该地区人口众多，在1913年达到了300万，他们是德意志人，讲德语。但在历史上，这一地区从不属于任何在1871年被并入德意志帝国的邦国。根据民族自决原则，美国代表团觉得把这一地区交给捷克是有问题的；如果把它强行划归奥地利，在地图上看起来又十分怪异；可要是让它加入德国，那就等于让协约国的捷克盟友损失一大块领土，再把它交给战败的德意志帝国。这在克列孟梭和劳合·乔治那里是绝对行不通的。[28] 如果德国与捷克斯洛伐克今后想以布拉格方面愿意接受的条件交换领土，那就是它俩和国际联盟的事情了——不是现在这些和平缔造者需要面对的问题。事实上，正是一位像希特勒这样的奥地利裔泛德意志主义者把苏台德区变成了一个冤案，魏玛共和国在这件事情上并没有施加太大的压力。

真正引发争论的是德波边界问题，而最令人不快的则是西里西亚问题。[29] 西里西亚过去也曾属于波希米亚王国，后来自然也就为哈布斯堡王朝所统治，结果在1742年，腓特烈大王（Frederick the Great）发动战争，占领了这一地区，这是他所有伺机而动的战争中最为恶名昭彰的一次。从那个时候开始，下西里西亚就已经彻底"德意志化"了，但上西里西亚还有大量波兰裔人口。让整个问题变得更加复杂的是，这一地区还是东欧工业革命的中心。德国的资本与技术，加上贵族大亨的创业精神，绘制出了一幅新的经济地图。德意志的七个封建王国拥有西里西亚四分之一的土地及其丰富的金属矿石和煤炭储量中的绝大部分。如果新成立的波兰国家想在经济上真正独立，它就必须占有这些工业资源。出于同样的原因，波兰还得有出海口，这就需要开辟一道走廊，穿过德意志族人的领土，到达位于波罗的海边上的但泽（Danzig）。

各方的立场不言而喻。波兰人在法国的支持下，希望能将但泽和整个上西里西亚都慷慨地给予波兰[30]；英国和美国表示反对，认为这严重违反了民族自决原则。相关争论从1919年2月开始，一直持续到6月《凡尔赛和约》签字前几天。把守着波兰走廊通往波罗的海口岸的港口城市但泽不再属于德国；但由于劳合·乔治和威尔逊的坚持，它也没有被划分给波兰；但泽作为"自由城市"，被置于国际联盟的管辖之下。波兰走廊的划定则考虑了波兰的不利条件，将作为少数族裔的德意志人口降到最少。在劳合·乔治的坚持下，上西里西亚最终的边界问题在最后一刻被搁置了，将由全民公投来决定。[31] 后来的一些批评家，尤其是约翰·梅纳德·凯恩斯，做过一些缺乏根据的论断，但实际情况正好相反。对于因划分民族国家而给完整的工业体系造成的破坏，这些和平缔造者并非不负责任地置之不理，德波之间划分疆界的条约是世界外交史上最全面、最具技巧性的安排之一。[32] 在欧洲漫长的历史上，没有哪一次在重新规划领土时，能有如此细致的考虑，从而将正义的普遍原则和权力的需要与复杂的领土现实协调起来，不同国家和民族群体的政治和经济利益从来没有像这样被小心翼翼地平衡。经过委员会的艰苦工作，这些和平缔造者设法调整国家边界，从而使得铁路系统被尽可能方便地分配给不同国家。[33] 他们煞费苦心地制定了条款，确保波兰不会让德国出现煤炭短缺。中欧历史的每一个细枝末节都引起了整个国际社会的关注。国际联盟关于西里西亚问题的最终报告是由比利时、巴西、中国和西班牙的代表起草的，一位日本子爵担任记录员。《凡尔赛和约》改变了像西里西亚这样的地区漫长而痛苦的历史，我们不能不承认，它的确像自己所宣称的那样，以一种全新、开明的方式将外交与专家决策结合到了一起。

与1945年之后时期的对比再次发人深省。1918年到1926年，在现属波兰的领土上，有大概一半的德意志人口选择了离开。[34]

而1945年波茨坦会议之后发生的事情则要野蛮得多。在三年的时间之内,东欧大部分土地上的德意志人全部被用枪指着,强行驱逐。在西里西亚,这一人数达到了300万。将近10万人被确认死亡,另外有63万人被记录为失踪,或是"下落不明"。[35] 苏台德区的居民也遭到了同样的对待。

但这样的恐怖事件是后来才发生的。在1919年,德国人的愤怒难以平息,魏玛共和国一直不愿接受新的德波边界。但战败德国人的怨恨本身并不能证明这样的处理是不公平的。如果波兰人和捷克人要进行有效的民族自决,那还有什么别的选择呢?正如贝尔福勋爵所指出的,波兰的灭国是旧制度下强权政治的"严重犯罪"。[36] 当听说德国人抱怨自己的权利在东方遭到了践踏时,克列孟梭提到了他认识的背井离乡的波兰人,还有他们所讲述的波兰儿童因为用斯拉夫语背诵《主祷文》而被普鲁士校长鞭打的故事。[37] 人们能清楚且合理地感到,《凡尔赛和约》不只是在东面建立起一条战略缓冲带,而且还纠正了历史的错误。当德国人宣称协约国是在决心毁掉他们的国家时,贝尔福否认了这种指责。协约国所挑战的,是"刻意制造出来的现代普鲁士,它包含了许多斯拉夫地区,它们直到大约一百四十年前才被并入德意志,而这些地区现在真的不应该再属于德国了"。[38] 威尔逊承认,这有点遗憾,但是"不可避免",数百万波兰人、捷克人和斯洛伐克人要求独立,而那些还留在历史上殖民地区的德国人将发现他们现在要被斯拉夫人统治了。[39] 究竟有多少德国人遭受了这个悲惨的命运,以及这个数字与留在德国统治下的波兰人相比如何,至今仍然存在各种争论。当然,德国在东方失去了450万"德意志人",对于这个数字,我们还是要持怀疑态度。[40]

此外,作为少数族裔的德意志人问题在捷克斯洛伐克和波兰所引发的不同反应也表明,这个问题在很大程度上取决于与之相关的是哪一部分斯拉夫人。捷克的复国运动就是战后索赔者的最好写照。托马斯·马萨里克总统娶了一位美国的一神论女权主义者。他大多数的斗争是在美国进行的，但无论在哪里，他都是国际自由主义新思想最有影响力的倡导者之一。他同外交部部长爱德华·贝奈斯（Edvard Benes）一起，尽全力遏制了随着捷克斯洛伐克获得独立而出现的对匈牙利和波兰侵略性的领土要求。因此，捷克斯洛伐克被誉为战后时代的模范公民。[41] 苏台德区德意志人最大的政治力量是左翼社会民主党人，他们熟练而果断地融入这个新的多民族国家政体中，也起到了推动作用。[42] 独立后的捷克斯洛伐克有着强大的经济基础，布拉格对战后财政事务的管理也非常有效，与其邻国的混乱形成了鲜明对比。作为捷克斯洛伐克共和国的公民，苏台德的德意志人完全可以认为自己是幸运的，他们没有经历奥地利和德国的民族同胞所经历的饥饿、暴力和经济动荡。

波兰可就不是这样了。这个新兴国家所面临的挑战极大。波兰共和国的领土原本属于三个已经不存在了的帝国——德意志、奥地利和俄国，在这片区域存在着完全不同的政治传统和高度混杂的人口。1919年的波兰，土地贫瘠荒芜，人口过剩，在多年战乱之后伤痕累累。想在这样的基础上成功建立起一个民族国家，需要意志坚定且充满智慧的政治领袖付出卓绝的努力。但这方面的情况却不那么让人乐观，波兰各个政治派别的内斗是赫赫有名的。在原属俄国的波兰领土上，主要的政治力量是持种族民族主义的国家民主党，因其沙文主义和反犹主义而恶名远扬；在原属德奥的波兰领土上，则主要是持比较进步立场的民族主义，其名誉领袖是脱离了社会党的约瑟夫·毕苏斯基（Jozef Pilsudski）。在这两个政治派别之间，存在着严重的分裂。[43] 它们之间的激烈争执最终演变成了冒险主义的外交政策，在1918年至1920年给波兰带来了至少六场战争，这其中包括对波罗的海国家和乌克兰的进攻，还包括一场几乎导致波兰灭国的对苏联的攻打。[44] 与此同时，为了团结新成立的国家，波兰推行了一个激进的社会福利计划,却缺少财政手段的支持,其结果是毁灭性的通货膨胀。[45]

因此,对于德意志人来说,他们有充分的理由对自己被并入波兰共和国一事感到懊恼。然而,从根本上说,德国人对他们与波兰边界争端的任何解决办法的怨恨,其实是源自某种理性计算之外的东西。它传达出了民族偏见与种族仇恨的一种深层次的张力。仅仅是要被波兰人统治的想法,就足以让一个真正的德意志民族主义者的灵魂战栗。1919年不仅见证了欧洲边界的重新划分,它实际上还是一个开启了后殖民时代的时刻,既定的政治、文化和民族等级都被推翻了。对革命性变化的这种感知反过来又解释了,为什么巴黎那些必须对波兰问题做出决定的人普遍都存在着怀疑和担心。[46]

1919年3月25日,在三大国之间危机最严重的时候,波兰成为枫丹白露会议上的关键问题,劳合·乔治希望在此问题上重启英国对道德领袖的主张。如果从自由主义的情绪周期来解读的话,枫丹白露记载下了罪恶感占据上风的时刻。为了和平,需要对德国进行更加宽大的安排。劳合·乔治宣称,最大的危险就是在东面制造出一个新的阿尔萨斯—洛林。他很乐于说出自己的想法:"德意志人民显然已经证明了,他们是世界上最精力充沛、强劲有力的种族之一,现在德国将被一圈小国家团团围住,其中许多国家的人民之前从未给自己建立起一个稳定的政府,而现在每个小国国内都有大批高声疾呼要重新回归祖国的德意志人。我想象不出还有什么比这更容易在将来引发战争。波兰委员会提议要将210万德意志人置于另一个民族的控制之下,而后者有着不同的宗教信仰,并且在其历史上从未能进行稳定自治,这在我看来,迟早会引发一场新的战争……"[47] 在一些不太正式的场合,劳合·乔治说波兰人"不可救药",塞西尔勋爵认为他们是"东方的爱尔兰人",扬·史末资则使用了他的南非土语,在他看来,波兰人就是些"卡菲尔"*。[48]

正是为了平息人们对东欧民族自决的担心,史末资最初曾经提出,要在托管体系中保证外国力量的监督;这一地区的人对此表示无法接受。但无论如何,国际监管仍然构成了1919年和约关于中欧地区的一个基本要素。[49]在但泽和亚得里亚海的阜姆港(Fiume),各国所持的主张相互冲突,无法调和,最后都通过国际化的办法解决了。1919年夏天,波兰被迫同意实行保护少数族裔的政体,这成为20世纪20年代东欧其他各国的范本。国际联盟内部建立了长期委员会,以保证新出现的少数族裔在受到迫害时有机会上诉,这个体系后来在德意志人那里得到了积极而高效的运用。对于1921年3月举行的、将要决定西里西亚命运的全民公投,则有着极其详尽的规定。大约1.5万名协约国士兵负责在这一地区进行监督,同时还有数百名国际官员参与其中。[50]几乎所有人都参加了投票。波兰人举行了起义,但协约国军队重新恢复了秩序,在这一大片德国的土地上平息了波兰人的反抗。不讨好的差事再次落在了国际联盟头上,它需要确定最终的分割方案。这一方案不可避免地让德国人感到强烈不满,但它显然也没有向波兰人做出什么让步。

四

对于这样的和平,德国人自然会感到愤怒。战败是一场灾难,后果令人震惊。在1918年11月的紧急关头达成的"威尔逊式"停火误导了德国民众,让他们以为自己会被作为和平的共同缔造者而受到同等对待。当他们发现停火谈判只是美国和协约国之间一场规模更大的权力游戏的一部分,"同等的和平"也只意味着德国的利

---

* 在种族隔离的南非,卡菲尔用于指称黑人,含贬义。——编者注

益今后会与波兰的利益处于同等地位时，他们觉得这简直就是一场噩梦。然而，尽管这很痛苦，但所有欧洲国家在战争刚刚结束的时候都经历了艰难的调整，德国人所感到的苦恼只是其中最突出的表现。克列孟梭也许会坚持认为《凡尔赛和约》向德国做出了让步，承认了它19世纪的梦想，承认了它对民族国家的主张。但考虑到战争的结果，这样的主张回避了太多问题，以至于我们很难不去怀疑他的诚实了。

战争是由一个帝国主义对抗的时代促成的，它在19世纪90年代时就已经形成了这样一种观念，即仅有国家主权就足够了。关键问题在于这个全球舞台。全球竞争时代已经宣告结束，德国的海外领土和海军都被褫夺，茕茕孑立，形影相吊。像克列孟梭这样的共和主义者当然会回答说，一个面积广大的欧洲内陆国家完全没必要弄一堆奇奇怪怪的非洲和太平洋领地。[51] 但在说出这么一番见识短浅的话时，他没有想到法国自己的未来。对于法国来说，在帝国主义之外，还有一个更加美好的未来。巴黎方面提出了一些严肃而影响深远的建议，希望能促成一个强大的国际联盟，然而都被否决了。但法国至少在法律上被认可为行政院常任理事国。只要巴黎方面愿意，德国也许永远无法成为国际联盟会员国。而如果国际联盟只是英美霸权的载体，那么加入它又意味着什么呢？[52] 只是成为各国大联盟中的一个新成员，这可不是世纪之交时国际政治所承诺的东西。正是为了确保不会出现这样的结果，因此克列孟梭没有止步于国际联盟，而是进一步希望与英美两国结成跨大西洋的三方联盟。

但这只会在德国引发更多的问题。面对着西面这样一个优势明显、考虑长远的强大联盟，德国仅剩的欧洲地区的主权还算什么呢？因此，对于德国来说，东方充满了吸引力。然而在那里，德国同样将会受到限制。在亚洲人和拉丁美洲人的监督下，德国和波兰的选票被放进了同一个投票箱。人们能清晰地感受到《凡尔赛和约》的残忍和仁慈，因为其中夹杂了对于国际秩序的不合时宜的看法。在一个全球时代，德国只有本土主权得到了承认，这被视为其二等地位的一个标志。一些更有想象力的和平批评者则把德国看作空洞无物、去政治化了的主权新形式下一个被牺牲掉的实验对象。[53] 德国的怨恨让人不愿承认的是，这种痛苦的调整是所有欧洲国家不同程度地将要面对的问题。

第十五章
赔偿

在1919年4月的头几天，和会进入了关键阶段，赔款问题越来越成为建构和平的核心所在。赔款的支付不仅是财政问题，同时还是对德国是否遵守《凡尔赛和约》的持续监测。声名狼藉的战争罪条款第231条，其实不是在说德国的"罪行"，而是在说它的"责任"，它需要为因同盟国"侵略而强行发动的战争"给协约国造成的损害负责。至于法国，它指望着协约国共同承担责任以确保赔款的支付。莱茵区的占领军最终将会撤出，萨尔区也可以返还，但条件是德国要履行其赔偿义务。法国和协约国将在德国开始定期支付赔款之后十五年撤出德国的土地。如果德国不支付赔款，法国就不会撤出，因此克列孟梭至少可以让法国下议院安心了。根据停火条件，德国有义务赔偿其军队造成的破坏，德国国会多数派未曾对此表示异议；赔偿总额将会高达数百亿相当于战前价值的金马克，他们也没有表示异议。然而，尽管达成了基本的一致，但在法国和英国觉得它们有权提出的最温和要求与德国在态度最为合作的时候所愿意承担的数额之间，还是有着巨大的鸿沟。

此外，在德国人看来，赔款要求会带来无法避免的、残忍的债务负担，这在某种程度上比和约中与领土相关的规定还要面目可憎。割让领土只会对边界地区造成直接影响，而赔款则不同，它关系到德国的每一个男女老少。毫不夸张地说，它每天都在折磨这个国家，这个重担会压在好几代人的身上。民族主义鼓吹者把赔款说成束缚和奴役。[1] 莱茵区出现了占领军中的塞内加尔士兵强奸德国妇女的暴行。而在政治生活中，则有一些微妙的评论，认为赔款使德国沦为半殖民状态。这些强加在德国身上的外债似乎将德国打入了第三等级国家——奥斯曼帝国、波斯、埃及和中国——的行列，在帝国主义时代，这些国家只是在形式上保住了主权，实际上受到外国力量的监管和财政操控。[2]

这些担心在法国那边不是没有得到回应。确实有人幻想着要把萨尔区变成殖民矿区；巴黎方面曾经有人在无意中说出，要把德意志"奥斯曼化"。[3] 只有听听这些帝国主义时代的回声，我们才能理解德国人为什么会如此痛恨向他们提出的金钱索赔。克列孟梭等站在他们对立面的人坚持认为，和约对德国的主权给予了尊重。然而，这些看法相左的人其实都在用一种过时的观念来看待"一战"之后的形势。这不仅仅是完全难以置信地把德国视为法国的帝国财产——这样的故事早在拿破仑时代就已经在暴风骤雨中走向了结局；真正误导人们的，是脱离全球的力量竞技场，孤立地看待德国在《凡尔赛和约》体系下的形势，而所有欧洲参战国现在都处于这个力量竞技场之中。具有讽刺意味的是，由于是协约国搭建起了国际财政的新架构，因此，在1919年春天时，法国未来的从属地位已经比德国的还要清晰可见了。[4]

第十五章　赔偿

一

对于协约国来说，在战争刚刚结束的时候，最明显不过的事情就是，协约国的经济和金融地位已经被永远改变了。对于法国来说，这一打击无疑是最为严重的。[5]在战争之前，巴黎是仅次于伦敦的国际债权人，可现在，法国却成了一个窘迫的债务人。法国的对策之一便是牺牲德国，以使欧洲经济重新恢复平衡。有了德国的煤炭和阿尔萨斯—洛林的铁矿，法国的重工业会首先得以加强。[6]然而，在欧洲工业再平衡的这种尝试中，还包含了一种更加开阔的视野，它预见到了协约国内部以及跨大西洋的合作将会超越战争刚结束时的状态，出现进一步的扩展。从战略的角度来说，这与克列孟梭坚持要绝对优先考虑跨大西洋三方民主联盟是一致的。然而，克列孟梭所考虑的是几个世纪以来的欧洲历史，其言论具有19世纪激进主义的色彩。而他的商务部部长艾蒂安·克莱芒泰尔的观点则更加温和、侧重于技术层面。[7]根据1916年伦敦经济会议的决议，克莱芒泰尔构想了法国、英国和美国的全球合作，从而保证对关键性的原材料形成共同控制。[8]正如他在伦敦会议上所讲的，克莱芒泰尔希望战争能够"开启一个新的经济时代，这个时代所提倡的，是在控制、合作，以及一切能使生产过程井井有条的事物基础之上的新方式……一种新的秩序，它将意味着世界经济史上的重大转折"。[9]

法国人关于西方民主国家军事联盟的观点最终指向了北约，克莱芒泰尔的看法则预示着欧洲的联合。[10]他的伙伴包括年轻的商人让·莫内。莫内在战争期间被派驻到伦敦，负责协助完善协约国内部的运输控制系统。1919年之后,他一度与自己的战时同僚阿瑟·索尔特一起，进入了国际联盟的经济委员会。在中国开办了一段时间的企业之后，1940年，莫内又在伦敦与夏尔·戴高乐（Charles de Gaulle）合作，再次负责盟国内部的经济合作问题；到1945年，他成为法国工业现代化之父。1950年,莫内被誉为"欧洲煤钢共同体的设计师"。[11] 50年后,他在回忆录中遗憾地表示,1919年人们错失了一个机会,欧洲原本可以在这个时间点上向着工业合作的方向大胆迈出一步。"欧洲人花了很多年、付出了很多代价,才意识到,他们要么联合,要么衰退。"[12]

然而,从1919年到1945年,美国立场的变化最起码与欧洲一样多。1918年,未来的总统哈里·S. 杜鲁门(Harry S. Truman)和他充满传奇色彩的国务卿乔治·马歇尔(George Marshall)在法国看到的都是斗争;1945年,当他们重返欧洲的时候,则敦促巴黎带领欧洲大陆走向合作与联合,那时让·莫内是他们最积极的合作者。但回到1919年,威尔逊的政府采取了完全不同的方针。威尔逊坚决反对克莱芒泰尔及其一体化方案。早在1918年11月21日,美国财政部部长威廉·麦卡杜就曾给美国在伦敦的代表发去电报,要求他们尽可能弱化协约国内部组织的功能,"从而使所有重要的谈判和决策都归于华盛顿"。[13] 负责食物供给的赫伯特·胡佛则保证说,美国"不会同意任何有可能让我们的经济资源在和平之后被协约国内部组织控制的方案"。[14] 有人提议实行永久的联合小麦购买计划,这让他"充满了恐惧"。在威尔逊政府看来,法国所推动的协约国内部组织其实就是"英国人"将要"在伦敦确立的某种安排""是要花我们的钱、用我们的食物来供应整个世界"。[15] 胡佛坚持认为,唯一能保证"正义"得以"全面"实现的,就是让美国独立行动。

战时规定越早被废除,资本和商品的自由流动就会越快重新开始;繁荣与和平就会重新回来,美国的优越地位就能在其天赐的角色中得以实现;市场和商业就会取代政治和军事力量。[16] 然而,推动世界经济去政治化的过程所带来的结果却事与愿违。政治并没有从经济生活中被排除,相反,欧洲越来越深地被卷入了最复杂的金

第十五章　赔偿

融与政治的纠葛之中——赔款。1919年2月5日，克莱芒泰尔要求十人会（Council of Ten）的经济起草委员会（Economic Drafting Committee）不得不做出明确的选择。法国愿意支持一个温和的和平，但这取决于"通过各种基于广泛共识的举措"建立起"一个经济组织，以确保世界经济得以稳定恢复……"；否则，就只能用"报复和惩罚式的和平"来为"安全"提供"保障"。[17]

二

从表面来看，这个问题非常简单：协约国到底要提出多少数额的赔款要求？巴黎和会并没有给出答案，因为究竟什么样的数额既具有现实性，同时又在政治上能接受，三大国无法达成一致。在这个问题上，最大的障碍不是法国，而是英国。从一开始，法国和美国就已经具有了达成一致的基础。对德国军队所造成破坏的赔偿被明确写在停火条件内，德国对此甚至也没有提出异议。法国重建所需的费用大概是640亿金马克（150亿美元），协约国对此都表示同意。考虑到其他各方提出的合理要求，法国宣布，它可以接受德国给各国偿付总额最低为910亿金马克的赔款——只要让法国拿到最大份额就行；如果这个数额能大大增加，巴黎方面同样也乐观其成，只要法国能分到至少55%就行。1919年1月，法国和美国的专家人士基本都认可1200亿金马克（286亿美元），这与1921年5月在伦敦最终确定的1320亿金马克的差距并不是太大。

由于其主要要求没有引发争议，法国现在的首要工作就是尽可能快地拿到这笔钱。法国北部的重建已经迫在眉睫，数百万人需要重新安置，村庄需要重建，农场需要新的牲畜，工业需要重新恢复。刚开始的时候，这些费用需要用法国民众的存款或者是伦敦和纽约的贷款来支付。到1922年时，法国政府已经在被战争破坏的地区预付了相当于 45 亿美元的抚恤金和重建费用，这些钱基本上都来自国内借款。现在关键的问题是，德国还需要多久才能承担起提供资金的重担。[18]

英国的状况则完全不同。英国本土没有遭到严重破坏，但伦敦方面在运输上蒙受了巨大损失，它已经耗尽了自己的资本存量，还大举借债，以维持整个协约国集团的资金运转。对于英国来说，关键是分配问题。英国需要确保，让伦敦方面成为协约国战时中心的财富不会让它在接下来的几十年里背上无法承受的重担。它的风险在于，法国和比利时所遭受的严重破坏会得到赔偿，而英国的损耗不那么明显，因此有可能不被承认。此外，英国还需要确保，战后的德国不会变成一个比之前更难对付的竞争对手。简单来说，1919年春天，劳合·乔治政府的目标就是提出一个高额赔款总数，同时，不管德国实际赔付多少，英国都应当分到至少四分之一。如果不能达到这一点，那么英国将不会同意任何具体问题，从而使得在战后危机的尘埃落定之前，不会达成任何最终的解决。1918 年 12 月时，劳合·乔治尽其所能找来的那些最强硬的专家最初计算出了一个毁灭性的总额，2200 亿马克。[19] 这个数字是众所周知的战前德国国家收入估算值的五倍还要多，它过于夸张，成了劳合·乔治心怀恶意的一个象征。但这个数字显然也同样让他感到吃惊。为了维护欧洲经济的平衡，英国需要打击德国，但不能让它一蹶不振。法国和美国在巴黎达成的 1200 亿马克是一个德国更能承受得起的债务负担，但正因为如此，它也就意味着，英国能拿到的那一份恐怕是微乎其微。如果最终的数字会让人失望，那劳合·乔治宁愿让这个坏消息晚点到来。

法国人不愿意降低他们分到赔偿的份额，劳合·乔治便把讨论引向一个更深的层面，即所受破坏的具体类型。正是在这里，英国人敲响了抚恤金的战鼓。作为英国国民保险之父，这个主题正中劳

第十五章 赔偿

合·乔治下怀。然而，对于美国法律团队来说，英国人坚持把抚恤金的问题纳入讨论，这违反了停火时的承诺。柏林方面已经同意支付重建费用，并赔偿德国军队侵略所造成的破坏。把协约国福利开支所需的费用也算进来，这有点过分了。1919年4月1日，威尔逊总统本人必须要做出决定。接下来进行的那场辩论被视为威尔逊向狡诈的欧洲举手投降的典型事件。根据J. P. 摩根集团合伙人托马斯·W. 拉蒙特（Thomas W. Lamont）的记载，坐在那里吵了数小时之后，总统先生无可奈何地说道："逻辑！逻辑！……我不管什么该死的逻辑了。我同意把抚恤金算进来！"总统先生就是在这一刻放弃了德国，任由英法满怀仇恨地对它进行处置吗？显然，拉蒙特担心自己的记录会被人这样理解，于是他加上了一句解释，说明总统先生并不是"随随便便说出这句话"的。威尔逊并不是在表达"轻视逻辑，他只是对技术性细节感到不耐烦，决定要跳过大段的废话直达问题的根本"，而"这个房间里的每个人心里都有同样的感受……"[20] 眼前的这个问题是无法"严格按照法律原则……"来解决的，威尔逊没有耐心去听什么最初意图的长篇大论。"他……不断为之前所宣布的那些原则寻找新的意义和更广泛的应用，哪怕不是那么完美。同时他觉得，只有迫使敌人进行赔偿，才能让正义得到伸张……"[21] 不管《停战协议》里如何规定，让战争造成的孤儿寡母们得到些补偿，又有什么不对呢？4月1日，威尔逊表示他同意英国关于扩大可能的索赔要求的提议。

但这一特别方式会导致一系列后果。如果所有的抚恤金要求都被允许的话，赔款总额就将变成一个天文数字，很可能导致德国直接拒绝。因此大家没有这么做，而是推迟做出最后的安排。为了补偿眼下重建所需的费用，德国要在1919年和1920年支付一大笔钱——约为50亿美元——以供协约国急用，其中大部分以实物形式支付。[22] 整个过程将在一个赔款委员会的监督下进行，这个委员会还需要在 1921 年 5 月 1 日时确定最后的赔款总额。整个偿付过程至少将一直持续到 1951 年。如果年金过高，德国有权进行申诉。与此同时，德国需要开出价值 200 亿金马克的借据，覆盖它在 1921 年之前需履行的义务；另外还需要开出 400 亿金马克的借据，覆盖到 20 世纪 30 年代时的总额度（分别为 48 亿美元和 96 亿美元）。如果德国经济状况得到了充分改善，就还需要再增加 400 亿金马克。[23] 法国的如意算盘是把这些索赔权利卖给投资者，以获取当下急需的美元。然而，为了确保能控制这种将赔款债券市场化的行为，美国坚持要在赔款委员会中拥有一席之地，并坚持在进行这种销售之前，必须先获得委员会的全体同意。

三

显然，这只是一种权宜之计，但它却是各方都认可的一种妥协，伍德罗·威尔逊本人也促成了这一协定的达成。所有主要的协约国国家都在上面签了字，但它们同意的是什么呢？[24] 如果说在凡尔赛达成的财政安排除了要求德国立即进行赔付之外，还有什么实质性内容的话，那就是美国、法国和英国达成了一致，同意继续进行谈判。1921 年 12 月，英国经济学家、财政部前顾问、《凡尔赛和约》直言不讳的批评者约翰·梅纳德·凯恩斯写下了一段话，承认了这种妥协背后的政治逻辑。赔偿的安排并不高明，也不是在各个方面都可行。在某些方面，它显然充满了危险。然而，在两年多之后，凯恩斯已经能够承认"对于想要领导民主制度的人，在他所必须考虑的世界里，民众的热情和民众的无知都发挥着作用……《凡尔赛和约》是一个最好的暂时性安排，它需要民众的要求和主导者的个人特点共同作用才能实现"。如果 1919 年时不能达成真正安全和切实可行的条约，那就需要在今后几年依靠各国政治领导人的

第十五章　赔偿

智慧和勇气来构建这样的条约。[25] 两年之前，当凯恩斯带着深深的绝望从财政部辞职的时候，他整个人焦躁不安。没有任何人像凯恩斯那样激烈地否定《凡尔赛和约》的政治合法性，他在1919年12月出版了破坏性极强的著作《和约的经济后果》(The Economic Consequences of the Peace)。

一代又一代经济学家对凯恩斯观点中的缺陷提出了严厉的批评。[26] 然而，凯恩斯的批评既反映了《凡尔赛和约》所引起的幻灭感，同时也给这种幻灭感添砖加瓦。他的著作既具有经济学家的权威性，又具有内部人士的色彩和雄辩的修辞，销量高达数十万。美国共和党人在参议院攻击威尔逊时，就逐字逐句地引用了这本书里的内容；列宁和托洛茨基都把凯恩斯作为共产国际的必读书籍[27]；德国人张开双臂对他表示欢迎，并使伦敦和巴黎之间的气氛更加疏离。从表面上看，凯恩斯显然站在德国人一边；但即使是从德国人的立场来看，也很难明显判断出他带来的坏处没有多过好处。凯恩斯的影响力鼓舞了那些坚持拒绝支付任何赔款的德国人，而当时倘若真诚地努力遵守这份和约，尽管它存在不足，本可以让魏玛共和国躲过1923年的毁灭性危机。[28] 当然，重点并不是说，凯恩斯个人要对接踵而来的灾难负责；关键问题在于，与其认为凯恩斯指明了赔款的问题，还不如将《和约的经济后果》这本书看作他重点讨论的危机的一种表现。

在英国政治集团的自由主义派别中，凯恩斯大概是最直言不讳的一位。在他看来，战争是更深层面问题表现出来的痛苦症状。[29] 即使在他被从剑桥大学国王学院借调到英国战时工作的最核心机构——英国财政部时，凯恩斯也始终不得不努力克服自己心里深切的疑虑。1916年，他想办法获得了兵役的赦免，但并不是因为他的战时工作，而是因为他出于良心反对兵役。身为国家公职人员，他不能用自己的名字发表文章，但在1916年4月，他用笔名发表了一篇观点鲜明的文章，支持独立工党赞成和平的立场，文中所阐明的观点在某些方面与威尔逊后来所呼吁的"没有胜利者的和平"非常相似。但凯恩斯不是一个威尔逊主义者，他是威尔逊主义者的镜像。他反对劳合·乔治以及那些决定要进行最后一击的人，恰恰是因为他们的轻率行为会使英国更加依附于美国。当威尔逊想尽办法让美国远离"旧世界"的好斗冲动时，在凯恩斯看来，欧洲则代表着一种融合了资本主义与真正的人身自由和文化自由的脆弱混合物。[30] 他在美国看不到这些，哪怕是在进步主义所描绘出来的图景中也没有看到。威尔逊和凯恩斯的共同点在于，他们都想让自己保持一定距离。然而，1919年摆在他们面前的现实情况错综复杂。如果把《和约的经济后果》中关于和平的表述与凯恩斯自己在巴黎和会上作为专家所提供的意见进行比较，我们能感受到一种改变。然而，为了至少保留打开当下错综复杂局面的希望，这种改变是很有必要的。

凯恩斯的畅销书是一本从英国的优势地位出发来看待欧洲的著作，在这本书中，凯恩斯坚持认为英国应该立于大陆危机"之外"。[31] 凯恩斯的话是说给英国政府听的，希望它能担负起领导者的角色。然而，他在书中剖析美国在这场灾难中的角色时所采取的方式却值得我们注意。在第三章中，他令人震惊地将三大国描绘成了展现民主罪恶的人物形象。威尔逊是自命不凡的长老会说教者，劳合·乔治是善变的机会主义者，但克列孟梭则是真正的恶棍——一个接受了俾斯麦政治的干瘪法国佬。然而，只有排除了对赔款细节的处理，这幅程式化群像的简单性才能得以维系。直到接下来几章，凯恩斯才提到了条约的内容和赔款。在这里，他的观点出现了细微却明显的变化，其重点在于逐点批评每一项对德国提出的过分要求。但这里有一个问题：事情本可能有不同的走向吗？

凯恩斯提出，唯一有可能消除危机的办法，就是英国和美国通

第十五章 赔偿

过初步讨论,达成一个整体的经济安排。这里,他再一次强调了英国,但至少不再对威尔逊提出个人批评了,问题是美国代表团到达巴黎时,并没有一个恰当的经济计划。[32] 直到他激烈论述的结尾,凯恩斯才提到这样一个英美联合的提议包含哪些内容。他提出的第一个补偿办法就是减少对德国的要求。但凯恩斯也承认,只有与更大范围的财政重组同时进行,这一办法才具有合理性。他再一次让英国承担起了放弃所有对德国的财政要求的领导职责。然而,这反过来又需要取消所有协约国内部的债务,同时还需要一笔10亿美元的新贷款,使赔款得以偿付,世界贸易得以重启。正如他对法国赔款要求的严厉批评,凯恩斯在书的结尾处也同样令人难受地承认,只考虑减少赔款,而不削减协约国内部的债务,将是极为不公平的。[33]

然而,在《和约的经济后果》一书中,凯恩斯没有把他对财政架构的不同构想与他个人对愚蠢的克列孟梭和劳合·乔治的激烈批判,以及他对于应该如何执行赔款要求的历史解释联系起来。他提出了自己的不同计划,就好像这是一个全新的想法,是在凡尔赛没有抓住的伟大机会。他在全世界数百万的读者并不知道,对国际经济秩序进行全面的重新安排,事实上就是凯恩斯本人的提议。这一计划在凡尔赛被提了出来,但遭到了拒绝,拒绝它的不是巴黎,而是华盛顿。在这本书出版的时候,出于想要对和平做出建设性修正的愿望,凯恩斯无疑想避免美国人的反责。不仅如此,他还与威尔逊一样,极度不相信法国人。但这么做的结果却是严重扭曲了和平缔造过程的政治。

正如凯恩斯所承认的,伦敦能游刃有余地采取战略行动,是因为它有能力把向德国提出哪些要求的问题与处理同美国之间债务的问题分割开来。其他协约国可没有这样的福气。1919年年初,由于国家收入低,因而承担着最难以忍受的外债水平的意大利人建议说,作为和平的前奏,华盛顿方面应该考虑对战争开支进行全面的重新分配。[34] 这里的逻辑很简单，如果所有交战国中最富有、债务负担最小的美国能够对其欧洲盟友做出实质性的、高姿态的让步，那么它们就可以放宽对德国的政治和经济要求。克列孟梭政府立即对这一呼吁表示支持。美国的反应同样迅速。1919 年 3 月 8 日，财政部副部长卡特·格拉斯（Carter Glass）给巴黎方面发去电报，表示任何这样的提议都会被看作违约的暗示。在这样的情况下，不能指望华盛顿方面考虑任何新的贷款。华盛顿方面坚持克列孟梭应该发表公开承诺，不会再提出削减债务的要求。[35] 1919 年 4 月，面对巴黎和会谈判的僵局，法国人再次提出削减债务，这时便有人提醒他们，克列孟梭的承诺已经被写入了国会记录中。巴黎方面得到了屈辱性的指示，要求它把自己财政上的琐事规整清楚。[36]

对于英国来说，美国和法国之间的这些冲突绝非难以接受。正如劳合·乔治在给伦敦方面的信中所说，美国人正在形成一种看法，"法国人一直都极其贪得无厌……而……他们对法国人越来越猜疑，就相应地越来越相信英国人"。[37] 然而，英国人却不能说法国人和意大利人建议的逻辑就是错误的。凯恩斯在财政部的工作就是准备英国的答复，这一答复在 3 月底送交给了美国。凯恩斯承认，完全取消协约国内部的债务将使美国蒙受 16.68 亿英镑的损失。然而，英国作为协约国的净债权大国，也将蒙受实质性的损失，高达 6.51 亿英镑。最大的获益者将是意大利，它将被免除 7 亿英镑的债务；还有法国，它的债务将减少 5.1 亿英镑。在大国之间，从来没有过如此巨额的资金转移，然而，考虑到协约国的相对经济实力与它们在战争中遭到的破坏，这看起来也并非毫无道理。凯恩斯后来对赔款进行的激烈批评，都在 1919 年 3 月首次付诸尝试。他试图说服华盛顿方面，让他们意识到，如果让协约国内部错综复杂的战时债务网络继续发展下去，将会出现灾难性的后果。凯恩斯直言不讳地说明了法国所处的绝望境地，如果英国和美国坚持要求法国偿

第十五章　赔偿

还全部债务,"战胜的法国付给它的朋友和盟友的,将是它在1870年战败后付给德国的四倍还要多。跟同盟与伙伴们比起来,俾斯麦还算是手下留情了"。[38] 如果那些能够做出让步的人不大方做出让步,那又怎么能让欧洲的老百姓接受一个让人恼火的不合适的赔款安排呢?

凯恩斯没有告诉《和约的经济后果》一书读者的是,他在该书结尾所提出的建议,与法国和意大利的一样,立刻被华盛顿方面否决了。美国人不希望协约国内部各成员联系到一起。为了尽可能扩大自己的影响力,威尔逊政府想与每个协约国债务国家进行双边接触,尽快推动国际自由贸易和民间金融的恢复。正是为了驳斥美国人想要尽快回到爱德华时代自由市场的观点,凯恩斯写下了一些文字,这些优美的历史叙述就是后来其畅销书主要内容的初稿。凯恩斯坚持认为,美国人想要迅速恢复自由资本主义金融的想法是基于对历史的无知。不可否认,在战争之前,大规模的私人借贷推动了世界金融市场的发展。伦敦是该体系的中心,华尔街则是一个客户。但正如凯恩斯所指出的,这个体系最多只存在了五十年的时间,十分"脆弱",它"能够存在,仅仅是因为偿付国所承担的压力迄今为止还不是无法忍受的",同时因为其物质利益非常可观。贷款与"不动资产"比如铁路绑定,当私人借款人和出借人之间建立起债务关系时,他们就"更广泛地与产权制度联系在了一起"。这里很重要的一点是,国际借贷一直被视为进步的保证,即时债务清偿业务确保了将来能够进行更大规模的借贷。那些在第一次世界大战之后呼吁迅速恢复民间金融的人认为,"以此类推……一个政府间的类似体系"可以成为"永久的社会秩序"。这就忽略了一个事实,即战争所遗留下的债务要"庞大得多",且"毫无疑问极其沉重"。这些债务所涉及的是日常生活中的"非不动产",在任何方面都与私有产权制度没有直接关系。想要马上回归放任的自由主义,这样的尝试既不现实也十分危险。考虑到英国、法国、德国和意大利的工业区目前都因大规模的劳工运动受到震动，决策者不应忘记，即使是"国内的资本主义，尽管它能获得大量地方上的支持，尽管它在日常生产过程中真正发挥了作用，尽管当前社会组织的安全在很大程度上依赖于它，但它也不是那么安全的"。[39]

尽管这些争论产生了相当的影响，尽管赔款谈判在向着不太让人满意的方向发展，但美国人还是不愿意听到任何大规模削减债务的计划。正是为了回应美国人的不合作态度，凯恩斯想出了第二个关于国际重建的重要建议——国际贷款财团。在《和约的经济后果》一书中，他大力宣扬一个 10 亿美元，合 2 亿英镑的国际贷款的想法。[40] 六个月前，在凡尔赛，他更是狮子大张口。凯恩斯提议，为了让还贷的链条运转起来，需要让德国发行六倍于此，即 12 亿英镑的外国债券。[41] 德国可以用这笔收益来满足其战时贸易伙伴最迫切的要求，从而维护自己的信誉；大约 7.24 亿英镑可被用于支付眼前所需履行的赔款义务。其他协约国国家则向德国提供 2 亿英镑的周转资金，用来支付它所急需的食品和原材料进口。为了让人们愿意购买债券，4% 的利息是免税的。对于所有向德国提出的索赔要求，这些国际债券具有绝对优先权，所有中央银行都要将之视为最优抵押物。首先，12 亿英镑的债券以战败国共同提供的抵押物为支持。但这一抵押的背后则是一个由战时协约国组成的财团，财团的成员反过来将对国际联盟负责。与克列孟梭不同，凯恩斯的目标并不在于创建出一个复杂精巧的政府管制的长期结构，以取代自由贸易或私人借贷。但对于那些相信"只要能够提早解除封锁或其他类似的阻碍国际自由交往的政策，就可以放心地委托私人企业去寻找解决办法"的人，凯恩斯提出了严厉的批评。复兴欧洲的问题"对于私人企业来说太庞大了，每一次拖延都会让这个解决方案失去意义"。欧洲和美国政府必须行动起来，恢复借贷基线，这样私人项目才有

第十五章 赔偿

可能在之后接手,否则,那些急需贷款的国家就有可能陷入经济危机、政治不稳定和信誉减退的恶性循环。[42]要想拯救自由经济,要想恢复与政治无关的国际市场,前提条件就是要采取巧妙的政治措施。

最了解欧洲状况的美国财政专家完全理解这一逻辑(表8)。1919年3月29日,J. P. 摩根的拉蒙特给美国财政部部长拉塞尔·莱芬韦尔写了一封措辞强硬的信。他在信的开头说:"美国手里有钥匙。我相信,美国财政部部长今天手握大权,可以带来一个真正的、持久的和平;如果他不能行使这一权力,没有人能预料后果将是什么——这将是一个对于美国和世界其他各国同样可怕的结果。"这封信从没有发出。[43]但在1919年5月1日,拉蒙特与经济学家诺曼·戴维斯(Norman Davis)一起给华盛顿发去电报,呼吁财政部"谨慎而安全"地采取能采取的一切行动。[44]然而,与银行家们的

表8 来自"盟友"的重拳:协约国对美国的债务(单位:百万美元)

	停火前的贷款	停火后的贷款	出售的战争物资及救援贷款	1922年2月时所欠净本金	1922年2月时累计净利息	1922年2月时对美国的净债务总额
大英帝国	3696	581	—	4166	261	4427
法国	1970	1027	407	3358	197	3555
意大利	1031	617	—	1648	145	1793
比利时	172	177	30	378	29	407
俄国	188	—	5	193	25	218
南斯拉夫	11	16	25	51	5	56
罗马尼亚	—	25	13	36	4	40
希腊	—	15	—	15	1	16
所有协约国	7068	2458	480	9845	667	10512

同情声音不同，威尔逊政府最核心的那些人说出来的话完全不一样。早在1919年4月11日，胡佛就告诉威尔逊，安全可靠的战后秩序无法构建在美国、英国和法国结成的战时联盟基础之上。如果美国不保持距离，结果就会是无穷无尽的各种要求；而另一方面，如果美国依靠自己的实力强迫英国和法国放宽它们的赔款要求，又会让人认为美国是德国的朋友。唯一的选择就是从这种纷繁复杂的状况中完全抽身。在受美国保护时，协约国可能提出一些无理要求；而如果让协约国独自对自己的行为负责，它们就不会提出这些要求了。如果不想让国际联盟变成"几个中立国围绕着"一个"武装联盟"，美国就必须要与之前的盟友脱离关系，这就必然会使"同盟帝国"和俄国"变成独立的联盟"。胡佛随后比威尔逊还要清楚地阐明了他们对于美国海外权力的共同看法中潜在的政治逻辑。在胡佛看来，"欧洲所需要的革命"还没有"结束"，美国必须承认，自己没有"那么大的胃口能管得了这件事情"。它需要防止跟一场"镇压革命的风暴"扯上关系。要求美国做出让步的是英国、法国和意大利，而不是德国、奥地利和匈牙利，这一情况对胡佛来说似乎无关紧要。即使是与过去的盟友，美国也不能接受"协调一致的条件……这会让我们独立行动的可能性荡然无存"。美国是"世界上一个伟大的道德遗存"，它必须保护这个道德资本不受侵害。如果欧洲人不愿意完整地接受"十四点原则"，那么美国人就应该"从欧洲全身而退"，将其"经济和道德力量"集中到世界其他地方。[45]这不是孤立主义，这是威尔逊式的纯粹主义，为了维护美国作为世界领袖的利益而拒绝与欧洲纠缠不清。

美国对凯恩斯的计划所做出的官方回应要比他们对法国的反应客气一些，但拒绝的态度却是同样坚定。[46]美国财政部谴责说，这个计划是欧洲又一次想把美国变成主要索赔国的尝试，也是对美国自身信誉的威胁。[47]凯恩斯的方案会让整个世界充满可疑的债务、

第十五章　赔偿

加快通货膨胀，同时将国家在世界经济中的角色固定下来，而这正是诸多混乱的根源。[48]国会要求减税的强大压力使得美国绝不可能减低对欧洲战争贷款的账面价值。[49]华盛顿方面并不是不知道，如果要求立即偿付协约国内部债务，将会导致严重的危机。1919年9月，威尔逊政府宣布，协约国内部债务的利息可推迟两年偿付。[50]但华盛顿方面清楚地表明，这是一种单边妥协，不能被看作任何讨价还价的一部分，本金和利息最终都是要全部还清的。美国财政部反复重申其对债务国试图结成共同阵线的警告，美国将同每个欧洲国家单独谈判，在战争贷款和赔款之间不存在任何联系。

与此同时，法国正急缺美元。秋天的时候，有几笔大型市政公债法国差点儿就无法履约了。[51]美国财政部勉强同意法国再次与华尔街接触，但强调说，美国投资者必须获得至少6%的利息，并且要用美元支付，而不是已经贬值了的法郎。但事实上，财政部还是过于乐观了。在华尔街，巴黎方面被告知，由于还有30亿美元的协约国内部贷款没有解决，它甚至连短期借款也很难获得。美国联邦储备委员会主席认为，即使用12%的惩罚性利率，法国也很难吸引到借贷方。鉴于美国财政部的这种优势地位，在欧洲人看来，由私人资本市场来决定其条件的和平，很糟糕地像是一个"没有胜利者的和平"。

第十六章
欧洲的屈服

1924年年初,在兰茨贝格(Landsberg)的牢房中,希特勒思考自己第一次推翻战后秩序的尝试为何会失败。他在《我的奋斗》一书中描绘了1918年11月,视力严重受损的他在一家军事医院醒来,却发现战争已经结束,革命正在吞噬德国。他下定决心要成为一名政治家,与这个突然就出现了的新世界进行战斗。[1] 贝尼托·墨索里尼在战前就已经从政了,但就像战争改变了希特勒一样,它也改变了墨索里尼。尽管墨索里尼将在希特勒失败的地方获得成功,从战后危机中获利,但他们的手段和基本的历史观则是完全一致的。现代意大利和现代德国才刚刚经历了三代人,它们都建立于动荡的19世纪中叶、后拿破仑时代欧洲秩序分崩离析之时。让希特勒和墨索里尼联合起来的,是他们对于第一次世界大战之后世界危机的相同反应。三大国在凡尔赛所代表的世界权力的现实,正是他们所要对抗的。正如1919年5月劳合·乔治向威尔逊身边的一个人所说的,"只要美国、英国和法国站在一起,我们就能阻止世界的分裂"。[2]

困扰希特勒和墨索里尼的问题是,如果劳合·乔治是对的,那

第十六章　欧洲的屈服

么历史又为德国和意大利准备了什么呢？不管是希特勒还是墨索里尼，他们在开启自己的战后事业时，都没有嘲笑西方民主制，当然，20世纪30年代时，那个自吹自擂的人可不是这么说的。在第一次世界大战刚刚结束的时候，他们以一种混合着敬畏、恐惧、嫉妒和憎恨的心态看待西方国家。1919年春天，墨索里尼说意大利是一个"无产阶级国家"。[3] 三大国的经济和军事力量是显而易见的，但1919年的民主政治也没有行将就木。伍德罗·威尔逊具有空前的全球影响，但被墨索里尼和希特勒奉为真正受欢迎的当代政治家典范的并不是威尔逊，而是劳合·乔治。[4] 对于墨索里尼和希特勒来说，正是这位英国的战时领导人塑造出了一种世俗的民间意识形态，使整个帝国充满活力。除非暴乱分子可以团结起来对抗压迫他们的力量，否则未来就是属于西方国家这些无所不能的新秩序捍卫者的。

在1919年3月到6月的关键几周，墨索里尼和希特勒都还只是普罗大众中的一员，墨索里尼稍微更有影响力些。然而，在意大利和德国，民族主义高涨的情绪都有广泛的基础。数百万人高声疾呼，他们的祖国不应该接受正在巴黎设计的新秩序留给他们的位置，他们必须尽快要求自治，否则就来不及了。然而，当1919年6月28日到来的时候，意大利和德国代表还是签署了《凡尔赛和约》。在英国、法国和美国之间的争论中，我们看到了和平的不确定性；在德国和意大利围绕接受和约进行的斗争中，我们则看到了使和平稳定下来的力量。

一

1918年夏天，意大利军队击退了奥地利在皮亚韦河一线的最近一次进攻，随后等待时机，打算在10月24日卡波雷托战役一周年的时候发动一场决定性的进攻战。几天之后，奥匈帝国军瓦解了，哈布斯堡王朝也四分五裂。1918年年底至1919年年初，意大利政治阶层所面临的问题是，应当如何看待这个来之不易的胜利。在1918年上半年，奥兰多总理还似乎会坚定地转向偏左立场，带领意大利支持在亚得里亚海实行民族自决。然而到了12月，西德尼·松尼诺还待在外交部部长的位置上，而奥兰多在卡波雷托的灾难之后立即组建起来的基础广泛的联盟已经四分五裂了。支持战争的著名社会主义者比索拉蒂，以及奥兰多亲美的财政部部长弗朗西斯科·尼蒂都辞去了职位。支持带有兼并主义色彩的《伦敦条约》的人正在全力以赴，但左翼也团结起来了。妥协的空间正在急剧变小。1919年1月，当威尔逊总统访问意大利的时候，他在各处受到人们的欢迎。然而，就在威尔逊结束访问后不久，在一次米兰的集会上，比索拉蒂想要发表他对国际联盟的看法，却被墨索里尼等一帮暴民轰下了讲台。[5]

1918年时，《伦敦条约》还只是一个国内政治事件，但在1919年，它却变成了一场国际大事件，是对新的国际政治重要意义的一次考验。威尔逊对意大利不是不通融，他非常乐于同奥兰多合作，松尼诺的名声也不错，人们认为他是个诚实的商人。让他的纯粹主义支持者感到失望的是，威尔逊对意大利十分慷慨，他牺牲了战败的奥地利，让罗马完全控制布伦纳山口（Brenner Pass）及其德语人口。[6]根据《伦敦条约》，仅仅是为了增强意大利，就需要把130万斯拉夫人、23万奥地利人，以及成千上万的希腊人和土耳其人划归意大利的主权范围。但松尼诺却不为所动。事实上，在参会者当中，他是唯一一个对新规范连恭维话也不愿意说几句的人。[7]尽管威尔逊总统现在可能指责《伦敦条约》，但它曾经是意大利、英国和法国之间的郑重承诺。为了这个条约，意大利牺牲了超过50万年轻人的生命，现在它却可以被当作一张废纸置之不理了吗？如果不是为了维护条约的神圣性，那么协约国打这场仗的目的又是什么?让伦敦和巴黎方面感到惶恐不安的是,如果罗马方面坚持这一立场,那么它们就将面临艰难的选择,究竟是选择一个具有国际合法性的政权还是另外那一个——它一手握着条约的神圣性,一手握着自由新秩序刚刚建立起来的规范。欧洲人和威尔逊之间可能爆发直接冲突,这让会议陷入了严重的混乱之中。对于劳合·乔治来说,如果"欧洲国家和美国"因为历史的遗产而走向分裂,那将无异于一场"灭顶之灾"。[8]

正是由于意识到了它们所面临的冲突,英国和法国都积极支持意大利战时联盟中的民主干涉主义者。如果罗马方面愿意放弃1915年承诺给它的土地,那么英国和法国就会支持意大利根据民族自决原则,通过它自中世纪以来分布在亚得里亚海东海岸线上的飞地,加强在亚得里亚海地区的影响力。具有讽刺意味的是,恰恰是在这个体现了战争目标的自由主义替代方案中,民主干涉主义者第一次对意大利风格的港口城市阜姆提出了要求,而在《伦敦条约》里,它是被划归克罗地亚的。将阜姆排除在外的处置方案让意大利的民族主义者一直难以释怀,到1918年年底1919年年初,奥兰多也主张应索要阜姆。尽管这安抚了那些民族主义者,但在巴黎出现了破坏性的分化。在1919年2月7日提交给巴黎和会的一份狂妄无理的备忘录中,罗马方面既要求《伦敦条约》给予它的权利,同时又要求阜姆,理由是民族自决。[9]

阜姆也许曾经是一个意大利城镇,但其腹地显然是斯拉夫人的。而且,它是新生的南斯拉夫王国唯一的大港口城市。威尔逊总统很乐于给奥地利剩下的部分强加一个严苛的和平,但南斯拉夫王国作为协约国的盟友,其利益必须得到保护。威尔逊身边的专家团队非常坚决,他们认为对意大利做出的任何让步都意味着屈服于"旧秩序"最丑恶的陋习。[10] 英国绝不愿与威尔逊发生冲突,并且支持新生的南斯拉夫王国。奥兰多既要求承认《伦敦条约》又要求阜姆，这就给了英国外交大臣亚瑟·贝尔福一个他所需要的机会。违背1915年条约的文字和精神的，是罗马而不是伦敦。由于意大利提出了对阜姆的要求，这样英国就不再受制于《伦敦条约》里让它为难的条件了。[11] 与英国相比，法国更加顶不住意大利所施加的压力，但罗马方面要想利用这一弱点，就必须快速行动。当三大国在4月初就德国问题达成一致之后，克列孟梭就跟意大利翻脸了。4月20日，当奥兰多意识到自己的困境时，让人尴尬的一幕出现了，这位意大利总理竟然流下了泪水。[12] 4月23日，在威尔逊的坚持之下，法国和英国共同宣布，阜姆仍然是南斯拉夫王国的一部分。

接下来又发生了一件前所未有的事情。威尔逊总统越过一个友好政府的官方代表团，向意大利人民发表了一份宣言。美国总统宣称，美国是"意大利的朋友"，两个国家"在感情和血脉上都紧密相连"。但美国非常荣幸，"它仁慈的盟友授权予它……来启动和平"，并且"按照它亲自制定出的条件来启动和平"。美国现在出于"强大的压力"要"让它参与做出的每个决定都符合那些原则"。威尔逊故意没有提到，1918年10月意大利曾对停火谈判提出抗议，反对将"十四点原则"纳入其中。现在他希望意大利人能接受这一事实：美国需要承担责任。"它别无选择。它相信意大利，它相信意大利不会向它提出任何哪怕只有一点不符合那些神圣义务的要求。"[13]

直接向意大利民众发出呼吁，这是威尔逊与欧洲政治体制保持距离最生动的一次展现。如果说威尔逊认为英国人是帝国主义惯犯、法国人是"自私的家伙"，那么他对意大利政治阶层的态度简直就是侮辱。在1917年10月卡波雷托的军事惨败之后，奥兰多政府曾热烈欢迎美国的宣传进入意大利，既把这作为新政府自由主义的一个标志，同时也以此显著提升士气。[14] 到1918年8月，意大利南部的美国人宣称，他们遇到了对威尔逊这个名字表示"崇拜"、能整段背诵其演讲的听众。对于美国宣传机构的负责人查尔斯·梅里曼（Charles Merriman）来说，似乎威尔逊只需要绕过那个在意大利"被称作政府"的"让人厌恶的腐臭物"就可以了，如果威尔逊作为意大利民众真正的领袖向他们发出呼吁，他"会轻而易举地让整个形势有利于自己，并且凭借完美的合法性与自然而然的手段来完成这一切"，他只需要"俯下身来，向充满期待的拥挤人群展示他的道德政治"就可以了。[15] 1919年1月，当总统先生访问意大利的时候，威尔逊主义者们希望验证一下这些想法，但奥兰多没有给威尔逊机会在罗马向崇拜他的民众发表讲话。现在威尔逊正在弥补失去的时间。在他的新闻秘书雷·斯坦纳德·贝克（Ray Stannard Baker）看来，威尔逊对罗马方面的挑战是"和会上最伟大的时刻"，它将"两股一直在秘密斗争着的力量"摆到了"桌面上"。[16] 威尔逊也不满足于公共外交。4月23日，他批准了一笔给法国的1亿美元紧急贷款，同时命令暂停对意大利的任何财政援助。[17] 当斯坦纳德·贝克警告奥兰多的幕僚，美国很快会停止对里拉的支持时，威尔逊表示赞同。[18]

奥兰多确实被击中了要害。他气急败坏地表示，威尔逊"直接向意大利人民讲话，过去他正是用这种方法将霍亨索伦王朝从德国统治阶层排除出去的"。[19] 所有参加会议的人都清楚看到，美国总统挑战了意大利总理为其人民代言的权利。[20] 4月24日晚上，奥兰多和松尼诺离开巴黎，以征求内阁和意大利国会的意见。[21] 事实上，这两人不仅在巴黎日益被孤立，在意大利政治阶层中也是如此。对于极右势力来说，松尼诺已经不够激进了，奥兰多也毁掉了左派对他的信任。然而，对政府不满与愿意接受美国总统对意大利指手画脚可完全是两码事。即使是比索拉蒂和社会主义者萨尔韦米尼（Salvemini）这样一些支持战争和亲美的人，也感到愤怒。他们没有想到，"对等的和平"会意味着意大利被放到与贫瘠的南斯拉夫相同的位置上。在萨尔韦米尼看来，威尔逊对大局的看法在英国和法国那里遭遇惨败，于是他把自己的沮丧发泄到了意大利头上。威尔逊为什么没有勇气告诉美国民众，如果他们要求别人承认门罗主义，那么，其他民族也就有权主张自己的地区利益呢？[22]威尔逊牺牲了意大利，来"重建自己的纯真"。[23]

随着怒火越烧越旺，意大利众议院给奥兰多投出了响亮的信任票。在罗马出现了侮辱美国国旗的事件，美国使馆、红十字会和基督教青年会的所在地都需要派出军队保护。[24]但这并没能解决巴黎的僵局。奥兰多等着有人邀请他重回和会，但没有等到任何消息。意大利很重要，但对于新秩序来说，它并不是不可或缺的。《国际联盟盟约》做出了微调，以使意大利可以在后期加入。5月7日，三大国将和约交给了德国，奥兰多和松尼诺只能低调返回凡尔赛。他们之所以回来，是因为如果不这样的话，意大利的胜利就会演变成国际舞台上危险的孤立状态了。最起码，这个国家急需英国的煤矿和美国的财政援助。[25]1913年，意大利的煤炭进口量为每月90万吨，而在战争的后两年，这个数字已经减少到了仅仅50万吨。[26]它的粮食进口也面临同样困窘的局面。意大利急需其战时盟友的合作。然而，在接下来几轮充满屈辱的谈判中，意大利既没有完全获得《伦敦条约》中的全部利益，也没有获得作为国家图腾的阜姆。

奥兰多和松尼诺已经无法保住自己的位置，6月19日，他们都辞去了职务。取而代之的是由"美国佬"（L'Americano）弗朗西斯科·尼蒂所领导的内阁，他很快就签署了对德的《凡尔赛和约》。新总理提出了新的调子，他指出，和约中禁止德国和奥地利联合的条款也就意味着，不管解决南斯拉夫问题的条款是什么，意大利的边界都将是最稳定的。但尼蒂大大受限于他的前任对民族主义者的迎合，使他不能简单放弃对阜姆的索求。他的政府提出了替代方案，阜姆城中立，其腹地由国际联盟管理。这一方案导致极端民族主义者、诗人煽动家加布里埃尔·邓南遮（Gabriele d'Annunzio）在

1919年9月12日带领一支由几千名志愿者组成的军队，占领了阜姆。尼蒂无法依靠军队来驱逐邓南遮，因此他提出进行全民选举，希望一个真正具有代表性的国会能给予他必要的支持，从而完成意大利外交政策早就该进行的调整。

1919年11月16日，选举结果产生，这一结果至少在某种方面证明了尼蒂政府是正确的。那些为阜姆政变叫好的右翼力量一败涂地。战争最后一年为保卫国家而团结在松尼诺身边的168名法西斯成员中，只有15个人得以回到国会。墨索里尼试图让法西斯主义进入国会的首次尝试灰头土脸地宣告结束。在都灵，他的竞选只获得了4796张选票，而社会党获得了170,315张，天主教的人民党则获得了74,000张，墨索里尼本人还遭到短期监禁。[27]但尼蒂的自由党同样损失惨重，他们之前控制了国会75%的议席，现在则降到刚刚超过40%。与意大利大多数有远见的政治家一样，尼蒂希望能与社会党的温和派合作组建政府。但在选举中获胜的却是左派，他们获得了30%以上的席位。然而，1919年10月，意大利社会党（PSI）在博洛尼亚（Bologna）召开党大会，会议以三比一的选票做出了重大决定，要加入列宁领导的共产国际。[28]受到选举中巨大胜利的激励，再加上风起云涌的罢工和土地征收浪潮，意大利社会党中最强硬的一批人认为，革命已经迫在眉睫了。这反过来为墨索里尼卷土重来打开了大门，这一次他不再是新闻记者或国会政治家，而是新生代右翼打手的领袖，决心要从物质上摧毁意大利的社会主义运动。对于尼蒂来说，不幸的是，原本有助于避免事态升级的改革派社会党人直到1922年才与他们那些激进的同志决裂。因此，尼蒂能够留在总理的位置上，还得感谢天主教人民党的宽容，它第一次参加选举，就获得了稳定的20%选票。面对罢工和土地征收的浪潮，尼蒂坚持他在谈判与政治生涯中的主导思想。如果欧洲自由主义正面临着严重的危机，它就必须向新世界寻求帮助。只有借助美国的帮助，意大利才能解决目前正深受其害的政治和经济危机。整个战争期间，尼蒂都在想办法获得美国的资金和物质。现在，他希望在安全渡过了阜姆危机，同时迫使国民接受了这个"残缺的和平"之后，意大利能在以华尔街为中心的新世界秩序中成为一个受欢迎的伙伴。

二

1919年5月，巴黎和会进入了最后、最关键的阶段。5月8日早上，德国内阁召开会议，讨论头一天夜里发给他们的和平条件。总统弗里德里希·艾伯特向他的同僚呼吁，要压抑住"激荡在"每一个人心头的"盛怒"，他们必须冷静地思考放在他们面前的这份文件。[29]司法部部长、社会民主党人奥托·兰茨贝格（Otto Landsberg）肩负着维持公共秩序的责任，主张实施戒严。遏制民众的反应，可以使政府获得最大限度的自由来采取对策，如果要被迫接受这些屈辱的条件，也可以将政治损害降到最低。社会民主党的菲利普·谢德曼和中央党的马蒂亚斯·埃茨贝格尔都明白，一定不能激怒协约国，但他们也都对摆在面前的条件火冒三丈。此外，他们还担心，如果不对条约采取强硬立场，那么他们属进步自由派的朋友就会地位不稳，因为那些资本家支持者就会转向右翼了。因此，德国的首个民主政府决定将自己置于一场举国一致的爱国主义抗议浪潮前列。[30]这显然有很大风险，极右势力明显有可能夺过这幕狂热剧的指挥棒。但在1月的选举之后，社会民主党、中央党和左翼自由党的联合政府有理由相信，他们获得了来自德国社会各个方面的支持。为了适宜地营造出一种忧伤的氛围，政府立刻宣布，禁止不适当的剧院演出和大众娱乐活动。[31]

社会民主党多数派的资深领袖、德意志共和国的首任总理谢德曼,据说他少年时是一个"行走江湖"、居无定所的印刷工人,曾经落魄到去俾斯麦伯爵的救济站讨饭吃。5月12日,他郑重地向国民大会宣布,《凡尔赛和约》让人"无法接受(unanehnbar)"[32],签署它的那只手会烂掉的。德国舆论出现了整齐划一的大规模抗议,工会领导人宣称,和约给德国判了死刑。这一年早些时候,独立社会民主党曾经迈出一步,提出了德国战争罪行的问题。一个秘密调查委员会得以组建,负责调查1914年的七月危机。他们已经发现了一些罪证,证明奥地利向塞尔维亚发出挑衅性的最后通牒时,德国也参与其中。[33] 但现在任何想要公布这些德国罪证的想法都沉默了。[34] 工会领导人卡尔·莱吉恩(Carl Legien)宣称,《凡尔赛和约》的条款让人们不再怀疑战争真正的性质,不管德皇和他身边的人在发动战争的过程中犯下了多大的罪行,德国民众现在都必须团结起来,对抗协约国贪得无厌的帝国主义行径。正如外交部部长布罗克多夫伯爵(Graf Brockdorff)所说,共和国应当把"工人、资本家和政府人员"团结起来,共同反对和平。[35]

在这场爱国主义浪潮期间,5月29日,德国政府提交了一份措辞巧妙的回复意见,同意在裁军和赔款问题上做出让步,以换取尽可能减少领土上的损失。[36] 魏玛共和国首届联合政府的各个党派对裁军都没有大的意见。在埃茨贝格尔的要求下,他们愿意废除征兵制,并同意在三年之内将军队削减到10万职业军人。[37] 作为回报,他们希望国际联盟为德国提供安全保障,这一过程应当与裁军完全重合。内阁也同意第一次支付金额巨大的一笔赔款。[38] 由于法国和英国无法就最终的总数达成一致,德国愿意按照1000亿金马克(240亿美元)的数额,第一笔先支付200亿金马克。[39] 德国这个提议初看起来非常慷慨,但如果仔细考察,会发现事实并非如此。法国人需要大笔前期投入用于重建,但德国却提出每年只支付10亿金马克。在等待偿付的漫长过程中,本金是免息的。柏林方面还提出自己可提供大量征用商品。更具建设性的是，它们希望获得外国贷款，从而让贸易和偿付的循环链条运转起来。德国人希望，获取资金支付赔款，能够为他们回归全球经济搭建一种机制。[40] 至少，当后人回过头来看的时候，这份回复意见是成功的。在《和约的经济后果》一书中，凯恩斯以德国人提出的数额作为他认为的合理标准。[41] 1919 年 6 月初，柏林方面差一点就能重复 1918 年 10 月的壮举，将联合起来反对它的这个联盟拆散了。这次不是威尔逊，而是劳合·乔治，在最后时刻提出有破坏性的请求，要放宽对德国的条件。伦敦方面意识到波兰是目前最敏感的问题，因此坚持认为对西里西亚的分割方案必须通过全民公投来解决。但威尔逊和克列孟梭也愿意做出这样的让步。6 月 16 日，德国再次收到了条约，并被告知他们必须在一周之内表示同意，否则就将面临军事占领。尽管协约国已经解散了他们的大部分军队，但在 1919 年 6 月时，他们还有相当于 44 个师团的军事力量可随时投入战斗，这足以镇压任何可能出现的反抗。[42] 德国已经陷入绝境，但即使是在这样的危急时刻，德国还是保持了自己的主权。《凡尔赛和约》让人特别痛苦的地方就在于，它强迫失败者主动把自己的失败当作故意做出的选择。

在普鲁士的官僚阶层和容克地主中间，和平条件差一点就引发了公开叛乱。[43] 要交给波兰的土地是普鲁士的心脏地带。[44] 普鲁士为什么要在东方接受一个毁灭性的屈辱和平呢？要知道他们在那里可是大获全胜的。人们开始谈论具有传奇色彩的大卫·冯·约克伯爵（Graf David von York）。1812 年 12 月在陶拉盖（Tauroggen），他公然违抗自己的皇帝，让充满爱国精神的普鲁士支持俄国与拿破仑作战。[45] 普鲁士政府只是敷衍了事地告诫人们不要采取极端行为，但它清楚地表明，如果德国不能保卫普鲁士的"核心利益"（Lebensinteressen），那么，"健康因子"就只能选择与之脱离了。新生的东方国家（Oststaat）将为未来"德意志帝国的复兴"搭建跳板。[46]

在德国和谈代表 6 月 17 日起草的备忘录中，德国外交部与魏玛联合政府中多数派的立场得到了反映。[47] 他们的建议也是拒绝条约。这样的和平是无法忍受的，因为它的条款被故意设计成要摧毁德国人的自尊；它是不现实的，也不符合《停战协议》的内容；它存心欺骗，因为它让德国罔顾事实去承认战争完全是自己一个国家的责任，并把一个事实上是暴行的和平当作公正的。代表团坚持说，诚实才是和平最持久的基础。签订一个德国确信自己无法履行的条约，违背了这一基本原理。由于拒绝直接面对面的谈判，协约国已经暴露出它们自己都不相信自己正在做的事情是正义的。魏玛宪法的设计者、自由民主党人胡戈·普罗伊斯（Hugo Preuss）宣称，接受这份条约就相当于因为害怕死亡而选择自杀。总理谢德曼表示，如果协约国想要强加这份条约给德国，它们就应当自己到柏林来干这些肮脏的勾当。谢德曼坚称，只要坚持自己的原则，"哪怕把德国撕碎了，它也会重新恢复成一个整体"。[48] 这样的调子在 1919 年被不断重复。如果德国同意成为自己的刽子手，那它就再也没有重生的希望了。考虑到将来，它必须维护自己的尊严，并接受其后果，不管这会带来怎样的灾难。与东方国家的幻想者不同，德国内阁从来没有考虑过武装抵抗。但令人惊讶的是，他们确实认真考虑过谢德曼的意见，即将德国主权交给协约国。德国会听任协约国的处置，但同时声称，它相信"世界进步的、和平的发展将很快带来一个超越党派的公正法庭，在那里，我们将要求我们的权利"。[49]

像马蒂亚斯·埃茨贝格尔这样头脑清醒的人则大胆指出轻率使用托洛茨基"不战不和"策略的危险。法国人和英国人都不傻，他们绝不可能赞成谢德曼不切实际的想法，而一定会让德国人背负着战败的重担自行统治。他们不会占领整个德国，只会拿走一切有用的东西，给德国人剩下一片贫瘠和混乱。国际联盟是一个有吸引力的上诉法庭，但这个中立的仲裁者却要通过德国对条约的批准才能得以问世。如果德国的自由主义者们还对世界政治的"进步与和平发展"抱有希望，他们就必须先付出一笔沉重的"预付金"，选择合作而不是对抗。[50]不管《凡尔赛和约》提出了多少不公正和不正当的条件，但它确实至少给了德意志民族国家一个机会，让它可以保持完整。正如埃茨贝格尔的民主触角所觉察到的，大多数民众所向往的并不是民族主义的豪言壮语，而是和平。这一点在一次德国17个州的州长紧急会议上得到了清楚的确认，在这次会议上，巴伐利亚、符腾堡、巴登和黑森都强烈赞成接受条约。[51]或许对于普鲁士来说，将领土割让给波兰是件痛苦的事情，但如果不接受和平，那么德国西部和南部就将面临法国的入侵。从这个意义上说，正如布罗克多夫不加掩饰地嘲讽的，埃茨贝格尔的煽动行为简直没边儿了。布罗克多夫讥笑说，他"一点一点地让大家明白"，"他不想详细描述德国妇女遭塞内加尔黑人士兵强奸的情形，然而，如果德国遭到入侵，就会不可避免地走向崩溃和瓦解"。[52]

毫无疑问，这让人痛苦不堪。然而埃茨贝格尔与其他主张接受条约的人，尤其是长期与他合作的社会民主党右翼爱德华·达维德，谋求德国未来安全的主张坚定不可动摇。如果柏林方面不能回应德国民众对和平的渴求，结果将是灾难性的。1918年10月，德国国会多数派承担起了开启停火谈判的责任。尽管海军中出现了暴乱，尽管社会上爆发了社会主义革命，但他们至少避免了无条件投降和被全面占领的命运。如果国会多数派不能磨砺自己，进一步采取勇敢的行动，德国就将再一次面临灾难。独立社会民主党已经放弃了任何对德意志国家连续性的忠诚，一个由它所领导的政府很可能签署一个符合协约国或者莫斯科口味的屈辱性条约。结果将是全面内战，德国会像俄国一样四分五裂，陷入无政府状态。只要还有具体的情节为暴力反对战后德国左派的行为添油加醋，那么，与其说人

第十六章　欧洲的屈服

们是担心资本主义被推翻，还不如说是害怕托洛茨基灾难性的冒险行为会在西欧再次上演。如果最高目标是保持德国的完整性，那么，唯一的选择就是采取策列铁里和克伦斯基在1917年夏天没敢采取的步骤。德国必须建立起一个基础广泛的全国政府，来接受这一屈辱的和平。[53]现在的问题在于，如何获得接受和平所需的大多数支持呢？[54]

6月初，威廉·格勒纳（Wilhelm Groener）将军与国防部部长古斯塔夫·诺斯克日复一日精疲力竭地忙于镇压不断出现的军事叛乱。[55]他们的努力使民选政治家有了最后的决定权。6月18日，总统艾伯特将问题提交总理谢德曼及其内阁进行讨论，结果出现了分裂。埃茨贝格尔与中央党的其他两名成员投票赞成接受条约，但社会民主党意见不同，总理谢德曼、外交部部长布罗克多夫和另外三名自由民主党的成员投了反对票。会议直到凌晨三点才结束，没有达成任何成果。[56]几个小时之后，社会民主党多数派所主导的国会投票赞成有条件地接受条约。然而，由于协约国绝不可能接受任何条件，投票的唯一结果就是使总理谢德曼地位难保。他曾经发誓拒绝签约，因此被迫请辞。在协约国所规定的最后期限之前四天，德国没有政府，各党派在国民大会上继续徒劳地讨论着签约条件。[57]

海军领导集团的莽撞曾经引发了1918年11月最后的溃败，现在他们给出了一个更加强硬的回复。1919年6月21日早上，海军少将路德维希·冯·罗伊特（Ludwig von Reuter）对凡尔赛的和平缔造者们做出了回应，他挥舞信号旗，让被扣押在英国斯卡帕湾海军基地的德国公海舰队全部自沉。尽管英国海军竭尽全力阻止这一破坏《停战协议》的行为，并在此过程中击毙了9名德国海军军人，但德国人还是想办法弄沉了德国海军的大部分船只：15艘战舰、5艘巡洋舰和32艘驱逐舰，这是海军历史上在一天之内损失最为惨重的一次。在德国国内，陆军元帅兴登堡坚持认为，为了荣誉，他的士兵们必须进行类似的行动。尽管他们在西线会被压制,但他们可以撤退到东线的防御性堡垒中,重新开始斗争。总统艾伯特在挑选谢德曼的继任者时,提名了一位曾经表示强烈反对条约的、工会爱国主义强硬派,古斯塔夫·鲍尔(Gustav Bauer),从而为最终决定留有余地。

直到宽限期的最后一天,6月23日中午12点,总统艾伯特最终承认,反对意见未能获得多数支持。共和国的中流砥柱社会民主党和中央党都发生了严重的分裂,民主政治得以发挥作用所需要的最低限度的国家团结已经命悬一线。艾伯特、鲍尔,以及政府部长们被缺席判定为要对条约负责,在他们离开最后的各党派会议之后,自由民主党中主张反对条约的领导人写道,他突然被"一种责任感"击中了。[58]这次重大的让步界定了那些接受魏玛共和国民主政治基本要素的人,在此过程中,民主派与至少一部分民族主义者向其同僚承诺,尽管存在分歧,但他们都会尊重那些对签署和平条约负有责任的人所持的爱国主义动机。这是一个不堪一击的承诺,很快就被不负责任的民族主义抵制运动打破了。然而在1919年6月23日的时候,仅有承诺就已经足够了。在只剩下几个小时的时候,下午3点15分,国民大会举行了至关重要的投票。投票是不记名的,大会也没有直接要求必须赞成《凡尔赛和约》,但最后的结果是"国民大会的大多数人"认为内阁有权签约。90分钟之后,协约国收到了正式通知。

巴黎方面开始庆祝,而柏林方面则不得不面对失败的残酷现实。[59] 7月底,格勒纳将军与国防部部长诺斯克发出的预警使得普鲁士军团策划的政变未遂。[60]然而,主张成立东方国家的人已经成为暴乱的核心。1919年秋天,民族主义者大张旗鼓地公开抨击社会民主党和埃茨贝格尔,为暴乱创造势头。到第二年春天,埃茨贝格尔就因遭受的批评和贪污指控,被逐出了政坛。"刀刺在背"的

第十六章　欧洲的屈服

传说开始成为一股推动力,并在1920年3月导致了紧急事态的发生。当时,根据和约的裁军条款,自由军团要被解散。[61] 3月13日,曾经在1917年带领大家反对和平的祖国党创始人之一沃尔夫冈·卡普(Wolfgang Kapp),以及自由军团的指挥者瓦尔特·冯·吕特维茨(Walther von Lüttwitz)将军,将他们的军队开进了柏林。他们要求组成无党派的军人统治,并拒绝遵守和约,他们还要求马上进行国家选举。他们相信,通过国家选举,可以清除国民大会中的左翼力量,这些左翼力量是战争刚刚结束时产生的一种不正常现象。事实证明,这些政变者对于选举结果的估算并非完全错误的,但他们的实际准备工作实在太糟糕了。卡普在柏林没什么有影响力的朋友,不仅如此,政变者严重误判了支撑着魏玛共和国的真正力量的平衡。在1918年11月的革命剧变中,工会刻意扮演了一个低调的角色,以遏制工人中的激进主义。然而当共和国遭到直接攻击时,他们的反应起到了决定性的作用。全国各地举行了大罢工,国家陷于瘫痪。3月17日,政变被平息。

劳工运动连续几天都在庆祝工人力量的这次胜利。共和国所有统治党,包括自由民主党,都被要求签署一项声明,再次确认基础工业将实行公有制。[62] 古斯塔夫·诺斯克与其他社会民主党的领袖因为勾结自由军团而被排斥出局。人们激动地谈论要建立起一个社会主义大团结的新政府。然而,即便它们能够合作,独立社会民主党与社会民主党也无法在国民大会中取得多数。而且,就如它的突然出现一样,左翼大团结的梦想也在一夜之间消散了。在德国重工业的核心地带鲁尔区,反卡普的大罢工变成了一场声势浩大的社会主义起义。3月22日,共产主义武装分子组成了赤卫军分遣队,占领了工业城市埃森(Essen)和杜伊斯堡(Duisburg)。尽管竭尽全力调停,但有着5万名武装人员的激进左翼还是打算用力量说话。[63] 在艰苦的战斗和恐怖的报复行为之后,数万名支持政府的军队再一次在自由军团的带领之下，重新夺回了鲁尔。政府方面至少有500人牺牲，有1000多名暴乱分子被处死，其中大多数是在被捕之后被处死的。

卡普政变与随后发生的鲁尔起义显示出德国已经到了内战的边缘。这也让埃茨贝格尔所担心的外国干涉变成了现实。鲁尔是德国西部被要求解除武装的地区，为应对德国军队的进入，法国控制了法兰克福。但让人惊讶的是，尽管暴力活动不断升级，可对此已经习以为常的德国民主政治机器还在继续发挥作用。政变者曾经希望选举。在鲁尔的战斗结束之后两个月，1920年6月6日，大约2850万成年男女进行了投票，选举出了魏玛共和国的第一届国会。这些人占了总选民的80%，他们让创建共和国的各个党派受到严重打击。组成"国会多数派"的社会民主党、中央党和自由民主党联盟曾经占据了75%的绝对优势，现在暴跌到了不足45%。社会民主党由于与反革命活动有牵连而受到了惩罚，左翼选民使独立社会民主党变成了国会中的第二大党。与此同时，持强硬民族主义的德国国家人民党（German National People's Party，DNVP）迅速上升到了15%，这是俾斯麦时代以来保守右派在德国选举中获得的最好成绩。1919—1920年，大量民主政治的资本被浪费掉了，但这并没有颠覆共和国建立于其上的妥协精神。投票支持独立社会民主党，几乎就是在投票支持一个更加激进的民主共和国，也就是在支持无产阶级专政。列宁主义共产党只获得了可怜的2%的选票。

这次选举最大的获胜者是德国人民党（German People's Party，DVP）的民族主义自由派。他们的著名代言人是古斯塔夫·施特雷泽曼，他因为在战争期间大力鼓吹德国式的帝国主义而声名狼藉。在革命之后，施特雷泽曼精神几近崩溃，在1920年3月期间，他差点与卡普政变有了危险的牵连。[64] 然而在安全渡过了这场危机之后，他获得了一种新的目的感。1919—1920年给人们的教训就是，

第十六章　欧洲的屈服

支持接受《凡尔赛和约》的人是对的。在可预见的将来,德国的命运取决于共和国的命运及其与西面的宿敌达成妥协的能力。与埃茨贝格尔一样,施特雷泽曼也明白,起决定性作用的国家是美国。然而,不同于埃茨贝格尔将赌注押在变幻无常的威尔逊自由主义政治上,施特雷泽曼则像罗马的弗朗西斯科·尼蒂一样,把赌注押在了一种他认为更持久的力量上——美国商业在欧洲未来经济中的战略利益。[65]

第十七章

亚洲的屈服

1919年6月28日的签字仪式上，中国是唯一不在场的代表团。从5月的第一个星期开始，巴黎和会就让这个东方大国掀起了轩然大波。和会将德国在山东的租借地转交给了日本，这件事情后来成为近代中国民族主义叙事中的一个起点，中国同时成为日本侵略行径和西方虚伪面孔的受害者。[1] 1919年力求达成和平的尝试迫使关乎亚洲未来的基本问题重新回到全球议程之中。

一

为了符合"时代精神"，日本战后新政府派出了一个亲西方的、具有自由主义倾向的代表团参加巴黎和会。[2] 1918年年底，首相原敬从西伯利亚撤出了三分之一的日本军队。与此同时，尽管原敬让激进主义的"中国通"田中义一进入内阁担任陆军大臣，但依然坚定地维持着与北京合作的政策。1917年，受日本操纵的段祺瑞下台。东京方面转而积极促成在上海举行的南北和谈，使中国能够派出一

第十七章　亚洲的屈服

个统一的代表团前往凡尔赛。然而，一个统一的中国将选择什么样的道路呢？

在段祺瑞下台后，北京政府并没有表现出要摆脱日本控制的迹象。在南方，孙中山向一切可能的各方寻求承认。1919年1月，他提出了一个著名的全面经济发展计划，试图以此吸引全球资本主义领导人物的注意[3]，但他甚至得不到白宫的承认。美国驻中国大使保罗·S. 芮恩施继续坚持反日，而他本人对中国发展的看法与华盛顿方面的大多数人是一样的。他们自视为救世主，要对中国进行大规模的国际监管。1919年年初，日本同意加入国际贷款财团，似乎意味着它要结束战争期间的高压财政政策。它提出的唯一保留意见是，南满铁路不应由国际财团监管。

英国在中国能获取巨大的利益，因此对于日本和美国可能发生的冲突，它充满了焦虑。伦敦方面不愿意抛弃自己的日本盟友，同时又不确定美国的真正意图。英国驻华公使约翰·朱尔典（John Jordan）爵士需要在与中国建立全新关系的基础上，提出一个新的亚洲政策。他希望将中国所有的外国租借地中立化和国际化，取消势力范围，从而提出"类似于门户开放与中国领土完整的现实等条件，而不是目前太常见的毫无意义的表述"。朱尔典坚持认为，"如果那些在1898年获得或者继承了租借地的国家不做出些牺牲，中国问题似乎就不可能得到解决"。美国和英国需要带领世界各国建立一个体系，从而"保证经济自由和军事安全……"。[4] 当伦敦和华盛顿方面选择反复权衡的时候，朱尔典非常担心日本会赢得主动权。

1919年1月，国务院顾问弗兰克·波尔克（Frank Polk）在一份提交给国务卿罗伯特·兰辛的报告中，对于日本转而支持中国统一的做法给出了消极的解释。[5] 在凡尔赛，他警告说，中日两国有可能联合起来，对西方国家在亚洲的特权发动全面进攻。在日本的支持下，北京政府会要求对条约进行全面修订。他认为，这样的要求完全符合自由主义国际秩序的新话语体系，但这些要求是"白色人种的国家无法答应的"，除非他们放弃自己对东亚的控制。[6]

考虑到这种不确定性，美国人非常乐意将巴黎的谈判变成一个日本与中国对抗的舞台。1 月 27 日，在威尔逊总统的坚持下，当日本直接提出要获得德国在山东的租借地时，中国代表团也在场。美国人随即指示中国代表团里以顾维钧为首的、口才最好的人，按照预先的安排，向东京方面表达了愤怒。顾维钧在美国受过教育，代表着北京的北方政府。他拒绝了日本对德国权益的要求，认为这是对一个拥有 4 亿人民的国家正当权利的野蛮侵犯。顾维钧展现出他所受过的美国法律训练，引用"情势变更原则"，提出当签约时的条件被推翻时，条约也可以被推翻。西方代表们对他的流利表达留下了深刻的印象，几天之后，当巴黎听证会的消息传到东方时，北京政府收到了来自中国各地的支持。[7] 中国政治阶层决定参战的初衷就是分得一杯羹。现在，有了美国的认可，看起来中国会在外交上赢得一场对日本的巨大胜利。

然而，日本并不是要通过武力手段要求德国的租借地。根据它要与北京建立友好关系的新政策，1918 年 9 月，寺内政府获得了中国总理段祺瑞签署的一项谅解，同意日本在山东驻军，以换取一大笔新的西原贷款，同时日本承诺将支持中国政府修改所有不平等条约的运动。[8] 同时，英国和法国都在 1917 年 1 月承认了日本的要求，以换取日本在地中海提供海军援助。这些与北京、巴黎和伦敦方面的约定被披露出来之后，关于山东问题的第一场辩论陷入了尴尬的停顿。

对于东京方面的代表来说，巴黎和会的前几天让他们大惊失色，苦不堪言。日本人承认了威尔逊的"十四点原则"，但他们没有想到整个和会都采用自由主义原则。他们显然没料到要当着中国人的面提出自己的要求。西方国家的意图是什么？他们真的想要建立起一个更加公平的国际秩序吗，还是像日本右翼人士所怀疑的那样，想要"定格现状，压制二等国家与低等民族的发展"？[9]正是由于这种不确定，使得日本坚持要在《国际联盟盟约》中写入种族平等的内容就显得格外重要。正如西方战略家怀疑的，这包含着泛亚细亚主义的诉求，同时会平衡日本作为帝国主义侵略者的形象。但不管怎么说，这是一个国内政治的问题。[10]在1918年的"米骚动"之后，日本政治的面貌发生了不可逆转的改变。人民群众躁动不安。在1919年到访欧洲和美国之后，著名的议会自由主义者尾崎行雄回到日本，确信只有通过普选，才能将变革力量引导到一个建设性的方向。[11]然而，推动日本大众政治动员新时代的，不光是左派力量[12]，民间的民族主义也在迅速复兴。原敬政府在1919年春天提出消除种族歧视的要求，其重要意义在于，这是唯一一个左派和右派的激进分子都能同意的问题。那么，西方人会如何回应呢？

早在2月9日，美国法律专家戴维·H. 米勒（David H. Miller）就记录了豪斯上校和贝尔福勋爵关于日本即将采取的行动进行的一次坦率交谈。为了在日本人面前先发制人，豪斯试图说服贝尔福，对盟约进行一项修改，在其序言中加入一句引自《独立宣言》的话，意思是说人人生而平等。"豪斯上校的观点是，这样一个序言，不管其如何不符合美国的现实，但它能博得美国人的好感，能让其他条款更容易被美国舆论接受。"[13]贝尔福的反应让人吃惊。他反驳说，声称人人生而平等，"这是18世纪的论调了，他才不相信这是真的"。19世纪的达尔文革命已经教给了人们其他东西。我们也许能宣称，"在某种意义上……某个民族的所有人生而平等"，但如果宣称"中非人与欧洲人生来平等"，在贝尔福看来，这明显就是胡说八道。对于这一不同寻常的抨击，豪斯并没有立刻反驳。他并不打算对中非的说法表示不同意见，但他指出，"他不知道对日政策该如何继续下去"。不可否认，日本是一个成长中的民族，他们已经充分开发了自己的领土，现在需要扩张的空间。他们不被允许进入"任何白人国家"、西伯利亚，以及非洲。他们该去哪里呢？"他们总得有地方去。"——这是这一时代的根本前提，贝尔福对此未曾表示怀疑，他认为不断增长的人口需要能够容纳他们的更多空间。事实上，作为英日同盟坚定的拥护者，贝尔福对于日本所面临的困境"持有深切的同情"。但他脑子里总想着中非，因此不能承认平等的普遍原则。必须想出其他办法来满足日本的利益。无论如何，贝尔福对这个提议的解读明显要比日本人的原意范围更广。认为日本可能是在为非洲说话的想法毫无疑问会让东京方面感到恼怒。欧亚关系，特别是亚洲人加入欧洲人，共同安排遗留的世界未决地区的权利正在经受考验。[14]

尽管第一次尝试受阻，但日本代表团并未放弃。3月底，他们提出了一个新的提案，做了一些让步，删去了所有提到种族的地方，只要求在国家范围内实行非歧视原则。但这次他们发现自己被困在了大英帝国复杂的国际政治之中。反对日本第一次修订方案的，正是英国代表团的负责人罗伯特·塞西尔和贝尔福勋爵。然而，在受到压力时，英国人坚持说，真正的阻碍不是他们，而是澳大利亚。这就让日本代表团的压力更大了。他们该如何向日本民众解释，一个明显如此重要的原则没能获得成功，是因为像澳大利亚这样无足轻重的国家表示反对。但伦敦方面坚持白人统治权，威尔逊在这个问题上也十分乐于支持澳大利亚。考虑到加利福尼亚在亚洲事务上的态度，让大英帝国站在反对的最前沿，这显然会带来巨大的便利。[15] 如果盟约会减少美国限制移民的权利，那么国会是绝对不可能通过的。

在4月11日国际联盟委员会的最后一次会议上，整个事件出现了最可耻的一幕。日本人现在已经做出让步，只要求修改序言，号召"公正对待所有国民"。这样，他们就能在委员会中获得

1. 骄傲得不屑于战斗：豪斯上校与伍德罗·威尔逊，1915年。

2. 复活节起义之后，都柏林，1916 年 5 月。

3. 德国军队进入布加勒斯特，1916 年 12 月。

4. 自封的皇帝：袁世凯，1916 年。

5. 俄国立宪会议时排队投票的人们，1917 年 11 月。

6. 等待俄国的民主：召开立宪会议的塔夫利宫（Tauride Palace），1918年1月。

7. 美法军队与雷诺FT轻型坦克，1918年。

8. 一位被蒙住双眼的俄国谈判代表与哈布斯堡军队在去往布列斯特—立陶夫斯克的途中。

9. 巴伐利亚的利奥波德亲王签署《布列斯特—立陶夫斯克条约》,1918年3月。

10. 在基辅的德国军队，1918年8月。

11. 第八次德国战时公债的海报，1918年3月。

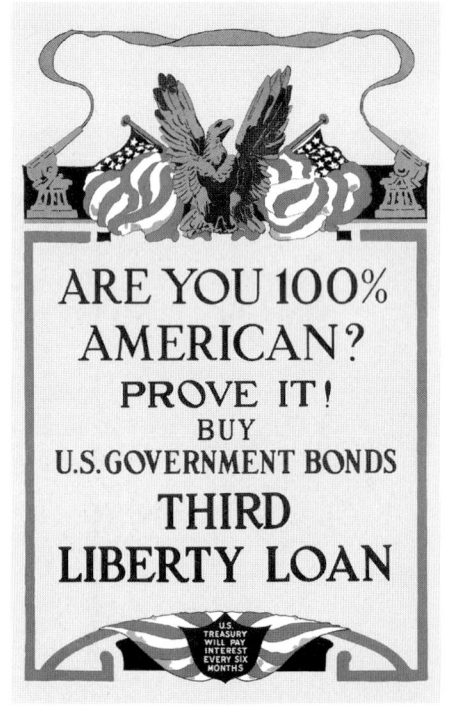

12. 第三次美国自由公债的海报，1918年4月。

13. 革命来到柏林：腓特烈大街上的基尔水兵，1918年11月7日。

14. 开进斯卡帕湾准备投降的"兴登堡号"巡洋舰，1918年11月21日。

15. 伍德罗·威尔逊在抵达多佛时受到欢迎，1918年12月26日。

16. 巴黎和会上的克列孟梭、威尔逊与劳合·乔治。

17. 和平的风险：马蒂亚斯·埃茨贝格尔（左一）与顾问们讨论但泽未来的问题，1919年3月。

18. 上海的爱国反日游行，1919年春天。

19. 失业者集会，伦敦，1921年1月。

20. 一位老年妇女被人护送着参加上西里西亚的公投，1921年3月。

21. 恢复常态：沃伦·哈定与卡尔文·柯立芝。

22. 华盛顿会议，1921 年 11 月。

23. 三K党游行，华盛顿特区，1926年。

24. 法国军队看守着煤业辛迪加的大门,鲁尔,1923年1月。

25. 东亚和平的缔造者:日本外相币原喜重郎。

26. 在汉口受到群众欢迎的蒋介石，1927年。

27. 欧洲和平的缔造者：阿里斯蒂德·白里安与古斯塔夫·施特雷泽曼，1926年9月。

28. 金本位制被取消后，聚集在伦敦股票交易所外的人群，1931年9月21日。

第十七章　亚洲的屈服

绝对多数的支持。正如法国人所说，他们不想让伦敦方面难堪，但是"对于一个体现了无可争辩的公正原则的修订，根本不可能投反对票"。当日本人提出要求投票表决时，他们的对手觉得十分惭愧，以致要求自己的反对票不被正式记录在案。塞西尔的记录显示，只有臭名昭著的波兰代表、反犹人士罗曼·德莫夫斯基（Roman Dmowski）跟英国一样投了反对票，这迫使威尔逊行使自己作为主席的权力，以需要全体一致同意为由，否定了修订要求。[16]尽管获得了绝对多数的支持，但日本人的提议还是未能通过。[17]尽管豪斯很高兴地认为这展现了"盎格鲁-撒克逊人的不屈不挠，英国和美国独自对抗大多数人"，但显然，这件事给塞西尔留下了极坏的印象。[18]

二

亚洲的和平进程一直没能从日本在《国际联盟盟约》上所遭受的羞辱中恢复过来。[19] 4月21日，在种族平等提议被美国和英国否决之后十天，外交咨询委员会在东京召开会议，规划他们在最后一轮谈判中的战略。考虑到在盟约问题上所遭受的羞辱，委员会决定，如果和会不把德国在中国山东半岛的租借地交给日本，日本就必须威胁退出会议。更早一些在巴黎的谈判中，日本分得了德国在太平洋上的殖民地岛屿，与英国和法国一起成为托管国。但中国更加重要。外相内田子爵给代表团发去电报，表示"为了维护我国政府的尊严，没有任何安抚性调整的余地"。[20]

完全不出所料，当他们在4月末重新回到这个问题上时，西方国家提议说，山东应该被"国际化"[21]，应建立起类似托管的机制。托管模式是扬·史末资提出的，用于解决中欧的问题，但在那里遭到了拒绝。1月时，这一模式被用来在大英帝国、法国和日本之间分配德国和奥斯曼帝国残存的领土。但山东是一个完全不同的问题，日本愤怒地拒绝了任何类似的想法。[22] 托管是用于"殖民地的……当地民众还未进入现代文明……在一个像中国这样有着发达文化的国家"，应该施用完全不一样的原则。[23] 日本代表团想方设法向威尔逊解释，他们所代表的政府属于日本政治中的"温和"派。他们愿意考虑对东亚的国际秩序进行重大修改，但这样的话，他们就成了中国民族主义的替罪羊，那是极其可悲的。西方大国无法以国家平等的名义捍卫北京的权利，同时又允许中国代表团以无资格为由，无视他们自己的政府在仅仅几个月之前签订的条约。日本的一位代表对罗伯特·兰辛说，"这难道不荒唐吗？一个有着 4 亿人口的国家，四处抱怨自己被迫签订了一个条约"。[24] 日本只是要求中国承认自己订立的契约而已。如果日本不被赋予其权利，它的代表将退出和会。与意大利人不同，日本人没有把自己的要求跟额外的事情混杂在一起，他们还可以指望英国和法国给予他们同情。西园寺公望还专门恳求他的老朋友乔治·克列孟梭，请他感同身受地想一想自己所面临的来自国内的压力。[25]

威尔逊竭尽全力，不想看到日本和意大利在一周之内都退出和会。[26] 对于日本民众，他没有像对意大利民众那样使出称赞的"双刃剑"，越过他们自己的政府对之提出诉求。4 月 22 日，讨论明显朝着有利于日本的方向扭转。中国代表团被告知，尽管他们获得了西方国家的同情，但他们必须意识到，自己受到之前与日本所签条约的约束。[27] 为了缓和对中国造成的打击，在英国建议下，双方达成妥协，日本公开说明它只想继承德国在山东的经济特权，放弃任何想要长期控制该片领土的意愿。[28] 但考虑到双方激动的情绪，这显然是远远不够的。即使威尔逊专门派人表示歉意，也没能阻止中国代表向四人会议（Council of Four）提交了一份援引"十四点原则"的正式抗议书。[29]

第十七章　亚洲的屈服

考虑到在几乎不惜任何代价换取国际承认的过程中中国精英阶层的既得利益，事情似乎到此结束了。可中国自身对此的反应却改变了局势。自1915年屈辱的日本"二十一条"最后通牒开始，中国的城市爆发了一波又一波的民族主义抗议运动。1919年5月4日，当日本在山东问题上获胜的消息传到中国，它所激起的怒火表达出了自辛亥革命以来中国人所经历的全部挫折感。[30] 鉴于在巴黎披露出来的北京方面与日本达成的安排，这股怒火毫不意外地既指向国外，也指向国内。抗议运动最主要的口号就是双向的："外争主权，内惩国贼。"[31] 在首都北京，日本西原借款主要的中间人、财政总长曹汝霖的住所被烧成了灰烬。当时在北京的学生中，至少有一半的人参加了抗议运动，包括来自女子师范学校的很多学生。[32] 投身这一运动的也不仅仅是年轻的激进派。在日本安排的南北和谈中偶尔才见见面的军阀和政治家立即召开了一次特别会议，告知在巴黎的和谈代表团"如果和会……拒绝支持中国立场，我四万万同胞……决不承认"。[33]

这场空前的抗议运动使巴黎的各位外交官感到十分棘手。顾维钧想尽一切办法，要让中国作为新秩序的创始成员国拥有一席之地，但如果不在山东问题上提出保留意见，他就不能在《凡尔赛和约》上签字。威尔逊与劳合·乔治排除了这种可能。如果给中国开绿灯，整个和会就有可能偏离正常轨道。北京的外交部不得不向怒火中烧的各地方省市做出说明，为了利益的平衡，中国无论如何都应该在条约上签字。中国人设想，一旦获得国际联盟成员国的身份，其他国家就会投票选举自己进入国际联盟理事会，他们可以在那里寻求补救。然而，这一提议却引发了又一轮的学生运动和罢工。北京颁布了戒严令，一千多名爱国抗议者被捕。6月初，保守的徐世昌总统无比震惊地发现，在他的府邸外聚集了一群女学生，她们高喊口号，要求释放她们那些被关押的男同学。商业群体团结起来，在全国范围内形成商界联合会，宣布抵制日货。[34] 在这场中国历史上首次公然进行的群众罢工运动中，上海外国纺织厂里的抗议运动使多达 7 万名工人参与了罢工。与此同时，在美国各地的大学里学习的中国留学生急于为这场民族事业尽自己的绵薄之力，他们包围了美国国会，并发现共和党人异乎寻常地愿意做他们的听众，但共和党人其实只是乐得指责威尔逊对"日本帝国主义"心慈手软。

6 月 10 日，总理钱能训的内阁垮台；一天之后，徐世昌总统递交了辞呈。[35] 第一批被捕的人得以释放，但民族主义抗议运动没有丝毫减退。6 月 24 日，中国政府采取了屈辱的权宜之计，宣布其"战略"包括允许巴黎的代表团自行做出决定。与此同时，代表团的最高成员去了位于郊区的一个法国疗养院疗养，其他人则被一群义愤填膺的学生包围在它们位于拉斯帕伊大道（Boulevard Raspail）上的饭店房间里。6 月 27 日和 28 日，先是北京政府，然后是巴黎的代表团，分别做出决定，中国不能在和约上签字。

三

日本代表团签署了《凡尔赛和约》，日本由此获得了国际联盟内部理事会成员的位置。现在它作为大国的地位已经是无可争辩的了，但它所付出的代价也是巨大的。种族平等的要求被拒绝、对山东的要求遭到各种嘲讽，这两重经历在民族主义右翼中激起了暴力的反抗。1919 年年初，田中的部下、宇垣一成大将评论说："英国和美国试图通过国际联盟限制其他国家的军事力量，同时又运用自己手里的好牌——资本主义，一点点地蚕食它们。在军事占领和资本主义侵蚀之间，并没有什么大的不同。"[36] 日本必须将手中的剑磨得更快，从而用自己的方式做出回应。1921 年 10 月，三位年轻的驻外武官在德国巴登-巴登（Baden-Baden）举行会面，讨论欧洲国家为日本提供了什么样的范例。对于这些日本右翼军国主义未来的领导人来说，鲁登道夫提出在庞大的全球大国集团之间发动全面战争的新时代，是第一次世界大战产生的最激动人心的概念。对于战后初期身在德国的年轻日本军官来说，这就是他们所想象的日本的未来：与西方大国苦苦斗争。在这些年轻军官中，就有后来在第二次世界大战中饱受指责的日本领导人东条英机。[37] 他们会像德意志帝国那样，在物资条件极其不利的条件下战斗。为了弥补物资上的不足，他们一方面要在中国建立专制区，另一方面用最高的武士精神团结军队，也就是"寻死的武士道"。[38] 但这样的反应并不是日本社会的主流，即使在那些敌视西方新秩序的民族主义中也不是。不管人们如何看待西方的伪善，西方所拥有的力量都让人必须对它保持尊敬。宇垣一成与首相原敬一样，都十分确定，"在可预见的将来，世界将是英美两国的世界"。[39]

在中国，北京政府拒绝在《凡尔赛和约》上签字一事，得到了少有的举国一致的支持。但这回避了一个问题，即在爱国游行示威之后，中国如何才能在新的世界秩序中获得一席之地呢？对中国来说幸运的是，1917年北京不仅向德国宣战，同时也向哈布斯堡王朝宣战了。与在凡尔赛上演的高风险博弈不同，在巴黎郊区的小型和会上，中国能够开展更具建设性的外交活动。中国坚持了5月以来的立场，强调哈布斯堡王朝的继承者必须放弃西方大国在中国所拥有的特权。[40] 1919年9月10日，中国签署对奥地利的《圣日耳曼条约》（Treaty of Saint-Germain），其战时与战后外交得以完成。这一条约与《凡尔赛和约》一样，前言中都包含了《国际联盟盟约》，中国由此获得了成员国的完全权利。1920年12月，在国际联盟大会第一次会议上，中国这个世界上人口最多的国家，获得了绝大多数选票，进入了国际联盟理事会。

一年之前，1919年12月，中国成功地与玻利维亚共和国签订了第一份国际友好条约，条约中明确规定双方地位平等，取消了治外法权；1920年3月，中国与魏玛共和国建立了外交关系；1920年6月，中国同波斯签订了与玻利维亚类似的条约；第二年，1921年5月，中国与柏林进行谈判，最终签订商约，规定双方都有关税自主权。19世纪的不平等条约让中国失去了制定关税的自由，现在，《凡尔赛和约》又让德国失去了这一自由。对于思想激进的学生来说，中国与魏玛共和国这种相似的境遇非常有意思[41]，二者都是西方帝国主义的受害者。而一直崇拜俾斯麦与德国井然有序的资本主义的民族主义领袖孙中山则走得更远。1923年，孙中山试图吸引魏玛共和国与北京合作，建议"要想摆脱《凡尔赛和约》的束缚，最好的办法就是帮助中国建立一支庞大、强健的现代化军队……"他表示，中国将能成为"远东地区一支看不见的力量"，在德国需要帮助的时候，可以随时"召唤"。[42]

然而，认为一个中德联合能为彼此提供真正的出路，这显然是一种空想。中国所需要的，是能在亚洲舞台上施展影响。西方国家在中国周边精心打造了一个外国监管的链条，但其中却少了一环：俄国。俄国被排除在凡尔赛体系之外，又因内战而消耗巨大，北京是否可能与莫斯科谈判，从而在不平等条约的体系中打开一个缺口呢？

早在1918年7月，在围绕《布列斯特条约》的斗争进入高潮时，人民委员格奥尔基·契切林就宣布，苏维埃政权放弃所有在中国的治外法权。一年之后，副人民委员列夫·加拉罕（Lev Karakhan）再次重复了这一承诺。他借用了1917年彼得格勒和平方案里的话，承诺苏维埃政权放弃一切"兼并的领土……对其他民族的吞并，以及赔款等"。[43]当红色政权的军事力量得以恢复后，克里姆林宫会重新考虑这个问题。但对中国来说，这开了一个先例。1920年春天，加拉罕的豪言壮语被翻译成中文，得到了广泛宣传并引起轰动。

第十七章 亚洲的屈服

1920年5月27日，中国和苏联的谈判代表在遥远的新疆西部地区签订了一个《伊犁会议定案》，苏联承认了中国两项西方大国都拒绝的要求：关税完全自主、中国对在华俄国人的司法权。此后不久，北京单方面停付对俄庚子赔款；随后它又宣布不承认沙皇俄国在中国的使领馆；1920年9月25日，在北方港口城市天津，中国军队接管了欧洲租借地之中的俄属区域，升起了中国国旗。

与此同时，北京政府为维护对东北边界的控制，派出一队武装警察，驱逐了哈尔滨法院中的俄国官员。在此之前，他们拥有对俄属中东铁路周边地区的执法权。这条长1400英里的铁路是西伯利亚大铁路的最后一段支线，是俄国在中国东北地区获得的真正具备战略意义的"战利品"。对哈尔滨的接管拉开了更加积极的主权声索活动的序幕。12月，北京方面宣布它对中东铁路及其管理部门具有"最高控制权"，俄国管理人员不得进行任何"政治活动"。[44] 这一声明引人注目，它证明了俄国的崩溃所带来的权力平衡的变化，对于这样的要求，俄国之前连想都不会想，更不用说做出让步了。但中国能否把这些要求永久化，还取决于与西方大国、日本和俄国的协商。

第十八章
威尔逊主义的惨败

1919 年 7 月 10 日，在把《凡尔赛和约》的文本提交给参议院时，威尔逊用了极其夸张的语言。"舞台已经准备好，命运已经揭晓。事情的发生并不是我们计划的，而是上帝之手将我们带到了这里。我们不能再回头了，只能往前，睁大我们的双眼，鼓起我们的精神，沿着我们所看到的路走下去。我们在诞生之初，描绘的就是这样的场景。事实上，美国需要为大家指明道路，光芒流淌在我们前方的道路上，而不是其他任何地方。""我们或者其他任何自由的人民，在接受这个伟大的责任时，怎么能够犹豫不决呢？""我们怎敢拒绝，让整个世界心碎呢？"[1] 这些语言十分夸张，但威尔逊倒并没有夸大其词。战胜者和战败者都将美国视为新秩序的中枢。6 月 26 日，就在威尔逊准备离开巴黎的时候，劳合·乔治最后给了他一封几乎绝望的信件，恳求他"为了世界的重建，任凭各国使用"美国政府的贷款。[2] 然而，不仅财政的重建取决于华盛顿，法德之间的和平也依赖于伦敦和华盛顿方面共同提供的安全保证。在亚洲，日本的原敬首相的外交政策取决于华盛顿，而中国则希望在国际联盟进行补救。德国人也是一样，他们意识到，尽管威尔逊让他们失望了，但只有付出签字的代价，他们才能进入这个国际框架，由此才可能修改可恶的《凡尔赛和约》。

然而，当威尔逊回到美国的时候，他显然需要面对参议院里激烈的斗争。从他开始作为一名政治思想家时起，美国政治体制中相互对立的力量就是他所关注的问题。驱使他投身政坛的，是他觉得美国的民族国家已经发展到了一个转折点，需要更具创造性的领导人。从1913年开始，威尔逊就以新的方式施展自己作为总统的权力，推动国会采取行动和调动舆论。他建立起一种国家经济治理的新机制，排在首位的，也是最重要的，就是联邦储备委员会。战争使国家介入了美国人生活的方方面面。1919年时，将要受到考验的，不仅是国会能否批准和约，还有威尔逊的整个政治构想。除了白宫与参议院相互疏远造成政府瘫痪之外，此时的美国还面临着广泛的社会和经济危机。19世纪90年代的美国曾经因为经济衰退与群众运动而伤痕累累，但这次危机比那时候以来的任何危机都还要严重。这个灾难时刻所揭示出来的，不仅是美国在世界政治中的核心角色，还有美国国家作为这一新秩序中枢的脆弱性。美国历史不再是一出国内的戏剧了，战后美国的政治与经济危机在世界范围内都产生了影响。

一

威尔逊的宣传者们将"和约斗争"描绘为总统先生的理想主义与"旧政治"的犬儒主义之间第二回合的较量。[3] 第一回合是在巴黎，第二回合则在国内展开。从一开始，威尔逊就处于不利位置，他对日本和协约国做出的让步从根本上破坏了《凡尔赛和约》的合法性。威尔逊在左翼的朋友不再抱幻想，离开了他。即使是进步主义的新共和党,也不承认这份和约。1919年9月,共和党在参议院的领袖亨利·卡伯特·洛奇通过众议院外交委员会对威尔逊穷追猛打。为了加强他对总统的打击,洛奇向美国每一个心怀不满的少数派别寻找证据。他甚至利用了年轻的威廉·布利特,这位感到失望的威尔逊主义者将威尔逊与其国务卿罗伯特·兰辛之间的尴尬分歧公之于众。[4]这是一场消耗战。受到高血压困扰的总统先生可以说是把命都押上了。为了能在与参议院的斗争中迂回取胜,同时重建起他与美国民众的个人联系,威尔逊不顾舟车劳顿,开始在全国进行演讲,为和约辩护。在秋老虎的高温中,9月26日,由于严重的中风,总统在西部各州的路线被压缩了。这之后他又出现了几次严重的中风。到11月参议院对和约进行投票的关键时刻,威尔逊已经偏瘫,只能躺在病床上了。

对于总统先生的批评者来说,这一英雄式失败的描述本身就体现了威尔逊对现实理解的偏差。在威尔逊失败之后,洛奇的主要证人布利特躺到了西格蒙德·弗洛伊德(Sigmund Freud)的沙发上,寻求安慰。布利特和弗洛伊德合写了一本著名的心理传记,分析失败的总统先生,认为他被困在了一个想象的世界里,而这个世界是由他的父亲——一位专横暴虐的长老会信徒——的语言编织成的。[5]对于愿意做出妥协的共和党人和民主党人来说,总统先生太执拗了。参议院里大多数人都打算通过条约,但选票需要达到三分之二。毫无疑问,总有一小部分无法被说服的孤立主义者,但让威尔逊失去和平的并不是这些人,他真正危险的对手是共和党主流派别的领袖,这些人不能被合理地看作孤立主义者。他们在战争中所持的立场比威尔逊要激进得多。1919年8月12日,即使在对参议院发表慷慨激昂的演讲抨击盟约时,洛奇也用与威尔逊一样强烈的语气说,美国是"世界最美好的希望"。[6]与泰迪·罗斯福一样,他也常常考虑与英国和法国建立一个三方联盟。1919年时,其他一些地位显赫

第十八章　威尔逊主义的惨败

的共和党人仍然是国际联盟积极的支持者。三分之二多数的议员本来是愿意持保留意见通过和约的，其中包括像洛奇这样的主流国际主义共和党人以及温和民主党人，他们的保留意见主要是针对《国际联盟盟约》第10条，这一条要求当国际联盟成员遭到外敌入侵时，各国应联合提供帮助。他们所要求的，是在采取联合强制措施时，国会必须有最后的决定权。这份措辞模糊的盟约很容易就能朝着这一方向解释，因此，最终给双方的妥协造成障碍的，正是威尔逊自己。他坚持要求和约要么被整体完全接受，要么就不接受。

11月19日，在参议院举行的第一轮关键投票中，共和党人否定了和约。于是，在威尔逊的指示之下，民主党少数派阻止了有保留地接受和约的动议。在接下来的五个月中，参议院饱受其苦。但在1920年3月8日，威尔逊再次强调他绝不向共和党多数派做出任何让步。于是，3月19日，在参议院的投票中，无论是原始和约还是修订后的和约，都无法获得所需的三分之二多数选票。

不可否认的是，哪怕是修订版的和约也没能通过，这在很大程度上是威尔逊造成的。但即使总统先生愿意做出让步，洛奇等人提出的保留意见能否被协约国接受，也很难说。[7]从这个意义上说，第十条显然并不是主要的症结所在。英国人与洛奇一样，不愿意被国际联盟理事会呼来喝去。洛奇坚持认为，美国不能被一个大英帝国拥有不止一张选票的决议所束缚，这可能产生更严重的问题。洛奇还想要否决日本对山东的要求。想要避免1919年秋天的这一僵局，唯一的办法就是共和党人也应该参加在巴黎的谈判团队。威尔逊自己带领美国代表团奔赴巴黎，并将任何难对付的共和党人排除在和谈之外，他因为这一做法而饱受诟病。再一次，个人的虚荣心在这里起了作用，但1916年和1918年选举期间不断升温的论战也让人无法想象两党能携手组成一个代表团。在这两次选举中，外交政策都被前所未有地政治化了。

然而，和约斗争带来的风险要大大高于党派冲突。威尔逊与共和党人之间的分歧并不同于自由国际主义者与守旧的孤立主义者之间的分歧，但这些分歧仍然是真实存在的。威尔逊认为美国监管着全球秩序，而共和党人对和平的看法在几个关键性问题上更接近欧洲人。与其接受《国际联盟盟约》中语焉不详的承诺，洛奇更愿意美国将战时与英国甚至是法国结成的联盟继续下去。如果美国想要承担更加激进的新的外交责任，它就必须现实地考虑到自身政治体制的制约。战时联盟所包含的强有力的政治合理性已经被再三灌输给了反复无常的美国民主选民。[8] 相比之下，国际联盟的相关规定则含糊不清。一些强调法律精神的共和党国际主义者，比如伊莱休·罗脱，比威尔逊的本意更加严谨地对待盟约的文字。[9] 他们认为，美国被威胁要对一个组织承担一系列有法律约束力的义务，而这个组织自身的原则却十分模糊。根本就不应该要求国会对第十条中规定的可扩充的广泛义务表示赞同，这说明威尔逊事实上恰恰是把国际联盟当作使美国摆脱协约国盟友掌控的一个手段。在 8 月中旬白宫的一次午餐会上，他向参议院的领导人强调，第十条的全部意涵只是一种道德上的责任。[10] 然而，如果美国从一开始就直接强调自己的主权，那么它就丧失了引导全球舆论的能力。[11]

当威尔逊从中风以及参议院第一次拒绝通过和约的震惊中恢复过来之后，1920 年年初，他表露出了各种迹象，想重新获得领导角色。1919 年 10 月 7 日到 30 日，所有在凡尔赛得到承认的大国——意大利、大英帝国、法国和日本——都批准了对德和约。但这只是开启了漫长而复杂的执行过程而已。此外，亚得里亚海地区的问题以及与奥斯曼帝国的关系都还有待解决。尽管参议院没有批准对德和约，尽管美国并没有与奥斯曼帝国交战，但威尔逊还是再一次要求扮演仲裁者的角色。确实，随着与参议院的对抗进入最后一个回合，对威尔逊来说，这似乎就更需要在面对外部世界的时候，表现出不容

第十八章　威尔逊主义的惨败

置疑的权威性。

1920年2月，总统先生强行否决了英国和法国在阜姆问题上促成的妥协方案，他觉得这个方案过于偏向意大利，威胁说要完全与欧洲撇清关系。威尔逊随即说明自己并不赞成英国在土耳其所奉行的侵略性政策，但他的压力主要是施加给法国的。3月9日，总统先生给参议院少数派领导人吉尔伯特·M.希契科克（Gilbert M. Hitchcock）写了一封公开信，后者正在准备最后一次尝试让和约获得批准。在这封信中，总统先生似乎觉得，颇具争议性的《国际联盟盟约》第十条既是要防止德国，同样也是要防止法国军国主义再起。尽管巴黎方面和参议院的反对派都提出了抗议，但威尔逊并没有改变他的立场，即使在四天之后，德国——而不是法国——爆发了一场军事叛乱之时也是如此。尽管卡普政变显然让人忧心忡忡，但华盛顿方面还是不顾巴黎方面的反对，同意了德国的要求，向鲁尔区增派魏玛防卫军和自由军团，以镇压赤卫军。4月，当法国报复性地占领了法兰克福之后，威尔逊的反应是从参议院撤回了能保证法国安全的条约，而一些参议员曾希望用这个条约来取代未能通过的和约。[12]

对于伦敦和巴黎方面来说，威尔逊的外交突然再次表现出这种独断专行的色彩，让人瞠目结舌。事后回看，我们知道威尔逊遗留的问题注定要失败。但似乎在他自己看来，1920年3月参议院第二次否决《凡尔赛和约》以及与法国的冲突，都只是一场正在进行的斗争中的一部分，在这场斗争中，国内战线与国际战线一直是相互联系的。破产的条约使他有可能在欧洲发挥影响力，总统权力与国会之间的疏远则是美国政治制度内在的可能性。[13]在危机时刻，威尔逊相信，总统的角色就在于说明美国人民的真正意愿，同时要支持这种个人愿景，来对抗国会的党派之争。在第一次与参议院发生冲突之后，威尔逊曾认真地考虑过，要迈出前所未有的一步，向参议院内的反对集团发出挑战，迫使他们全体辞职，这样就可以经由一场决定和约问题的选举，启动全民公决。正是由于这个不切实际的想法未能付诸实现，威尔逊转而将1920年的普选看作一场"伟大而庄严的全民公决"，将决定美国未来在世界中的角色。[14] 在这件事上，他不仅低估了自己给国际舞台注入的不稳定性和不安全因素，在国内，他也过度消耗了自己的个人魅力，悲剧性地高估了自己的身体状况。然而，更根本的问题是，他想依靠选民来帮助自己渡过难关，这就没能理解战争遗留下来的、急剧增长的社会和经济遗产。1919年秋天，不仅是威尔逊的外交政策，他对美国自身未来的看法也都开始瓦解。

二

1916年，在他进步主义热情最为高涨的时候，威尔逊曾经承诺创建一种新型政府，将超越迄今为止这些只关心政治的政府，坚定地聚焦于人民日常生活的物质需求。[15] 认为聚焦于经济和社会问题就能让公众生活去政治化，这即使在最好的时代也是不大可能的。1919年，战时动员的后遗症加上紧锣密鼓的党派宣传，使工资水平、对工业的控制，以及农业的状况都成了激烈争论的对象。1919年7月，当威尔逊从巴黎回到美国时，就在离白宫几个街区的地方，整个非洲裔美国人社区都在暴力中燃烧，15个人被打死、击毙或烧死；在芝加哥，死亡人数达到了38人[16]；1000个非洲裔美国家庭无家可归。1919年夏天爆发了内战以来范围最广的种族暴力，共有25个美国城市陷入动荡。白人流氓以战时的社会变化的标志——非洲裔美国军人与北部城市中的新移民——作为攻击的目标。

威尔逊本人是有种族观念的，但他绝对不赞成这种暴民行为，同时他知道，这会让人们严重质疑美国想要成为进步主义领袖的主

第十八章　威尔逊主义的惨败

张。一年之前的1918年7月26日，在私刑现象危险地激增之后，他以总统的名义向各州检察官发出呼吁，谴责暴民统治是"对法律秩序和人道公正之核心的打击"。[17]作为一名历史学家，威尔逊曾撰文为最早的三K党（Ku Klux Klan）辩护。但它的形成是内战结束初期的自卫行为。威尔逊认为内战是一段没有法律的时期，而国会中那些愚蠢的罪犯——激进民主党人——则是导致这一局面的帮凶。[18]在正常时期，"正义的法庭敞开大门，国家和各州的政府时刻准备履行自己的职责"，这时就不再有什么借口了。"无法无天的激情"正是美国想要在欧洲击溃的东西。威尔逊说："德国自行剥夺了它在各国当中的权利，因为它无视神圣的法律义务，让执行私刑的人组成它的军队……如果我们让自己的民主蒙羞，证实它根本无法保护弱者，那我们还怎么要求其他民族接受民主呢？"每一次私刑都是送给德国宣传机构的一份礼物。"他们至少可以说，这样的事情在德国不会发生，除非是在革命时期，因为法律已经被打倒了。"[19]

面对1919年全国范围的种族暴乱，全国平等权利联盟（National Equal Rights League）将问题直指威尔逊。威尔逊"强迫波兰和奥地利保护其少数族裔"，美国的黑人少数族裔也要求得到同样的保护。[20]但显然，这是不可能的。威尔逊所呼吁的，只不过是适当加强法律而已。美国联邦调查局认为自己应该扮演的角色不是起诉那些种族主义的罪魁祸首，而是追捕黑人激进派，破坏他们试图进行国际颠覆活动的计划。[21]1919年夏天，种族恐惧与"红色恐怖"混在了一起。

1918年，共和党的中期选举活动激起了反布尔什维克的骚动。1919年2月西雅图爆发的全城大罢工轰动了整个国家。美国当局感到到处都是敌人。2月19日，一位持枪男子在巴黎打伤了乔治·克列孟梭，这为美国特务机关提供了借口，他们开始在国内疯狂镇压世界产业工人组织（International Workers of the World）和主张妇女参政的激进分子。[22] 1919年6月2日，一枚炸弹炸毁了总检察长A. 米切尔·帕尔默（A. Mitchell Palmer）家中房屋的前廊。[23] 与此同时，在其他六个城市也发生了爆炸事件。整个夏天，全国都处于躁动不安之中。骇人听闻的群众暴力行动指向世界产业工人组织的积极分子。1919年7月30日，帕尔默建议威尔逊不要释放德高望重的社会主义者、反战活动组织者尤金·德布斯（Eugene Debs），他在1918年因煽动性言行被判处十年有期徒刑。帕尔默强调，如果释放德布斯，"就会被很多和约的反对者利用，作为我们对激进主义违法者过于宽大的证据……"这会"让很多人对和约中自由劳动力的条款产生偏见"。[24] 帕尔默没有采取宽大政策，相反，他带头展开了一场调查、逮捕和驱逐的运动。1920年1月2日，这场运动在一次史无前例的围捕中达到高潮，在美国33个城市，有大约3000名在国外出生的激进人士遭到逮捕。[25]

当然，我们可以想象，威尔逊政府原本可以重新确立他们的进步主义目标，而不是像这样转向保守主义。帕尔默本人就是一位很有经验的劳工律师。与劳工组织的联合一直是1912年"新自由"纲领中的关键因素，而在1916年竞选时，威尔逊能够险胜对手，更是多亏了这一联合。从1917年开始，美国劳工联合会（American Federation of Labour, AFL）在其领导人塞缪尔·龚帕斯（Samuel Gompers）的带领下，为战争做出了重大贡献，因此，在国家和私营企业中，劳工组织似乎都能获得新的位置。[26] 1919年夏天，有人提出民主党应在全国范围内通过一部承认工会组织的法律，以巩固这种关系。人们都在谈论着"工业民主"和"重建"，威尔逊也不反对利用民众压力来加强国家对关键部门的控制。1919年7月，他向前妻的兄弟塞缪尔·E. 亚克森（Samuel E. Axson）坦言，"有些商品应该成为国家的财产，煤炭、水力，恐怕还有铁路。我这么说，

第十八章　威尔逊主义的惨败

恐怕会有人管我叫社会主义者了",但这没有让威尔逊退却。[27]然而,美国的实业家与他们的共和党朋友却觉得有问题。如果雇主提高赌注,让联邦政府感到可能引发严重的国内冲突,民主党人还会与劳工组织携手并肩吗?

企业的反击从战争结束后就开始了。早在1918年12月,像通用电气(General Electric)这样的一些公司取消了过去18个月中做出的让步;战时工业仲裁机构停止工作,随后转向反对工会。工会对此表示抗议,发动了美国历史上空前规模的罢工浪潮。1919年,每五个工人中,就有一个参加了罢工。但他们成功的机会很小,在反工会主义的大堡垒——钢铁产业里更是如此。自从载入史册的1892年霍姆斯特德(Homestead)大罢工以来,这个产业就坚定地反对承认工会为谈判伙伴,并在整个战争中坚持这一立场。1919年8月底,尽管威尔逊总统亲自求情,但美国钢铁公司的"法官"埃尔伯特·亨利·加里(Elbert Henry Gary)仍然拒绝公共仲裁。政府想尽一切办法避免公开冲突,于是分别做双方的工作。为了平息紧张态势,威尔逊承诺召开一次工业会议,来讨论"整体上改善劳资关系的根本办法"。[28]但随着雇主的地位日益稳固,9月22日,第二次钢铁工人大罢工开始了。到周末的时候,36.5万工人都不在岗。雇主回之以暴力手段。以工业为主的宾夕法尼亚州出动了25000名私人保安人员,协助严厉的警察进行镇压。美国钢铁公司所在的印第安纳州加里(Gary)市则实行了军事管制。[29]在紧张的恐吓活动中,10月11日,威尔逊召开了工业会议。会议充满了激烈的谴责,气氛严重一边倒,以至于一向温和的美国劳工联合会领导人龚帕斯愤而离场。

同一天,在华盛顿,为了避免再次发生大罢工,在劳工部部长的命令之下,煤矿工人与煤炭巨头坐在了一起。但这次谈话也破裂了,矿工联合会(United Mine Workers, UMW)号召在11月1日举行罢工。此时的威尔逊仍然只能躺在自己的病床上,他越来越受帕尔默的影响,批评煤炭工人的罢工是"违反道德与法律的严重错误",是想在寒冷的冬天来临之前敲诈勒索。[30] 帕尔默动用了通常认为在停火之后就不再有效的战时权力,禁止矿工联合会组织罢工,这使得美国劳工联合会–产业工会联合会(American Federation of Labor and Congress of Industrial Organizations, AFL-CIO)愈发采取对抗的立场。它们公然蔑视帕尔默,对响应罢工号召的 39.4 万名矿工表示支持。但来自帕尔默的法律压力是冷酷无情的,而美国的劳工运动与英国的劳工运动一样,并不想冒险进行全面对抗。11 月 11 日,矿工联合会被迫做出让步,声称"作为美国人……我们不能反对自己的政府"。在劳工部部长出面干预下,同意直接增加 14% 的工资后,矿工便回去工作了。

煤矿工人的成绩要比钢铁工人好得多。在 20 人丧生,并获得了 1.12 亿美元的补偿之后,钢铁工人的罢工在 1920 年 1 月 8 日宣布结束,美国钢铁公司大获全胜。这对美国劳工运动是一次巨大的打击,之后再也没能复原。[31] 人们不再谈论工业民主,取而代之的是新的"劳资关系"管理方法与企业工会主义*。[32] 1912 年和 1916 年给威尔逊带来胜利的民主党与劳工组织之间的联合宣告破裂。

三

1919 年年末,总检察长帕尔默在新年前夜发表讲话,承诺将与威胁着美国整个社会秩序的"红色运动"进行不屈不挠的斗争。受到威胁的不仅是美国钢铁公司的巨头。"这个国家有 2000 万人手里握有自由债券,"帕尔默提醒自己的听众[33],"赤色分子想要夺

---

* 企业工会主义(company unionism),指与资方妥协或被资方收买的工会。——编者注

第十八章 威尔逊主义的惨败

走这些债券……1100万人在银行中有储蓄账户，1860万人在国家银行有存款，这些都是赤色分子的目标。"这种夸张的煽动性言论很快就让帕尔默沦为了笑柄。1920年，"红色恐怖"就像罢工浪潮一样，迅速失败了。

然而，无法轻易驱散的是几百万美国家庭的存款所面临的实实在在的威胁，造成这一威胁的并不是无政府主义者或来自外国的激进分子，而是不可名状的、无孔不入的通货膨胀。到1919年10月，即使是受战争冲击最小的美国社会，生活成本也比1913年上涨了83.1%。[34] 直到1917年年底，工资水平依然严重滞后；1918年，在战备的压力下，工资水平算是跟了上来[35]；但随着1919年通货膨胀速度加快，实际工资又被抵消了。你可以用军队或私人保安队对付罢工，法庭的禁令可以轻松打败工会领导人；你也可以做出让步，甚至同意八小时工作制；总检察长帕尔默承诺严惩囤积居奇者和投机倒把者。[36] 但所有这些都不能解决数千万人的不满，他们的生活质量因不断上涨的价格而受到影响。1919年5月，马萨诸塞州的民主党人向身在巴黎的威尔逊发去电报，提醒他"美国百姓希望你回来，帮助他们降低昂贵的生活成本，我们觉得这件事情比国际联盟重要得多"。[37] 但他们的请求无济于事。到1919年年底，如果想过上舒适的"美国式"生活，每年需要花费大概2000美元。在罢工时，标志着基本生活保障的1575美元工资，美国钢铁公司的非技术工人都要使出全力争取。[38] 正是上述事实，而不是布尔什维克的颠覆活动，导致了1919年的罢工浪潮。根据记载，共有500万美国工人参加了3600次不同的劳动争议。

不管是在美国还是在世界其他地方，导致社会与经济混乱状况的原因并不是颠覆活动或道德败坏，而是战争遗留下的财政失衡。最后一笔自由公债——胜利贷款，在1919年春天发行，政府希望借此吸引剩余购买力，改善政府财政状况。它带来了45亿美元。然而，与战争期间一样，这笔钱多数不是来自存款，而是来自银行信贷，这只会加剧通货膨胀的压力。1919年，流通的纸币量增加了20%。面对如此严重的通货膨胀，工人们只能组织起来，保护自己的生活质量。

金融市场也有躁动不安的迹象。整个秋天，财政部想尽一切办法，想通过短期票据再筹集30亿美元。[39]市场不愿意接受长期贷款，因为人们都预期货币状况会出现根本性的变化——而且觉得这个变化很快就会发生了。在1919年最后一个星期，不仅是总统与国会，或者工会与总检察长之间产生龃龉，财政部与联邦储备委员会之间的紧张态势也达到了一个异乎寻常的高度。为了吸引长期投资者并冷却市场，美联储纽约分部一直嚷嚷着要求提高利率。[40]然而在1919年，由于通货膨胀日益严重、美联储的黄金储备不断流失，财政部自始至终拒绝采取行动。这里的困境在于，只要大幅度提高利率，那么利率只有4.25%的自由债券未清偿票券就会贬值；如果提高新贷款的利率，那么自由债券的转卖价值就会下跌，从而使那些用自己的存款支持战争的人遭受损失。财政部副部长拉塞尔·莱芬韦尔在1919年9月4日明确告诉美联储委员会，如果自由债券的价格降到了90美分以下，就会在国会造成巨大反响，让政府感到棘手，债券市场则会出现恐慌。这是空前规模的债券及其发行时难以支撑的低税率引发的后患。联邦政府之前从来没有处理过如此规模的公债。在战争之前，最多也就只有几十万富有的投资者会持有政府债券，而现在，好几百万美国普通家庭都押上了他们的资产。1919年下半年，尽管需要新增货币，但财政部还是花费了9亿美元回购未清偿票券，从而稳定自由债券的价格。[41]

从欧洲的角度可以更清楚地看到，美国或许是唯一没有受到影响的世界金融中心。在国际主要流通货币中，只有美元还有黄金作为稳定的支撑。但通货膨胀使人们更愿意把美元兑换成黄金，到

1919年年底，在美联储纽约分部，黄金储量与流通纸币的比例已经降至40.2%，与法律所要求的最小值就只差一点点了。面对即将来临的危机，纽约美联储的主管人员以投票方式决定，在十天的宽限期内暂停对储备金的要求。但美联储全体委员会拒绝批准这一极端措施。纽约美联储的最高主管小本杰明·斯特朗（Benjamin Strong Jr.）火冒三丈，正是由于财政部不同意及时提高利率，才导致纽约的银行陷入险境。他会"忠实地"执行财政部和美联储的指令，"但之后他会辞职，而不是继续执行这样的政策"。[42]

1919年11月26日，美联储委员会在华盛顿开会，莱芬韦尔出人意料地对斯特朗进行了人身攻击，指责他企图"惩罚财政部，因为美国财政部没有听从纽约联邦储备银行主管人员的指挥"；莱芬韦尔断言，斯特朗"与英国人勾结，操纵跨大西洋的黄金流动，使之不利于美国"。直到1920年1月15日，财政部每两周就需要借款5亿美元。在这之前，提高利率的事情连想都不要想。[43] 财政部对斯特朗是否忠心充满了怀疑，以至于去向总检察长帕尔默确认，如果纽约银行在未经授权的情况下采取单边行动，他们是否有权解除斯特朗的职位。

事情并没有发展到那一步。从长远来看，财政部无法继续实行拆东墙补西墙的办法。1920年1月2日，财政部发放了第一批为期12个月的国库券，利率提高到了4.75%。三个礼拜之后，莱芬韦尔完全改变了他之前的立场。财政部现在十分确定，"只有将商业票据大幅度提高至6%，才能缓解目前的状况"，美国"十分危险，快要放弃金本位制了……"现在轮到纽约美联储提出反对意见了。将利率突然提高近50%是"不合理的"，它会给人们造成一种印象，认为要么是"美联储已经手忙脚乱了，要么是情况极其糟糕"。这不会让市场冷静下来，反而有可能引发恐慌。但莱芬韦尔还在斗气："如果纽约爆发恐慌，他可就高兴了。"财政部部长卡特·格拉斯投

[图表：被遗忘的不景气：美国战后冲击，1919—1921年。图例：批发价格指数、制造业季节性调整、农产品价格、制造业工资、道琼斯指数]

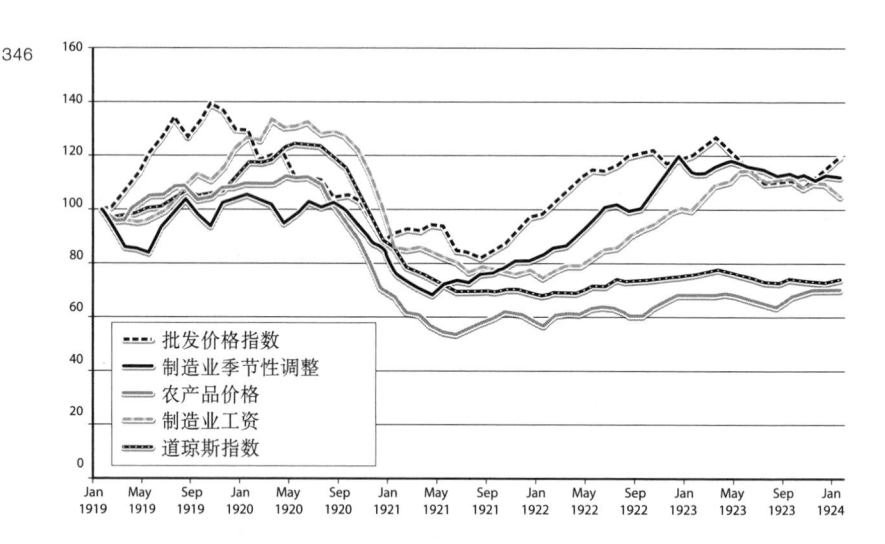

图 2 被遗忘的不景气：美国战后冲击，1919—1921 年

下了决定性的一票，利率一下子被提高到了 6%。[44] 到 6 月，纽约的贴现率达到了 7%。美联储刚刚成立七年，在 20 世纪的其他时间里，它再也没有尝试过如此高强度的紧缩政策（图 2）。

通货紧缩带来了严重的影响，突然收紧信贷让美国经济跌下了悬崖。1920 年上半年，通货膨胀率持续增长，达到了一年 25%；而在这一年的下半年，物价却突然以 15% 的年率下跌。在美国宏观经济的所有记录中，这一倒退是极其罕见的。在大萧条时期，通货紧缩更为严重，但也没有发生紧随其后又出现快速通货膨胀的情况。1920 年，由于价格下跌，工业产值直线下降，失业率直线上升。到 1921 年 1 月，全美工业会议委员会（National Industrial Conference Board）估计工人失业率高达 20%。

然而损失最为惨重的是农业。美国农民的贸易环境土崩瓦解，在 20 世纪剩下的时间里都没能恢复。19 世纪 90 年代，一场类似的破坏性通货紧缩所激发的农民运动曾严重动摇了美国的政治建构。威廉·詹宁斯·布莱恩控制了民主党，如果在 1896 年总统选举中

第十八章 威尔逊主义的惨败

获胜的话,他可是承诺了要让美国摆脱金本位制的。人们认为1913年威尔逊所进行的体制革新让那些魔鬼安静了下来,而"新自由"加上降低关税政策——出口导向的农民和工薪阶层消费者得以从中受益——以及美联储的新型管理方式,使美国资本主义重新调整,向着进步主义的方向发展。1919—1920年的倒退揭示出,在战争造成的巨大压力面前,这些新机构是十分脆弱的。发生暴乱的不仅是工人,随着棉花价格暴跌,农民开始用"蒙面夜骑"的方式,纵火焚烧那些低价收购棉花的轧棉厂和货栈。新一代民粹主义在跨党派的"农业集团"(Farm Bloc)中被组织起来,他们攻击威尔逊的美联储,说它应该为"1920年的罪行"负责。即将组建的共和党国会做的第一件事情,就是成立了国会联合委员会来调查农业状况,以此羞辱即将离开的民主党人。[45] 与此同时,威尔逊从前的货币监理官约翰·斯凯尔顿·威廉姆斯(John Skelton Williams)宣称,对危机的错误处理与农产品价格的崩溃是华尔街的阴谋,这激起了农民抗议的风潮。[46]

在整个南部和西部的大部分地区,农业危机推动了三K党的第二次发展。遍布美国心脏地带的民众不满情绪与高额物质回报的招募体系为其发展提供了动力,三K党的成员从1919年的几千人猛增到了1924年的400万人——三K党宣称,在每六名符合条件的白人男性中,就有一人是它的成员。[47] 在其巅峰时期,数千名新人在高举火把的鬼魅仪式上同时加入。在北佛罗里达,整个城市都看不到黑人居民;1923年,在得克萨斯、亚拉巴马和印第安纳,三K党成员又返回了参议院;南伊利诺伊则因白人对白人的"三K党战争"而动荡不安;俄勒冈的政治完全受制于当地大魔法师(Grand Goblin)*的魔咒;在俄克拉荷马,三K党在立法、司法体系和警察

---

* 三K党内部级别的名称,掌管一个区域。——编者注

队伍中都有强大的影响,以至州长被迫宣布实行戒严。

1920年,通货膨胀和通货紧缩先后上演,令人目不暇接,为民主党在选举中的惨败做好了准备。沃伦·G.哈定(Warren G. Harding)代表共和党参选,他以60:34的成绩击败了自己倒霉的民主党对手。失败之后,萎缩的民主党沦为了三K党在全国扩大影响的工具。在1924年民主党的选举大会,即臭名昭著的"三K党炮制大会"(Klanbake)上,三K党的党团会议差点让民主党完全脱离正轨,他们拼命阻止将反对私刑的天主教徒阿尔·史密斯(Al Smith)提名为总统候选人。阿尔·史密斯最后以创纪录的103票打败了三K党支持的候选人,而这位候选人正是威廉·吉布斯·麦卡杜,伍德罗·威尔逊的女婿和战时的财政部部长。[48]

四

威尔逊还会继续留在华盛顿,一直到1924年2月去世。然而,在他离开白宫之后,就像我们所熟悉的那个故事里所说的,美国第一次国际主义浪潮也就宣告失败了,接下来进入了孤立主义的时代。但这样的话语就将当时的论争变成了对历史的误解。反过来,如果我们认识到威尔逊究竟是什么人——世纪之交高度民族主义的拥护者,鞠躬尽瘁地坚持美国应在世界范围内占据优势地位的美国例外论——我们就会发现,在他的政府与继任的民主党政府之间,有着显著的连续性。1920年5月,在经济衰退刚刚开始出现的时候,沃伦·G.哈定在波士顿发表讲话,他套用的这句话不仅定义了他的竞选活动,也定义了他的总统生涯:"美国现在所需要的不是豪言壮语,而是治疗与康复;不是灵丹妙药,而是正常状态。"但他又加上了有力的一句,他所呼吁的"不是要在国际性中沉没,而是要维持民族性的胜利"。[49]胜利的民族主义既适合形容20世纪20年代共和

第十八章　威尔逊主义的惨败

党政府的政策，同样也适合形容威尔逊自己的政府。胜利的民族主义并不是要转向内部或孤立主义，它显然是在对外部世界讲话，只不过它使用的是单方面的、例外论的语言。

考虑到当时围绕美国的种族构成、对外国颠覆的焦虑，以及不断增长的失业率而进行的尖锐斗争，我们就不会感到惊讶，早在1920年秋天，国会就在积极讨论，要制定一部"真正的百分之百美国式的移民法"。[50] 在就职典礼几周之后，哈定就批准了一部法律，将移民数量从1920年的805,228人削减到了1921—1922年的309,556人。来自南欧、东欧和亚洲的移民大大减少。1924年，上限再次被降到每年15万新移民。几个世纪以来，新大陆一直向富有冒险精神的移居者敞开大门，限制跨大西洋移民的做法标志着，在19世纪自由主义现代性与20世纪民族国家管理中不断增强的向心性之间，出现了决定性的断裂。

一个并不新鲜但同样关键的自由主义逆转出现在贸易政策当中。威尔逊曾经试图以低关税政策为基础建立起美国的领导地位，而1921年5月27日，哈定签署了一项紧急法令，一年后又出台了《福德尼－麦坎伯关税法》（Fordney-McCumber Tariff），将关税平均值提高到了60%。[51] 在非歧视原则的名义之下，联邦政府被授权可以威胁实行惩罚性关税，从而使主要贸易伙伴做出让步。[52] 哈定的继任者还特别向法国施压。当然，美国的保护主义并不是什么新鲜的东西，但如果我们想到法国不仅对美国有贸易赤字，其政府还欠美国纳税者30亿美元时，《福德尼－麦坎伯关税法》的全部意义就非常清楚了。

美国充满自信的民族主义如何与其在国际经济中的中枢地位保持一致呢？如果协约国内部债务需要偿付，如果德国要支付哪怕是适度数额的赔款，那么整个世界所需要的，就不是保护主义，而是美国要成为全球贸易的火车头。如果美国不想过多纠缠其中，那么很明显，正如凯恩斯所坚持的，美英等净债权国就应当取消或者削减债务。但这又会遇到当时另一个全新的问题。1912 年，联邦政府的债务刚刚超过 10 亿美元；7 年之后，1919 年，联邦政府的债务负担总额已经膨胀到了 300 亿美元。考虑到美国经济的规模，这个数字并不多，但其中有三分之一事实上是外国的战时债务。政府间的债务对于美国国内的讨论来说并非无足轻重，它是战争所造成的新世界的一个明显特点。1919 年 8 月，威尔逊政府单方面宣布协约国可延期偿付两年的债务。劳合·乔治政府反复恳求威尔逊与英国一起实行更加全面的债务减值，但终告徒劳。

与此同时，从 1919 年年底到 1920 年年初，威尔逊主义政治经济学的惨败立刻影响了美国与欧洲的债务。美联储突然提高 50% 的关键税率，这给整个世界经济带来了通货紧缩的冲击。在 1919 年输出了 2.92 亿美元的黄金和数十亿的贷款之后，1920 年，新的外国贷款停止了，大约 8 亿美元的黄金涌回美国。更加重通货紧缩压力的是，1918 年至 1924 年，美国贸易盈余 126 亿多美元。[53] 在政治危急时刻，美联储和美国财政部没有扮演全球贸易火车头的角色，而是实行了大规模的单边挤压政策。尽管威尔逊在这个画面里是一个被击垮的形象，但美国地位的上升在 20 世纪初期已经是一个不可避免的事实。

第四部分

寻找新秩序

第十九章
严重的通货紧缩

在第一次世界大战之后的几年里,从波士顿到柏林、从新西兰到纽约,血腥的叛乱在各处上演,即便是拉丁美洲这块在很大程度上免遭20世纪初期惨痛战乱的大陆,也不能幸免。1919年新年之际,布宜诺斯艾利斯(Buenos Aires)的一家金属加工厂发生了激烈的罢工。罢工随之被血腥镇压,仅仅在悲剧周(Semana Tragica,1月7日—15日)就造成了大约700人丧生。在随后出现的反共产主义和反犹主义浪潮中,爱国联盟(Liga Patriotica)得以诞生,并随之成为20世纪阿根廷右翼的温床。[1]整个1919年和1920年,爱国联盟的民兵力量与政府军队和警察相互勾结,镇压罢工,恐吓工会组织者,确保阿根廷不会受到国际革命幽灵的威胁。成千上万的左派嫌疑人被捕。反革命浪潮从阿根廷的国际大都市一直蔓延到了世界的最南端。

1921年秋天,埃克托尔·巴雷拉(Hector Varela)中校带领臭名昭著的第十骑兵团(Tenth Cavalry)来到美洲大陆南部荒凉的巴塔哥尼亚(Patagonia),镇压这里大庄园中的牧场工人暴乱。1921

12月，在当地威士尔农场主和爱国际联盟盟成员的帮助下，第十骑兵团杀死了至少1500名劳工运动嫌疑人。巴雷拉中校在新年之际回到布宜诺斯艾利斯，他被誉为国家的救世主。一年之后，他被一名出生在德国的无政府主义者库尔特·古斯塔夫·维尔肯斯（Kurt Gustav Wilckens）枪杀。维尔肯斯来自石勒苏益格（Schleswig）。作为世界产业工人联盟的组织者，他在西里西亚和亚利桑那州的煤矿度过了一段短暂但是危险的时光，随后来到了阿根廷。在宣判之前，一位叫佩雷斯·米兰（Perez Milan）的爱国际联盟盟狂热分子被警方支持者偷偷带进监狱，枪杀了维尔肯斯。可故事还没完，直到1925年，一位深受阿根廷无政府主义之父、俄国人赫尔曼·鲍里斯·弗拉基米罗维奇（Germán Boris Wladimirovich）影响的南斯拉夫籍狂热分子又将佩雷斯·米兰枪杀。至此，这场仇杀才算告一段落。

　　这是一个惊心动魄的故事。第一次世界大战结束后，这样的故事以不同的形式在世界大多数地方上演。人们感到世界正在分崩离析，想象着共产主义的影响，负担着经济危机的沉重压力，面对着罢工和工业冲突的浪潮，所有这些，都使得那些阶级冲突的夸张言论越烧越旺，同时也使双方都更倾向于使用暴力手段。19世纪笼罩在革命的阴影之中，看来，就在此刻，革命已经到来。然而，除了苏联之外，极左力量在各地都遭遇失败。[2] 世界各国都像阿根廷和美国一样，调动国家资源、动员有产阶层，以强行保卫现存秩序。1922年在意大利、1923年在保加利亚和西班牙，一种新型准军事化反共产主义的专制制度被建立起来。但是在大部分地区，暴力正在逐渐消退。这种很快就被左派贴上"法西斯主义"标签的新型专制主义仍然只局限在边缘地带。今天回过头来看，在大多数地方，正如在美国一样，"红色恐怖"、对外国人的政治迫害，以及在燃烧的十字架下的夜间集会，似乎都是在恢复常态的过程中偏离了正常

第十九章　严重的通货紧缩

轨道的纵情癫狂。要想恢复常态，更多的不是依靠街头暴力和暗杀活动，而是要解决导致国内和国际混乱状态的深层次原因，首先就是战争的经济后果。正如我们在美国所看到的，这需要阻止通货膨胀的浪潮。然而从这个意义上说，美国并不仅是提供了一个样本，它是世界经济的中枢。美国从1920年春季开始主导的这一轮通货紧缩是20世纪20年代"全球旺季"（world-wide Thermidor）真正的关键所在，也是国内和国际秩序得以重建的主要推动力。[3] 直到今天，它仍然是20世纪世界历史中最被低估的一个事件。

一

战后德国所发生的通货膨胀当然广为人知，波兰和奥地利也遭遇了相似的命运。但是直到1920年，通货膨胀才成为全世界几乎所有交战国和非交战国普遍的经历。在欧洲和亚洲，需求开始激增；除美国之外的所有国家都抛弃了金本位制，导致各地物价纷纷上涨。这种混乱的程度从货币的相对价值中也可见一斑。到1920年2月，英镑兑换美元的汇率已经从战前的1英镑兑换4.92美元跌到了1英镑兑换3.40美元，法国法郎也从战时1美元兑换5.45法郎的支持性汇率一路下跌到了1920年4月底的1美元兑换17.08法郎。[4] 意大利货币里拉也开始大跳水，这拉高了进口商品的价格，刺激了通货膨胀。在亚洲，中国和印度的采购量激增，共同推动国际银价在1919年达到了历史新高。这导致作为两国主要区域贸易伙伴的日本货币相对贬值，同时出口大幅增长。[5] 这些价格波动都是各国政府在没有进行财政改革的情况下，持续推动战后重建所采取的宽松经济政策导致的。

日本恐怕是最为明显的，作为战争真正的战胜国之一，它不仅没有受到创伤，国际地位和经济实力还得到了大幅度提高。原敬政府决定要利用这次繁荣。所谓的大正民主时代也正是建立在这一波通货膨胀和政府大规模投资的基础之上的。在战后几年里，政府的预算支出增加了将近一倍，其中的重头就是高达8亿日元的基础铁路建设计划。同时，公路和学校建设也是保守的政友会集团着重推进的。但是，单一支出增长最快的却是军事领域，这是因为西伯利亚干涉行动和庞大的海军新计划导致了巨大开支。[6]

法国和日本截然不同，受到了战争的重创，然而战后重建同样刺激了通货膨胀。固定预算还可以保持平衡，但是巨额支出所带来的庞大赤字却高悬在法国头顶。数十亿被投入饱受战火摧残的地区，以遏制军人遣返带来的失业率激增。法国的债券持有人第一时间表示愿意为重建捐献不菲的资金[7]，法兰西银行也能提供帮助。[8]但是，这能维持多长时间呢？

随着通货膨胀愈演愈烈，人们因生活成本迅速增加而引发的焦虑也越来越明显。物价上涨威胁了实际的工资水平，工人纷纷加入各种行业工会。1919年和1920年，法国都发生了大规模劳动节罢工，还有一次严重的总罢工。意大利则从1919年夏天开始了"红色两年"（Biennio Rosso）。1919年8月30日，日本劳动组合总联合会在国际进步主义的号召下成立，日本工会活动家宣称："世界正在改变，在不断前进，只有日本落在了后面。"[9]除了八小时工作制，他们还要求实行全民普选、废除严苛的警察法，以及实现教育的民主化。接下来的几个月，原敬政府动用了军警来镇压发生在东京甚至是八幡——这个以日本官营钢铁产业诞生地而声名远扬的城市——的工人罢工。[10]到了1920年2月，由于对实行议会政治的狂热期盼，以及对实现普选权的广泛支持，这种危机愈发严重。难怪保守派元老山县有朋表示："当前物价上涨所造成的社会问题"引发了"令人不安的""动荡的""混乱局面"，对此，"我一直感到忧心忡忡"。[11]

英国社会同样弥漫着惶恐不安的情绪。虽然劳合·乔治政府赢

第十九章 严重的通货紧缩

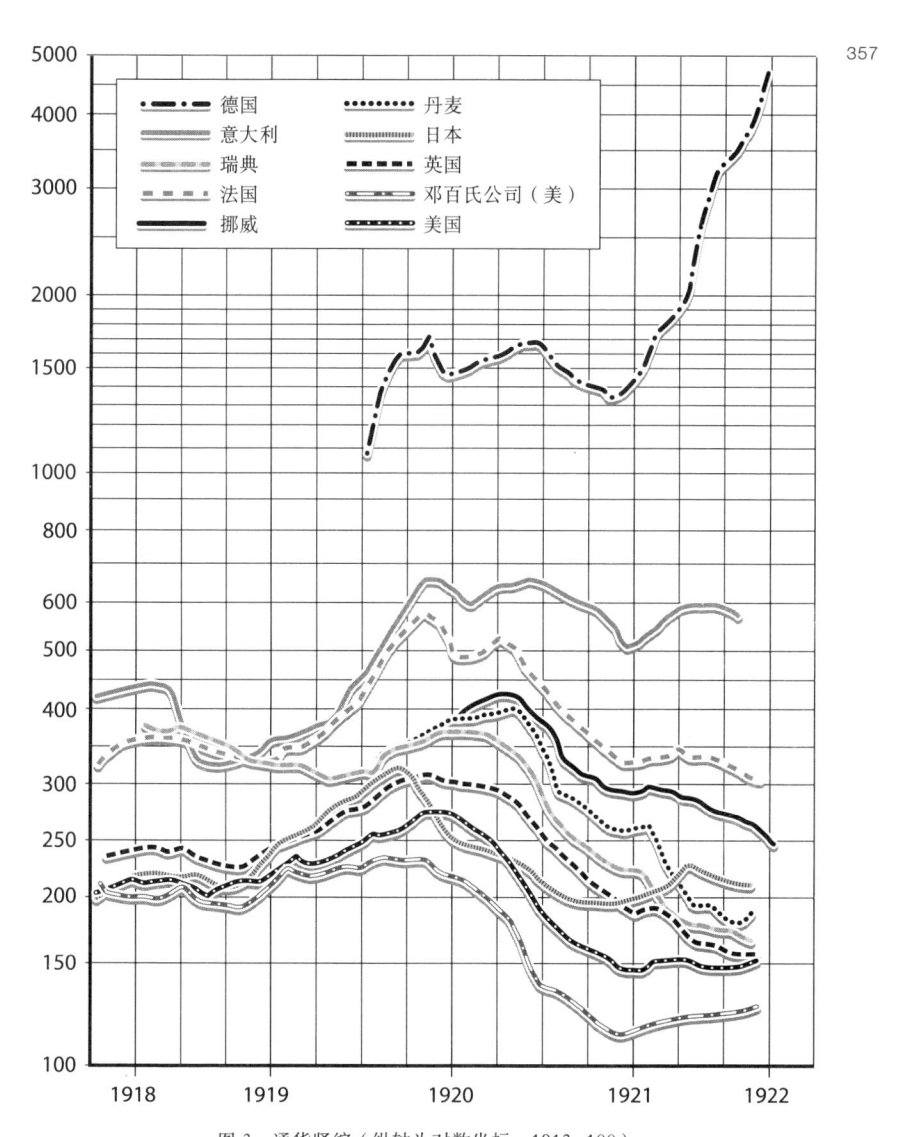

图 3 通货紧缩（纵轴为对数坐标，1913=100）

得了议会的绝大多数席位,但这其实并没有反映出社会的真实想法,同时十分危险的是,它也不符合当时愈演愈烈的阶级冲突状况,而这种冲突有可能彻底摧毁英国和平国家的自我定位。1918年年底至1919年年初,伦敦和格拉斯哥发生了可怕的混乱;随后在1919年到1921年,英国境内的罢工时间已经超过了革命之中的德国,也超过了意大利。这场战斗反过来又导致资产阶级对工人阶级从中获得的"特权"感到强烈不满。正如约翰·梅纳德·凯恩斯在1920年2月向财政部指出的那样:"持续的通货膨胀和高物价不仅会抑制商品交易,还会通过影响物价而对社会契约、国家安全和资本主义体系的整个基础造成打击。"[12] 与此同时,财政大臣奥斯丁·张伯伦也在为金融市场的勒索忧心忡忡,每个星期,财政部都要想尽办法为其流动债务努力筹钱。[13] 答案已经非常清楚了:要重建秩序,首先需要重建金融市场(图3)。

1920年春天,在美国之前就带领全球走向通货紧缩的国家是日本。2月,长期走高的银价开始下跌。几个月内,亚洲市场上黄金兑换白银的价格翻了一番。1919年时的情形完全颠倒过来了,与银本位的中国货币相比,日元开始快速走强。1920年3月15日,由于出口猛降,东京的股票市场大跌。[14] 大米和丝绸价格一落千丈,将近170家日本银行惊慌失措地发现它们的账户资产正在快速流失。到了1920年6月,与战后的顶峰时期相比,东京股市已经下跌了60%。跟日本比起来,英国的通货紧缩更明显是由政策性调整所导致的。早在1919年12月15日,张伯伦就非常严肃地告诉众议院,英国政策的长期目标是恢复战前英镑的黄金平价。这样做不是死要面子,也不是下意识的货币保守举措,而是为了维持帝国的良好信用。一旦黄金平价得以恢复,持有几十亿英镑的英国债权人得到的偿付,就会具有战前一样的美元价值。到时候,无论是在本土还是帝国其他地区,那些愿意用英镑提供借款的人就不会比选择投资美

第十九章　严重的通货紧缩

国财政部债券的人因战争而遭受更多损失了。但问题在于，要想满足这个跻身世界金融共同领袖的要求，英国需要付出什么代价呢？为了恢复到战前对美元的同等汇率水平，英国的物价水平必须和美国接轨。1919年12月，英国的物价指数相比1914年为240，与此同时美国是190。尽管这意味着英国物价将大幅下降，但只要美国物价持续走高，财政部的官员认为这样的调整就是"可以实现的"。[15]

问题在于美国没有保持在"可以实现"的状态。1920年年初，美国黄金外流，这使得伦敦方面非常担心美联储会因此采取过度通货紧缩政策。可是他们的担心不仅一语成谶，随着美国物价急剧下跌，恢复战前英镑的黄金平价变得更加艰巨。英国不仅需要缩小英美两国战时通货膨胀的差距，现在还需要跟上美国的通货紧缩。1920年4月，英格兰银行也像美联储一样提高了利率，同时预算中大幅提高了对高收入者的课税，并削减了30%的开支，这些措施带来了12%的盈余，用于偿还债务。[16]物价下跌、利率上涨，但是工资水平的票面价值却居高不下。生产商面临着灾难性的成本暴涨，债务人也陷入了负资产抵押。接踵而来的是大规模破产。到1920年秋天，英国经济以自由落体之势持续下滑。英格兰银行再三请求美联储放松对美国经济的管控，但是美联储都拒绝了。随着正币涌回美国，美联储没有减轻压力，而是"冻结"了黄金回流，拒绝扩大美国信贷，利用账面上的把戏掩盖黄金储备充足的事实。与此同时，英国的处境已经到了极其糟糕的程度，以至于英国财政部认真考虑将剩余的黄金储备倾销给美国，以羞辱美联储，使其扩大美国货币供应。[17]

这轮通货紧缩对英国的战后重建造成了严重的政治后果。1919年制订的雄心勃勃的计划——包括社会支出、公共住房和教育改革——全部被扔进了垃圾桶。进步人士对劳合·乔治感到彻底失望。在1920年7月到1921年7月，工会成员的失业率从1%猛增到

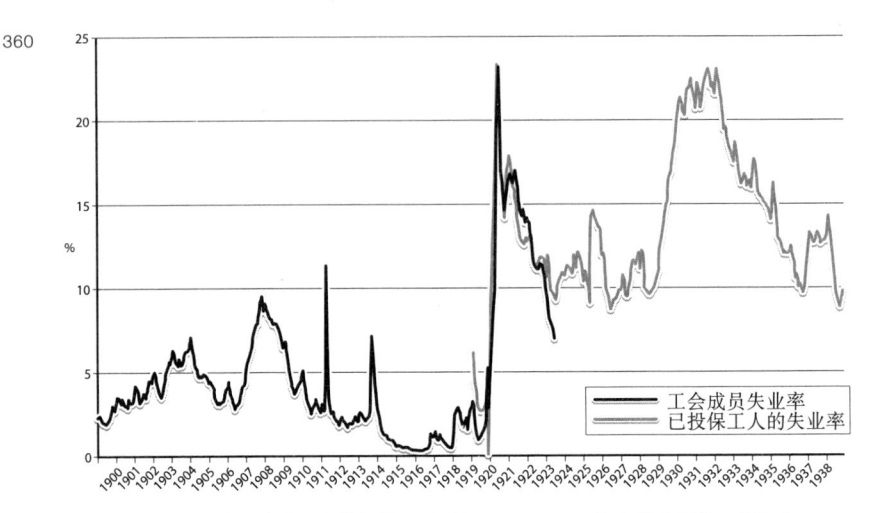

图4 英国在两次世界大战间的"震动":1920—1921年失业率的第一次飙升

23.1%(图4)。劳资关系的力量平衡也出现了逆转。1921年4月15日,唐宁街动用了陆军和海军军队,来镇压最后一次也是最激烈的一次三角联盟大罢工。[18] 同时,装备有坦克的11个步兵营和3个骑兵团也已准备就绪,随时可在伦敦采取行动。[19] 但是随着这三个最强大的工会组织之间出现不和,罢工开始走向低谷。1922年,失业率仍然接近20%,但只有勉强超过50万工人参加了劳工运动,比1919年减少了80%。有人想给通货紧缩"反革命"找一个合理的解决办法。财政部一些官员建议将养老金和失业救济金缩减到"不会饿肚子的最低水平",但奥斯丁·张伯伦表示反对。世界大战结束之后,国家不能否定其公民获得足够保障的权利。[20] 考虑到失业率水平,这种社会福利的新观念带来了巨大的预算压力。战争之前,社会福利的总支出从未超过国家GDP的4.7%,但是这一数字在整个20世纪20年代稳步上升,到1930年几乎已经翻了一番。

美国、英国和日本是受影响最深的国家,但通货紧缩是一个全球性问题。即使在德国,在卡普政变之后不久,1920年夏天,物价

第十九章 严重的通货紧缩

开始下跌,这虽然让人们重新燃起了对德国经济重返常态的希望,但也让人们开始担心是否会出现信贷危机、是否会出现英国那种程度的失业率。问题在于,这种逆转应该被控制在什么程度之内?考虑到各自财政问题的严重性,以及通货紧缩带来的问题,法国、意大利和日本都选择了维持稳定,而不是采取严厉措施恢复战前平价。在法国,国民联盟(Bloc national)政府由于在1919年5月和1920年5月两次破坏大罢工的计划而被左派指责。1919年,由不苟言笑的退伍老兵组成的法国下议院表面上印证了威尔逊式的刻板印象。美国大使休·坎贝尔·华莱士(Hugh Campbell Wallace)则向美国国务院报告称:"对美国以及传闻中的德国军国主义复活——这被归咎于美国——的失望,产生了明显的民族主义和军国主义反应。"[21]但是亚历山大·米勒兰(Alexandre Millerand)并不保守——在一次原本想让克列孟梭成为总统,结果反而弄巧成拙导致他下台的行动计划中,米勒兰成了总理。他在1899年前担任国会中社会党的领袖,但在德雷福斯(Dreyfus)事件的斗争结束后不久,他决定加入由左翼联盟组成的、将自己塑造为共和国保卫者的内阁。[22]他决定要推动务实性的改革,这使他遭到了1904年之后控制着法国社会党的教条主义者的憎恨。

1920年1月就任总理之后,米勒兰并没有施行大规模的通货紧缩,而是制定了有限的货币稳定措施。增加税率,限制固定预算支出,曾经受到威尔逊指责的法国军国主义——包括军费开支——已经改弦更张。法国军队的数量从战前的94.4万人减少到了1920年的87.2万人,到1922年则只有73.2万。[23]法兰西银行阻止了货币供应的失控式增长,通货膨胀得到缓解。法郎也从1920年4月每美元兑17.08法郎的低点,恢复到了1921年12月的12.48法郎。[24]但重建遭战争损毁的地区是最重要的事情,因此米勒兰从未试图彻底将政府开支大规模削减至原来的水平。意大利是西欧劳工骚乱最严重的地区之一，弗朗西斯科·尼蒂仓促削减面包补贴的计划导致他在1920年6月丢掉了总理的职位。[25] 直到1921年全球商品价格开始骤跌，乔瓦尼·乔利蒂领导的新政府才敢于废除高额补贴。

在日本，危机已经开始出现，有些保守派人士也许希望能进行完全的"清算"，但日本银行认为，想要完全扭转高涨的势头是不可能的。美式或英式的通货紧缩将会危及此前由大规模银行借贷带来的战时工业增长。[26] 相反，1920年4月27日，一个银行辛迪加宣告成立，以支撑股票市场。1920年12月，帝国蚕丝株式会社成立，以购买并囤积市场上过剩的丝织品。1921年4月，为让种植水稻的农民获得长期的稳定，原敬政府实施了一套全面的政府收购和进口管理制度。

结果，这些大型经济体拒绝步英美后尘实行大规模通货紧缩的做法，成了世界经济的稳定力量。[27] 1920—1921年的世界性危机之所以在时间长度和严重性上都不如1929—1933年的大萧条，一个重要原因恰恰就在于它的影响并不一致。然而，它在世界各地不是以相同的形式出现，这一现象本身就值得注意。它让人们清晰地看到，第一次世界大战之后的世界经济重建如何形成了一个新的等级。处于最下层的是像波兰、奥地利和德国这样无可挽回地走向恶性通货膨胀的国家，它们成了由"金钱医生"和国际稳定政权看管的病人，成了丧失部分主权的新型案例。[28] 处在最上层的是美国和英国，它们有意愿也有能力将货币紧缩政策坚持下去，从而扭转战争带来的财政影响。而大多数处于这两极之间的国家——包括法国、意大利和日本——被迫只能实行不完全的稳定措施。这些国家避免了恶性通货膨胀或严重的通货紧缩，但所付出的代价就是在重建起来的经济秩序中屈居第二等级。

第十九章　严重的通货紧缩

二

通货紧缩在1920年之后展现出来的最终影响使得跌宕起伏的战后政治平静下来。首先，它打断了劳工运动的激流。随着失业率快速上升和物价下跌，工会的势头渐渐减弱。但通货紧缩在各国国内以及国际上造成的影响远不止使左派力量受到挫折，同样也抑制了右派势力。当革命者和私人武装在街头、警戒线和会议厅针锋相对的时候，通货紧缩不仅在世界各地，也在对立的政治派别间，扮演了一种战略遣散的力量。到1920年秋天，美国国会里很多人强烈要求，将威尔逊总统庞大的海军计划和国际联盟一道扔进历史的垃圾桶。由于通货紧缩带来的压力，这样的呼声在英国和日本也很强烈。

19世纪以来，日本那些拥护帝国冒险主义的人一直都能得到民众爱国热情的支持。战时出口和外汇收入的激增更是为日本的军事力量增加了经济上的重要性。从1915年开始，日本的活期账户余额就不断积累，到1919年年底已经达到了30亿日元。日本现在成了国际净债权国。原敬的政友会政府中也一直有强烈的呼声，要求在战后继续执行这种"积极政策"。日本必须抓住机会，完全摆脱英国的控制，同时确立自己独一无二的区域霸主地位。但是1914年到1918年的情形显然是不同寻常的。突如其来的通货膨胀使日本国内政治深受其扰。由于食物价格不断上涨，人们对于军队在西伯利亚的干涉行动明显缺少热情。1919年秋天，在"米骚动"一周年的时候，《大阪朝日新闻》发表社论称："很明显，大多数民众在面对困难时的态度已经和过去截然不同了。直到不久前，当国家需要出兵海外时……日本老百姓就会将个人需求置于一边，满腔热情地支持国家……然而，如今，在当局大谈海外危机的时候，人们却没有问：'我们的国家会怎么样？'他们站起来大声呼喊：'我们会怎么样？'"尽管国力快速增强，大多数民众却"陷入了穷困潦倒的境地，无暇顾及荣誉或伟大了"。[29]

通货紧缩政策使英美两国又一次改变了游戏规则。1921年5月，政友会中最积极鼓吹经济增长的高桥是清在一份绝密备忘录里总结了日本的地位。虽然日本在凡尔赛被看作一个大国，但到目前为止，它的地位是建立在其军事力量基础之上的，这并不能长久，经济力量才是国家实力的牢固基础。美英两国决心要恢复金本位制，这相当于再次确认了它们在世界经济中的领导地位。对于日本来说，采取通货紧缩政策会对当前的繁荣造成打击，但如果不强行把工资和物价降下来，日本的出口将很快丧失竞争力。随着收支平衡逐渐恶化，日本将再次深陷对海外信贷的依赖之中。想要成为大国俱乐部的永久成员，日本只有一个办法，那就是在和中国搞好关系的基础上建立一个推动经济长期繁荣的纲领。但这就需要彻底放弃军国主义的冒进行为。[30]虽然高桥是清和政友会容忍了军队的干涉主义野心，但在反对党中，反军国主义的共识占据着上风。1921年7月，战前自由主义的残余——立宪国民党提出口号，日本应该从军国主义转成工业主义。[31]同年11月，作为日本主要反对党宪政会中的自由派代表，尾崎行雄发起了一场声势浩大的全国运动，抗议高昂的军费开支。他的请求，以及成千上万请愿者的请求，后来得到了回应。[32]国防开支在整个政府开支中的比重从1922年的高达65.4%降到了1923年到1927年间的不足40%。[33]

同样，在英国，随着债务水平和社会开支的不断增长与预算的不断下降，军费开支成了众矢之的。[34]1919年4月的第一轮预算削减将英国的军费开支从4.05亿英镑减少到了9000万英镑。帝国的军事行动与在欧洲的维和行动只能靠着4800万英镑勉强应付[35]，军队人数从350万大幅下降到了80万人。到1922年，军费预算降到了6200万英镑。曾经手握大批军队的帝国总参谋长亨利·威尔逊（Henry Wilson）爵士发现，他必须在爱尔兰、莱茵区和波斯之间来回调动军队，以应付接踵而来的危机。[36]英国当然想要从帝国内部获得支援，但试图将帝国军队的花销转嫁给印度的做法遭遇了激烈的抵抗。[37]在中东，英国在执行其臭名昭著的"管控"暴乱政策时，采用了空中轰炸的方式，主要原因是这样的成本比较低。为了执行对伊拉克的托管，最初的估算是部署30个营的驻军、拨付3000万英镑的费用。然而，1921年3月在开罗开过会之后，温斯顿·丘吉尔决定，只要用8个轰炸机中队为部署在巴格达的4个步兵营提供支持，预算就可以压缩到1000万英镑。这些行动中用到的德·哈维兰（de Havilland）DH9A轰炸机每架只需要3000英镑。[38]

然而，这些还只是战术上的调整，海军则进行了真正战略性的调整。1919年春天，由于英美两国在巴黎和会上发生了冲突，皇家海军预估下一年度需要1.71亿英镑的开销。不管是出于压缩开支的原因，还是为了避免激怒美国，这个预算都被否决了。8月15日，内阁指示各服务部门，要基于"大英帝国在未来十年不会卷入任何重大战争"的假设来制订计划。对于海军来说，这意味着1920—1921年度的开支要大幅缩减到6000万英镑。这样的后果是值得注意的。正如海军部所指出的："我们必须要清楚地知道，大不列颠将不再是海上的霸主……我们在欧洲海域拥有霸权，但在全球海域中，我们将与美国分享霸权。"[39]通过分享霸权维持世界长久的和平，这是劳合·乔治政府自1916年以来的基本愿景。威尔逊政府曾经拒绝达成任何类似的协议，但不管愿意不愿意，考虑到战争带来的经济遗产，这已经成为英国战略的一部分了。[40]

三

以恢复金本位制为标志，金融市场要重新稳定下来，就需要采取一些政策来实现和平，遏制右派和左派的扩张力量。这种保守的稳定原则如果能被接受，就会对每一个正在努力前行的国家形成约束，不管是法国、日本，还是美国和英国。在1920—1921年碾压一切的通货紧缩中，美国也好、英国也好，它们都确实感受到了这种压力。然而，尽管存在这种基本的相似性，但领先的两个国家还是有着特殊的地位。正是下本钱创造一种新的稳定秩序的意愿，让它们区别于其他国家。正如让人痛苦的凡尔赛和谈已经证明的那样，即便是在战胜国当中，新秩序下那些努力前行的成员，也绝对没有站在同一起跑线上。

法国受到了战争的重创，这使它比以往任何时候都更依赖别的国家。1920年，法国公共工程部部长估算，由于北部煤矿所遭到的破坏，在法国每年7000万吨的煤炭需求中，有5000万吨需要从外国进口。当时英国对世界市场的供应量已经从8000万吨降到了3300万吨，法国最多只能购买到其中的1800万吨，因为价格不断上涨，而雪上加霜的是，法郎又在贬值。[41]此外，法国控制的萨尔区每年可以提供800万吨。为了弥补这一缺口，巴黎方面要求德国鲁尔区的煤矿每年提供2700万吨煤炭作为赔偿。然而，当1920年春天德国人开始偿付的时候，他们只能生产出不足预期一半的数量。战时债务是一个不那么明显却非常紧迫的问题。法国与德国关系常被简单看成莱茵河两岸两股对立的民族主义之间的斗争，但事实上，赔偿问题取决于一张巴黎、伦敦和纽约都交织其中的复杂的影响力网络。这张复杂的网络在很大程度上仍然游离于人们的视野之外，这本身就是华盛顿方面施展实力造成的结果。从巴黎和会开始，华盛顿方面就致力于将战争赔偿和战时债务的关系问题排除在议程之外。但是从欧洲的角度来看，这个问题是无法回避的。1920年整个夏天，巴黎方面都因为无力偿还欠西班牙和阿根廷的小额债务而万分窘迫。但更让人喘不过气的，是1915年通过J. P. 摩根获得的第

第十九章 严重的通货紧缩

一笔协约国借款中，法国所占的2.5亿美元。为了筹集必需的资金，法国不得不忍辱负重地接受了华尔街利息高达8%的贷款。[42]华盛顿方面表示要置身事外，1921年年初的几个星期，巴黎方面都在违约的边缘摇摇欲坠。

从1919年开始，英国政府就倾向于协约国内部债务集中贬值的政策，但这遭到了威尔逊政府的拒绝。1920年2月，因为对美国做出让步不抱希望，英国财政部的高级官员开始考虑激进的手段。英国应该单方面实行凯恩斯关于取消债务的计划，一方面兑现自己对美国的债务，同时放弃昔日盟友对自己的债务。这样，华盛顿方面就别无选择，只能采取同样的措施来展现绅士风度（beau geste）。外交部十分赞同这一提议，认为它将"在接下来的一代人当中"为英国赢得荣誉，同时确立起英国"无可争议的世界精神领袖地位"。但这些外交官也不确定，如果伦敦方面试图"羞辱美国，让它不得不跟在我们后面"，华盛顿方面可能有什么反应。[43]英国当然没有得到任何支持，威尔逊政府确实同意将英国贷款的利息延期，但条件是优先解决赔偿问题，并且要求英国正式承诺在大英帝国未来的贸易政策中，美国不会受到任何差别性对待。

大臣奥斯丁·张伯伦对此愤怒不已。大英帝国在信贷问题上不接受任何条件，英美两国政府之间不能签署任何类似的条款，英国必须保持行动上的绝对自由，主权是至高无上的。[44]"美国人生活在一片不同的大陆上——我也可以说，一个不同的世界。"张伯伦总结道，"指责他们狭隘、盲目和自私，是毫无意义的，甚至比毫无意义还要糟糕。我们的尊严不允许我们像一个追求者那样，哪怕对方不情不愿，还强求对方考虑考虑。"[45]结果，在这一年的年底，一个谈判团队已经准备就绪，将要参加在美国首都举行的双边债务对话。

法国不具备英国那样的金融缓冲能力，可以权衡不同选择的利弊。如果有必要的话，重建法国北部地区的国内支出可以通过税收、借贷或者最为饮鸩止渴的通货膨胀、向储户抽税等手段，在国家内部解决。而法国的巨额外债负担——欠美国的 30 亿美元和欠英国的 20 亿美元——则必须以黄金或者美元来偿还。除非出口出现奇迹般的增长——但这在英美两国激进的通货紧缩政策之下毫无可能——或者大幅削减必需的进口，否则法国的外币只能通过战争赔偿获得。正是为了加强法国对战争赔款的要求，在米勒兰当选总统后不久，阿里斯蒂德·白里安也于 1921 年 1 月当选总理。[46] 和米勒兰一样，白里安的政治生涯也是从一名有改革倾向的社会主义者开始的，但因为他想要在政府中任职，所以被左派抛弃了。性情上是一名国际主义者，这位战时总理被视为代表了最具侵略性的法国战争目标。1921 年重返总理职位后，他下定决心要推动和平。这看起来非常有必要，因为在卡普政变失败之后，德国中央党在 1920 年的选举中获胜，他们似乎因美国没有继续支持过去的盟友而受到鼓舞，开始变得具有挑衅性。1921 年 3 月，赔偿对话开启，德国一开始只愿赔付区区 300 亿金马克。从那一刻起，双方就已经注定无法达成妥协。

于是协约国最后一次共同行动，展示自身实力。1921 年 3 月 13 日，英国和法国军队双双占领了杜伊斯堡、洛霍特（Ruhort）和杜塞尔多夫（Dusseldorf）这些工业城市的桥头堡，并且设立了一段海关边界，将莱茵区与德国其他地区隔离开来。法国总参谋部已经准备就绪，要占领整个鲁尔区，但白里安认为任何这样的行动都必须首先得到英国的支持。德国人很清楚自己所面临的风险，作为回应，他们将赔款额提高到 500 亿金马克。英法两国在 5 月 5 日做出回复，给出了伦敦方面的最后通牒——1320 亿金马克。双方出价初看起来似乎是云泥之别，但其实并没有那么严重，因为协约国要求其中至少 500 亿要以所谓 C 类债券的形式偿付。除非出口出现奇

第十九章　严重的通货紧缩

迹般的增长，否则德国要到1957年才能开始发行这些债券。基于合理的推定，这一解决方案的净现值为640亿金马克，合150亿美元多一点。[47] 与此同时，协约国欠美国的债务总额为100亿美元。除非美国也将对它的债务偿付延长到相似的期限，否则这就意味着协约国没什么多余的钱可用来预付战后重建所需要的开销了。对德国来说，这一后果无疑非常严重。它需要马上支付大额赔偿，而即使能够在接下来的三十五年内按期偿付，这也会让德国的国际信用在接下来几代人的时间里都受到质疑。现在，德国只有一周时间做出答复。

自威尔逊高调拒绝支持1920年3月卡普政变时法国在法兰克福（Frankfurt）的干涉行动，以及参议院拒绝批准《凡尔赛和约》以来，柏林方面的外交政策就致力于吸引美国重返欧洲，以裁定真正"对等的和平"。但是面对赔偿所引发的危机，以及日益逼近的、需要在1921年确定下来的西里西亚边境问题，即将上任的美国国务卿查尔斯·埃文斯·休斯无意冒险尝试威尔逊曾经试图扮演的角色。1921年5月10日，离最后通牒还有两天的时候，德国政府垮台了。[48] 与1918年和1919年一样，如今德国右翼中主张采取对抗政策的呼声非常强烈。他们义愤填膺，认为如果协约国入侵德国西部，就会激发大量爱国主义抵抗运动，一年前卡普政变的未竟事业就能得以完成。然而，和前两次一样，1921年，国家利益再次占得上风。5月11日，距协约国的截止时间还有二十四小时的时候，一个新的联合政府在柏林成立。领导这个政府的仍然是一位中央党政治家——约瑟夫·维尔特（Joseph Wirth），他是马蒂亚斯·埃茨贝格尔的接班人，代表着党内的主流观点。他的第一项工作日程就是与协约国达成妥协。但这其实回避了主要问题。即使从政治上说，"履约"是符合需要的，但是德国有能力偿付吗？（表9）

表 9 德国的赔款，1918—1931年
（单位：10亿马克，以1913年价值为标准）

	和约赔款总额	国家收入	赔款负担（%）（占国家收入百分比）
1913	—	52	—
1918	1.3	37	3.3
1919	1.1	32	3.1
1920	1.3	37	3.4
1921	3.4	40	8.2
1922	2.2	42	5.2
1923	0.9	36	2.4
1924	0.3	42	0.6
1925	1.1	48	2.2
1926	1.2	46	2.5
1927	1.6	54	2.8
1928	2.0	55	3.5
1929	2.3	56	4.0
1930	1.7	53	3.2
1931	1.0	47	2.1
1918—1931 平均值	1.5	45	3.4
1924—1931 平均值	1.4	50	2.8

注（数据出处参见图表目录）：
所估算的年度数据是将韦伯（Webb）与舒克（Schuker）的统计进行协调统一后，再与布雷夏尼-图罗尼（Bresciani-Turroni）的统计进行核对。

1918 年	采用了舒克所统计的停战时交付数额
1919 年	用舒克所统计的 1918—1924 年费用总额，减去所列出的 1918 年和 1920—1924 年偿付数目
1920—1922 年	采用了韦伯所统计的每个季度的和约赔偿数目
1923 年	采用了舒克所统计的占领鲁尔区的费用
1924—1931 年	德国收支平衡账户中的赔偿项目（包括现金、实物支付以及其他支付）
1929—1930 年	包含了来自杨格计划的贷款

第十九章 严重的通货紧缩

战争赔款与鲁尔危机以及1923年的恶性通货膨胀之间没有直接联系。1920年春天,随着卡普政变的失败,金马克兑美元的汇率走强。物价在3月到7月下跌了20%,然后稳定下来。有短暂的一段时间,魏玛共和国似乎马上就要像世界其他地方那样,开始一场通货紧缩的财政整合。考虑到接下来将会发生的事情,不得不说,这非常吸引人。[49]然而,随着英国的失业率不断飙升,在20世纪20年代初,战后繁荣的结束在德国被认为毫无疑问是一件喜忧参半的事情。人们极为担心,德国摇摇欲坠的政治体系无法对抗英美政府正在让其民众经历的大规模失业。不管怎样,1921年春天的赔偿危机破坏了暂时的稳定。物价稳定了几个月之后,这一年6月,通货膨胀卷土重来,到8月时,物价上涨幅度已经达到两位数。民族主义的经济观坚持认为,过高的赔偿使任何维持稳定的想法都变得荒唐可笑。法国真实的目标就是要让德国"奥斯曼化",让德国与已经倾家荡产的中华帝国和奥斯曼帝国为伍,成为国际债务奴隶。

但是也不能否认,在赔偿问题上连续不断的施压确实是导致德国陷入混乱的一个主要原因。1921年和1922年,赔偿的时间表被提前,反映了法国急需现金的困境,也给魏玛共和国制造了巨大的压力。[50]但如果要说德国对于改变困境无能为力,这反映的恐怕不是对现实情况的判断,而是民族主义者对失败的不甘心。[51]那些一心致力于共和国建设的人主张,德国应该制定负责任的财政政策,以此证明赔偿不具备现实可行性,从而将责任归咎于英国和法国。正如包括凯恩斯在内的协约国专家反复指出的,即使德国不能恢复到战前状态,但它显然可以像日本、法国和意大利那样,阻止情况进一步恶化。它的物价可能会保持高位,但是通过适当的汇率贬值,德国依然可以在国际上保持竞争力。这就可以为重新谈判提供一个坚实的平台。另一方面,如果德国不遵守协定,那么,除了陷入混乱、被外国占领,以及发生内战之外,还能指望出现什么呢?

问题在于，即使汇率很低，为了实现长久稳定，也需要进行痛苦的财政决策。要想让大多数民众不仅支持稳定，还要赞成支付赔偿，这实在是难上加难。与英国、法国和日本一样，德国内部也有很强的声音，呼吁通过实施对企业有利的政治纲领来维持稳定。如果把1918年革命的社会成果都倒退回去，取消八小时工作制、压缩工资、降低税率，德国有可能再次摘得全球出口的桂冠，但这就意味着政治上的反转。而且，尽管社会民主党在1920年的选举中遇到了严重的挫折，但它仍然是第一大政党。卡普政变所引发的大罢工也已经证明了，工会工人是可以否决魏玛共和国的政治的。这就杜绝了任何在财政上转向保守主义的可能性。不过社会民主党人也没能争取到大多数，来支持他们自己希望大幅提高累进税和征收财富税的想法。

正是这种政治僵局使经济下滑演变成了经济灾难。通货膨胀是阻力最小的一条道路。维尔特政府坚守支付赔款的相关条文，但所采取的方法却是印制钞票，用来购买外汇。这么做的结果就是国内经济过热，汇率急剧下降。到1922年冬天，与英国和美国比起来，魏玛德国的失业率可以忽略不计。埋单的是通货膨胀从德国储户那里征收到的巨额税款。当这种做法无法持续下去的时候，新一轮的对抗一触即发。

四

建立在这样一种明显不稳定的基础之上的赔款并不能提供法国所渴望的财政安全。虽然在伦敦方面下达的赔款最后通牒里，法国可以得到超过80亿美元的净现值，然而，J. P. 摩根在1921年春天可以为巴黎方面提供的资金最多也只有9000万美元，而且还有高达7.5%的利息。[52]在《停战协议》三周年的纪念日即将到来之时，法国的处境愈发窘迫。到 1921 年年底，协约国内部债务的巨额递延利息就要到期。如果法国应得的赔款不能有所进展以恢复其信用，那么，无论德国的处境可能变得多么糟糕，法国都不会在赔款问题上让步的。

即将上台的哈定政府无法对欧洲与日俱增的压力视而不见。新任国务卿查尔斯·埃文斯·休斯体现了一种共和党人版本的天命精神，这种精神也曾激励过威尔逊。泰迪·罗斯福曾讥讽休斯是"长着胡子的威尔逊"。[53] 正如现任商务部部长赫伯特·胡佛曾经向威尔逊建议的那样，休斯也认为，保持美国实力最好的方法就是与欧洲保持距离。既然美国不打算承担起欧洲内部冲突的管理责任，那么华盛顿就应该离这些冲突远一点。中立不仅避免了卷入纠纷而造成的损失，坚持美国自己的立场，也是促使欧洲寻得解决方案的最好方法。当旧世界的政治热情被财政压力击败的时候，市场会接手，而私人资本将为一个更持久的解决提供润滑。

美国这种保持距离的战略毫无疑问是对欧洲棘手困境做出的一种反应，但它同时也是对美国国内僵局的回应。威尔逊总统任期的最后 18 个月已经给了人们一个痛苦的教训，即行政权力是有限的。哈定总统被广泛视为共和党国会多数派的产物。尽管在 1921 年春天，他的新政府表现出了惊人程度的激进主义，但没多久就遭到了国会的警告。[54] 这年秋天，在总统的要求下，参议员博伊斯·彭罗斯（Boise Penrose）向国会提交了一项法案。这项法案将授权财政部推进积极的外债政策，包括延长债务年限、允许债务互换，以及通过其他义务来偿还部分债务。虽然美国政府没打算为欧洲提供一个立即的解决方案，但它想要拥有合法的权力，以便在机会出现的时候能够居间调停，达成协议。以纽约美联储的小本杰明·斯特朗为首的美国银行家完全明白一个连锁解决方案的必要性，但是国会中的农业集团却有不同的看法。[55] 正如来自亚利桑那州的参议员亨利·阿什赫斯特（Henry F. Ashhurst）所说："我们拯救了欧洲和我们的基督教文明，但这并不意味着危险就已经过去，我们就应该喂饱欧洲人，让他们在自己的大城市里游手好闲，有时还能花天酒地一下。"[56] 反对在战争债务问题上做出让步的民主党人说得更加具体，尽管自1920年春天开始，经济就遭遇了严酷的通货紧缩，"我们却仍然在对美国民众课以共和国历史上从未有过的重税……我们哪怕只是拿到这些贷款的利息，都必定可以给我们自己的民众减少七分之一的税收负担"。[57]

1921年10月24日，彭罗斯法案在众议院获得通过，但已经被修改得面目全非。法案并没有授权财政部居间调停以达成战略性债务协议，而是将债务政策的控制权交给了一个由五个人组成的参议院委员会，同时明令禁止使用任何外国债券来偿还债务。法案通过后不久，英格兰银行的行长蒙塔古·诺曼（Montagu Norman）无可奈何地向他在纽约美联储的朋友小本杰明·斯特朗抱怨说，国会设置了一个"荒谬的"路障："我们姑且认为，用调整赔款的方式可以稳定外币兑换，那么，协约国内部的债务偿付马上就会让它变得不稳定。"[58] 然而，两位央行行长在交换意见的消息被泄露给了媒体，眼看就要触发众怒。英国和美国政府被迫发表声明，否认有任何进行跨大西洋财政会议的计划。参议院迅速通过一项议案，明确表示，欧洲欠美国的那些钱，一分都不会被减免。

第二十章
帝国的危机

在欧洲，英国是经济实力最强、政治结构最稳定的国家，远方的大战看起来也是以大英帝国的胜利而告终。英国在所有新老对手面前趾高气扬，皇家海军成了海洋的主宰，帝国军队以胜利者的姿态出现在欧洲和中东地区（表10）。然而，在《停战协议》签订之后不到一年的时间里，人们在大英帝国的版图上看到的图景并不是强大的未来，而是日不落的叛乱。[1] 从西印度群岛到爱尔兰、埃及、巴勒斯坦、南非、印度和中国香港，帝国的危机正在全球蔓延。

表10 过长的战线：大英帝国军事力量的部署，1920年2月（单位：人）

	英军	印度兵
德国	16,000	—
土耳其	9,000	14,000
埃及	6,000	20,000
巴勒斯坦	10,000	13,000
美索不达米亚	17,000	44,000

主张弱小国家的权利、民族自决,以及威尔逊的"十四点原则",这些战争期间的宣传构成了一套共同的政治话语,用来向伦敦方面提出诉求。在此背景之下,每个求助于这个重要历史时刻的抗议行动都在为其他行动辩护。与此同时,通货膨胀和通货紧缩轮番上演,横扫所有殖民地的经济生活。随着生活成本急剧上升,从温尼伯(Winnipeg)到孟买(Bombay),劳工骚乱风起云涌。1919年11月,面对已经翻番的物价,特立尼达(Trinidad)的码头工人要求工资上涨25%,同时实行八小时工作制。[2] 1919年7月,大米价格的五倍涨幅导致了塞拉利昂史无前例的大罢工。[3] 在罗得西亚(Rhodesia)南部,战时的通货膨胀使工人家徒四壁、衣不蔽体,并导致了铁路工人、矿工和公务员的罢工。[4]

然而,尽管通货膨胀导致了社会的不稳定,但1920年开始的通货紧缩也让大英帝国付出了代价。在西非,战后商品泡沫的破裂驱使当地商人加入了泛非大会(Pan African Congress)。[5] 由于英镑兑美元的汇率从低点开始回弹,金价一路走低,这对帝国主要的黄金生产商——南非兰德(Rand)金矿的财务状况造成了毁灭性打击。而大幅削减工资和用黑人劳动力代替白人工人的做法,又在1922年3月10日导致了兰德金矿白人矿工的叛乱。在这场叛乱的高潮时期,成千上万全副武装的突击队员也加入其中。为了镇压叛乱,被誉为开明政治家典范的史末资总理动用了两万军队、火炮、坦克和空中力量才最终把罢工者轰回到工作岗位上。[6]

在战争期间,尽管德国和日本都拼尽全力为在欧亚大陆进行帝国主义扩张制定了清晰的战略和政治理论,但英国在重塑自由帝国方面似乎做得更为成功。作为一个能够自我维持和自我合法化的战略单元,看起来大英帝国将要在20世纪的世界中为自己谋得一个重要席位。但是,1919年之后,这个得意的剧本难以为继。伦敦方面发现自己既需要想办法战胜对其帝国统治的各种抵抗,还需要想

第二十章　帝国的危机

办法调动内部资源以支撑其实力。帝国的国际合法性和战略理论都受到了前所未有的质疑。帝国必须渡过这场危机，但它所面临的挑战却是此前从未遇到过的。这些挑战已经让英国真正濒临政治灾难的边缘。

一

爱尔兰是帝国灾难的一个缩影。[7] 1918 年 12 月卡其选举的结果确认了新芬党自杀式的复活节起义所带来的两极分化。统一党在阿尔斯特省大获全胜，新芬党则控制了爱尔兰的其他地区。愿意与伦敦方面进行合作的温和民族主义者被逐出了政坛。1919 年 1 月 21 日，国会中的民族主义者在都柏林成立了爱尔兰众议院（Dail Eireann），并宣告了爱尔兰共和国临时政府的成立。当一个平行政府在南部地区建立起来的时候，共和派的武装分子——爱尔兰共和军（IRA），则致力于分离和铲除英国的统治基础。到 1920 年年初，爱尔兰已经陷入不断升级的游击战之中；在接下来的两年时间里，共有 1400 人在伏击和报复中丧生。在一个只有 300 万人的国度里，如此大规模的伤亡是一个很可怕的数字（按这个比例计算，如果是在印度，会有 11 万人丧生，在埃及则是 1.4 万人）。而暴力活动的程度与它的数量一样令人震惊。从 1920 年 8 月开始，无处不在的镇压行动取代了民法的日常管理，超过 4400 名爱尔兰共和军积极分子嫌疑人在没有经过审判的情况下遭到拘禁。相对于爱尔兰的人口来说，这又是一个非常庞大的数字。英国内阁公开认可了对爱尔兰共和军领导人的刺杀活动，以及焚烧农场及其他财产的报复行为。爱尔兰大部分地区实行了戒严。但是，由于正规军和警力不足，伦敦方面只能借助于非正规的军事力量。到了 1921 年夏天，曾参与谋划 1914 年阿尔斯特兵变计划的陆军元帅亨利·威尔逊号召，要让爱尔兰被10万正规军的铁骑淹没。[8]

1921年7月,劳合·乔治以大规模镇压相威胁,希望能促成停火。但伦敦方面只是虚张声势。对爱尔兰进行全面军事占领,不仅会给英国带来无法承受的紧张态势,还会在国内和海外都造成难以估量的政治伤害。[9]事态最终避免进一步恶化,这应当归功于各方温和派所做出的让步。英国托利党明确告知阿尔斯特的统一党人,他们最终必须以北部司法独立为条件,承认地方自治。爱尔兰民族主义者只能吞下这一分而治之的苦果,统一党在其中占有一席之地的爱尔兰议会继续效忠于大英帝国,英国在爱尔兰境内驻有海军基地。

1921年12月,爱尔兰自由邦正式成为"被称为大英帝国的国际社会中"的自治领。[10]但这并不足以带来和平。新芬党的激进主义上演了终极爆发,但其对象并不是英国,而是接受了让步的、他们曾经的同志。随后在共和国内部发生的内战夺去的生命比对英斗争时还要多。按照比例来说,爱尔兰在这两场战争中的伤亡数量堪比英国在逐渐丧失其帝国身份过程中的另一场大型灾难——1947年印度的独立运动。半个世纪以来,英国政治家一直致力于为爱尔兰的民族自决问题找到一种自由主义的解决办法,但这样的结果简直是奇耻大辱。它也为20世纪接下来的暴力运动埋下了种子。然而,爱尔兰也从来没有像新芬党曾经期望的那样,成为英国真正的战略负担。民族主义者的战略取决于是否能得到华盛顿方面的认同与支持,但是,威尔逊拒绝在巴黎和会上讨论爱尔兰问题。[11]接下来的内战在很大程度上使极端民族主义者在全球舆论面前声名扫地。对于伦敦方面来说,爱尔兰问题尚在掌控之中,但是对于劳合·乔治联合政府咄咄逼人的中东政策自己种下的恶果,话就不能这么说了。在中东,英国野心勃勃地追逐着过多的帝国战略目标,这引发了当地的反抗、遍及帝国各处的不满,以及英国欧洲政策的溃败。

第二十章 帝国的危机

二

从 1869 年开通，到 1956 年英法两国介入，苏伊士运河一直都是英国关注的战略重心之一。但是实力可以有不同的展现方式。正是世界大战中时强时弱的推动力，使英国开启了自己作为中东地区力量之一的历史中最具侵略性和毁灭性的时期。[12] 从 1918 年春季开始，面对德军惊人的推进速度，劳合·乔治的首席顾问阿尔弗雷德·米尔纳就主张撤退到帝国外围区域。如果被赶出法国，英军还可以从它位于北海、大西洋以及遍布地中海的离岸基地继续战斗。到 1918 年 10 月，英国在各条战线上都已经取得了完全的胜利。在巴勒斯坦、在叙利亚、在波斯，甚至是在高加索，英国实力的扩张似乎都已经无所限制。布尔什维克已经被控制住，伦敦方面的主要问题是它的盟友——法国和美国。在凡尔赛，法国坚持自己在叙利亚的优先权。与此同时，劳合·乔治试图诱使美国接受对自治的亚美尼亚国家实行托管。华盛顿方面于是向巴勒斯坦和亚美尼亚派出调查委员会，以考察这种可能性，威尔逊则时时把亚美尼亚挂在嘴边。然而，这种做法可能带来的代价也是很明显的：经济利益微乎其微，人们普遍怀疑英国在玩鬼把戏。1920 年春天，国会最终投票否决了对亚美尼亚的托管，同时也否决了和约的其他内容。[13]

然而，英国不仅高估了美国对于积极推动民族自决原则的兴趣，同时也严重低估了民族自决的承诺所能激发的力量。这种力量对于英国自己在这片土地上的权力形成了挑战，在埃及表现得尤为突出。在 19 世纪 80 年代，埃及曾经是非洲新帝国主义竞争的中心。英国已经挤掉了奥斯曼土耳其和法国在这里的势力，并且在法国人提供资金修建的苏伊士运河上稳固了自己的优势地位。1914 年，随着战争临近，有人提出彻底吞并埃及。但伦敦方面并没有这样做，而是在 1914 年 12 月宣布埃及为保护国，同时承诺它将逐步实现自治，从而保留了各种可能性。[14] 这就造成了相互矛盾的期待。亲法国的埃及精英认可了协约国和美国那些自由主义言辞的字面意义，而英国那些最能夸夸其谈的帝国主义者则期待"奥斯曼帝国的覆灭"能"使埃及成为所有亚非帝国新星中的指路明灯"。[15]

1918年，曾经担任过教育部部长和司法部部长的萨德·扎格卢勒帕夏（Saad Zaghloul Pasha）迅速成为新民族主义的领袖，他要求成为巴黎和会的参会代表，并且是以其贵族国家代表团，也就是华夫脱党（Wafd）的名义。英国最初的反应是不屑一顾。当被警告这么做可能引发熊熊怒火时，英国的财政和司法顾问威廉·布伦雅特（William Brunyate）回应说，他"吐吐口水就能熄灭这场怒火"。[16] 如果埃及的民族主义仅仅局限在扎格卢勒和他那些著名的朋友那里，吐些口水也许确实就够了。然而，从1918年年底到1919年年初，这场运动汇聚了空前浩大的人群。到1919年3月的时候，英国所面临的已经是一场羽翼丰满，但在很大程度上是非暴力的民众起义。在这场起义中，政治和经济被混杂在了一起。[17]

由于加入帝国战争而带来的经济失序是推动埃及这次动乱的原因之一。通货膨胀泛滥成灾。物价上涨了三倍，营养不良达到了令人震惊的程度。[18] 食品价格对城市中的贫困人口造成了最严重的打击，但那些种植棉花以供出口的农民也发现他们离陷入饥荒不远了。然而，正如一位斯堪的纳维亚的外交官所认为的那样，这不仅仅是一场食品骚乱，它是"埃及现代史上第一次由全体国人参与的一场政治运动"。[19] 到了1919年3月，随着开罗陷入混乱、扎格卢勒被监禁在马耳他岛（Malta），英国已经无法再找到任何具有影响力的埃及人，愿意领导一个持合作态度的政府了。英国颁布了戒严令，取得巴勒斯坦战役胜利的英雄——艾伦比将军被任命为高级专员，匆忙乘船赶来。然而，即使是从苏伊士运河地区的兵营里调来的大批英军士兵，也无法恢复秩序，因为全国性的公务员罢工已经让政

第二十章 帝国的危机

府陷入了瘫痪。科普特人（Copts）*与穆斯林共同庆祝1919年的复活节，这成了国家团结的象征。

吐吐口水已经无法熄灭这场怒火了，但伦敦方面还是不肯放手。在凡尔赛，贝尔福和劳合·乔治努力让法国和美国承认埃及是其保护国。[20] 在英国确保其战略掌控之后，扎格卢勒得以结束他的流放生活，一个由米尔纳勋爵牵头的委员会在1919年12月抵达开罗，负责"制定法规，从而在保护国最大限度地促进和平与繁荣、推动不断进步发展的自治制度、保护外国利益"。[21] 如果是在1914年，这种普度众生的话语可能会令人振奋；然而在经历了长达12个月的全国性叛乱之后，这样的语言还远远不够。即使是米尔纳也被迫承认"民族主义已经在埃及社会和宣传的各个领域占据了完全的主导地位，我们已经不可能再统治这个国家了"。[22] 到了1920年夏天，对于那些身处这场运动中的人来说，英国显然将不得不进行谈判，讨论英国军事力量继续存在于一个独立的埃及中的问题了。米尔纳再三劝告英国内阁，虽然"埃及确实是我们整个帝国体系中的关键节点"，但英国已经没有必要再去"拥有它"了。英国所需要的只是一个"牢固的立足点"，这可以通过获得在苏伊士运河地区的驻军权，同时巩固英国在苏丹境内尼罗河上游地区的地位来实现。[23] 的确，米尔纳乐于将埃及的独立看作"大英帝国的改革成效最突出的赞颂……埃及获得独立，并成为大英帝国的亲密盟友，这并不违背我们的政策，相反却是我们政策的成功之处……我们应该进行这种尝试，这本身就证明了……我们的善意和我们的信心，相信我们在埃及所做的一切是合理公正的……"[24] 然而，唐宁街仍然踌躇不定。

1922年2月，艾伦比以辞职相要挟，要求伦敦方面同意承认埃及的独立，取消戒严令。然而问题在于，同爱尔兰一样，埃及的民

---

* 特指埃及的基督徒，是当代埃及的少数民族之一。——编者注

族主义已经过于强大,令英国无法放心地做出这样的妥协。从 1923 年到 1929 年,在一次又一次的选举中,华夫脱党都以它温和的国家改革方案赢得了绝大多数选票。但每一次,英国都进行干涉,阻止其掌权,这导致埃及第一部自由宪法迟迟不能出台,以及一个高度独裁,从而能够在英国利益之下谋求有限民族独立的政府在 1930 年上台。伦敦方面使开罗付出了高昂的代价才获得了有限主权,对埃及民主政治的承诺从一开始就遭到了损害。

考虑到这一地区并不存在严重的战略威胁,英国对埃及民族主义的打压就更让人困惑了。土耳其和德国已经战败;苏联没有进攻能力;美国对此漠不关心;意大利和法国都指望与英国的友好关系能保障它们的安全,两国都不可能对英国的优势地位构成挑战。有时候,甚至似乎恰恰是英国军事力量的巨大优势才使它要采取进一步的攻击行为。1918 年 10 月,当 T. E. 劳伦斯(T. E. Lawrence)与埃米尔·费萨尔(Emir Feisal)和 1500 名骑兵到达大马士革(Damascus)的时候,英国似乎是在对这块早在 1916 年就被指定给了法国的区域宣示自己的庇护权。伦敦方面坚称它只是在兑现建立一个独立阿拉伯国家的承诺,但它也赋予费萨尔一个重任,即实现《贝尔福宣言》中要在巴勒斯坦为犹太复国主义者建立家园的承诺,而这个计划在 1919 年秋天已经引起了阿拉伯世界的强烈反对。[25] 接下来在 1920 年 4 月的圣雷莫(San Remo)会议上,作为与法国之间新的约定的一部分,英国撤销了对费萨尔的支持。[26]

叙利亚已经被分给了法国,因此英国只能立足于埃及和一个统一的伊拉克国家,但这迅速引起了美索不达米亚各个族群的强烈反对。英国没有理会这些抵抗,在法国用坦克和飞机清除了叙利亚的民族主义者之后,英国也将费萨尔从大马士革转移到巴格达,同时扶持他的哥哥成为外约旦(Trans-Jordan)的国王。[27] 1924 年 3 月,阿拉伯政治阶层遭受的羞辱来到了最后一幕。选举产生的伊拉克制

第二十章　帝国的危机　　401

宪会议成员被全副武装的英国警卫强行拖到了议会，要求他们批准《英伊条约》（Anglo-Iraqi Treaty），该条约允许伊拉克独立，但是它的军队和财政都由英国控制。[28] 一种新的秩序在中东建立起来。它植根于埃及和伊拉克有名无实的独立之上，然而，它实际上是基于对政治合法性的刻意无视，政治合法性的这种缺失反过来让整个大英帝国的道德基础付出了代价。[29]

伦敦方面对土耳其的侵略就更加赤裸裸了，所造成的后果也更具灾难性。到1918年，拆分奥斯曼帝国成了协约国的官方政策，土耳其将只剩下安纳托利亚（Anatolia）和东色雷斯（eastern Thrace）。到1919年5月初，苏丹在伊斯坦布尔处于英法两国的监视之下。大约4万人的大英帝国军队部署在安纳托利亚的铁路沿线一带。希腊军队在士麦那（Smyrna，今土耳其伊兹密尔）进行野蛮的占领统治，意大利士兵则为了弥补他们在亚得里亚海的挫折，占领了爱琴海（Aegean）沿岸的滩头阵地。[30] 在东面，亚美尼亚人和库尔德人的自治运动风起云涌。[31] 如果说协约国对土耳其的政策有什么政治依据的话，那就是奥斯曼帝国已经因为衰老和残暴而丧失了在历史中继续存在的权利。

然而，土耳其民族主义这样一股新生力量却被忽略了。虽然1915年屠杀亚美尼亚人的刽子手令他们声名狼藉，但在1920年3月奥斯曼议会的大选中，民族主义者却得到了压倒性的多数选票。作为回应，英国占领了伊斯坦布尔，宣布实行戒严，同时支持希腊人向安纳托利亚腹地发起攻击。民族主义者撤退到了安纳托利亚高原地区的安卡拉（Ankara），在那里，大国民议会（Grand National Assembly）宣布发起一场全国性的起义。西方大国对此不屑一顾，继续向前推进。1920年8月10日，苏丹被迫签署了丧权辱国的《色佛尔条约》（Treaty of Sèvres）。[32] 劳合·乔治宣称，协约国正在"把所有非土耳其人口从土耳其人的统治下解放出来"。然而，由于签署了这份条约,苏丹也同样免除了土耳其人对其王朝的忠诚。对于民族主义领袖阿塔图尔克来说,这意味着"把统治的权力交付……到了人民的手里"。

整个 1920 年夏天,希腊军队对安纳托利亚的进攻都保持着良好的势头。但是在 11 月 1 日,事件出现了出人意料的转折,倾向于君主政体的希腊选民否决了埃莱夫塞里奥斯·韦尼泽洛斯(Eleftherios Venizelos)信奉扩张主义和自由主义的政府。在冬季艰难的战斗中,土耳其大国民议会新组建的军队先是阻止了希腊人的推进,随后将他们赶走。1921 年 1 月,大国民议会颁布了新的宪法,并和苏联签订了条约。夏天,希腊军队再一次发起进攻。他们长驱直入,到了距离安卡拉不到 40 千米的地方。但土耳其国民军紧紧团结在阿塔图尔克身旁,在萨卡里亚河(Sakarya River)沿线经过三周的战斗,狠狠地击败了入侵者。[33] 1921 年 9 月中旬,希腊人长途跋涉,血流成河,败退到海边,劳合·乔治的中东政策就此折戟沉沙。英国对希腊的支持使土耳其意想不到地与苏联结盟。与此同时,英法两国在中东问题上的对立导致协约国出现了分裂,并打乱了劳合·乔治在欧洲的政策。最糟糕的是,英国对土耳其的侵略也使印度的情况变得无法控制。

三

1916 年,当巴尔·甘格达尔·提拉克和安妮·贝赞特夫人开始鼓动地方自治的时候,英国在印度的统治可能遇到怎样的挑战,就已经日渐清晰了。1918 年蒙塔古宣言所做出的承诺,以及对可能发生的货币危机的控制,都阻止了骚动的发生。然而,这一年还没过完,伦敦方面就突然发现大规模的群众运动已经出现在自己眼前了。1916 年的群众运动只有几万人参加,但到了 1919 年,反英运动已

第二十章　帝国的危机

经聚集了几百万人。毫无疑问，普遍的经济不景气为印度国民大会党和自治联盟（Home Rule League）带来了新的活力。而且，对于英国在印度的管理者来说，将1919年的叛乱高潮归咎于经济因素，也是再合适不过的。如果是饥饿和挫折在驱动着印度人起来反抗，那么经济手段就足以解决问题了；如果生活成本的上升导致了骚乱，那么通货紧缩就是一剂良药。[34]

从战前开始，印度的民族主义者就一直要求实行金本位制。1920年2月，伦敦方面宣布，他们的愿望将得以实现。在战后的繁荣中，卢比开始与黄金挂钩。然而英国制定了过高的汇率，结果没能实现稳定，反而导致了货币紧缩。到1920年夏天，印度的货币储备已经枯竭，工商界也动荡不安。有史以来第一次，孟买的资产阶级果断地转而支持民族主义运动。[35] 如果原本的目标是想让经济问题去政治化，那么目前的战略显然适得其反。不管怎样，英属印度政府指望将骚乱归于经济原因而糊弄过去，这本身就说明了他们没能认识到这场叛乱的严重程度。这场反对英国统治的起义是一场糅合了各种因素的风暴，有宗教的感情、有地方上的积怨，再加上数百万学生、工人和农民的不满情绪所释放出来的强烈能量。经济困难是一个方面，但是大规模的印度民众参与到这场政治抗议之中，是因为英国的不公正对待点燃了他们心中的怒火。

1918年，为了劝说保守的英国地方长官接受蒙塔古−切姆斯福德改革的开明条款，当局任命了以西德尼·罗拉特爵士为首的委员会，考虑是否需要制定广泛的战后安全措施。1919年1月，尽管印度事务大臣蒙塔古表示抗议，但印度政府还是提出要无限期延长其战时紧急权力。这样，印度实际上仍将处于被封锁的状态。这导致了一场史无前例的民众抗议活动。[36] 到4月初，孟买和拉合尔（Lahore）陷入骚乱之中，艾哈迈达巴德（Ahmedabad）则全城戒严。4月10日，为预防动乱的发生，大规模的逮捕行动在旁遮普（Punjab）

展开。在阿姆利则（Amritsar），这引发了一场暴力的反对示威运动，五名欧洲人被杀，一名女教师被强奸。随着白人社区也出现了骚乱，陆军准将雷金纳德·戴尔（Reginald Dyer）带领300名殖民地士兵，被派遣至阿姆利则。4月13日，面对两万名拒绝离去的民众，他下令开枪、持续开枪。十分钟之后，379名男女老幼倒下了，此外还有几百人受伤。在与英国士兵和帝国警察的冲突中出现伤亡，这在帝国的战后危机中时常发生。然而，发生在阿姆利则的大屠杀为暴力镇压设定了新的尺度，而戴尔显然就是想要人们认识到这一点。接下来的几个星期中，恐怖和耻辱还在继续。

与在爱尔兰一样，在印度，帝国自由主义内部的紧张态势迅速到了让人无法承受的程度。印度的民族主义者——包括像甘地这样寻求与英国达成和解的人——批评抗议活动的无纪律性给了戴尔采取行动的口实，但也很难指望他们会与建立在如此赤裸裸且毫无歉意的暴力基础之上的政权展开合作。对他们来说，如果不进行彻底的调查，那么切姆斯福德总督和英国内阁是别想与他们那些饱受批评、咄咄逼人的下属撇清关系的。但他们确实感到沮丧。正如蒙塔古对总督所说的："我们的老朋友、铁腕的政府、俱乐部吸烟室里的偶像，制造了一成不变又不可避免的结果"：暴力、死亡以及更严重的激进。[37]蒙塔古坚持自己的信念。1920年7月，在将阿姆利则惨案的调查结果提交给下议院的时候，他指责这场大屠杀就是一种可耻的"种族蒙羞"行为，只会败坏大英帝国的名声。他宣称，有证据表明，戴尔犯下了"恐怖主义"和"普鲁士主义"的罪行。让政府党鞭感到尴尬的是，托利党后座议员对此的答复是很不体面的种族主义咆哮和反犹主义诽谤，而且他们大发雷霆的对象不是戴尔，而是持自由主义的印度事务大臣。

如果说印度社会的愤怒情绪还不够的话，1919年年初，英国又面临着新的威胁。长久以来，保护穆斯林少数群体，为英国派兵

第二十章　帝国的危机

驻守印度提供了理由。但在1916年印度国大党与穆斯林联盟之间签署了《勒克瑙协定》（Lucknow Pact）之后，这就开始成为一个问题了。到1919年春天，随着对奥斯曼帝国和平条款的苛刻程度完全为人们所知，英国开始被看作——用切姆斯福德总督自己的话来说——"伊斯兰的主要敌人"。[38]在基拉法特运动（Khilafat movement）中，此前一向沉寂的穆斯林人群奋起抗议，因为逊尼派（Sunni）指定的世俗守护者、作为哈里发（Caliph）的土耳其苏丹受到了侮辱。1920年2月，这场运动在长期以来反英抗议的温床之一孟加拉地区召开了大会，在大会上，占据主流的意见不是要对英国在印度的统治进行改革，而是要彻底反抗英国统治。泛伊斯兰主义最为激进的领导人之一阿卜杜勒·巴里（Abdul Bari）几乎就要号召发动圣战（Jihad）了。蒙塔古和英印政府一再请求伦敦方面调整他们对土耳其人的政策，或者至少允许印度政府采取独立立场，从而能够使英属印度撇清与进攻土耳其的关系。但伦敦方面拒绝了。结果，整个印度团结起来，共同对抗英国。

甘地之所以能扮演关键的角色，就在于他有一种独特的能力，能够统筹协调这次前所未有的团结。作为印度教唯一的代表，他在1919年11月参加了在德里举行的基拉法特全印度代表大会。正是在这次大会上，他第一次在印度提出了不合作运动的策略，这一策略最早是他在南非抗议歧视亚洲人的种族主义时发展出来的。[39]同时，甘地规模庞大的拥护者也改变了国大党保守的构成。1920年12月，15,000名吵闹不休的代表参加了国大党在那格浦尔（Nagpur）的会议。在甘地的坚持下，为了承认农村是印度公共生活的"基本组织"，国大党进行了重组。结果，以甘地为首的国家领导得以实现，代价则是失去了地区精英们的支持。渐进的改革也不再被纳入考虑范围之内。在会议喧闹的欢呼声中，甘地承诺年内实行印度式自治（Swaraj）。为了实现这个目标，国大党决心不仅要运用宪法手段,也要采取"任何合法且和平的方式"。[40]

在挑战英国统治的同时,甘地对非暴力的坚持也利用了事务大臣蒙塔古和新任总督雷丁勋爵*仍然珍视的自由主义愿景。1919年12月,《印度政府法案》(Government of India Bill)在英国的上下两院都未经修改获得通过。虽然有些不情愿,但议会还是批准了国大党与穆斯林联盟之间达成一致的分区选举方案。[41]即使在阿姆利则大屠杀之后,国大党在1919年12月的会议上原本还是能够勉强批准蒙塔古的改革方案的。甘地本人此时尚不反对合作。恰恰是与土耳其的《色佛尔条约》中的苛刻内容,以及官方对戴尔的大屠杀行为完全不合时宜的回应,才最终让甘地确信,伦敦方面并没有诚意。1920年8月,国大党宣布拒绝在11月举行的选举中与英国合作。英国别无选择,也只能继续下去,他们不能让那些仍然愿意与他们合作的印度人失望。在国大党的精英阶层中,有些人对于甘地的新型群众运动感到担心。1918年年底至1919年年初,一部分被称为"温和派"的人分离出来,成立了国家自由联盟(National Liberal League)。蒙塔古—切姆斯福德改革所规定的有限选举权对他们来说正中下怀。

到了1925年,当新宪法开始走上正轨的时候,825.8万印度人有权选举省级立法委员会,大约112.5万人能够投票选举印度国家立法议会,由32,126名达官显贵组成的特别团体负责选定联邦院(Council of State)的成员。总的来说,只有不到10%的成年男性有权参与到各级选举之中。[42]尽管如此,虽然国大党抵制了选举,但大多数席位还是在地方派系之间相互竞争,而被动员起来的人要远远多于有选举权资格的人。在1920年的第一次选举中,由于国大党的弃权,自由联盟获得了胜利。那些主张与英国妥协的温和派

---

* 指鲁弗斯·艾萨克斯·雷丁(Rufus Isaacs Reading),第一代雷丁侯爵。——编者注

第二十章　帝国的危机

占据了议会的大多数席位。最让人吃惊的结果出现在马德拉斯，在那里，由于印度教高层把自己排除在外，新组建的正义党（Justice Party）所代表的非婆罗门阶层赢得了空前的优势，得到全部 98 个席位中的 63 席。

随着地方政府作为整体被移交到印度人手里，英国的帝国自由主义最终得以宣布兑现了它的承诺。印度民主迈出了它 20 世纪非凡进程中的第一步。但是，"英国的民主遗产"这样的表述在被编造出来之前就已经失去了它的可信度。1920 年的政治事件不是印度迈出富有印度特色的大众民主的第一步，而是反英不合作运动的惊人发展。印度第一次大选中，在所有有资格进行省级投票的选民中，只有大概四分之一递交了选票，而且不同地区的投票率差别很大，从马德拉斯市区印度教人口投票率的 53%，到孟买市区高度政治化的穆斯林人口的不到 5%。即使是英国的评论员也被迫承认，这样的结果就是制造了各种在"不切实际的氛围中"运作的沉寂的议会。[43]

1920 年印度政治状况的"现实"体现在甘地的大众抵抗运动上。对英国人和印度的精英阶层来说，它都是一个让人无所适从的新世界。[44] 甘地版的印度自治在很多方面都是一种有意为之的乌托邦。它呼吁印度将来不仅要从英国统治的压迫下解放出来，也要从任何现代的政治经济秩序中解放出来。它拒绝任何形式的殖民式发展。这与现有的民族主义精英的愿望并不一致，同时也被印度正在兴起的共产主义运动嘲笑为已经可笑地落后于时代了。1945 年之后，尽管那时的甘地已经被奉为印度的民族精神领袖，但他的地方自治主义主张还是会被无情地抛弃。然而，甘地之所以具有不可否认的强大力量，不仅在于他的个人魅力，同时也在于他对政治策略有着敏锐的认识。日复一日，他将那些反叛的力量聚集到自己身边，仔细试探，既要加大对英国的压力，同时又要避免将其逼到除了动用军队进行大规模血腥镇压之外别无选择的地步。[45] 不合作运动也是一场经过了深思熟虑的革命，它避免了列宁式或爱尔兰新芬党式那种容易导致全面冲突的草率冒险。它是一种设计完美的战略，可以依照甘地不久之前才刚刚认为可行的原则，来检验自由主义帝国的合法性。

蒙塔古和总督对阿姆利则惨案的恐怖程度，以及双方随后都扬言进行更为血腥报复的言论感到震惊，试图避免事态进一步升级。但是到了1921年秋天，英国内阁失去了耐心。劳合·乔治向印度发去电报："我确信，用耐心和容忍来解决问题的时间已经结束了……大多数印度人真诚地愿意合作，推进改革，很有必要不再让他们怀疑甘地和英印政府到底谁更强大了……"[46] 爱尔兰和埃及的命运都悬而未决，"大英帝国"正在"经历一个生死攸关的时期，如果想继续存在下去，现在它就需要以一种最为明白无误的方式表明，它有愿望、也有能力……与任何挑战它权威的人展开决战"。劳合·乔治提醒蒙塔古和雷丁，"内阁之所以形成这样的看法，是基于对我们在整个世界的地位所进行的全面调查……"。这毫无疑问是正确的，帝国的政策就是世界的政策。但是很显然，内阁完全没有理解正在印度发挥作用的力量。即使在印度的精英阶层当中，要求加速改变的压力也与日俱增。大多数的民众已经从英国转向了甘地，因此，现在的问题是，英国还能继续维持哪怕是与温和少数派的合作关系吗？如果无法压制激进的民族主义者，就会让温和派受到攻击。而阿姆利则惨案的再现，则会造成像在爱尔兰一样的极端状况。

1921年年底至1922年年初，当国大党宣布抵制威尔士亲王爱德华（Edward, Prince of Wales）对印度进行国事访问的时候，看起来冲突已经近在咫尺了。[47] 到了1922年1月，虽然大屠杀得以避免，但是3万多名甘地不合作运动的参与者被地方当局逮捕，蒙

第二十章　帝国的危机

塔古所采取的克制与"不对抗"的开明政策遭到了破坏。1921年12月的第三个星期，雷丁极度希望能在最后一刻达成妥协，因此他提议举行一场制宪圆桌会议。这样做的风险很大，总督先生在没有得到伦敦方面和印度地方长官批准的情况下就擅自行动，这非常容易让双方都怒不可遏。印度温和派努力建立起来的新选举机制才刚刚运行了一年，如此急切地做出改变带有一些惊慌的味道。

在这次事件中，让雷丁安然度过1922年新年的，是甘地这一方一反常态的鲁莽行动。虽然国大党领导层内部支持谈判的声音很多，但甘地不容分说地拒绝了圆桌会议。[48]这拯救了雷丁。在他发出邀请仅仅几天之后，整个想法就遭到了劳合·乔治和地方长官的猛烈指责。如果甘地正好在伦敦方面表明否定态度的时候接受了总督先生的邀请，那么印度政府和英国政府之间就会形成前所未有的公开分裂。但现实正好相反，到1922年1月，被孤立的人是甘地。他拒绝对话的做法证实了印度政治阶层一个重要的怀疑：甘地是一个危险的平民主义激进派。风向开始转回到对英国有利的一面。

然而，这些话本身就说明了局势的严峻性。到1922年年初，一些有远见的帝国官员已经清楚地认识到，在可预见的未来，英国对印度的掌控，既不能像蒙塔古—切姆斯福德改革这样搞一些政治上的大动作，也不能像伦敦方面所要求的那样借助武力手段，真正需要的是日常的临场应对。1922年1月中旬，印度政府的内政部提交了一份措辞极其微妙的评估报告。"与甘地的斗争，"官员们指出，"一直就是一场关于地位的较量。"雷丁和蒙塔古在阿姆利则惨案之后采取的不对抗政策非常危险地把主动权交到了民族主义者手中，而在11月和12月时，"战术优势"曾"一度交到了甘地手上"。但是在1922年年初，官员们感觉"温和派的观点"有"明显的迹象正在转向支持政府"。在甘地不容分说地拒绝了圆桌会议之后，只要英国选择合适的时机，有影响力的印度人会同意逮捕甘地的。当甘地公开声明他打算推翻英国的统治时，这个时机就会到来。1920年年末，甘地曾承诺要在一年之内实现印度自治。但是一年之后，他没能实现这一承诺。"……（迟）早有一天，"英国的帝国战术家指出，甘地将"被迫宣布大规模的非暴力抵抗……到那时候，也只有到那时候，政府将和他进行最后的决战……而不用担心这个国家支持我们的力量会远离我们，或者引发一场会破坏宪法的危机。"[49]

事实上，这一刻真的很快就到来了。1922年2月，当伦敦方面喧嚣沸腾，主张运用武力时，甘地也没能掌控住事态。在他公开对印度政府发起挑战之后，成千上万名印度的年轻人开始加入不合作志愿团体的实践。2月4日，在北方邦（Uttar Pradesh）的乔里乔拉（Chauri Chaura），警方以暴力手段驱散了一场抗议食物价格过高的示威游行，志愿者则放火烧了警局，并杀害了里面的全部23名工作人员。伦敦方面要求立即逮捕甘地。正如劳合·乔治大声宣布的："如果有谁胆敢挑战我们在印度的地位，我们将倾全不列颠之力，以维持英国在印度的统治……我们的力量和决心将让世界震惊。"劳合·乔治在恐吓爱尔兰人的时候，也用了同样孤注一掷的战术。这是一种厚颜无耻的虚张声势，在印度比在爱尔兰还要明显。[50]对于他们"忘恩负义"的印度臣民，英国民众当然感到难以忍受，但不管怎样，没有人希望进行大规模的镇压。印度事务部的回应更加务实。蒙塔古坚称，印度政府必须弄清楚的，不仅是英国对印度的统治，还有它对印度的承诺。必须要重申，如果有人以为英国认为它"在印度的使命即将结束"，或者伦敦方面正在"准备从印度撤退"，那都是"十足的谬论"。

甘地本人对于发生在乔里乔拉的暴行感到十分震惊，他在2月12日突然叫停了非暴力抵抗运动。对于伦敦方面来说，他现在是一个被通缉的人。但即使在这个时候，在那些愿意与总督先生合作的温和派印度人的强烈要求下，雷丁依然没有行动。甘地当然必须被逮捕，但印度政府首先应当消除那些导致穆斯林民众投向甘地怀抱的不满情绪，从而巩固自己在道德上的地位。要想按照自由主义的原则恢复在印度的权威，帝国就必须与土耳其达成公正的和平。在没有得到英国内阁全体成员支持的情况下，蒙塔古批准了一份给媒体发布的声明，要求就土耳其问题为印度召开一次听证会。印度在大战中的贡献是不容否定的，在美索不达米亚和巴勒斯坦，印度穆斯林为帝国牺牲了他们的生命。考虑到那些人，印度政府坚称，英国和法国军队必须全部从君士坦丁堡这个哈里发的传统驻地中撤出；苏丹"对圣地的领主权"必须予以恢复；希腊必须完全撤出安纳托利亚；此外，在与希腊划定最终边界线时，曾属于奥斯曼帝国的色雷斯必须留给土耳其。[51]

毫不意外，外交大臣乔治·寇松对此勃然大怒。"英国政府远在 6000 英里之外的一个下级分支"想要命令伦敦方面"它觉得我应该执行何种路线"，这是"完全无法容忍的"。如果印度政府"有权对我们在士麦那和色雷斯所做的事情表达并公布它的观点，那么，在埃及、苏丹、巴勒斯坦、阿拉伯半岛、马来半岛或者穆斯林世界的任何其他地方，它为什么不会也这样做呢"？这个疑问直击如何在民主条件下治理一个全球性帝国这一问题的核心，但人们从来没有给出答案。相反，1922 年 3 月 9 日，蒙塔古被迫辞职。第二天，在没有引发骚乱的情况下，甘地被捕。一周之后，这位蒙塔古和雷丁曾经想与之谈判，从而为自由帝国建立一个新基础的人，被判处了六年监禁。

四

大英帝国渡过了这场危机。在接下来的几年中，对于帝国命运的保守性解释将占据统治地位。但这是一场有名无实的胜利。保守主义者赢了，但他们并非必须采取暴力行为以建立绝对统治，现在，在帝国各地的沙龙酒吧里，人们都以过度的热情讨论着这样的暴力行为。实际上，正是殖民政府里那些被鄙视的自由派与更老练的民族主义者之间微妙的战术博弈，才避免了在大英帝国广阔舞台的其他地方再次出现可怕而又可耻的事态升级；而在爱尔兰，事态的升级差点儿就导致了灾难的发生。[52] 自由主义使守旧分子得以避免被世人清楚地看到他们的立场是如何完全站不住脚。但在此过程中，自由主义的事业本身却遭到了无法挽回的破坏。

直到最后一刻，蒙塔古坚持认为，他在印度的政策毁于那些对土耳其感到极度恐惧的人的非理性攻击。甚至在作为印度事务大臣向下议院所做的最后一次演讲中，他都顽固地坚持麦考利勋爵*把帝国比作一辆进步列车而为之辩护的著名言论。"印度应该认识到，"蒙塔古坚持道，"基于善意和伙伴关系，英国议会不会否决它的任何权利……如果印度能相信我们的诚意……如果它能接受英国议会曾经对它提出的条件，它就会发现，如此多的印度人和英国人刚刚为之牺牲的大英帝国，这个目前正在拯救世界的大英帝国，将给予它解放而不是许可、自由而不是混乱、进步而不是溃败，会给它带来和平以及未来可能实现的最好的命运。"[53] 但是蒙塔古忽略了已经被开明帝国模式反复证明了的矛盾。对于维持一个帝国来说，自由主义的愿景是必需的，因为它们提供了合理性的重要依据。但由于帝国权力的具体实践，以及那些被帝国所奴役的人们的反抗，这些愿景很容易沦落为让人痛苦的伪善。[54] 在 19 世纪 50 年代，由于印度民族起义，人们在 19 世纪 30 年代所谈论的那些自由主义帝国愿景纷纷灰飞烟灭。1917 年到 1922 年，从自由主义到镇压行动这样一个完整循环的革命在印度得以避免。然而现在，在自由主义和

---

* 指托马斯·巴宾顿·麦考利（Thomas Babington Macaulay），第一代麦考利男爵。——编者注

第二十章 帝国的危机

保守复古之间的来回摇摆正在不断加快速度,变成让人头晕目眩又痛苦不堪的斗折蛇行,耗尽了帝国的意志。[55]

当然,在20世纪20年代初的危机之后,并没有人对帝国的困境进行任何实事求是的重新评估。人们总是容易自我满足,帝国已经平安渡过了这场风暴。而且,这还使得伦敦方面更加确信,通过"及时调兵遣将",大英帝国的管理者就可以对反帝国主义的民族主义力量进行"侧面包抄""以智取胜"以及"解除武装"。关键在于,英国指望着印度教徒和穆斯林之间的《勒克瑙协定》最终会走向破裂,因此,当群族间的暴力行动在20世纪20年代死灰复燃时,他们并没有感到沮丧。"灵活的政治和法律手段"与巧妙的战术开始被看作帝国掌权者的标志性特征。[56]

然而,除了作为唯一一个真正的全球性力量幸存下来之外,帝国还有哪些积极方面呢?在20世纪20年代,这个问题的一个答案是在一个全球性的英联邦中能实现经济发展的承诺。然而,虽然这一点对保守派和自由派同样具有吸引力,但经济发展需要投资,伦敦方面负担不起。[57] 20世纪20年代,贷款继续从伦敦流向世界各地,但这也增加了英国对美国资金的依赖。此外,即便能够找到资源,但经济和社会的发展,以及受过教育的本地中产阶级的形成,难道不是只会让反对帝国的力量更快地出现吗?可别忘了,像蒙塔古这样的自由主义者,就是这样解释民族主义在印度的兴起的。正如印度狂热的经济民族主义所揭示的,鼓励民族发展与更广阔的全球性英联邦的观念之间,很容易产生冲突。继加拿大、澳大利亚和南非之后,国大党最初的要求之一就是要对英国的进口商品实行关税保护。在政治上对民族主义做出的让步使经济一体性出现了裂痕,而这种一体性正是帝国仅剩的存在理由之一。

移民问题引发了更加严重的紧张态势。澳大利亚和加拿大,还有定居在肯尼亚和南非的占人口少数的白人,支持白人团结起来,但这意味着登记在册的 3.2 亿印度总人口将无权迁徙或购买土地，至少 250 万遍布帝国各地的印度移民将永远受到歧视。[58] 甘地得以声名鹊起，就是因为他在战前为在南非的印度人争取权利而斗争。1919 年，反种族歧视的要求被从《国际联盟盟约》中删掉了。但是在大英帝国内部，这一点无法回避。1921 年 7 月，劳合·乔治在帝国会议上指出："我们正试图在所有身居其中的民族都表示赞成的基础之上建立一个民主帝国……它的的确确会改变……人类的历史。如果成功，大英帝国就将成为一座主显圣容之山（Mount of Transfiguration）。"[59] 英联邦显然无法实现这样的宏伟抱负，但它的确就南非发生的抗议狂潮进行了投票，从而证实了"印度作为大英帝国平等一员的地位"与定居在帝国其他地方的"英属印度人受到各种限制的现状之间的格格不入"。[60] 结果，1923 年，肯尼亚对印度移民下达了新的驱逐条令。澳大利亚、新西兰、南非、加拿大，甚至英国本土也发生过这样的事情，可这样的做法恰恰就违背了一视同仁的原则，而这一原则目前已经被公认为是一个全球性帝国所坚持的任何自由主义愿景中都必须包含的。

即使独立自治与联合一体、种族等级与自由主义之间的紧张关系再明显一些，1918 年之后，大英帝国也还是会沉醉于一种全体共享的胜利情绪之中。战争期间的休戚与共没有被遗忘。1919 年，在阿姆利则惨案之后，阿富汗人在西北边境发动了一场不合时宜的圣战，这使英国得以与北部省份的锡克教徒和印度教徒一起，重新确立其作为印度保护者的角色。面对更加严峻的外部威胁，英联邦的成员肯定会重新团结在一起。但是考虑到 20 世纪 20 年代糟糕的财政和战略现实，即便是这一点也充满了疑问。第一次世界大战毫无疑问证明了帝国的力量，但它同时也证明了，在面对组织良好的民族国家所发起的区域性挑战时，幅员辽阔的帝国很容易受到打击。如果问题不仅是如何应对来自内部的民众抵抗以维持英国的统治，

第二十章　帝国的危机

还需要保证帝国作为全球性战略整体的未来发展，那么，即便是在1918年11月帝国处于其权力顶峰的时候，认为它独一无二的想法也只是一种错觉。在国际联盟不够强大的情况下，帝国的生命力取决于它是否能与日本、德国、美国以及统一的苏维埃政权这些未来的潜在挑战者处理好关系。然而，与其中某一个国家建立起特殊关系，会不会意味着与其他国家形成危险的对立呢？而这些国家又真的有谁有兴趣与大英帝国结成同盟吗？

第二十一章
华盛顿会议

1921年夏天,爱尔兰的停火为一次大型帝国会议创造了条件。[1]伦敦帝国会议是两年来的第一次大型帝国会议,正是这次会议,提出了大英帝国作为一个联邦的成熟想法——这样一来,尽管新成立了爱尔兰自由邦,但并不会影响帝国继续拥有至高无上的权威。然而,除了帝国的内部结构之外,目前最主要的问题还是战略问题。一个领土遍及全球的联邦应该如何保护自己?1918年,英国海军部对这个问题给出的回答是:帝国海军。它由大英帝国的各个自治领联合资助,接受标准化的训练和同样的纪律条例。它是整个英帝国海军的成员之一,地位与英国海军相同。[2]

为了推销这个计划,英国派出海军上将约翰·杰利科(John Jellicoe),对各个自治领进行了一次长达18个月的访问。对于西太平洋地区,他提议组建一个由八艘战舰和八艘战列巡洋舰组成的舰队,其中一艘由新西兰提供,四艘由澳大利亚提供,其他则由英国提供。它的指挥部设在新加坡,遍布印度洋和西太平洋的石油补给网络将为它提供燃料。如果杰利科的想法能够实现的话,一支"尽

第二十一章　华盛顿会议

可能由印度人组成和管理"的皇家印度海军就会成为帝国舰队不可或缺的一部分。就像法国要建立一支国际联盟军队的想法一样，这一军事国际主义的构想也很快被否决了。各自治领和印度政府都唯恐失去它们的独立性，而且也对所需要的花费十分谨慎。不过，在1921年6月，亚瑟·贝尔福宣布要在新加坡兴建一个大型基地，这样就可以在紧急情况下将英国舰队调动到地球的另一边，这一提议得到了各自治领和印度政府的拍手称赞。[3]

然而，进行这样的调动，前提是本土水域不需要英国海军的守卫。德国舰队已经沉没在斯卡帕湾的海底了，因此，如果还有一件事能够得到各个自治领一致同意的话，那就是需要尽可能减少未来对欧洲事务的参与。[4]法国让人觉得可疑，东欧那些"不安分的当地人"则让人难以掩饰对他们的蔑视。成立国际联盟正是为了处理"欧洲大陆上的麻烦"。奥斯丁·张伯伦和温斯顿·丘吉尔只得提醒澳大利亚和加拿大，欧洲邻国的安全对于它们的"母国"事实上是至关重要的。美国没能批准《凡尔赛和约》，这使得对法国的安全保证悬而未决。在伦敦方面看来，正是由于欧洲这些棘手的冲突，使得为太平洋地区找到一种战略解决至关重要。毫不意外，加拿大态度积极，支持与美国建立特殊关系。但是它能够与英日同盟相互协调吗？从1902年开始，英日同盟就扮演着帝国在东方的支柱的角色。到底能指望美国带来些什么呢？到1921年，劳合·乔治对于美国在欧洲事务上的不合作态度已经感到极度心灰意冷，因此他想要加强英日同盟，而不是放弃它。

但是，1921年春天，在英国驻华盛顿大使奥克兰·格迪斯（Auckland Geddes）同即将上任的美国国务卿查尔斯·埃文斯·休斯的一次早期会谈中，人们清楚看到了英国这种做法原来是多么危险。休斯是一个经验丰富的进步主义共和党人，但同时也以脾气暴躁著称。当格迪斯告诉休斯，英国在放弃与日本的同盟关系问题上持保留意见时，休斯立刻火冒三丈。他大声吼道："你本来是不能在这里代表英国说话的！你本来是不能在任何地方说话的！英国本来是没什么机会说话的，本来应该是德国皇帝（说到这里他的声音又高了八度，开始咆哮）——德国皇帝，在这里说话的！要不是因为美国，除了拯救英国，自己别无所求的美国，冲进这场战争并且（歇斯底里）打赢了它！而你现在却在谈什么对日本的义务。"[5]

可是，如果英国终止了与日本的同盟关系，美国能保证些什么呢？1919年以来，不管别人怎么劝说华盛顿方面缔结双边伙伴关系，它都不为所动。帝国会议信心不足地得出结论，认为如果伦敦方面能推动美国和日本共同构筑一个三角同盟的话，那简直十全十美。不过考虑到华盛顿方面反日情绪盛行一时，实现这一想法的可能微乎其微。与此相反，1921年夏天，伦敦发现自己似乎才是正在被催促的一方。

7月8日，不止是英国，所有协约国成员都收到了华盛顿方面出其不意的邀请，请它们参加一场大会，讨论裁军问题和太平洋的未来，这让白厅措手不及。[6]美国人在邀请英国时，将它与意大利和法国置于同样的位置，这种傲慢的态度让伦敦方面目瞪口呆。[7]劳合·乔治和丘吉尔认为英国应该拒绝参加。然而，考虑到帝国的战略困境、它与华盛顿方面进行合作的重大利益，以及美国国会即将就协约国内部债务这一重大问题进行辩论、同一群参议员还要求结束海军军备竞赛的现实，伦敦方面的确已经别无他选了。

一

从很多方面来看，1921年11月12日到1922年2月6日在华盛顿召开的这次大会，要比三年前的巴黎和会更加深刻地体现了新的秩序。这是有史以来第一次在美国首都召开大国会议。开幕式选

第二十一章　华盛顿会议

在了国家广场旁边刚刚建成的美国革命女儿会（Daughters of the American Revolution）宏伟的总部大楼，工作会议则在洋溢着新古典主义光辉的泛美联盟（Pan American Union）大楼进行。共和党人对自己在国内的优势非常有信心，因此他们超越了威尔逊，展示出一种双方合作的姿态。考虑到他们1919年以来的经历，欧洲人对此仍然小心谨慎。然而，与威尔逊不一样，共和党政府让人耳目一新地选择在对战时团结的明确纪念中开始会议。会议的第一天是停战纪念日（Remembrance Day），代表们被允许参加美国无名战士纪念碑（America's Monument to the Unknown Soldier）的揭幕仪式。在这个仪式上，一具从马恩河战场上挖掘出来的无名尸体被隆重地埋葬在了阿灵顿国家公墓（Arlington National Cemetery）。

但最重要的是，不同于威尔逊把自己变成了美国海军力量咄咄逼人的代言人，哈定政府把各国召集到华盛顿，是要讨论对海军力量的限制。在轰炸机和洲际弹道导弹诞生之前，被广泛视为现代战争中最重要的战略武器的是战舰。随着德国对大西洋地区的威胁消失，要想实现海军的削减，就需要达成一份太平洋地区的安全协议；这反过来又需要让美国、英国和日本达成协议，使中国保持中立，因为中国是战前帝国主义竞争的决定性区域。美国国内对于上述三项政策都给予了坚定的政治支持。威尔逊在山东问题上的妥协招致了广泛的不满，裁军广受民众欢迎，而1920年秋天开始困扰美国、英国和日本的严重通货紧缩危机是又一股推动力量。通过削减海军和在中国问题上达成某种默契，华盛顿会议就可以让门户开放政策再次焕发生机，从而创造出一个扫清了军国主义的国际空间，使美国的资本可以在其中统一而平稳地自由流动。

由于是在美国熟悉的家门口召开会议，因此在操控会议和直接利用舆论寻求支持方面，哈定政府比威尔逊要得心应手得多。与庄严肃穆的巴黎和会相比，华盛顿会议是公共外交一次非同寻常的展现。在哈定对各个代表团表示欢迎之后,国务卿休斯登台,切入正题。他只用了很短的时间,就大概描绘出一个让下一代人得以避免海洋冲突的计划。他提出,应立即停止威尔逊建造战舰的计划,废弃数十万吨位的主力战舰,并将美国、英国和日本的舰队规模比例固定为 5∶5∶3。他可不是在泛泛而谈。让各国代表惊愕不已的是,作为整场大会的开场白,休斯从美国自家的舰队开始,列举了这三个国家的海军中每一艘可以被废弃的战舰的名字。美国可以废弃 84.6 万吨位的军舰,只保留 50.1 万吨位;英国可以废弃 58.3 万吨位,保留 60.4 万吨位相对较为老旧的船只;日本则废弃 44.9 万吨位,保留 30 万吨位。[8]

休斯带来了很大的惊喜。一位记者激动地表示,这场开幕会议,"人们只是指望听到一些正式的致辞而已",最后却充满了"波澜起伏,这是人们之前在国际外交场合中从未经历过的"。与威尔逊空洞无物的泛泛而谈相比,这让人振奋。[9] "这份实实在在的海军削减计划前所未有地清晰、明确和全面……开启了外交史上新的篇章……"[10] 当休斯宣布立即停止建造战舰的时候,人们看到威廉·詹宁斯·布莱恩,这位曾经给威尔逊当过国务卿的激进分子,在记者席上带头欢呼;为参议员预留的席位上则传来了痛苦的抗议声。欧洲人和日本人目瞪口呆。随着休斯念出一个又一个名字,各方的海军专家都情不自禁地点头表示认同。当休斯讲完之后,听众席上发出呼声,要求法国、日本和意大利的领导人立即给予回应。这更像是一场革命大会,而不是国际会议。

这场美国式的开幕式让人印象深刻,但各方对它的反应也同样值得注意。11 月 15 日,首先是白发苍苍的贝尔福勋爵,然后是腰板笔直的日本首席全权代表、海军上将加藤友三郎男爵,表示原则上同意休斯所提出的条件。战舰数量和吨位的确切比例,以及太平洋的防御,则成为争论的焦点。但值得注意的是,这两个主要的竞

第二十一章　华盛顿会议

争者都明显乐于在美国的领导下确立世界强国的一个基本指标。对于英国来说，这意味着它将放弃追求已经维持了长达半个多世纪的海洋绝对霸主地位。为了不被休斯的这次公关噱头落在后面，英国代表匆忙在11月18日宣布他们已经发电报给克莱德河（Clyde River）上的造船厂，要求停止四艘超胡德级（Super-Hood）现代化战舰的全部建造工作。单单此举就将节省1.6亿美金，足够支付英国欠美国战时债务一年的利息了。[11]

日本的反应更加出人意料。1921年，西方对日本的看法仍然过于简单。这一年早些时候，美国国务院远东司司长马慕瑞（John V. A. MacMurray）还觉得，在日本，真正握有实权的是一些"军部寡头"，"……他们彼此之间的区别，只是出于在处理世界其他地方问题时的慎重考虑，因此表现出的民族主义的狂热程度有所不同而已"。[12]华盛顿会议召开前一周，1921年11月4日，毕生都主张应与美国建立合作关系的原敬首相被刺身亡。不过这只是一个性格孤僻厌世的人的一次绝望之举。华盛顿会议本身进一步证明了日本政治正在发生着显著的变化，泛亚的侵略主张正在节节败退。接替原敬担任政友会总裁和日本首相的是高桥是清，他更加坚定地主张应该与西方合作。高桥之前曾经担任过日本银行总裁和大藏大臣，与伦敦和华尔街的银行人士有着密切的关系。在1920年到1921年的通货紧缩之后，他深信不疑地认为，日本必须在这个靠经济和金融力量而不是军事力量打造的世界秩序中，为自己谋得一席之地。华盛顿会议召开时，日本大正时代的各个主要党派都认为应该限制军费。[13]海军军费占了几乎三分之一的预算，因此它成了众矢之的。[14]

与日本陆军不同，在进行了大量仔细的调查分析之后，日本海军决定接受削减计划，但要求保证日本的舰队规模至少达到美国的70%。海军上将加藤宽治是日本代表团的首席技术顾问，能说一口流利的英语，在战争期间也积累了大量协约国内部合作的经验。在

1921年夏天的初步讨论中,他认为未来大国间的战争是"不可想象的",而考虑到日本和英国紧张的财政状况,裁军将是一项大大的"福利"。他甚至毫不设防地对英国专员表示,日本的"军人政党"一直支持军方的过分要求,他希望财政约束能很快让它垮台。[15] 休斯的废弃清单提出了10∶10∶6的比例,而日本海军坚持70%的比例,华盛顿会议上的问题就在于这两者之间的差距。在这一点上,加藤上将顽固地坚持,但他的意见被东京的政府否决了。东京方面愿意接受10∶10∶6的比例,条件是不包括作为日本民族主义象征、由全民捐资建造的"陆奥"号战列舰,此外美国不得在菲律宾和关岛(Guam)新建可能给日本带来威胁的海军基地。按照高桥政府的看法,只要接受一个美国和英国承认它是世界第三大国的世界新秩序,日本就能得到它想要的一切。这能省下一场需要全力以赴的军备竞赛所需的巨额花销,而日本无论如何都注定会输掉这场竞赛。

考虑到东京方面的这种态度,英国的战略困境似乎已经得到解决。美国的裁军倡议为三国协定打开了大门,而仅仅几个月之前的帝国会议上,这个三国协定似乎还遥不可及。大英帝国避免了在美日之间做出选择,而在1921年夏天,这样的选择看起来很可能招致灾难。[16] 随着日本在太平洋的地位得到世界承认,英日条约也可以自动失效了。作为取代,英国和日本共同重新起草了一份协议,以和平方式解决所有太平洋争端。

然而,这幅和谐的图景再一次被欧洲问题打破了。法国作为第四国签署了太平洋条约,但它发现自己的战略地位与其他三国相比,远远不能让人满意。从法国的角度来看,巴黎和会没能建立起一个稳定的北大西洋体系,现在大英帝国似乎又在利用华盛顿会议来逃避它对法国的承诺,以便与美国分享全球霸权。法国的这种想法并不是毫无根据的。威尔逊已经收回了曾经在凡尔赛承诺的安全保障。莱茵河安全和赔偿问题都悬而未决,难道还指望法国接受全面的陆

第二十一章　华盛顿会议

军军备限制，好与海军协定相匹配吗？美国认为法国应该满足于第三等级的海军力量，但是法国并不能接受，因为这是法国对可预见的未来所能做的全部保障。[17]别忘了，最早迫使法国不得不动用财政储备来还债的，可正是华盛顿。

在国内爱国主义情绪强大的压力下，白里安总理坚持，如果要禁止法国建造与大国地位相称的主力舰，那么，在便宜一些的战术替代品，也就是潜水艇上，就不应该对法国有任何限制。[18]这反过来引得英国和日本也要求保留它们的巡洋舰和驱逐舰。正如贝尔福垂头丧气地指出的，这样的结果完全就是事与愿违。尽管帝国有其需求，但伦敦方面还是乐于承认法国的安全与它利害攸关。但是正如大战所证明的那样，英国支援法国的能力完全取决于美国，而美国对旧世界的耐心正在逐渐耗光。这场美国主持的裁军会议，最后却变成了英法两国围绕着如果英国受到跨英吉利海峡的攻击，要不要动用法国海军的问题相互指责，这实在是个灾难。在巴黎和会之后，美国有远见的倡议似乎又一次要被愤愤不平的法国破坏掉了。当然，不言而喻的是，华盛顿方面没有考虑任何法国的基本利益——不管是协约国内部的债务安排，还是欧洲的安全保障。

然而，尽管华盛顿会议没有达成一份真正全面意义上的裁军协定，但它的重要意义仍然无可置疑。美国再次扮演了全球事务领导者的角色；日本的政治阶层给出积极的回应，站到了美国一边；英国也接受了其战略地位的重大改变。贝尔福把这说成是世界历史上一件史无前例的大事，这可不是言过其实。从来没有一个像英国这样庞大的帝国，能在全球权力如此关键的一个维度上，如此明确和有意识地让出自己的优势地位。这可以作为20世纪初的一次先例，与20世纪80年代米哈伊尔·戈尔巴乔夫（Mikhail Gorbachev）退出不断升级的冷战一事相提并论。

然而，华盛顿会议是否也是一次灾难性的误判呢？[19]虽然有很多争执，但英美之间的协议还是由于两国当前在大西洋有共同的利益而得以巩固。相比之下，太平洋上就有些孤注一掷的感觉了。《四国条约》（Four Power Agreement）没能延续《英日同盟条约》（Anglo-Japanese Treaty）下密切的双边关系。1921年之后，大量美国投资涌入日本，但是华盛顿和华尔街却从未能对东京拥有1914年之前英国曾经享有的那种影响。太平洋协定也没有与国际联盟联系起来，它缺少强制机制，因此充满了不确定性。华盛顿大幅削弱了日本海军的力量，但是根据休斯的削减方案，无论英国还是美国，都无法同时在两个大洋上展开行动。美国海军将四个特遣队中的三个都部署在太平洋上，英国皇家海军更是顾此失彼。作为折中方案，最强大的舰队驻扎在位于中心位置的地中海。[20] 这样，当危机发生的时候，它就可以火速起航到西太平洋。但这也需要两个月的时间，而且会使英国本土暴露无遗。华盛顿方面有意识地拆散了英日同盟，这是不是为20世纪30年代后期西方列强既没能在地中海制止墨索里尼侵略，也无法在太平洋遏制日本扩张的那场灾难搭好了舞台呢？

这个问题并不公平，却无法合理地回避。而且还能衍生出更多的问题，因为它指向了华盛顿会议上一个"附带节目"——在实现全球海军协议的同时，在中国问题上达成某种默契——的关键意义。如果在1921年到1922年期间，日本亲西方的势力占据了上风的话，那么，这在某种程度上是由于经济的压力以及日本社会精英之间的换岗交班。但是只有在判断日本的安全环境相对良好时，这种战略的转向才有可能发生。苏联暂时没有什么威胁，日本对西伯利亚的干涉行动很快就要平淡无奇地结束了。因此对日本来说，决定性的因素是中国。主张暴力的人会不会在日本占据上风，关键就要看中日关系能否稳定。

第二十一章　华盛顿会议

二

巴黎和会之后，华盛顿会议标志着中国在世界舞台上又向前迈出了一步。如果要讨论中国的问题，那么它的代表就应该出席会议，它的声音就应该让人们听到。会议为顾维钧和他的同僚提供了舞台，他们再次上演了一幕坚持己见的爱国主义。1921年11月16日，中国代表主动出击，就主权和领土问题提出了十项原则，作为进一步讨论的基础。北京方面希望更具深远意义地收回实质性的主权。它想要修改19世纪签订的那些不平等条约，尤其要求实现关税自主和取消领事裁判权。[21] 从某一方面来说，这些要求完全符合美国的议程安排。中国人想继续改变欧洲和日本借以施加其影响的势力范围局面。在这一点上，华盛顿方面表示同意。同时，因为美国人看上去已经制订了一套清晰的方案，英国也急忙保持一致。

11月21日，华盛顿会议通过了所谓的罗脱决议，承诺"尊重中国之主权与独立及领土与行政之完整"。中国代表希望能够对中华民国的完整性予以明确，但日本认为最好还是不要在中国国家构成的问题上过早做出判断。[22] 不管怎样，与之前各种表示要维护中国政治和领土完整的保证比起来，这次的承诺要走得更远。英国说服日本从山东半岛撤军，这被视为日本的重大让步。日本答应中国有权在15年的期限内赎回德国在山东建造的铁路。在这里，东京方面所做出的承诺同样符合由原敬开始、由高桥推动的战略调整。

一年前的1920年夏天，东京的对华政策曾再次出现危机。它所支持的军阀段祺瑞第二次被吴佩孚和曹锟领导的直系军阀从总理职位上赶下台。[23] 在日本驻满洲的关东军中，很多人都主张，日本在满洲的代理人张作霖应该趁机将他在东北的力量向外扩张，甚至可以扩张到蒙古。但张作霖的忠诚还颇为可疑，同时，1919年5月

4日因为山东问题和巴黎和会而引发的抗议运动导致了反日情绪的高涨，日本仍然未能摆脱其影响。在1921年5月一次关于东方战略的会议之后，日本决定重拾防御姿态。日本要牢牢抓住它在长城以北地区——因此也就不属于汉地*——的特殊利益，但是要打消张作霖争夺国家领导权的野心。在张作霖和直系军阀之间，日本将试图保持中立。合作互利的经济关系将更有利于确保中日两国在世界新秩序中的地位。[24]蠢蠢欲动的日本关东军被严加管束。在华盛顿会议上，负责中日谈判的是具有自由主义思想的币原喜重郎大使，他推动谈判向着和解的方向发展。在接下来的十年里，他还将一直努力，切身体现和解的路线。

华盛顿会议对山东问题的解决方案并不能让中国人满意。[25]在会场之外，一些华侨举行了愤怒的游行示威，他们甚至试图阻止中国代表继续对话。不过，从凡尔赛开始，国际氛围已经发生了变化。1919年，中国在巴黎和会上的处境得到了国际社会的同情，因此，日本一直受到口诛笔伐。从那时开始，中国坚定的民族主义外交就扰动了国际社会。西方列强不是苏维埃的朋友，但中国想要利用苏联在远东的弱点，这让西方国家高度警惕。1920年10月，即华盛顿会议召开前一年，顾维钧从美国发回报告说，美国媒体将中国取消俄国在华权利看作废除所有外国在华特权的"前奏"。按照美国人的看法，这完全就是一场布尔什维克煽动的阴谋，要"对资本主义国家的经济和政治体系发起进攻"。[26]威尔逊的最后一位国务卿班布里奇·科尔比（Bainbridge Colby）忧心忡忡地表示，"哪怕只是看起来受到俄国共产主义的影响，中国恐怕也将失去"国际社会的"友好对待"，可能"为侵略提供借口"。保卫像中东铁路这样的俄国战略资产，这正是西方列强干涉所需要的理由。1920年10月

---

* 历史上对汉族传统地区的称呼，一般指明长城以南的汉族聚居区。——编者注

11日，在中国的外交使团共同向北京方面发出了抗议照会，坚称取消俄国权利一事绝不应该被视为开了先河。中国给出的回复含糊其辞。与俄国的最终条约迟迟未定，中国将同外交使团谈判来找到一个过渡办法，但会以双边方式来解决个别问题。

在华盛顿会议上，中国人似乎又一次要让国际社会的"一片好心"落空了，在这种时刻，大家比1919年时更愿意关注中国国内政治的混乱。1921年1月最初的几天里，当与日本的谈判在华盛顿陷入僵局的时候，张作霖的北京政府被推翻。[27] 4月底，几大军阀再次开战。仅仅一周的激战之后，张作霖惨败。他撤出长城，回到了满洲。在华盛顿会议期间，正如一位英国外交官尖锐地指出的，北京政府事实上只不过是"一群自称政府的人，但他们已经很久没能发挥这个词在西方语境中应发挥的作用了"。[28] 由于顾维钧等人"代表的是作为政治单元的北京，这个代表团不会也不能……说出中国的真实情况"。出于"忠于北京的错觉和对'面子'的过分看重"，中国的外交官在隐瞒他们国家的"真实状况和需求"。中国所需要的并不是受过西方教育的官大人哗众取宠的爱国言行，而是要清醒认识到它所处的困境，真诚地呼吁"支持和保护"，以建立一个正常运转的国家。[29] 而这样一项得到国际社会支持的、建设中国国家的计划需要些什么呢？华盛顿方面的目标很清楚，就是要结束列强在东亚的竞争，但这并不意味着华盛顿方面需要立即承认中国的平等地位。

1922年1月，华盛顿会议被拖到了第三个月，各国达成了安慰性的《九国公约》（Nine Power Treaty），世界大国都应当支持在中国实行门户开放。这个条约反映了1920年5月最终重新组建起来的、包括日本和美国在内的新四国银行团。[30] 根据四国银行团的规定，美、英、法、日同意放弃在中国进行金融投机的竞争，北京则只能向四国银行团借款。J. P. 摩根的托马斯·拉蒙特把这种合作关系称为"小型国际联盟"。[31] 事实上,其主要效果相当于给对华贷款设置了禁令,因为合作协议极为复杂,中国没有哪个实质的政治派别愿意按照他们家长式的要求来合作。1922年年初,美国代表雅各布·古尔德·舒尔曼(Jacob Gould Schurman)明确告诉北京,如果华盛顿方面大笔注入资金,那么它想要的回报会是什么。具有战略意义的中东铁路的控制权必须被转交到一个国际卡特尔手里。舒尔曼暗示说,"他希望中国可以主动提出合作的要求",因为"如果以施压的方式获得这一结果,各国将予以谴责"。对此,北京外交部只表示拒绝回应。[32] 到1922年的时候,再厚颜无耻的军阀也不会答应外国人这种过分的要求,这么做就等于是在政治上自取灭亡。

同样,关税问题也没有取得什么进展。中国希望掌控自己的税收,并且有权抵制外国商品的倾销,以保护本国工业。但是华盛顿会议上的各国却对此拖拖拉拉不肯答应。"一战"结束之后,法国、意大利、比利时和西班牙指望中国恢复支付庚子赔款。考虑到自己狼狈不堪的经济问题,法国坚持中国按照战前的金法郎来兑付,而不是目前已经贬值的法郎。在顾维钧拒绝之后,巴黎方面便搁置批准《华盛顿条约》(Washington Treaty)。会议上本来有可能出现的国家构建的势头就这样被一点点耗尽。与此相反,中国腹地持续的混乱态势为外国人要求的领事裁判权提供了充分的借口。1923年5月,19名乘坐火车旅行的外国人在临城被绑架。

正如国务卿休斯极其目中无人地说出来的,这些让人痛苦的事情证明了"中国政治发展的进程"辜负了人们的期望,"这些人本来希望,在对独立发展的可能性进行了更为充分的衡量之后,会加快……建立起一个政府实体,它有能力履行与主权权利相联系的国际义务……"。[33] 还有一些人的想法要激进得多。美国代表舒尔曼建议整个"铲除掉……中国政府",代之以"一个国际代理机构"。华盛顿方面拒绝考虑进行如此大规模的军事部署,舒尔曼于是退了一步，只提出对中国铁路系统进行国际监管，而那些"激进的学生"和其他"主张中国应拥有完整主权的人将会……反对"的事实，则只要忽视掉就好了。[34]

参加华盛顿会议的英国代表、来自外交部远东司的维克托·韦尔斯利（Victor Wellesley），同意采取激进行动。"没有什么比表现出软弱更要命的了，"他认为，"自日俄战争之后，欧洲各民族在远东地区的声望就在稳步下降，而大战又使这种情况更加严重。"他也支持由国际警察部队接管中国主要交通干道的想法。但是外交部一些头脑更加冷静的人立即指出，现在是1923年，想沿着当年镇压义和团的路线再来一次联合远征是完全不可能的了。正如伦敦的一位官员酸溜溜地总结的："在过去的那些日子里，我们可以刁难中国或者中国人；而在今天，尽管我们（仍然）可以，但他们知道我们并不是真的打算做什么，反而来将我们的军了。"[35]他当然是对的。华盛顿会议既引人注目地展示了全球实力的等级，也做出了深思熟虑的决定，压缩军事力量的花销。会议的目标是为以经济力量引导战后重建扫清道路。但是在世界强国最头疼的亚洲和欧洲地区，这样就足够了吗？[36]

第二十二章
再造共产主义

1905 年，当泰迪·罗斯福总统从中斡旋，促成了结束日俄战争的《朴茨茅斯条约》（Portsmouth Treaty）时，美国宣布自己已跻身最高级别的大国政治。十六年之后，当他的共和党继任者欢迎世界各国来参加华盛顿会议时，日本收到了邀请，中国同样收到了邀请，但俄国却没有。尽管"红色恐怖"已经过去，并不存在共和党人是否愿意邀请共产主义者来做客的问题，但使俄国被排除在外的原因还不止这些。1919 年在凡尔赛，革命的幽灵至少曾被看作一种威胁。两年后在华盛顿，苏俄只有通过向北京方面做出让步，才能在国际社会的天平上留下自己的身影。苏联"活"了下来，但它的经济却近乎崩溃，向外输出革命的尝试也受到了遏制，而这在很大程度上是因为国内的反革命运动。[1]

革命未能如愿发生，是战后社会稳定的一个重要原因，它的重要性也不仅仅是消极意义上的。共产主义运动从失败中发展出了一套长期的斗争战略，不以城市，而以城市周边地区作为根据地；不立足于无产阶级，而要吸引占世界人口大多数的农民。这是意识形态上的一次转变,标志着与 19 世纪的深刻决裂,是马克思主义政治思想中一次痛苦的重新定位,至少与发生在资产阶级自由主义学说上的任何事情一样重要。[2] 当伦敦和华盛顿方面还在担心民族自决对于印度或菲律宾的国家构建可能意味着什么的时候,在莫斯科,共产国际正将殖民地和半殖民地的农民看作未来一股重要的历史性力量。

一

"一战"之后,国际共产主义运动由焦虑转为兴奋。1919 年 3 月在莫斯科召开第一次会议的第三国际(Third Communist International),也就是共产国际,最初只不过是为了仓促回应 2 月在伯尔尼召开的、以赞美威尔逊和讨论战争罪行为主题的社会民主党国际大会。在刚刚成立的时候,共产国际还不是后来它将要成为的那个以莫斯科为中心、纪律严明的组织。[3] 沿着战前社会党国际(Socialist International)的路线,它充当着俄国共产主义者与他们来自西方的同志举行多边会谈的场所。其通用语言是德语和俄语,英语和法语则很少使用。这反映出了对全球革命的看法:包罗万象的巨大火焰,不是由莫斯科控制,而是在很多地方同时爆发,不是防御性的、受到压制的,而是劲头十足地从一个城市飞跃到另一个城市。1919 年,按照马克思主义的传统观点,这场大火的中心应该是在发达国家。英国和美国出现了前所未有的罢工潮,德国的局势则预示着更光明的前途,德国独立社会民主党采纳了"一切权力归苏维埃"的口号。最激动人心的是意大利的局势,社会党激进分子领导着一场大规模的罢工,农民则在占领土地。[4] 核心问题在于,这些斗争将怎样与俄国的革命中心联系起来呢?

中欧将要革命化的前景使得在匈牙利这个新成立的小国中发生

的起义有了重要意义。[5]匈牙利处在一个非常不幸的位置上,它既是1918年剧变之后新的产物,同时又因为曾经在哈布斯堡双元帝国内部享有特殊地位,所以也是被协约国打败的敌人。因此它简直就是最完美的战争牺牲品。它的领土最终被割去了三分之二。因此,卡罗伊·米哈伊(Mihaly Karolyi)总统领导的位于布达佩斯的革命后第一届政府,是威尔逊主义中"没有胜利者的和平"主张的热情拥护者,也就不足为奇了。但这个政府很快就被协约国惩罚性的要求压垮了,1919年3月21日,卡罗伊将权力交给了名义上由社会民主党领导,可实际上由还很弱小的匈牙利共产党及其主要理论家库恩·贝拉(Bela Kun)掌控的联合政府。在此期间,新成立的苏维埃政府宣布了庞大的国内改革计划,但它的首要任务还是要遏制捷克人和罗马尼亚人的野心,同时至少恢复一部分匈牙利的战前领土。与此同时,一个苏维埃共和国于1919年4月6日在慕尼黑成立,凡尔赛的和平对话也陷入了重大危机,中欧国家将被革命彻底改变的前景让巴黎方面颇为恐慌,而欧洲的社会主义左派则对此激动万分,在意大利尤其如此。

匈牙利红军进行了大规模动员,使其人数上升到了20万人,其中还包括由塞尔维亚、奥地利和俄国的国际志愿军组成的一个旅。7月20日,这支革命军队跨过蒂萨河(Tisza River),向正东方向的罗马尼亚发起了攻势。他们希望能够与已经占领了敖德萨(Odessa)、现在控制了乌克兰的苏维埃军队建立联系。匈牙利与苏维埃俄国在春季就已经通过无线电建立了联系。但匈牙利人很不幸,就在这个关键时刻,乌克兰的红军被卷土重来的白军打退。7月24日,得到协约国全力支持的罗马尼亚人发起反击。经过艰苦的战斗,8月4日,罗马尼亚军队趾高气扬地行进在布达佩斯的大街上,共产主义遭到了镇压。

有些人还想更进一步,要击退布尔什维克革命本身,其中最著

第二十二章　再造共产主义

名的便是温斯顿·丘吉尔。到1919年春天，尽管伦敦和巴黎方面决定不采取大规模的干预行动，但西伯利亚的亚历山大·高尔察克将军和俄国南部的安东·邓尼金所带领的白军还是得到了足够的物质支持，使他们对布尔什维克政权的生存构成了严重威胁。1919年10月20日，白军的进攻浪潮达到了顶点。尼古拉·尤登尼奇将军的反革命军队朝着彼得格勒的郊区行进，邓尼金从南部奔向莫斯科，高尔察克也从西伯利亚出发，看样子，现在比以往任何时候都更有可能轻而易举地干掉布尔什维克政权。[6] 列宁和托洛茨基之所以能够得救，是因为他们面对的其实是一个不团结的敌人。如果想策划一场真正有效的反布尔什维克运动，不仅需要西方实质性的承诺，更重要的是，还需要一个能够解决民族自决问题的政治方案，以及对俄国未来命运的一个战略决策——1918年夏天，同样的问题也曾让德意志帝国的战略家们陷入难堪的混乱局面。

整个1919年夏天，协约国迫使高尔察克做出承诺，将在俄国举行一次新立宪会议的选举。但这对波兰人来说还不够。因为担心俄国民族主义死灰复燃，10月11日，华沙方面与苏俄进行了秘密谈判。[7] 作为波兰中立的交换条件，布尔什维克放弃了大片白俄罗斯和立陶宛的领土。这个结果使布尔什维克可以重新部署4万余人的军队，对付正沿着波罗的海逼近彼得格勒的尤登尼奇。[8] 再加上托洛茨基大动员所征募到的230万红军，这足以改变双方的力量对比。到11月中旬，战争形势发生扭转，红军取得了胜利，邓尼金和高尔察克被迫逃亡。1919年11月17日，劳合·乔治向下议院宣布，在已经花费了将近5亿美元之后，伦敦方面打算放弃武力推翻布尔什维克政权的打算。代价过于高昂，而且英国也确实毫无兴趣去重建一个合法且强大的俄罗斯民族国家。劳合·乔治重复了德国外交大臣理查德·冯·屈尔曼在1918年夏天曾经说过的话，他提醒下议院，一个"伟大的、庞大的、巨大的，而且还在不断成长的俄国,像一座冰川一样,朝着波斯以及阿富汗和印度的边界线翻涌而来",这是"大英帝国所能看到的最可怕的事情"。革命对西欧的威胁正在消退,因此更好的办法就是将苏维埃政权隔离在一片"带刺的铁丝网"后面。[9]

劳合·乔治的撤出对白军士气造成了灾难性的打击,但这并不意味着苏维埃政权所面临的威胁就会消失。[10] 从 1919 年年底至 1920 年年初,波兰战争部开始为俄罗斯问题的最终解决做准备。波兰最大的民族主义政党国家民主党反对主动出击,主张据守一片更紧凑、种族也更单一的领土。但是,在波兰这个弱小国家占据统治地位的约瑟夫·毕苏斯基元帅不同意他们目光短浅的看法。毕苏斯基梦想着恢复昔日的波兰-立陶宛联邦(Polish-Lithuanian Commonwealth),直到三十年战争之前,它都阻止了莫斯科向西扩张。与独立自治的乌克兰结盟之后,一个新的波兰超级大国就能构筑一条从波罗的海到黑海的防线。[11] 毕苏斯基认为伦敦方面会喜欢这样的想法,但劳合·乔治政府却拒绝支持波兰的侵略行动。波兰人只得依靠法国寥寥无几的支持,以及与乌克兰民族主义者的联盟勉强支撑。乌克兰民族主义者在德国人遵照《布列斯特条约》撤走之后,逃到了加利西亚避难。[12] 他们承诺将东加利西亚给波兰,作为交换条件,毕苏斯基倾全波兰之力支持西蒙·彼得留拉(Simon Petliura)建立一个独立的乌克兰,并使其成为新秩序的一个永久组成部分。这一战略风险极高,但是华沙方面坚信,红军正在准备向西推进。毕苏斯基决定要先发制人。[13]

1920 年 4 月 25 日,波兰-乌克兰联军发起了进攻。5 月 7 日,他们占领了基辅,使彼得·弗兰格尔(Pyotr Wrangel)将军领导下的白军残余力量得以在克里米亚建立一个稳定的新据点。布尔什维克政权似乎再一次面临来自南方的威胁,生死攸关。然而,过去的三年已经让乌克兰元气大伤。彼得留拉和毕苏斯基的到来意味着基辅将要出现 1917 年 1 月以来的第十五次政权更替了。已经有数十万人死在了德国、奥地利、白军和红军占领者的手上，其中有 9 万犹太人惨遭杀害，这是 17 世纪哥萨克人暴动之后最严重的屠杀行为。幸存者已经没有心情再来一次民众叛乱了。在俄国则正好相反，想到波兰骑兵一路小跑穿过基辅，这样的画面就引发了一场爱国狂潮。在战斗英雄阿列克谢·布鲁西洛夫的带领之下，过去沙皇时期的军官如潮水般涌入了托洛茨基的红军。[14]

战争的结果是现代欧洲史上最为激动人心的时刻之一。1920 年 6 月 5 日，谢苗·布琼尼（Semen Budenny）将军庞大的红色骑兵队伍——1.8 万名强壮的士兵，撕碎了波兰的防线，迫使他们从基辅狼狈逃走。仅仅一个月之后的 7 月 2 日，布尔什维克杰出的司令官和军事理论家米哈伊尔·图哈切夫斯基（Mikhail Tukhachevsky）下达了全面推进的命令。"踏过波兰白军的尸体，踏上世界革命熊熊大火的道路……向着维尔纽斯（Vilnius）、明斯克、华沙！前进！"受到前线指挥官的鼓舞，列宁和布尔什维克领导层现在坚信，他们"站在了苏维埃政府整个政策的转折点上"[15]，是时候"真刀实枪地测验一下，无产阶级社会主义革命在波兰是不是还没成熟……"。法国在手忙脚乱地支持波兰进行抵抗，英国正试图居间调停，这些事实揭示出，"华沙附近的某个地方"就是"当代整个国际帝国主义体系的中心……"。[16]如果能征服波兰，他们就将从根本上"动摇"它的整个架构。红军将唤醒"一个无产阶级革命对抗全球帝国主义的全新地带"。

在《布列斯特条约》之后，布尔什维克将他们的首都搬到了相对安全的莫斯科。即便是在 1920 年夏天，由于害怕被暗杀，列宁也只能被迫在夜间乔装打扮后才出门。然而，为了表现出对敌人的蔑视，在撤退到莫斯科之前，1920 年 7 月 19 日，共产国际的第二届大会在彼得格勒召开。来自 36 个国家的 217 名代表聚集在一幅巨大的波兰地图下面，每隔一小时，就会根据从前线传来的消息在地图上标明苏维埃军队的最新进展。[17] 在一种近乎"革命狂热"的情绪中，列宁给斯大林发电报，表示"共产国际的状况真是棒极了"。他与格里戈里·季诺维也夫（Grigory Zinoviev）和尼古拉·布哈林一起，期待着革命浪潮席卷意大利、匈牙利、捷克斯洛伐克和罗马尼亚。[18] 与此同时，德国的革命同志希望明年他们能够在柏林举办共产国际大会。[19]

二

正是在这种革命四处开花的欢欣鼓舞的背景之下，共产国际发生了第一次转变。在匈牙利和德国，1919年的革命因为缺乏组织且过于分散而失败。随着红军向西突进，俄国革命获得领导权的时机到来了。与西欧社会主义者的徒劳无功相比，列宁主义已经证明了它作为一种革命学说的价值。共产国际将为其所有成员制定严格的新标准。他们必须宣布无产阶级专政为直接目标，绝不能与现在被称为"社会和平主义"的民主政治或"资产阶级合法性"相妥协。不管是在西欧还是美国，共产主义者必须认识到，他们正在"进入国内战争的阶段"。[20] 作为对他们革命勇气的考验，他们必须着手建立一个"并存的非法组织"，并开始在武装部队中组织叛乱活动，从而准备对国家发起直接挑战。如果这意味着会遭到政治警察的镇压，那就由他们去。1918年到1919年深受自由主义者和社会民主主义者爱戴的威尔逊式妙方已经被不屑一顾地扔到了一旁。"如果不通过革命推翻资本主义，那么，任何国际仲裁法庭、任何限制军备协议、任何国际联盟的'民主'改组，都无法阻止新的帝国主义战争。"在国际事务中，只有一项指导性原则："无条件支持任何苏维埃共和国与反革命势力的斗争"。随着红军骑兵的每一次冲锋陷阵,革命真相揭晓的时刻也越来越近,现在已经刻不容缓了。四个月之内,共产国际所有现任成员和想要加入的成员都必须做出决定:要么同意,要么反对。[21]

在1920年共产国际代表大会的十场会议中,有八场都在讨论如何净化欧洲的革命力量这一难题。不过,与这种激进的氛围相适应,共产国际的第二次会议也为全球战略问题的首次大辩论提供了一个平台。[22] 鉴于革命雄心在西欧受挫,"亚洲优先"的口号找到了一位能言善辩又光彩夺目的代言人——曾游历四海的印度马克思主义者M. N. 罗易(M. N. Roy)。罗易最近刚刚经由美国来到俄国,作为墨西哥而不是印度的代表参加了共产国际大会。[23] 但他还是提出,共产国际应该将主要精力放在亚洲,应该选择像孟买这样的城市,在新兴工人阶级以及占亚洲人口绝大多数的贫困潦倒的农民阶层之中,建立起自己的革命基地。他还指出,共产国际有必要给像甘地和印度国大党这样的人或组织一个选择的机会,而不只是把他们看作资产阶级反动派。尽管充满了战斗精神,但罗易的第三世界主义(Third Worldism)对于那些守旧派来说,还是难以接受。最为教条主义的马克思主义者之一、意大利人吉亚琴托·梅诺蒂·塞拉蒂(Giacinto Menotti Serrati)以坚持欧洲中心的传统看法作为回答。革命是不可能在亚洲发生的,因为那里根本没有工人阶级,亚洲只能追随欧洲的脚步。

但是塞拉蒂已经落后于时代了。优秀的俄国人感到,现在不能只是照搬《共产党宣言》(Communist Manifesto)的条条框框了,正如列宁所说,这本书是"在完全不同的环境下"写成的。马克思主义已经发展到了第四代。[24] 正如布尔什维克已经成功证明了的那样,20世纪的革命者应该独立思考,必要时也可以不同意马克思和恩格斯的观点。不过列宁也没有完全同意罗易的观点。"亚洲优先"的想法是片面的。在目前斗争即将达到高潮的时候,共产国际不应该将其资源从欧洲这个帝国主义力量的核心区域转向其他地方。但正如列宁从 1916 年以来就一直主张的那样，殖民地国家的民族解放运动可以借助"联合反帝阵线"的形式，成为革命事业的有力补充。罗易步子迈得太大，他公开反对任何与"资产阶级民主"结盟的想法。因此列宁采取了战术性让步，获得了共产国际绝大多数成员的认同。只有在那些共产主义政党可以与真正"革命的"民族主义团体联合起来的地方，才可以采用联合战线的战略。而接下来的几年证明了，这种区分在现实中极难实现。

虽然在全球革命的具体策略上争议不断，但是在主要目标的问题上，共产国际内部很快就达成了一致意见。英国从 1918 年开始就是反布尔什维克干涉行动背后主要的推动者，它是占据统治地位的全球性帝国。1920 年，沙皇俄国与维多利亚时代的英国这两个帝国主义对手之间的"大博弈"在中亚似乎已经结束，要让位给一个斗争的新时代。1920 年 4 月，人民委员斯大林带领红军进入阿塞拜疆。在占据了巴库和那里的油井之后，共产主义者开展了一场短命的运动，想要让亚洲的穆斯林民众接受激进主义思想。5 月，苏维埃海军跃过里海海岸，将英国人赶出了波斯湾港口小镇安扎里（Enzeli）。在撤退之前，苏维埃军队在波斯北部建立起了吉兰（Gilan）苏维埃共和国，以此挑战摇摇欲坠的德黑兰政权。[25] 吉兰共和国由当地军阀、库尔德酋长、无政府主义者，以及少数激进知识分子组成，它的意识形态来自苏尔坦·扎德（Sultan Zade）。此人比罗易更进一步，主张要在亚洲开展更加成熟的革命。

1920 年 9 月 8 日，东方各民族代表大会（Congress of Peoples of the East）在巴库迎来了 1900 名参会者，他们代表着波斯、亚美尼亚和土耳其的 29 个国家和民族。[26] 在开幕式上，他们聆听了列宁忠实的追随者、狂热的第三世界主义者季诺维也夫冗长的演讲。季诺维也夫宣告了"人类历史上闻所未闻的"一件大事——代表着

第二十二章　再造共产主义

东方数以百万受压迫农民的人们第一次齐聚一堂,这些受压迫的男女被季诺维也夫尊为"我们强大的群众后备队",全球革命的"战士"。[27]为了给他们"对抗英帝国主义的……神圣战争"提供必要的战略基础,莫斯科方面已经与阿富汗签署条约,承认其独立。同时,根据这个条约,作为获得物质支援的交换条件,喀布尔(Kabul)方面不能与英国签署任何协议。[28]与此同时,共产国际的战略家也设想,由阿富汗、恩维尔帕夏的泛突厥主义力量以及一支革命的"上帝之军"(Army of God)组成一个反英联盟,由罗易担任领导。在被调往塔什干(Tashkent)之后,罗易致力于组建一支穆斯林军队,加强基拉法特运动,挑战英国对印度的统治。[29]

尽管1920年的共产国际激情洋溢,但从它的成绩来看,并没有取得革命性的成功。在接下来的几十年里,对共产国际失败的相互指责,成了全世界社会主义运动不同分支之间激烈争吵的主题。但是这样的争论回避了问题的实质。当然,1917—1923年是一个混乱无序的时期。但一场推翻一切的大革命的想法是否有任何现实可能性,这是需要怀疑的。指责失败使我们无法将注意力放在一件更重要的事情上:共产国际所追求的全球政治的前景究竟是怎样的呢?就其野心的绝对规模而言,这标志着一个最高点。对于战前的一代人来说,社会党国际已经发展出了一套常规模式,即共同开会商讨,由来自欧洲各地、后来则逐渐是来自世界各地的党派集中做出决策。伍德罗·威尔逊提供了一个政治家试图在世界范围内吸引公众的先例,巴黎和会和国际联盟都让世界各国的政府齐聚一堂,英国正试图将它的帝国打造成横跨全世界的英联邦,华盛顿会议上的政府间条约构成了海军力量的全球框架。

但共产国际想做的事情要激进得多。它试图打造一场全球政治运动,遵循共同的组织模式,明确地遵循一系列理论要点,依照一份全球行动计划来统一控制和指导,而这份计划自身的基础,是对世界各个主要地点的阶级斗争所进行的相互联系的战略分析。在世俗政治中，还从来没有人做过类似的事情，唯一能真正算作先例的，只有天主教会。因此毫不奇怪，共产国际的思想十分粗糙，且是以欧洲为中心的，它的战术判断经常出现灾难性的错误。这个计划的失败和受挫是由多种因素决定的。正如后来所表明的，1920年，决定性的问题并不是理论是否精妙，或者战术是否灵巧，而是军事上的失利。

在红军向西进军的时候，图哈切夫斯基沿着波罗的海海岸线从右侧包抄敌人。到8月第二个星期时，他的先遣部队已经到达距柏林不到150英里的地方了。[30] 由于魏玛共和国期待与不断前进的苏俄重建外交关系，许多东普鲁士团体对俄军表示欢迎，把他们看作波兰人的可恶统治即将结束的征兆。[31] 由于维斯瓦河（Vistula River）上的补给线在8月的前两周被切断，毕苏斯基开始行动了。利用包围圈最北端与开向华沙郊区的苏维埃军队之间的缺口，他在8月16日发起了反攻，先向北，然后向东进军，深入红军的后方。战局发生了惊人的逆转。到8月21日，图哈切夫斯基的整个阵线已经被打得支离破碎。在南方，8月31日对利沃夫（Lwow）的围攻没能奏效，人民委员斯大林所带领的红军在扎莫希奇（Zamosc）被打败。在可以被看作欧洲历史上最后一场伟大骑兵战的战役中，布琼尼将军的红军第一骑兵集团军被一个波兰枪骑兵旅打得狼狈逃跑，这些波兰枪骑兵的祖先在1812年可是曾经与拿破仑·波拿巴（Napoleon Bonaparte）并肩驰骋疆场的。

1920年10月12日，莫斯科方面同意停火；1921年3月18日，俄罗斯与波兰签订了《里加和约》（Treaty of Riga）。1918年与俄罗斯划定的波罗的海边界线仍维持原状，而《布列斯特条约》中曾设想的白俄罗斯与乌克兰国家则被苏维埃政权和高度扩张的波兰瓜分。列宁承认，这对于扩展革命的愿望来说，是一次严重的失败，但苏维埃政权也由此巩固了自己的地位，改善了它与其他国家，特别

第二十二章 再造共产主义

是英国之间的关系。3月,伦敦和莫斯科方面签订了一项贸易协定。[32]与此同时,克里米亚的最后一个白军据点被端掉,乌克兰无政府主义叛乱的火焰也被扑灭。1921年2月底,红军占领了格鲁吉亚共和国,苏俄对外高加索（Transcaucasus）的征服也随之宣告完成。[33] 12月28日,俄罗斯社会主义共和国、乌克兰、白俄罗斯和外高加索签订条约,组成了苏维埃社会主义共和联盟（Union of Soviet Socialist Republics）。一场横贯大陆的革命运动以一个崭新国家的面貌固定成型了。

随着苏维埃政权巩固了对曾经属于沙皇的大部分领土的掌控,国际社会主义运动被迫接受了共产国际的"二十一条"加入条件。在德国,这造成了独立社会民主党的分裂,多数人加入了共产党的行列,剩下的人则回到了社会民主党之中。法国与此相似,一个共产党从社会党中分离出来。意大利共产党在1921年1月成立。新孕育出来的西欧共产主义运动致力于实践列宁毫不妥协的阶级斗争学说,而恰恰就是在这个时候,武装暴乱的传统正在退出欧洲历史的舞台。1921年3月21日,德国中部重工业区的共产主义者发动了一场政变,不过在几天之内就以惨败告终。同样无疾而终的革命动员1923年时也将发生在汉堡（Hamburg）、萨克森和图林根（Thuringia）。1920年和1921年,英国、法国和意大利的总罢工倡议也都没有实现。从1918年11月至今,任何发生在西方国家的对国家权力的正面挑战都没有成功过。在中亚,1920年的革命热潮也转瞬即逝。泛突厥主义的英雄恩维尔帕夏被证明是一个不可靠的盟友,他并没有投入精力向英属印度发起进攻,反而成了中亚反抗苏维埃统治的领袖。[34]而由于阿富汗人的不合作态度,罗易的伊斯兰军队也解散了。

从1918年11月以来,革命愿景经历了四个阶段。战争结束的时候,处于守势的列宁焦急地寻找能继续维持《布列斯特条约》平衡的办法。1919年春天，愿景让位给了革命的熊熊大火燃遍欧亚大陆的前景。当希望落空之后，1920年，共产国际承担起策划一场全球革命运动的重任。最后，当1921年德国和意大利的革命希望再次破灭之后，莫斯科方面认为自己应当采取革命防御的战略。社会主义没有成为一场全球性起义的蓬勃动力，或是一场全球运动的战略中心，相反，它成了一个国家的意识形态，这个国家与其他国家一起，共同处于一个多样化的世界体系之中。[35]

对全世界的共产主义活动家而言，这极具戏剧性。1919年，他们是能够自我支配的革命组织；1920年，他们服从了共产国际的规定，但得到了革命即将成功的许诺；现在，他们被无限期地与苏联捆绑在一起，要服从苏联的利益。在1921年6月和7月召开的共产国际第三次会议上，唯一实质性的讨论主题就是：各国共产党要服从苏维埃的战略。苏维埃国家将寻求与主要的资本主义国家共存，特别是与英国及其近邻。在欧洲之外，共产主义者将寻求与民族主义力量合作反抗帝国主义。但正如土耳其和伊朗的血腥案例很快就让人们看到的，这给共产主义战士带来了巨大的风险。莫斯科坚持与阿塔图尔克维持良好关系，而不顾他在解决了希腊人和英国人之后，马上就掉头对付土耳其共产主义者的事实。[36] 同样，为了维护与强权人物礼萨汗（Reza Khan）将军的关系，伊朗共产党也成了牺牲品。革命辩证法的实践进入了最为严峻的阶段，铁的纪律与自我否定将成为共产主义革命精神的标志。

三

正是革命范围的不断缩小，使中国作为一个革命的竞技场，看起来具有更加重要的地位了。在华盛顿会议上，中国的民族主义者认为，一直以来在伤害自己的，并不是某一个单独的国家，而是以

第二十二章　再造共产主义

美国为首的帝国主义联合体。四国银行团使抽象的、"一般而言的"帝国主义概念有了一个看得见摸得着的形态。被排除在压迫集团之外的一个国家是苏联。1919年和1920年，中国外交利用俄国的衰弱，收回了沙皇政权享有的特权。现在，局面出现了扭转。西方列强明确表示他们不愿做出实质性的让步，红军则重新确立了莫斯科方面对西伯利亚和蒙古的控制。在此情形下，苏俄向北京派出了一个代表团，进行新一轮的艰难谈判。结果，到1924年，俄国重新获得了对满洲铁路系统的权利。[37]但是，比这还要大得多的战利品，是在中国开展社会主义革命的前景。就像之前的日本人一样，苏俄的对华政策也在两极之间摇摆不定。他们可以只确保一块势力范围，潜在地与其他国家联合；或者也可以更有野心一些，试图控制整个中国。后一种计划需要意识形态上的正当理由。日本曾经拿出来的最好理由是十分薄弱的、明显服务于日本自己的泛亚主义。苏联人需要提供一套更吸引人的方案。

1920年9月，在巴库召开的东方各民族代表大会上，季诺维也夫对中国人糟糕的表现感到沮丧。1922年1月，作为对华盛顿会议的回应，苏俄召开了一次新的远东劳动者代表大会（Congress of the Toilers of the Far East），参加这次大会的有来自日本、印度、印度尼西亚、蒙古和朝鲜的激进派，还第一次包括了一个来自中国的大型共产主义代表团。[38]虽然在具体的策略上存在争议，但大家至少都一致同意，中国的民族革命不能和西方国家有任何联系，不能再指望从美国那里得到什么了。在诞生的第一年，中国共产党还只是一小群知识分子，但在香港和广州声势浩大的罢工之后，中国共产党接到命令，要与工人组织结合起来。

1922年11月，在共产国际第四次代表大会上，把"东方国家"的农民阶级组织起来、制定"在东方问题上的总认识"再次成为讨论的主题。共产国际新路线的核心观点是：有必要让庞大的农村人口投入民族解放的斗争中。共产党的任务就是向民族资产阶级党派施压，推动他们采取土地改革方案，以此吸引农村的无地人口。[39] 至关重要的是，1923年1月12日，共产国际对中国共产党做出指示："中国当前唯一一个真正的民族革命集团是国民党。"[40] 不论好坏，在这样一句话里，共产国际做出了其他国家一直不愿做出的选择。它不仅承认了国民党的重要地位，同时还帮助它开展了大规模的国民革命。几周之后，这一点也在苏联的官方外交中得到了证实。苏联驻华代表阿道夫·越飞（Adolphe Joffe）放弃了北京，去上海与孙中山见面，在那里，他们发表了一份关于未来合作的宣言。接下来在5月时，一份特别指示将农民问题看作中国革命的核心问题。除了在城市里发挥作用，中国的革命同志还被要求发动一场农民起义。这一战略并不符合中国共产党创始人的口味，他们是城市里的知识分子，目光集中在现代社会的产业工人阶级身上。但它也使一批新的组织者在党内崛起，其中就包括青年毛泽东，他本人就是农民的儿子。

这种新的农民阵线不仅局限在中国。1923年10月，农民国际第一次代表大会（First International Peasant Conference）在克里姆林宫王座厅召开，来自40个国家的158名代表与会。波兰、保加利亚和匈牙利，还有墨西哥和美国，都有代表来参加会议。亚洲方面有来自日本的片山潜和来自印度支那的胡志明。列宁在1923年年底已经处于弥留之际，斯大林还待在暗处，因此，红军的英雄托洛茨基、共产国际的领导人季诺维也夫，以及曾经的左派共产主义者、理论家布哈林三人争先恐后大出风头。在《布列斯特条约》签订之后曾经主张用一场农民战争来阻挡德国人的布哈林现在提醒任何一位愿意听他说话的人："只要这个世界上的绝大多数人口还是农民，那么农民斗争的问题就是政策的核心问题之一。"[41] 至于季诺维也夫，他绝口不提排他性的无产阶级专政，而是宣称，必须将工人革命和农民斗争结合在一起，这是"列宁主义最基本的特点"，是"列宁做出的最重要发现"。季诺维也夫最新的革命愿景，是发动一场巴尔干起义，从保加利亚和南斯拉夫一路向西，从而打破欧洲秩序。

但是，在关于农民和农民主义的讨论中，也总弥漫着另一种声音。早在1923年4月俄国共产党第十二次代表大会上，季诺维也夫就替新路线进行了辩护。对于那些指责他倒向民粹主义和农民利益的人，他回应道："是的，我们不仅必须倒向农民，而且，我们必须弯下腰来——必要的时候还要蹲下身来，了解农民的经济需要。他们将追随我们，并带给我们完全的胜利。"[42] 然而，与第三世界主义的革命热情一道的，还有一种近乎放弃的现实主义感受：必须承认，19世纪伟大的预言家所许诺的"真正的革命"，即无产阶级革命，已经遥不可及了。这一痛苦的洞见并不是来自共产国际远在中国或者波兰的行动，而是俄国现实所带来的深刻教训。

四

到1921年年初，托洛茨基和红军已经在国内战争中获胜，但也付出了沉重的代价。因为担心失去农民的支持，红军不再讨论任何集体农场和土地国有化的问题。村民可以保有他们从1917年以来获得的所有土地，这使得农民不会被反革命势力拉拢，但也造成了左右为难的困窘局面。在被称为"战时共产主义"（war communism）的体系之下，工人的工资完全是定量配给的。到1918年，俄国的货币几乎已经一文不值了。由于土地都在农民手中，而城市的粮食供应日益减少，因此政府不得不实行征用制度，必要时甚至诉诸武力。这就带来了可怕的恶性循环，农民越来越不愿意耕种，而饥饿威胁下的城市人口又纷纷逃往农村。到1920年年底，彼得格勒的人口锐减75%，莫斯科的人口也减少了将近一半。

对于列宁本人来说，其政权的成功有一个伟大的标杆，那就是现代共产主义的鼻祖、1871年的巴黎公社运动。1921年3月上旬，就在布尔什维克政权准备在第十次代表大会上庆祝巴黎公社五十周年纪念时，却遭到了一件其历史上前所未有的事件的动摇。3月1日，在1917年十月革命中具有传奇色彩的、彼得格勒城外的喀琅施塔得海军基地，士兵起事反对苏维埃政权。面对这场挑战，图哈切夫斯基带领5万名赤卫队成员急赴喀琅施塔得进行应对。

虽然在政治上毫不妥协，但是在经济上，列宁愿意采取灵活政策。强制征集的做法带来了灾难，通货膨胀四处蔓延，工厂工人纷纷旷工。3月21日，在党的代表大会上，最轰动的事情就是列宁宣布了所谓的"新经济政策"（New Economic Policy）。乡镇和城市的全面集体化政策被叫停，雇用20人以下的企业可以拥有私有财产，粮食税取代了余粮征集制，而且从1924年开始用现金支付，一种与黄金挂钩的新货币将投入使用，以恢复民众信心。

到1921年，苏维埃政权放弃了对波兰的革命侵略和反对大英帝国的全球运动，并且在国内外都公开与资本主义达成妥协。因此，在西方国家看来，与其说它是一种革命性的威胁，还不如说它是一个失败国家。在收获季来临之际，一场干旱重创了伏尔加河流域的贫苦农民，显然，新经济政策来得太晚了。国内战争已经造成了至少100万人死亡。现在，曾经是欧洲人粮仓的地方，却有上千万人面临饥荒的威胁。7月13日，列宁授权异见作家马克西姆·高尔基向国际社会发出援助请求，不是为了世界革命，而是用人道主义的语言，为了"托尔斯泰（Tolstoy）、陀思妥耶夫斯基（Dostoyevsky）、门捷列夫（Mendeleyev）……穆索尔斯基（Mussorgsky）"以及"格林卡（Glinka）的国家"。世界上"所有正直的人们"都应该向他的国家伸出援助之手。这绝不是革命的国际主义，没有了"面包和药品"，俄国仅靠自己无法存活。[43]

第二十三章

热那亚：英国霸权的失败

1921年8月16日，劳合·乔治在下议院提到了来自俄国的令人担忧的消息。伏尔加河上的饥荒是"如此骇人听闻的灾难"，劳合·乔治说道，"每个人都应该抛除成见，内心只保留一种情感——怜悯和人类的同情心"。1800万人的生命正危在旦夕。然而，想完全绕开政治问题来与苏维埃政府打交道，这说起来容易做起来难。列宁在1921年3月宣布了新经济政策，对抗型外交政策也开始趋向软化，在很多西方国家看来，大饥荒是布尔什维克政权行将就木的证据。请求援助的呼声是由俄国一批知名人物发出的，而这些人当中有几位像马克西姆·高尔基一样，是列宁政权广为人知的批评者，这件事不是很值得关注吗？俄国这样一份救灾小组名单，有没有可能为一个新的临时政府奠定基础呢？[1] 1921年秋天，似乎有可能在锋芒尽失的苏维埃政权和重新整合的俄国的基础之上，实现真正意义上的欧洲全面和平了。正是这样的前景，诱使劳合·乔治采取了战后最大胆的谋求和平的措施。这将被证明是英国对自己实力的自信，以及它在现实中的局限的突出展示。

一

自从1920年秋天苏波战争结束之后，伦敦方面就一直在寻找一个既能恢复与苏俄的贸易又能保障大英帝国边界安全的权宜之计。但这种缓和政策也有它的局限。为了回报对它的援助和认同——至少是默认，苏俄必须承担起最基本的国际责任。[2] 最重要的，《布列斯特条约》所拖欠下来的对法国和英国的几十亿美元债务，必须要达成相关协议。法国超过四分之一的对外投资前途未卜，超过40亿美元的资金来自160多万投资者，他们中的很多人都是俄国工业和铁路的私人投资人。英国的那一部分略少，大约有35亿美元，它们绝大部分都是俄国政府欠下的。[3] 1921年10月，一次国际会议在布鲁塞尔召开，讨论西方国家应如何全面应对苏俄的饥荒。在英国的领导下，会议通过决议，可以对苏联进行援助，但条件是它必须承认自己所欠下的巨额债务，同时要在苏俄境内创造出可以恢复贸易的"条件"。布鲁塞尔大会强调，国际信用"必须建立在信心之上"。[4]

10月28日，苏俄外交人民委员格奥尔基·契切林对布鲁塞尔方案做出回应，如果西方国家最终愿意把苏俄看作和平总方案的一个合法成员，苏维埃政权也将考虑至少承认俄国在战前的义务。然而，在那个时候，苏俄已经找到了另一个求助的对象。在华盛顿，国务卿查尔斯·埃文斯·休斯刚刚向各国发出华盛顿会议的邀请，饥荒的消息就突然传来，这无疑加强了国务院不承认苏俄政权的决心。但是自比利时救济行动以来，救助饥饿的欧洲人好像就成了美国的某种专长了。随着世界粮价直线下跌，大量过剩的谷物需要处理。早在1921年7月，擅长应对紧急情况的赫伯特·胡佛就已经开始让他久经考验的救济管理局行动起来。在莫斯科看来，恰恰由于华盛顿方面极力想避免官方接触，因此它的援助就十分吸引人了。[5] 只要胡佛能够随心所欲地采取他认为合适的行动，附加条件就会降

第二十三章　热那亚：英国霸权的失败　　449

到最低程度。这个美国救济组织的规模是如此之大，以至胡佛完全不需要与苏俄当局合作，就可以在俄国开展行动。[6] 1921 年 8 月 18 日，在劳合·乔治呼吁建立共同战线之后仅仅两天，苏俄就接受了胡佛的援助提议。[7] 在接下来的 12 个月里，美国养活了 1000 万俄国人。

　　但是苏俄的饥荒并不是 1921 年秋天唯一一个要降临的危机。在巴黎和会两年之后，和平的各种苦难再次让法德关系恶化。1921 年 3 月，西里西亚的全民公投不出意外地产生了不明朗的结果，并导致了波兰人的起义。再加上围绕赔偿问题的持续斗争，就形成了一个小型火药桶。当战后重建的费用快要让法国财政破产的时候，1920 年以来德国全国范围内暂时的货币稳定状况也出现了可怕的动摇。[8] 约瑟夫·维尔特政府公开表示将会偿还赔款，但是为了达到这个目的，它源源不断地印制钞票，将之投入市场。在与波兰人进行了最后一次战斗之后，自由军团被解散，但右翼的威胁仍然持续不断。1921 年 6 月 4 日，魏玛共和国的首任总理菲利浦·谢德曼在与他的一个女儿一起散步的时候，被人用氰化物气体袭击。谢德曼活了下来，但是右翼的敢死队在 8 月 24 日又一次发动了袭击，这次他们夺走了马蒂亚斯·埃茨贝格尔的生命。这些右翼的民族主义者是为了报复 1917 年夏天，埃茨贝格尔和谢德曼带领德国国会第一次发出呼吁和平的声音。支持共和国的政党明白这些威胁，但是 1921 年 10 月，当国际联盟将上西里西亚的大部分土地和它的重工业都交给波兰的时候，他们也无法在这场爱国主义的惊涛骇浪中遗世独立。维尔特总理领导的政府在 1921 年 5 月曾经答应履行伦敦方面发出的赔款最后通牒，但现在政府成员辞职抗议。维尔特别无选择，只能重组内阁。

　　但是现在赔款问题的僵局比过去更加严重。德国重工业界借由西里西亚问题上的愤怒情绪，决定不再遵守由外交部部长瓦尔特·拉

426

特瑙签订的、以交付煤炭来向法国支付赔款的协议。他们还否决了增加营利税的提议。相反,德国政府被迫展开一场屈辱的谈判,希望能以德国商业和大地主的共同财富为担保,获得一笔私人国际抵押贷款。1921年11月12日,在鲁尔地区最显赫的商业巨头胡戈·施廷内斯(Hugo Stinnes)所主导的德国企业领导人大会上,民族主义右翼分子要求,作为回报,革命时期包括八小时工作制在内的各种社会承诺都应被废除,包括世界上最大的商业组织德国国有铁路(Reichsbahn)在内,所有生产性国家资产都应该实行私有化。没有哪个政府能在这样一个平台上以民主方式进行统治。而鉴于社会民主党、独立社会民主党以及德国共产党之间已经分裂,这就使得左派没法得到足够的选票来推进它自己所倾向的方案,即通过大幅提高对私有财产的征税来偿还战争赔款。

随着德国的财政基础受到质疑,1921年秋天,市场对能否履行赔款表现得越来越没有信心。此前马克兑美元的汇率为1美元兑99.11马克,到11月底已经跌到了262.96马克。在柏林,警察不得不去对付大群因为恐慌而疯狂囤积进口食品的购物者。正如德国经济事务部的副部长尤里乌斯·赫什(Julius Hirsh)所说的:"我们所面临的并不是兑美元的汇率是300还是500的问题……我们所面临的问题是,在现有的货币状况下,我们究竟还能否保持独立?我们究竟是否愿意保持独立?"[9]

由于魏玛共和国的将来晦暗不明,德国国内各方力量都在寻求外国的支持。美国似乎已下定决心不会介入,因此,到1921年年底,英国被看作德国的救世主。12月,瓦尔特·拉特瑙和施廷内斯都来到伦敦,讨论相关事宜。施廷内斯将他对国内私有化的想法扩展成了一个不同寻常的计划:用一笔国际财团贷款来吸引英美资本,对整个中欧铁路网进行全面重组。[10]施廷内斯提出,将德国国有铁路私有化,以它为中心,形成一个涵盖奥地利、波兰和多瑙河流域主要铁路干线的"东欧铁路共同体",这不禁让人想起外国操控下的中国铁路。[11]在与劳合·乔治讨论之后,施廷内斯和拉特瑙又把俄国也拉进了他们的计划之内。[12]从1920年起,苏俄的贸易谈判代表就一直在欧洲各地兜售购买铁路设备的巨额订单,克虏伯已经确定拿到了利润不菲的合同。[13]列宁已经同意将苏俄40%的黄金储备用于进口铁路设备,5000个新的火车头和10万节车厢的购买谈判正在进行中。这项进口计划的规模如此庞大,以至于让沙皇时代的巨额战争合同都相形见绌。[14]与胡佛成捆的粮食相比,重建交通系统才是将俄国与欧洲经济重新组合到一起的关键所在。德国工业可以生产火车头,但它在1921年所无法提供的是信用,因此需要伦敦方面的帮助。

德国的请求得到了正面的评判。到1921年12月,英国内阁终于明白,如果任由战争赔款将德国拖入危机,那整个欧洲也"将陷入无法估算的灾难之中"。美国袖手旁观,英国只得采取主动。[15]英德两国可能联手的前景足以让巴黎方面开始行动。1921年12月18日,法国总理阿里斯蒂德·白里安紧跟德国人,也来到了唐宁街。[16]

如果英国重新采纳1919年3月劳合·乔治最初的提议,那么赔款僵局就可能被打破了。英国可以重新向法国做出之前因为美国国会拒绝批准《凡尔赛和约》而未能生效的安全承诺;法国就会对德国做出足够的让步,从而让美国满意,并恢复信贷流动,一场灾难就将避免。问题在于,需要明确英国将付出的代价。它对法国的安全承诺将限制在多大范围之内?如果法国要插手一场德波战争,那么伦敦方面是不会援助法国的;英国人也没有太多热情去和法国结成双边军事联盟。从华盛顿会议回来之后,白里安想到,可以像与日本就中国的完整性缔结四国公约那样,也在欧洲缔结一份区域性公约,他希望这个解决方案能对华盛顿有吸引力。[17]

这使劳合·乔治想到了一个更加庞大的计划。如果说,英法两国之间的症结是法国在东方的盟友缺乏安全感,而与德国的问题是赔款,劳合·乔治便提出了一个能够稳定和恢复包括俄国在内的东欧经济的方案。法国对全面双边安全保证的要求过于坚持和封闭,应将之开放,促成整个欧洲大陆的和解。[18] 只需要进行一次大型外交谈判,就可以说服苏俄接受布鲁塞尔会议所提出的经济援助条件。在这个基础上,数亿英镑的资金将涌入满目疮痍的苏联,既能让俄国重回资本主义阵营,也能为德国恢复出口提供资金。德国将获得它所需要的硬通货,以稳定地支付赔款;这转而又能恢复法国在美国的信用。德国能从对俄贸易中获得需要定期支付给法国的5000万英镑(2亿—2.5亿美元),这会让巴黎方面获得一笔7亿—8亿英镑(约35亿美元)的贷款,将大大解决法国的财政困难。[19] 德法之间得不偿失的斗争将变成欧洲大陆经济增长的强力发动机。作为一个融合了机会主义和进步主义野心的人,劳合·乔治认为,一场外交上的成功还能让他提前举行大选,为他所在的自由党阵营赢得一场漂亮的胜利,不再依赖自卡其选举以来就一直在限制他的保守党。随着欧洲走向和平,劳合·乔治就能战胜正在崛起的工党,并重新成为掌控进步主义中心地带的人物。

只要大英帝国掌控着全局,欧洲经济就会恢复,共产主义的幽灵就会消失,法德之间的冲突就会缓解,政治的天平就会倒向中左翼。放到当时的国际环境中来看,我们就更会意识到劳合·乔治有着惊人的广阔战略视野。1921年年底到1922年年初,他在欧洲问题上的倡议与华盛顿会议上的全球海军协议,以及同一时间帝国内部多重危机的解决相互呼应。劳合·乔治非常清楚,如果大西洋、太平洋和欧亚大陆这一更广阔范围内的战略挑战没有得到解决的话,制伏甘地、遏制爱尔兰以及让埃及民族主义者变得中立只能是战术性的、暂时的成功。他所试图实现的正是对战后自由主义危机的全球性修复。然而,也许有人会把这一点颠倒过来。劳合·乔治所考虑计划的范围，说明了如果想要真正地全面重建自由主义秩序，这在实践中会是一项多么令人眼花缭乱的庞大工程。从来没有人做过这样的尝试。考虑到英国有限的资源，这个任务非常艰巨。

二

1922年1月4日，协约国最高委员会（Supreme Allied Council）在戛纳（Cannes）开会，劳合·乔治带头呼吁在几个月内召开一次包括德国和俄国在内的经济和金融会议。至于苏联，戛纳会议通过了一系列决议，这些决议实际上是对国际秩序新前景的一份声明。会议勇敢地宣称，各个国家相互都不能决定其他国家的内部所有权体系、内部经济和政府。但是，外国投资取决于对产权的认同，政府必须承认公共债务，必须要有公正的法律制度和有保障的货币条件，同时不得有颠覆性的宣传活动。这份声明旨在消弭对资本主义秩序的任何威胁，以它为基础，苏俄就会被重新接纳到国际大家庭当中。[20] 1922年1月8日，莫斯科方面同意接受邀请，参加一场欧洲会议。威尔逊搭建了一个失败的国际联盟框架，德国和苏联都不是其成员，英国和法国避开了这个框架，邀请其他一些利益相关的国家，来参加在意大利城市热那亚（Genoa）举行的峰会。

德国对英国的解决办法感到高兴。总理维尔特对英国大使达伯农勋爵（Lord D'Abernon）强调："德国是英国在欧洲大陆上的前哨，或者我应该说，是盎格鲁—撒克逊文明的前哨。就像你们一样，就像美国一样，我们也必须要有出口，只有通过贸易，我们才能生存。这必须成为我们三个国家的政策。"[21] 但是德国所设想的英美在欧洲的良性经济霸权只是一个幻想。华盛顿方面并没有打算给予劳合·乔治的构想任何鼓励。食品援助是一回事，但华盛顿方面认为，与苏联直接对话的想法简直是大逆不道，因此拒绝了参加热那亚会议的邀请。在法国也一样,英国施展其实力的方式极度敏感。对于总理白里安的批评者来说,英国关于达成一个广泛的欧洲安全公约的想法,与其说能够保护法国,还不如说是使德国免于遭受任何对《凡尔赛和约》的有力执行。而只要苏联还没有还清法国的贷款,邀请它参会就是有争议的。[22] 邀请两个被抛弃的国家在友好的条件下参加同一场大会,这简直无异于自杀。

1922年1月12日,法国众议院里的中右翼多数派沸反盈天,将白里安赶下台,转而支持雷蒙·普恩加莱。这位新的法国总理经常以心胸狭窄的沙文主义者形象出现在漫画中。在德国人和法国共产党像是商量好了一样同时发起的宣传活动中,他很快成为其中的目标,被描绘成一名战争贩子,他与帝国主义俄国的秘密外交是1914年8月战争的真正起因。[23] 这一历史解释后来在一些英语国家的威尔逊主义者中,找到了狂热的拥趸。[24] 然而,对于普恩加莱来说,正如对于克列孟梭、米勒兰或者白里安一样,与英国结盟是首要任务。不过,他的欧洲安全观不同于华盛顿会议的模式。

1922年1月23日,普恩加莱向伦敦方面提议订立一个三十年的军事协议,双方互相给予保证,以对付德国。从劳合·乔治的角度来看,这会是一场灾难。他提醒普恩加莱,他一直致力于在英法之间达成同盟。即便是在1898年法绍达危机(Fashoda crisis)*导致两个帝国之间的关系最为紧张的时候,劳合·乔治也曾公开指责发生在"两个民主国家"之间的冲突是极为荒唐的。现在劳合·乔治也警告普恩加莱,要小心来自英国反对党派——自由党和工党的敌意,他们坚决反对卷入任何欧洲大陆上的事务。[25] 如果英国和法国这两个民主国家反目成仇的话,"欧洲历史上最严重的灾难"将有可能发生。[26] 但是劳合·乔治的恳求徒劳无功。普恩加莱知道,

---

* 1898年英法两国在东非的殖民地争端危机,最终以英国的外交胜利告终。——编者注

第二十三章　热那亚：英国霸权的失败

这位英国首相现在已将他的名誉都押在了定于4月在热那亚召开的会议上，这让他有了筹码。

时间一分一秒地过去，热那亚会议即将召开，法国拼尽全力抵挡外国债权人的要求，德国濒临破产，欧洲的经济僵局正达到一个新的危机点。普恩加莱就职之后，赔款委员会同意德国暂时延期支付，但条件是柏林方面必须提交一份全面的财政整顿计划，由委员会批准。[27]维尔特政府不顾德国企业的强烈抗议，同意了协约国的要求。它同意提高税收，征收强制性国内贷款，收取黄金关税，提高国内煤炭价格，提高铁路运费，授予德意志银行自主权，实施货币管制，以防止资本外逃。[28]财政整顿中主要的一项是早就承诺过的削减食品补贴。此举会节省几十亿马克，但会导致面包价格猛涨75%。这样做的政治代价显而易见。

1922年2月初，总理维尔特任内出现了德国历史上唯一一次公共部门职员大罢工。刚开始的时候，他想采取强硬手段，运用魏玛宪法中所规定的紧急时期权力。但即使是曾经在1920年镇压了鲁尔的共产党起义、现在担任普鲁士强硬的内政部部长的卡尔·泽韦林（Carl Severing），也在全国范围的抗议面前退缩了。"这样做的后果就是食品短缺和抢劫盗窃，最后将不得不动用德国国防军，然后一场内战将近在咫尺。"[29]虽然这样的结局得以避免，但1922年3月18日到期的分期赔款还是几乎耗光了德意志国家银行的外汇储备。1922年3月21日，赔款委员会宣布，德国可以将全部应付赔款推迟到4月15日，但必须同意在几周之内进行财政整顿，增税600亿马克的方案将在5月底由德国国会投票表决。这实际上是把德国的公共财政置于国际监管之下。德国的赔款谈判人员从巴黎向柏林发回警告，提醒不应做出过度反应。事实上，3月21日的这些威胁性要求已经是大打折扣的了，原本法国提出的要求会带来严重得多的影响。巴黎方面又有人提出要将德国"奥斯曼化"。[30]不过德国政府恰恰是这样看待这些新要求的——对德国主权的严重侵犯,在一个曾经被道貌岸然地称为国际大家庭的地方,要重新将德国降为二流或三流国家。事实上,如果是普恩加莱而不是劳合·乔治制定了这些条款,那么,拉特瑙和施廷内斯在1921年12月前往伦敦的整个依据就都是有问题的。[31]

日益绝望的施特雷泽曼和拉特瑙将目光投向了大西洋彼岸的美国。正如拉特瑙在德国国会所说的:"从来没有哪个国家像现在的美国这样,把欧洲大陆的命运牢牢地捏在自己手心里。"[32] 但是拉特瑙的请求没有得到华盛顿方面的回应。哈定政府拒绝改变胡佛在1919年5月最初为威尔逊政府划定的立场。要想迫使欧洲人找到一个满意的解决方案,最好的办法就是美国不要进行干预。欧洲的赔款危机就像此前1920年的通货紧缩经济危机一样,在以商业为主导的重建逻辑走上正轨之前,只能顺其自然。[33]

三

与华盛顿会议轰动一时的开幕式相比,劳合·乔治的热那亚会议在平淡无奇中开始,即将进行的复杂谈判并不适合国务卿休斯曾经震惊全世界的那种做法。美国未能出席,普恩加莱下定决心作壁上观,这让英国获得了领导权,但也从一开始就给谈判带来了危险。1922年4月14日,劳合·乔治以一个相当蹩脚的俏皮话开场:既然是一位叫作克里斯托弗·哥伦布(Christopher Columbus)的热那亚公民曾经为欧洲人发现了美洲,"他希望现在这座城市也能够为美国人重新发现欧洲"。[34] 法国与英国关系紧张,因为普恩加莱坚持认为赔款问题不容讨论。意大利并不能取代法国成为权力上的伙伴。法西斯势力在其农村地区肆意猖獗,罗马因此出现了危险的

第二十三章　热那亚：英国霸权的失败　　457

权力真空，这将在一年之内为墨索里尼登上权力顶峰打开大门。同时，日本也理所当然地受邀来到了热那亚，但是与华盛顿会议不同，日本没有重大利益牵涉其中；德国人充满了怨恨，又不够老练；苏俄代表团成为这场会议真正的分量所在。

热那亚会议上有很多人认为，这次国际性的会议标志着欧洲政治的新时代，是大战结束以来第一次真正的、包括了每一个国家的和平大会。但如果真是这样的话，那它就彻底希望破灭了。在伦敦，很多人毫不掩饰对他们自己提出的妥协所感到的厌恶之情。[35] 在私人信件和日记中，英国代表发自肺腑地宣泄着他们的不认同。作为德国代表团领袖、魏玛共和国指路明灯之一的拉特瑙被认为不过是个"秃顶的犹太败类"；布尔什维克在英国人看来，就好像"他们是从特鲁里街（Drury Lane）的哑剧里走出来的……契切林就是个败类，当然，除了他本人和克拉辛*之外……他们都是犹太人"。"想到在这里人们的主要兴趣都集中在他们与我们的未来关系上，"另一个人写道，"我觉得非常难受。"[36]

在开幕对话中，契切林给苏联披上了一件拥护和平与裁军计划的外衣，这让会议的主人感到尴尬。[37] 与共产国际要求其欧洲分部为国内战争做好准备时所推行的国际主义相比，这是一条更温和的路线。[38] 但是，在就苏联重新回到国际社会的条件进行谈判时，一场艰巨的拉锯战上演了。西方国家坚持债权人的权利，作为反击，苏联人甩出了一张500亿金卢布（约36亿美元）的赔款账单，要求弥补协约国干预苏俄内战时所造成的破坏。戛纳的议程本身就足以使热那亚会议偏离正常轨道，因为它对不干涉的承诺与保护财产权的要求相互矛盾。然而，新的资本主义投资如何与社会主义相互

---

* 指列昂尼德·克拉辛（Leonid Krasin），布尔什维克政治家、外交官，曾担任苏联交通人民委员、贸易和工业人民委员、外贸人民委员，以及首任苏联驻法国大使。——编者注

协调的问题从来没有被认真提出来过，各种讨论始终没有超出国际债务偿付问题的范畴。俄国会偿还债务吗？如果相互就协约国内部的战时债务达成谅解，来换取对战前沙皇债务的承认，在此基础上，也许能够找到妥协方案。但是，不管情况如何，苏联人都没有打算达成协议。苏联代表团里以阿道夫·越飞为首的激进派更乐于回到列宁的方针上："分而治之，各个击破"。

莫斯科方面的根本目标是要先发制人，打消劳合·乔治想要组成一个英法德同盟来压制俄国的幻想。他们在德国人中找到了同伴，德国人对劳合·乔治这场庞大博弈的信心已经因为3月的赔款危机而严重动摇，同时他们自己心头也有着挥之不去的担心，觉得这次大会真正的目的不是要达成普遍和平，而是要重建反德同盟的包围。德国外交部中主张订立一份俄德条约的保守分子更强化了这一想法。[39] 在热那亚，有消息称法国和英国可能会支持莫斯科方面对德国的赔款要求，以此帮助俄国偿还沙俄时期的债务，这更增加了德国人的恐惧。因此，当拉特瑙听说俄国与西方各国在背着德国举行对话时，德国代表团一片恐慌。他们要不惜一切代价阻止反德同盟的形成。

4月16日复活节当天早上，拉特瑙放弃了之前与西方签订协议的主张，受邀来到苏联代表团在热那亚郊区的别墅，举行单独会谈。[40] 晚上6:30，两国代表团签订了《拉帕洛条约》（Rapallo Treaty），这时他们已经改变了整个会议的走向。劳合·乔治这次大胆的举动并没能建立一个全欧洲的安全秩序，反而为德国和苏联这两个被抛弃的国家达成一份相互承认与合作的条约打开了大门。劳合·乔治自己也承认，"德国的技术与苏联在原材料和人力方面的资源相互结合，再加上它们超过两亿的总人口"，这构成了"对欧洲和平的可怕威胁"。[41] 对法国来说，这是一个极其可怕的图景。不信任的情绪笼罩着热那亚，法国迅速得出结论，认为伦敦方面从一开始就在阴谋策划这场俄德结盟。[42] 可实际上，这对于劳合·乔治来说，也是一场巨大的灾难。通过俄国来调解德法关系的宏大计划已经四分五裂了。

虽然华盛顿会议被看作一次完美的成功，而热那亚会议被看作一次十足的灾难，但是这两个宏大的计划其实有一个共同的倾向，那就是低估了那些想要打破战后现状的力量。伦敦、巴黎和华盛顿方面都以为金融霸权能够平息民族主义的迫切要求。它们组建财团，来监督和指导中国与俄国的财政与交通基础设施。[43] 这无疑会带来巨大的商业机会。然而，没有了过去那种由势力范围和治外法权来提供保障的国家担保，私人银行家并不愿意提供实质性的贷款。尽管财团围绕中国进行了这么多的政治活动，但并没有任何资金流入。没有了美国的参与，试图让苏联受制于资本主义财团的想法也只能胎死腹中。西方列强低估了中国民族主义的力量。而颇具讽刺意味的是，参加热那亚会议的西方代表还在担心，如果他们逼得太狠，可能会导致苏维埃共产主义政权很快就被一个咄咄逼人的民族主义政权取代。[44] 尽管苏维埃政权确实面临着严重的形势，但这种想法仍然是一种误判。列宁的新经济政策与其说是一次战略性的后退，还不如说是一次战术性的调整。莫斯科愤愤不平地接受了赫伯特·胡佛的援助，这并不是投降的信号，而是体现了他们不惜任何代价也要活下来的意志。他们绝不会允许伦敦方面组织起一个想要让苏联附属于它的资本主义联合财团。[45]

尽管德国政府表面上宣称要履行承诺，但它却极想投身暴乱的阵营。与苏联签订的《拉帕洛条约》同德国与中华民国的外交联系如出一辙。土耳其的阿塔图尔克热烈鼓掌欢迎。[46] 当然，德国的财政状况不容乐观，但它把自己与苏联、中华民国以及叛乱的土耳其人联系到一起，组成一个被抛弃国家同盟，则是一种自我放纵的民族主义幻想。《凡尔赛和约》是建立在德国主权的基础上的。1921

年 8 月，华盛顿方面非常顺利地单独与魏玛共和国达成了和平协议，从而正式结束了战争状态；英国无疑希望德国能够重新回到国际经济和政治体系之中；法国的焦虑只要加以利用，很容易有利于德国。劳合·乔治所需要的只是德国继续承诺遵守《凡尔赛和约》，但拉帕洛的交易却释放出了相反的信号。如果它是想回到俾斯麦时代的现实政治，那么这也只是没有实质内容的现实政治。如果《拉帕洛条约》不是一个精心计算过的权力游戏，而是别的什么东西，是鼓舞人心的呼喊，是一个民族抵抗的姿态，那它就提出了这样一个问题：德国人想要走多远？[47]

这究竟意味着什么，这一问题在 1922 年 6 月 20 日用鲜血写出了答案，实业家瓦尔特·拉特瑙在他位于格吕内瓦尔德（Grunewald）的别墅外被一支右翼暗杀小队枪杀。大街上发生了支持魏玛共和国的游行示威，市场也随之做出了判决。在拉特瑙被杀之后一个星期，马克的汇率从 1 美元兑换 345 马克跌到了 1 美元兑换 540 马克。[48] 德国右翼会冒着内战和经济混乱的危险向西方国家摊牌吗？从大战停火以来，这个问题就一直悬而未决。在热那亚会议刚刚结束之后，正是这样一场抵抗行动，将让劳合·乔治失去首相职位，同时也将证明，任何以英国为首重建欧洲秩序的尝试都是华而不实的。

四

在热那亚会议召开前的几周里，劳合·乔治不得不在他的印度事务大臣埃德温·蒙塔古和外交大臣乔治·寇松之间斡旋，导致两人不和的事件，是甘地的被捕，以及伦敦方面为了促成地中海东部和平而向土耳其提出的条件。热那亚会议上的灾难已经使伦敦方面受到打击，现在不仅在欧洲，而且在近东地区，英国都面临着一场全面的政策危机。到 1921 年年底的时候，希腊人显然已经不可能

第二十三章　热那亚：英国霸权的失败　　461

打败阿塔图尔克的民族主义军队了。为了能从协约国对奥斯曼帝国的拙劣政策中脱身，法国已经在1921年3月与安卡拉方面达成了和解。伦敦方面也想为自己找到体面的撤退方式。然而，由于法国只是袖手旁观，苏俄从他们与德国新建立起来的联盟获得了支持，而对安纳托利亚的重新占领又近在眼前，因此阿塔图尔克拒绝做出任何妥协。[49] 在1922年夏末，希腊人采取了一次错误的行动，他们想通过占领君士坦丁堡并把这个奥斯曼帝国的首都作为筹码，从而重新恢复自己的地位。然而阿塔图尔克并没有被吓到，奥斯曼帝国早就失去土耳其人对它的忠诚了。1922年8月26日，阿塔图尔克向爱琴海沿岸发起了进攻。9月9日，这场进攻达到了高潮，士麦那遭到洗劫，惊恐万状的希腊人纷纷逃跑。土耳其军队随后挥师北上，距离海峡靠土耳其一侧的协约国占领区不到几英里。1922年9月中旬，希腊联军已经溃逃，驻守在海峡西岸恰纳卡莱（Chanak）的5000名协约国士兵发现，凶悍的土耳其军队已经到了他们面前。

　　对于伦敦方面来说，撤退并不是一种选择。在向爱尔兰做出的退让、印度的起义、整个中东地区对其权威的挑战，以及热那亚的惨败之后，伦敦方面再也丢不起这张脸了。英国军队开挖战壕，全力防守，寇松绝望地向法国和整个帝国求助。但是，当寇松和普恩加莱在巴黎会面时，两人却开始相互指责对方的背叛。[50] 至于自治领的答复，如果那也能算得上是答复的话，则更让人沮丧。南非没有回应伦敦方面；对加拿大而言，华盛顿会议已经照顾到了帝国基本的战略关注；澳大利亚则对于英国只有在危难之中才向它寻求帮助怒不可遏，并且对于重演加里波利（Gallipoli）战役毫无兴趣。[51] 劳合·乔治的宏大战略已经分崩离析，这使得英国不仅在欧洲，而且在它自己的帝国内部都被孤立了。

　　1922年9月23日，土耳其方面派出了一个营的先遣部队，进入了完全处于英国军队视线范围内的中立缓冲带。伦敦方面发出最后通牒，要求他们立即撤退。英国与民族主义土耳其之间的全面战争一触即发。[52] 接下来可能发生的事情令人不寒而栗，不仅因为土耳其在这一地区的武装力量超过英国，而且因为站在阿塔图尔克背后的，与在拉帕洛时站在德国人背后的一样，是苏联。苏联被证实提供了潜艇，用来打破皇家海军对地中海东部的钳制。9月18日，英国海军接到命令，要求击沉任何靠近他们的苏联船只。而让局势更加糟糕的是，一周前，希腊军队发生了叛乱，反对"亲德国"的国王，认为他应该为安纳托利亚的灾难负责。这不是尚不成熟的法西斯式夺权，政变的目的是让劳合·乔治的伟大盟友、亲西方的埃莱夫塞里奥斯·韦尼泽洛斯总理重新上台，但这也意味着希腊选民的意愿遭到了无情的践踏。

在与希特勒就苏台德区发生冲突之前，英国还从来没有像现在这样马上就要被卷入一场大规模战争。劳合·乔治的立场不过是虚张声势，战争一旦爆发，英国肯定就会被全面压制。[53] 因此，负责指挥的英国司令官选择没有把那份咄咄逼人的最后通牒发出去，这大概也没什么可奇怪的。1922年10月11日，双方开始就停战进行谈判。战争得以避免，但是政府的命运已经无力回天了。仅仅一周之后，10月19日，托利党议员嘘声四起，将首相赶下台，结束了劳合·乔治长达16年的内阁生涯。他将成为英国现代史上最后一位自由党首相。新上台的托利党政府首先要做的，就是尽可能从海外纠纷中脱身。在经历了六个月的曲折谈判之后，随着《洛桑条约》(Treaty of Lausanne) 在1923年7月签订，近东问题终于得以平息。[54] 原来在1915年《伦敦条约》和1916年《赛克斯—皮科协定》中提出来的瓜分安纳托利亚的计划被明确放弃；法国和英国解决了它们的分歧；土耳其民族国家得以建立，成为地中海东部灾难性的战后安排中唯一一支真正强大的力量。从1919年开始，希土冲突已经造成了5万名军人死亡，还有数万人受伤。双方的民族清洗更是造成了数十万平民的伤亡。这一和平开创了一个不祥的先例,要用150万希腊人来"交换"50万土耳其人。

即使在恰纳卡莱危机之前,伦敦在欧洲的外交政策就已经濒临崩溃。德国处于违约边缘,而法国受到来自美国的巨大压力,伦敦方面做出了最后的努力,以维持主导权。它采取了一次异乎寻常的鲁莽行动,外交大臣亚瑟·贝尔福以单方面但有条件的形式提出,除了美国向英国要求的数目之外,免除对过去盟友的全部金融债权。[55] 英国这个单方面的废除计划在1920年和1921年时就曾多次有人提议,它释放出了强大的信号。但是贝尔福在1922年的这个声明看起来与其说是慷慨,还不如说是巧妙。它在对法国做出要求的同时,也让美国成为众矢之的。因此这两个国家都拒绝了它。[56] 1923年1月,托利党新政府放弃寻求能全面解决财政问题的方案。伦敦方面把赔款问题扔给了法国,自己与华盛顿方面就其战时债务问题举行双边谈判。英国将按3.3%的平均年利率偿还美国46亿美元,期限是62年。[57] 每年超过1.6亿美元的支付额要比英国战前偿还的全部国债还要多。它相当于国家教育预算,或海军费用的三分之二,足以在62年内为英国全部城市贫民窟人口新建住房。[58] 在战争中失去两个儿子的英国首相安德鲁·博纳·劳对这些条款怒不可遏,他退出了内阁的相关讨论,并以辞职相威胁。

虽然伦敦方面对这个方案深恶痛绝,但是与1922年年初美国国会委员会所开列的那些苛刻条文相比,这已经相当慷慨了。[59] 即使是这样一份方案,也需要哈定政府对参议院发出强烈的呼吁,以说服他们同意。对于美国政策而言,它确认了华盛顿会议上英美海军协定之后诞生的新秩序。正如胡佛所说,与伦敦达成的债务安排可以让美国对英国"这一拥有强大支付能力与和平意愿的国家"的政策,与美国将要对包括法国在内的那些"支付能力低下,而且仍然沉迷于战争手段"的欧洲大陆国家所实施的政策区别开来。[60]

第二十四章
悬崖边上的欧洲

苏德在拉帕洛达成协议的惊人消息传出来之后，不到一个星期，新组建的美国国会大战债务融资委员会（Congressional World War Debt Funding Commission）就向巴黎方面发出了官方要求，要求对方提交法国拖欠美国的 35 亿美元债务的还款计划。[1] 三天之后，1922 年 4 月 24 日，总理普恩加莱在家乡巴勒迪克（Bar Le Duc）的一次集会上发表讲话。[2] 他宣称，不论法国多么希望与英国和美国结成同盟，它都保留对德国采取行动、必要时使用武力的权利。整个夏天，美国国务院派遣的杰克·摩根（Jack Morgan）*都在欧洲活动，希望能用一笔私人贷款缓解赔款乱局。[3] 但普恩加莱将银行家晾在一边不予理睬。[4] 如果协约国内部的债务问题没有进展，在赔款问题上就不可能有什么让步。摩根没有给出判断。法国倾向于用军事行动来维护德国财政稳定，这一点或许是对的，但

---

* 美国银行家。1913 年，父亲 J. P. 摩根去世后，他继承了家族财产并接管了包括 J. P. 摩根在内的公司业务。——编者注

第二十四章　悬崖边上的欧洲　　　　　　　　　　　　　　　　465

如果那样的话，毫无疑问，又需要更多的贷款。不能指望美国投资者愿意"花钱让自己卷入争论之中"。[5]

1921年年底至1922年年初，劳合·乔治希望通过经济手段来弥合导致欧洲分裂的严重对抗，而法国现在却又打起精神，打算用武力来修改财政方案的内容。一次国家暴力行动就这样被赤裸裸地兑现了。巴黎方面进行了计算，将法国军队派遣到德国西部的工业中心鲁尔，只需要花费1.25亿法郎；而开采鲁尔煤矿所带来的回报，可达每年8.5亿金法郎。事实证明，对德国西部实行军事占领可以为法国带来可观的回报[6]，但它也导致了一场危机，将德国推到崩溃的边缘，迫使英国和美国重新介入欧洲政治。对法国来说也有风险。与德国的对抗会导致自己站到盟友的对立面，同时也会引发针对法国货币的投机性攻击。可是现状无法让法国感到安全。

一

法国并不想单独行动，协约国至少在名义上还是法国政策的定心丸。1922年的停战纪念日，已退出政坛的乔治·克列孟梭重出江湖，开始了他最后一次跨大西洋的旅行，希望能获得公众的支持，使美国采取有利于法国的干涉行动。11月21日，在向纽约的听众讲话时，他问道："你们为什么要参加战争呢？是为了帮助别人保护民主吗？你们得到了什么？你们现在指责法国的军国主义，可是，当法国战士在拯救世界的时候，你们却没有这么做。无须怀疑，德国正在准备一场新的战争。除了美国、大英帝国和法国结成紧密同盟之外，没有其他办法可以阻止它。"[7] 当克列孟梭的讲话在纽约民众中引起共鸣时，美国的外交官却在背后试图将法国重新拉回到谈判桌上。但是，由于国会在战时债务问题上不容妥协，哈定政府也左右为难。12月29日，在美国历史学会（American Historical

Association）于康涅狄格州的纽黑文召开的会议上，国务卿休斯发表了讲话，他后来宣称这次讲话是听从了"上帝的声音"。[8] 他给出了华盛顿方面最大胆的提议。美国与它的战时伙伴之间不再有任何新的政治或经济约定，但美国会派出专员参加欧洲经济专家的会议，以确认德国的偿还能力。[9] 但这对于法国来说已经不够了。到11月底，普恩加莱的内阁已经决定，如果德国再出现无法履约的状况，法国军队就要强制执行《凡尔赛和约》。

协约国的其他成员会做出什么反应呢？考虑到德国曾经的掠夺，比利时人应该能指望得上，他们会支持强制执行赔款规定。英国人打算置身事外。而1922年10月，意大利有了一位新总理，他叫贝尼托·墨索里尼。这位意大利领袖（Il Duce）十分善变，曾经是社会主义者和一个准军事团伙的头目。他的黑衫军（squadistri）自1919年以来的所作所为只会让每一个愿意接受法治的人感到厌恶。但是到了1922年，墨索里尼开始远离他自己发起的运动中那些声名狼藉的东西，并且愉快地接受了意大利社会中最有影响力的群体对他的支持。不论人们怎么评价法西斯分子，他们都是坚定的反共产主义者。最重要的是，从法国的角度来看，墨索里尼的整个事业是建立在他一次次的战争经历上的，没有人比他更激烈地反对"没有胜利者的和平"了。对法西斯主义侵略倾向的担心是后来的事情。在1923年，墨索里尼绝不会阻挡法国对德国采取强制行动。[10] 这就是巴黎方面所需要知道的全部东西。

1923年1月11日，在一片令人不安的沉默之中，愤怒的德国老百姓看着驻莱茵河的法国军队带领着一个比利时步兵营和一队象征性的意大利工程师，共同开进了鲁尔。这次入侵行动是法国在欧洲的军事优势一次引人注目的表达，其先头部队包括一支庞大的机动特遣队，由坦克和坐在卡车上的步兵组成。法国总参谋部想要在德国北部平原上深入推进。然而，6万余名法国士兵没能实现这样

第二十四章　悬崖边上的欧洲

顺畅的军事行动，而是陷入了鲁尔老百姓残忍且力量悬殊的斗争。到了3月，鲁尔和莱茵兰已经在行政管理上与德国的其他地方分离了。法国议会中的安德烈·马奇诺（André Maginot）本身是一位瘸腿的退伍老兵，他号召将鲁尔夷为平地，将德国曾经对法国北部所做的事还给德国。[11]然而，普恩加莱已经下定决心，不能摧毁鲁尔，而要从这里开采煤炭。

德国人用消极抵抗来回应。矿工拒绝挖矿，铁路也停止运营，德国国有铁路在鲁尔的17万员工中，只有357人愿意为法国工作。作为报复，铁路工人和公职人员与他们的家人一起，一共14.7万名男女老幼，被立即逐出了占领区，而他们通常只会提前几个小时接到通知。[12]400名铁路员工因为从事破坏活动被判处长期监禁，8人在与占领军的战斗中死亡。为了防止受到攻击，每趟将煤炭运往法国的火车上都分配了精挑细选出来的德国人质。[13]总共有至少120名德国人失去了生命。[14]而这与战争期间德军在比利时和法国北部所残杀的成千上万老百姓比起来，只不过是九牛一毛。然而，占领过程中的暴力行为却证明了德国观察家的观点，即在这个新秩序中，战争与和平之间的界限已经无可救药地模糊了。如果德意志民族国家的一个重要部分可以被军队占领、它的人民要遭受残忍的报复，那么，和平意味着什么呢？如果这是和平的话，那什么才是战争？

1923年1月16日，柏林政府正式宣布支持鲁尔的抵抗运动。魏玛共和国的财政与德国经济所承担的后果是毁灭性的。汇率从1美元兑换7260马克跌到了1美元兑换49,000马克。食品和原材料等进口的生活必需品价格飙涨。为了阻止经济下滑，魏玛共和国将它最后仅剩的外汇全部砸进货币市场，尽可能买进马克，以人为地维持其价值。大型工业团体和工会都被劝告至少暂时不要表现出不信任，并要稳定工资和物价。[15]但是德国的情况显然难以为继。由于鲁尔已经不能发挥作用，德国甚至需要外汇来进口煤炭。4月

18日，局势一溃千里。马克大幅跳水，汇率在6月跌到了1美元兑换15万马克。由于成捆的货币被用在了鲁尔，到8月1日，马克的汇率已经跌到了1美元兑换100万马克。从1921年开始，两位数的通货膨胀曾经帮助德国躲过了全球性的经济衰退，而在1923年，恶性通货膨胀则让德国陷入了瘫痪（表11）。在鲁尔的大型炼钢厂和矿井，老百姓只能忍饥挨饿，因为农民拒绝为了一文不值的货币而售卖粮食。鲁尔发生了恐慌性的食品暴动，导致几十人死亡，数百人受伤，30万饥肠辘辘的儿童不得不从那里被疏散到德国其他地区。[16]但是德国本身也只能提供相对的安全保障。8月底，随着马克的汇率跌至1美元兑换600万马克，约占工人总数四分之一的500万名工人，或者被解雇，或者只有短期工作。

德国人先是在3月，后来又在6月更加正式地请求英国和美国进行调解。但是这两个国家都不愿意采取行动。对于国务卿休斯来说，"美国是世界上唯一一个稳定的地方，因此……出于这个原因，除非能确保成功，否则我们绝对不能采取任何行动"。在威尔逊的惨败之后，哈定政府不会冒险让自己被夹在欧洲和国会之间。[17]休斯无意与参议院纠缠不清，在这个参议院里，国际主义者现在分裂成了亲英主义者和亲法主义者，而与泰迪·罗斯福相似的那些强势民族主义者则同情普恩加莱，与不断壮大的亲德派相互争执。[18]正如休斯对英国大使达伯农勋爵所说的，除非法国和德国愿意达成一项"公平的安排"，否则它们各自都不得不"咽下自己那枚混乱的苦果"，这种语气让人想起"没有胜利者的和平"。[19]的确，休斯的这些观点太容易让人回想起英国代表1919年在巴黎从美国代表团处听到的那些话了，以至英国政府中一些年纪较大的人无意识地把这位国务卿称为"威尔逊"。[20]

与此同时，英国已经从欧洲事务的中心位置撤出，有意识地不再插手其中。在这个全是托利党人的新政府看来，他们离欧洲大陆上那些狂躁不安的邻居越远越好。1923年6月，议会被说服投票增加一笔资金，将刚刚成立的皇家空军规模扩大不止一倍，而这支空军的主要任务就是防止法国袭击英国。[21] 然而，虽然华盛顿和伦敦都不想支持普恩加莱，但它们也不会马上援助德国。7月20日，在回应德国最近一次的援助请求时，伦敦方面建议就赔款问题制定一套联合解决办法。但是，当普恩加莱坚持德国应该首先停止消极抵抗，而柏林方面表示拒绝之后，伦敦和华盛顿方面也就袖手旁观了。[22]

他们能坚持多久呢？如果说莱茵河畔的局势还不够糟糕的话，1923年夏天，法西斯侵略首次在整个世界面前登台亮相。8月27日，一个国际委员会在划定希腊和阿尔巴尼亚的边界线时，被一伙希腊强盗伏击，一位意大利将军和他的参谋被杀害。希腊拒绝支付墨索里尼所提出的过于高昂的赔偿要求，也不同意由意大利人来负责对谋杀案的调查，这位意大利的新总理随即派遣舰队，炮击并占领了伊奥尼亚海上的科孚岛（Ionian Island of Corfu），杀害了15位平民。希腊将此事提交国际联盟。终于，伦敦方面被其满不在乎、自以为是的表现震惊了。外交大臣乔治·寇松刚刚与阿塔图尔克根据《洛桑条约》最终确定了和平安排，他决心要阻止地中海区域的又一个突发事件，谴责意大利的"行为""充满暴力且不可饶恕"。[23] 英国驻罗马大使馆以一种惊慌失措的语气向伦敦发去电报，说墨索里尼是一只"疯狗，在被处决之前，他会带来无尽的危害"，这个意大利的独裁者，"什么不经思考和不计后果的事都干得出来，甚至可能让欧洲陷入战争"。

与直接同《凡尔赛和约》相关的鲁尔危机不同，在伊奥尼亚群岛发生的暴力事件，恰恰就是创建国际联盟所希望化解的那一类事件。科孚岛事件在各方看来都是一次考验。墨索里尼毫不掩饰他的轻蔑："这么一个国际联盟，它让海地和爱尔兰与大国平起平坐，在希土冲突、鲁尔或是萨尔问题上都表现得无能为力，留着行动鼓

表11 德国陷入恶性通货膨胀，1919—1923年

时间	每100个职位的求职者数（季度平均值）	每月批发价格上涨（季度平均值）	每月钢铁产量单位：千吨（季度平均值）	票面国内债务（单位：10亿，以1913年马克为标准）	实际国内债务（单位：10亿，以1913年马克为标准）	每季度《凡尔赛和约》支出（单位：百万，以1913年马克为标准）	不含《凡尔赛和约》的预算余额（单位：百万，以1913年马克为标准）	预算余额（单位：百万，以1913年马克为标准）
I 1919	187	4	518	151	54	0	0	0
II 1919	159	4	501	162	50	0	-3393	-3393
III 1919	149	17	704	169	32	0	-1998	-1998
IV 1919	171	18	654	174	17	0	-780	-780
I 1920	173	31	608	178	11	0	-348	-348
II 1920	182	-7	694	195	14	-393	-795	-1188
III 1920	218	3	753	220	15	-441	-1206	-1647
IV 1920	214	-1	790	230	16	-402	-339	-741
I 1921	245	-2	813	233	18	-543	348	-195
II 1921	209	1	758	257	18	-849	-966	-1815
III 1921	158	16	839	280	12	-960	-270	-1230

（续表）

时间	每100个职位的求职者人数（季度平均值）	每月批发价格上涨（季度平均值）	每月钢铁产量 单位：千吨（季度平均值）	票面国内债务（单位：10亿，以1913年马克为标准）	实际国内债务（单位：10亿，以1913年马克为标准）	每季度《凡尔赛和约》支出（单位：百万，以1913年马克为标准）	不含《凡尔赛和约》的预算余额（单位：百万，以1913年马克为标准）	预算余额（单位：百万，以1913年马克为标准）
IV 1921	149	20	922	310	9	-1017	102	-915
I 1922	159	16	961	330	6	-843	345	-498
II 1922	115	9	972	349	4	-696	399	-297
III 1922	118	61	974	484	1	-354	-231	-585
IV 1922	179	76	999	1403	1	-333	-492	-825
I 1923	309	62	889	1986	0	-393	-663	-1056
II 1923	297	67	631	8048	1	-252	-837	-1089
III 1923	369	1293	312	54130	0	-156	-5490	-5646
IV 1923	1070	13267	270	5119160061	0	无	无	无

445

励社会主义对法西斯意大利发起袭击。"[24]作为回应，英国外交部认真权衡了对意大利实施全面制裁的可能性。然而，全面的海上封锁已被证明是一项烦琐庞杂的工作。不仅需要动员英国的全部舰队，还需要意大利所有邻国的合作，没有美国，它也难以奏效。此外，鉴于鲁尔的局势问题尚未解决，法国无意与墨索里尼作对。巴黎方面否决了任何要将这个问题提交给国际联盟的想法，并坚持通过在巴黎举行大使级会议来解决。会议在9月8日迅速做出了判决，这一判决被广泛认为是一场扭曲正义的闹剧，因为它对希腊施加了苛刻的条款。不过至少墨索里尼试图吞并科孚岛的企图被制止了。更重要的，大使们拙劣的谈判也强化了对旧式外交的批评，这些批评者认为，国际联盟必须在将来发挥更大的作用。尽管墨索里尼公开蔑视国际联盟，但他是一个极为敏锐的政治家，不可能意识不到他在整个国际社会激起的愤怒有多么严重。直到20世纪30年代早期，国际秩序在更大范围内开始崩塌之前，他的侵略行动止步于科孚岛。

当科孚岛危机得到控制的时候，德国的危机却迅速升级了。1923年8月13日，鲁尔的民众还在忍饥挨饿，总理威廉·古诺（Wilhelm Cuno）的中右翼政府宣布辞职。古斯塔夫·施特雷泽曼接任总理，建立起了一个体现民族团结的跨党派联合政府。施特雷泽曼在1923年执掌大权，这是他从战时的帝国主义理论家到德国新外交政策的设计师这一不同寻常的人生轨迹中决定性的一刻。在施特雷泽曼对世界的看法中，关键性的一点就在于，他相信美国的经济实力所发挥的核心作用。[25]在大战期间，正是这样的看法让他提出，德国必须在中欧地区为自己打造一个与美国旗鼓相当的、更大的经济圈。在战败之后，跟他在日本的同行一样，施特雷泽曼转而认为，美国的崛起开启了一个全新的时代，在这个时代中，德国唯一现实的政策就是接受美国的霸权地位并为自己找到一席之地，即成为美国资本有价值的市场和投资工具。1923年8月，施特雷泽

第二十四章　悬崖边上的欧洲

曼最初希望能把美国和英国拉回到欧洲政治之中,这样他也许就能够避免向法国投降。但是普恩加莱已经把他的条件说得很清楚了,而无论是华盛顿还是伦敦方面,都不愿意草率地对德国施以援手。

柏林方面现在面临着一个举步维艰的困境。共和国是否还应该继续支持鲁尔的抵抗运动以捍卫民族尊严,即便其代价是国家有可能完全崩溃,还是说它应该想办法与法国达成协议?经过五个星期的痛苦谈判之后,9月26日,柏林政府屈服了。内阁决定停止对鲁尔的官方支持,并尽可能地寻求满足法国的要求。在1918年11月的停火协议和1919年6月接受《凡尔赛和约》之后,1923年的秋天见证了德国的第三次屈服,这也开启了一段真正危及存亡的时期。1918年和1919年,埃茨贝格尔和社会民主党人至少还能说,他们对和平条约的接受,是改变威廉时代历史这个过程的一部分。他们曾因战时爱国主义而团结一致。当法国军队开进鲁尔地区的时候,民众聚集在共和国的身边,正如1914年8月他们聚集在威廉帝国的身边一样,但是他们的希望再一次破灭了。1923年秋天,在鲁尔的一个个钢铁之城里,德国警察与法国坦克一样,都被用来镇压愤怒的人群。[26]

法国赢了,正如普恩加莱曾经许诺的,对鲁尔的占领有了回报。到9月底,这次占领行动的花销达到7亿法郎,而从鲁尔地区得到的收入却有10亿法郎。[27]但是法国可不只是证明了自己的军事实力并获得经济利益。战后秩序的整体结构正在建造之中。对于法国来说,克列孟梭曾经在凡尔赛关上的种种可能性现在又被重新打开。毕竟,法国所需要接受的,或许不必是一个完整的德意志民族国家的主权。[28]法国在1919年的任务面前曾经畏手畏脚,但在1923年10月初,它得到了第二次机会,可以彻底规划一幅新的欧洲地图,再次达成威斯特伐利亚式的和平,从而回到1648年,在瓦解德国的基础上建立起欧洲的安全保障。

雅克·班维尔是1919年和平条约最具洞察力的保守主义批评家。众所周知，他对普恩加莱有非常大的影响。10月21日，在德国西部边境沿线的亚琛（Aachen）、特里尔（Trier）、科布伦茨（Koblenz）、波恩（Bonn）以及普法尔茨（Palatinate），发生了或多或少得到法国公开资助的分裂主义叛乱。[29] 实际上，所有这些叛乱都没有民众愿意追随。如果不是有法国军队保护着他们，德国的分裂主义者很容易遭到私刑而被处死。但是到了1923年秋天，对魏玛共和国完整性的最大威胁并不是来自法国的阴谋，而是来自国内。德国积蓄已久的内战再次卷土重来。[30] 从1920年开始，当共产国际号召其全体成员都要为国内战争做好准备时，德国共产党就一直在训练自己的准军事组织。1923年10月，当德国共产党领导人海因里希·布兰德勒（Heinrich Brandler）被叫到莫斯科接受指示的时候，他声称有一支超过11.3万人的军队可供自己调用。[31]

为了与1917年布尔什维克夺取政权——而不是1918年德国革命——的周年纪念日同步，德国共产主义起义的日期被定在了1923年11月9日。[32] 由于与革命总部的沟通出现了失误，港口城市汉堡当地的党员于10月23日仓促发动起义，很快就被镇压下去。但莫斯科方面不屈不挠，红军的机动部队带上他们所有能说德语的军官，来到了波兰边界。在德国，共产党的战斗主力聚集到了中部的工业区。[33] 让柏林感到担忧的是，10月初，萨克森州政府已经被左翼社会党人领导的联合阵线联盟接管，但其中有几位共产党的部长是直接听命于莫斯科的。[34] 在9月26日屈服之后，紧急状态法已经开始生效，因此，6万名魏玛国防军得以于10月17日进入这一地区。共和国中止了社会党政府的权力，而实力被严重夸大了的共产党军事力量也迅速被制伏。

在向法国投降之后，仅仅过了几个星期，在萨克森的干涉行动又一次使德国政治陷入危机之中。施特雷泽曼的联合政府在9月已经被右翼抛弃,现在社会党人也要与它说再见了。社会党人纷纷站出来,抗议政府没有公正对待左翼力量。现在,中右翼不得不独自执政,但就施特雷泽曼而言,他也别无选择。他必须采取行动来对付萨克森的左翼,以便继续控制巴伐利亚的局势。在那里,极右翼所造成的威胁更加来势汹汹。1921年结束了与波兰人在西里西亚的冲突之后,巴伐利亚就成了德国墨索里尼崇拜者的集会地点。[35] 从1923年春天开始,年轻的政治煽动家阿道夫·希特勒已经冉冉升起,成为极力鼓吹与法国进行血战的主要人物之一。希特勒引用1812年俄国人在即将被拿破仑占领时决定焚毁自己首都的例子,要求必须把鲁尔变成普恩加莱在莱茵河上的莫斯科。[36] 希特勒得到了国家社会主义德国工人党（National Socialist German Workers' Party, NSDAP）褐衫冲锋队的支持,他显然正在等待机会发动政变,但巴伐利亚极度保守的州政府会对此作何反应,还不得而知。有人主张巴伐利亚应当向萨克森发起一场反共讨伐。总理施特雷泽曼绝望地向魏玛国防军求助,但国防军司令汉斯·冯·泽克特将军只是回答说,他非常乐于去对付萨克森的赤卫军,但他无法命令他的军队向巴伐利亚的同志开火。柏林也流传着一些看起来很可信的谣言,说泽克特自己正在权衡,要不要尝试一次波拿巴主义的行动,打上"几发霰弹",让魏玛共和国烟消云散。

虽然施特雷泽曼个人对民族主义右翼所提出的要求深表同情,但他坚信,独裁政府是不可能与国际社会达成一个能够保证德国未来发展的解决方案的。阴谋家煽动国内的混乱局面,这威胁到了他最深层的价值观——魏玛共和国自身的完整。为了刺激他自己所在的德国人民党中的右翼分子给予他全力支持,1923年11月5日,施特雷泽曼宣称,"爱国主义联合会（Vaterlaendische Verbaende,民族主义的准军事组织）是否会铤而走险发动战争,将在这个星期揭晓"。如果他们想要挑战共和国的权威,结果就会是"内战",同时将"莱茵和鲁尔拱手让与"法国所支持的分裂主义者。要想让共和国存活下去,国内秩序必须得到保证。对于那些不负责任的阴谋以及对商业和农业利益的敲诈,他感到"厌倦和疲惫",正是这些人带来了恶性通货膨胀的灾难。如果民族主义的冲锋队向柏林进军,他将坚守阵地。他们将不得不在共和国的总理府将他"击毙",作为政府的领导人,他"有权待在"那里。[37]

由于希特勒的急躁和巴伐利亚右翼内部的自相残杀,柏林得以避免了这个场景。1923 年 11 月 9 日,行进在慕尼黑的大街上、面对巴伐利亚警察发射出的"几发霰弹"的,不是共产党人,而是希特勒与他的冲锋队员,埃里希·鲁登道夫将军也在其中。希特勒可耻地逃掉了。右派力量和左派力量对魏玛共和国的挑战都被击败了。在接下来 15 个月的监禁中,希特勒将会得出莫斯科的共产国际也刚刚领悟到的结论:在现代德国,想要暴力夺权绝无可能。如果希特勒想要摧毁"这个系统",他就必须从内部着手。

但并不只有极端主义者从这场危机中汲取了教训。处于 1923 年各种事件中心位置的,还有莱茵兰首府科隆市的市长、中央党的康拉德·阿登纳。1949 年之后,作为德意志联邦共和国的首任总理,在西德走向成功的故事中,阿登纳比其他任何人都做得更多。但早在那之前三十年,当他的城市被英国军队占领时,阿登纳就已经对西欧的和平愿景进行了大胆的设想。阿登纳建议,与其像背信弃义的法国人所主张的那样,将莱茵兰从德国分割出去,还不如让其心向西方的地区摆脱普鲁士的独裁统治。普鲁士在德国西部的存在是维也纳会议留下的一份糟糕的遗产,本是想要建立一个缓冲区来对付法国。结果就是德国国家结构的平衡被打破,在 6500 万人口中,有 4200 万人处于普鲁士的管辖之下。在阿登纳的联邦主义构想之中,一个拥有 1500 万勤劳的国际化居民的莱茵兰自治州,将给德国带来它所需要的平衡,使其与西方邻国和平共处。在打破了普鲁士的

第二十四章　悬崖边上的欧洲

统治之后，一个完整的德意志民族国家就可以参与到和平的欧洲秩序之中。[38]

1919年，阿登纳曾经希望这样的前景能够引起英国的兴趣，因为英国肯定不愿意让莱茵兰变成"法国的殖民地"。[39]到1923年，对英国已经丧失信心的阿登纳又希望他的计划能够引起法国的兴趣。与其支持一场大罢工，德国政府还不如用鲁尔的煤矿来偿付给法国的赔款。[40]到1923年年底，鲁尔的煤炭和钢铁巨头胡戈·施廷内斯游说柏林方面，希望批准鲁尔所有的大型钢铁企业强强联合，使之成为"新国家架构"的经济基础，并能够"在法国和德国之间起到调解作用"。[41]与古斯塔夫·施特雷泽曼继续指望华盛顿和华尔街不同，阿登纳和施廷内斯得出结论，不能"指望美国或英国"提供"有效的帮助"。施廷内斯向德国驻华盛顿大使勾画了一个前景，以鲁尔和莱茵兰为基础的"欧洲大陆地块"抵抗"盎格鲁—撒克逊"的霸权。[42]施廷内斯现在确信，整个战后秩序都是英美单方面苛刻条件的结果，他警告说，当"国际资本主义企图把德国从新秩序中抽离的时候……德国的年轻人就会拿起武器"。[43]这样的言论或许可以带来情绪上的满足，但它非常不合时宜。彼时，战后危机达到顶点，再一次地，一切要唯美国马首是瞻。

二

1923年秋天，墨索里尼在地中海恣意妄为，人们谈论着瓜分德国，法德在莱茵河恢复关系并建立起一个威斯特伐利亚式的新和平，纳粹分子和共产主义者为了权力而展开斗争，施特雷泽曼、鲁登道夫、希特勒和阿登纳这些人同时出现在历史舞台上，所有这些，让人觉得似乎接下来两代人即将经历的戏剧性的西欧历史被压缩到了几个月之内。从共产主义和法西斯主义的政变，到对德国的整体瓜分，所有可能的选项都被放到了台面之上。1945年全面灾难的大门是否在1923年就已经开启了？如果说法国和比利时是为了报复德国在1914年的血腥占领的话，那么希特勒所幻想的莱茵河上的莫斯科则预示了1943年到1945年鲁尔将身处其中的人间地狱。考虑到这个一闪而过却非同寻常的征兆，1923年危机的后果就显得尤为意味深长。1919年建立起来的秩序比任何人预想的都更有韧性。

1923年春天，欧洲人显然是在享用着国务卿休斯所说的那枚"混乱的苦果"。然而，休斯似乎认为，最后会出现僵局，到时就为美国出来仲裁、提供一个合理的解决方案铺好了道路。但事实上，鲁尔危机以法国的胜利而告终。德国前所未有地卑躬屈膝。法国获胜后会做什么的前景迫使美国和英国重新加入欧洲的博弈。如果法国瓜分德国，或者与施廷内斯这样的人合作，创建一个强大的、有朝一日可能会令美国的经济实力也黯然失色的工业联合体，那么，美国就无法袖手旁观了。[44] 10月11日，休斯重申了他去年12月在纽黑文的讲话中所提出的条件，美国将支持进行专家调查。伦敦方面赶紧着手此事。[45] 现在的问题在于，法国将如何回应。

法国的反应很能说明问题。尽管普恩加莱肯定对法国第二次战胜德国感到欣喜，但与之前的克列孟梭一样，他最关心的是在英美联盟的基础上确立法国的安全。尽管德国已经臣服在法国脚下，巴黎方面也在权衡是否要分解德国，但普恩加莱却从未给出这最后一击（coup de grâce）。显然，在德国几乎没有人支持分裂主义。对于施廷内斯与其法国重工业同行设想的那个利己主义的商业方案，普恩加莱非常警惕。他不想看到法兰西共和国像魏玛共和国一样，沦为利益集团的玩物。在希特勒发动政变之后，很明显，法国面临着可能与一个怒火中烧的民族主义独裁政权面对面的危险。[46] 但最后也是最重要的一点，可以清楚地看到，任何公开破坏德国主权的行为都将使法国与英国和美国建立新同盟的希望破灭。

第二十四章　悬崖边上的欧洲

普恩加莱拒绝了把莱茵兰分离出来的极端侵略主义主张，也拒绝了阿登纳和施廷内斯共同提出的法德达成双边协定的建议，他同意由一个包括几位知名美国人在内的专家委员会来重新考虑德国的赔款偿付时间表。来自伦敦的暗示让人误会华盛顿方面有可能打算讨论战时债务问题，这让这粒药丸变得可口起来。[47] 但事实上，根本没有人做出这样的提议。法国方面不顾美国的威胁，否决了任何有关赔偿总额的讨论。提交给专家委员会的问题非常委婉：如何使赔偿不影响德国预算和德国货币的稳定？与1919年不同，美国政府不会派出官方人士到巴黎，但美国国务院选择了两位美国代表担任专家委员会的主席。首席代表查尔斯·道威斯（Charles Dawes）是一位来自芝加哥的共和党银行家，根据其在战争期间的表现，他被看作一位对法国持友好态度的人士。位居次席的欧文·D. 杨格（Owen D. Young）是一名威尔逊式的国际主义者，他是通用电气（General Electric）的董事长，由于其姊妹公司AEG，他与德国有着密切的关系。正如休斯向美国驻巴黎大使馆所建议的那样，之所以选择道威斯和杨格，部分原因是因为，尽管他们在欧洲有利益牵扯，但他们两人都从未主张取消协约国内部的债务。[48]

在1924年头几个月，以道威斯的名字命名的计划被制订出来。这一计划基于这样的想法：既然德国的内部债务已经消失了，那么，只要征收与其邻国同等的税金，它就能够获得现金盈余，并以此来偿还赔款。[49] 而每一个因为德国的通货膨胀而解除负担的债务人也承受了相应的经济损失，这一事实并没有被计算在内。同样，鲁尔被占领和恶性通货膨胀期间德国生产力所遭到的巨大破坏，也没有被纳入此次纯财务意义的讨论之中。不过道威斯计划也承认了一个关键的问题，即用大量德国马克兑换美元会造成货币市场的不稳定。未来，一个常驻的赔款代理机构将会留意这一点，不让柏林的兑换行为过度扰乱市场。那些无法被安全兑换的资金将被留在债权人在德国国内的账户上。道威斯委员会无权修改1921年5月伦敦最后通牒中所规定的最终赔偿总额,但他们制订了一个详细的偿付新方案,将德国的还款期限延长到了20世纪80年代,从而大大减轻了德国的负担。经过几周的讨价还价之后,杨格成功地让法国同意,在五年的宽限期之后,将每年的偿付额提高到25亿马克。[50]

考虑到德国即将全面崩溃的事实,能得到这样一个良性结果是非常出乎意料的,而法国愿意接受道威斯计划,甚至让人更加惊讶。不过,一旦讨论被交由英美专家主导,那么这样的结果在一定程度上还是可以预见的。考虑到英国政治局面的戏剧性变化,就愈发可以这么认为了。在1922年的热那亚会议之前,劳合·乔治曾经警告普恩加莱,要小心英国自由党反对人士和工党中不断强化的反欧情绪。1923年,鲁尔危机加上科孚岛事件,让他最担心的事成了事实。在英国政党政治的整个谱系中,一种对于英美在国际事务中扮演角色的现代威尔逊式观念正在崭露头角。回顾过去,对很多自由主义左派来说,英国与俄国和法国结成协约国集团,从而与欧洲事务纠缠不清,这看起来是一个灾难性的错误。1914年7月的危机、巴黎和会,以及现在的鲁尔危机都是可以预料到的后果。为了实现稳定,英国和整个英联邦都应该远离欧洲,与美国肩并肩地站在一起,通过国际联盟的斡旋和可靠的专家意见,帮助平息欧洲大陆上的暴力。

这是自由党和工党的天然属性,同时也得到了各个自治领的强烈支持,因此也就得到了很多托利党人的认可。在恰纳卡莱危机的时候,他们就已经很清楚地表明,帝国无意进行干涉。[51]1923年12月6日,大选提前举行,结果证实了英国这种新的心态。托利党遭遇惨败,阿斯奎斯派自由党人成了最大赢家。他们与凯恩斯相似,从1916年起就赞成相互妥协以达成和平,而这恰恰是因为他们与威尔逊一样,想要避免英国与欧洲或者美国有任何不必要的纠缠。

但在1923年12月真正上台的政党却是工党,它包含了中产阶

第二十四章　悬崖边上的欧洲

级社会主义者、激进派自由主义者，以及一群有组织的工人，由拉姆齐·麦克唐纳领导。麦克唐纳是一位彻头彻尾的威尔逊主义者，在战争期间曾因为支持"没有胜利者的和平"而遭到辱骂和政治排挤。[52] 包括首相本人在内，第一届工党内阁中有15名部长是民主控制联盟的成员，这个英国的压力团体在1916年年底至1917年年初威尔逊第一次提出他的和平方案时，曾与他来往密切。因此，这个内阁似乎将要颠覆欧洲现存的政治秩序以实现自己的目标。对唐宁街来说，被工党占据并不是一场革命，但它肯定是一场戏剧性的政治剧变。

正如劳合·乔治曾经警告过的，伦敦方面这种新的心态对法国意义重大。整个1923年，拉姆齐·麦克唐纳都在谴责法国对赔款的诉求是异想天开。在他看来，德国在鲁尔的投降就像是一个"支离破碎且手无寸铁"的国家被一个"全副武装且威武强壮的国家"绞杀，这不是"成功"，而是"邪恶"的胜利。[53] 他在日记里写道，通向和平的唯一途径，就是要确保法国"保持理性"并放弃它"自私虚荣的政策"。[54] 工党的第一任财政大臣菲利普·斯诺登（Philip Snowden）将占领鲁尔形容为"6000万到7000万受过最好教育、最勤劳刻苦、最有条理的人"受到法国的"奴役"。民主控制联盟的活动家 E. D. 莫雷尔（E. D. Morel）曾经揭发过据称是塞内加尔军队造成的"莱茵河上的黑色恐怖"，现在他又开始猛烈抨击法国"活生生将德国的肺和心脏从它的身体中拽出来"。[55]

在法国，1923年年底至1924年年初，普恩加莱还沉浸在爱国热情的浪潮之中，但是货币市场却对法国能否在英国和美国的反对面前还继续占领鲁尔失去了信心。[56] 到1923年12月，1美元兑换5.18法郎的战前汇率只能是美好的回忆了。[57] 在占领鲁尔期间，法郎已经贬值了至少30%，跌到了1美元兑换20法郎。1924年1月初，普恩加莱在法国众议院的信任投票中赢得了多数。但是当涉及财政整顿时，议员们却犹豫了。财政紧缩政策没有得到多数人的认同。

最后，到 1 月 14 日，就在各国代表齐聚巴黎准备开始商讨道威斯计划的时候，法国的股票交易却遭遇了"大恐慌"。[58] 为了防止证券市场崩盘，普恩加莱要求获得授权发布法令，推动必要的预算削减和增税措施。曾经支持介入鲁尔的议会大多数出现了分裂。左派谴责普恩加莱要求授权发布法令，是对共和国政体的攻击，并要求对资本而不是工资征收重税。[59] 但这些并不能带来信心，市场任由法郎下跌，汇率从这一年早些时候 1 英镑兑换 90 法郎跌到了 1 英镑兑换 123 法郎。普恩加莱向美国大使迈伦·赫里克（Myron Herrick）承认，他害怕法郎会步马克的后尘"变得一文不值"。[60] 但是华盛顿方面没有表现出同情。正如一位国务院官员所说，"法郎的贬值恰逢其时，它使这个国家的理性有了巨大的提升"。[61]

2 月 29 日，普恩加莱同意结束对鲁尔的占领，条件是德国保证它会循规蹈矩。作为补偿，他想得到美国的支持。他得到了。美国国务院批准 J. P. 摩根发放 1 亿美元的信贷。在美国行动的压力之下，英格兰银行也赞助了一笔短期贷款。这一双重承诺使法兰西银行明显得以恢复。在突然涌入的美金和英镑的支撑下，法郎迅速升值，让那些看跌的投机者损失惨重。对于普恩加莱政府来说，这是一次成功的防御战略，是一次"财政凡尔登"（Verdun financier）。但是摩根的贷款只有六个月，要想获得新的长期贷款，法国众议院必须尽力让国内财政完全稳定下来。六个星期之后，5 月 11 日，法国选民恢复了平静。他们从 1919 年 11 月的民族主义激情中退回来，回到了战前的常态，左翼共和主义者获得了多数选票。左派联盟（Cartel de Gauche）政府宣布胜利。普恩加莱现在被谴责为鲁尔这场徒劳无功的残暴行动的设计师，只好宣布辞职。

由爱德华·赫里欧（Edouard Herriot）领导的新政府上台了，赫里欧来自曾被克列孟梭称为家的左翼激进派。新政府制订了一个进步主义的社会改革方案，包括推广八小时工作制、要求公共部门建立工会，以及提高收入税。[62] 尽管社会党人拒绝了政府的责任，但还是在众议院对此表示了支持。在外交政策上，赫里欧重申了国际主义的原则，像莱昂·布儒瓦这样的一些人长期坚持这一点，把它看作法国共和主义必不可少的一项内容。巴黎方面希望这能够取悦伦敦和华盛顿，再不会出现普恩加莱那样的侵略行动了。但是与普恩加莱一同离开的，还有法国金融市场的平静。在左派掌权后几天，法郎又开始了令人担心的下跌。有证据表明，这是普恩加莱使它估值过高之后的"自然"回归，但是在法国左派看来，这只说明了赫里欧正在遭遇金钱之墙（mur d'argent）的碾压。

更糟糕的是，1924年夏天，赫里欧政府渐渐明白了道威斯计划的全部后果。根据该计划的条款，将由华尔街牵头提供一大笔国际贷款，从而保证赔款的顺利进行。然而，这笔贷款并不是要给伦敦或者巴黎，而是给德国政府。英国和美国的银行都已经表明，即使在困难的情况下，它们也愿意向法国贷款。借钱给德国则是一个全新的提议，对于杰克·摩根来说，这显然是非常让人恼火的。[63] 可是美国国务院坚持要这样做。结果，1915年建立起来的协约国与华尔街之间的联盟关系开始破裂。如果要让德国成为一个有生存能力的借贷者，摩根就必须坚持，其债券持有者的需求应该高于法国政府需求。要向投资者们保证，即使出现拖欠赔款的情况，法国也不会再次向鲁尔出兵。不仅法国的财政政策要受到金融市场的监管，它的外交政策也是如此。

当然，压制法国的外交政策正是美国国务院的目标，但是道威斯计划的架构使美国可以隐匿在幕后。正如国务卿休斯在1924年7月2日对德国大使奥托·威德菲尔特（Otto Wiedfeldt）所说的，华盛顿既不会给道威斯计划做担保，也不会承担向德国提供任何贷款的责任，因为任何这样的承诺"都会在美国国内引起党派纷争，同时引发立法和行政机构围绕外交政策控制权展开破坏性的斗争。美国政府……可以给出公正无私的建议,帮助协调欧洲各方立场,并鼓励动员私人资本……从而扮演一个更具建设性的角色"。[64] 实际上,1924年夏天,休斯确实在欧洲,但不是作为国务卿,而是作为美国律师协会代表团的一名成员。尽管如此,他还是向美国驻英大使弗兰克·B. 凯洛格(Frank B. Kellogg)提出了非常明确的建议:如果法国政府要求有权对德国实施军事制裁,"你就可以说,尽管你不能代表美国政府……但根据你对美国民众投资者的了解,在那样的条件下,将无法在美国募集到贷款"。[65]

赫里欧政府认为它有理由期待与其在英国工党中的同志团结起来。但是考虑到麦克唐纳的威尔逊主义倾向,效果恰恰相反。当"法国军国主义者"被急剧贬值的法郎打败时,唐宁街毫不掩饰内心的兴奋之情。[66] 1924年7月23日,赫里欧总理与他那位一度主张协约国内部经济联合的财政部部长艾蒂安·克莱芒泰尔只能低声下气地请求 J. P. 摩根,至少保留《凡尔赛和约》最基本的内容:赔款委员会必须保留认定违约的权利;为了确保德国能遵守规定,法国军队必须在鲁尔再待上至少两年。

在接下来的几周,赫里欧被迫在这两点上做出了让步。根据杨格的建议,赔款委员会在名义上继续保有判定德国是否违约的权利。但是在出现这种情况时,美国有权派代表加入委员会。任何宣布德国违约的决定都必须得到全体一致同意,并提交给由美国人担任主席的仲裁委员会。虽然不太可能,但一旦这样的制裁获得通过,道威斯计划债权人的金融权利要有绝对的优先权。在幕后,压力的施加则直接得多。1924年8月,随着对法郎的担忧再次上升,巴黎方面请求 J. P. 摩根重启3月时同意拨付的1亿美元贷款。摩根明确表示它很乐于这么做,但前提是法国必须下定决心进行财政整顿,同时推行"和平的外交政策"。银行家又一次得偿所愿。由于美国在

第二十四章　悬崖边上的欧洲

中间发挥的作用，法国只能做出妥协，同意在一年内撤出鲁尔。

当然，德国的民主在1923年的危机中得救，这是跨大西洋外交的一次巨大成功，它需要各方都做出牺牲。古斯塔夫·施特雷泽曼经常被形容成一个"理性的共和党人"（Vernunftrepublikaner），但他的内心深处很可能仍然是一个君主主义者。但是，如果这里的"理性"仅被用来形容他愤愤不平的盘算，那对他来说并不公平。从保卫魏玛共和国的这场战斗中脱颖而出的理性，是更广泛意义上的"国家理性"。1924年3月29日，当施特雷泽曼在汉诺威的德国国家人民党全国大会上讲话时，他指出，想要变成这个国家最有名的人非常简单，只需要像希特勒那样，要求德国大步向前，让德皇的"黑白红旗飘扬在莱茵河上"。但这样的民粹主义是极不负责任的。[67]"对独裁者的呼唤"是最糟糕的"政治爱好"。[68]他的政党中的右翼分子、俾斯麦时期民族自由党人的继承者，也许会想要将德国社会民主党边缘化，并且与德国国家人民党的激进民族主义者合作。而当德国国家人民党在1924年5月的大选中几乎赶上社会民主党人、成为德国国会中的第二大党后，这种想法就更加强烈了。但是在需要小心对待的道威斯计划谈判过程中，施特雷泽曼否决了这种可能性。德国国家人民党掺杂了自由主义反犹思想的泛德意志论调，并不适合"对外出口"。[69]只有负责任的共和国政治，才能在国内保持最低限度的秩序，并与英国和美国建立起合作关系。

但是德国的稳定不仅建立在施特雷泽曼的政治技巧上，它还需要削减开支和增加税收，而正是这些令人痛苦的事情，使独裁的问题变得极为迫切。为了打破推动通货膨胀的利益集团间的僵局，在德国社会民主党的支持下，政府动用了弗里德里希·艾伯特的总统权力。[70]他们在1923年11月之后强制实行的通货紧缩政策带来了公共部门的大幅裁员以及实际工资的大幅下降。但这不是单方面的。扣除物价因素，魏玛共和国的实际税收在1923年12月到新年涨了四倍。德国商业界一向不赞成共和国的高额社会支出，但进行这种平衡是经过深思熟虑的。与施特雷泽曼和不苟言笑的财政部部长汉斯·路德（Hans Luther）一样，在恶性通货膨胀的灾难之后被任命为德意志银行行长的精力充沛的银行家亚尔马·沙赫特（Hjalmar Schacht）也认为，当务之急是要在国内和国外都重新树立起德国政府的权威。对沙赫特来说，德意志银行是"一个经济实力的平台，国家只有立于其上，才能成功打退特殊利益团体的进攻"。[71] 他坚持认为，经过几年的企业过分要求和灾难性的通货膨胀之后，"德国商业界"必须要学会"服从命令，而不是发号施令"。[72]

但是，无论下定多大的决心要进行国内整顿，在1924年5月的国会选举之后，即使德国社会民主党的得票也不足以通过宪法修正案，批准包含了将德国国有铁路用于国际抵押的道威斯计划。超过四分之一的德国选民将选票投给了极右力量——19%的选票投给了德国国家人民党，将近7%的选票投给了希特勒的国家社会主义德国工人党。将近13%的人选择了共产党人。如果想要达到三分之二多数，就不得不至少说服一些来自国家人民党的代表，而他们是《凡尔赛和约》毫不妥协的敌人，是"刀刺在背"传说的创造者。其他国家对此深表担忧，以至于美国大使阿兰森·霍顿（Alanson Houghton）直接介入了德国政党政治，他召集德国国家人民党的主要人物，明确告诉他们，如果他们拒绝道威斯计划，那么，想要再让美国援助德国，就得等上一百年了。在商界支持者的巨大压力下，1924年8月29日，终于有足够的德国国家人民党成员倒向政府，批准了道威斯计划。作为交换，德国政府正式宣布，不承认《凡尔赛和约》中关于战争罪行的条款，以此讨好民族主义团体。

不管怎样，1924年10月10日，保持缄默的杰克·摩根签署了贷款协议，让他的银行与伦敦、巴黎甚至布鲁塞尔的主要金融团体一起，提供一笔8亿金马克的贷款。[73] 这笔贷款是用商业常识抚慰战争遗留下的伤口，而它显然也是一个非常有吸引力的提议。道威斯贷款的发行人在每 1 美元的债券上只需要支付 87 美分，但能获得 5% 的溢价赎回。而德国对于它所接收的 8 亿马克，则要提供面值为 10.27 亿马克的债券。[74]

但是，如果说摩根对自己被迫扮演的角色感到不知所措的话，这就表明了 1924 年国际政治重新安排的荒诞本质。工党政府在伦敦主持了最后一轮谈判，这也是第一次由一个选举产生的社会主义政府来执掌旧世界最重要的资本主义中心，而根据它 1919 年的政党宣言，工党原本是要致力于进行激进的国有化和社会改革的。尽管是以"和平"与"繁荣"的名义，但它现在是在与华盛顿公开表明保守倾向的美国政府和英格兰银行密切合作，来满足美国投资者的需求。在此过程中要把一个破坏性的财政方案强加给法国激进改革派的政府，以此让德意志共和国受益，而这个共和国目前由曾经是臭名昭著的兼并主义者，但现在已经悔过自新的古斯塔夫·施特雷泽曼带领的联合政府统治。

"去政治化"是对这样一幅互相残杀的图景所进行的委婉描述。[75] 显然，威尔逊的新自由并没有打算把摩根上升到这样一个高度。事实上，即使是摩根，也不愿意承认道威斯计划的内容。威尔逊曾经援引公众舆论作为最终权威，而现在代表它的，是"投资"的公众，作为金融顾问的银行家也只是他们的代言人而已。不过，如果说八年前威尔逊提出"没有胜利者的和平"，这一主张背后是对欧洲整个政治阶层的羞辱，那么人们不禁会想，1924 年的道威斯计划和伦敦会议一定会让他在自己刚刚"挖好的坟墓"里眉开眼笑。这就是和平，而且显然没有任何欧洲国家是胜利者。

第二十五章

战争与和平的新政治

1927年6月,时任德国外交部部长的古斯塔夫·施特雷泽曼在宾朋满座的奥斯陆大学(Oslo University)礼堂发表了他的诺贝尔和平奖获奖演说。[1]他的讲话通过广播在挪威、瑞典和丹麦播放。施特雷泽曼与阿里斯蒂德·白里安和奥斯丁·张伯伦共同获得了这一荣誉,以表彰他们共同努力,带领各自的国家最终走向了被广泛赞誉为战后第一次真正和平的《洛迦诺公约》。这份公约在道威斯计划出台之后不到一年通过协商达成,于1926年9月14日在日内瓦得到批准。《洛迦诺公约》是一部维持现状的公约,它对西欧国家的边界做出了庄严的承诺。施特雷泽曼毫不掩饰地承认,战败者比战胜者更难接受这部公约。正是他曾经作为德国帝国主义的旗手和曾为无限制潜艇战摇旗呐喊的经历,使这一时刻变得如此重要。但他的言辞是真诚的。他宣称,《洛迦诺公约》意味着一个共同的欧洲梦想得以实现,即加洛林王朝(Carolingian)的愿景,"神命休战(Treuga Dei),上帝的和平"将笼罩在莱茵河上,"这个数百年来血腥战争肆虐横行的地方……"。他向听众保证:"德国的青年可以被争取到同样的事业中去。在奥林匹克运动会的和平竞争中，青年看到了个人在身体和精神方面所能获得的理想成就，我希望，在技术和智力发展方面也是如此……德国所面对的，是一个稳定国家的未来……它建立在辛勤工作的基础之上……建立在一种依照康德和费希特（Fichte）的哲学争取和平的浩然之气之上。"

　　在20世纪20年代后半叶，这样的后政治观点并不是滑稽可笑的东西，它们可以算是现实政治。[2] 从1914年到1924年这长达十年的危机之中，人们还能得到其他什么教训呢？可以肯定，将大国间战争视为政治的合理工具而不是自我防卫的手段，那样的时代已经结束了。对于那些1914年以来失去的生命和耗费的数十亿金钱来说，一个人应该表现出什么呢？英国赢得了巨大的胜利，但随后在阿姆利则、在爱尔兰、在中东等一系列灾难性的战后事件中，它的名誉在一点点地流失。意大利人对他们的惨胜感到愤怒不已，墨索里尼袭击了科孚岛，却没能占领它。日本得到了这一天赐良机，可以实现他们在俄国和中国的帝国主义梦想，却没能从中获利。德国人在东方取得了巨大的胜利，却没能构建起合法的和平；在西方，他们被迫三次，而不是一次，接受失败。而最近一次在1923年战胜了他们的法国人，又会对胜利表现出什么呢？

　　权力的挫败不是由单一的原因造成的，但确实有固定的模式。无论是在战场上还是在国内的斗争中，无论是在上海的码头、乌克兰的田野还是鲁尔的炼钢厂，战争都不再被认可。即便是胜利，它的代价也过于高昂。民族自决或许很难定义，也更难实现，但是，对帝国主义霸权的自我标榜迅速为人们所痛恨和强烈抨击。国内可用于帝国主义投机活动的资源总是十分稀缺，战争使得资源更加稀缺，而民主也会对政府支出的优先事项和统治的合法性施加真正的限制。到最后，大国在军事、经济和政治方面的竞争就会从根本上成为一股平衡的力量，将国际社会"一条铁链上的囚犯"束缚在一起的脚镣手铐真实可见。[3] 正如英国从它在中东所遭受的损失中发现的那样，在某一个竞技场上看起来价格低廉的战利品到了另一个战略要地——无论是在莱茵河还是在孟加拉地区，也许就变得极其昂贵。

但是，如果说所有这些挫败都有一个共同特点的话，那就是由于一个新时代的挑战以及美国这样一个经济、政治和军事权威新焦点的崛起，欧洲大国已经黯然失色。这一模式开始于17世纪的欧洲，并被日本带到了亚洲。正如1928年11月英国外交部编制的一份备忘录中所写："大不列颠在美利坚合众国所看到的，是一个在我们现代历史上绝无仅有的奇迹。它拥有我们二十五倍的面积、五倍的财富、三倍的人口、两倍的野心，几乎坚不可摧，在繁荣程度、生命力、技术设备和产业科学等方面至少与我们旗鼓相当。当英国正在艰难摆脱战争期间超乎常人的斗争所带来的影响的时候、背负着巨额债务重担的时候、因为可恶的失业而几近瘫痪的时候，美国发展到了现在这个状态。"无论寻求与美国的合作是一件多么令人懊恼的事情，都无法避免这样的结论："在几乎每一个领域，相互合作给我们带来的利益都要多于带给他们的。"[4] 如果这对英国及其帝国来说是事实的话，那么，对于其他曾经的大国来说，就更是如此了。这给它们带来了同样的问题。如果对抗已经不再是一种选择，那么，在这一新的权力格局之下，"相互合作"的条件会是什么？

一

1922年4月《拉帕洛条约》的光芒掩盖了注定失败的热那亚会议的一个决定：重新恢复普遍的金本位制。华盛顿参与了道威斯计划、1924年德国新马克与黄金挂钩，这些都表明恢复金本位制已经成为大西洋两岸共同的优先事项。黄金是恢复到正常状况的定心丸，是金融秩序的保证。但是，正如1920年以来的经验所展示

第二十五章　战争与和平的新政治　　　　　　　　　　　　　　491

的，这样的结果一定是痛苦的。[5] 货币秩序的任何解决方案都与国内以及国际债务协议挂钩。德国在这方面的情况比较特殊，因为它的国内债务已经因恶性通货膨胀而烟消云散了。尽管它还背负着赔款的重担，但是这个国家的国际资产负债表却表现很好。它不像英国、法国和意大利那样，还承受着协约国内部巨额债务的压力。与此同时，德国曾经繁荣的商业与其管理有方的城市提供了大量优质抵押品。

这样，1924年之后，魏玛共和国的稳定得到了大量涌入的美国信贷的支撑，它们被提供给了私人企业和除破产的帝国之外的各级政府。[6] 事实上，只要货币保持流动，那么这些资本的涌入就意味着，贸易赤字、价格和工资的上涨压力以及缺乏竞争力的汇率，这些事情都无关紧要了。可能要在适当的时候进行清算，这在施特雷泽曼看来，甚至也不是不受欢迎的。如果再发生危机，柏林方面希望能够利用它的美国新债权人来对抗英国和法国的赔款要求。欠美国的债务可以变成修订赔款的工具。[7] 正如施特雷泽曼1925年在一个轻松自由的场合下所说的："一个人只需要有足够的债务就行了；一个人必须要有相当多的债务，以至于如果债务人垮掉，债权人就会看到他自己也正身处险境。"[8]

1922年，劳合·乔治的欧洲政策惨败之后，英国就已经不再卷入欧洲的债务和赔款纷争。1923年1月与美国达成的战时债务解决方案是痛苦的，但它也重新恢复了英国的信用。从1920年开始，财政部和英格兰银行就一直在持续施加通货紧缩的压力。从美国的角度来看，德国已经在道威斯计划下获得了安全，推动英国重新恢复金本位制就成了接下来的当务之急。如果英国能够恢复金本位的话，那么大英帝国、欧洲其余的大多数地区以及拉丁美洲的经济体就会紧跟其后。面对前任财政大臣雷金纳德·麦克纳及其首席顾问约翰·梅纳德·凯恩斯的批评意见，拉姆齐·麦克唐纳的工党政府对此犹豫不决。除非美国的通货膨胀率也有所上升，否则两国物价水平的最终趋同将是非常痛苦的。虽然英国已经从1920年至1921年经济萧条的深渊中恢复过来，工会一直到1924年10月也都很平静，但英国正陷在全面的"红色恐怖"之中。工党中的左翼号召将英格兰银行国有化，而右翼的《每日邮报》（*Daily Mail*）则在散布苏维埃颠覆的谣言。

1924年10月29日，斯坦利·鲍德温领导的保守党获得了压倒性的胜利，英国的首任工党政府被赶下台。由于伦敦城想要找到一个永远"不被欺骗"的系统，而美国也在威胁要把加拿大和南非撬走，在这样的情况下，1925年4月28日，英国财政大臣温斯顿·丘吉尔宣布，英国将恢复黄金兑现。[9] 到这年年底，全世界范围内有35种货币要么宣布可以与黄金兑换，要么保持了至少一年的稳定。正如当时一位批评家所观察到的，这是"有史以来"协调一致的国际经济政策中"最全面"的一次。奥地利、匈牙利、保加利亚、芬兰、罗马尼亚和希腊这样一些脆弱的外围经济体则"忍饥挨饿，以到达黄金的海岸"。[10]

在英国，影响并没有如此严峻，但是按照战前利率回归金本位，进一步削弱了出口导向的主要产业的竞争力，特别是煤炭开采业。1925年年底至1926年年初，煤矿矿主和工人的恶意纠纷使英国工业界的斗争死灰复燃。1926年5月4日，英国工会大会（Trade Union Congress，TUC）又重整旗鼓，做了他们在战后曾经退缩不前的事：他们宣布了大罢工。在罢工发起的第一天，175万工人离开了工作岗位。无论从哪一种标准来看，这都是一次巨大规模的停工事件，并在国际社会主义运动中激起了兴奋的涟漪。如果是在1920年，这场罢工足以迫使政府表态，然而，1926年的托利党在议会中拥有稳定多数，英国也不再是整个欧洲最后的求助对象。煤炭正源源不断地从德国和波兰的煤矿中运送出来，保守党人有好几个月的时间可以用来准备对付煤矿工人。在六年的大规模失业之后，工会也被削弱了，他们的团结十分脆弱。随着大批工人返回工作岗位，到5月11日，工会大会就在要求和平了。劳工运动的巨浪从第一次世界大战之前几年就开始了，而这次将是它的最后一搏。在莫斯科，这场失败也被看作一个清晰的信号，标志着战后革命运动的阶段已经过去了。[11]

英国已经带头推动通货紧缩，现在问题就摆到了它曾经的协约国盟友面前。1920年时，意大利、日本和法国曾经决定不追随英美两国推动的通货紧缩。那么，它们现在会与英美保持一致，恢复金本位吗？相对于收入而言，意大利的战时债务是所有协约国里面最严重的。总理弗朗西斯科·尼蒂与战后各届自由主义政府曾经想尽一切办法，请求美国做出让步，但一无所获。相比之下，墨索里尼政权却得到了美国国务院和华尔街的大量同情。[12] 1925年11月，意大利人脉广泛的财政部部长、实业家朱塞佩·沃尔皮（Giuseppe Volpi）拿到了一份极为有利的战时债务协议，并为华尔街新的信贷流入打开了大门（表12）。[13]这使意大利经受住了1926年外汇市场的动荡，并在1926年8月将里拉的汇率固定在了1英镑兑换90里拉，这是四年前墨索里尼上台时的常规汇率水平。法西斯主义阻止了汇率下跌。而且，不同于英国的是，法西斯意大利完全不用担心什么大罢工，墨索里尼的黑衫军已经在1920年到1922年的街头战斗中完成了他们的工作。1927年，独裁政治的全部力量都用来将工资强行削减了20%。

日本返回金本位的道路没有那么顺利。[14]经过三年的通货紧缩，到1923年，日元兑美元的汇率已经十分接近战前水平。然而9月1日，日本遭遇了现代历史上最为严重的一次地震。14万人死亡，50万人无家可归，大片城市沦为废墟，日本银行被迫采取紧急信贷措施。由于外汇大量流失，在积累了十年的外国资产之后，1924年1月，

表12 与华盛顿达成妥协：战时债务协议，1923—1930年

债务国	签约日期	放债日期	年金总额（百万美元）	占全部债务的百分比（%）	债务的实际利率
芬兰	1923.05.01	1922.12.14	22	82	3.31
大英帝国	1923.06.18	1925.12.15	11106	82	3.31
匈牙利	1924.04.25	1933.12.15	5	82	3.31
立陶宛	1924.09.22	1924.06.15	15	82	3.31
波兰	1924.11.14	1922.12.15	482	32	3.31
比利时	1925.08.18	1925.06.15	728	54	1.79
拉脱维亚	1925.09.24	1922.12.15	16	32	3.31
捷克斯洛伐克	1925.10.13	1925.06.15	313	80	3.33
爱沙尼亚	1925.10.28	1922.12.14	38	82	3.31
意大利	1925.11.14	1925.06.15	2408	32	0.41
罗马尼亚	1925.12.04	1925.06.15	123	89	3.32
法国	1926.04.29	1925.06.15	6848	50	1.64
南斯拉夫	1926.05.03	1925.06.15	95	79	1.03
希腊	1929.05.10	1928.01.01	38	34	0.25
奥地利	1930.05.08	1928.01.01	25	40	—
合计	—	—	22,262	—	2.135

日本被迫以6.5%的惩罚性利率重新向J. P. 摩根借款。由于这很容易让人想到战前的条件，因此被称作"民族耻辱贷款"。[15]同样清楚的一点是，这笔贷款也标志着日本的融资来源出现了决定性的转变，从伦敦转到了纽约。[16]三年之后，恢复金本位制的总体举措使日本再次回到了战前汇率。然而，灾难再次袭来，这次是一场严重

的银行业危机,迫使30多家银行倒闭。1927年,随着货币价值相比于战前平价出现了令人满意的下降,具有扩张思想的政友会新政府决定搁置任何进一步试图恢复金本位的举措,以便专心对付中国日益严重的民族主义挑战。日本的民族发展是最为紧要的事情,只要需要,国家就会参与进来。与在墨索里尼的意大利一样,J. P. 摩根带领下的华尔街利益集团扬扬自得地加入进来(表13)。

法国的经历更加痛苦。1924年11月,随着与德国相关的道威斯计划的推进,J. P. 摩根请求国务院批准它合并普恩加莱总理的1亿美元短期贷款。但华盛顿方面还有其他更重要的考虑。除非法国能够恢复国内财政的秩序,并且能够想办法解决35亿美元的协约国内部债务问题,否则它就不再有任何信用可言。从1925年4月开始,柯立芝(Coolidge)政府全面禁止对外贷款,首先就取消了给巴黎市的一大笔贷款。就在同一个月,爱德华·赫里欧不幸的左派联盟政府在法国参议院选举中败北,开启了法国政治和金融一段不稳定的时期,直到1925年11月阿里斯蒂德·白里安重返总理职位后才得以结束。白里安立即与华盛顿方面达成了债务协议,签订了《梅隆—贝朗热协议》(Mellon-Bérenger Accord),法国以1.6%的优惠利息在60年内偿付全部欠款,一开始每年支付3000万美元。

安德鲁·梅隆(Andrew Mellon)急于将这个协议确定下来,他促使美国众议院通过了提案。但是,当1926年初夏协议在法国公之于众的时候,却引发了爱国情绪的强烈反对。《梅隆—贝朗热协议》被谴责为"终身苦役",白里安也受到指责,认为他"将绞索套在了法国的脖子上"。7月,2.5万名退伍老兵上街游行,在无声中抗议"国际金融豺狼"。[17] 美国大使迈伦·T. 赫里克报告说,美国的银行家正在让他们的家人离开巴黎,因为担心这会是一个火热的反美主义的夏天。7月21日,巴黎各地都爆发了民族主义抗议活动,数千人将自己装扮成墨索里尼的黑衫军,法郎也从1914年

表13 和善商业：美国私人资本的长期海外投资，1930年12月
（单位：百万美元）

国家	直接投资	投资组合 总额	投资组合 政府保证	投资组合 私人	合计	占世界总数百分比（%）
奥地利	17	98	93	5	115	0.7
比利时	65	189	189	0	254	1.6
法国	162	310	300	10	472	3.1
德国	244	1177	801	376	1421	9.1
匈牙利	10	109	49	60	119	0.7
意大利	121	280	171	109	401	2.6
波兰	53	124	124	0	177	1.1
英国	497	144	144	0	641	3.9
欧洲小计	1468	3461	2567	894	4929	31.4
非洲	115	3	3	0	118	0.7
中国	130	0	0	0	130	0.8
荷属东印度	66	135	135	0	201	1.3
日本	62	383	241	142	445	2.8
菲律宾	82	85	71	14	167	1.1
亚洲小计	420	603	447	156	1023	6.5
澳大利亚与新西兰	155	264	262	2	419	2.7
加拿大	2049	1893	1270	623	3942	25.2
墨西哥	694	0	0	0	694	4.4
古巴	936	131	127	4	1067	6.8
阿根廷	359	449	449	0	808	5.2
巴西	210	347	344	3	557	3.5
智利	441	260	260	0	701	4.5
哥伦比亚	130	172	144	28	302	1.9
秘鲁	125	75	75	20	300	1.3
委内瑞拉	247	0	0	0	247	1.6
拉美小计	3634	1610	1575	35	5244	33.5
调整后总额	—	—	—	—	15,170	—

引以为豪的1英镑兑换25.22法郎跌到了1英镑兑换238.50法郎。1926年7月,法国的年度通货膨胀率高达350%。[18]谣言四起,说贝当元帅很可能发动一场右翼政变,在这样的情况下,共和党政治家团结起来。普恩加莱再一次当选总理,他组成了一个多党联盟,其中包括他的前任赫里欧以及其他四名前总理[19],白里安再次出任外交部部长。一个根据宪法实行自治的公共债务机构建立起来,以确保偿还法国国内债权人的债务。[20]信心开始恢复,8月17日,法郎兑英镑的汇率达到了179,并且还在继续攀升。

1926年12月,法郎稳定在了一个强劲的汇率水平上,1英镑兑换124法郎,1美元兑换约25法郎。[21]这让法国国内的债权人遭到了沉重的损失。它增加了法国进口商品的成本,但也促进了出口,同时使得收购法国资产变成了一件极具吸引力的事情,黄金以前所未有的规模流入巴黎。经济的稳定不仅向世人宣告了法兰西共和国的生命力。普恩加莱从鲁尔获胜之后强加给法国的屈辱方案中学到了东西。回到1924年,法国经济的虚弱使它只能听任英国和美国的处置,但是到了1926年秋天,正如法兰西银行行长所说,黄金不断流入法兰西银行,使"这个国家在国际关系中的威望和独立性得到了加强"。[22]普恩加莱选择了更具戏剧性的语言:通过"自身的努力",法国人民将把自己从"盎格鲁—撒克逊的财政枷锁"中解放出来。[23]到1927年夏天,巴黎方面的黄金和外汇储备已经达到5.4亿美金。这与法国欠英国和美国的60亿美元战时债务相去甚远,却是一种非常有用的战略储备,可以用来抗衡任何金融压力,特别是来自英格兰银行的压力。[24]

二

1921年的《华盛顿条约》叫停了主力舰方面的军备竞赛。1924年的道威斯计划在为战后体系的经济恢复做好准备的同时，也拔去了《凡尔赛和约》的利齿。它完全排除了将来动用法国军队的可能性，以确保其俯首称臣。但这也提出了一个问题。谁，或者什么，能够保证欧洲的安全呢？1924年秋天，为了补偿法国因为道威斯计划而受到的屈辱处理，英国首相拉姆齐·麦克唐纳与爱德华·赫里欧一道在国际联盟提出，为了强化《国际联盟盟约》，应该制定一项强制仲裁程序，同时作为其支撑，还要建立自动制裁制度，并提出一项重大的裁军新倡议。然而，1924年10月英国第一届工党政府垮台之后，所谓《日内瓦议定书》（Geneva Protocols）背后的推动力量也开始消散。尽管即将上台的保守主义外交部部长奥斯丁·张伯伦是一个真正的亲法派，但托利党内阁中的其他人并不想让英国套上国际联盟强制仲裁制度的枷锁。

不仅如此，《日内瓦议定书》也出人意料地遭到了华盛顿方面的反对。国务卿查尔斯·埃文斯·休斯的回应不是对这个欧洲倡议表示欢迎，而是指出，考虑到制裁机制的提议极为强硬，美国将不得不认为国际联盟怀有潜在的敌意。[25]美国不会容忍英国和法国海军单方面进行海上封锁，即便这得到了国际联盟的支持。对于英国人来说，他们在1916年曾发现自己岌岌可危，即将要在大西洋两岸的对峙中面对一个有潜在敌意的美国，这样的事情对于他们来说就是一场噩梦，必须不惜一切代价避免。[26]唯一能够得到休斯同意的解决方案，就是让华盛顿方面有权否决任何国际联盟制裁措施的实行。但是正如张伯伦所指出的，这会将华盛顿方面置于与国际联盟集体权威相等的位置，从而赋予美国"超级国家"的地位，使它成为"国际联盟所有行动的上诉法庭"。当英国驻美国大使埃斯梅·霍华德（Esme Howard）爵士回复说"我们有时候不得不面对现实"的时候，张伯伦反击道："认识到某种现实，与将其后果公之于众，这当中还是有区别的。"[27]

第二十五章　战争与和平的新政治

张伯伦本人倾向于重新为法国提供一份双边的英国安全保障，这得到了英国军方的强烈支持。在1925年2月一份措辞强烈的备忘录中，英国军官强调，以为这样的承诺是在对法国让步，这是一种误解。它本质上是为了英国自身的利益，"只不过顺带为法国提供安全……"大战已经揭示出，"大不列颠真正的战略边界线是莱茵河；它的安全完全取决于法国、比利时和荷兰的现有边界得到保持，并由友军控制。"[28] 问题是法国并不满足于对莱茵河安全的保证，他们希望在东欧边界线上得到全面的军事支持，但这对于伦敦方面来说太出格了，不在其考虑范围之内。重新恢复金本位制需要的是经济最大化，而不是更多的承诺。[29] 1925年3月20日，伦敦方面宣布，它接受了德国关于莱茵河安全条约的提议。这一提议将保证欧洲西部的边界安全，并通过使德国加入国际联盟而实现与其关系的正常化。这样做还将确保德国稳稳地留在"西方体系"中[30]，《拉帕洛条约》所带来的苏德结盟的可怕局面将被消除。

在做出这样的让步之后，《洛迦诺公约》得以诞生，并在1926年9月得到批准。它确保了欧洲西部的边界安全，却置东部边界于不顾，因此恶名昭彰。德国与波兰仍未和解，德国向东扩张的道路也没有被封锁。然而，作为一个超级大国之间的安全体系，这不是公约的主要缺陷。真正的难题并不在东部，而是在西部。根本问题是美国的态度。如果没有美国的支持，不管德国是向东还是向西侵略，英国和法国真的能够遏制住吗？1927年，正是巴黎试图让美国与欧洲重新建立联系。4月7日，也就是美国参战十周年纪念日，阿里斯蒂德·白里安向华盛顿方面提议，法国和美国签订一份双边安全条约。[31] 美国国务院不愿建立起任何这样的特殊关系，但是考虑到当时普遍的公众情绪，柯立芝政府很难否认，这样一份反对侵略的协议极具吸引力。作为替代，1927年12月，国务卿弗兰克·凯洛格提议签署一份宣布放弃战争的多边公约。[32]

1928年8月27日下午，15个国家齐聚巴黎，签署了一份条约，凯洛格本人也出席了这场仪式。条约要求所有的签字国都"斥责用战争来解决国际纠纷，并在它们的相互关系上，废弃战争作为实行国家政策的工具"*。这是1870年以来，德国外交部部长首次正式出现在奥赛码头的法国外交部。[33]德国曾经希望能让苏联也参加签字仪式，但这对华盛顿方面来说太出格了。尽管如此，苏联却成了第一个批准这份后来被称为《非战公约》†的文件的国家。[34]在1928年，有不少于33个国家签署了这份公约；到1939年，签署这份公约的国家已经达到了60个。它是追求和平的新意识形态至高无上的荣耀，这种意识形态主导了20世纪20年代后半期；它是一种视"和平中的世界"为"常态和规范"的愿景，在这样一个世界里，战争被重新定义为完全是一种罪恶的"失常行为"。[35]虽然在接下来的二十多年，《非战公约》遭到了恐怖暴力行为轻松的嘲讽和打击，但它并不是没有历史正当性。1945年，当"二战"同盟国在纽伦堡国际军事法庭对纳粹领导人提起公诉时，他们对被告的主要指控既不是人们所熟悉的、19世纪编纂的战争罪行规定，也不是相对新颖的反人类罪的概念，就更不用说种族灭绝罪了，它还没有在国际律师的头脑中成型。美国检察官对纳粹德国提起公诉的核心内容，就是他们违反了《非战公约》，他们对和平犯下了罪行。

不同点在于，1945年，美国俨然是国际主义新时代攻无不克的胜利者。而在1928年，英国和法国都有理由认为，《非战公约》是美国的遁词。它怎样才能得到强制执行呢？华盛顿方面不允许英国海军采取行动，它坚持认为，"公约"应该与国际联盟保持距离。

---

* 译文引自世界知识出版社编，《国际条约集（1924—1933）》（北京：世界知识出版社，1961年），374页。——译者注

† 全称为《关于废弃战争作为国家政策工具的一般条约》，又称《白里安–凯洛格公约》。——编者注

第二十五章　战争与和平的新政治

这无法平息法国的焦躁。1923年，当英美两国拒绝认真考虑法国的安全需要时，普恩加莱以占领鲁尔区的行动作为回应。现在法国选择通过欧洲合作绕开美国设置的障碍。1926年9月，在对德国成为国际联盟的一名正式成员表示欢迎之后，外交部部长白里安与古斯塔夫·施特雷泽曼举行了秘密会谈。[36]既然德国可以从美国资本市场获取资金而法国不能，那么德国就应当向华尔街申请一笔大额贷款，这样它就能向法国支付一大笔首期款项了。作为交换，法国将归还萨尔煤矿，并加速从莱茵河撤军。

如果美国政策的目标是让法国和德国理性解决它们之间的分歧，那么人们就可以期待，华盛顿方面对所谓的"图瓦里倡议"（Thoiry initiative）会表示欢迎。但是恰恰相反，华盛顿方面将这项法德议案看作想要组建债务国卡特尔的一次咄咄逼人的行为。美国国务院否决了这项计划，德国只能代表自己贷款，如果它要为法国贷款，那么，普恩加莱必须首先说服法国议会咽下战时债务协议这枚苦果。的确，为了对法国施加更大的压力，华盛顿方面发出照会，除非《梅隆-贝朗热协议》最终能够得到批准，否则它就会在1929年要求法国支付4亿美元的现金。为了坚守自己重建法国信用的政策，普恩加莱眼皮都没有眨一下。1929年7月，普恩加莱在下议院就美国战时债务问题进行了两个星期的艰苦斗争，这成了他政治生涯的最后一幕。他的健康因此严重受损，被迫在69岁的年纪退休。但是《梅隆-贝朗热协议》的批准让法国信贷价值的恢复成为板上钉钉的事。[37]

英国同样在矛盾的冲动之间左右为难。鲍德温领导的保守党政府对于美国持续挑战海上封锁合法性的行为感到非常沮丧。每支付一笔战时债务的分期款项，英国财政部都愤怒不已。到1928年，很多人都嚷嚷着要进行战略调整。也许伦敦孤注一掷与美国建立战略关系是一个错误；也许英国能做得更好，把帝国团结起来，成为与美国不相上下的力量；或者，也许英国应该和法国一起推动建立包括德国和比荷卢三国在内的坚固的欧洲同盟。但是伦敦方面犹豫不决，任何远离华盛顿的举动都充满风险。如果英国号召帝国与美国对立，最可能的结果就是加拿大的背叛。加拿大体现了一种新型的、更完整的自治领地位，已获准在华盛顿开设自己的大使馆。另一方面，如果英国选择走欧洲路线，这将极大地增加德国手里的筹码。正如英国外交部所承认的那样，美国是英国"现代历史"上"绝无仅有的一个奇迹"。英国如果与美国合作，将得到巨大的好处，与之对抗则是不可想象的。[38] 与法国一样，英国政府决心不再退缩，而是要试图强化这种跨大西洋的关系。[39]

1929年5月30日的大选使拉姆齐·麦克唐纳领导的工党第二次上台后，这一决心更得到了加强。作为一名坚定的大西洋主义者和反法派，麦克唐纳压倒一切的首要任务是修补与美国的关系。他十分热衷于与两次大战间进步主义的典型拥护者、刚刚当选总统的赫伯特·胡佛打交道。正如托洛茨基所嘲笑的那样，英法对话已经不再重要了："如果你想**认真**讨论问题，那就别怕麻烦，横渡大西洋吧。"[40] 麦克唐纳开了这个头，在他之后，一长串欧洲政治家急切地期待用一次美国之行来开启自己的任期。1929年10月，在总统先生位于弗吉尼亚州拉皮丹营地（Rapidan Camp）的乡间寓所里，远离华尔街的喧嚣，胡佛和麦克唐纳分别坐在一根树干的两端，他们就这样敲定了一项会议日程，决定于1930年年初在伦敦召开一次会议，媒体报纸许诺，这将是一次全新的、全面的海军裁军会议。[41]

三

尽管这些结构看起来非常稳健，在人们对它们感到失望的时候也能自我修复，但是，如果要说《洛迦诺公约》是战后秩序的一颗

第二十五章 战争与和平的新政治

定心丸，华盛顿会议上签署的太平洋条约是另一颗，那么，这一新地缘政治的一个显著特征就是它还不完整。在洛迦诺和华盛顿"之间"，隐约可见一大片苏联主宰下的欧亚大陆。反过来，从莫斯科的角度来看，在20世纪20年代中期，波兰和中国这两个世界新秩序的边缘地带，似乎是正在上演革命与反革命之间斗争的一对竞技场。在这场斗争中，莫斯科处于守势。波兰与德国之间的边界明显被排除在《洛迦诺条约》之外，这一事实无疑使华沙方面感到坐立不安。但是，1926年5月，当毕苏斯基元帅发动了一场政变的时候，警铃大作的却是莫斯科。[42]苏联人对他六年前的侵略行为记忆尤深。

但是，毕苏斯基现在处于防守状态。他的目标是保持多民族的波兰国家内部的平衡，维持波兰、苏联、德国三国之间的现状，同时还要尽一切可能实现波兰经济和军事的现代化。毕苏斯基估计，20世纪20年代中期的力量平衡表明，不管是俄国还是德国，都没有能力在未来十年对波兰发动进攻。他的判断最后被证明是非常正确的。在《拉帕洛条约》之后，德国和苏联又在1926年4月继续缔结了一份中立和互不侵犯的条约，这显然让人极为忐忑。但与这两个国家在1939年签订的互不侵犯条约不同，这个条约确实是防御性的。柏林方面的主要目的是表明它不会参与由法国和英国煽动的、波兰对俄罗斯的进攻，施特雷泽曼无意重新开始《拉帕洛条约》危险的平衡游戏。1927年夏天，当苏联对波兰的谩骂达到令人担忧的程度时，德国扮演了中间人的角色。它向苏联保证，英国和法国没有侵略意图，并警告莫斯科方面不要自己轻举妄动。[43]

当西方明显稳定下来的时候，困扰着共产国际的问题是，它在亚洲是否也面临障碍。英国恢复了它对印度的掌控，西方列强与日本的友好关系在苏联看来十分危险。但是中国的问题还没有解决。在凡尔赛和华盛顿，日本和西方列强都已经表明，它们对中国的民族主义不屑一顾。现在的问题是，谁可以从这样的形势中获利。

1924年9月，派系斗争再一次在中国东部沿海地区爆发。但这一次可不是军阀之间普通的小打小闹[44]，中国的将军们首次大规模使用第一次世界大战期间的现代武器。直系军阀与"玉帅"吴佩孚在1924年10月占领了长江流域，他们似乎随时准备控制整个中国。考虑到吴佩孚的好战，这对西方列强和日本来说都是需要警惕的。西化的日本外交部部长、西园寺公望侯爵的门生币原喜重郎想避免公开违反华盛顿会议的原则，但是直系军阀必须要制止。日本没有动用自己的军队，而是为满洲地区的军阀张作霖的军队提供了大量武器，同时用巨额贿赂来离间直系军阀。[45]到1925年，吴佩孚的联盟开始瓦解，统一的动力也无影无踪，中国的政局再一次四分五裂，各派力量相互残杀，国家颜面尽失。

华盛顿方面发自内心地不喜欢吴佩孚。而对于法国和英国来说，中国的混乱局面并不是全世界最糟糕的。[46]只要能守住它们的势力范围，同时没有出现挑战者，它们就能容忍这种无序的状态。但是吴佩孚向南方的入侵将它们的利益也牵扯了进来。1925年5月30日，英国警察在上海租界向示威游行的中国爱国群众开枪，打死了12人，还造成更多人受伤。这一无端的暴行导致了1919年5月4日之后就没有再出现的爱国情绪的高涨。在几周之内，有超过15万上海工人加入罢工抗议当中，这就为一股比吴佩孚还要来势汹汹的力量——国民党和共产国际——的到来打开了大门。

在华北，军阀从协约国大量的剩余储备中为自己寻找顾问和越来越精良的武器。与此形成鲜明对比的是，从1923年年初的《孙文越飞宣言》开始，民族主义者把目光投向了莫斯科。10月6日，革命活动家米哈伊尔·鲍罗廷（Mikhail Borodin）抵达广州，为将民族主义运动重组为一个群众性政党提供现场指导。[47]在1924年1月国民党第一次全国代表大会上，25%的中央执行委员会成员是共产

第二十五章　战争与和平的新政治

党人[*]。孙中山在开幕式上发表了反帝宣言。当列宁在那个月去世时，大会休会三天进行哀悼，以示敬意。苏联人对此给予了丰厚的回报。为了实现列宁关于建立联合阵线的设想，他们派出了1000多名顾问，还有4000万美元的资金，来支持他们的新盟友，这可比莫斯科方面曾经在欧洲投入的革命资源要多得多了。国民党决定按照苏联模式建设一支政治化的军队，由苏联的内战英雄瓦西里·布柳赫尔（Vasily Blyukher）担任首席军事顾问，孙中山派遣蒋介石去莫斯科接受训练。为了向普通士兵传播思想，每个军事单位都建立了党组织。在黄埔岛上新成立的军事学院就是为了培养年青一代的国民党军事领导人。这所学校的政治部主任是周恩来，他在欧洲勤工俭学的时候加入了共产党。

自中华民国第一任总统袁世凯以来，军国主义的现代化就是中国军阀政治的惯用伎俩。而共产党人最具特色的贡献就在于，他们扩大了中国民族主义的社会想象。1923年年底至1924年年初，国民党在广州的根据地受到了地方军阀势力的威胁，因此，鲍罗廷极力主张推行一个激进的群众动员计划。他建议出台法令征收地主的土地，并将之分配给农民，同时在产业工人当中实行八小时工作制、设定最低工资标准。尽管孙中山拒绝了鲍罗廷的建议，但这是社会诉求第一次与国民党的民族主义规划结合到一起。1925年6月，香港爆发了一场有25万工人参加的大罢工，同时还对英国租借地开展了持久而高效的贸易抵制，这些都得到了广州国民党活动家的协助。[48] 从广州向北延伸到武汉和更远地方的500英里通道上，一场农民起义正在酝酿之中。[49] 在共产党人彭湃的组织和影响下，国民党农民部开始制订一套计划，以加强党的群众基础。[50] 国民党成立

---

[*] 共选出24名中央执行委员与17名候补中央执行委员。其中，中央执行委员有3名共产党人（谭平山、李大钊、于树德），候补中央执行委员中有7名共产党人（林祖涵、沈定一、韩麟符、毛泽东、张国焘、于方舟、瞿秋白），一共10名，占总人数41人的25%。——编者注

了农民运动讲习所，从 1926 年 5 月开始由年轻的湖南革命家毛泽东领导。[51] 到第一年年底的时候，已有 120 万农民加入了这个新的组织。[52]

北方军阀相互残杀，在此情况下，1925 年夏天，布柳赫尔和他的中国合作者一起制订了被俄国人称为"国民党军事大计划"的联合军事行动，目的是要将国民党的影响力从它在南方的根据地广东省扩展到北边的长江流域。他们可以从那里向北京发起攻击。[53] 这是一场规模空前的行动，它想要将三分之二的中国统一起来。在这片土地上，生活着两亿人，由五个主要军阀集团进行统治。正如他们在 1924 年所展现的，这些军阀能够调动 120 万的强大军队，而国民革命军只有 15 万人。[54] 即使直系军阀当时处在混乱状态，也不应该轻举妄动。民族主义者最初寄希望于一次军阀大会，也许它能够在不进行武装斗争的情况下带来统一。但随着孙中山于 1925 年 3 月英年早逝，这一前景破灭了。孙中山的去世使得这场统一大会失去了它理所当然的精神领袖，同时也动摇了莫斯科在国民党内部的影响力。

虽然孙中山在他的遗嘱中承诺，国民党会继续与苏联结盟，但是国民党已经分裂为与中国共产党走得更近的左派和蒋介石领导的军权派。1926 年 3 月，蒋介石在广州的国民党领导阶层内部发动了一场政变，削弱了共产党人的影响力，并使自己被任命为国民革命军总司令。共产国际认为形势已经迫在眉睫，决定发动进攻。列夫·托洛茨基极力主张中国共产党人应脱离国民党，在广东省的农民和工人中间建立起自己的军事根据地，但他的意见被否决了。随着斯大林和布哈林走上前台，共产国际开始全身心地为具有决定意义的北伐行动做准备。[55]

短期而言北伐确实取得了胜利。当欧洲革命的前景因为英国大罢工的失败而渐渐黯淡的时候，中国国民革命军在 1926 年 6 月到

第二十五章　战争与和平的新政治

12月发动了一场空前有组织和成功的战役，将华中和华南的大部分地区都置于国民党的控制之下。布柳赫尔与他的参谋协调行动计划，苏联飞行员提供空中掩护，中国共产党的领导人则为国民革命军中的"左"倾人士提供了政治指导。在很多省份，反对军阀的运动是借着农民起义的浪潮进行的。[56] 年轻的毛泽东形容它是"其势如暴风骤雨，迅猛异常，无论什么大的力量都将压抑不住"。*[57]

经过38天的围攻之后，1926年10月10日，也就是辛亥革命15周年纪念日那天，国民革命军占领了革命的爆发地武汉。西方列强感受到了前所未有的担心。早在1926年4月，伦敦就已经不再承认北京那个苟延残喘的中国政府。[58] 现在，12月18日，英国大使馆想要对当前汹涌澎湃的民族主义做出回应，他们发表了一份公开备忘录，承认"今日中国时局，与各国缔结华会条约时，完全不同"，[59] "所谓中国经济政治，非外人监视不能发达者，各国应抛弃此种意见"。† 他们必须学会接受中国民族主义者的修约要求。[60]

但是英国到底会在多大程度上迎合民族主义者的要求呢？这种灵活性的界限几乎立即就受到了考验。1927年1月4日，经过几周的动荡局势，在革命军的支持下，一群中国人打败了一小队英国海军，并占领了英国在武汉的租界。此事当即得到灵活处理，避免了流血事件的发生，但是英国对此大惊失色。在伦敦，包括丘吉尔在内的一部分人呼吁立即进行反击。但是外交大臣奥斯丁·张伯伦非常清楚，英国公众是多么地"深望和平"，而任何攻击行为又会给华盛顿方面留下多么糟糕的印象。"只有……耐心，只有让每个人都明白"英国是"多么真诚地""想要找到和平的解决办法"，它的"政策是""多么开明"，那么，当英国的战略利益真的受到威胁的时候，

---

* 引自毛泽东《湖南农民运动考察报告》。——编者注

† 译文引自〔英〕怀德，《中国外交关系略史》，王我孙译（上海：商务印书馆，1934年），83—90页。——译者注

它才能够动员到它所需要的力量。[61]

英国将坚决捍卫的战略性资产是上海，这个城市是英国在东亚地区的商业中心。上亿英镑的财产危在旦夕。1927年1月17日，英国内阁决定向中国派遣一支2万人的军队，这支军队以强大的海军实力为后盾，装备有3艘巡洋舰、若干炮舰和一支驱逐舰队。到2月时，一共有来自7个国家的35艘军舰聚集在上海附近。在中国的沿海地区，皇家海军拥有两艘轻型航空母舰、12艘巡洋舰、20艘驱逐舰、12艘潜艇以及15艘内河炮艇。[62]

冲突似乎一触即发。在国民党内部，共产党人又一次紧紧握住了权力。中国共产党已经从一小群知识分子成长为一个拥有6万名积极分子的政党，他们集中在华中及华南的大城市。国民革命军对西方耀武扬威的行径不屑一顾，继续向着海岸线的方向前进。3月21日，国民革命军进入上海，这引发了一场共产党人领导的起义。[63] 尽管和西方列强在上海的冲突得以避免，但是在3月24日，国民革命军占领了南京，并引发了一场骚乱。[64] 作为回应，停泊在长江上的美国和英国军舰炮轰南京，造成了大量伤亡。但是，对英国来说，面对一些西方人被杀害、英国领事馆遭到破坏以及总领事受伤这样的事实，这样做就够了吗？英国可能会借其在上海的军事力量做出武力回应的。

4月11日，蒋介石和武汉的国民政府同时收到一条威胁性的消息。武汉的国民党左派政府表示绝不妥协，战线似乎正在拉开。[65] 但就在这个时候，共产党人、国民党左派与右派之间的权力斗争也剑拔弩张。共产国际从莫斯科发出号召，要求中国的同志推翻蒋介石。但蒋介石可不打算坐以待毙。1927年3月，他下令在他指挥的军队中解除共产党民兵的武装。在西方列强对发生在南京的"暴行"提出抗议的第二天，在强大的上海工会运动还没来得及组织起抵抗之前，蒋介石发动了决定性的打击。[66]

第二十五章　战争与和平的新政治

4月12日，蒋介石宣布，中国革命必须从俄国人的指导下解放出来，他随即在上海发动了反共清洗。日本坚定地支持蒋介石的反共运动，美国则拒绝容忍使用武力。在此情况下，英国选择了观望。中国共产党此前已经将自己的组织融入了国民党的组织当中，因此毫无防备。1926年春天，中国共产党有6万名党员，到了1927年年底，已经只剩下了不到1万人。在农村地区，"白色恐怖"夺走了几十万农民的生命。[67] 1927年9月，毛泽东在湖南发动的"秋收起义"失败后，农村组织中的残余力量也被摧毁了。[68] 1928年7月，在国民革命军攻陷北京之后，美国宣布承认蒋介石定都于南京的政府，并同意给予其完全的关税自主权，这是中国民族主义提出已久的一项要求。[69]

对于莫斯科方面来说，发生在中国的事情令人震惊。在七年的时间里，首先是在1920年8月的波兰，然后在1927年春天的中国，苏维埃政权两次看起来马上就要获得惊天动地的革命成就，但最后却遭遇了惨痛的失败。在莫斯科的地缘政治构想中，发生在波兰和中国的事情明显是相互联系的，它们的共同点就是英国的帝国主义阴谋。上海的不幸事件发生几周之后，1927年5月12日，苏格兰场（Scotland Yard）*突击检查了苏联贸易代表团在伦敦的办公室。托利党政府宣称发现了可靠的犯罪证据，随后中断了与苏联的外交关系。6月7日，苏联驻华沙公使被一名"白俄恐怖主义者"刺杀，战争的传言更是甚嚣尘上。这会是另一次萨拉热窝事件吗？[70] 战争的恐惧席卷莫斯科，因此，10月，当粮食收购已经确定失败的时候，人们的危机感达到了新的高度。就像国内战争时一样，农民也举行了罢工。1920年到1921年，列宁曾面对过类似的情况，最后颁布了新经济政策，决定与西方和平共存。

---

* 伦敦警察厅的代称。——编者注

如果1927年再这么做的话，其实就背叛了这一战略后退以来所取得的成就。对于斯大林来说，这将是向其对手做出的危险让步，因为他们正打算与他一决胜负。他不会退缩。托洛茨基和季诺维也夫被驱逐出境。但是，继续向前意味着什么呢？1925年，敦促加快工业化进程的，正是托洛茨基和左翼反对派。现在，为了应对1927年夏天的战争恐慌，中央委员会政治局借用了托洛茨基等人的方案。到这年年底，一个大型工业化方案——五年计划——被制订出来，此外还有一个强制农业集体化的方案，以支持五年计划。斯大林正在着手实行一项完全没有人做过的经济和社会改造方案，它会在几年之内让苏联国家对大多数农民形成完全而直接的控制。[71]正如托洛茨基所说，这是一个被经济和政治风险包围着的"危险的官僚式超级工业化过程"。[72]到20世纪30年代初，这种不惜一切代价盲目追求经济增长的做法将带来骇人听闻的饥荒，引发针对农民的暴力战争，同时也会让苏联的对外政策处于守势。这样看来，斯大林急切地希望加入《非战公约》，也就不是什么巧合了。在可预见的未来，"在一个国家进行的社会主义"建设需要和平。

四

在20世纪20年代后期，如果说还有哪一个国家比苏联更加对其东亚战略举棋不定的话，那就是日本。日本政界和军界的很多人都要求果断做出回应。从20世纪20年代初开始，日本执行了相对温和的政策，原因在于它低估了中国民族主义的潜力。可是考虑到1924年吴佩孚所动员到的力量，以及更为强大的北伐背后的推动力，这种妄自尊大似乎是非常危险的。尽管如此，面对右翼的愤怒，外相币原喜重郎仍然坚持他自1921年以来就奉行的不侵略政策。1927年春天，当英国和美国都用武力来对付中国时，日本一直袖手

第二十五章 战争与和平的新政治

旁观。[73]日本海军认为这简直是奇耻大辱,以至一名曾经参与从南京撤离日本公民的海军上尉切腹自杀,以示抗议。[74]与此同时,在中国恢复实力的时候,日本的重要立足点满洲则遭到了忽视。[75]在20世纪20年代后期,满洲的日本移民人口只有20万,并且每年增加不超过7000人。相比之下,渴望土地的中国人每年迁入满洲的人数在1927年达到了最多的78万人。除非采取真正的决定性政治行动,否则,即使在它自己的势力范围之内,日本的霸权也只能是穷途末路了。

1927年4月,随着日本经济陷入危机而中国经济正在向好,一直固执地坚持调解政策的自由主义政府垮台了。[76]保守的政友会上台,其领导人是前陆军参谋长、"中国通"田中大将。田中宣称他决定采取更加强硬的姿态。通过加强日本在山东和满洲的军事部署,田中一方面向蒋介石示好,另一方面则希望能够最终说服中国人,承认长城以北的领土实际为一个独立国家。但即使是在1928年4月,国民革命军大规模挥师北上的时候,田中也不敢与西方决裂。尽管国民革命军和日本军队多次发生冲突,数千名中国人被杀害,但是田中依然闭口不言,并且正式向华盛顿方面承认,中国拥有对满洲的主权。

这是日本极端民族主义者所不能接受的。[77]1928年6月4日,日本关东军的一些激进军官刺杀了在国民革命军即将到达之前逃离北京的军阀张作霖。这次刺杀行动原本希望能够引发与张作霖军队的冲突,从而为日本全面占领满洲铺平道路。但是他们要失望了。当国民革命军占领北京、宣布国民党完成统一的时候,张作霖的儿子张学良接替了他父亲的位子。这位"少帅"避免了公开与日本军队的对抗,但是他很快就向世人证明,自己是一位新型的爱国主义者。12月,张学良不顾日本人的反对,将东三省置于南京国民政府的统治之下,而这一政府现在已经得到了美国和英国的正式承认。

田中首相的政策现在变得支离破碎。他既没能与中国对抗,也没能与中国和解,现在他看起来就像是"东方的堂吉诃德",是一个已经落伍的传统武士。[78]当他的内阁在1929年7月垮台的时候,取而代之的并不是激进的民族主义者,而是他们的主要对手立宪民政党。民政党主张改革,而不是对抗。日本必须批准《非战公约》,接受英美两国的邀请参加在伦敦举行的海军裁军对话,完成国内政治的自由化,并重新推动金本位制的恢复。1930年2月,古斯塔夫·施特雷泽曼的这些亚洲同道得到了日本绝大多数认同民主的选民的支持。[79]

第二十六章
大萧条

这套国际秩序的体系具有惊人的复原能力,将要打破它的历史事件是大萧条。但是这种瓦解的后果并不是立竿见影的。就像1920—1921年的经济不景气一样,经济衰退一开始并没有让世界支离破碎,而是强化了现有秩序的约束。的确,与1920年不同,在1929年,世界每个主要国家都在推行通货紧缩,这标志着新规范已经根深蒂固。不仅英国和美国选择了通货紧缩,法国、意大利和德国也是如此。1930年1月,在J. P. 摩根促成的一大笔贷款的支持下,日本新成立的自由主义政府实行了金本位制,这其实是在昭告天下,日本将迎合国际社会对它的预期。从那时起,评论家一直就在问的问题是:为什么世界各国会如此热切地致力于这种集体紧缩?如果凯恩斯主义者和货币主义经济学家能就一件事情达成一致意见,那就是这种通货紧缩的共识会带来的灾难性后果。这应该归咎于无知的央行行长,还是一种对镀金时代回忆的返祖式依恋?[1]还是说,由于第一次世界大战后的通货膨胀经历,使得即使是在境况较好的国家——如美国、法国等,也形成了一种反通货膨胀的偏见呢?而这些国家本来应该发挥的作用，是在英国、德国和日本面对经济下行的压力时，抵消这些压力。[2] 更侧重于政治学角度的解释则认为，通货紧缩为财政鹰派提供了一个可喜的机会，可以收回在战后的社会动荡中对劳工做出的让步。[3]

所有这些解释都低估了的现象是，在20世纪20年代得以恢复的国际秩序中，政治投入要更为广泛。它超越了对通货膨胀的恐惧，以及削减福利的保守主义要求。金本位制是基于国际合作的视角，这远远超出了各个央行行长之间技术层面上的讨论。在国际体系真正的压力点上，金本位制是一个"避免无赖"的设置，它所针对的不仅是开销庞大、重视通货膨胀的社会主义者，这一"黄金枷锁"同时也限制了军国主义者。事实上，由于华盛顿方面否决了所有更牢固的集体安全体系，因此，基于市场的内在的自由主义就成了防止帝国主义卷土重来的唯一一种重要防范措施。周期性衰退，哪怕会造成大规模的失业和破产，但它也只是维持国际秩序所需要付出的微小代价，而国际秩序是和平与经济进步最大的希望。对于大萧条来说，具有悲剧性讽刺意味的一点是，国际合作的建设性政策与紧缩的经济政策如此紧密地纠缠在了一起。由此产生的反常后果就是，倡导"积极"经济政策的人发现自己被吸引到了民族主义暴乱分子的阵营。

一

杨格计划已经做好了一切准备。经济衰退的阴影已经近在咫尺，1929年2月11日，新一轮赔款谈判在巴黎启动，主持这次谈判的是查尔斯·道威斯在1924年的副手欧文·杨格。谈判的发起者不是德国人，而是美国人，这是施特雷泽曼外交的一次胜利。美国人有理由担心，一旦道威斯计划的偿付时间安排导致柏林方面的赔偿

第二十六章　大萧条

责任增加，就会挤掉德国对华尔街的私人债务。一年之后，1930年1月，在第二次海牙会议上结束的谈判取得了喜忧参半的成功。[4]至少在形式上，杨格计划承诺将支付制度去政治化，通过这种方式来化解赔款问题。但从实质上说，由于华盛顿方面拒绝将战时债务和战争赔款进行任何捆绑式的讨论，最后的结果令人失望。

华盛顿方面在这一问题上毫不让步，1929年3月胡佛政府上台之后更是如此，因此，法国和英国只能做出让步，同意削减不超过20%的德国赔款。[5]它们没有太大的活动空间。如果赔款减少，就意味着它欠美国的债务增加。1919年，战争赔款与它们欠美国的战时债务之间的比例是比较乐观的3∶1，但美国顽固的债务外交与德国对《凡尔赛和约》的修订主张，都使情况越来越严峻。钱从美国流入德国，再回到美国，在这样一个循环的支付过程中，英国和法国只起到流通渠道的作用。在杨格计划之后，法国只能留下40%的赔款，英国则勉强只有22%，剩下的钱都作为战时债务的偿付，到了美国手里。正如托洛茨基用他典型的夸张语调所形容的："从套住德国双脚的脚镣上，延伸出了一条坚固的铁链，它套住了法国的双手、意大利的双脚以及英国的脖子，麦克唐纳现在是英国这头狮子的饲主，他骄傲地指着这个狗项圈，说它是实现和平最好的手段。"[6]到1931年，支付给美国的战时债务合计为20亿美元，差不多正好就是20世纪20年代早期美国给德国的贷款总额，这并不只是巧合。[7]资金正在循环流通，但这一循环恰恰是在杨格计划的巨大压力下进行的。杨格计划导致了德国债务的常态化，但也通过同样的方式让德国的负担更加清晰透明，让柏林的责任更加直接。[8]

民族主义者的反应是发动一场抗议性的公投，这给了阿道夫·希特勒一个重整旗鼓的机会。在1928年国会选举的惨败之后，他似乎变得默默无闻。[9]但这一次暴乱分子仍然遭遇了失败，反对票只有14%。国会中的民族主义者再一次满怀羞愧地给了批准杨格计划所需要的绝大多数投票。协约国军队也提前五年从莱茵河撤出,这是实用外交的又一场胜利。

在恢复德国主权的过程中,杨格计划加强了正统金融制度,这与重返常态的图景是一致的。从1924年开始由美国赔款代理机构在柏林监管的移交保护系统就此结束,从此以后德国就自己负责自己的国际收支了。它不再支付款项给赔款委员会,而是支付给一家新的国际清算所——国际清算银行(Bank of International Settlements)。这需要制定新的财政规章制度,但对于德国的保守派来说,这完全不是什么不可接受的事情。1930年3月,在将社会民主党从1928年上台的基础广泛的联合政府中排除出去之后,海因里希·布吕宁(Heinrich Brüning)的中央党政府开始了魏玛国家长期而艰巨的重建工作。[10]他们的终极目标是要推翻《凡尔赛和约》,但要想实现修改的目的,手段却是要循规蹈矩。德国可以通过恢复其竞争力来摆脱政治债务的牵制。通过清理通货紧缩,德国可以重新以它在1914年之前的面目出现,成为世界经济中的出口优胜者,并最终摆脱大战的金融遗产。

当德国在1929年年底至1930年年初全神贯注于赔款问题的时候,英国和美国正在准备新一轮的全球裁军计划。1930年1月21日,在金碧辉煌的英国上议院,各个大国召开了第二次伦敦海军会议(Second London Naval Conference)。开幕式通过收音机向世界各地进行现场直播,这在5000英里之外的日本引起了轰动。这是第一次,真正意义上的全球公众同时参与到一个单一的媒体事件中。[11]选择在这个时候召开会议,是因为华盛顿会议所达成条约的10年有效期即将到期。除非达成一个新的协议,否则,英国、美国和日本将在1931年准备建造总估价为20亿美元的一共39艘战舰。在华盛顿达成的限制军备的协议没能阻止自1922年以来差不多100万吨巡洋舰、驱逐舰和潜艇的建设,巨额的海军经费账单摆在了国会

第二十六章　大萧条

面前。所有这些行为都公然违反了当下通货紧缩的需求。因此，在伦敦的三大国同意，讨论的问题不限于战舰，而要实行真正全面的海军军备限制。

1930年4月2日，滨口雄幸政府同意接受巡洋舰和其他辅助舰船10∶10∶7的折中比例，这是会议的一个突破。与1921年的华盛顿会议相比，日本文官政治家和外交家这一次在与军方的斗争中取得了更大的胜利，日本军人此时正全神贯注于中国问题，对美国的善意完全不抱信心。但是不论人们会做出什么样的战略评估，普遍的通缩已经势在必行，这是没有任何疑问的。胡佛政府估计美国节省了5亿美元。[12]而对日本来说，考虑到1921年以来的巡洋舰建设，这次会议就相当于给海军彻底放了个假。在接下来的六年里，日本海军总共只能新增加5万吨位的船只。海军勃然大怒，在开销庞大的反对党政友会的支持下，他们将伦敦海军会议变成了自1913年大正时代以来"最重大的宪法斗争"。[13]然而，尽管海军军令部部长加藤宽治上将辞职，至少一位低级军官切腹自杀，但首相滨口雄幸仍然坚持己见[14]，削减预算的压力是不会改变的。滨口雄幸有国会的多数人做后盾，同时还得到了亲西方的开明元老、天皇枢密院议长西原寺公望侯爵的支持。[15]在面对来自各方的挑战时，滨口政府仍然坚持在安全政策和金本位制方面与伦敦和华盛顿并肩站在一起。为了庆祝《伦敦海军条约》被批准，1930年10月28日，在对三个国家的听众同步播出的全球广播中，日本的滨口雄幸、英国首相拉姆齐·麦克唐纳以及美国总统赫伯特·胡佛轮流发表讲话，称赞这是国际和平进程中的里程碑。

正像九年前的情形一样，伦敦会议中不愿意合作的一方似乎是法国。[16]但他们确实有理由担心自己的安全利益被忽视了。法国的海军规模只有英国或美国的三分之一，这就使它要被迫做出选择，究竟是防守他们的大西洋海岸线呢，还是保卫地中海不受公然蔑视整个裁军进程的墨索里尼的侵犯呢？法国并不是要与英国或者美国竞争，相反，它的首要任务是希望通过这次裁军，获得比国际联盟或者《非战公约》曾经做出的还要具体的安全保证。如果伦敦和华盛顿方面希望削减海军的话，法国希望裁军后的皇家海军仍然能够坚定地承诺保证法国的安全。

对于麦克唐纳第二任工党政府中的现代威尔逊主义者来说，这还是和以前一样让人厌恶。在麦克唐纳看来，大战既是德国侵略的结果，也是法俄阴谋的结果。[17] 英国绝不能够再一次被置于1916年它曾身处其中的那种境况：由于被卷入欧洲事务，从而使这个国家不得不冒着一切风险，与一位进步主义的美国总统发生一场徒劳无功的冲突。尽管1930年的会议在伦敦召开，但是决定会议成果的却是美国代表团。如果欧洲安全的关键在于英国愿意支持法国军队进行密不透风的海上封锁，那么美国的认可就是不可或缺的。英国不会对法国做出任何有可能惹恼美国的承诺。

1930年3月24日，极度希望能将会议从"悬崖边缘"拉回来的美国国务卿亨利·史汀生（Henry Stimson）提出，如果法国同意削减军备，那么美国可以考虑达成一份协商性的条约，承诺如果英法要进行任何海上封锁行动，美国都会提前明确自己的立场。[18] 与1924年国务卿休斯所愿意给出的条件相比，这已经有了很大的进步，而且史汀生是在没有得到美国国务院和胡佛总统支持的情况下这么说的，他的这一提议也从未提交给众议院。但是这一微小的让步却意味着，美国有可能认同英国为了法国的利益采取行动，这已经足够让法国同意保证会议的正常进行了。然而，这番斗争的后果就是，当法国绝望地需要英国与自己合作的时候，它就被蒙上了一层悲观的色彩。

杨格计划令人倍感挫折的谈判结束之后，曾经在鲁尔危机后第一次引发热潮的欧洲一体化运动重新回到了讨论的前沿。[19] 鉴于美

第二十六章　大萧条

国在战时债务问题上的强硬立场，1929 年 6 月，白里安和施特雷泽曼在马德里的一次会议上讨论，可以考虑建立一个欧洲集团，它将足以与美国经济抗衡，并能摆脱对华尔街的依赖。[20] 在 1929 年 9 月 5 日的一次演讲中，白里安以国际联盟为舞台，主动出击：国际联盟成员中的欧洲国家必须走向一个更紧密的联盟。以他的名字命名的那个和平公约没有约束力，是不够的。考虑到世界经济明显的下行趋势，以及美国将进一步采取保护主义政策的可能性，白里安的第一个办法是实行一种优惠关税减免制度。但这种经济方法遭到了极其强烈的反对，因此，他在那个冬天选择了另外一种方法。

1930 年 5 月初，在颇为棘手的伦敦海军会议结束几周后，法国政府向国际联盟其他 26 个欧洲成员国分发了一份正式提案。巴黎方面向它的欧洲同胞发出呼吁，要认识到它们的"地理统一性"意味着什么，从而自觉结成"团结的纽带"。[21] 具体而言，白里安提议定期举行欧洲大会，设立轮值主席和常设政治委员会，最终的目标则是一个"建立在联合而非统一理念之上的联盟"。"时代从来没有像现在这样有利，也从来没有像现在这样紧迫，"白里安最后总结道，"我们要赶紧开始这种建设性的工作……这是一个决定性的时刻，警醒的欧洲可以自由地决定自己的命运。团结起来，共同生活，共同繁荣！"

二

1929 年 10 月 3 日，白里安的欧洲演讲才刚刚过去一个月，消息传来，古斯塔夫·施特雷泽曼去世。据说，这位法国总理大喊着，让人们给他也准备一口棺材。毫无疑问，施特雷泽曼谢幕，海因里希·布吕宁随后在柏林就任总理，领导一个右翼少数派的内阁，这样的画面是德国政治开始向着危险的方向发展的信号。布吕宁不是埃茨贝格尔,德国国会多数派曾经的声音现在已经变得十分微弱。杨格计划的后果令人失望,这促使更多的德国人公开与之对抗。但是,如果英国能够下定决心支持白里安的提议的话,这些也就无关紧要了。在伦敦海军会议上,英国和美国的合作足以让法国和日本也与它们保持一致,法英联合则可以在欧洲制定规则。英国不仅是一个海军超级大国,而且与法国不同,它还是一个顶级进口国。在美国顽固的保护主义面前,能进入英国本土及帝国的市场,这就是一个真正有力的谈判筹码。[22]

但是工党政府却摆出一副断然反对与法国进行任何合作的面孔,也正是这一点,让德国摆脱了桎梏。在 26 个收到白里安提议的国家中,算上除了匈牙利和爱尔兰之外的所有欧洲小国,一共有 20 个国家热情地表示了赞成。但尽管如此,伦敦和柏林方面还是对它置之不理。1930 年 7 月 8 日,布吕宁内阁自鸣得意地总结道,对于法国这份历史性的倡议,最合适的回应就是给它来个"头等葬礼"。[23]

伦敦方面没有想明白的是,它对法国的压制其实打开了灾难的大门。1918 年以来,德国政治阶层一次又一次地重整旗鼓,为痛苦但又必需的服从行动寻找多数支持。《拉帕洛条约》和鲁尔事件都证明了对抗只会导致灾难性后果,但是在 1930 年,服从的意愿却再一次出现了动摇。接替施特雷泽曼担任外交部部长的俾斯麦式民族主义者尤利乌斯·库尔提乌斯(Julius Curtius)已经宣布,他打算将德国在东方的外交政策进行"再平衡"。1931 年,由德国国家做担保的一笔大型出口信贷让德国对苏联的出口增加了四倍,使德国成为斯大林政权到目前为止最大的贸易伙伴。[24] 1930 年夏天,柏林加强了与法国在地中海的主要对手——法西斯意大利之间的联系。7 月初,随着最后一批法国军队撤出莱茵兰,库尔提乌斯开始施行他的锦囊妙计。他与维也纳方面开始进行最高级别的秘密会谈,讨论建立德奥关税同盟(Zollverein)的可能性。德国的这一倡议

第二十六章　大萧条

直到1931年春天才被公开,导致了大萧条第一次真正的山崩地裂。

布吕宁领导的政府会开启这一连串的灾难性事件,既是可悲的,也是可以预料的。布吕宁是一名民族主义者,但这并不是什么不同寻常的事。[25]他当然不是法西斯主义的同情者,他关于德国的愿景是保守主义的,他的经济政策是自由主义的,他的目标是想要恢复类似于威廉德国黄金时代的情景。在想要成为一个富有而强大的国家方面,这样一套思想无可厚非;但是考虑到德国现在的脆弱地位,这样一种充满活力的民族自由主义就是危险的混合物了。魏玛共和国不得不进行的经济调整十分严苛。在1929年到1931年,德国主要通过削减国内的进口需求,摆脱了迫在眉睫的贸易逆差,转向了巨额贸易顺差。1930年夏天,陆军元帅兴登堡签署了总统法令,但并非是为了实行独裁,而是要服从国际规则,强制实行通货紧缩。1930年年底至1931年年初,失业人口上升到了400万,这样的结果在预料之中。为了弥补国内需求的暴跌,德国亟须出口,因此,寻求与奥地利建立更加密切的经济关系也就不是不合逻辑的了。但是白里安的欧洲计划提供了一个更大的市场。为了缓解通货紧缩带来的痛苦,德国需要一切能从国际社会获得的帮助。

在这种情况下,布吕宁与维也纳方面进行了秘密会谈,这一做法即便不是在文字上,也是在精神上违反了多达三份战后和平协议,至少可以说是一种风险极高的战略。这样做是为了安抚民族主义极右翼。在1930年9月德国国会选举之后,这些人受到了希特勒的影响。但这么做是非常不负责任的。施特雷泽曼战略的本质是一种精心的计算,认为要想扩大德国的回旋余地,最好的方式就是避免公开对抗。但是布吕宁这种咄咄逼人的做法却产生了相反的效果。他以民族主义者的幻想作为诱惑,其结果是缩小而不是扩大了回旋余地,使国内和国际的压力都不断增加。

1931年3月20日,爆炸性的消息出现在国际媒体的版面上,德奥关税同盟的计划被公之于世。[26] 这一年早些时候，为了奖励德国遵从金本位制，法国一直在准备开放巴黎货币市场，接受德国借贷。[27] 现在柏林似乎执意要进行对抗。而更糟糕的是，无论是英国还是美国政府，都没有表现出任何想要遏制布吕宁的迹象。只要还能保持其最惠国地位，美国就不会反对加强脆弱的中欧国家[28]，这让巴黎方面担心不已。不过多亏了普恩加莱的稳定政策，它现在已经强大了很多。到1931年，法国被低估的货币和强劲的国际收支平衡使它得以积累了世界黄金储备的25%，仅次于美国，更远远超过作为金本位制引领者的英国即使在辉煌时期的水平。随着金融投机活动在5月席卷奥地利并随后向德国蔓延，有传言称，巴黎方面正在蓄意鼓励抛售。但这其实没有必要，通货紧缩正在带来损失。维也纳的奥地利信贷银行（Viennese Kreditanstalt）破产，德国达纳特银行（Danat Bank）也遭遇麻烦，都是这一波严格的通货紧缩调整所带来的危险但又可以预见的副作用。德国的国际收支平衡非常不稳定，而且布吕宁本人似乎下定决心要引起市场恐慌。6月6日，应邀在契克斯（Chequers）别墅访问麦克唐纳时，德国总理借机谴责根据杨格计划应支付的下一笔款项是"上贡"。

在这种情况下，德国金融体系中的黄金和外汇开始流失，也就不足为奇了。1924年以来，德国的政策就一直在等待这一时刻。这个国家会利用它是美国债务人的关系来摆脱自己的赔款义务吗？毫无疑问，华尔街受到了严重影响。美国的投资者在德国总共有20亿美元的资产。从1931年1月开始，史汀生就一直发出警告，如果德国崩溃，美国将面临严重的风险。[29] 但是，认为总统先生会听从银行家的命令，就是在重复德国1917年1月做出潜艇战的重大决定时的错误。胡佛不是那些华尔街大亨的朋友，中西部选民更不是。直到6月19日，在收到来自伦敦的绝望电报之后，胡佛才终于同意采取行动。第二天，他宣布了一项计划，冻结所有政治债务，

第二十六章 大萧条

包括战争赔款和协约国内部的战时债务。这一计划是在周六宣布的，接下来的周一，即 6 月 22 日，柏林的股票市场陷入疯狂的牛市交易。但是，法国拒绝与美国保持一致，泡沫突然就被戳破了。

法国的拒绝引起了伦敦和华盛顿方面的愤怒，这些抗议的声音也因为被写入历史而直到今天仍有回响。根据对大萧条最有影响力的解释，1931 年 6 月，法国不愿与胡佛合作采取救援措施，这揭示了两次大战期间体系真正的弱点所在。错误"不是缺少美国的领导，而是合作的失败，尤其是法国不愿意共同行动的态度"。[30] 那会儿人们说话还没那么多禁忌。在伦敦，反法的阴谋论盛行一时。英国首相麦克唐纳愤怒地表示："对于胡佛的提议，法国又在玩它那套惯常的心胸狭窄和自私自利的把戏，它用的办法是那些最差劲的犹太人用的……当法国讨价还价时，德国正在分崩离析。"在华盛顿，副国务卿威廉·卡斯尔（William Castle）得出结论："法国人是世界上最没有希望的民族。"[31] 胡佛阴郁地暗示，对于未来，他只能看到英德结盟的可能性，或许再加上美国，它们共同对付法国。[32]

胡佛的延债宣言会让美国承受比英国和法国都要高的净成本，这样的事实就更需要警惕了。对于这些国家来说，取消战争赔偿而带来的损失，大部分可以通过取消战时债务而得到弥补。因此，它们的净贡献不超过总额的三分之一。根据当时的一套计算，德国每年的赔款金额可以减少 7700 万英镑，与此同时，美国的战时债务则少收入 5360 万英镑。但对于法国来说，这种政治算法是不公平的。如果说美国承担了绝大部分损失，那这也反映出了一个事实，即法国在赔款问题上做出了一轮又一轮的让步，却没有从美国得到回报。战争赔款也不只是钱的问题，如果说它们现在变得只是钱的问题了，那还得归功于道威斯计划和杨格计划，而这二者都曾经是法国的让步。法国一次又一次地呼吁，建立一套国际安全体系以取代在凡尔赛达成的条款，但都被华盛顿方面拒绝了。与此相反，英国和美国已经合作建立起一套新秩序，这套秩序的基础除了裁军和国际金融市场的规则之外，别无其他。正如法国在1924年到1926年的危机期间所体会到的那样，这些约束的力量是真实存在的。当然，这只是对于体系中愿意合作的角色而言。而德国是否是一个愿意合作的角色，仍然是一个悬而未决的问题；法国就其自身而言，其实是与整体保持一致的。随着法郎在1926年趋于稳定，以及1929年杨格计划和《梅隆—贝朗热协议》的达成，法国已经付出了代价。现在，由于德国人自己招致的危机，美国单方面声称它有权宣布紧急状态，并推翻了自己的游戏规则。在巴黎，人们瞠目结舌，觉得难以置信。胡佛没有经过事先协商就采取了行动。一家报纸高声呐喊，他对待法国就像对待尼加拉瓜一样。[33] 然而，与1923—1924年时不同，这一次有能力讨价还价的是法国，把风险转移到德国及其债权人身上。直到7月6日，法国才同意让胡佛的延债宣言成为德国的避难所（表14）。

与此同时，德国的财政系统已经崩溃，银行关门，对英国、荷兰和瑞士的短期贸易债务被强行延期偿付。德意志银行继续坚持其货币与黄金的平价，但无论出于什么目的，德国都被逐出了金本位制。德国已经将所有私人持有的黄金和外汇国有化，并采取了外汇管制。布吕宁可以把迫使赔款暂停的功劳归到自己头上，但在所有其他方面，维护国家利益和摆脱国际秩序束缚的第一次努力均以灾难告终。为了能够得到胡佛的财政保护，布吕宁甚至不得不公开宣布，在赔款延期期间，德国将停止任何新的军事开支。[34] 布吕宁已经证明，对于一个像德国这样脆弱的国家来说，强硬的民族主义姿态与其作为国际经济体一员的身份，这二者是不能兼得的。人们由此可以得出两个结论。保守主义者选择退回到服从的状态之中。1931年12月，布吕宁动用签署法令的权力，强行通过了新一轮的工资和物价削减政策。但是这一策略不仅带来了痛苦，也回避了一

表14 胡佛延债宣言的效果，1931年6月（单位：千英镑）

国家	暂停票据	暂停付款	净亏损/收益
美国	53600	—	(53600)
英国	42500	32800	(9700)
法国	39700	23600	(16100)
意大利	9200	7400	(1800)
比利时	5100	2700	(2400)
罗马尼亚	700	750	50
南斯拉夫	3900	600	(3300)
葡萄牙	600	350	(250)
日本	600	—	(600)
希腊	1000	650	(350)
加拿大	900	—	(900)
澳大利亚	800	3900	3100
新西兰	330	1750	1420
南非	110	—	(110)
埃及	90	—	(90)
德国	—	77000	77000
匈牙利	—	350	350
捷克斯洛伐克	10	1190	1180
保加利亚	150	400	250
奥地利	—	300	300

个问题：对于这个国际经济或政治秩序，还要遵守多长时间呢？更激进的民族主义者则得出结论，如果民族主义和经济自由主义无法结合起来，那么，在重新主张国家利益的时候，就必须是真正全方位的——既包括经济方面，也包括战略和政治方面。[35]

三

在日本，是否采取服从战略的斗争也在逐渐升温。滨口首相在伦敦海军会议上做出的裁军承诺激怒了海军，而现在，在日内瓦，国际联盟正在准备第二轮对话，这一次可能也要遏制陆军。1930年的通货紧缩会像1920—1921年英美两国的缩减政策一样，开启帝国主义野心又一个失去的十年吗？既然政治家似乎对日本正身处其中的危机视而不见，因此在民族主义激进分子看来，采取行动的时机已经到来了。1930年10月，滨口雄幸遇刺，身受重伤。在接下来的几个月里，权力集团中其他一些声名显赫的国际主义代表也被杀身亡，其中包括自由主义的大藏大臣井上准之助，以及三井集团的总裁团琢磨。

但刺杀是不够的，关键问题是中国。1928年，激进分子暗杀了中国北方的军阀张作霖，但是没有触发期待已久的危机。1931年他们会做得更成功，他们将要上演一场中国对日本的袭击。9月18日，一枚由日本自己的叛乱士兵埋下的炸弹炸毁了一段日本铁路，紧挨着张学良手下的一个军事基地。24小时之内，日本陆军就做出了反应，大约500名激进的民族主义士兵占领了满洲地区的"首府"奉天，其他关东军则紧随其后。几周之内，中国有三个省份已完全处于日本的控制之下。日本右翼已经完全公开行动，如果他们能够为所欲为，那么，通过将长城以北的领土从中国本土分割出去，日本的战略困境就可以通过武力得到解决了。不仅如此，如果日本的主流政

第二十六章　大萧条

党不愿意与他们合作，刚刚接受了民主思想的选民也不愿意站到他们这边的话，那么，国内同样也就不得不进行全面的"重建"。

但是，尽管满洲发生了剧变，一些人希望事态升级的想法却再一次落空了。[36]中国国民党在这样的挑战面前退缩了，日本外交家则一拥而上，尽可能减少事件所造成的破坏。与布吕宁提议同奥地利结成关税同盟不一样，奉天的挑衅行为显然只是一些行为恶劣的士兵的作为。无论如何，从西方列强的角度来看，日本加强对满洲的控制是有好处的——总比斯大林控制满洲要好。至于莫斯科方面，则表现出了想要避免冲突的种种迹象。即使是在1931年经济危机不断恶化的时候，一小撮右翼极端主义分子也没有能力动摇整个国际体系，德国还可以被隔离开来。全球金融体系的核心还要再遭受一次打击，灾难的大门才会打开。随着通货紧缩向世界蔓延，这样的一场危机正在酝酿之中。

"九·一八事变"之后的那个周末，即1931年9月19—20日，全世界的眼光更多集中在伦敦，而不是东北亚地区。在德国出现灾难之后，英格兰银行受到的压力也与日俱增。[37]从1929年开始，尽管苦难的浪潮再次席卷了英国工业的大部分，但是拉姆齐·麦克唐纳的工党政府仍然坚定不移地支持金本位制度。由于英镑承受着巨大的压力，英格兰银行和伦敦城的需求持续恶化。8月，他们建议从8.85亿英镑预算中削减9700万英镑，而其中的8100万英镑本计划用于失业和社会服务。数百万失业者及其家庭赖以生存的救济金将被削减30%。纽约和巴黎方面愿意提供帮助，但是英格兰银行想要与工党内阁摊牌，还秘密鼓励美国和法国潜在的贷款人提出更为苛刻的条件。虽然在坚持金本位制这一原则上大家意见一致，但麦克唐纳向他的同僚承认，他们被要求"否定工党所支持的一切"。

当内阁无法达成完全一致的意见时，麦克唐纳宣布辞职，另组了一个跨党派的全国性政府。这个政府将危险的社会主义者排除在外，并宣布大幅增税和削减开支。但这还不够。9月18日星期五，尽管纽约联邦储备委员会和法兰西银行都提供了援助，但伦敦方面还是放弃了这场斗争。英格兰银行的处境远非夏季时柏林曾经面临的，但是它也不愿意就此结束。即使得到了纽约和巴黎紧急贷款的帮助，到了9月21日星期一的中午，英格兰银行依然几乎被迫考虑采取猛烈措施。但这一情况并没有出现，与此相反，麦克唐纳终于肯承认，英镑将脱离金本位制。

这是一次真正的全球性事件，它导致了美国银行的破产和德国的恐慌。即使在东京，它也在一天之内就将"九·一八事变"挤下了头条。金本位制是华盛顿和伦敦方面为了维持战后稳定而制定的规则与协调框架。随着英镑开始下跌，帝国其他地区以及英国较小的贸易伙伴也都紧随其后。宣布暂停金本位制之后，人们的第一反应是震惊。然而，在一年之后，随着英镑企稳并表现得更有竞争力，仍然由麦克唐纳领导的英国国家政府发现，对于一个有一定国际信用的国家来说，自由浮动汇率带来的不是灾难，而是创造性地重新打造经济自由主义的可能。[38] 只要其银行体系保持完整，较低的利率能对英国的复苏形成有效的刺激。与美国或欧洲大陆比起来，英国在20世纪30年代的经历完全不能算是糟糕的。

然而，英国在凯恩斯称为"真正的自由主义"道路上的探索还带来了更加广泛的影响。英镑的暴跌给英国的贸易伙伴带来了巨大的压力。而1932年2月帝国实行的贸易保护主义使这种压力进一步加剧。这不是第一次保护主义行动，也不是最糟糕的一次。1930年6月，臭名昭著的《斯姆特-霍利关税法案》（Smoot-Hawley Tariff Act）就已经在美国国会获得通过。不过美国人采取保护主义是意料之中的事，但英国的货币贬值和关税政策则标志着一种制度上的断裂。自19世纪40年代《谷物法》（Corn Laws）被废除以来，英国就一直是自由贸易的支柱。而现在，它却引发了保护主义和以邻为壑的货币战争的死亡螺旋,这将使全球经济分崩离析。正如一位英国高级官员所承认的,英国将货币贬值和保护主义结合起来,"没有哪个国家给国际贸易带来过更加严重的冲击"。[39]

除了一连串的刺杀行动和关东军不顾一切的侵略行为之外,国际经济框架惊人而突然的崩溃,也是导致日本自由主义者的努力毁于一旦的原因。1931年即将结束时,日本外交部官员、负责"满洲"事务的法西斯主义同情者松冈洋右在国会提出质询:"谈论经济外交政策是一件好事,但我们不能只有一个口号。成果在哪儿?我们必须看到这样做的好处是什么。"[40]如果连大英帝国都开始转向关注帝国内部的话,那么日本也必须采取紧急措施,建立起自己的贸易集团。如果在拉姆齐·麦克唐纳领导下的英国,取消金本位制已经在郊区住房建设导致了低息抵押贷款,那么在日本,风险会更大。1930年做出的重返金本位的决定与裁军直接挂钩。1931年12月,日本刚刚决定放弃金本位制,大藏大臣高桥是清就感受到了来自军方的巨大压力。面对正在复苏的中国与苏联工业化的威胁,再加上日本民众因为"九·一八事变"而被激发出的1905年以来从未见过的狂热爱国情感,日本军方下定决心要打破20世纪20年代的束缚。从1930年到1934年,国防预算翻了一番。1935年,高桥是清拒绝进一步增加军费,结果被右翼狂热分子刺杀身亡。到1937年,日本已经打破在伦敦达成的海军限制条约,军费开支增加到了1930年的5倍。[41]

在东亚这种狂热的战略氛围中,1931年的经济危机与随之而来的军事事态升级之间有着显著的关系。在欧洲和大西洋彼岸,这种断裂则更多是渐进式的。1931年之后,法国和意大利仍然实行金本位制,其结果并没有像在日本那样"激活"某种政策,而是将法国和意大利限制在了一个不断收紧的通货紧缩"紧箍咒"中。在墨索里尼那里,这一点与对外扩张的野心结合在一起,成为真正危害其政权的非理性因素之一。这就在很大程度上导致意大利的武装力量从来没有接近他们为完成领袖的征服梦想而需要获得的东西。对于法国来说，尽管面临着通货紧缩的压力，但鉴于其所持有的大量黄金，它没有什么理由要放弃金本位制。直到1932年，通货紧缩才开始造成真正严重的损失。

情况真正变得让人难以忍受的是德国。它的货币不能贬值，因为受到以美元计价的沉重外债负担的束缚，如果德国马克贬值，外债负担就会更加沉重。与英格兰银行不同，德意志银行没有足够的储备来抵御与黄金脱钩之后必然会随之而来的投机性攻击。此外，华盛顿方面明确表示，它更希望看到德国待在外汇管制以及夏季开始实施的债务延期偿付等政策之下，这样的话，它至少能够继续偿还对华尔街的债务。与此同时，英国货币已经贬值，而德国还在维持其货币对黄金的平价，这给德国贸易造成了灾难性的后果。1931年9月时，布吕宁内阁至少还可以宣称，严苛的通货紧缩政策增强了德国的出口贸易竞争力；但如今，由于还坚守着支离破碎的金本位制，德国的出口遭受了一次又一次打击。到1931年年底，随着失业人口从400万飙升到600万，破产浪潮撼动了德国工业，对通货紧缩的共识也出现了分歧。如果没有一套可以遵从的国际体系，那么，政府下一波削减工资和物价的理由又是什么呢？在整个德国，专家、商业利益集团和政治家等各个群体开始团结到一起，呼吁采取协调一致的政策，以拯救国家经济。

在这场辩论中，一派力量聚集在工会运动周围，另一派力量则开始接待来自反杨格计划运动以及希特勒国家社会主义党的那些日益显赫的宾客。1932年夏天，纳粹党打出了创造工作岗位的旗帜，在选举中引人注目地大获全胜。希特勒的政党得到了全国37%的选票，仅低于1919年1月社会民主党在国民议会选举中所取得的胜利。右翼远没能获得多数，德国国家人民党处境艰难。在1932年11月的第二次大选中，纳粹党的得票有所减少。但正是1931年年底至1932年年初的惊人进展，使希特勒成了总理候选人。在强化以弗朗茨·冯·巴本（Franz von Papen）为首的保守主义政权，或者建立以库尔特·冯·施莱谢尔（Kurt von Schleicher）将军为首的军事管理的努力都失败之后，1933年1月，下一个将要领导民族主义联合政府的人就是希特勒。[42]

然而，尽管军人阶层以及农业等经济团体可能不会因抛弃国际主义遭受什么损失，但是其他一些有影响力的组织，尤其是大企业，在放弃20世纪20年代的承诺时，还是要迟缓一些。对于像日本或德国这样的国家来说，由英国担保的多边贸易一直是它们经济发展的基石。人们真的会考虑与世界秩序的这个基本要素决裂吗？在东亚发生的"九·一八事变"显然十分危险，但是没有任何一方把它作为交战的理由。1932年2月，新一轮裁军谈判在日内瓦开启[43]；这一年6月，在欧洲，战争赔款问题终于在洛桑会议上得到了最终的解决。法国坚持货币正统；英国和日本背离了金本位制，这是一件严重的事情，但也许并不是不可挽回的。到1932年夏天，经济出现了一些反弹的迹象，各方计划于1933年夏天在伦敦召开一次大型会议。会议议程是世界经济的重建，而解决这个问题有一个关键：美国在哪里？

四

1928年，赫伯特·胡佛在大选中以压倒性优势获胜，这似乎给战后秩序的重建打上了最后的权威印记。胡佛是进步主义的伟大工程师，1929年冲击刚刚出现时，他所做出的反应也符合这一特点。[44]10月，他与麦克唐纳共同发起了裁军计划；在国内，他运用自己在美国商业圈和贸易协会中的人脉，敦促他们进行私人投资，以应对这场危机。但是，面对人们信心的崩塌与国内消费的剧烈崩溃，这些措施都无济于事。胡佛，这位应对外国灾难的大师、美国财富的先驱、进步主义效率和自我满足的象征，却发现自己在本土发生的一场灾难面前灰头土脸。曾在19世纪末期让美国经济深受其扰的不稳定性，再次毁灭性地卷土重来。[45]问题并不在于总统先生没有理解反周期政府开支的基本原理，而是因为联邦政府的预算只占到GDP的3%，这一比重太小，无法起到任何稳定作用。胡佛也无法阻止国会通过蛮横无理的《斯姆特-霍利关税法案》。与此同时，美联储不顾白宫的呼吁，牺牲了银行体系的稳定性，以追求彻底的通货紧缩。随着英国在1931年9月放弃了金本位制，存款总额多达7.05亿美元的522家美国银行破产倒闭，而这还不是最糟糕的。

1933年2月初，正当美国准备迎接一位新总统时，一场来势汹汹的银行挤兑风潮开始在路易斯安那州出现。到3月3日，它已经蔓延到了世界金融秩序的中心纽约。绝望中的纽约州政府向华盛顿方面发出请求，希望联邦政府能采取行动。但是胡佛的总统权力在那天宣告结束，而他的继任者富兰克林·罗斯福（Franklin Roosevelt）拒绝合作。1933年3月4日黎明前，在没有得到国家政府指示的情况下，纽约市市长决定关闭全球金融系统的中心。面对现代历史上最严重的全球经济危机，美国政府却无所作为。

罗斯福新政府的首要任务就是纠正这种印象，必须让人们看到民主政治是有所作为的。[46]罗斯福新政对联邦政府的角色进行了全新的定义，在美国革命以及19世纪60年代的内战之后，美国即将经历第三次建国。[47]胡佛本人已经采取了一些重大举措，成立了复兴金融公司（Reconstruction Finance Corporation），以扩大联邦政府对经济的支持范围。到1932年夏天，这家公司已经获准的借款多达30亿美元。胡佛随后还采取了一些更加重大的举措，然而，

第二十六章 大萧条

在美国和在其他地方一样,与转向这种"建设性"政策相辅相成的,是将国际义务抛诸脑后。孤立主义的完全展现并在美国政治中脱颖而出,不是在第一次世界大战之后,而是在对20世纪20年代幻想破灭和大萧条的反应之中。[48]在罗斯福政府的第一个阶段,美国政策的民族主义转向给1931年英国放弃金本位制的震动所开启的解体进程画上了句号。

19世纪70年代以来,金本位制一直就是体面正派的美国政治最成功的标志。围绕黄金的斗争在19世纪90年代定义了新一代进步主义者,而威尔逊和胡佛都继承了他们的遗产。但是到了1933年春天,美国的黄金储备已经严重枯竭,银行体系也摇摇欲坠,因此罗斯福在4月19日宣布,美国退出金本位制。这一决定为美国的复苏创造了一个金融稳定的平台。[49]但是除了过高的关税之外,美元的突然贬值使得向美国出口变得异常困难。[50]另外,在投资者的信心得到恢复之后,大量资金重新涌入纽约,这使得世界其他地区的流动资产大量流失。

随着夏天的到来,美国转向国内的政策使英国和法国正在伦敦筹备的世界经济会议陷入危险,而且这恰恰发生在德国局势开始暴露出其危险性的时候。希特勒的联合政府表面上拥护和平与国家重建,它还不敢马上就公然与国际秩序决裂。但重整军备对于希特勒政府来说,就跟修建道路一样不可或缺,这已经是司马昭之心了。与此同时,曾经将自己的专业知识和权威都投入反杨格计划运动之中的亚尔马·沙赫特也重新出任希特勒的德意志银行行长。他上任之后立即启程前往华盛顿,希望美国能够暂停德国的债务。遭到断然拒绝之后,1933年6月9日,也就是66个国家的代表将要齐聚伦敦的前三天,沙赫特单方面宣布暂停债务偿付。在伦敦会议召开之时,德国代表团团长阿尔弗雷德·胡根贝格(Alfred Hugenberg)丑态百出。他强烈要求归还殖民地资产,并公开鼓吹签订一份反对斯大林的反共协议。但是在1933年夏天，德国残暴的新政府还只是一个边缘角色，世界经济会议的主要议题是：美国、法国和英国能否达成协议，想办法控制住美元和英镑与目前金本位制下的主要货币——法郎——之间剧烈的汇率波动。整个6月的谈判，使人们即将要达成一个稳定的协议了。然而，7月3日，罗斯福发出了他的"电报炸弹"，谴责所有试图稳定美国货币的行为，认为它们全都无助于经济复苏。无论会对世界其他地方产生怎样的影响，美元都要浮动到任何适合于美国经济的水平。柏林方面对此心领神会。10月，希特勒将德国代表团从国际联盟的裁军谈判中撤出，并宣布基本上不会再履行所有其尚未履行的国际义务。

当德国和日本在战略、政治和经济等各个方面同时将战后秩序全面打破的时候，谁会来反对它们呢？那个曾经在1919年主导世界的强大联盟，那个直到1930年看起来仍然可以控制住局面的联盟，已经崩塌了。1931年，法国和英国极不情愿地接受了胡佛的延债宣言；1932年夏天，在洛桑会议上，它们允许德国永久停付赔款。之所以这么做，是因为它们以为在协约国内部债务的问题上也不会再有进一步的要求了。但是美国国会从未批准胡佛的延债宣言。当胡佛表现出想要让这一计划固定下来的时候，他立即遭到了谴责。1931年12月，美国立法者们决定提醒世界："以任何形式取消或是减少其他国家欠美国的任何债务，都是违反国会政策的。"推动胡佛提出延债宣言的，明显是这样一种愿望，即不要庇护伦敦和巴黎，而是要拯救华尔街在德国的投资，他的干预行为也是在片面地歧视战争赔款的债权人，这样的事实让英国外交官目瞪口呆。用英国驻华盛顿大使罗纳德·林赛（Ronald Lindsay）爵士的话说，这一事件"展示了美国的不负责任、滑稽与无能，即便是海地的立法机构，也无法与之'媲美'"。[51]

早在一代人之前，正是像海地议会这样不负责任的议会，批准

第二十六章　大萧条

了美国海军在整个加勒比海地区进行干预行动。现在，由于发现自己只能任由位于华盛顿的看起来不负责任的立法机构处置，做出难以想象的举动的就是伦敦和巴黎了。到1933年年底，曾经是全球金融体系支柱、急切地要与美国结成民主联盟的英国和法国政府，暂停偿付它们欠美国人民的数十亿美元债务。只有小小的芬兰还在继续全额偿还对美国的债务。正如最亲美的英国首相拉姆齐·麦克唐纳在他1934年5月30日的日记中写道的："将会扰乱（这个）金融秩序（现在已经是这样了）的债务偿付，是对整个世界的背叛。我们不得不承担起这样一个费力不讨好的任务，停止继续偿还债务的愚蠢行为。"[52]

结论
加大赌注

第一次世界大战见证了人类社会的第一次努力,人们想要建立起一个自由主义国家的联盟,来应对现代世界极为棘手的巨大动荡。这个联盟建立在军事力量、政治约束和金钱的基础之上。一层接一层、一点接一点、一个问题接一个问题,这个联盟就这样分崩离析,这个伟大民主联盟的崩溃所需要付出的代价超出人们之前的判断。20世纪30年代初期,民主国家的失败创造了一个难得的战略机会,我们都知道在这个机会中破窗而入的是多么恐怖的力量。1933年春天,在柏林,对犹太人的大屠杀开始了;1932年春天,在暗杀了保守党派政友会的全部核心成员之后,日本的政党政府宣告终结;1935年,在装模作样了好几年之后,墨索里尼最终满足了自己嗜血的本性,发动了对阿比西尼亚(Abyssinia)的进攻。然而,在这群"一条铁链上的囚犯"中,说到具有攻击性或者反叛性的成员[1],德国、日本和意大利都只是排在第二或第三位的行动者。

排在第一的行动者从1917年就已经开始行动了,他们就是列宁的继承人。20世纪20年代的欧洲和亚洲之所以能保持稳定,正是因为这些人的失败。1926年到1927年，通过对北伐的支持，苏联人第一次向战后秩序打出了结结实实的一拳，他们让日本和西方列强遭遇严重的失败。当中国的共产党人被蒋介石屠杀的时候，苏联内部开始了第二次转型。在挫败了托洛茨基和国内的反对之后，斯大林开始了一场史无前例的内部改造运动。这一集体化与工业化的过程带来了突飞猛进的发展，改变了数百万人的生活，它揭示出"一战"后十年所形成的国际秩序中某种根本性的东西。对于那些想要挑战这一秩序的人来说，它看起来确实令人生畏。

我们总是轻轻松松地写下"两次大战间的历史"这个词，仿佛我们在这里所关注的1916—1931年这个时段与20世纪30年代之后的时段之间是无缝衔接起来的一样。当然，连续性是肯定存在的，但最重要的却在于一种辩证性的反应与新旧交替。20世纪30年代日本、德国和意大利的暴乱分子都是因为觉得自己的第一次尝试失败了，才在这样一种感受的驱动之下采取了过激行动。西方列强也许会争吵不休，闪烁其词。他们知道一场大规模的战争要在政治和经济上付出什么样的代价，因此退缩了。但他们并不是因为害怕失败而退缩。在正面对抗时，英国、法国和美国才是令人害怕的。1930年，在伦敦海军会议上，当这几个国家就战舰、巡洋舰、驱逐舰和潜艇进行交易时，俄国人和德国人根本就没有可以用来讨价还价的海军，日本和意大利则排在第二和第三等级。正如1931年2月，在第一个痛苦难耐的五年计划的高潮时期，斯大林向工厂主反复强调的："松懈就意味着落后，而落后就会挨打。我们不想挨打……我们已经比先进国家落后了五十到一百年，我们必须在十年之内赶上它们。我们要么成功，要么失败。"[2]

斯大林在这里明确说出来的不仅是一种全球竞争时代的常识。第一次世界大战之后，那些感受到在全球权力游戏中落后将意味着什么的人，那些体验过革命热忱所带来的失望、亲眼看到西方资本主义为对抗 19 世纪主要挑战者——德意志帝国主义——而调动起的压倒性力量的人，都持有这种典型看法。被列宁赞誉为秩序井然的现代社会保护者的那些人，拉特瑙、鲁登道夫以及团结在他们身边的那些人，进行了一场勇敢的战斗，但他们最终走向了失败。还需要些更加激进的东西。在接下来的二十多年中，斯大林的话被日本、意大利和德国的规划者和政治家不断重复，而随着去殖民地化过程逐渐开启，在印度、中国以及其他一些后殖民国家，也是如此。

再一次，我们在某种程度上对 20 世纪 30 年代的事情太过熟悉，以至于无法评估当时所发生的事多么具有戏剧性。我们讨论着军备竞赛，仿佛日本、德国和苏联正在做的事情与较早时代无畏战舰的海军竞赛是差不多的。事实上，20 世纪 30 年代日本和纳粹德国的军备扩张，与斯大林时期苏联进行的工作一样，在近代军国主义三百年的历史中都是闻所未闻的。就其所占国家收入的份额来说，到 1938 年，相比与爱德华七世时期的英国进行军备竞赛的德意志帝国，纳粹德国的花费是其五倍，而 1939 年希特勒所能调动的国民生产总值则比德皇高出 60%。如果以不变价格计算，20 世纪 30 年代花在纳粹国防军身上的资源比 1913 年德国军队所获得的资源高出至少七倍。这便是 20 世纪 30 年代所有野心家对现状的共同致意。他们知道反对他们的力量，他们知道在第一次世界大战期间，日本和德国为了突破对其国家实力的限制而进行的更加常规性的努力已经搁浅（表 15），需要来点新东西了。

当然，有一些人希望新的技术，尤其是飞行器，能为摆脱难以改变的军备逻辑铺就一条大路。但正如日本、德国和意大利在付出了惨痛代价之后所发现的，空战显而易见是一种由经济和技术主导的消耗战。直到 1945 年，世界上仍然只有两个海军霸权——英国与美国。众所周知，1940 年 5 月，罗斯福宣布了美国由 6 万架飞机组成的空中力量，这是在清楚无误地表明，在空中力量的时代，美

表15 不断增加的对抗成本："一战"前与"一战"后至"二战"前的军事开销

国家	时期/时间	"一战"前军事花销占国民生产总值的份额 1870—1913平均	1913	"一战"后至"二战"前军事花销占国民生产总值的份额 1928	1930	1932	1934	1936	1938
现有自由主义国家	美国	0.7	0.9	0.7	0.9	1.4	1.1	1.4	1.4
	法国	3.0	4.2	2.8	4.6	4.9	4.8	5.9	6.8
	英国	2.6	3.0	2.4	2.3	2.4	2.5	3.5	6.5
	加权平均数	1.7	2.0	1.6	1.8	3.1	3.5	4.4	9.4
20世纪30年代的挑战者	日本	5.0	5.0	3.1	3.0	5.2	5.6	5.6	23.0
	俄国	3.9	4.2	6.2	2.3	8.2	5.4	7.8	10.7
	德国	2.6	3.3	0.9	0.9	1.1	4.7	10.5	14.6
	加权平均数	3.5	3.9	3.0	4.1	8.3	10.8	14.6	19.6

国家	时期/时间	"一战"前以1913年水平为标准军费支出的绝对值 1870—1913平均	1913	"一战"后至"二战"前以1913年水平为标准军费支出的绝对值 1928	1930	1932	1934	1936	1938
现有自由主义国家	美国	50	100	127	117	240	197	240	259
	法国	58	100	90	35	144	149	182	225
	英国	72	100	90	84	101	109	155	290
	加权平均数	61	100	99	110	153	146	187	259
20世纪30年代的挑战者	日本	72	100	111	119	229	258	275	1308
	俄国	61	100	151	62	304	220	324	472
	德国	53	100	30	27	42	191	459	698
	加权平均数	60	100	100	59	194	216	366	697

国将独领风骚。德国和日本的城市将很快领教它的厉害，再后来，韩国、越南、柬埔寨和其他更多国家的城市也会感受到这一点。

然而，这些未来的野心家需要竞争的还不仅仅是经济和军事实力，政治方面同样存在挑战。20世纪头十年得到的教训并不只是人们通常所以为的，民主政体非常软弱。尽管它们的确有软弱之处，但比起被取代的君主政治和贵族政治来说，它们远远更具生命力。更具战略性的一点在于，大众民主时代的来临似乎使得某些权力政治越来越漏洞百出。19世纪末期那些刚盖好了一半或者四分之一的舒适大房子——俾斯麦的政治制度，英国、意大利和日本的有限选举权——都在第一次世界大战过程中垮掉了。在这之前，德国国会和日本国会看起来好像真的在遏制德国和日本的帝国主义者方面发挥了重要作用。从日本到美国，全面或几乎全面的成年男子选举权在各处都成为默认的规则，在一些新生国家，同样成为默认的还有民族共和主义。这些体制往往还很微弱，不那么强壮，但它们所反映出来的民众的要求则是真真切切的，这也使得在任何近似于自由主义的状况下，大规模的帝国主义扩张都很难得到支持。

在民族主义野心家面前日益清晰地出现了两种选择：要么偷懒，因循守旧搞民主制度，要么另辟蹊径，在国内推行一种新式的独裁主义。看起来没有什么妥协的余地，这绝对不是什么传统的方案。如果说野心家自己有一个历史榜样的话，那就是波拿巴，而他很难说是一个传统主义者。两次大战间的独裁主义运动及其所创造出来的政治制度是对国际国内政治剧变的一个全新回答。但这一挑战是逐渐发展起来的。在整个20世纪20年代，墨索里尼之流的独裁统治在很大程度上还是一个特例，始终停留在边缘地带；20世纪20年代波兰和西班牙的独裁统治在人们看来都不会长久。只有到了20世纪30年代，在它们对现状发起全方位的挑战时，苏联、德国和日本军国主义才完全摆脱了束缚。前无古人的新帝国主义毫无顾忌地向本国与其他国家的国民发动攻击。伪善从来都不是纳粹主义的罪行之一。

但什么给了野心家机会来进行他们孤注一掷的反抗呢？正如我们在本书第一部分看到的，赢得第一次世界大战的这个联合体似乎展现了国际合作的新水平。美国与协约国共同采取军事行动，它们将经济资源聚集到一起，努力表达某种共同的价值观。"一战"过后，法国、英国、日本，以及有段时间的意大利，希望强化这种关系，美国则是所有这些考量中的关键因素。直到20世纪30年代，从凡尔赛谈判中诞生的国际联盟确实作为一个新的国际政治舞台发挥了作用。20世纪20年代，欧洲所有重大创新都是围绕日内瓦而展开的，这并不是巧合。然而，在失去了它重要的政治灵感来源——美国总统——之后，国际联盟成了这个新时代典型特征的象征：美国权力缺席的存在。正如一位英国的国际主义者指出的，美国是"我们所有盛宴上的幽灵"。[3]

当然，伍德罗·威尔逊曾经希望美国能够从国际联盟内部发挥影响力。但正如他在1917年1月"没有胜利者的和平"演讲中已经清楚说过的，他并不想把美国置于某种类似国际联合体的架构的顶端。早在凡尔赛的时候，他就已经脱离了战时的伙伴。20世纪20年代早期形成的现实结构是对威尔逊野心的一次反讽。正如奥斯丁·张伯伦在1924年指出的，美国在国际联盟的缺席，以及英国和法国对它的依赖，这两者一起造成的结果就是美国成了一个事实上的"超级国家"，它可以否定世界其他各国共同做出的决定。[4]而这正是威尔逊及其共和党继任者的野心。

本书所讲述的整个故事——从"没有胜利者的和平"一直到1931年胡佛的延债宣言——其发生是源于这样一种美国历任政府都保有的基本驱动力：运用美国优越的超然地位，以及其他主要大国对它的依赖，在世界事务中进行一些改变。欧洲和亚洲还远未完成的"革命"必须有始有终。按照美国的定义,这在很多方面都是一项自由主义和进步主义的事业。大国间的和平、裁军、贸易、进步、技术、通信是其口号。然而,最根本的,在它对美国自身的看法上,在它认为对美国可以有什么要求上,这项事业则是非常保守的。

威尔逊和胡佛曾经希望世界其他各国都进行革命性的改变,这样就能更好地支持他们关于美国天命的理想。然而,他们自己却是保守的,并没有期望会出现麦卡锡主义和冷战,而是想回到19世纪。在1914年之前的半个世纪,没有哪个国家像美国那样经历了"不平衡的综合发展"所带来的激烈冲突。在血腥内战的创伤之后,镀金时代带来了新的统一和稳定。美国前后两代进步主义者的核心目标就在于远离20世纪那些破坏性的意识形态和社会力量,从而使美国的新平衡不会被打破。但随着威尔逊在国会折了面子、随着"红色恐怖"带来恐慌,以及1920—1921年突然出现的通缩期衰退,这种想法的脆弱性也就暴露无遗。随着"常态"的回归,保守主义秩序似乎又重新恢复了,却在1929年遭到历史上最为严重的经济危机的打击。到1933年,认为美国能免于20世纪历史旋涡的想法已经从内部瓦解了。数十亿美元在欧洲化为泡影;在亚洲,美国试图在安全距离外遥控稳定世界的努力被撕成了碎片;缺少制裁手段的凯洛格—白里安式国际主义正在使"新外交"的全部理念颜面扫地。

有一种反应确实是孤立主义的。新政在其早期阶段固守着这一驱动力,正如一位历史学家所指出的,它表现出了"伟大的孤立主义偏离"。[5]国内改变的代价是退出国际社会。然而,当20世纪30年代国际社会的挑战日益严重的时候,罗斯福政府并没有袖手旁观。从新政当中将诞生一个强有力的美国国家,以一种远比第一次世界大战之后所出现的任何产物更加积极、更加具有干涉主义色彩的方式,在全球舞台上施展影响。然而,这种军事化的强权正是威尔逊

结论　加大赌注

及胡佛等进步主义者希望摆脱的命运。对于美国全部的新力量来说，这个令人不安的结果是无法避免的。美国一方面被嘎吱作响、前途未卜的这群"锁在一条铁链上的囚犯"推动着往前走，同时也在推动着他们。

1929年，在提出自己的欧洲联合方案时，阿里斯蒂德·白里安承认了新世界需要的激进主义。他坚持道："在人类所有最明智、最重要的行为中，总会有那么一点疯狂或者不计后果。"[6] 这种典型的表述简洁又具有辩证性，它为人们反复讨论这里所研究的这段历史提供了一个明显的框架。当然，有自己风格的现实主义者很容易扮演事后诸葛亮，批评进步主义者在看待两次大战间的秩序时，带有自由理想主义的幻想，是绥靖思想的阴暗前奏。但事后诸葛亮既能看清楚问题，同时也容易被蒙蔽。正如我们在这里所展现的，人们无休止地寻找保证秩序与和平的新方法，并不是因为受到理想主义的蒙骗，而是出于一种更高形式的现实主义。追寻国际联合与合作，是对不平衡的综合发展、对国际社会"锁在一条铁链上的囚犯"生活唯一合适的回答。这是对一种新型自由主义、一种进步的现实政治的计算。它是一场更加动人的戏剧，因为它仍然是一段开放、未完成的历史，对于今天的我们同样也是一个挑战。

注释

1. W. Wilson, 'The Reconstruction of the Southern States', *Atlantic Monthly*, January 1901, Vol. lxxxvii, 1–15.
2. J. M. Keynes, 'Mr Churchill on the Peace', *New Republic*, 27 March 1929.

前 言

1. *The Times*, 27 December 1915, issue 41047, 3.
2. Reichstag, *Stenographischer Bericht*, Vol. 307, 850 ff, 5 April 1916, 852.
3. W. S. Churchill, *The Gathering Storm* (Boston, MA, 1948), vii.
4. W. S. Churchill, *The Aftermath* (London, 1929), 459.
5. G. L. Weinberg (ed.), *Hitler's Second Book* (New York, 2006).
6. 相关著作参见 http://www.marxists.org/archive/trotsky/works/。
7. C. Schmitt 在其著作 *Positionen und Begriffe im Kampf mit Weimar-Genf-Versailles 1923–1939* (Berlin, 1940) 中集中讨论了这个问题。
8. 这一说法因 D. Chakrabarty 在 *Provincializing Europe* (Princeton, NJ, 2000) 一书中提到而广为流传。但他也是借鉴自 H.-G. Gadamer，很有可能是其 'Karl-Jaspers-Preis Laudatio für Jeanne Hersch' (*Heidelberger Jahrbücher* 37 (1993), 151–158) 一文。Gadamer 则是在"一战"之后不久、自己的童年时代早期形成了这一印象。
9. 对于这个问题，有两个十分深刻的回答。参见：M. Hardt and A. Negri, *Empire* (Cambridge, MA, 2001)，以及 C. S. Maier, *Among Empires: American Ascendancy and Its Predecessors* (Cambridge, MA, 2006)。
10. L. Trotsky, 'Is the Slogan "The United States of Europe" a Timely One?' http://www.marxists.org/archive/trotsky/1924/ffyci-2/25b.htm.
11. A. Hitler, 'Zweites Buch' (unpublished), 127–128.
12. 这里有些类似政治学家提出的战争"权力转换"和"交易"理论，如 A. F. K. Organski and J. Kugler, The War Ledger (Chicago, IL, 1980)。
13. W. Kim 与 J. D. Morrow 在其文章 'When Do Power Shifts Lead to War?' (*American Journal of Political Science* 36, No. 4 (November 1992), 896–922) 一文中强调了战争"权力转换"理论中的风险承受因素。

14. 关于哪怕是在战争开始时带来的政治风险, 参见 H. Strachan, *The First World War* (London, 2003)。
15. F. R. Dickinson, *World War I and the Triumph of a New Japan, 1919–1930* (Cambridge, 2013), 87.
16. L. Trotsky, 'Perspectives of World Development', http://www.marxists.org/archive/trotsky/1924/07/world.htm.
17. L. Trotsky, 'Disarmament and the United States of Europe', 4 October 1929, http://www.marxists.org/archive/trotsky/1929/10/disarm.htm.
18. F. Meinecke, *Machiavellism: The Doctrine of Raison d'État and its Place in Modern History*, trans. Douglas Scott (New Haven, CT, 1957), 432.
19. C. Schmitt, *The Nomos of the Earth in the International Law of the Jus Publicum Europaeum* (New York, 2006).
20. 如果想更全面地了解历史性的校正, 可参看 : P. W. Schroeder, *The Transformation of European Politics*, 1763– 1848 (Oxford, 1994)。
21. S. Falasca-Zamponi, *Fascist Spectacle: The Aesthetics of Power in Mussolini's Italy* (Berkeley, CA, 1997), 163.
22. A. J. Mayer, *Wilson vs Lenin: Political Origins of the New Diplomacy, 1917–1918* (New York, 1964); N. Gordon Levin, *Woodrow Wilson and World Politics* (Oxford, 1968).
23. L. Trotsky, 'Perspectives on World Development', http://www.marxists.org/archive/trotsky/1924/07/world.htm.
24. L. Trotsky, 'Europe and America', February 1924, http://www.marxists.org/archive/trotsky/1926/02/europe.htm.
25. Ibid.
26. 可参看例如 Angus Maddison 为 OECD 汇编的数据 : http://www.theworldeconomy.org/。
27. 当代的相关研究中, 最经典的是 : P. Kennedy, *The Rise and Fall of the Great Powers* (London, 1987)。
28. J. Darwin, *Empire Project: The Rise and Fall of the British World-System, 1830–1970* (Cambridge, 2009).
29. D. Bell, *The Idea of Greater Britain* (Princeton, NJ, 2009).
30. E. J. Eisenach, *The Lost Promise of Progressivism* (Lawrence, KS, 1994), 48–52.
31. "非正式帝国" 这一宽泛的概念导致两者的差别被刻意模糊了, John Gallagher 与 Ronald Robinson 在其 'The Imperialism of Free Trade', *The Economic History Review*, second series, VI, No. 1 (1953), 1–15 一文对这种差别进行了介绍。
32. W. A. Williams, *The Tragedy of American Diplomacy* (New York, 1959).
33. V. de Grazia 在其著作 *Irresistible Empire: America's Advance Through Twentieth-Century Europe* (Cambridge, MA, 2005) 中完美地捕捉到了这一自我意识。
34. 举一个具有高度影响力的例子 : E. Hobsbawm, *Age of Extremes* (London, 1994)。
35. 到目前为止, 影响最大的是 : R. S. Baker, *Woodrow Wilson and the World Settlement* (New York, 1922)。

36. 即使在一些批评威尔逊的论述中，也能看到这种观点。例如：T. A. Bailey, *Woodrow Wilson and the Lost Peace* (New York, 1944), 154–155。

37. 美国一些激进的威尔逊批评者认为，在凡尔赛并没有什么"失败"，维持已有秩序的既得利益一直就是和平的真正目的。参见：T. Veblen, Editorial from 'The Dial', 15 November 1919, in Veblen, *Essays in Our Changing Order* (New York, 1934), 459–461。

38. 通过下列 A. Mayer 的主要著作，能了解其观点形成的基本脉络：*The Persistence of the Old Regime: Europe to the Great War* (New York, 1981), *Wilson versus Lenin: Political Origins of the New Diplomacy, 1917–1918* (New York, 2nd ed., 1964), *Politics and Diplomacy of Peacemaking* (New York, 1967), 以及 *Why Did the Heavens Not Darken? The 'Final Solution' in History* (New York, 1988)。

39. M. Mazower, *Dark Continent: Europe's Twentieth Century* (London, 1998) 一书产生了极大的影响。

40. J. L. Harper, *American Visions of Europe* (Cambridge, 1994).

41. D. E. Ellwood, *The Shock of America* (Oxford, 2012).

42. 关于这一理论建构的其他论述，参见：P. Kindleberger, *The World in Depression: 1929–1939* (Berkeley, CA, 1973), R. Gilpin, 'The Theory of Hegemonic War', *The Journal of Interdisciplinary History* 18, No. 4 (Spring 1988), 591–613, 以及 G. Arrighi, *The Long Twentieth Century: Money, Power, and the Origins of Our Times* (London, 1994)。

43. J. Ikenberry, *After Victory: Institutions, Strategic Restraint, and the Rebuilding of Order after Major Wars* (Princeton, NJ, 2001).

44. C. A. Kupchan, *No One's World: The West, the Rising Rest, and the Coming Global Turn* (Oxford, 2012).

45. C. Bright and M. Geyer, 'For a Unified History of the World in the Twentieth Century', *Radical History Review* 39 (September 1987), 69–91, M. Geyer and C. Bright, 'World History in a Global Age', in *American Historical Review* 100 (October 1995), 1034–1060, and M. Geyer and C. Bright, 'Global Violence and Nationalizing Wars in Eurasia and America: The Geopolitics of War in the Mid-Nineteenth Century', *Comparative Studies in Society and History* 38, No. 4 (October 1996), 619–657.

46. J. Hobson, *Imperialism: A Study* (London, 1902).

47. 最近，A. D'Agostino, *The Rise of Global Powers: International Politics in the Era of the World Wars* (Cambridge, 2012) 一书对这一问题进行了深入的阐释。

48. N. Smith, *American Empire: Roosevelt's Geographer and the Prelude to Globalization* (Berkeley, CA, 2003).

49. M. Nebelin, *Ludendorff* (Munich, 2010).

50. D. Fromkin, *The Peace to End all Peace* (New York, 1989).

51. 关于这一点，主要参考自：A. Iriye, *After Imperialism: The Search for a New Order in the Far East, 1921–1931* (Cambridge, MA, 1965)。

52. D. Gorman, *The Emergence of International Society in the 1920s* (Cambridge, 2012).

53. 正如我在之前的一些研究中提到的，在此要特别感谢：M. Berg, *Gustav Stresemann. Eine politische Karriere zwischen Reich und Republik* (Göttingen, 1992)。

54. N. Bamba, *Japanese Diplomacy in a Dilemma* (Vancouver, 1972), 360–366.
55. L. Trotsky, *Perspectives of World Development* (1924), http://www.marxists.org/archive/trotsky/1924/07/world.htm.
56. A. Hitler, *Mein Kampf* (London, 1939), Vol. 2, chapter 13.
57. 对 R. Boyce, *The Great Interwar Crisis and the Collapse of Globalization* (London, 2009) 一书中的相关论述，我表示完全同意。
58. 相关的简要情况，可参看：A. Stephanson, *Manifest Destiny: American Expansionism and the Empire of Right* (New York, 1995)。
59. Eisenach, *Lost Promise*, 225.
60. 最近一本讨论这一问题的著作是 D. E. Ellwood, *The Shock of America* (Oxford, 2012)。想要进行更深入的了解，可参看：T. Welskopp and A. Lessoff (eds), *Fractured Modernity: America Confronts Modern Times, 1890s to 1940s* (Oldenbourg, 2012)。
61. G. Kolko, *The Triumph of Conservatism: A Reinterpretation of American History, 1900–1916* (New York, 1963) 一书从完全不同的角度也得出了这一结论。
62. J. T. Sparrow, *Warfare State: World War II Americans and the Age of Big Government* (New York, 2011).
63. Douglas Steeples and David O. Whitten, *Democracy in Desperation: The Depression of 1893* (Westport, CT, 1998).
64. A. S. Link, *Woodrow Wilson and the Progressive Era 1910–1917* (New York, 1954) 一书仍能为我们提供最有用的相关简介。
65. W. C. Widenor, *Henry Cabot Lodge and the Search for an American Foreign Policy* (Berkeley, CA, 1983).
66. B. Knei-Paz, *The Social and Political Thought of Leon Trotsky* (Oxford, 1978).
67. V. I. Lenin, 'The Chain Is No Stronger Than Its Weakest Link', *Pravda* 67, 9 June (27 May) 1917; Lenin: *Collected Works* (Moscow, 1964), Vol. 24, 519–520.
68. S. Hoffmann, *Gulliver's Troubles, or the Setting of American Foreign Policy* (New York, 1968), 52. 关于"不平衡和综合发展"的其他政治学阐释，参见：R. Gilpin, *War and Change in World Politics* (Cambridge, 1981)。

第一章 处于平衡状态的战争

1. 相关的历史记载，可参看近期出版的：H. Strachan, *The First World War* (London, 2003), 以及 D. Stevenson, *1914–1918: The History of the First World War* (London, 2004)。
2. N. A. Lambert, *Planning Armageddon: British Economic Warfare and the First World War* (Cambridge, MA, 2012).
3. S. Roskill, *Naval Policy Between the Wars* (New York, 1968 and 1976), Vol. 1, 80–81.
4. H. Nouailhat, *France et Etats-Unis: Aout 1914–Avril 1917* (Paris, 1979), 349–355.
5. C. Seymour (ed.), *The Intimate Papers of Colonel House* (London, 1926), Vol. 1, 312–313.

6. A. S. Link (ed.) et al., *The Papers of Woodrow Wilson* [以下简称 *PWW*], 69 vols (Princeton, NJ, 1966–1994), Vol. 36, 120.
7. J. J. Safford, *Wilsonian Maritime Diplomacy 1913–1921* (New Brunswick, NJ, 1978), 67–115.
8. P. O. O'Brian, *British and American Naval Power: Politics and Policy, 1900–1936* (Westport, CT, 1998), 117.
9. R. Skidelsky, *John Maynard Keynes: A Biography*, 3 vols (New York, 1983–2000), Vol. 1, 305–315.
10. K. Burk, Britain, *America and the Sinews of War, 1914–1918* (London, 1985), and H. Strachan, *Financing the First World War* (Oxford, 2004).
11. K. Neilson, *Strategy and Supply: The Anglo-Russian Alliance 1914–1917* (London, 1984), 106–112.
12. M. Horn, *Britain, France, and the Financing of the First World War* (Montreal, 2002).
13. Nouailhat, *France*, 368.
14. S. Broadberry and M. Harrison (eds), *The Economics of World War I* (Cambridge, 2005).
15. 关于这一问题的经典记述，参见：H. Feis, *Europe: The World's Banker 1870–1914* (New York, 1965)。
16. R. Chernow, *The House of Morgan: An American Banking Dynasty and the Rise of Modern Finance* (New York, 2001).
17. J. M. Keynes, *The Collected Writings of John Maynard Keynes*, Vol. 16 (London, 1971–1989), 197.
18. P. Roberts, ' "Quis Custodiet Ipsos Custodes?" The Federal Reserve System's Founding Fathers and Allied Finances in the First World War', *The Business History Review* 72 (1998), 585–620.
19. E. Sanders, *Roots of Reform* (Chicago, IL, 1999) and A. H. Meltzer, *A History of the Federal Reserve* (Chicago, IL, 2002–2003).
20. W. L. Silber, *When Washington Shut Down Wall Street: The Great Financial Crisis of 1914 and the Origins of America's Monetary Supremacy* (Princeton, NJ, 2007).
21. N. Ferguson, *The Pity of War: Explaining World War I* (London, 1998).
22. A. Offer, *The First World War: An Agrarian Interpretation* (Oxford, 1991).
23. 详细情况参见：D. E. Ellwood, *The Shock of America* (Oxford, 2012)。
24. J. Banno, *Democracy in Prewar Japan: Concepts of Government 1871–1937* (London, 2001), 47.
25. W. Wilson, *Congressional Government: A Study in American Government* (PhD thesis, Johns Hopkins University, 1885).
26. D. T. Rodgers, *Atlantic Crossings: Social Politics in a Progressive Age* (Cambridge, MA, 1998).
27. W. Wilson, 'Democracy and Efficiency', *Atlantic Monthly* (March 1901), 289.
28. T. Raithel, *Das Wunder der inneren Einheit* (Bonn, 1996).

29. T. Roosevelt, *America and the World War* (New York, 1915).
30. J. M. Cooper, *The Warrior and the Priest: Theodore Roosevelt and Woodrow Wilson* (Cambridge, MA, 1983), 284–285.
31. W. Wilson, *A History of the American People* (New York, 1902), and J. M. Cooper, *Woodrow Wilson: A Biography* (New York, 2009).
32. *PWW*, Vol. 57, 246.
33. W. Wilson, 'The Reconstruction of the Southern States', *Atlantic Monthly*, January 1901, 1–15.
34. R. E. Hannigan, *The New World Power: American Foreign Policy, 1898–1917* (Philadelphia, PA, 2002), 45–48.
35. R. S. Baker and W. E. Dodd (eds), *The Public Papers of Woodrow Wilson* (New York, 1925–1927), Vol. 1, 224–225.
36. T. J. Knock, *To End All Wars: Woodrow Wilson and the Quest for a New Order* (Princeton, NJ, 1992), 77.
37. *PWW*, Vol. 37, 116.
38. *PWW*, Vol. 40, 84–85.
39. *PWW*, Vol. 41, 183–4. 1917 年 2 月又再次重复了这句话，参见：ibid., 316–317。
40. B. M. Manly, 'Have Profits Kept Pace with the Cost of Living?', *Annals of the American Academy of Political and Social Science* 89 (1920), 157–162.
41. M. J. Pusey, *Charles Evans Hughes* (New York, 1951), Vol. 1, 335–366.
42. *The Memoirs of Marshal Joffre*, trans. T. B. Mott (London, 1932), Vol. 2, 461.
43. P. v. Hindenburg, *Aus Meinem Leben* (Leipzig, 1920), 180–181.
44. G. Ritter, *Staatskunst und Kriegshandwerk* (Munich, 1954–1968), Vol. 3, 246.
45. G. E. Torrey, *Romania and World War I* (Lasi, 1998), 174.
46. S. Miller, *Burgfrieden und Klassenkampf: Die deutsche Sozialdemokratie in Ersten Weltkrieg* (Düsseldorf, 1974), 263–264.
47. D. French, *The Strategy of the Lloyd George Coalition, 1916–1919* (Oxford, 1995), and M. G. Fry, *Lloyd George and Foreign Policy* (Montreal, 1977).
48. Keynes, *The Collected Writings* (18 October 1916), Vol. 16, 201.
49. G.-H. 苏图（G.-H. Soutou）在其著作 *L' Or et le Sang: Les Buts de guerre économique de la Première Guerre Mondiale* (Paris, 1989, 365–372, 398–399) 中进行了十分精彩的分析。
50. *Papers Relating to the Foreign Relations of the United States: Lansing Papers* (Washington, DC, 1940), Vol. 1, 306–307.
51. Seymour (ed.), *Intimate Papers*, Vol. 2, 129.
52. Fry, *Lloyd George*, 219.
53. Neilson, *Strategy and Supply*, 191; A. Suttie, *Rewriting the First World War: Lloyd George, Politics and Strategy 1914–1918* (London, 2005), 85.

第二章 没有胜利者的和平

1. V. I. Lenin, 'Imperialism, the Highest Stage of Capitalism', in V. I. Lenin, *Selected Works* (Moscow, 1963), Vol. 1, 667–766.
2. 左翼的列宁反对所谓"超帝国主义"的理论，参见：K. Kautsky, 'Der Imperialismus', *Die Neue Zeit* 32, No. 2 (1914), 908–922. 最近 A. Negri 和 M. Hardt 在其著作 *Empire* (Cambridge, MA, 2001) 中再次阐释了这种理论。
3. A. S. Link (ed.) et al., *The Papers of Woodrow Wilson* [以下简称 *PWW*], 69 vols (Princeton, NJ, 1966–1994), Vol. 40, 19–20. 此外，J. D. Doenecke, *Nothing Less Than War: A New History of America's Entry into World War I* (Lexington, KY, 2010) 一书对美国加入战争的过程有着不同以往的记述，很有启发性。
4. *PWW*, Vol. 40, 77.
5. P. Roberts, ' "Quis Custodiet Ipsos Custodes?" The Federal Reserve System's Founding Fathers and Allied Finances in the First World War', *Business History Review* 72 (1998), 585–620.
6. H. Nouailhat, *France et Etats-Unis: Aout 1914–Avril 1917* (Paris, 1979), 382.
7. J. Siegel, *For Peace and Money* (Oxford, 2014, forthcoming), chapter 4.
8. G.-H. Soutou, *L'Or et le Sang: Les Buts de guerre économique de la Première Guerre Mondiale* (Paris, 1989), 373–378; J. Wormell, *The Management of the Public Debt of the United Kingdom* (London, 2000), 222–241.
9. J. H. von Bernstorff, *My Three Years in America* (New York, 1920), 317.
10. T. J. Knock, *To End All Wars: Woodrow Wilson and the Quest for a New Order* (Princeton, NJ, 1992), 110. 关于俄国的反应，参见：*Papers Relating to the Foreign Relations of the United States: Lansing Papers* [以下简称 *FRUS: Lansing Papers*] (Washington, DC, 1940), Vol. 2, 320–321。
11. 'President Wilson and Peace', *The Times* (London), Friday 22 December 1916, 9; 'French Public Opinion', *The Times* (London), 23 December 1916, 7.
12. Nouailhat, *France*, 393.
13. D. French, *The Strategy of the Lloyd George Coalition, 1916–1918* (Oxford, 1995), 34.
14. Ibid., 38.
15. J. M. Keynes, *Collected Writings of John Maynard Keynes*, Vol. 16 (London, 1971).
16. *The New York Times*, 23 January 1917; *PWW*, Vol. 40, 533–539.
17. 诺克（Knock）在其著作 *To End All Wars* 中有相近的看法，但未加批评地将这一讲话看作一份进步主义的宣言。新左派对这一讲话的批评可参看：N. Levin, *Woodrow Wilson and World Politics* (New York, 1968), 260。
18. J. Cooper, *The Warrior and the Priest: Woodrow Wilson and Theodore Roosevelt* (Cambridge, MA, 1983).
19. C. Seymour (ed.), *The Intimate Papers of Colonel House* (London, 1926), Vol. 2, 412.
20. *PWW*, Vol. 40, 533–539.

21. Bernstorff, *My Three Years*, 390–391.
22. *The New York Times*, 23 January 1917.
23. *PWW*, Vol. 41, 11–12.
24. *The New York Times*, 23 January 1917.
25. 'Labour in Session', *The Times* (London), 23 January 1917, 5.
26. 'War Aims of Labour', *The Times* (London), 24 January 1917, 7.
27. *The New York Times*, 24 January 1917.
28. Nouailhat, *France*, 398.
29. Bernstorff, *My Three Years*, 286.
30. Ibid., 371.
31. 'Aufzeichnung über Besprechung 9.1.1917', in H. Michaelis and E. Schraepler (eds), *Ursachen und Folgen. Vom deutschen Zusammenbruch 1918 und 1945* (Berlin, 1958), Vol. 1, 146–147.
32. K. Erdmann (ed.), Kurt Riezler. *Tagebücher, Aufsaetze, Dokumente* (Göttingen, 1972), 403–404.
33. M. Weber, *Gesammelte politische Schriften* (Tübingen, 1988).
34. 兰辛在1917年2月2日对威尔逊表达了这一看法, 参见: *FRUS: Lansing Papers*, Vol. 1, 591–592。
35. K. Burk, 'The Diplomacy of Finance: British Financial Missions to the United States 1914–1918', *The Historical Journal* 22, No. 2 (1979), 359.
36. 对于大西洋主义的历史发展, 参看: M. Mariano, *Defining the Atlantic Community* (New York, 2010).
37. M. G. Fry, *Lloyd George and Foreign Policy*, Vol. 1, *The Education of a Statesman: 1890–1916* (Montreal, 1977), 34.
38. 参见: D. Lloyd George, *The Great Crusade: Extracts from Speeches Delivered during the War* (London, 1918)。
39. R. Hanks, 'Georges Clemenceau and the English', *The Historical Journal* 45, No. 1 (2002), 53–77.
40. *PWW*, Vol. 42, 375–376. 至于塔尔迪厄本人如何理解这一关系所面临的挑战, 可参看: A. Tardieu, *France and America: Some Experiences in Cooperation* (Boston, MA, 1927)。
41. *PWW*, Vol. 41, 136, 256 and 336–337.
42. Ibid., 89, 94, 101, and *PWW*, Vol. 42, 255.
43. *PWW*, Vol. 41, 120.
44. M. Hunt, *Ideology and US Foreign Policy* (New Haven, CT, 1987), 129–130. 亨特希望能将威尔逊与冷战联系起来, 因此过于强调了巴黎公社与1789年法国大革命对立的重要性。
45. 参见: *Burke's Speech on Conciliation with the Colonies*, in Robert Andersen (ed.) with an introduction by Woodrow Wilson (Boston, MA, 1896), xviii。
46. W. Wilson, 'The Character of Democracy in the United States', in idem, *An Old Master and*

Other Political Essays (New York, 1893), 114–115.

47. Wilson, 'Democracy and Efficiency', *Atlantic Monthly* LXXXVII (1901), 289.
48. Wilson, *The Character of Democracy*, 115.
49. Ibid., 114.
50. *PWW*, Vol. 40, 133.
51. E. Mantoux, *The Carthaginian Peace* (New York, 1952), 50.
52. 最好的传记作品仍然是：D. Watson, *Georges Clemenceau: A Political Biography* (London, 1976), 以及 G. Dallas, *At the Heart of a Tiger: Georges Clemenceau and His World 1841–1929* (London, 1993)。
53. G. Clemenceau, *American Reconstruction, 1865–1870* (New York, 1969), 226.
54. W. Wilson, *A History of the American People* (New York, 1901), Vol. 5, 49–53.
55. Clemenceau, *American Reconstruction*, 84.
56. 早在1910年的讲演中，克列孟梭就提到了自己与威尔逊在和平与公正问题上的立场具有相似之处。参见：G. Clemenceau, *Sur La Democratie* (Paris 1930), 124–125。
57. E. Benton, *The Movement for Peace Without Victory during the Civil War* (Columbus, OH, 1918), and J. McPherson, *This Mighty Scourge* (Oxford, 2007), 167–186.
58. 罗斯福一直等到威尔逊拒绝就德国的侵略行为采取行动之后，才在《波弗蒂湾先驱报》上发表了这篇长篇大论：《没有胜利者的和平就是没有廉耻的和平》。(*Poverty Bay Herald*, XLIV, 20 March 1917, 8.) 参见：E. Morrison (ed.), *The Letters of Theodore Roosevelt* (Cambridge, MA, 1954), 1162–1163。
59. *PWW*, Vol. 41, 87.
60. *FRUS: Lansing Papers*, Vol. 2, 118–120.
61. *PWW*, Vol. 41, 201 and 283.
62. Ibid., 123 and 183–184.
63. 1917年1月19日，齐默尔曼致伯恩斯托夫。参见：Michaelis and Schraepler, *Ursachen und Folgen*, Vol. 1, 151–152。
64. 转引自：F. Katz, *The Secret War in Mexico: Europe, the United States and the Mexican Revolution* (Chicago, IL, 1981), 359–360。
65. W. Rathenau, *Politische Briefe* (Dresden, 1929), 108.
66. A. S. Link, *Woodrow Wilson and the Progressive Era 1910–1917* (New York, 1954), 275.
67. *PWW*, Vol. 42, 140–148.

第三章　俄国民主被战争埋葬

1. N. Saul, *War and Revolution: The United States and Russia, 1914–1921* (Lawrence, KS, 2001), 97–98.
2. O. Figes, *A People's Tragedy: The Russian Revolution 1891–1924* (London, 1996) 一书是最

近的著作中对这段历史介绍得最清楚的。
3. 关于民众情绪的简单介绍，参见：M. Steinberg, *Voices of Revolution, 1917* (New Haven, CT, 2001)。
4. A. S. Link (ed.) et al., *The Papers of Woodrow Wilson* [以下简称 *PWW*], 69 vols (Princeton, NJ, 1966–94), Vol. 41, 425–427.
5. *PWW*, Vol. 41, 440, and *Papers Relating to the Foreign Relations of the United States: Lansing Papers* [以下简称 *FRUS: Lansing Papers*] (Washington, DC, 1940), Vol. 1, 626–628, 636.
6. Wilson's declaration of war, 2 April 1917.
7. 转引自：M. Winock, *Clemenceau* (Paris, 2007), 418–419.
8. N. 苏汉诺夫（N. Sukhanov）在其著作 *The Russian Revolution, 1917: A Personal Record* (London, 1955, 202–203) 中对此进行了生动的解释。
9. Sukhanov, *Russian Revolution*, 240–241.
10. W. Roobol, *Tsereteli – A Democrat in the Russian Revolution: A Political Biography* (The Hague, 1976); M. Khoundadze, *La révolution de février 1917: La social-démocratie contre le bolchevisme, Tsertelli face à Lenine* (Paris, 1988); R. Abraham, *Alexander Kerensky: The First Love of the Revolution* (London, 1987).
11. V. I. Lenin, 'Letter to Pravda on 7 April 1917', in V. I. Lenin, *Collected Works* (Moscow, 1964), Vol. 24, 19–26.
12. J. H. von Bernstorff, *My Three Years in America* (London, 1920), 383.
13. D. Stevenson, 'The Failure of Peace by Negotiation in 1917', *The Historical Journal* 34, No. 1 (1991), 65–86.
14. S. Miller, *Burgfrieden und Klassenkampf: Die deutsche Sozialdemokratie im Ersten Weltkrieg* (Düsseldorf, 1974), 283–298.
15. *PWW*, Vol. 42, MacDonald to Wilson, 29 May 1917, 420–422.
16. J. Turner, *British Politics and the Great War: Coalition and Conflict 1915–1918* (New Haven, CT, 1992).
17. L. Gardner, *Safe for Democracy: The Anglo-American Response to Revolution, 1913–1923* (Oxford, 1987), 138; A. Suttie, *Rewriting the First World War: Lloyd George, Politics, and Strategy, 1914–1918* (Houndmills, 2005), 191–194.
18. S. Carls, *Louis Loucheur and the Shaping of Modern France 1916–1931* (Baton Rouge, FL, 1993), 43–44, 50–51.
19. C. Seton-Watson, *Italy from Liberalism to Fascism 1870–1925* (London, 1979), 468–471.
20. *Der Interfraktioneller Ausschuss*, 1917/18 [以下简称 *IFA*], eds E. Matthias and R. Morsey (Düsseldorf, 1959), Vol. 1, 3–13.
21. M. Epstein, *Matthias Erzberger and the Dilemma of German Democracy* (Princeton, NJ, 1959).
22. *IFA*, Vol. 1, 15.
23. I. Sinanoglou, 'Journal de Russie d'Albert Thomas: 22 avril– 19 juin 1917', *Cahiers du Monde Russe et Soviétique* 14, No. 1/2 (1973), 86–204, 以及 J. Winter, *Socialism and the*

注释

      Challenge of War (London, 1974), 243–259。
24. Wade, *Russian Search for Peace*, 79–80.
25. *FRUS: Lansing Papers*, Vol. 2, 332 and 338.
26. *PWW*, Vol. 43, 465–470, 487–489；还可参见：*PWW*, Vol. 42, 140–141。
27. *PWW*, Vol. 42, 365–367.
28. Ibid., 385.
29. J. J. Wormell, *Management of the National Debt in the United Kingdom, 1900–1932* (London, 2000), 249–59.
30. J. Terraine, *White Heat: The New Warfare 1914–1918* (London, 1982), 218.
31. D. French, *The Strategy of the Lloyd George Coalition, 1914–1918* (Oxford, 1995), 101–123.
32. B. Millman, *Managing Domestic Dissent in First World War Britain* (London, 2000).
33. V. I. Lenin, 'Peace Without Annexations and the Independence of Poland as Slogans of the Day in Russia', http://www.marxists.org/archive/lenin/works/1916/feb/29.htm.
34. V. I. Lenin, 'The Discussion on Self-Determination Summed Up, July 1916', in V. I. Lenin, *Collected Works*, (Moscow, 1963), Vol. 22, 320–360.
35. V. I. Lenin, 'The Petrograd City Conference of the R.S.D.L.P. 14–22 April 1917', in ibid., *Collected Works* (Moscow, 1964), Vol. 24, 139–166.
36. *FRUS: Lansing Papers*, Vol. 2, 340–341; L. Bacino, *Reconstructing Russia: U.S. Policy in Revolutionary Russia, 1917–1922* (Kent, OH, 1999).
37. L. Heenan, *Russian Democracy's Fatal Blunder: The Summer Offensive of 1917* (New York, 1987).
38. A. Kerensky, *The Kerensky Memoirs* (London, 1965), 285.
39. H. Herwig, *The First World War: Germany and Austria-Hungary 1914–1918* (London, 1997), 338.
40. M. Thompson, *The White War: Life and Death on the Italian Front 1915–1919* (New York, 2008), 294–327.
41. H. Hagenlücke, *Deutsche Vaterlandspartei* (Düsseldorf, 1997).
42. Abraham, *Kerensky*, 257.
43. Ibid., 305.
44. R. Service, *Lenin: A Biography* (London, 2000), 304.
45. O. Radkey, *Russia Goes to the Polls: The Election to the All-Russian Constituent Assembly, 1917* (Ithaca, NY, 1989), 63.
46. *PWW*, Vol. 43, 471–472.
47. Ibid., 523.
48. Ibid., 509.
49. Ibid., 523–525.
50. O. Radkey, *The Agrarian Foes of Bolshevism: Promise and Default of the Russian Socialist*

Revolutionaries, February to October 1917 (New York, 1958), 85.

51. Ibid., 88.

第四章 中国进入战火中的世界

1. W. Wheeler, *China and the World War* (New York, 1919), 100.
2. A. S. Link (ed.) et al., *The Papers of Woodrow Wilson* [以下简称 *PWW*], 69 vols (Princeton, NJ, 1966–94), Vol. 41, 108–112.
3. G. Xu, *China and the Great War* (Cambridge, 2005), 162–163.
4. 哥伦比亚大学的弗兰克·古德诺（Frank Goodnow）所写的备忘录遭到了无情的批评，参见：B. Putnam Weale, *The Fight for the Republic in China* (New York, 1917), 142–190; J. Kroncke, 'An Early Tragedy of Comparative Constitutionalism: Frank Goodnow and the Chinese Republic', *Pacific Rim Law and Policy Journal* 21, No. 3 (2012), 533–590。
5. W. Kirby, 'The Internationalization of China: Foreign Relations at Home and Abroad in the Republican Era', *The China Quarterly* 150, 'Special Issue: Reappraising Republican China' (1997), 433–458.
6. D. Kuhn, *Die Republik China von 1912 bis 1937* (Heidelberg, 2004), 89.
7. T.S. Chien, *The Government and Politics of China* (Cambridge, MA, 1950), 75–76.
8. S. Craft, *V. K. Wellington Koo and the Emergence of Modern China* (Lexington, KY, 2004), 40–41.
9. J. Sheridan, *China in Disintegration: The Republican Era in Chinese History, 1912–1949* (New York, 1977), 69.
10. N. Bose, *American Attitudes and Policy to the Nationalist Movement in China (1911–1921)* (Bombay, 1970), 105.
11. Xu, *China and the Great War*, 213.
12. S. Schram (ed.), *Mao's Road to Power: Revolutionary Writings 1912–1949: The Pre-Marxist Period*, Vol. 1, *1912–1920* (New York, 1992), 104.
13. N. Pugach, *Paul S. Reinsch: Open Door Diplomat in Action* (Millwood, NY, 1979), 226.
14. *PWW*, Vol. 41, 177.
15. Ibid., 175.
16. Ibid., 185.
17. N. Kawamura, *Turbulence in the Pacific: Japanese–US Relations During World War I* (Westport, CT, 2000), 66.
18. C. Tsuzuki, *The Pursuit of Power in Modern Japan 1825–1995* (Oxford, 2000).
19. F. Dickinson, *War and National Reinvention: Japan in the Great War 1914–1919* (Cambridge, MA, 1999).
20. L. Gardner, *Safe for Democracy: The Anglo-American Response to Revolution, 1913–1923* (Oxford, 1987), 83; Xu, *China and the Great War*, 94–97.

21. K. Kawabe, *The Press and Politics in Japan* (Chicago, IL, 1921); F. R. Dickinson, *World War I and the Triumph of a New Japan, 1919–1930* (Cambridge, 2013), 52.
22. Dickinson, *War and National Reinvention*, 150–165.
23. M. Schiltz, *The Money Doctors from Japan: Finance, Imperialism, and the Building of the Yen Bloc, 1895–1937* (Cambridge, MA, 2012), 135–154.
24. P. Duus, *Party Rivalry and Political Change in Taisho Japan* (Cambridge, 1968), 97–99.
25. P. Duus (ed.), *The Cambridge History of Japan*, Vol. 6, *The Twentieth Century* (Cambridge, 1988), 280.
26. Weale, *Fight*, 206.
27. 转引自：Pugach, *Reinsch*, 226。
28. Wheeler, *China and the World War*, 71.
29. *PWW*, Vol. 41, 186.
30. *PWW*, Vol. 42, 53–54.
31. *Papers Relating to the Foreign Relations of the United States: Lansing Papers* [以下简称 *FRUS: Lansing Papers*] (Washington, DC, 1940), Vol. 2, 19–32, 以及 Y. Zhang, *China in the International System, 1918–1920* (Basingstoke, 1991), 203。
32. M. Bergere, *Sun Yat-Sen* (Stanford, CA, 1998), 271.
33. Wheeler, *China and the World War*, 51.
34. 'American Press Tributes to Dr Wu Ting-Fang', *China Review* 3 (1922), 69–72.
35. Xu, *China and the Great War*, 241.
36. *PWW*, Vol. 42, 466.
37. Wheeler, *China and the World War*, 94.
38. *The New York Times Current History*, Vol. 13, *The European War* (New York, 1917), 353.
39. Wheeler, *China and the World War*, 173–174.
40. *FRUS: Lansing Papers*, Vol. 2, 432–433.
41. Kawamura, *Turbulence in the Pacific*, 91–92.
42. Xu, *China and the Great War*, 226–227.
43. G. McCormack, *Chang Tso-Lin in Northeast China, 1911–1928: China, Japan and the Manchurian Idea* (Stanford, CA, 1977).
44. Dickinson, *War and National Reinvention*, 223.
45. *PWW*, Vol. 42, 60–64.
46. Pugach, *Reinsch*, 236.
47. M. Metzler, *Lever of Empire: The International Gold Standard and the Crisis of Liberalism in Prewar Japan* (Berkeley, CA, 2005), 108–109.

第五章 《布列斯特-立陶夫斯克条约》

1. F. Fischer, *Griff nach der Weltmacht: Die Kriegszielpolitik des Kaiserlichen Deutschland, 1914–1918* (Düsseldorf, 1961).
2. J. Wheeler-Bennett, *Brest-Litovsk: The Forgotten Peace, March 1918* (London, 1938).
3. V. Liulevicius 在其著作 *War Land on the Eastern Front: Culture, National Identity, and German Occupation in World War I* (Cambridge, 2000) 中，完全从与第三帝国的联系出发，介绍了德军东线总司令部（Ober Ost）的历史。
4. V. I. Lenin, 'The Debate on Self-Determination Summed Up', in V. I. Lenin, *Collected Works* (Moscow, 1964), Vol. 22, 320–360.
5. V. I. Lenin, 'Statistics and Sociology', in V. I. Lenin, *Collected Works* (Moscow, 1964), Vol. 23, 271–277.
6. T. Snyder, *The Reconstruction of Nations: Poland, Ukraine, Lithuania, Belarus, 1569–1999* (New Haven, CT, 2003).
7. 'Hitch in Negotiations: German Delegates Point to Peoples Who Desire . . .', *The New York Times*, 31 December 1917.
8. *Der Interfraktioneller Ausschuss, 1917/18* [以下简称 *IFA*], eds E. Matthias and R. Morsey (Düsseldorf, 1959), Vol. 1, 213–402.
9. Heinz Hagenlücke, *Deutsche Vaterlandspartei* (Düsseldorf, 1996).
10. *IFA*, Vol. 1, 635.
11. W. Ribhegge, *Frieden für Europa: Die Politik der deutschen Reichstagsmehrheit, 1917–1918* (Essen, 1988), 228–229.
12. M. Llanque, *Demokratisches Denken im Krieg: Die deutsche Debatte im Ersten Weltkrieg* (Berlin, 2000), 207.
13. A. Vogt, *Oberst Max Bauer, Generalstabsoffizier im Zwielicht, 1869–1929* (Osnabrück, 1974), 108.
14. K. Erdmann (ed.), *Kurt Riezler: Tagebücher, Aufsaetze, Dokumente* (Göttingen, 1972).
15. W. Ribhegge, *Frieden für Europa. Die Politik der deutschen Reichstagsmehrheit 1917/18* (Berlin, 1988), 228–229.
16. P. Gatrell, *A Whole Empire Walking: Refugees in Russia during World War I* (Indiana, IN, 2005).
17. Hagenlücke, *Vaterlandspartei*, 204.
18. I. Geiss, *Der polnische Grenzstreifen 1914–1918: Ein Beitrag zur deutschen Kriegszielpolitik im Ersten Weltkrieg* (Lübeck, 1960), 129.
19. 埃茨贝格尔的嘲讽与社会民主党的回应，参见：Ribhegge, *Frieden*, 173–175, 228–229。
20. P. Theiner, *Sozialer Liberalismus und deutsche Weltpolitik. Friedrich Naumann im Wilhelminischen Deutschland (1860–1919)* (Baden-Baden, 1983), 242–258.
21. M. Berg, *Gustav Stresemann und die Vereinigten Staaten von Amerika: weltwirtschaftliche*

Verflechtung und Revisionspolitik, 1907–1929 (Baden-Baden, 1990), 43.
22. IFA, Vol. 1, 11.
23. R. Service, Lenin: A Biography (Düsseldorf, 2000), 321–325.
24. Fischer, Griff, 299–300.
25. Ibid.
26. J. Snell, 'The Russian Revolution and the German Social Democratic Party in 1917', Slavic Review 15, No. 3 (1956), 339–350; 还可参见：IFA, Vol. 1, 631–632。
27. S. Miller, Burgfrieden und Klassenkampf: Die deutsche Sozialdemokratie im Ersten Weltkrieg (Düsseldorf, 1974), 228–229.
28. K. Epstein, Matthias Erzberger and the Dilemma of German Democracy (Princeton, NJ, 1959), 219–220, 237.
29. 关于主权问题重新谈判更广泛的讨论，参见：M. Koskenniemi, The Gentle Civilizer of Nations: The Rise and Fall of International Law 1870–1960 (Cambridge, 2002), 172。
30. S. D. Krasner, Sovereignty: Organized Hypocrisy (Princeton, NJ, 1999).
31. Miller, Burgfrieden, 351.
32. Wheeler-Bennett, Brest, 117–120.
33. G. Kennan, Russia Leaves the War: Soviet-American Relations, 1917–1920 (Princeton, NJ), Vol. 1, 136.
34. C. Seymour (ed.), The Intimate Papers of Colonel House (Boston, MA, 1926–1928), Vol. 3, 264–285.
35. W. Hahlweg (ed.), Der Friede von Brest-Litowsk. Ein unveröffentlichter Band aus dem Werk des Untersuchungsausschusses der deutschen verfassunggebenden Nationalversammung und des deutschen Reichstages (Düsseldorf, 1971), 150–153.
36. A. May, The Passing of the Habsburg Monarchy, 1914–1918 (Philadelphia, PA, 1966), Vol. 1, 458.
37. IFA, Vol. 2, 86.
38. 全文参见：Hahlweg, Der Friede, 176。
39. 内容概要参见：V. I. Lenin, 'Theses on the Question of the Immediate Conclusion of a Separate and Annexationist Peace, 7 January 1918', in V. I. Lenin, Collected Works (Moscow, 1972), Vol. 26, 442–450。
40. Wheeler-Bennett, Brest, 145.
41. L. Gardner, Safe for Democracy: The Anglo-American Response to Revolution, 1913–1923 (Oxford, 1987), 160.
42. E. Manela, The Wilsonian Moment: Self-Determination and the International Origins of Anticolonial Nationalism (Oxford, 2007), 19–53.
43. B. Unterberger, The United States, Revolutionary Russia, and the Rise of Czechoslovakia (Chapel Hill, NC, 1989), 94–95.
44. 这里及后面的相关内容，参见：A. S. Link (ed.) et al., The Papers of Woodrow Wilson [以

下简称 PWW], 69 vols (Princeton, NJ, 1966–1994), Vol. 45, 534–539。
45. *Papers Relating to the Foreign Relations of the United States: Lansing Papers* (Washington, DC, 1940), Vol. 2, 348.
46. Kennan 在 *Russia Leaves the War* (255–272) 一书对此提出了极其犀利的批评。
47. C. Warvariv, 'America and the Ukrainian National Cause, 1917–1920', in T. Hunczak (ed.), *The Ukraine 1917–1921: A Study in Revolution* (Cambridge, MA, 1977), 366–372.
48. *PWW*, Vol. 45, 534–539.
49. D. Woodward, *Trial by Friendship: Anglo-American Relations, 1917–1918* (Lexington, KY, 1993), 153–154.
50. B. Unterberger, 'Woodrow Wilson and the Russian Revolution', in A. Link (ed.), *Woodrow Wilson and a Revolutionary World* (Chapel Hill, NC, 1982), 54.

第六章 达成一种苛刻的和平

1. J. Reshetar, *The Ukrainian Revolution, 1917–1920: A Study in Nationalism* (Princeton, NJ, 1952), 53–54.
2. W. Stojko, 'Ukrainian National Aspirations and the Russian Provisional Government', in T. Hunczak (ed.), *The Ukraine 1917–1921: A Study in Revolution* (Cambridge, MA, 1977).
3. P. Borowsky, *Deutsche Ukrainepolitik 1918 unter besonderer Berücksichtigung der Wirtschaftsfragen* (Lübeck, 1970), 21–25.
4. E. Carr, *The Bolshevik Revolution*, 1917–1923 (London, 1966), Vol. 1, 301.
5. W. Hahlweg (ed.), *Der Friede von Brest-Litowsk: Ein unveröffentlichter Band aus dem Werk des Untersuchungsausschusses der deutschen verfassunggebenden Nationalversammlung und des deutschen Reichstages* (Düsseldorf, 1971), 299.
6. Hahlweg, *Friede*, 332, 英文译文参见：J. Wheeler-Bennett, *Brest-Litovsk: The Forgotten Peace, March 1918* (London, 1938), 161–163。
7. 对此最为著名的悲剧性解读是德国社会学家马克斯·韦伯在其 1919 年早期的一次演说 "政治作为一种志业" ('Politics as a Vocation') 中所做出的。值得注意的是，为了得出其悲剧性的结论，韦伯仅仅引用了托洛茨基第一句话中的只言片语，从而曲解了他的本意。参见：Peter Lassman and Ronald Speirs (eds), Weber: Political Writings (Cambridge, 1994), 310。
8. V. I. Lenin, 'People from Another World', in V. I. Lenin, *Collected Works* (Moscow, 1972), Vol. 26, 431–433.
9. J. Siegel, *For Peace and Money* (Oxford, 2014, forthcoming), chapter 5.
10. C. Bell and B. Elleman, *Naval Mutinies of the Twentieth Century: An International Perspective* (London, 2003), 45–65.
11. P. Scheidemann, *Der Zusammenbruch* (Berlin, 1921), 70–71.
12. *Der Interfraktioneller Ausschuss, 1917/18* [以下简称 *IFA*], eds E. Matthias and R. Morsey (Düsseldorf, 1959), Vol. 2, 188–193.

13. Wheeler-Bennett, *Brest-Litovsk*, 209–211.
14. K. Liebknecht, *Politische Aufzeichnungen aus seinem Nachlass* (Berlin, 1921), 51, cited in L. Trotsky, *My Life* (New York, 1960), 378.
15. G.-H. Soutou, *L'Or et le Sang: Les Buts de guerre économique de la Première Guerre Mondiale* (Paris, 1989), 661–663.
16. Wheeler-Bennett, *Brest-Litovsk*, 171.
17. Pipes, *Russian Revolution*, 591.
18. V. I. Lenin, 'Peace or War, 23 February 1918', in V. I. Lenin, *Collected Works* (Moscow, 1972), Vol. 27, 36–39.
19. R. Debo, *Revolution and Survival: The Foreign Policy of Soviet Russia 1917– 1918* (Toronto, 1979), 120–121.
20. Wheeler-Bennett, *Brest-Litovsk*, 226–229.
21. *IFA*, Vol. 2, 250.
22. Ibid., 163.
23. 此句及下句引自：W. Baumgart and K. Repgen, *Brest-Litovsk* (Göttingen, 1969), 58–66。
24. 德皇的原文是 "bolshewiki tiger, kesseltreiben abschiessen"。
25. Baumgart and Repgen, *Brest-Litovsk*, 61.
26. Ibid., 62.
27. Ibid., 66.
28. R. von Kühlmann, *Erinnerungen* (Heidelberg, 1948), 548.
29. I. Geiss, *Der polnische Grenzstreifen, 1914–1918. Ein Beitrag zur deutschen Kriegszielpolitik im Ersten Weltkrieg* (Lübeck, 1960), 132–134.
30. M. Hoffmann, *War Diaries and Other Papers* (London, 1929), Vol. 1, 205.
31. R. Pipes, *Russia under the Bolshevik Regime* (New York, 1994), 27–28, 52.
32. Pipes, *Russian Revolution*, 588.
33. Debo, *Revolution*, 124–146.
34. Wheeler-Bennett, *Brest-Litovsk*, 245.
35. Pipes, *Russian Revolution*, 594.
36. V. I. Lenin, 'Political Report of the Bolshevik Central Committee, 7 March 1918. Seventh Congress of the Russian Communist Party: Verbatim Report 6–8 March 1918', in V. I. Lenin, *Collected Works* (Moscow, 1972), Vol. 27, 85–158.
37. R. Service, *Lenin: A Political Life* (Bloomington, IN, 1985), 327–330.
38. V. I. Lenin, 'Extraordinary Fourth All-Russia Congress of Soviets, 14–16 March 1918', in V. I. Lenin, *Collected Works* (Moscow, 1972), Vol. 27, 169–201.
39. W. Ribhegge, *Frieden für Europa: Die Politik der deutschen Reichstagsmehrheit, 1917–1918* (Essen, 1988), 264–265.
40. *Der Interfraktioneller Ausschuss, 1917/18*, eds E. Matthias and R. Morsey (Düsseldorf, 1959),

Vol. 2, 285–291; S. Miller, *Burgfrieden und Klassenkampf: Die deutsche Sozialdemokratie im Ersten Weltkrieg* (Düsseldorf, 1974), 368.

41. Wheeler-Bennett, *Brest-Litovsk*, 304–307.
42. Ribhegge, *Frieden*, 268.
43. *IFA*, Vol. 2, 303.
44. Stevenson, *With Our Backs to the Wall* (London, 2011), 42, 53–54.
45. W. Churchill, *The World Crisis, 1916–1918* (New York, 1927), Vol. 2, 132.
46. W. Goerlitz (ed.), *Regierte Der Kaiser? Kriegstagebücher, Aufzeichnungen und Briefe des Chefs des Marinekabinetts Admiral George Alexander von Mueller, 1914–1918* (Göttingen, 1959), 366.
47. Erich Ludendorff, *My War Memories* (London, 1919), Vol. 2, 602.
48. Max von Baden, *Erinnerungen und Dokumente* (Stuttgart, 1968), 242–243.

第七章 世界分崩离析

1. W. Baumgart, *Deutsche Ostpolitik 1918. Von Brest-Litowsk bis zum Ende des Ersten Weltkrieges* (Vienna and Munich, 1966), 40.
2. S. F. Cohen, *Bukharin and the Bolshevik Revolution: A Political Biography 1888–1938* (London, 1974).
3. 'The Chief Task of Our Day', Izvestia VTsIK, No. 46, 12 March 1918, in V. I. Lenin, *Collected Works* (Moscow, 1972), Vol. 27, 159–163.
4. 此句及下句引自：*Seventh Congress of the Russian Communist Party: Verbatim Report*, 6–8 March 1918, in ibid., 85–158。
5. Baumgart, *Deutsche Ostpolitik*, 36. 这一容易引发争论的说法后来在莫斯科官方出版的《列宁选集》中被删掉了。
6. R. Pipes, *The Russian Revolution* (New York, 1990), 603–605.
7. P. E. Dunscomb, *Japan's Siberian Intervention, 1918–1922* (Plymouth, 2011), 40.
8. F. R. Dickinson, *War and National Reinvention: Japan in the Great War, 1914–1919* (Cambridge, MA, 1999), 57 and 197.
9. J. Morley, *The Japanese Thrust into Siberia, 1918* (New York, 1957), 53.
10. Dickinson, *War*, 183–184.
11. Dunscomb, *Siberian Intervention*, 42–43.
12. Dickinson, *War*, 196.
13. S. Naoko, *Japan, Race and Equality: The Racial Equality Proposal of 1919* (London, 2003), 109.
14. C. Tsuzuki, *The Pursuit of Power in Modern Japan, 1825–1995* (Oxford, 2000), 206.

15. G. Kennan, *Russia Leaves the War: Soviet-American Relations, 1917–1920* (Princeton, NJ), Vol. 1, 272–273.
16. B. M. Unterberger, 'Woodrow Wilson and the Russian Revolution', in *Woodrow Wilson and a Revolutionary World*, ed. Arthur S. Link (Chapel Hill, NC, 1982), 61.
17. Kennan, *Soviet-American*, 480.
18. C. Seymour (ed.), *The Intimate Papers of Colonel House* (Boston, MA, 1926–8), Vol. 3, 399.
19. Pipes, *Russian Revolution*, 598–599.
20. Morley, *The Japanese Thrust*, 140–141.
21. N. Kawamura, *Turbulence in the Pacific: Japanese-US Relations during World War I* (Westport, CT, 2000), 116; A. S. Link (ed.) et al., *The Papers of Woodrow Wilson*, 69 vols (Princeton, NJ, 1966–1994).
22. 豪斯至少还是做到了这一点,因为他承认了"日本有两个政党"存在。参见：Seymour (ed.), *Intimate Papers*, Vol. 3, 415。
23. U. Trumpener, *Germany and the Ottoman Empire 1914–1918* (Princeton, NJ, 1968), 249.
24. 关于埃茨贝格尔、屈尔曼和赫特林在1918年6月时的相互沟通，参见：*Der Interfraktioneller Ausschuss, 1917/18* [以下简称 *IFA*], eds E. Matthias and R. Morsey (Düsseldorf, 1959), Vol. 2, 410。
25. R. G. Hovanissian, *Armenia on the Road to Independence, 1918* (Berkeley, CA, 1967), 175.
26. Baumgart, *Ostpolitik*, 181.
27. Ibid., 193–194.
28. Hovannisian, *Armenia on the Road to Independence*, 184.
29. 德国国会委员会认可了这一政策。参见：*IFA*, Vol. 2, 519。
30. Trumpener, *Germany*, 256–257.
31. R. G. Suny, *The Making of the Georgian Nation* (Bloomington, IN, 1994), 192.
32. Baumgart, *Ostpolitik*, 269.
33. P. Borowsky, *Deutsche Ukrainepolitik, 1918* (Lübeck 1970).
34. 埃茨贝格尔在乌克兰与德国官方进行讨论时始终坚持这一点。参见：*IFA*, Vol. 2, 407。
35. 参见提交给德国国会多数派的解释：*IFA*, Vol. 2, 404。
36. Max Hoffmann, *War Diaries and Other Papers* (London, 1929), Vol. 1, 209.
37. T. Hunczak, 'The Ukraine under Hetman Pavlo Skoropadskyi', in idem., *The Ukraine: A Study in Revolution, 1917–1921* (Cambridge, MA, 1977), 61–81.
38. A. F. Upton, *The Finnish Revolution 1917–1918* (Minneapolis, MN, 1980).
39. C. J. Smith, *Finland and the Russian Revolution 1917–1922* (Athens, GA, 1958), 78.
40. Stanley G. Payne, *Civil War in Europe 1905–1940* (Cambridge, 2011), 30.
41. Pipes, *Russian Revolution*, 612–615.
42. Baumgart, *Ostpolitik*, 37.
43. R. H. Ullman, *Anglo-Soviet Relations 1917–1921*, Vol. 1, *Intervention and the War* (Princeton,

NJ, 1961), 177.
44. Baumgart, *Ostpolitik*, 267–268.
45. ' "Left-Wing" Childishness', written April 1918, first published 9, 10, 11 May 1918 in *Pravda*, nos 88, 89, 90; Lenin, *Collected Works* (Moscow, 1972), Vol. 27, 323–334.
46. Baumgart, *Ostpolitik*, 264.
47. *Russian American Relations March 1917–March 1920* (New York, 1920), Doc. 73, 152–153.
48. Ibid., Doc. 91, 209.
49. D. W. McFadden, *Alternative Paths: Soviets and Americans 1917–1920* (Oxford, 1993), 122.
50. Baumgart, *Ostpolitik*, 70.
51. Ibid., 129.
52. Ibid., 183.
53. K. Epstein, *Matthias Erzberger and the Dilemma of German Democracy* (Princeton, NJ, 1959), 239–240.
54. Borowsky, *Deutsche Ukrainepolitik*, 190–192.
55. 参见：Gothein, *IFA*, Vol. 2, 289。
56. 参看他对干涉立陶宛教育的抗议：Gothein, *IFA*, Vol. 2, 388。
57. Epstein, *Erzberger*, 242.
58. W. Baumgart and K. Repgen (eds), *Brest-Litovsk* (Göttingen, 1969), 100. 德国国会多数派从一开始就反对德国的干涉行动。参见：*IFA*, Vol. 2, 316–317。

第八章 干涉行动

1. R. H. Ullman, *Anglo-Soviet Relations, 1917–1921* (Princeton, NJ, 1962), Vol. 1, 169.
2. C. Seymour (ed.), *The Intimate Papers of Colonel House* (Boston, MA, 1926–1928), Vol. 3, 410.
3. R. Pipes, *The Russian Revolution* (New York, 1990), 558–565.
4. B. M. Unterberger, *The United States, Revolutionary Russia and the Rise of Czechoslovakia* (Chapel Hill, NC, 1989), 124–127.
5. *Papers Relating to the Foreign Relations of the United States: Lansing Papers* (Washington, DC, 1940), Vol. 2, 126–128, 139–141 and 364.
6. L. Gardner, *Safe for Democracy: The Anglo-American Response to Revolution, 1913–1923* (Oxford, 1987), 186.
7. 转引自：Unterberger, *United States*, 235。
8. 转引自：T. J. Knock, *To End All Wars: Woodrow Wilson and the Quest for a New Order* (Princeton, NJ, 1992), 161。
9. I. Somin, *Stillborn Crusade: The Tragic Failure of Western Intervention in the Russian Civil War 1918–1920* (New Brunswick, NJ, 1996), 40.
10. Ullman, *Anglo-Soviet*, 222.

注释

11. Ibid., 305.
12. Ibid., 221–222.
13. Pipes, *Russian Revolution*, 633–635.
14. W. Baumgart, *Deutsche Ostpolitik 1918. Von Brest-Litowsk bis zum Ende des Ersten Weltkrieges* (Vienna and Munich, 1966), 85.
15. Ibid., 85–86.
16. F. Fischer, *Griff nach der Weltmacht: Die Kriegszielpolitik des Kaiserlichen Deutschland, 1914–1918,* (Düsseldorf, 1961), 836–840.
17. *Der Interfraktioneller Ausschuss, 1917/18* [以下简称 *IFA*], eds E. Matthias and R. Morsey (Düsseldorf, 1959), Vol. 2, 400–401.
18. Baumgart, *Ostpolitik*, 139.
19. M. Kitchen, *The Silent Dictatorship: The Politics of the German High Command under Hindenburg and Ludendorff, 1916–1918* (London, 1976), 204.
20. *IFA*, Vol. 2, 413–418.
21. 转引自：W. Ribhegge, *Frieden für Europa: Die Politik der deutschen Reichstagsmehrheit, 1917–1918* (Essen, 1988), 299。
22. *IFA*, Vol. 2, 447–465.
23. Ibid., 426–428.
24. Ibid., 517.
25. Ibid., 474.
26. Pipes, *Russian Revolution*, 638–639.
27. Pipes, *Russian Revolution*, 653–656; Baumgart, *Ostpolitik*, 232.
28. Lenin speech to All-Russia Central Executive Committee, Fifth Convocation, 29 July 1918, in V. I. Lenin, *Collected Works* (Moscow, 1965), Vol. 28, 17–33.
29. K. Helfferich, *Der Weltkrieg* (Berlin, 1919), Vol. 3, 466.
30. Rosa Luxemburg, 'The Russian Tragedy', *Spartacus*, No. 11, 1918.
31. *IFA*, Vol. 2, 505–506.
32. Baumgart, *Ostpolitik*, 109.
33. Pipes, *Russian Revolution*, 664–666; Baumgart, *Ostpolitik*, 111–113.
34. G.-H. 苏图将《布列斯特条约》的补充协议解读为《拉帕洛条约》的前奏（*L'Or et le Sang. Les Buts de guerre économique de la Première Guerre Mondiale* [Paris, 1989], 706–708），这对列宁过于宽厚了。不过，他认为其中的经济条款很难说是惩罚性的，在这一点上他是正确的。
35. M. Kitchen, *The Silent Dictatorship: The Politics of the German High Command under Hindenburg and Ludendorff, 1916–1918* (New York, 1976), 242; Baumgart, *Ostpolitik*, 201.
36. Pipes, *Russian Revolution*, 666.
37. R. Pipes, *Russia under the Bolshevik Regime* (New York, 1994), 53–55.

38. *IFA*, Vol. 2, 476–479.
39. Baumgart, *Ostpolitik*, 313–315.
40. *IFA*, Vol. 2, 474–479, 500–501.
41. Helfferich, *Weltkrieg III*, 490–492.
42. *IFA*, Vol. 2, 517.
43. Baumgart, *Ostpolitik*, 318–319.
44. C. Tsuzuki, *The Pursuit of Power in Modern Japan, 1825–1995* (Oxford, 2000), 206.
45. 对此我完全赞成派普斯（Pipes）的看法（*Russian Revolution*, 668–670），只是他将德国的地位过于简单化了。

第九章　加强协约国

1. D. Stevenson, *With Our Backs to the Wall: Victory and Defeat in 1918* (London, 2011).
2. 对此的典型评判，可参看1918年9月德国政府议会化时，一位苦恼的保守主义副秘书长的评论：*Der Interfraktioneller Ausschuss, 1917/18*, eds E. Matthias and R. Morsey (Düsseldorf, 1959), Vol. 2, 773–778。
3. M. Knox, *To the Threshold of Power, 1922/33*, Vol. 1, *Origins and Dynamics of the Fascist and National Socialist Dictatorships* (Cambridge, 2007), 143–231.
4. L. V. Smith, S. Audoin-Rouzeau and A. Becker, *France and the Great War* (Cambridge, 2003).
5. P. O'Brien, *Mussolini in the First World War: The Journalist, The Soldier, The Fascist* (Oxford, 2005).
6. G. Clemenceau, 'Discours de Guerre', Chambre des Députés, Assemblée Nationale, Paris (8 March 1918).
7. D. Watson, *Georges Clemenceau: A Political Biography* (London, 1976), 275–292.
8. G. Clemenceau, *Demosthenes* (New York, 1926).
9. W. A. McDougall, *France's Rhineland Diplomacy 1914–1924* (Princeton, NJ, 1978), 17–25.
10. H. J. Burgwyn, *The Legend of the Mutilated Victory: Italy, the Great War, and the Paris Peace Conference, 1915–1919* (Westport, CT, 1993).
11. C. Seton-Watson, *Italy from Liberation to Fascism, 1870–1925* (London, 1967), 485.
12. D. Rossini, *Woodrow Wilson and the American Myth in Italy* (Cambridge, MA, 2008), 125–131.
13. 几乎同时代的L. 奥特克尔（L. Hautecoeur）对此进行了精彩的说明（*L'Italie sous le Ministère Orlando 1917–1919* (Paris, 1919), 83–110）。
14. C. Killinger, *Gaetano Salvemini: A Biography* (Westport, CT, 2002).
15. K. J. Calder, *Britain and New Europe 1914–1918* (Cambridge, 1976), 180–182.
16. G. A. Heywood, *Failure of a Dream: Sidney Sonnino and the Rise and Fall of Liberal Italy 1847–1922* (Florence, 1999).

17. H. Nicolson, *Peacemaking, 1919* (London, 1933), 167.
18. S. Di Scala, *Vittorio Orlando* (London, 2010), 119; Rossini, *Woodrow Wilson*, 142–146.
19. J. Darwin, *The Empire Project: The Rise and Fall of the British World System, 1830–1970* (Cambridge, 2009) 一书对于以下内容具有无法替代的参考价值。
20. J. Grigg, *Lloyd George: War Leader, 1916–1918* (London, 2002), 61.
21. R. Fanning, *Fatal Path: British Government and Irish Revolution, 1910–1922* (London, 2013) 一书对此进行了精彩的概述。
22. J. P. Finnan, *John Redmond and Irish Unity, 1912–1918* (Syracuse, NY, 2004).
23. C. Duff, *Six Days to Shake an Empire* (London, 1966).
24. J. S. Mortimer, 'Annie Besant and India 1913–1917', *Journal of Contemporary History* 18, No. 1 (January 1983), 61–78.
25. H. F. Owen, 'Negotiating the Lucknow Pact', *The Journal of Asian Studies* 31, No. 3 (May 1972), 561–587.
26. A. Rumbold, *Watershed in India, 1914–1922* (London, 1979), 64.
27. Ibid., 73.
28. B. R. Tomlinson, *The Political Economy of the Raj, 1914–1947: The Economics of Decolonization in India* (London, 1979).
29. Rumbold, *Watershed*, 71–72.
30. P. Robb, 'The Government of India and Annie Besant', *Modern Asian Studies* 10, No. 1 (1976), 107–130.
31. H. Owens, *The Indian Nationalist Movement, c. 1912–1922: Leadership, Organisation and Philosophy* (New Delhi, 1990), 85.
32. R. Kumar, *Annie Besant's Rise to Power in Indian Politics, 1914–1917* (New Delhi, 1981), 115.
33. B. Millman, *Managing Domestic Dissent in First World War Britain* (London, 2000), 170.
34. H. C. G. Matthew, R. I. McKibbin and J. A. Kay, 'The Franchise Factor in the Rise of the Labour Party', *The English Historical Review* 91, No. 361 (October 1976), 723–752.
35. 在这个问题上，M. Pugh, *Electoral Reform in War and Peace, 1906–1918* (London, 1978) 一书今天仍然具有无法替代的参考价值。
36. Ibid., 103.
37. J. Lawrence, 'Forging a Peaceable Kingdom: War, Violence, and Fear of Brutalization in Post-First World War Britain', *Journal of Modern History* 75, No. 3 (2003), 557–589.
38. D. H. Close, 'The Collapse of Resistance to Democracy: Conservatives, Adult Suffrage, and Second Chamber Reform, 1911–1928', *The Historical Journal* 20, No. 4 (December 1977), 893–918.
39. Pugh, *Electoral Reform*, 136.
40. S. S. Holton, *Feminism and Democracy: Women's Suffrage and Reform Politics in Britain, 1900–1918* (Cambridge, 1986), 149.

41. Pugh, *Electoral Reform*, 75.
42. Darwin, *Empire Project*, 353.
43. Ibid., 348.
44. Rumbold, *Watershed*, 88.
45. S. D. Waley, *Edwin Montagu: A Memoir and an Account of his Visits to India* (London, 1964), 130–134.
46. R. Danzig, 'The Announcement of August 20th, 1917', *The Journal of Asian Studies* 28, No. 1 (November 1968), 19–37; R. J. Moore, 'Curzon and Indian Reform', *Modern Asian Studies* 27, No. 4 (October 1993), 719–740.
47. Waley, *Montagu*, 135.
48. Ibid., 137–138.
49. H. Tinker, *The Foundations of Local Self-Government in India, Pakistan and Burma* (London, 1954), 112–161.
50. 以下均引自：E. Montagu and F. Chelmsford, *The Constitution of India Under British Rule: The Montagu-Chelmsford Report* (New Delhi, 1992).
51. D. A. Low, *Lion Rampant: Essays in the Study of British Imperialism* (London, 1973).
52. T. R. Metcalf, *Ideologies of the Raj* (Cambridge, 1997), 225–226.
53. M. Gandhi, *Collected Works* (New Delhi, 1999), Vol. 17, 'Appeal for Enlistment 22 June 1918'.
54. S. Sarkar, *Modern India, 1885–1947* (Madras, 1983), 150.
55. Kumar, *Annie Besant*, 112–113.
56. 曼尼拉（Manela）认为印度曾经存在过一个威尔逊时刻，这种极具想象力的看法很大程度上是源于拉拉·拉帕特·奈（Lala Lajpat Rai）这一个案。参见：E. Manela, *The Wilsonian Moment: Self-Determination and the International Origins of Anticolonial Nationalism* (Oxford, 2007), 84–97。
57. S. Hartley, *The Irish Question as a Problem in British Foreign Policy, 1914–1918* (Basingstoke, 1987), 107.
58. Finnan, *Redmond*, 190.
59. A. S. Link (ed.) et al., *The Papers of Woodrow Wilson* [以下简称 *PWW*], 69 vols (Princeton, NJ, 1966–94), Vol. 42, 24–25 and 41–42.
60. M. Beloff, *Imperial Sunset: Britain's Liberal Empire, 1897–1921* (London, 1969), Vol. 1, 316.
61. Hartley, *The Irish Question*, 147–148.
62. Ibid., 153.
63. *PWW*, Vol. 42, 542. 威尔逊本人提出要看这些报告，参见：*PWW*, Vol. 43, 360–361。
64. Hartley, *Irish Question*, 134.
65. Ibid., 175.
66. Ibid., 178.

注释　　569

67. 上议院辩论，1917 年 5 月，170。
68. Hartley, *Irish Question*, 172 and 191.
69. J. Gallagher, 'Nationalisms and the Crisis of Empire, 1919–1922', *Modern Asian Studies* 15, No. 3 (1981), 355–358.
70. E. Monroe, *Britain's Moment in the Middle East, 1914–1971* (Baltimore, MD, 1981), 26–35.
71. B. C. Bush, *Britain, India, and the Arabs*, 1914–1921 (Berkeley, CA, 1971).
72. H. Luthy, 'India and East Africa: Imperial Partnership at the End of the First World War', *Journal of Contemporary History* 6, No. 2 (1971), 55–85.
73. 达尔文（Darwin）对这一反转进行了清晰而精彩的梳理（*Empire Project*, 311–317）。
74. D. R. Woodward, *Trial by Friendship: Anglo-American Relations, 1917–1918* (Lexington, KY, 1993), 174.
75. J. Kimche, *The Unromantics: The Great Powers and the Balfour Declaration* (London, 1968), 66.
76. J. Renton, *The Zionist Masquerade: The Birth of the Anglo-Zionist Alliance, 1914–1918* (Houndsmill, 2007); L. Stein, *The Balfour Declaration* (London, 1961).
77. M. Levene, 'The Balfour Declaration: A Case of Mistaken Identity', *The English Historical Review* 107, No. 422 (January 1992), 54–77.
78. J. Reinharz, 'The Balfour Declaration and Its Maker: A Reassessment', *The Journal of Modern History* 64, No. 3 (September 1992), 455–499; R. N. Lebow, 'Woodrow Wilson and the Balfour Declaration', *The Journal of Modern History* 40, No. 4 (December 1968), 501–523.
79. Grigg, *Lloyd George*, 308–309.
80. Ibid., 336–337.
81. D. Lloyd George, *The Great Crusade: Extracts from Speeches Delivered During the War* (New York, 1918), 176–186 (5 January 1918).
82. C. Seymour (ed.), *The Intimate Papers of Colonel House* (Boston, MA, 1926–1928), Vol. 3, 341.

第十章　民主的军工厂

1. W. L. Silber, *When Washington Shut down Wall Street: The Great Financial Crisis of 1914 and the Origins of America's Monetary Supremacy* (Princeton, NJ, 2007).
2. H. Strachan, *The First World War*, Vol. 1, *To Arms* (Oxford, 2001).
3. V. Lenin, ' "Left-Wing" Childishness', April 1918, in V. I. Lenin, *Collected Works*, Vol. 27 (Moscow, 1972), 323–334.
4. 关于拉特瑙影响的实例，参见：A. Dauphin-Meunier, 'Henri de Man et Walther Rathenau', *Revue Européenne des Sciences Sociales* 12, No. 31 (1974), 103–120。
5. G. Feldman, *Army, Industry and Labour in Germany, 1914–1918* (Oxford, 1992).
6. T. S. Broadberry and M. Harrison (eds), *The Economics of World War I* (Cambridge, 2005);

K. D. Stubbs, *Race to the Front: The Material Foundations of Coalition Strategy in the Great War, 1914–1918* (Westport, CT, 2002).
7. J. Terraine, *White Heat: The New Warfare 1914–1918* (London, 1982).
8. D. L. Lewis, *The Public Image of Henry Ford* (Detroit, MI, 1976), 70–77, 93–95.
9. R. Alvarado and S. Alvarado, *Drawing Conclusions on Henry Ford* (Detroit, MI, 2001), 82.
10. C. S. Maier, *In Search of Stability: Explorations in Historical Political Eonomy* (Cambridge, 1987), 19–69, 以及 J. Herf, *Reactionary Modernism: Technology, Culture and Politics in Weimar and the Third Reich* (Cambridge, 1984)。
11. D. R. Woodward, *Trial by Friendship: Anglo-American Relations, 1917–1918* (Lexington, KY, 1993), 130–149.
12. Y.-H. Nouailhat, *France et Etats-Unis: août 1914–avril 1917* (Paris, 1979), 250–262.
13. 官方报告中反复提到这一点。B. Crowell, *America's Munitions 1917–1918* (Washington, DC, 1919)。
14. J. H. Morrow, *The Great War in the Air: Military Aviation from 1909 to 1921* (Washington, DC, 1993), 338.
15. Woodward, *Trial by Friendship*, 118–119.
16. R. Sicotte, 'Economic Crisis and Political Response: The Political Economy of the Shipping Act of 1916', *The Journal of Economic History* 59, No. 4 (December 1999), 861–884.
17. E. E. Day, 'The American Merchant Fleet: A War Achievement, a Peace Problem', *The Quarterly Journal of Economics* 34, No. 4 (August 1920), 567–606.
18. Woodward, *Trial by Friendship*, 136.
19. Ibid., 155, 159.
20. *Papers Relating to the Foreign Relations of the United States: Lansing Papers* (Washington, DC, 1940), Vol. 2, 205.
21. D. Rossini, *Woodrow Wilson and the American Myth in Italy* (Cambridge, MA, 2008), 100–103.
22. A. Salter, *Allied Shipping Control* (Oxford, 1921).
23. F. Duchêne, *Jean Monnet: The First Statesman of Interdependence* (New York, 1994).
24. A. Kaspi, *Le Temps des Américains. Le concours américain à la France en 1917–1918* (Paris, 1976), 253–265。其中谈到了一种"胜利带来的忽视"(victoire ignorée)。
25. G. D. Feldman, 'Die Demobilmachung und die Sozialordnung der Zwischenkriegszeit in Europa', *Geschichte und Gesellschaft*, 9. Jahrg., Vol. 2 (1983), 156–177.
26. E. Roussel, *Jean Monnet 1888–1979* (Paris, 1996), 67.
27. C. P. Parrini, *Heir to Empire: United States Economic Diplomacy, 1916–1923* (Pittsburgh, PA, 1969), 31–32.
28. J. J. Safford, *Wilsonian Maritime Diplomacy* (New Brunswick, NJ, 1978), 149.
29. Salter, *Allied Shipping*, 165–174.
30. W. Churchill, *The World Crisis, 1916–1918* (London, 1927), Vol. 2, 195.

31. R. Skidelsky, *John Maynard Keynes: Hopes Betrayed, 1883–1920* (London, 1983), Vol. 1, 342; K. Burk, *Britain, America and the Sinews of War* (Boston, MA, 1985).
32. A. S. Link (ed.) et al., *The Papers of Woodrow Wilson* [以下简称 *PWW*], 69 vols (Princeton, NJ, 1966–1994), Vol. 43, 136.
33. Skidelsky, *John Maynard Keynes*, Vol. 1, 345.
34. R. Ally, *Gold and Empire: The Bank of England and South Africa's Gold Producers, 1886–1926* (Johannesburg, 1994), 31.
35. *PWW*, Vol. 43, 390–391, 424–425.
36. Ibid., 34, 44, and 223–230, 326–333.
37. Ally, *Gold and Empire*, 34–41.
38. D. Kumar (ed.), *The Cambridge Economic History of India* (Cambridge, 1983), 以 及 M. Goswami, *Producing India* (Chicago, IL, 2004), 209–241。
39. H. S. Jevons, *The Future of Exchange and the Indian Currency* (London, 1922), 190–200.
40. H. Tinker, *The Foundations of Local Self-Government in India, Pakistan and Burma* (London, 1954), 96.
41. G. Balachandran, *John Bullion's Empire: Britain's Gold Problem and India Between the Wars* (London, 1996), 54–59.
42. Jevons, *The Future*, 206; F. L. Israel, 'The Fulfillment of Bryan's Dream: Key Pittman and Silver Politics, 1918–1933', *Pacific Historical Review* 30, No. 4 (November 1961), 359–380.
43. Balachandran, *John Bullion's Empire*, 58.
44. I. Abdullah, 'Rethinking the Freetown Crowd: The Moral Economy of the 1919 Strikes and Riot in Sierra Leone', *Canadian Journal of African Studies* 28, No. 2 (1994), 197–218.
45. T. Yoshikuni, 'Strike Action and Self-Help Associations: Zimbabwean Worker Protest and Culture after World War I', *Journal of Southern African Studies* 15, No. 3 (1989), 440–468.
46. M. A. Rifaat, *The Monetary System of Egypt: An Inquiry into its History and Present Working* (London, 1935).
47. A. E. Crouchley, *The Economic Development of Modern Egypt* (London, 1938).
48. P. H. Kratoska, 'The British Empire and the Southeast Asian Rice Crisis of 1919–1921', *Modern Asian Studies* 24, No. 1 (February 1990), 115–146.
49. M. Lewis, *Rioters and Citizens: Mass Protest in Imperial Japan* (Berkeley, CA, 1990).
50. J. C. Ott, *When Wall Street Met Main Street: The Quest for an Investors' Democracy* (Cambridge, MA, 2011), 64–135.
51. J. C. Hollander, 'Certificates of Indebtedness in Our War Financing', *The Journal of Political Economy* 26, No. 9 (November 1918), 901–908; C. Snyder, 'War Loans, Inflation and the High Cost of Living', *Annals of the American Academy of Political and Social Science* 75 (January 1918), 140–146; A. Barton Hepburn, J. H. Hollander and B. M. Anderson, Jr, 'Discussion of Government's Financial Policies in Relation to Inflation', *Proceedings of the Academy of Political Science in the City of New York* 9, No. 1 (June 1920), 55–66.
52. A. H. Hansen, 'The Sequence in War Prosperity and Inflation', *Annals of the American*

Academy of Political and Social Science 89 (May 1920), 234–246.

53. C. Gilbert, *American Financing of World War I* (Westport, CT, 1970), 200–219.

54. E. B. Woods, 'Have Wages Kept Pace with the Cost of Living?', *Annals of the American Academy of Political and Social Science* 89 (May 1920), 135–147.

55. B. D. Mudgett, 'The Course of Profits during the War', and B. M. Manly, 'Have Profits Kept Pace with the Cost of Living?', *Annals of the American Academy of Political and Social Science* 89 (May 1920), 148–162.

第十一章 停战：实现威尔逊的设想

1. J. D. Morrow, *The Great War: An Imperial History* (London, 2005), 246–7.
2. D. Stevenson, *With Our Backs to the Wall: Victory and Defeat in 1918* (London, 2011).
3. W. Ribhegge, *Frieden für Europa: Die Politik der deutschen Reichstagsmehrheit, 1917–1918* (Essen, 1988), 312.
4. 1918 年 9 月几次关键性会议的材料参见：*Der Interfraktioneller Ausschuss, 1917/18* [以下简称 *IFA*], eds E. Matthias and R. Morsey (Düsseldorf, 1959), Vol. 2, 494–788。
5. *IFA*, Vol. 2, 541.
6. Michael Geyer, 'Insurrectionary Warfare: The German Debate about a *Levée en Masse* in October 1918', *The Journal of Modern History* 73, No. 3 (September 2001), 459–527.
7. K. Helfferich, *Der Weltkrieg* (Berlin, 1919), Vol. 3, 536–537.
8. *IFA*, Vol. 2, 485.
9. M. Erzberger, *Der Völkerbund. Der Weg zum Weltfrieden* (Berlin, 1918).
10. *IFA*, Vol. 2, 615–616.
11. Ibid., 626–627.
12. F. K. Scheer, *Die Deutsche Friedensgesellschaft (1892–1933): Organisation, Ideologie und Politische Ziele. Ein Beitrag zur Geschichte des Pazifismus in Deutschland* (Frankfurt, 1981), 331–332.
13. *IFA*, Vol. 2, 530.
14. Ibid., 779–782.
15. A. S. Link (ed.) et al., *The Papers of Woodrow Wilson* [以下简称 *PWW*], 69 vols (Princeton, NJ, 1966–1994), Vol. 42, 433. 豪斯对此进行了补充，参见：C. Seymour (ed.), *The Intimate Papers of Colonel House* (Boston, MA, 1928), Vol. 3, 130–138。
16. *PWW*, Vol. 58, 172.
17. D. R. Woodward, *Trial by Friendship: Anglo-American Relations, 1917–1918* (Lexington, KY, 1993), 210.
18. Ibid., 218–219.
19. *PWW*, Vol. 53, 338.
20. *PWW*, Vol. 51, 415.

21. C. M. Andrew and A. S. Kanya, 'France, Africa, and the First World War', *The Journal of African History* 19, No. 1 (1978), 11–23.
22. 美国在最高作战委员会的代表塔斯克·布利斯（Tasker Bliss）与他们的看法相同。参见：*Papers Relating to the Foreign Relations of the United States: Lansing Papers* (Washington, DC, 1940), Vol. 2, 288。
23. PWW, Vol. 43, 172–174.
24. 最具有影响力的是：J. M. Keynes, *The Economic Consequences of the Peace* (London, 1919), 60。
25. 尼科尔森（Nicolson）注意到了这一意图所包含的基本的二元性，它既支持和平，也破坏和平，但他没能把《停战协议》的背景考虑进去，而恰恰是这一背景导致了这种二元性。参见：H. Nicolson, *Peacemaking, 1919* (New York, 1965), 82–90。
26. P. Krüger, 'Die Reparationen und das Scheitern einer deutschen Verständigungs-politik auf der Pariser Friedenskonferenz im Jahre 1919', *Historische Zeitschrift* 221, No. 2 (October 1975), 326–372.
27. T. J. Knock, *To End All Wars: Woodrow Wilson and the Quest for a New Order* (Princeton, NJ, 1992), 170–172.
28. Ibid., 176.
29. 参见：E. Morison (ed.), *The Letters of Theodore Roosevelt* (Cambridge, MA, 1951), Vol. 1, 378–381. 关于罗斯福提到劳合·乔治没有与威尔逊决裂，参见：ibid., Vol. 1, 289。
30. Knock, *To End All Wars*, 176. 关于卡伯特·洛奇与罗斯福之间的通信往来，参见：C. Redmond (ed.), *Selections from the Correspondence of Theodore Roosevelt and Henry Cabot Lodge 1884–1918* (New York, 1925), Vol. 2, 542–543。
31. Knock, *To End All Wars*, 180.
32. Ibid., 178.
33. J. M. Cooper, *Breaking the Heart of the World: Woodrow Wilson and the Fight for the League of Nations* (Cambridge, 2001), 39.
34. Redmond, *The Letters of Theodore Roosevelt*, Vol. 1, 394–395.

第十二章 压力下的民主

1. A. S. Link (ed.) et al., *The Papers of Woodrow Wilson* [以下简称 PWW], 69 vols (Princeton, NJ, 1966–1994), Vol. 53, 366.
2. R. Olson, *The Emergence of Kurdish Nationalism and the Sheikh Said Rebellion, 1880–1925* (Austin, TX, 1989), 28–29.
3. R. M. Coury, *The Making of an Egyptian Arab Nationalist: The Early Years of Azzam Pasha, 1893–1936* (Reading, 1998), 159.
4. E. Manela, *The Wilsonian Moment: Self-Determination and the International Origins of Anticolonial Nationalism* (Oxford, 2007).
5. M. Geyer, 'Zwischen Krieg und Nachkrieg', in A. Gallus (ed.), *Die vergessene Revolution*

(Göttingen, 2010), 187–222.
6. A. Mayer, *Politics and Diplomacy of Peacemaking: Containment and Counterrevolution at Versailles, 1918–1919* (London, 1968).
7. V. I. Lenin, 'Report at a Joint Session of the All-Russia Central Executive Committee: The Moscow Soviet, Factory Committees and Trade Unions, October 22 1918', in V. I. Lenin, *Collected Works* (Moscow, 1974), Vol. 28, 113–126.
8. E. Mawdsley, *The Russian Civil War* (London, 2007).
9. M. Gilbert, *Winston S. Churchill*, Vol. 4, *The Stricken World, 1917–1922* (London, 1975), 234.
10. J. M. Thompson, *Russia, Bolshevism, and the Versailles Peace* (Princeton, NJ, 1966).
11. 以下均引自 Document 129, C. K. Cumming and W. W. Pettit (eds), *Russian-American Relations, March 1917–March 1920* (New York, 1920), 284–289。
12. Gilbert, *Churchill*, Vol. 4, 230.
13. M. J. Carley, 'Episodes from the Early Cold War: Franco-Soviet Relations, 1917–1927', *Europe-Asia Studies* 52, No. 7 (November 2000), 1,276.
14. Document 127, 'Russian-American Relations', 281.
15. 苏图十分敏锐地观察到，西方对德国领导集体的重新定位并不是始于1923年，而是从1918年秋天就开始了。参见：G.-H. Soutou, *L'Or et le Sang: Les Buts de guerre économique de la Première Guerre Mondiale* (Paris, 1989), 745。
16. R. Luxemburg, 'What Does the Spartacus League Want?', *Die Rote Fahne*, 14 December 1918, 以及 *The Russian Revolution* (written 1918, published Berlin, 1922)。
17. K. Kautsky, *Terrorismus und Kommunismus* (Berlin, 1919).
18. H. A. Winkler, *Arbeiter und Arbeiterbewegung in der Weimarer Republik* (Berlin, 1984), Vol. 1.
19. R. Luxemburg, 'The National Assembly', *Die Rote Fahne*, 20 November 1918.
20. G. D. Feldman, *The Great Disorder: Politics, Economics, and Society in the German Inflation, 1914–1924* (Oxford, 1997).
21. C. Mathews, 'The Economic Origins of the Noskepolitik', *Central European History* 27, No. 1 (1994), 65–86.
22. G. Noske, *Von Kiel bis Kapp. Zur Geschichte der deutschen Revolution* (Berlin, 1920), 68.
23. W. Wette, *Gustav Noske* (Düsseldorf, 1987), 289–321.
24. Mayer, *Politics and Diplomacy*, 373–409; A. S. Lindemann, *The 'Red Years': European Socialism Versus Bolshevism, 1919–1921* (Berkeley, CA, 1974); G. A. Ritter (ed.), *Die II Internationale 1918/1919. Protokolle, Memoranden, Berichte und Korrespondenzen* (Berlin, 1980), vols 1 and 2.
25. *PWW*, Vol. 53, 574.
26. D. Marquand, *Ramsay MacDonald* (London, 1997), 248–249; C. F. Brand, 'The Attitude of British Labor Toward President Wilson during the Peace Conference', *The American Historical Review* 42, No. 2 (January 1937), 244–255.

注释

27. Ritter, *Die II Internationale*, Vol. 1, 208–285.
28. Ibid., Vol. 1, 230–243.
29. 胡佛对于独立社会民主党有着不一样的热情。参见：*Two Peacemakers in Paris: The Hoover-Wilson Post-Armistice Letters, 1918–1920* (College Station, TX, 1978), 128–129 and 135–141。
30. Ritter, *Die II Internationale*, 288–377.
31. 关于反对有必要建立社会民主党—独立社会民主党联合体的看法，S. 米勒（S. Miller）有清楚的介绍。参见：*Burgfrieden und Klassenkampf: Die deutsche Sozialdemokratie im Ersten Weltkrieg* (Düsseldorf, 1974), 320。
32. D. Tanner, *Political Change and the Labour Party, 1900–1918* (Cambridge, 1990), 393–397; R. McKibbin, *Parties and People, England 1914–1951* (Oxford, 2010), 30.
33. J. Turner, *British Politics and the Great War: Coalition and Conflict, 1915–1918* (New Haven, CT, 1992), 319.
34. Marquand, *MacDonald*, 236.
35. M. Pugh, *Electoral Reform in War and Peace, 1906–1918* (London, 1978), 176–177.
36. M. Cowling, *The Impact of Labour, 1920–1924* (Cambridge, 1971).
37. Tanner, *Political Change*, 403–404.
38. L. Haimson and G. Sapelli, *Strikes, Social Conflict, and the First World War* (Milan, 1992); C. Wrigley, *Challenges of Labour: Central and Western Europe 1917–1920* (London, 1993); B. J. Silver, *Forces of Labor: Workers' Movements and Globalization since 1870* (Cambridge, 2003).
39. C. Wrigley, *Lloyd George and the Challenge of Labour: The Post-War Coalition, 1918–1922* (Hemel Hempstead, 1990).
40. B. Millman, *Managing Domestic Dissent in First World War Britain* (London, 2000), 263.
41. Wrigley, *Lloyd George and the Challenge of Labour*, 223.
42. Turner, *British Politics*, 314.
43. Wrigley, *Lloyd George and the Challenge of Labour*, 82.
44. Ibid., 204.
45. E. Morgan, *Studies in British Financial Policy, 1914–1925* (London, 1952).
46. L. Ross, 'Debts, Revenues and Expenditures and Note Circulation of the Principal Belligerents', *The Quarterly Journal of Economics* 34, No. 1 (November 1919), 168.
47. R. E. Bunselmeyer, *The Cost of the War, 1914–1919: British Economic War Aims and the Origins of Reparations* (Hamden, CT, 1975), 106–148.
48. E. Johnson and D. Moggridge (eds), *The Collected Writings of John Maynard Keynes* (Cambridge, 2012), Vol. 16, 418–419.
49. B. Kent, *The Spoils of War* (Oxford, 1991), 以及 D. Newton, *British Policy and the Weimar Republic 1918–1919* (Oxford, 1997)。
50. M. Daunton, *Just Taxes: The Politics of Taxation in Britain, 1914–1979* (Cambridge, 2002),

69–72.
51. D. P. Silverman, *Reconstructing Europe after the Great War* (Cambridge, MA, 1982), 71.
52. Soutou, *L'Or et Le Sang*, 806–828.
53. L. Blum, *L'Oeuvre de Léon Blum*, 3 vols (Paris, 1972), Vol. 1, 278.
54. E. Clémentel, *La France et la politique économique interalliée* (Paris, 1931), 343.

第十三章 东拼西凑的世界秩序

1. A. S. Link (ed.) et al., *The Papers of Woodrow Wilson* [以下简称 *PWW*], 69 vols (Princeton, NJ, 1966–1994), Vol. 53, 550.
2. T. J. Knock, *To End All Wars: Woodrow Wilson and the Quest for a New Order* (Princeton, NJ, 1992), 224.
3. 最具有影响力的是 R. S. Baker, *Woodrow Wilson and the World Settlement* (New York, 1922), 它影响了下面这本书：A. Mayer, *Wilson vs. Lenin: Political Origins of the New Diplomacy, 1917–1918* (New York, 1964)。
4. C. Schmitt, *Positionen und Begriffe im Kampf mit Weimar-Genf-Versailles, 1923–1939* (Hamburg, 1940); T. Veblen, 'Peace', in *Essays in Our Changing Order* (New York, 1934), 415–422, 它们批评《国际联盟盟约》是伍德罗·威尔逊式维多利亚中期自由主义没有生命力的表达。
5. *PWW*, Vol. 55, 175–177.
6. *PWW*, Vol. 53, 336–337.
7. *Journal officiel de la République française* (Paris, 1918), 29 December 1918, Vol. 50, 3,732ff.
8. *PWW*, Vol. 53, 571.
9. W. R. Keylor, 'France's Futile Quest for American Military Protection, 1919–1922', in M. Petricioli and M. Guderzo (eds), *Une Occasion manquée? 1922: La reconstruction de L'Europe* (Frankfurt, 1995), 62，是为数不多认识到这一点的作品。
10. G. Clemenceau, *Grandeur and Misery of Victory* (New York, 1930), 202。G. 达拉斯（G. Dallas）注意到这里对布莱兹·帕斯卡（Blaise Pascal）有所借鉴，参见：*At the Heart of a Tiger: Clemenceau and His World 1841–1929* (London, 1993), 481。也可参看他在 1910 年关于民主和战争的演讲：G. Clemenceau, *Sur la Démocratie: neuf conférences* (Paris, 1930), 117–134。
11. D. Demko, *Léon Bourgeois: Philosophe de la solidarité* (Paris, 2001); C. Bouchard, *Le Citoyen et l'ordre mondial 1914–1919* (Paris, 2008); S. Audier, *Léon Bourgeois: Fonder la solidarité* (Paris, 2007).
12. P. J. Yearwood, *Guarantee of Peace: The League of Nations in British Policy* (Oxford, 2009), 139.
13. F. Meinecke, *Machiavellism: The Doctrine of Raison d'Etat and its Place in Modern History* (New Haven, CT, 1962), 423–424, 以及 Schmitt, *Positionen*。
14. F. R. Dickinson, *War and National Reinvention: Japan in the Great War 1914–1919*

注释

(Cambridge MA, 1999), 212–218.
15. L. Connors, *The Emperor's Adviser: Saionji Kinmochi and Pre-War Japanese Politics* (Oxford, 1987), 60–66.
16. S. Naoko, *Japan, Race and Equality: The Racial Equality Proposal of 1919* (London, 2003), 61.
17. *PWW*, Vol. 53, 622; M. Macmillan, *Peacemakers: The Paris Conference of 1919 and its Attempt to End War* (London, 2001), 154–155.
18. D. H. Miller, *The Drafting of the Covenant* [以下简称 *DC*] (New York, 1928), Vol. 2, 64–105.
19. *DC*, Vol. 1, 138.
20. Ibid., 146–147. 这个说法是艾尔·克劳（Eyre Crowe）提出来的，参见：H. Nicolson, *Peacemaking, 1919* (London, 1933), 226。
21. *DC*, Vol. 1, 162.
22. Ibid., 152.
23. Ibid., 160.
24. Ibid., 160–162.
25. Knock, *To End All Wars*, 218.
26. *DC*, Vol. 1, 160.
27. Ibid., 166.
28. Ibid., 165.
29. Ibid.
30. Ibid., 167.
31. *DC*, Vol. 2, 303.
32. *DC*, Vol. 1, 216–217.
33. *DC*, Vol. 2, 294.
34. Ibid., 293.
35. Ibid., 264.
36. Ibid., 297.
37. *DC*, Vol. 1, 262.
38. *PWW*, Vol. 57, 126–127.
39. S. Bonsal, *Unfinished Business* (New York, 1944), 202–217.
40. A. Anghie, *Imperialism, Sovereignty and the Making of International Law* (Cambridge, 2004); M. Mazower, *No Enchanted Palace: The End of Empire and the Ideological Origins of the United Nations* (Princeton, NJ, 2009).
41. Yearwood, *Guarantee*, and G. W. Egerton, *Great Britain and the Creation of the League of Nations* (Chapel Hill, NC, 1978).
42. *PWW*, Vol. 53, 427.

43. Ibid., 320–321.
44. J. W. Jones, 'The Naval Battle of Paris', *Naval War College Review* 62 (2009), 77–89.
45. 美国政府自己的咨询人员也承认了他们立场的混乱。参见：*PWW*, Vol. 57, 180。
46. Ibid., 91–92.
47. Egerton, *Great Britain and the League*, 158.
48. R. Dingman, *Power in the Pacific: The Origins of Naval Arms Limitation, 1914–1922* (Chicago, IL, 1976), 86–87; *PWW*, Vol. 57, 142–144, 216–217.

第十四章 "和约的真相"

1. J. Bainville, *Les Conséquences politiques de la paix* (Paris, 1920), 25.
2. 这种说法一直延续到了 M. Macmillan, *Peacemakers: The Paris Conference of 1919 and its Attempt to End War* (London, 2001)。
3. M. Trachtenberg, *Reparation in World Politics: France and European Economic Diplomacy, 1916–1923* (New York, 1980), 48–52.
4. 关于这种循环，最为生动和自觉的记载或许是：H. Nicolson, *Peacemaking, 1919* (London, 1933); A. Lentin, *Lloyd George, Woodrow Wilson and the Guilt of Germany* (Leicester, 1984), and A. Lentin, *Lloyd George and the Lost Peace: From Versailles to Hitler, 1919–1940* (Basingstoke, 2001)。
5. Bainville, *Conséquences*, 25–29.
6. G. Clemenceau, *Grandeur and Misery of Victory* (New York, 1930), 144–207.
7. A. Thiers, *Discours parlementaire: 3eme partie 1865–1866* (Paris, 1881), 645–646.
8. Clemenceau, *Grandeur*, 185.
9. C. Clark, *Iron Kingdom: The Rise and Downfall of Prussia, 1600–1947* (London, 2006); P. Schroeder, *The Transformation of European Politics, 1763–1848* (Oxford, 1994), 以及 P. Schroeder, *Austria, Great Britain, and the Crimean War: The Destruction of the European Concert* (Ithaca, NY, 1972).
10. A. S. Link (ed.) et al., *The Papers of Woodrow Wilson* [以下简称 *PWW*], 69 vols (Princeton, NJ, 1966–1994), Vol. 54, 466.
11. M. Beloff, *Imperial Sunset*, Vol. 1, *Britain's Liberal Empire, 1897–1921* (London, 1969, and Basingstoke, 1989), 289–290.
12. W. McDougall, *France's Rhineland Diplomacy, 1914–1924: The Last Bid for a Balance of Power in Europe* (Princeton, NJ, 1978).
13. 关于德国的观点，参看：B. Wendt, 'Lloyd George's Fontainebleau Memorandum', in U. Lehmkuhl, C. Wurm and H. Zimmermann (eds), *Deutschland, Grossbritannien, Amerika* (Wiesbaden, 2003), 27–45。关于反法的氛围，参看：J. Cairns, 'A Nation of Shopkeepers in Search of a Suitable France: 1919–1940', *The American Historical Review* 79 (June 1974), 714。
14. *PWW*, Vol. 57, 50–61.

15. A. Tardieu, *The Truth About the Treaty* (London, 1921).
16. N. Angell, *The Great Illusion* (New York, 1910).
17. J. Horne and A. Kramer, 'German "Atrocities" and Franco-German Opinion, 1914: The Evidence of German Soldiers' Diaries', *The Journal of Modern History 66* (1994), 1–33; I. Hull, *Absolute Destruction: Military Culture and the Practices of War in Imperial Germany* (Ithaca, NY, 2005).
18. I. Renz, G. Krumeich and G. Hirschfeld, *Scorched Earth: The Germans on the Somme 1914–1918* (Barnsley, 2009).
19. J. M. Keynes, *The Economic Consequences of the Peace* (London, 1919), 126–128.
20. F. W. O'Brien, *Two Peacemakers in Paris: The Hoover-Wilson Post-Armistice Letters, 1918–1920* (College Station, TX, 1978), 65.
21. *PWW*, Vol. 57, 120–130, 316.
22. D. Stevenson, 'France at the Paris Peace Conference', in R. Boyce (ed.), *French Foreign and Defence Policy, 1918–1940* (London, 1998), 10–29.
23. G. Dallas, *At the Heart of a Tiger: Clemenceau and His World, 1841–1929* (London, 1993), 566.
24. 例如，可以参看普恩加莱对这些妥协所做出的批评：*PWW*, Vol. 58, 211–214。
25. *PWW*, Vol. 57, 279.
26. W. Wilson, *The Public Papers of Woodrow Wilson* (New York, 1927), 523.
27. Nicolson, *Peacemaking*, 32.
28. P. Mantoux, *The Deliberations of the Council of Four*, trans. and ed. A. S. Link (Princeton, NJ, 1992), Vol. 1, 144–145.
29. S. Wambaugh, *Plebiscites Since the World War* (Washington, DC, 1933), Vol. 1, 33–62, 206–270.
30. P. Wandycz, *France and her Eastern Allies, 1919–1925* (Minneapolis, MN, 1962).
31. Mantoux, *Deliberations*, Vol. 2, 452–455.
32. E. Mantoux, *The Carthaginian Peace – Or the Economic Consequences of Mr. Keynes* (London, 1946).
33. J. Hagen, 'Mapping the Polish Corridor: Ethnicity, Economics and Geopolitics', *Imago Mundi: The International Journal for the History of Cartography 62* (2009), 63–82.
34. R. Blanke, *Orphans of Versailles: The Germans in Western Poland, 1918–1939* (Lexington, KY, 1993).
35. A. Demshuk, *The Lost German East: Forced Migration and the Politics of Memory, 1945–1970* (Cambridge, 2012).
36. *Papers Relating to the Foreign Relations of the United States: Lansing Papers* [以下简称 *FRUS: Lansing Papers*] (Washington, DC, 1940), Vol. 2, 26.
37. Clemenceau, *Grandeur*, 162–163.
38. *FRUS: Lansing Papers*, Vol. 2, 27.

39. *PWW*, Vol. 57, 151.
40. R. Boyce, *The Great Interwar Crisis and the Collapse of Globalization* (Basingstoke, 2009), 52–55.
41. A. Orzoff, *Battle for the Castle: The Myth of Czechoslovakia in Europe, 1914–1948* (Oxford, 2009).
42. D. Miller, *Forging Political Compromise: Antonin Svehla and the Czechoslovak Republican Party, 1918–1933* (Pittsburgh, NJ, 1999); W. Blackwood, 'Socialism, Czechoslovakism, and the Munich Complex, 1918–1948', *The International History Review* 21 (1999), 875–899.
43. A. Polonsky, *Politics in Independent Poland, 1921–1939: The Crisis of Constitutional Government* (Oxford, 1972).
44. T. Snyder, *The Reconstruction of Nations: Poland, Ukraine, Lithuania, Belarus, 1569–1999* (New Haven, CT, 2003).
45. D. Durand, 'Currency Inflation in Eastern Europe with Special Reference to Poland', *The American Economic Review* 13 (1923), 593–608.
46. N. Davies, 'Lloyd George and Poland, 1919–20', *Journal of Contemporary History* 6 (1971), 132–154.
47. D. L. George, *Memoir of the Peace Conference* (New Haven, CT, 1939), Vol. 1, 266–273.
48. Boyce, *Great Interwar Crisis*, 51.
49. M. Mazower, 'Minorities and the League of Nations in Interwar Europe', *Daedalus* 126 (1997), 47–63.
50. Wambaugh, *Plebiscites*, Vol. 1, 249.
51. G. Manceron (ed.), *1885: Le tournant colonial de la République: Jules Ferry contre Georges Clemenceau, et autres affrontements parlementaires sur la conquête coloniale* (Paris, 2006).
52. 例如：F. Meinecke, *Machiavellism: The Doctrine of Raison d' Etat and its Place in Modern History* (New Haven, CT, 1962), 432。
53. C. Schmitt, *Positionen und Begriffe im Kampf mit Weimar-Genf-Versailles, 1923–1939* (Hamburg, 1940).

第十五章 赔偿

1. H. Winkler, *Arbeiter und Arbeiterbewegung in der Weimarer Republik, 1918–1924* (Berlin, 1987), 185.
2. C. Schmitt, *Positionen und Begriffe im Kampf mit Weimar-Genf-Versailles, 1923–1939* (Hamburg, 1940).
3. G. D. Feldman, *The Great Disorder: Politics, Economics, and Society in the German Inflation, 1914–1924* (Oxford, 1993), 434.
4. M. Horn, *Britain, France, and the Financing of the First World War* (Montreal, 2002).
5. D. Artaud, *La Question des dettes interalliées et la reconstruction de l'Europe, 1917–1929* (Lille,

1978).
6. G.-H. Soutou, *L'Or et le Sang: Les Buts de guerre économique de la Première Guerre Mondiale* (Paris, 1989), 777–805.
7. G. Rousseau, *Étienne Clémentel* (Clermont-Ferrand, 1998), 18; P. Rabinow, *French Modern: Norms and Forms of the Social Environment* (Chicago, IL, 1995), 325. 后者提出，合适的名称应该是"现代主义中间派"。
8. E. Clémentel, *La France et la politique économique interalliée* (Paris, 1931).
9. M. Trachtenberg, *Reparation in World Politics: France and European Economic Diplomacy, 1916–1923* (New York, 1980), 5.
10. W. McDougall, 'Political Economy versus National Sovereignty: French Structures for German Economic Integration after Versailles', *The Journal of Modern History* 51 (1979), 4–23.
11. E. Roussel, *Jean Monnet* (Paris, 1996), 33–44.
12. F. Duchêne, *Jean Monnet* (New York, 1994), 40; J. Monnet, *Memoirs* (London, 1978), 75.
13. R. S. Baker, *Woodrow Wilson and the World Settlement* (New York, 1922), Vol. 3, 322.
14. W. R. Keylor, 'Versailles and International Diplomacy', in M. Boemeke, R. Chickering and E. Glaser (eds), *The Treaty of Versailles: A Reassessment After 75 Years* (Washington, DC, 1998), 498.
15. F. W. O'Brien, *Two Peacemakers in Paris: The Hoover-Wilson Post-Armistice Letters, 1918–1920* (College Station, TX, 1978), 4.
16. Ibid., 156–161.
17. Trachtenberg, *Reparations*, 34.
18. S. Lauzanne, 'Can France Carry Her Fiscal Burden?', *The North American Review* 214 (1921), 603–609.
19. A. Lentin, *The Last Political Law Lord: Lord Sumner* (Cambridge, 2008), 81–104; R. E. Bunselmeyer, *The Cost of the War, 1914–1919: British Economic War Aims and the Origins of Reparation* (Hamden, CT, 1975).
20. P. M. Burnett, *Reparation at the Paris Peace Conference* (New York, 1940), Vol. 1, Document 211, 777.
21. Ibid., Document 210, 776.
22. Ibid., Document 246, 857–858.
23. Ibid., Document 234, 824, and Document 262, 898–903.
24. *Two Peacemakers*, 118–119.
25. J. M. Keynes, *Revision of the Treaty* (London, 1922), 3–4.
26. E. Mantoux, *The Carthaginian Peace; or, The Economic Consequences of Mr. Keynes* (New York, 1952) 进行了精彩的总结。
27. V. Serge, *Memoirs of a Revolutionary* (Oxford, 1963), 102, 以及 L. Trotsky, *The First Five Years of the Communist International* (Moscow, 1924), Vol. 1, 351.

28. N. Ferguson, *Paper & Iron: Hamburg Business and German Politics in the Era of Inflation, 1897–1927* (Cambridge, 1995).
29. E. Johnson and D. Moggridge (eds), *The Collected Writings of John Maynard Keynes* (Cambridge, 2012), Vol. 16, 156–184.
30. R. Skidelsky, *John Maynard Keynes: Hopes Betrayed, 1883–1920* (London, 1983), Vol. 1, 317.
31. J. M. Keynes, *The Economic Consequences of the Peace* (London, 1919), 5, 253.
32. Ibid., 146–150.
33. Ibid., 269.
34. Artaud, *La Question des dettes interalliées*, Vol. 1, 116.
35. D. P. Silverman, *Reconstructing Europe after the Great War* (Cambridge, MA, 1982), 32.
36. A. Tardieu, *The Truth About the Treaty* (Indianapolis, IN, 1921), 344.
37. Silverman, *Reconstructing Europe*, 39.
38. Keynes, *Collected Writings*, Vol. 16, 422.
39. Ibid., 426–427.
40. Keynes, *Economic Consequences*, 283–288.
41. Keynes, *Collected Writings*, Vol. 16, 428–436.
42. Ibid., 434.
43. Silverman, *Reconstructing Europe*, 36.
44. A. Orde, *British Policy and European Reconstruction after the First World War* (Cambridge, 1990), 57.
45. Hoover to Wilson, 11 April 1919, *Two Peacemakers*, 112–115.
46. Baker, *Woodrow Wilson*, Vol. 3, 344–346.
47. Ibid., 373–375.
48. L. Gardner, *Safe for Democracy: The Anglo-American Response to Revolution, 1913–1923* (Oxford, 1987), 247; F. Costigliola, *Awkward Dominion: American Political, Economic, and Cultural Relations with Europe, 1919–1933* (Ithaca, NY, 1987), 35.
49. *Two Peacemakers*, 196–203.
50. B. D. Rhodes, 'Reassessing "Uncle Shylock" : The United States and the French War Debt, 1917–1929', *The Journal of American History* 55 (March 1969), 791.
51. Silverman, *Reconstructing Europe*, 171, 205–211.

第十六章 欧洲的屈服

1. A. Hitler, *Mein Kampf* (Munich, 1925–1927).
2. H. J. Burgwyn, *The Legend of the Mutilated Victory: Italy, the Great War, and the Paris Peace Conference, 1915–1919* (Westport, CT, 1993), 300.
3. S. Falasca-Zamponi, *Fascist Spectacle* (Berkeley, CA, 1997), 32, 163–164.

注释   583

4. 墨索里尼的相关内容参见：A. Mayer, *Politics and Diplomacy: Containment and Counter-Revolution at Versailles, 1918–1919* (New York, 1967), 206–207, 以及 P. O'Brien, *Mussolini in the First World War: The Journalist, the Soldier, the Fascist* (Oxford, 2005), 151。希特勒的相关内容参见：*Mein Kampf*, 712–713。

5. Mayer, *Politics and Diplomacy*, 219–220.

6. *Papers Relating to the Foreign Relations of the United States: Lansing Papers* (Washington, DC, 1940), Vol. 2, 89–90.

7. H. Nicolson, *Peacemaking, 1919* (London, 1933), 161.

8. A. S. Link (ed.) et al., *The Papers of Woodrow Wilson* [以下简称 *PWW*], 69 vols (Princeton, NJ, 1966–1994), Vol. 57, 614.

9. Burgwyn, *The Legend*, 256–258.

10. *PWW*, Vol. 57, 432–433.

11. *PWW*, Vol. 58, 19.

12. *PWW*, Vol. 57, 527.

13. *PWW*, Vol. 58, 7.

14. D. Rossini, *Woodrow Wilson and the American Myth in Italy* (Cambridge, MA, 2008), 117–123.

15. Ibid., 131.

16. *PWW*, Vol. 58, 142.

17. Ibid., 47.

18. *PWW*, Vol. 57, 70.

19. *PWW*, Vol. 58, 4.

20. Ibid., 59.

21. Ibid., 91–93.

22. Burgwyn, *Legend*, 281.

23. Nicolson, *Peacemaking*, 319.

24. *PWW*, Vol. 58, 143.

25. D. J. Forsyth, *The Crisis of Liberal Italy* (Cambridge, 1993), 205.

26. L. Hautecoeur, *L'Italie sous le Ministère Orlando, 1917–1919* (Paris, 1919), 209–210.

27. M. Knox, *To the Threshold of Power, 1922/33: Origins and Dynamics of the Fascist and National Socialist Dictatorships* (Cambridge, 2007), Vol. 1, 307–310.

28. G. Salvemini, *The Origins of Fascism in Italy* (New York, 1973), 230.

29. Akten der Reichskanzlei Das Kabinett Scheidemann (AdR DKS), Nr 66, 303.

30. Ibid., 303–306.

31. Ibid., 8 May 1919, 306, and AdR DKS Nr 70, 12 May 1919, 314–316.

32. P. Scheidemann, *The Making of a New Germany* (New York, 1928), 24–25.

33. AdR DKS Nr 15, 63, and Nr 20, 85–91. 还可参见：K. Kautsky, *Wie der Weltkrieg Entstand*

(Berlin, 1919)。
34. AdR DKS Nr 79, 19 May 1919, 350–351.
35. AdR DKS Nr 67, 9 May 1919, 308.
36. AdR DKS Nr 80, 20 May 1919, 354.
37. Ibid., 20 May 1919, 358–359, Nr 86, 26 May 1919, 375, Nr 87, 26 May 1919, 379–380.
38. AdR DKS Nr 84, 23 May 1919, 368–369.
39. P. Krüger, 'Die Reparationen und das Scheitern einer deutschen Verständigungspolitik auf der Pariser Friedenskonferenz im Jahre 1919', *Historische Zeitschrift* 221 (1975), 336–338.
40. L. Haupts, *Deutsche Friedenspolitik, 1918–1919: eine Alternative zur Machtpolitik des Ersten Weltkrieges* (Düsseldorf, 1976), 329–372.
41. 与凯恩斯自己提出的赔款数额相比较，他估计的德国讨价还价的真实价值同样是75亿美元，但不包括利息。J. M. Keynes, *The Economic Consequences of the Peace* (London, 1919), 223, 262.
42. 在 *The Deliberations of the Council of Four (March 24–June 28, 1919): Notes of the Official Interpreter, Paul Mantoux* (trans. and ed. by Arthur S. Link and Manfred F. Boemeke (Princeton, NJ, 1991), Vol. 2, 462–466) 中，福煦说的是 39 个师团，但考虑到美国师团的双倍兵力，这相当于 44 个常规师团。
43. H. Mühleisen, 'Annehmen oder Ablehnen? Das Kabinett Scheidemann, die Oberste Heeresleitung und der Vertrag von Versailles im Juni 1919. Fünf Dokumente aus dem Nachlaß des Hauptmanns Günther von Posek', *Vierteljahrshefte für Zeitgeschichte* 35 (1987), 419–481.
44. AdR DKS Nr 107, 11 June 1919, 445.
45. AdR DKS Nr 114, 20 June 1919.
46. AdR DKS Nr 111, 14 June 1919.
47. AdR DKS Nr 113, 469–475.
48. AdR DKS Nr 99, 3 June 1919.
49. AdR DKS Nr 113, 17 June 1919, 475.
50. AdR DKS Nr 105, 10 June 1919, 105.
51. AdR DKS Nr 114, 20 June 1919, 485–486.
52. AdR DKS Nr 118, 18 June 1919, 506.
53. AdR DKS Nr 100, 4 June 1919, 419–420.
54. 以下所记叙的事件经过参见 A. Luckau, 'Unconditional Acceptance of the Treaty of Versailles by the German Government, June 22–28, 1919', *The Journal of Modern History* 17 (1945), 215–220。
55. G. Noske, *Von Kiel bis Kapp: zur Geschichte der deutschen Revolution* (Berlin, 1920), 147–156, and W. Wette, *Gustav Noske: eine politische Biographie* (Düsseldorf, 1987), 461–493.
56. AdR DKS Nr 118, 501–502.
57. AdR DKS Nr 114, 20 June 1919, 491.

58. AdR DKS Nr 3, 23 June 1919, 10.
59. *Two Peacemakers in Paris: The Hoover-Wilson Post-Armistice Letters, 1918–1920*, ed. with commentaries by Francis William O'Brien (College Station, TX, 1978), 168–73; Nicolson, Peacemaking, 362–364.
60. Wette, *Noske*, 506–517.
61. 政变经过参见 AdR KBauer Nr. 183, 653–656, Nr 186–192, 667–683, Nr 218, 771–791。
62. AdR KBauer Nr 204, 710–725.
63. AdR KBauer, Nr 215, 760–762. G. Eliasberg, *Der Ruhrkrieg von 1920* (Bonn, 1974) 对此进行了极为关键的解释。
64. H. A. Turner, *Stresemann and the Politics of the Weimar Republic* (Princeton, NJ, 1963), 43–91.
65. M. Berg, *Gustav Stresemann und die Vereinigten Staaten von Amerika: Weltwirtschaftliche Verflechtung und Revisionspolitik, 1907–1929* (Baden-Baden, 1990), 102.

第十七章 亚洲的屈服

1. E. Manela, *The Wilsonian Moment: Self-Determination and the International Origins of Anticolonial Nationalism* (Oxford, 2007), 99–117, 177–196 对此从美国和中国两方面的视角进行了介绍。
2. L. Connors, *The Emperor's Adviser: Saionji Kinmochi and Pre-War Japanese Politics* (Oxford, 1987), 60–71.
3. Y. S. Sun, *The International Development of China* (New York, 1922).
4. Y. Zhang, *China in the International System, 1918–1920* (Basingstoke, 1991), 105.
5. N. S. Bose, *American Attitudes and Policy to the Nationalist Movement in China, 1911–1921* (Bombay, 1970), 157–159.
6. L. Gardner, *Safe for Democracy: The Anglo-American Response to Revolution, 1913–1923* (Oxford, 1987), 230.
7. Zhang, *China*, 55.
8. S. G. Craft, *V. K.: Wellington Koo and the Emergence of Modern China* (Lexington, KY, 2004), 49–50.
9. S. Naoko, *Japan, Race and Equality: The Racial Equality Proposal of 1919* (London, 2003), 49–50.
10. N. Kawamura, *Turbulence in the Pacific: Japanese-U. S. Relations during World War I* (Westport, CT, 2000), 140.
11. Y. Ozaki, *The Autobiography of Ozaki Yukio* (Princeton, NJ, 2001), 330–336.
12. 关于这一时期对大众政治的不同理解，参见：A. Gordon, *Labor and Imperial Democracy in Prewar Japan* (Berkeley, CA, 1991)。
13. Naoko, *Japan*, 19.

14. M. Lake and H. Reynolds, *Drawing the Global Color Line: White Men's Countries and the International Challenge of Racial Equality* (Cambridge, 2008).
15. A. S. Link (ed.) et al., *The Papers of Woodrow Wilson* [以下简称 *PWW*], 69 vols (Princeton, NJ, 1966–1994), Vol. 57, 239–240.
16. Ibid., 247, 264.
17. Naoko, *Japan*, 29–31.
18. *PWW*, Vol. 57, 285.
19. 牧野伸显明确向贝尔福表达了这一点，参见：*PWW*, Vol. 58, 179。
20. Kawamura, *Turbulence*, 147.
21. *PWW*, Vol. 57, 554.
22. D. H. Miller, *The Drafting of the Covenant* (New York, 1928), Vol. 1, 103.
23. *PWW*, Vol. 57, 584 and 618.
24. *PWW*, Vol. 58, 165.
25. Connors, *Emperor's Adviser*, 74.
26. *PWW*, Vol. 58, 112–113.
27. Craft, *Wellington Koo*, 56; *PWW*, Vol. 57, 615–626.
28. *PWW*, Vol. 58, 130, 183–184.
29. Zhang, *China*, 88–89.
30. R. Mitter, *A Bitter Revolution: China's Struggle with the Modern World* (Oxford, 2004).
31. J. Chesneaux, F. Le Barbier and M.-C. Bergère, *China from the 1911 Revolution to Liberation*, trans. P. Auster and L. Davis (New York, 1977), 65–69.
32. D. Kuhn, *Die Republik China von 1912 bis 1937: Entwurf für eine politische Ereignisgeschichte* (Heidelberg, 2004), 142.
33. Zhang, *China*, 79.
34. Chesneaux et al., *China*, 67–68.
35. Zhang, *China*, 75–99.
36. Y. T. Matsusaka, *The Making of Japanese Manchuria, 1904–1932* (Cambridge, MA, 2001), 241.
37. L. A. Humphreys, *The Way of the Heavenly Sword: The Japanese Army in the 1920s* (Stanford, CA, 1995), 175.
38. Ibid., 41.
39. Matsusaka, *The Making*, 241.
40. Zhang, *China*, 139–141.
41. S. R. Schram and N. J. Hodes (eds), *Mao's Road to Power: Revolutionary Writings 1912–1949* (New York, 1992), Vol. 1, 321–322, 337, 357–367, 390, and Vol. 2, 159–160, 186–188.
42. W. C. Kirby, *Germany and Republican China* (Stanford, CA, 1984), 35.
43. B. A. Ellman, *Diplomacy and Deception: The Secret History of Sino-Soviet Diplomatic*

注释

Relations, 1917–1927 (London, 1997), 25.

44. Zhang, China, 157.

第十八章 威尔逊主义的惨败

1. A. S. Link (ed.) et al., *The Papers of Woodrow Wilson* [以下简称 *PWW*], 69 vols (Princeton, NJ, 1966–1994), Vol. 61, 426–436.
2. Ibid., 225.
3. 可比较下面两本书：R. S. Baker, *Woodrow Wilson and the World Settlement* (New York, 1922), and L. E. Ambrosius, *Woodrow Wilson and the American Diplomatic Tradition: The Treaty Fight in Perspective* (Cambridge, 1987)。
4. *The New York Times*, 'Bullitt Asserts Lansing Expected the Treaty to Fail', 13 September 1919.
5. W. C. Bullitt and S. Freud, *Thomas Woodrow Wilson: A Psychological Study* (Boston, MA, 1967).
6. *The New York Times*, 'Lodge Attacks Covenant and Outlines 5 Reservations; Assailed by Williams', 13 August 1919.
7. Ambrosius, *Woodrow Wilson*, xxx.
8. W. C. Widenor, *Henry Cabot Lodge and the Search for an American Foreign Policy* (Berkeley, CA, 1980).
9. *The New York Times*, 'Qualify Treaty on Ratification, Says Elihu Root', 22 June 1919.
10. *PWW*, Vol. 42, 340–344.
11. T. J. Knock, *To End All Wars: Woodrow Wilson and the Quest for a New Order* (Princeton, NJ, 1992), 267.
12. M. Leffler, *The Elusive Quest: America's Pursuit of European Stability and French Security, 1919–1933* (Chapel Hill, NC, 1979), 15.
13. W. Lippmann, 'Woodrow Wilson's Approach to Politics,' *New Republic*, 5 December 1955; T. Bimes and S. Skowronek, 'Woodrow Wilson's Critique of Popular Leadership: Reassessing the Modern-Traditional Divide in Presidential History', *Polity* 29 (1996), 27–63.
14. K. Wimer, 'Woodrow Wilson's Plan for a Vote of Confidence', *Pennsylvania History* 28 (1961), 2–16, 以及 R. L. Merritt, 'Woodrow Wilson and the "Great and Solemn Referendum", 1920', *The Review of Politics* 27 (1965), 78–104。
15. 参见 1916 年 8 月到 12 月间的一系列讲话，*PWW*, Vol. 40。
16. A. Hagedorn, *Savage Peace: Hope and Fear in America, 1919* (New York, 2007), 297–322.
17. A. Hart (ed.), *Selected Addresses and Public Papers of Woodrow Wilson* (New York, 1918), 270.
18. W. Wilson, *A History of the American People* (New York, 1902), Vol. 5, 59–64.
19. Hart (ed.), *Selected Addresses*, 271.

20. *The New York Times*, 26 November 1919.
21. T. Kornweibel, *'Seeing Red'* : *Federal Campaigns against Black Militancy, 1919–1925* (Bloomington, IN, 1998).
22. *The New York Times*, 'President Cheered from Pier to Hotel', 25 February 1919.
23. Hagedorn, *Savage Peace*, 218–225.
24. *PWW*, Vol. 62, 58.
25. *The New York Times*, 'Raid from Coast to Coast', 3 January 1920; R. K. Murray, *Red Scare: A Study in National Hysteria, 1919–1920* (Minneapolis, MN, 1955).
26. J. A. McCartin, *Labor's Great War: The Struggle for Industrial Democracy and the Origins of Modern American Labor Relations* (Chapel Hill, NC, 1997).
27. J. Cooper, *The Warrior and the Priest: Woodrow Wilson and Theodore Roosevelt* (Cambridge, MA, 1983), 264.
28. *PWW*, Vol. 64, 84.
29. Commission of Enquiry, the Interchurch World Movement, 'Report on the Steel Strike of 1919' (New York, 1920); D. Brody, *Labor in Crisis: The Steel Strike of 1919* (New York, 1965).
30. *PWW*, Vol. 63, 600.
31. D. Montgomery, *The Fall of the House of Labor: Workplace, the State, and American Labor Activism, 1865–1925* (New Haven, CT, 1988).
32. McCartin, *Labor's Great War*, 199–220.
33. *The New York Times*, 'Palmer Pledges War on Radicals', 1 January 1920.
34. R. K. Murray, *The Politics of Normalcy: Governmental Theory and Practice in the Harding–Coolidge Era* (New York, 1973), 3, 以及 idem., *The Harding Era: Warren G. Harding and His Administration* (Minneapolis, MN, 1969), 82。
35. B. M. Manly, 'Have Profits Kept Pace with the Cost of Living?', *Annals of the American Academy of Political and Social Science* 89 (1920), 157–162, 以及 E. B. Woods, 'Have Wages Kept Pace with the Cost of Living?', *Annals of the American Academy of Political and Social Science* 89 (1920), 135–147。
36. *The New York Times*, 'Palmer Has Plan to Cut Living Cost', 17 December 1919, 19.
37. *The New York Times*, 'Urge President to Return', 24 May 1919, 4.
38. Interchurch World Movement, 'Report', 94–106.
39. H. L. Lutz, 'The Administration of the Federal Interest-Bearing Debt Since the Armistice', *The Journal of Political Economy* 34 (1926), 413–457.
40. M. Friedman and A. J. Schwartz, *A Monetary History of the United States, 1867–1960* (Princeton, NJ, 1963), 222–226.
41. A. Meltzer, *A History of the Federal Reserve* (Chicago, IL, 2003), Vol. 1, 94–95.
42. Friedman and Schwartz, *Monetary History*, 227.
43. Meltzer, *History*, 101–102.

44. Friedman and Schwartz, *Monetary History*, 230.
45. Meltzer, *History*, 127.
46. *The New York Times*, 'Williams Strikes at High Interest', 11 August 1920, 24, and 'Bank Convention Condemns Williams', 23 October 1920, 20.
47. J. Higham, *Strangers in the Land: Patterns of American Nativism, 1860–1925* (New Brunswick, NJ, 1988); N. K. MacLean, *Behind the Mask of Chivalry: The Making of the Second Ku Klux Klan* (Oxford, 1995).
48. J. C. Prude, 'William Gibbs McAdoo and the Democratic National Convention of 1924', *The Journal of Southern History* 38 (1972), 621–628.
49. F. E. Schortemeier, *Rededicating America: Life and Recent Speeches of Warren G. Harding* (Indianapolis, IN, 1920), 223.
50. Higham, *Strangers*, 309.
51. R. Boyce, *The Great Interwar Crisis and the Collapse of Globalization* (Basingstoke, 2003), 88.
52. Leffler, *Elusive Quest*, 44.
53. Boyce, *Great Interwar Crisis*, 178.

第十九章 严重的通货紧缩

1. S. M. Deutsch, *Counter-Revolution in Argentina, 1900–1932: The Argentine Patriotic League* (Lincoln, NB, 1986).
2. R. Gerwarth and J. Horne (eds), *War in Peace: Paramilitary Violence in Europeafter the Great War* (Oxford, 2012).
3. C. S. Maier, *Recasting Bourgeois Europe: Stabilization in France, Germany, and Italy in the Decade after World War I* (Princeton, NJ, 1975), 136.
4. E. L. Dulles, *The French Franc, 1914–1928: The Facts and their Interpretations* (New York, 1929), 120–121.
5. M. Metzler, *Lever of Empire: The International Gold Standard and the Crisis of Liberalism in Prewar Japan* (Berkeley, CA, 2005), 118–133.
6. L. Humphreys, *The Way of the Heavenly Sword: The Japanese Army in the1920s* (Stanford, CA, 1995), 44; P. Duus (ed.), *The Cambridge History of Japan*, Vol. 6, *The Twentieth Century* (Cambridge, 1988), 277.
7. R. Haig, *The Public Finances of Post–War France* (New York, 1929), 70–88.
8. B. Martin, *France and the Après Guerre, 1918–1924: Illusions and Disillusionment* (Baton Rouge, FL, 1999), 35–36.
9. F. R. Dickinson, *War and National Reinvention: Japan in the Great War, 1914–1919* (Cambridge, MA, 1999), 230.
10. P. Duus, *Party Rivalry and Political Change in Taisho Japan* (Cambridge, MA, 1968), 141.

11. M. Lewis, *Rioters and Citizens: Mass Protest in Imperial Japan* (Berkeley, CA, 1990), 82.
12. C. Wrigley, *Lloyd George and the Challenge of Labour: The Post-War Coalition, 1918–1922* (Hemel Hempstead, 1990), 81.
13. M. Daunton, *Just Taxes: The Politics of Taxation in Britain, 1914–1979* (Cambridge, 2002), 76–77.
14. Metzler, *Lever of Empire*, 133.
15. G. Balachandran, *John Bullion's Empire: Britain's Gold Problem and India Between the Wars* (London, 1996), 96.
16. A. C. Pigou, *Aspects of British Economic History, 1918–1925* (London,1945), 149.
17. Balachandran, *John Bullion's Empire*, 93, 109–112.
18. K. Jeffery (ed.), *The Military Correspondence of Field Marshal Sir Henry Wilson, 1918–1922* (London, 1985), 253.
19. A. Clayton, *The British Empire as a Superpower, 1919–1939* (Basingstoke, 1986), 103.
20. R. Middleton, *Government versus the Market: The Growth of the Public Sector, Economic Management,and British Economic Performance, 1890–1979* (Cheltenham, 1996), 199, 311–335.
21. M. Leffler, *The Elusive Quest: America's Pursuit of European Stability and French Security, 1919–1933* (Chapel Hill, NC, 1979), 14.
22. M. Milbank Farrar, *Principled Pragmatist: The Political Career of Alexandre Millerand* (New York, 1991).
23. D. Artaud, 'La question des dettes interalliées', in M. Petricioli and M. Guderzo(eds), *Une occasion manquée? 1922: La reconstruction de l'Europe* (New York, 1995), 89.
24. Dulles, *French Franc*, 130.
25. F. H. Adler, *Italian Industrialists from Liberalism to Fascism* (Cambridge, 1995), 165.
26. Metzler, *Lever of Empire*, 134; Duus, *Cambridge History*, 461; Lewis, *Rioters*, 246.
27. C.-L. Holtfrerich, *The German Inflation, 1914–1923* (Berlin, 1986).
28. M. Flandreau (ed.), *Money Doctors: The Experience of International Financial Advising, 1850–2000* (London, 2003).
29. Duus, *Party Rivalry*, 111.
30. Metzler, *Lever of Empire*, 129, 160.
31. Humphreys, *Heavenly Sword*, 61.
32. I. Gow, *Military Intervention in Prewar Japanese Politics: Admiral Katō Kanji and the 'Washington System'* (London, 2004), 85.
33. F. R. Dickinson, *World War I and the Triumph of a New Japan, 1919–1930* (Cambridge, 2013), 115–116.
34. M. Beloff, *Imperial Sunset*, Vol. 2, *Dream of Commonwealth, 1921–1942* (Basingstoke, 1989), 27.
35. K. Jeffery, *The British Army and the Crisis of Empire* (Manchester, 1984), 13–23.

36. K. Jeffery, *The Military Correspondence of Field Marshal Sir Henry Wilson, 1918–1922* (London, 1985), 197–201.
37. K. Jeffery, ' "An English Barrack in the Oriental Seas" ? India in the Aftermathof the First World War', *Modern Asian Studies* 15 (1981), 369–386.
38. Clayton, *The British Empire as a Superpower, 1919–1939*, 20.
39. S. Roskill, *Naval Policy Between the Wars* (New York, 1968), Vol. 1, 215–216.
40. J. Ferris, *The Evolution of British Strategic Policy, 1919–1926* (Basingstoke, 1989), 54–63.
41. Maier, *Recasting*, 195.
42. D. P. Silverman, *Reconstructing Europe after the Great War* (Cambridge, MA, 1982), 215–220.
43. Ibid., 149.
44. R. Self, *Britain, America and the War Debt Controversy: The Economic Diplomacy of an Unspecial Relationship, 1917–1941* (London, 2006), 29.
45. National archive, CAB 24/116 CP 2214.
46. G. Unger, *Aristide Briand: Le ferme conciliateur* (Paris, 2005).
47. Maier, *Recasting*, 241–249.
48. G. D. Feldman, *The Great Disorder: Politics, Economics, and Society in the German Inflation, 1914–1924* (Oxford, 1993), 338–341.
49. N. Ferguson, *Paper and Iron: Hamburg Business and German Politics in the Era of Inflation, 1897–1927* (Cambridge, 1995) 一书中讨论了这样的反事实。
50. S. B. Webb, *Hyperinflation and Stabilization in Weimar Germany* (Oxford, 1988).
51. N. Ferguson, 'Constraints and Room for Manoeuvre in the German Inflation of the Early 1920s', *The Economic History Review New Series* 49 (1996), 635–666.
52. Silverman, *Reconstructing Europe*, 224–225.
53. M. J. Pusey, *Charles Evans Hughes* (New York, 1951), Vol. 1, 350.
54. N. A. Palmer, 'The Veterans' Bonus and the Evolving Presidency of Warren G. Harding', *Presidential Studies Quarterly* 38 (2008), 39–60.
55. Artaud, 'La question', in Petricioli and Guderzo (eds), *Occasion manquée*, 87.
56. S. A. Schuker, 'American Policy Towards Debts and Reconstruction', in C. Fink (ed.), *Genoa, Rapallo and European Reconstruction in 1922* (Cambridge, 1991), 98.
57. M. Leffler, 'The Origins of Republican War Debt Policy, 1921–1923: A Case Study in the Applicability of the Open Door Interpretation', *The Journal of American History* 59 (1972), 593.
58. A. Orde, *British Policy and European Reconstruction after the First World War* (Cambridge, 1990), 173–174.

第二十章 帝国的危机

1. J. Gallagher, 'Nationalisms and the Crisis of Empire,1919–1922', *Modern Asian Studies* 15

(1981), 355–368.
2. W. F. Elkins, 'Black Power in the British West Indies: The Trinidad Longshoremen's Strike of 1919', *Science and Society* 33 (1969), 71–75.
3. I. Abdullah, 'Rethinking the Freetown Crowd: The Moral Economy of the 1919 Strikes and Riot in Sierra Leone', *Canadian Journal of African Studies/Revue Canadienne des études Africaines* 28, No. 2 (1994), 197–218.
4. T. Yoshikuni, 'Strike Action and Self-Help Associations: Zimbabwean Worker Protest and Culture after World War I', *Journal of Southern African Studies* 15, No. 3 (April 1989), 440–468.
5. D. Killingray, 'Repercussions of World War I in the Gold Coast', *The Journal of African History* 19 (1978), 39–59; A. Olukoju, 'Maritime Trade in Lagos in the Aftermath of the First World War', *African Economic History* 20 (1992), 119–135; A. Olukoju, 'Anatomy of Business-Government Relations: Fiscal Policy and Mercantile Pressure Group Activity in Nigeria, 1916–1933', *African Studies Review* 38 (1995), 23–50.
6. R. Ally, *Gold and Empire: The Bank of England and South Africa's Gold Producers, 1886–1926* (Johannesburg, 1994); J. Krikler, 'The Commandos:The Army of White Labour in South Africa', *Past and Present* 163 (1999), 202–244; A. Clayton, *The British Empire as a Superpower, 1919–1939* (Basingstoke,1986), 241–244; J. Krikler, *White Rising: The 1922 Insurrection and Racial Killing in South Africa* (Manchester, 2005).
7. C. Townsend, *The British Campaign in Ireland, 1919–1921* (Oxford, 1975).
8. W. Wilson, *Letters*, 250, 266–272.
9. J. Lawrence, 'Forging a Peaceable Kingdom: War, Violence, and Fear of Brutalizationin Post-First World War Britain', *The Journal of Modern History* 75, No. 3 (September 2003), 557–589.
10. M. Beloff, *Imperial Sunset: Britain's Liberal Empire, 1897–1921* (London, 1969), Vol. 1, 314.
11. M. Hopkinson, 'President Woodrow Wilson and the Irish Question', *Studia Hibernica* 27 (1993), 89–111.
12. J. Darwin, *Britain, Egypt and the Middle East: Imperial Policy in the Aftermath of War, 1918–1922* (London, 1981) 一书能提供一个基本的指导。
13. W. Stivers, *Supremacy and Oil: Iraq, Turkey, and the Anglo-American World Order, 1918–1930* (Ithaca, NY, 1982), 45–50.
14. M. W. Daly (ed.), *The Cambridge History of Egypt* (New York, 1998), Vol. 2, 246–247.
15. Ibid., 247–248. 关于英国文化影响的缺失，参见：Beloff, *Imperial Sunset*, Vol. 2, 44。
16. J. Berque, *Egypt: Imperialism and Revolution* (New York, 1972), 305.
17. M. Badrawi, *Ismail Sidqi, 1875–1950* (Richmond, VA, 1996), 14
18. M. A. Rifaat, *The Monetary System of Egypt* (London, 1935), 63–64; A. E.Crouchley, *The Economic Development of Modern Egypt* (London, 1938), 197.
19. Berque, *Egypt*, 316.
20. Ibid., 318.

21. J. L. Thompson, *A Wider Patriotism: Alfred Milner and the British Empire* (London, 2007), 184–195.
22. Berque, *Egypt*, 315–316.
23. Gallagher, 'Nationalisms', 361.
24. 转引自：E. Kedourie, *The Chatham House Version and Other Middle-Eastern Studies* (London, 1970), 121。
25. L. Stein, *The Balfour Declaration* (New York, 1961), 640–645.
26. E. Monroe, *Britain's Moment in the Middle East, 1914–1956* (Baltimore, MD, 1963), 65–66.
27. Q. Wright, 'The Bombardment of Damascus', *The American Journal of International Law* 20 (1926), 263–280; D. Eldar, 'France in Syria: The Abolition of the Sharifian Government, April–July 1920', *Middle Eastern Studies* 29 (1993), 487–504.
28. Stivers, *Supremacy and Oil*, 84, 以及 E. Kedourie, 'The Kingdom of Iraq: A Retrospect', in Kedourie, *Chatham House Version*, 236–285。
29. Beloff, *Imperial Sunset*, Vol. 1, 347.
30. I. Friedman, *British Miscalculations: The Rise of Muslim Nationalism, 1918–1925* (New Brunswick, NJ, 2012), 252.
31. B. Gökay, *A Clash of Empires: Turkey between Russian Bolshevism and British Imperialism, 1918–1923* (London, 1997).
32. B. Lewis, *The Emergence of Modern Turkey* (Oxford, 1961), 247–251.
33. Gökay, *Clash of Empires*, 131.
34. G. Balachandran, *John Bullion's Empire: Britain's Gold Problem and India Between the Wars* (London, 1996).
35. B. R. Tomlinson, *The Political Economy of the Raj, 1914–1947: The Economics of Decolonization in India* (London, 1979).
36. J. Brown, *Gandhi's Rise to Power: Indian Politics, 1915–1922* (Cambridge, 1972), 161.
37. Ibid. 231.
38. Friedman, *British Miscalculations*, 229.
39. Brown, *Gandhi*, 202.
40. P. Woods, *Roots of Parliamentary Democracy in India: Montagu-Chelmsford Reforms, 1917–1923* (Delhi, 1996), 139–140.
41. A. Rumbold, *Watershed in India, 1914–1922* (London, 1979), 160–193.
42. W. R. Smith, *Nationalism and Reform in India* (New Haven, CT, 1938), 108–109.
43. Ibid., 118–119.
44. G. Pandey, 'Peasant Revolt and Indian Nationalism: The Peasant Movement in Awadh, 1919–1922', in R. Guha (ed.), *Subaltern Studies* (Delhi, 1982–1989), Vol. 1, 143–191. 该文对此进行了精彩的阐释。
45. D. A. Low, 'The Government of India and the First Non-Cooperation Movement 1920–22', *The Journal of Asian Studies* 25 (1966), 247–248.

46. Rumbold, *Watershed*, 266–267.
47. 参见罗林森（Rawlinson）将军给威尔逊的报告：Wilson, *Letters*, 306–307。
48. Woods, *Roots*, 157–169.
49. Low, 'Government of India', 252.
50. Rumbold, *Watershed*, 294.
51. Ibid., 301–303.
52. Monroe, *Britain's Moment*, 69–70.
53. D. Waley, *Edwin Montagu* (New Delhi, 1964), 270.
54. K. Mantena, *Alibis of Empire: Henry Maine and the Ends of Liberal Imperialism* (Princeton, NJ, 2010).
55. D. A. Low, *Lion Rampant: Essays in the Study of British Imperialism* (London, 1973), 157.
56. 提出这些特征的是 J. Darwin, 'Imperialism in Decline?', *Historical Journal* 23 (1980), 657–679。
57. 库珀（Cooper）对法国所面临困境的分析十分中肯，参见：F. Cooper, *Colonialism in Question: Theory, Knowledge, History* (Berkeley, CA, 2005)。还可参见：Low, *Lion Rampant*, 70–72。
58. H. Tinker, *Separate and Unequal: India and the Indians in the British Commonwealth, 1920–1950* (Vancouver, 1976), 43–77.
59. Woods, *Roots*, 232.
60. Beloff, *Imperial Sunset*, Vol. 1, 312–313; Waley, *Montagu*, 258; Beloff, *Imperial Sunset*, Vol. 2, 30.

第二十一章 华盛顿会议

1. W. R. Louis, *British Strategy in the Far East, 1919–1939* (Oxford, 1971), 50–78; M. Beloff, *Imperial Sunset: Britain's Liberal Empire, 1897–1921* (London, 1969), Vol. 1, 318–324.
2. N. Tracy, *The Collective Naval Defence of the Empire, 1900–1940* (London, 1997).
3. S. Roskill, *Naval Policy Between the Wars* (New York, 1968), Vol. 1, 271–290.
4. Beloff, *Imperial Sunset*, Vol. 1, 332–343.
5. L. Gardner, *Safe for Democracy: The Anglo-American Response to Revolution, 1913–1923* (Oxford, 1987), 307–309.
6. T. H. Buckley, *The United States and the Washington Conference, 1921–1922* (Knoxville, TN, 1970), 30–37.
7. M. G. Fry, *Illusions of Security: North Atlantic Diplomacy, 1918–1922* (Toronto, 1972), 144–151.
8. Roskill, *Naval Policy*, Vol. 1, 311.
9. 兰辛参加了这次会议，他注意到了这一点。参见 Buckley, *The United States*, 74。

10. 'The Arms Conference in Action', *Current History* 15, 3 December 1921, i.
11. Ibid., xxxii.
12. A. Iriye, *After Imperialism: The Search for a New Order in the Far East, 1921–1931* (Cambridge, MA, 1965), 14.
13. L. Humphreys, *The Way of the Heavenly Sword: The Japanese Army in the1920s* (Stanford, CA, 1995), 46.
14. Buckley, *United States*, 59.
15. I. Gow, *Military Intervention in Prewar Japanese Politics: Admiral Katō - Kanji and the 'Washington System'* (London, 2004), 82–101.
16. Fry, *Illusions of Security*, 154–186.
17. *Papers Relating to the Foreign Relations of the United States: Lansing Papers* (Washington, DC, 1922), Vol. 1, 130–133.
18. B. Martin, *France and the Après Guerre, 1918–1924: Illusions and Disillusionment* (Baton Rouge, FL, 1999), 87–89.
19. E. Goldstein and J. Maurer (eds), *The Washington Conference, 1921–1922: Naval Rivalry, East Asian Stability and the Road to Pearl Harbour* (London, 1994).
20. Roskill, *Naval Policy*, Vol. 1, 354.
21. D. Wang, *China's Unequal Treaties: Narrating National History* (Oxford, 2005).
22. 'Arms Conference', *Current History* 15, 383–384.
23. G. McCormack, *Chang Tso-lin in Northeast China, 1911–1928: China, Japan, and the Manchurian Idea* (Stanford, CA, 1977), 52–66.
24. M. Metzler, *Lever of Empire: The International Gold Standard and the Crisis of Liberalism in Prewar Japan* (Berkeley, CA, 2005), 129.
25. E. S. K. Fung, *The Diplomacy of Imperial Retreat: Britain's South China Policy, 1924–1932* (Hong Kong, 1991), 18–25.
26. Y. Zhang, *China in the International System, 1918–1920* (Basingstoke, 1991), 184–185.
27. W. King, *China at the Washington Conference, 1921–1922* (New York, 1963), 18–19.
28. Goldstein and Maurer, *Washington Conference*, 263.
29. 参看 King, *China*, 38–39 中所提出的观点。
30. Metzler, *Lever of Empire*, 127.
31. Gardner, *Safe for Democracy*, 313.
32. Ibid., 313.
33. Iriye, *After Imperialism*, 29.
34. Gardner, *Safe for Democracy*, 318–319.
35. Ibid., 320.
36. R. A. Dayer, *Bankers and Diplomats in China, 1917–1925* (London, 1981), 155–161.

第二十二章 再造共产主义

1. M. Lewin, *Lenin's Last Struggle* (New York, 1968).
2. R. Hofheinz, *The Broken Wave: The Chinese Communist Peasant Movement, 1922–1928* (Cambridge, MA, 1977), 3. 文中尖锐地指出："今天，很多人都没有认识到，农民革命这一理念被有意识地提出来，才不过几十年而已。"
3. A. S. Lindemann, *The Red Years: European Socialism versus Bolshevism, 1919–1921* (Berkeley, CA, 1974), 48–68.
4. C. S. Maier, *Recasting Bourgeois Europe: Stabilization in France, Germany,and Italy in the Decade after World War I* (Princeton, NJ, 1975), 113–174; F. H.Adler, *Italian Industrialists from Liberalism to Fascism* (New York, 1995), 165–168; G. Salvemini, *The Origins of Fascism in Italy* (New York, 1973), 206–208.
5. P. Pastor (ed.), *Revolutions and Interventions in Hungary and its Neighbor States, 1918–1919* (Boulder, CO, 1988).
6. C. Kinvig, *Churchill's Crusade: The British Invasion of Russia, 1918–1920* (London, 2006), 283–285.
7. N. Davies, *White Eagle, Red Star: The Polish-Soviet War, 1919–1920* (London, 1972), 71–76.
8. R. Pipes, *Russia under the Bolshevik Regime* (New York, 1994), 91–92.
9. Davies, *White Eagle, Red Star*, 90–91.
10. C. E. Bechhofer, *In Denikin's Russia and the Caucasus, 1918–1920* (London, 1921), 120–122.
11. T. Snyder, *The Reconstruction of Nations: Poland, Ukraine, Lithuania, Belarus, 1569–1999* (New Haven, CT, 2003), 63–139.
12. G. A. Brinkley, 'Allied Policy and French Intervention in the Ukraine, 1917–1920', in T. Hunczak (ed.), *The Ukraine, 1917–1921: A Study in Revolution* (Cambridge, MA, 1977), 345–351.
13. N. Davies, 'The Missing Revolutionary War', *Soviet Studies* 27 (1975), 178–195.
14. Pipes, *Russia under the Bolshevik Regime*, 179–183.
15. T. Fiddick, 'The "Miracle of the Vistula" : Soviet Policy versus Red Army Strategy', *The Journal of Modern History* 45 (1973), 626–643.
16. 关于英国的回应，参见：M. Beloff, *Imperial Sunset: Britain's Liberal Empire, 1897–1921* (London, 1969), Vol. 1, 328–329。
17. J. Degras (ed.), *The Communist International: Documents, 1919–1943* (London, 1956–1965), Vol. 1, 111–113.
18. Pipes, *Russia under the Bolshevik Regime*, 177.
19. O. Ruehle, 'Report from Moscow', http://www.marxists.org/archive/ruhle/1920/ruhle01.htm.
20. Lindemann, *Red Years*, 102–219.

注释

21. Degras, *The Communist International, 1919–1943*, 166–172.
22. J. Jacobson, *When the Soviet Union Entered World Politics* (Berkeley, CA, 1994), 51–58.
23. J. P. Haithcox, *Communism and Nationalism in India: M. N. Roy and Comintern Policy, 1920–1939* (Princeton, NJ, 1971).
24. S. White, *Britain and the Bolshevik Revolution: A Study in the Politics of Diplomacy, 1920–1924* (London, 1979), 120.
25. S. Blank, 'Soviet Politics and the Iranian Revolution of 1919–1921', *Cahiers du Monde russe et soviétique* 21(1980), 173–194.
26. S. White, 'Communism and the East: The Baku Congress, 1920', *Slavic Review* 33 (1974), 492–514.
27. J. Riddell (ed.), *To See the Dawn: Baku, 1920 – First Congress of the Peoples of the East* (New York, 1993), 47–52.
28. Ibid., 232.
29. Jacobson, *When the Soviet Union*, 77.
30. N. Davies, 'The Soviet Command and the Battle of Warsaw', *Soviet Studies* 23 (1972), 573–585.
31. H. G. Linke, 'Der Weg nach Rapallo: Strategie und Taktik der deutschen undsowjetischen Außenpolitik', *Historische Zeitschrift* 264 (1997), 63.
32. Beloff, *Imperial Sunset*, Vol. 1, 328–329.
33. Pipes, *Russia under the Bolshevik Regime*, 134, 164.
34. S. R. Sonyel, 'Enver Pasha and the Basmaji Movement in Central Asia', *Middle Eastern Studies* 26 (1990), 52–64.
35. Jacobson, *When the Soviet Union* 一书中有出色的概述。
36. B. Gökay, *A Clash of Empires: Turkey between Russian Bolshevism and British Imperialism, 1918–1923* (London, 1997), 148–149.
37. B. A. Elleman, *Diplomacy and Deception: The Secret History of Sino-Soviet Diplomatic Relations, 1917–1927* (Armonk, NY, 1997).
38. P. Dukes, *The USA in the Making of the USSR: The Washington Conference, 1921–1922, and 'Uninvited Russia'* (New York and London, 2004), 57–61.
39. J. K. Fairbank and D. Twitchett (eds), *The Cambridge History of China*, Vol.12, *Republican China, 1912–1949, Part 1* (Cambridge, 1983), 541.
40. A. J. Saich, *The Origins of the First United Front in China: The Role of Sneevliet* (Alias Maring) (Leiden, 1991).
41. G. D. Jackson, *Comintern and Peasant in Eastern Europe, 1919–1930* (NewYork, 1966), 93.
42. Ibid., 60.
43. *Papers Relating to the Foreign Relations of the United States: Lansing Papers* (Washington, DC, 1921), Vol. 2, 805.

第二十三章 热那亚：英国霸权的失败

1. B. M. Weissman, *Herbert Hoover and Famine Relief to Soviet Russia, 1921–1923* (Stanford, CA, 1974), 15–16.
2. A. Orde, *British Policy and European Reconstruction after the First World War* (Cambridge, 1990), 162.
3. S. White, *The Origins of Détente: The Genoa Conference and Soviet-Western Relations, 1921–1922* (Cambridge, 1985), 26–27.
4. Orde, *British Policy*, 163; C. Fink, *The Genoa Conference: European Diplomacy, 1921–1922* (Chapel Hill, NC, 1984), 6.
5. P. Dukes, *The USA in the Making of the USSR: The Washington Conference, 1921–1922, and 'Uninvited Russia'* (New york and London, 2004), 71.
6. B. Patenaude, *The Big Show in Bololand: The American Relief Expedition to Soviet Russia in the Famine of 1921* (Stanford, CA, 2002).
7. C. M. Edmondson, 'The Politics of Hunger: The Soviet Response to Famine, 1921', *Soviet Studies* 29 (1977), 506–518.
8. G. D. Feldman, *The Great Disorder: Politics, Economics, and Society in the German Inflation, 1914–1924* (Oxford, 1993), 346–412.
9. Ibid., 388.
10. G. D. Feldman, *Hugo Stinnes: Biographie eines Industriellen 1870–1924* (Munich, 1998), 720–738.
11. Orde, *British Policy*, 177.
12. R. Himmer, 'Rathenau, Russia, and Rapallo', *Central European History* 9 (1976), 146–183.
13. H. G. Linke, 'Der Weg nach Rapallo: Strategie und Taktik der deutschen und sowjetischen Außenpolitik', *Historische Zeitschrift* 264 (1997), 82.
14. A. Heywood, *Modernising Lenin's Russia: Economic Reconstruction, Foreign Trade and the Railways* (Cambridge, 1999), 6.
15. Orde, *British Policy*, 170–178.
16. B. Martin, *France and the Après Guerre, 1918–1924: Illusions and Disillusionment* (Baton Rouge, LA, 1999), 96.
17. *Documents on British Foreign Policy, 1919–1939*, 1st ser. [以下简称 *DBFP*] (London, 1974), Vol. 13–14, 57–58。近期，P. 杰克逊（P. Jackson）强调了这里的一种变化，参见：'French Security and a British "Continental Commitment" after the First World War: A Reassessment', *English Historical Review* CCXVI (2011) 519, 345–385。至于这种变化更广阔的背景，参见：A.-M. Lauter, *Sicherheit und Reparationen. Die französische Öffentlichkeit, der Rhein und die Ruhr (1919–1923)* (Essen, 2006), 232–242, 286–290。
18. 参见 *DBFP*, Vol. 9, 这一设计的发展变化在1921年12月和1922年1月用图表进行了说明。
19. White, *The Origins*, 45.
20. Orde, *British Policy*, 180–182.

注释

21. Feldman, *Great Disorder*, 382.
22. Martin, *France*, 97–126.
23. J. Keiger, *Raymond Poincaré* (Cambridge, 1997), 279–283.
24. *The New Republic*, 8 March 1922, 30–33.
25. *DBFP*, Vol. 19, 171–172.
26. Ibid., 300.
27. Martin, *France*, 128; Feldman, *Great Disorder*, 383.
28. Feldman, *Great Disorder*, 410–431.
29. Ibid., 421.
30. Ibid., 431–434.
31. C. S. Maier, *Recasting Bourgeois Europe: Stabilization in France, Germany,and Italy in the Decade after World War I* (Princeton, NJ, 1975), 282–283; M. Berg, *Gustav Stresemann und die Vereinigten Staaten von Amerika:Weltwirtschaftliche Verflechtung und Revisionspolitik, 1907–1929* (Baden-Baden, 1990), 108–109.
32. Fink, *Genoa*, 83–86.
33. W. Link, *Die Amerikanische Stabilisierungspolitik in Deutschland, 1921–1932* (Dusseldorf, 1970), 174.
34. *DBFP*, Vol. 19, 342.
35. White, *The Origins*, 82–94.
36. *DBFP*, Vol. 19, 393.
37. Ibid., 348–351.
38. White, *The Origins*, 107–109.
39. Fink, *Genoa*, 60.
40. R. Himmer, 'Rathenau, Russia and Rapallo', *Central European History* 9 (1976), 146–183.
41. J. Siegel, *For Peace and Money* (Oxford, 2014, forthcoming), chapter 5.
42. Fink, *Genoa*, 174–175.
43. 苏联方面也注意到了二者的并列，参见：White, *The Origins*, 110。
44. 劳合·乔治曾经警告，不能让苏联奥斯曼化。参见：*DBFP*, Vol. 19, 377–378。
45. Linke, 'Der Weg', 77.
46. B. Gökay, *A Clash of Empires: Turkey between Russian Bolshevism and British Imperialism, 1918–1923* (London, 1997), 119.
47. Berg, *Stresemann*, 109; Maier, *Recasting*, 284.
48. Feldman, *Great Disorder*, 450.
49. Gökay, *Clash of Empires*, 119.
50. J. C. Cairns, 'A Nation of Shopkeepers in Search of a Suitable France: 1919–1940', *The American Historical Review* 79, No. 3 (June 1974), 720.

51. M. Beloff, *Imperial Sunset: Britain's Liberal Empire, 1897–1921* (London, 1969), Vol. 2, 79–80.
52. Z. Steiner, *The Lights that Failed: European International History, 1919–1933* (Oxford, 2005), 113–120.
53. J. R. Ferris, *The Evolution of British Strategic Policy, 1919–1926* (Basingstoke, 1989), 120.
54. Gökay, *Clash of Empires*, 164.
55. D. P. Silverman, *Reconstructing Europe after the Great War* (Cambridge, MA, 1982), 179–180.
56. R. Self, *Britain, America and the War Debt Controversy: The Economic Diplomacy of an Unspecial Relationship, 1917–1941* (London, 2006), 36–54.
57. B. D. Rhodes, 'Reassessing "Uncle Shylock" : The United States and the French War Debt, 1917–1929', *The Journal of American History* 55, No. 4 (March 1969), 793.
58. A. Turner, 'Keynes, the Treasury and French War Debts in the 1920s', *European History Quarterly* 27 (1997), 505.
59. M. P. Leffler, *The Elusive Quest: America's Pursuit of European Stability and French Security, 1919–1933* (Chapel Hill, NC, 1979), 69.
60. Link, *Stabilisierungspolitik*, 175.

第二十四章 悬崖边上的欧洲

1. B. Martin, *France and the Après Guerre, 1918–1924: Illusions and Disillusionment* (Baton Rouge, LA, 1999), 132–150.
2. A.-M. Lauter, *Sicherheit und Reparationen: die französische Öffentlichkeit, der Rhein und die Ruhr (1919–1923)* (Essen, 2006), 292–301.
3. *Papers Relating to the Foreign Relations of the United States: Lansing Papers*[以下简称 *FRUS: Lansing Papers*] (Washington, DC, 1922), Vol. 1, 557–558.
4. W. Link, *Die amerikanische Stabilisierungspolitik in Deutschland 1921–1932* (Düsseldorf, 1970), 122–147.
5. S. A. Schuker, 'Europe's Banker: The American Banking Community and European Reconstruction, 1918–1922', in M. Petricioli and M. Guderzo (eds), *Une Occasion manquée 1922: la reconstruction de l' Europe* (Frankfurt, 1995), 56.
6. P. Liberman, *Does Conquest Pay? The Exploitation of Occupied Industrial Societies* (Princeton, NJ, 1996), 87–98.
7. Martin, *France*, 156; *The New York Times*, 'Clemenceau Feels So Sure of Success He's a "Boy" Again', 23 November 1922, 1–3.
8. M. J. Pusey, *Charles Evans Hughes* (New York, 1951), Vol. 2, 581–582.
9. C. E. Hughes, *The Pathway of Peace: Representative Addresses Delivered during his Term as Secretary of State (1921–1925)* (New York, 1925), 57; Link, *Stabilisierungspolitik*, 168–174.
10. W. I. Shorrock, 'France and the Rise of Fascism in Italy, 1919–1923', *Journal of*

Contemporary History 10 (1975), 591–610.
11. Martin, France, 165.
12. C. Fischer, The Ruhr Crisis, 1923–1924 (Oxford, 2003), 86–107.
13. Ibid., 176.
14. G. Krumeich and J. Schröder (eds), Der Schatten des Weltkrieges: Die Ruhrbesetzung, 1923 (Essen, 2004), 207–224.
15. G. D. Feldman, The Great Disorder: Politics, Economics, and Society in the German Inflation, 1914–1924 (Oxford, 1993), 637–669; C. S. Maier, Recasting Bourgeois Europe: Stabilization in France, Germany, and Italy in the Decade after World War I (Princeton, NJ, 1975), 367–376.
16. Feldman, Great Disorder, 705–766.
17. P. Cohrs, The Unfinished Peace after World War I (Cambridge, 2006), 88; M.Leffler, The Elusive Quest: America's Pursuit of European Stability and French Security, 1919–1933 (Chapel Hill, NC, 1979), 86; B. Glad, Charles Evans Hughes and the Illusions of Innocence: A Study of American Diplomacy (Urbana, IL, 1966), 219–223.
18. S. Adler, The Uncertain Giant, 1921–1941: American Foreign Policy Between the Wars (New York, 1965), 75.
19. FRUS: Lansing Papers, 1923, Vol. 2, 56.
20. W. Louis, British Strategy in the Far East, 1919–1939 (Oxford, 1971), 104.
21. M. Howard, The Continental Commitment: The Dilemma of British Defence Policy in the Era of the Two World Wars (London, 1972), 81–84.
22. Link, Stabilisierungspolitik, 179–187.
23. P. Yearwood, Guarantee of Peace: The League of Nations in British Policy, 1914–1925 (Oxford, 2009), 253.
24. Ibid., 264–265.
25. M. Berg, Gustav Stresemann und die Vereinigten Staaten von Amerika: weltwirtschaftliche Verflechtung und Revisionspolitik, 1907–1929 (Baden-Baden, 1990).
26. Fischer, The Ruhr Crisis, 230.
27. Martin, France, 188.
28. H.-P. Schwarz, Konrad Adenauer: A German Politician and Statesman in a Period of War, Revolution, and Reconstruction (Oxford, 1995), Vol. 1, 171–194.
29. Feldman, Great Disorder, 768.
30. R. Scheck, 'Politics of Illusion: Tirpitz and Right-Wing Putschism, 1922–1924', German Studies Review 18 (1995), 29–49.
31. A. Wirsching, Vom Weltkrieg zum Buergerkrieg? Politischer Extremismus in Deutschland und Frankreich, 1918–1933/39. Berlin und Paris im Vergleich (Munich, 1999), 238.
32. D. R. Stone, 'The Prospect of War? Lev Trotskii, the Soviet Army, and the German Revolution in 1923', The International History Review 25, No. 4 (December 2003), 799–817.

33. G. Feldman, 'Bayern und Sachsen in der Hyperinflation 1922', *Historische Zeitschrift* 238 (1984), 569–609.
34. D. Pryce, 'The Reich Government versus Saxony, 1923: The Decision to Intervene', *Central European History* 10 (1977), 112–147.
35. Feldman, *Great Disorder*, 774.
36. K. Schwabe (ed.), *Die Ruhrkrise 1923: Wendepunkt der international en Beziehungen nach dem Ersten Weltkrieg* (Paderborn, 1985), 29–38.
37. Feldman, *Great Disorder*, 776–777.
38. G. Schulz (ed.), *Konrad Adenauer 1917–1933* (Cologne, 2003), 203–232, 以及 K. D. Erdmann, *Adenauer in der Rheinlandpolitik nach dem Ersten Weltkrieg* (Stuttgart, 1966)。
39. Schulz, *Konrad Adenauer 1917–1933*, 346.
40. Maier, *Great Disorder*, 393.
41. Feldman, *Great Disorder*, 825.
42. Ibid., 661.
43. Berg, *Stresemann*, 160, 168–169, 171.
44. Link, *Stabilisierungspolitik*, 206–207.
45. A. Orde, *British Policy and European Reconstruction after the First World War* (Cambridge, 1990), 244.
46. Krumeich and Schroeder (eds), *Der Schatten*, 80.
47. J. Bariéty, *Les Relations Franco-Allemandsaprés la Première Guerre Mondiale* (Paris, 1977), 263–265.
48. Berg, *Stresemann*, 159.
49. Leffler, *Elusive Quest*, 94–95.
50. Ibid.,99.
51. Yearwood, *Guarantee of Peace*, 273–289.
52. D. Marquand, *Ramsay MacDonald* (London, 1997), 297–305.
53. *The Times*, 'MacDonald on Ruhr', 12 February 1923, 12, 以及 'Mr. MacDonald On Ruhr "Success"', 26 September 1923。
54. Marquand, *MacDonald*, 333; *The Times*, 'Labour and Allied Debts', 13 December 1923.
55. J. C. Cairns, 'A Nation of Shopkeepers in Search of a Suitable France: 1919–1940', *The American Historical Review* 79, No. 3 (June 1974), 721.
56. Martin, *France*, 189–192.
57. S. A. Schuker, *The End of French Predominance in Europe: The Financial Crisis of 1924 and the Adoption of the Dawes Plan* (Chapel Hill, NC, 1976), 28, 53–57.
58. E. L. Dulles, *The French Franc, 1914–1928: The Facts and their Interpretation* (New York, 1929), 170–174.
59. Martin, *France*, 232–233; Maier, *Recasting*, 460–471.

注释   603

60. Leffler, *Elusive Quest*, 97.
61. Feldman, *Great Disorder*, 829.
62. D. Neri-Ultsch, *Sozialisten und Radicaux - eine schwierige Allianz* (Munich, 2005).
63. Leffler, *Elusive Quest*, 100–104.
64. Ibid., 105.
65. *FRUS: Lansing Papers*, 1924, Vol. 2, 28–30; B. Glad, *Charles Evans Hughesand the Illusions of Innocence: A Study in American Diplomacy* (Urbana, IL, 1966), 227.
66. Schuker, *End of French Predominance*, 103.
67. J. Wright, *Gustav Stresemann: Weimar's Greatest Statesman* (Oxford, 2002), 275.
68. Scheck, 'Politics of Illusion'.
69. Feldman, *Great Disorder*, 801.
70. T. Raithel, *Das Schwierige Spiel des Parlamentarismus: Deutscher Reichstag und französische Chambre des Députés in den Inflationskrisen der 1920er Jahre* (Munich, 2005), 196–341.
71. Feldman, *Great Disorder*, 822–823.
72. Ibid., 815, 802.
73. Leffler, *Elusive Quest*, 111.
74. W. McNeil, *American Money and the Weimar Republic: Economics and Politics on the Eve of the Great Depression* (New York, 1986), 33.
75. Cohrs, *Unfinished Peace*.

第二十五章 战争与和平的新政治

1. 获奖演说参见：www.nobelprize.org/nobel_prizes/peace/laureates/1926/stresemann-lecture.html。
2. 关于德国"作为现实政治的和平主义"的发展，参见 L. Haupts, *Deutsche Friedenspolitik, 1918–1919* (Dusseldorf, 1976)。
3. S. Hoffmann, *Gulliver's Troubles, or the Setting of American Foreign Policy* (New York, 1968), 53.
4. *Documents on British Foreign Policy*, 1919–1939[以下简称 *DBFP*], series 1a, Vol. 5, ed. E. L. Woodward and Rohan Butler (London, 1973), 857–875; B. McKercher, *The Second Baldwin Government and the United States, 1924–1929: Attitudes and Diplomacy* (Cambridge, 1984), 174.
5. W. Link, *Die amerikanische Stabilisierungspolitik in Deutschland 1921–32* (Düsseldorf, 1970), 223–241.
6. W. McNeil, *American Money and the Weimar Republic: Economics and Politicson the Eve of the Great Depression* (New York, 1986).
7. A. Ritschl, *Deutschlands Krise und Konjunktur, 1924–1934: Binnenkonjunktur, Auslandsverschuldung und Reparationsproblem zwischen Dawes-Plan und Transfersperre*

(Berlin, 2002).
8. A. Thimme, 'Gustav Stresemann: Legende und Wirklichkeit', *Historische Zeitschrift* 181 (1956), 314.
9. R. Boyce, *British Capitalism at the Crossroads, 1919–1932* (New York, 1987), 66–78.
10. K. Polanyi, *The Great Transformation: The Political and Economic Origins of Our Times* (Boston, MA, 1944), 27.
11. G. Gorodetsky, 'The Soviet Union and Britain's General Strike of May 1926', *Cahiers du monde russe et soviétique* 17, No. 2/3 (1976), 287–310; J. Jacobson, *When the Soviet Union Entered World Politics* (Berkeley, CA, 1994), 169–172.
12. J. Diggins, 'Flirtation with Fascism: American Pragmatic Liberals and Mussolini's Italy', *The American Historical Review* 71, No. 2 (1966), 487–506.
13. S. Romano, *Guiseppe Volpi et l'italie moderne: Finance, industrie et état de l'ère giolittienne à la deuxième guerre mondiale* (Rome, 1982).
14. G. Allen, 'The Recent Currency and Exchange Policy of Japan', *The Economic Journal* 35, No. 137 (1925), 66–83.
15. M. Metzler, *Lever of Empire: The International Gold Standard and the Crisis of Liberalism in Prewar Japan* (Berkeley, CA, 2005), 149.
16. R. A. Dayer, *Bankers and Diplomats in China, 1917–1925: The Anglo-American Relationship* (London, 1981), 178.
17. B. D. Rhodes, 'Reassessing "Uncle Shylock": The United States and the French War Debt, 1917–1929', *The Journal of American History* 55, No. 4 (March 1969), 787–803.
18. 关于20世纪20年代法国的法西斯运动，参见：K.-J. Müller, '"Faschismus" in Frankreichs Dritter Republik?', in H. Möller and M. Kittel(eds), *Demokratie in Deutschland und Frankreich, 1918–1933/40* (Munich,2002), 91–130。
19. T. Raithel, *Das schwierige Spiel des Parlamentarismus: Deutscher Reichstag und französische Chambre des Députés in den Inflationskrisen der 1920er Jahre* (Munich, 2005), 480–519.
20. D. Amson, *Poincaré: L'acharné de la politique* (Paris, 1997), 352–353.
21. R. M. Haig, *The Public Finances of Post-War France* (New York, 1929), 173.
22. R. Boyce, *The Great Interwar Crisis and the Collapse of Globalization* (Basingstoke, 2009), 165.
23. M. P. Leffler, *The Elusive Quest: America's Pursuit of European Stability and French Security, 1919–1933* (Chapel Hill, NC, 1979), 153.
24. R. Boyce, *British Capitalism at the Crossroads, 1919–1932* (New York, 1987), 144–146.
25. P. Yearwood, *Guarantee of Peace: The League of Nations in British Policy, 1914–1925* (Oxford, 2009), 342.
26. M. Beloff, *Imperial Sunset: Britain's Liberal Empire 1897–1921* (London, 1969), Vol. 2, 140, 引用了 *DBFP*, series 1a, III, 734.
27. Yearwood, *Guarantee*, 342.
28. Boyce, *Great Interwar Crisis*, 133.

29. J. R. Ferris, *The Evolution of British Strategic Policy, 1919–1926* (Basingstoke, 1989), 158–78.
30. Yearwood, *Guarantee*, 355.
31. G. Unger, *Aristide Briand: Le ferme conciliateur* (Paris, 2005), 532–537.
32. P. O. Cohrs, *The Unfinished Peace after World War I: America, Britain andthe Stabilisation of Europe, 1919–1932* (Cambridge, 2006), 448–476.
33. J. Wheeler-Bennett, *Information on the Renunciation of War, 1927–1928* (London, 1928), 56.
34. Jacobson, *When the Soviet Union*, 247.
35. A. Iriye, *The Cambridge History of American Foreign Relations*, Vol. 3, *The Globalizing of America, 1913–1945* (Cambridge, 1993), 103–106.
36. Cohrs, *Unfinished Peace*, 378–409.
37. J. Keiger, *Raymond Poincaré* (Cambridge, 1997), 337–340.
38. McKercher, *The Second Baldwin Government and the United States, 1924–1929*, 174.
39. Beloff, *Imperial Sunset*, Vol. 2, 142–143.
40. L. Trotsky, 'Disarmament and the United States of Europe' (October 1929) http://www.marxists.org/archive/trotsky/1929/10/disarm.htm
41. D. Marquand, *Ramsay MacDonald* (London, 1997), 507.
42. Z. Steiner, *The Lights that Failed: European International History, 1919–1933* (Oxford, 2005), 510–518.
43. Jacobson, *When the Soviet Union*, 183–188, 224–229.
44. A. Waldron, *From War to Nationalism: China's Turning Point, 1924–1925* (Cambridge, 1995).
45. J. Fairbank (ed.), *The Cambridge History of China*, Vol. 12, *Republican China, 1912–1949. Part 1* (Cambridge, 2008), 314–315; L. Humphreys, *The Way of the Heavenly Sword: The Japanese Army in the 1920s* (Stanford, CA, 1995), 130.
46. Dayer, *Bankers*, 186–187.
47. C. Martin Wilbur and J. Lien-Ying, *Missionaries of Revolution: Soviet Advisers and Nationalist China, 1920–1927* (Cambridge, MA, 1989), 90–100.
48. E. Fung, *The Diplomacy of Imperial Retreat: Britain's South China Policy, 1924–1931* (Hong Kong, 1991), 42–54.
49. R. Hofheinz, *The Broken Wave: The Chinese Communist Peasant Movement, 1922–1928* (Cambridge, MA, 1977).
50. Wilbur and Lien-Ying, *Missionaries of Revolution*, 108–112; P. Zarrow, *China in War and Revolution, 1895–1949* (London, 2005), 216–221.
51. R. Karl, *Mao Zedong and China in the Twentieth-Century World: A Concise History* (Durham, NC, 2010), 29.
52. S. Schram (ed.), *Mao's Road to Power: Revolutionary Writings, 1912–1949* (New York, 1994), Vol. 2, 421.
53. J. Solecki and C. Martin Wilbur, 'Blücher's "Grand Plan" of 1926', *The China Quarterly* 35

(1968), 18–39.
54. H. Kuo, *Die Komintern und die Chinesische Revolution* (Paderborn, 1979), 148.
55. B. Elleman, *Moscow and the Emergence of Communist Power in China, 1925–1930* (London, 2009), 23–36.
56. Karl, *Mao Zedong*, 30.
57. Schram(ed.), *Mao's Road to Power*, Vol. 2,430.
58. S. Craft, *V. K. Wellington Koo and the Emergence of Modern China* (Lexington,KY, 2004), 86.
59. *Papers Relating to the Foreign Relations of the United States: Lansing Papers* (Washington, DC, 1926), Vol. 1,924; A. Iriye, *China and Japan in the Global Setting* (Cambridge, MA, 1992), 99–101.
60. Fung, *Diplomacy*, 100–111.
61. Ibid., 131–132.
62. A. Clayton, *The British Empire as a Superpower, 1919–39* (Basingstoke, 1986), 207–208.
63. Zarrow, China, 236-237.
64. M. Murdock, 'Exploiting Anti-Imperialism: Popular Forces and Nation-State-Building during China's Northern Expedition, 1926–1927', *Modern China* 35, No. 1 (2009), 65–95.
65. Fung, *The Diplomacy of Imperial Retreat*, 137–144.
66. Kuo, *Komintern*, 202–217.
67. Karl, *Mao Zedong*, 33
68. Hofheinz, *The Broken Wave*, 53–63.
69. Craft, *Wellington Koo*, 92.
70. M. Jabara Carley, 'Episodes from the Early Cold War: Franco-Soviet Relations, 1917–1927', *Europe-Asia Studies* 52, No. 7 (2000), 1, 297.
71. L. Viola, *The War Against the Peasantry, 1927–1930: The Tragedy of the Soviet Countryside* (New Haven, CT, 2005), 9–56.
72. L. D. Trotsky, 'The New Course in the Economy of the Soviet Union' (March 1930), http://www.marxists.org/archive/trotsky/1930/03/newcourse.htm.
73. P. Duus (ed.), *The Cambridge History of Japan, Vol. 6: The Twentieth Century* (Cambridge, 1988), 286–282.
74. Humphreys, *Heavenly Sword*, 136–142.
75. W. F. Morton, *Tanaka Giichi and Japan's China Policy* (New York, 1980), 71.
76. K. Colegrove, 'Parliamentary Government in Japan', *The American Political Science Review* 21, No. 4 (1927), 835–852.
77. Humphreys, *Heavenly Sword*, 122–157.
78. N. Bamba, *Japanese Diplomacy in a Dilemma* (Vancouver, 1972), 134.
79. T. Sekiguchi, 'Political Conditions in Japan: After the Application of Manhood Suffrage', *Pacific Affairs* 3, No. 10 (1930), 907–922.

第二十六章 大萧条

1. M. Friedman and A. Schwartz, *A Monetary History of the United States,1867–1960* (Princeton, NJ, 1963), 以及 K. Polanyi, *The Great Transformation:The Political and Economic Origins of our Times* (Boston, MA, 1944), 21–44。
2. B. Eichengreen, *Golden Fetters: The Gold Standard and the Great Depression, 1919–1939* (Oxford, 1992), 以及 A. Meltzer, *A History of the Federal Reserve* (Chicago, IL, 2003), Vol. 1。
3. H. James, *The German Slump: Politics and Economics, 1924–1936* (Oxford, 1986).
4. Z. Steiner, *The Lights that Failed: European International History, 1919–1933* (Oxford, 2005), 470–491; P. Heyde, *Das Ende der Reparationen* (Paderborn, 1998), 35–77; P. Cohrs, *The Unfinished Peace after World War I: America, Britain and the Stabilisation of Europe, 1919–1932* (Cambridge ,2006), 477–571.
5. S. Schuker, 'Les états-Unis,la France et l'Europe, 1929–1932', in J. Bariéty (ed.), *Aristide Briand, la Société des Nations et l'Europe, 1919–1932* (Strasbourg, 2007), 385.
6. L. Trotsky, 'Disarmament and the United States of Europe' (October 1929) http://www.marxists.org/archive/trotsky/1929/10/disarm.htm.
7. S. Adler, *The Uncertain Giant, 1921–1941: American Foreign Policy Between the Wars* (New York, 1965), 79.
8. A. Ritschl, *Deutschlands Krise und Konjunktur 1924–1934: Binnenkonjunktur, Auslandsverschuld ung und Reparationsproblem zwischen Dawes-Plan und Transfersperre* (Berlin, 2002).
9. B. Fulda, *Press and Politics in the Weimar Republic* (Oxford, 2009), 144–146.
10. H. Mommsen, *The Rise and Fall of Weimar Democracy* (Chapel Hill, NC, 1996).
11. F. R. Dickinson, *World War I and the Triumph of a New Japan, 1919–1930* (Cambridge, 2013), 185–186.
12. Adler, *Uncertain Giant*, 130.
13. R. Sims, *Japanese Political History Since the Meiji Renovation: 1868–2000* (London, 2001), 150.
14. I. Gow, *Military Intervention in Prewar Japanese Politics: Admiral Katō- Kanjiand the 'Washington System'* (London, 2004), 249–266, 以及 J. W. Morley(ed.), *Japan Erupts: The London Naval Conference and the Manchurian Incident, 1928–1932* (New York, 1984)。
15. L. Connors, *The Emperor's Adviser: Saionji Kinmochi and Pre-War Japanese Politics* (Oxford, 1987), 117–126; T. Mayer-Oakes (ed.), *Fragile Victory: Saionji-Harada Memoirs* (Detroit, IL, 1968).
16. R. Boyce, *The Great Interwar Crisis and the Collapse of Globalization* (Basingstoke, 2009).
17. Schuker, 'états-Unis',393.
18. W. Lippman, 'An American View', *Foreign Affairs* 8, No. 4 (1930), 499–518; R. Fanning, *Peace and Disarmament: Naval Rivalry and Arms Control, 1922–1933* (Lexington, KY, 1995), 125.

19. W. Lipgens, 'Europäische Einigungsidee 1923–1930 und Briands Europaplanim Urteil der deutschen Akten (Part 2)', *Historische Zeitschrift* 203, No. 1 (1966), 46–89. 至于这种热情的著名范例，可参看前总理爱德华·赫里欧的 *Europe* (Paris, 1930)。
20. Boyce, *Great Interwar Crisis*.
21. Société des Nations, *Documents relatifs à l'organisation d'un régime d'Union Fédérale Européenne*, Séries de publ. questions politique, VI (Geneva 1930), 1–16.
22. Boyce, *Great Interwar Crisis*, 258–272.
23. W. Lipgens, 'Europäische Einigungsidee 1923–1930 und Briands Europaplan im Urteil der deutschen Akten (Part 2)', *Historische Zeitschrift* 203, No. 2 (1966), 341.
24. H. Pogge Von Strandmann, 'Großindustrie und Rapallopolitik. Deutsch-Sowjetische Handelsbeziehungen in der Weimarer Republik', *Historische Zeitschrift* 222, No. 2 (1976), 265–341; R. Spaulding, *Osthandel and Ostpolitik: German Foreign Trade Policies in Eastern Europe from Bismarck to Adenauer* (Oxford, 1997), 267–269.
25. W. Patch, *Heinrich Brüning and the Dissolution of the Weimar Republic* (New York, 1998).
26. T. Ferguson and P. Temin, 'Made in Germany: The German Currency Crisisof 1931', *Research in Economic History* 21 (2003), 1–53.
27. Heyde, *Das Ende*, 130–144.
28. Schuker, 'états-Unis',394.
29. Boyce, *Great Interwar Crisis*, 305.
30. Eichengreen, *Golden Fetters*, 278.
31. Boyce, *Great Interwar Crisis*, 307–308.
32. Schuker, 'états-Unis',395.
33. Heyde, *Das Ende*, 208–216.
34. *The New York Times*, 'Germany Pledges a Holiday on Arms', 6 July 1931.
35. A. Tooze, *Wages of Destruction: The Making and Breaking of the Nazi Economy* (London, 2006).
36. C. Thorne, *The Limits of Foreign Policy: The West, the League and the Far Eastern Crisis of 1931–1933* (London, 1972).
37. Boyce, *Great Interwar Crisis*, 314–322.
38. Eichengreen, *Golden Fetters*, 279–316.
39. N. Forbes, *Doing Business with the Nazis* (London, 2000), 99.
40. K. Pyle, *The Making of Modern Japan* (Lexington, MA, 1978), 139.
41. J. Maiolo, *Cry Havoc: How the Arms Race Drove the World to War, 1931–1941* (London, 2010), 31.
42. Tooze, *Wages of Destruction*, 1–33; R. Evans, *The Coming of the Third Reich* (London, 2003).
43. Steiner, *The Lights*, 755–799.
44. D. Kennedy, *Freedom from Fear* (Oxford, 1999), 70–103.

45. Cohrs, *Unfinished Peace*, 581–587.
46. I. Katznelson, *Fear Itself: The New Deal and the Origins of Our Time* (NewYork, 2013).
47. B. Ackerman, *We the People*, Vol. 2, *Transformations* (Cambridge, MA, 1998).
48. R. Dallek, *Franklin Roosevelt and American Foreign Policy, 1932–1945* (Oxford, 1979), 23–100.
49. C. Romer, 'What Ended the Great Depression?', *The Journal of EconomicHistory* 52, No. 4 (1992), 757–784.
50. S. Schuker, *American 'Reparations' to Germany, 1919–1933* (Princeton, NJ,1988), 101–105.
51. R. Self, *Britain, America and the War Debt Controversy: The Economic Diplomacy of an Unspecial Relationship, 1917–1941* (London, 2006), 74.
52. R. Self, 'Perception and Posture in Anglo-American Relations: The War Debt Controversy in the "Official Mind", 1919–1940', *The International History Review* 29, No. 2 (2007), 286.

结论：加大赌注

1. S. Hoffmann, *Gulliver's Troubles, or the Setting of American Foreign Policy* (New York, 1968), 53.
2. J. Stalin, *Collected Works* (Moscow, 1954), Vol. 13, 41–42.
3. H. Nicolson, *Peacemaking, 1919* (London, 1933), 108.
4. P. Yearwood, *Guarantee of Peace: The League of Nations in British Policy, 1914–1925* (Oxford, 2009), 342.
5. S. Adler, *The Uncertain Giant, 1921–1941: American Foreign Policy Between the Wars* (New York, 1965), 150.
6. R. Boyce, *The Great Interwar Crisis and the Collapse of Globalization* (Basingstoke, 2009), 251.

致谢

本书是我与西蒙·温德尔（Simon Winder）、克莱尔·亚历山大（Clare Alexander）最新研究项目的成果，在此对他们二位表示感谢。我同样还要感谢温迪·沃尔夫（Wendy Wolf），是他促使我开始这项工作。我在美国新的出版代理人，安德鲁·怀利（Andrew Wylie）和萨拉·查尔方特（Sarah Chalfant）从头到尾参与了这个项目。虽然2014年时值企鹅集团周年纪念，有大量的出版任务，但《滔天洪水》这本书仍能得以迅速出版，这多亏了西蒙、玛丽娜·肯普（Marina Kemp）、我的编辑理查德·梅森（Richard Mason）、索引编辑戴夫·克拉达克（Dave Cradduck）以及理查德·杜吉德（Richard Duguid）所带领的企鹅出版团队等人的共同努力。我对他们的友善态度、专业水准和投入精神表示发自肺腑的感谢。

写书不是件容易的事，有些书还特别困难，这本书就不那么容易。因此，一个人如果能从朋友和同事那里得到帮助，那他一定会觉得自己非常幸运，而我就真的是这么一个幸运儿。在英国，我很荣幸，能经常与伯恩哈德·富尔达（Bernhard Fulda）、梅利莎·莱恩（Melissa Lane）、克里斯·克拉克（Chris Clark）、大卫·雷诺兹（David Reynolds）和大卫·埃杰顿（David Edgerton）等人交谈，让他们帮我看书稿。2009年到耶鲁之后，我发现自己更加幸运了。除了有一些很好的朋友，我还找到了学术上的大家庭。

这个大家庭有很多成员。首先是一群天资聪颖的研究生，他们以一种我从未感受过的方式给我带来灵感和动力，其中一些人很快将成为我的同事。2009年以来，格雷·安德森（Grey Anderson）、阿纳·巴尔齐莱（Aner Barzilay）、凯特·布拉克尼（Kate Brackney）、卡门·德格（Carmen Dege）、史蒂芬·艾希（Stefan Eich）、特德·费蒂克（Ted Fertik）和杰里米·凯斯勒（Jeremy Kessler）经常与我就不同话题进行交流，我们这个杰出的团体精力充沛，不眠不休。能有这样的经历，真的让人非常开心和骄傲，希望它能一直继续下去。

耶鲁大学拥有层次丰富的学术生态环境。我的第二个圈子是我在世界史领域以及耶鲁国际安全研究所（International Security Studies）的朋友与同事。2013年，我接替伟大的保罗·肯尼迪（Paul Kennedy），成为国际安全研究所的负责人。一个好汉三个帮，作为国际安全研究所的副所长，阿曼达·贝姆（Amanda Behm）工作极其出色，使我能够在2013年完成这本书。当然，这并不是说国际安全研究所就只依靠我们两个人。在耶鲁大学世界史领域的众多学者之中，我的同事帕特里克·科尔斯（Patrick Cohrs），以及在阿曼达之前担任副所长的瑞安·欧文（Ryan Irwin），对本书的影响也尤为重要。

最后，我要感谢我在历史学系、政治学系、德国研究所和法学院的各位同事。他们抽出时间对本书的各个章节展开讨论、提出意见，或是与我分享彼此的灵感、思想与动力。劳拉·恩格斯坦（Laura Engelstein）让我在耶鲁有了家的感觉，并帮我把关俄国历史的部

致谢

分；蒂姆·斯奈德（Tim Snyder）、保罗·肯尼迪与杰伊·温特（Jay Winter）就一份早期的意见书展开了令人难忘的讨论；朱莉娅·亚当斯（Julia Adams）主持了一场精彩的转型研讨会（Transitions seminar）；卡鲁纳·曼特纳（Karuna Mantena）在印度和自由主义的问题上为我提供了反馈；斯科特·夏皮罗（Scott Shapiro）和乌娜·海瑟薇（Oona Hathaway）在国际法与《非战公约》的和平秩序方面的热情感染了我；在蓝州咖啡馆（Blue State Café），我与约翰·威特（John Witt）以一种学者式的陪伴共同度过了很多个清晨；与布鲁斯·阿克曼（Bruce Ackerman）的交谈加强了我对威尔逊重大时刻的解读；保罗·诺思（Paul North）敦促我为现代政治中的改良主义进行辩护；塞拉·本哈比（Seyla Benhabib）对此的论辩，其精彩程度是我难以企及的；伊恩·夏皮罗（Ian Shapiro）对我的上一本书非常感兴趣，这极大地鼓舞了我。

最重要的，我在耶鲁为本科生讲授两次大战间的世界史课程，在这期间，一批又一批的学生为我提供了珍贵的建议和想法，尤其是本·奥尔特（Ben Alter）、康纳·克劳福德（Connor Crawford）、本杰明·道斯－哈伯尔（Benjamin Daus-Haberle）、埃迪·菲什曼（Eddie Fishman）和泰奥·苏亚雷斯（Teo Soares）等人，他们都在这本书里留下了印迹，有些人还直接贡献了部分文字。本和泰奥，还有内德·唐尼（Ned Downie）、伊莎贝尔·马林（Isabel Marin），以及我在国际安全研究所的可靠助理伊戈尔·比留科夫（Igor Biyurkov），都对本书一些文字进行了极有价值的修改。

除了在剑桥和耶鲁，我在这个项目上完成的第一篇文章提交给了比勒费尔德大学（Bielefeld University）汉斯－乌尔里希·韦勒（Hans-Ulrich Wehler）的著名研讨会，我很荣幸能参加那次论坛。在此之前，在剑桥的美国历史研讨会上，我获得了一些非常有用的意见。上一篇在英国提交的文章则是应詹姆斯·汤普森（James

Thompson）之邀参加布里斯托大学（Bristol University）的历史研讨会。彼得·海耶斯（Peter Hayes）与德博拉·科恩（Deborah Cohen）让我在西北大学（Northwestern University）做了一次发言，杰夫·埃利（Geoff Eley）则在圣母大学（Notre Dame）的法西斯主义学术讨论会中为我提供了讲台。在耶鲁，查理·布赖特（Charlie Bright）和迈克尔·盖耶（Michael Geyer）同我在一次学术讨论中聊得酣畅淋漓。在迈阿密大学（University of Miami），多米尼克·赖尔（Dominique Reill）与赫尔曼·贝克（Herman Beck）也同我进行了废寝忘食的热烈讨论。2013年年初，在普林斯顿（Princeton）的"大萧条学术大会"上，当我对《黄金镣铐》（*Golden Fetters*）一书进行评论时，巴里·艾肯格林（Barry Eichengreen）展现出了优雅的大家风范，这于我是莫大的鼓励。在宾夕法尼亚大学（University of Pennsylvania），乔纳森·斯坦伯格（Jonathan Steinberg）、丹·拉夫（Dan Raff）和迈克尔·博尔多（Michael Bordo）坚定了我对于美国在两次大战间的霸权的看法。在我近二十年的学术生涯里，乔纳森一直满腔热情地对我的作品进行评论，我同他，还有马里昂·康德（Marion Kant）之间的友情是上天的馈赠。2013年1月，在华盛顿特区的一个美国国家情报委员会分析交换项目（National Intelligence Council Analytic Exchange）中，哈罗德·詹姆斯（Harold James）以及其他参与者开启了一场全新的关于美国国家政策的讨论。文化学国际研究中心（IFK centre）在维也纳举办的"大战时代的技术政治（1900—1930）"学术讨论会上，我非常荣幸地听到了来自休·斯特罗恩（Hew Strachan）、杰伊·温特还有再次见面的迈克尔·盖耶的反馈。我还要特别感谢亚里·埃洛兰塔（Jari Eloranta），直到最后一刻，他还在为我提供数据。

二十二年前，在伦敦政治经济学院（London School of

Economics）读博士的时候，我认识了弗朗西丝卡·卡尔内瓦利（Francesca Carnevali）。在此后的岁月中，我们总是相互阅读对方的作品，是最为亲密的朋友。弗朗西丝卡当然是第一批阅读这本书稿的人。我非常荣幸能与她那无人可比的丈夫保罗·迪·马蒂诺（Paolo Di Matino）成为朋友和同事，每次我去伯明翰（Birmingham）的时候，总能感受到他们夫妻俩的充沛精力、热情好客与深厚情谊。现在弗朗西丝卡已经离我们而去了，这在我们的生活中留下了无法弥补的缺憾。

弗朗西丝卡喜欢向前看，未来与新事物总能给她带来极大的安慰。2009年以来，在纽黑文（New Haven），安妮·韦尔克（Annie Wareck）与伊恩·约克（Iain York）让我对友谊有了新的理解。他们与他们可爱的儿子——泽夫（Zev）、马拉凯（Malachai）和列维（Levi）照亮和温暖了我们的时光，这些感受是无法衡量的。

贝琪·康奈金（Becky Conekin）一直支持我完成这本书，同时我也很高兴能支持她完成她自己关于李·米勒（Lee Miller）的精彩作品。在牵手同行的近二十年间，我们一直保持着这种相互的扶携。希望有一天，她会像我一样，对我们所完成的事业感到骄傲。

本书要献给我们亲爱的女儿伊迪（Edie），她一直是我生命中的光。

纽黑文，2013年11月

索引

（按汉语拼音顺序排列，页码见本书边码；斜体页码表示出现在图表中）

A

A. V. 戴雪（Dicey, A. V.）184
阿比西尼亚（Abyssinia）511
阿卜杜勒·巴里（Bari, Abdul）384-385
阿道夫·梯也尔（Thiers, Adolphe）274
阿道夫·希特勒（Hitler, Adolf）
 第二本书（'Zweites Buch'）4-5
 第一次世界大战对其的影响（effect of World War I on）305
 关于德国国际义务的默认公告（default announcement on Germany's international obligations）506
 《我的奋斗》（Mein Kampf）26, 305
 选举人气（electoral popularity）239
 与1923年巴伐利亚危机（and the 1923 Bavarian crisis）450, 451, 452
 与德国社会主义工人党（and the NSDAP）450, 503, 506
 与法国（and France）450
 与国际联盟裁军对话（and the League of Nations disarmament talks）506
 与劳合·乔治（and Lloyd George）306
 与美国（and the US）6, 7
 与墨索里尼（and Mussolini）305-306
 与新秩序（and the new order）4-5, 18, 23, 26
 与杨格计划（and the Young Plan）489
 "桌边谈话"（'Table Talk'）162
 作为总理候选人（as Chancellorship candidate）503
阿道夫·越飞（Joffe, Adolphe）421, 434
 《孙文越飞宣言》（Sun-Joffe Declaration）478
阿尔·史密斯（Smith, Al）347
阿尔巴尼亚（Albania）446
阿尔伯特·苏德库姆（Suedekum, Albert）220-221
阿尔伯特·托马斯（Thomas, Albert）76, 175
阿尔弗雷德·胡根贝格（Hugenberg, Alfred）506

阿尔弗雷德·马汉（Mahan, Alfred Thayer）35

阿尔萨斯—洛林（Alsace-Lorraine）52, 86-87, 175, 242, 276, 290

阿尔斯特省（Ulster）180, 191

 复活节起义后统一党选举胜利（Unionist election triumph after Easter Uprising）376

 另见爱尔兰：统一党（see also Ireland: Unionists）

阿富汗（Afghanistan）393, 418

 与苏联（and the Soviet Union）416

阿根廷（Argentina）353-354

 美国私人长期投资（1930年12月）（US private long-term investment）477

阿加迪尔，第二次摩洛哥危机（Agadir, Second Moroccan Crisis）59

阿拉伯半岛（Arabia）193

阿拉伯的（Arabic）34

阿兰森·霍顿（Houghton, Alanson）460

阿里斯蒂德·白里安（Briand, Aristide）367, 400, 428, 430, 469, 517

 内阁（cabinet of）176

 诺贝尔和平奖（Nobel Peace Prize）23, 462

 与《梅隆—贝朗热协议》（and the Mellon-Berenger accord）469

 与国际联盟（and the League of Nations）492-493

 与施特雷泽曼（and Stresemann）473, 492, 493

 另见《凯洛格—白里安公约》（see also Kellogg-Briand Pact）

阿列克谢·阿列克谢耶维奇·布鲁西洛夫（Brusilov, Aleksei Alekseevich）46, 83, 412

阿姆利则惨案（Amritsar massacre）383-384, 385, 387, 463

阿纳斯塔西娅·比增科（Bizenko, Anastasia）110

阿塞拜疆（Azerbaijan）147, 148, 415

阿瑟·索尔特（Salter, Arthur）205, 290

"阿特拉斯号"（Atlas）89

阿图尔·齐默尔曼（Zimmermann, Arthur）66

埃德加·文森特，第一代达伯农子爵（D'Abernon, Edgar Vincent, 1st Viscount）430, 446

埃德加·西森（Sisson, Edgar）119

埃德蒙·艾伦比，第一代艾伦比子爵（Allenby, Edmund, 1st Viscount）201, 379, 380

埃德蒙·伯克（Burke, Edmund）61

埃德温·蒙塔古（Montagu, Edwin Samuel）186, 187-188, 195, 383, 384, 385, 387, 388, 389, 391, 392, 436

 蒙塔古—切姆斯福德改革（Montagu-Chelmsford reforms）188-189, 210, 382, 383, 385

埃尔伯特·亨利·加里，"法官"（Gary, Elbert Henry, 'Judge'）341

埃及（Egypt）

 1920年2月部署帝国军队（deployment of Imperial Forces, February 1920）375

 英国保护领（British proctectorate）193, 378-380

 帝国战争使经济混乱（economic dislocation through imperial war effort）212, 213, 378-379

 胡佛延债宣言（Hoover moratorium）498

索引

独立（independence）379-380
戒严令（martial law）379, 380
民族主义（nationalism）378-380
华夫脱党（Wafd）378, 380
埃克托尔·巴雷拉（Varela, Hector）353
埃莱夫塞里奥斯·韦尼泽洛斯（Venizelos, Eleftherios）382, 438
埃里希·冯·法金汉（Falkenhayn, Erich von）47
埃里希·鲁登道夫（Ludendorff, Erich）22, 24, 43, 47-48, 57, 82, 111, 12-19, 135, 140, 148, 153, 155, 219
　　攻击英国前线（attack on British front line）140
　　实现一个附属的俄国的目标（aims for a dependent Russian state）161
　　为德皇辩护（defense of Kaiser）225
　　想要摧毁苏维埃政权（desire to crush Soviet regime）161, 170
　　与巴特洪堡会议（and the Bad Homburg conference）133
　　与彼得格勒（and Petrograd）167
　　与波兰（and Poland）135
　　与补充条约（and the Supplementary Treaty）167
　　与布列斯特—立陶夫斯克（and Brest-Litovsk）118, 131
　　与冲锋队（and the SA）451
　　与芬兰（and Finland）150-151
　　与英国在摩尔曼斯克（and the British in Murmansk）166
　　与犹太人（and the Jews）135
埃米尔费萨尔，伊拉克费萨尔一世（Feisal, Amir, Feisal I of Iraq）380, 381
埃森（Essen）319

埃斯梅·霍华德爵士（Howard, Sir Esme）471
艾蒂安·克莱芒泰尔（Clémentel, Étienne）251, 290, 291, 457-458
艾尔弗雷德·哈姆斯沃思，第一代诺斯克利夫子爵（Harmsworth, Alfred, 1st Viscount Northcliffe）184
艾尔弗雷德·米尔纳，第一代米尔纳子爵（Milner, Alfred, 1st Viscount）194, 377, 379-380
艾哈迈达巴德（Ahmedabad）383
爱德华·贝奈斯（Benes, Edvard）284
爱德华·达维德（David, Eduard Heinrich）114, 139, 162, 316
爱德华·格雷爵士（Grey, Sir Edward）62, 92, 95
爱德华·豪斯上校（House, Edward M., Colonel）35, 45, 49, 56, 62, 86-87, 145, 159, 192, 197-198, 226, 227, 228, 267
　　与中国（and China）103-104
　　与日本，人类平等与《国际联盟盟约》（and Japan, human equality and the League Covenant）324-325, 326
爱德华·赫里欧（Herriot, Edouard）457, 458-459, 469, 470
爱尔兰（Ireland）
　　爱尔兰共和军（IRA）376
　　爱尔兰议会（Council of Ireland）376
　　爱尔兰议会党（Irish Parliamentary Party）179, 180
　　爱尔兰众议院（Dail Eirann）376
　　爱尔兰自由邦（Irish Free State）376-377, 394
　　地方自治（Home Rule）179-180, 190-193, 376

分离（partitioning）376-377
　　复活节起义，都柏林（Easter uprising, Dublin）79, 180, 376
　　戒严令（martial law）376
　　统一党（Unionists）79, 179-180, 191, 376
　　新芬党，见新芬党（Sinn Fein see Sinn Fein）
　　与帝国灾难（and imperial catastrophe）375-377
　　与劳合·乔治，见大卫·劳合·乔治，第一代伯爵：与爱尔兰（and Lloyd George see Lloyd George, David, Ist Earl: and Ireland）
　　与美国（and the US）190-193, 377
　　战争结束后形势恶化（deteriorating situation at end of War）227, 375-376; 南方的内战（civil war within the South）377; 游击战争（guerrilla war）376
　　征兵（conscription in）192, 193
爱尔兰共和军（Irish Republican Army, IRA）376
爱国联盟（Liga Patriotica）353
爱沙尼亚（Estonia）117, 134, 167
　　宣布成为一个共和国（declaration as a republic）232
安德烈·马奇诺（Maginot, André）442
安德烈·塔尔迪厄（Tardieu, André）59-60, 277
　　财产税（capital levy）250
　　法国（French）251
　　课税（taxation）250-251
　　美国（US）：通货膨胀税（inflation tax）216; 出口税（tax on exports）46

　　英国（British）248, 250
安德鲁·博纳·劳（Law, Andrew Bonar）248, 439
安德鲁·梅隆（Mellon, Andrew）469
安东·邓尼金（Denikin, Anton Ivanovich）234, 410, 411
安卡拉（Ankara）381, 437
安拉阿巴德（Allahabad）181
安纳托利亚（Anatolia）381, 382, 390, 437, 438
安妮·贝赞特（Besant, Annie）180, 182, 187, 189-190, 382
安扎里（Enzeli）415
奥地利（Austria）
　　罢工（1918年1月）（strikes）129
　　德奥关税同盟（Austro-German customs union, Zollverein）494-495
　　恶性通货膨胀（hyperinflation）212
　　国会（Parliament）42
　　和平倡议（1918年9月）（peace appeal）219
　　胡佛延债宣言（Hoover moratorium）498
　　舰队暴动（fleet mutiny）129
　　美国私人长期投资（1930年12月）（US private long-term investment）476
　　社会党（Socialist Party）243
　　通货膨胀（inflation）355
　　宣布作为一个共和国（declaration as a republic）232
　　与布列斯特—立陶夫斯克（and Brest-Litovsk）130, 131
　　与布鲁西洛夫进攻（and the Brusilov offensive）70
　　与凯恩斯关于德国外国债券的提议

（and Keynes' proposal of German foreign bonds）301

与世界经济等级（and the world economy hierarchy）362

与乌克兰人（and the Ukrainians）132

与协约国内部会议（1917年11月）（and the Inter-Allied Conference）197

造成严重后果的打击（crippling blows to）52, 57, 70

奥地利信贷银行（Kreditanstalt, Vienna）495

奥克兰·格迪斯（Geddes, Auckland）395

奥赛码头会议（Quai d'Orsay conference）235, 255

奥斯丁·张伯伦（Chamberlain, Austen）181-182, 185-186, 248, 356-358, 359, 367

论美国在国际联盟的缺席（on America's absence from the League）516

诺贝尔和平奖（Nobel Peace Prize）23, 462

与国际联盟（and the League of Nations）470, 471

与英联邦（and the Commonwealth）395

与中国的民族主义者（and the Chinese Nationalists）481

奥斯曼帝国（Ottoman Empire）3, 5, 9, 33, 173, 176, 195, 337, 378, 437

协约国瓜分政策（Entente policy of dismantling）381

协约国自决要求（Entente self-determination demands）52

英国保护奥斯曼帝国抵御沙皇扩张（British protection against Tsarist expansion）193

与俄国/苏联（and Russia/USSR）193, 194

与威尔逊的十四点原则宣言（and Wilson's 14 Points manifesto）121

与英属印度和基拉法特运动（and the Raj and Khilafat movement）384-385, 416

另见土耳其（see also Turkey）

奥托·冯·俾斯麦（Bismarck, Otto von）24

奥托·冯·洛索（Lossow, Otto von）148

奥托·兰茨贝格（Landsberg, Otto）312

奥托·威德菲尔特（Wiedfeldt, Otto）458

奥托卡尔·切尔宁（Czernin, Ottokar von）47, 118, 130, 131, 132

奥匈联军（Austro-Hungarian Army）306

澳大利亚（Australia）

白人团结（White solidarity）392, 393

胡佛延债宣言（Hoover moratorium）498

美国私人长期投资（1930年12月）（US private long-term investment）477

与日本对《国际联盟盟约》的修订（and the Japanese amendment to the League covenant）325

与英联邦（and the Commonwealth）394, 395

战时批发价混乱（wartime wholesale price dislocation）213

B

八幡工厂，日本（Yawata works, Japan）356

巴登（德国）（Baden）274

巴尔·甘格达尔·提拉克（Tilak, Bal Gangadhar）180-181, 189, 382

巴尔干（Balkans）5, 193

巴尔干国家（Baltic states）109, 115, 122, 124,

131, 134, 138, 161, 167, 284
巴伐利亚（Bavaria）232, 242, 274, 316
右翼危机（1923年）（crisis of the right）450-451, 452
巴库（Baku）148, 167, 415
国会（Congress）420
巴勒斯坦（Palestine）195-196, 377, 380
部署帝国军队，1920年2月（deployment of Imperial Forces, February 1920）375
当地的印度穆斯林（Indian Muslims in）390
巴黎（Paris）74, 140, 173
 巴黎公社（Commune）138, 240, 422
 撤离美国银行家的家人（evacuation of families of American bankers）469
 大使级会议（Conference of Ambassadors）447
 和平会议，见凡尔赛/巴黎和平会议和条约（Peace Conference see Versailles/Paris peace conferences and Treaty）
 经济会议（1916年）（economic conference）205
 协约国内部会议（1917年11月）（Inter-Allied Conference）197
巴拿马运河（Panama Canal）44
巴塔哥尼亚（Patagonia）353
巴特洪堡会议（1918年2月）（Bad Homburg conference）133-135
巴西（Brazil）255, 282
 罢工（strikes）247
 霸权危机模型（hegemonic crisis model）18-20, 26
 白俄罗斯（Belorussia）117, 411
 成立苏维埃社会主义共和联盟的条约（1922年12月28日）（USSR treaty）417-418

美国私人长期投资（1930年12月）（US private long-term investment）477
美西战争（Spanish-American War）15, 41, 44
战时批发价格混乱（wartime wholesale price dislocation）213
白军（White forces）235, 236, 410-411, 417
波苏战争（Polish-Soviet War）412-413, 417
芬兰白军（Finnish White Guards）150-451
白人团结（White solidarity）392
白色恐怖，中国（White Terror, China）483
柏柏尔人（Berber peoples）233
柏林（Berlin）238
 大屠杀（pogroms）511
班布里奇·科尔比（Colby, Bainbridge）404
保护主义（protectionism）15, 349, 492, 493, 501
保加利亚（Bulgaria）33
 法西斯主义（fascism）354
 胡佛延债宣言（Hoover moratorium）498
 与凯恩斯关于德国外国债券的提议（and Keynes' proposal of German foreign bonds）301
 战争期间亡国的威胁（threat of national extinction during war）5
保罗·冯·辛慈（Hintze, Paul von）163, 169
保罗·冯·兴登堡（Hindenburg, Paul von）43, 47-48, 57, 82, 111, 129, 155, 219, 317, 494
 与布列斯特—立陶夫斯克（and Brest-Litovsk）118
保罗·海曼斯（Hymans, Paul）261

索引

保罗·芮恩施（Reinsch, Paul S.）91-92, 98, 99, 104, 322
悲剧周（Semana Tragica）353
北方邦乔里乔拉暴力（Chauri Chaura violence, Uttar Pradesh）389
北京（Beijing）93, 100-101, 328
    大学（University）91, 93
北美（America, North）
    见美国（see United States of America）
贝尔福宣言（Balfour Declaration）196, 380
贝尼托·墨索里尼（Mussolini, Benito）10, 174, 307, 311-312, 402, 441-442, 452, 491, 502, 511
    第一次世界大战的影响（effect of World War I on）305
    "陆奥号"（日本巡洋舰）（*Mutsu*）399
    与科孚危机（and the Corfu crisis）446-447
    与劳合·乔治（and Lloyd George）306
    与希特勒（and Hitler）305-306
被压迫民族代表大会（Congress of the Oppressed Nationalities）177-178
本野一郎（Motono Ichiro）98, 146
比利时/比利时人（Belgium/Belgians）
    德国占领比利时（German occupation of Belgium）279
    美国私人长期投资（1930年12月）（US private long-term investment）476
    美国债务（US debts）*302, 468, 498*
    协约国要求清空（Entente demands for evacuation of）52
    与法国入侵鲁尔区（and the French invasion of the Ruhr）441, 442, 452-457
    与凡尔赛（and Versailles）255, 282

与国际联盟（and the League of Nations）261, 266
与威尔逊的十四点宣言（and Wilson's 14 Points manifesto）121
战时民族灭亡的威胁（threat of national extinction during war）5
中立化（neutralization）163
彼得·弗兰格尔男爵（Wrangel, Pyotr Nikolayevich, Baron）412
彼得格勒（Petrograd）
    布尔什维克党第七次全国代表大会（Seventh National Congress of the Bolshevik Party）137
    德国大使（German embassy）168
    第二次全俄罗斯代表大会（Second All-Russian congress）84
    芬德进军（Finno-German march on）150, 155
    共产国际第二次全体代表大会（Comintern Second Congress in）413-417, 418-419
    提出占领（proposed occupation of）167
    英国大使怒骂（British embassy stormed）168
    与布列斯特—立陶夫斯克（and Brest-Litovsk）118-119
彼得格勒的和平方案（Petrograd formula for peace）71, 74, 76-78, 79, 115, 124, 138, 183
彼得格勒苏维埃（Petrograd Soviet）69, 70, 71, 76, 78-79, 83-84, 136, 194
    和平方案，见彼得格勒和平方案（peace formula see Petrograd formula for peace）
币原喜重郎（Shidehara Kijuro）23, 403, 478, 484

滨口雄幸（Hamaguchi Osachi）491, 499
波兰 / 波兰人（Poland/Poles）
 1918–1920 年的战争（wars between 1918 and 1920）284
 波兰－乌克兰联军（Polish-Ukrainian army）412
 波苏战争（Polish-Soviet War）284, 411-413, 417;《里加和约》（Treaty of Riga）417
 布尔什维克谈判（1919 年 10 月）（Bolshevik negotiations）411
 福利开支（welfare spending）285
 国家民主党（National Democrats）284, 411
 煤炭（coal）466
 美国私人长期投资（1930 年 12 月）（US private long-term investment）476
 民族主义（nationalism）284
 枪骑兵（Uhlans）417
 沙皇在俄占波兰的反犹主义（Tsarist anti-Semitism in Russian Poland）43
 苏联在波兰和中国战场上的防御斗争（Soviet defensive struggle between Polish and Chinese arenas）475, 483
 通货膨胀（inflation）355; 恶性通货膨胀（hyperinflation）212, 285
 协约国支持成立一个新的波兰国家（Allied sponsorship of new state of Poland）276
 宣布波兰作为一个共和国（declaration of Poland as a republic）232
 犹太人（Jews）135
 与布列斯特－立陶夫斯克（and Brest-Litovsk）116, 118, 138-139
 与德国（and Germany）114, 138-139, 161, 285; 西里西亚边界争端（Silesian boundary dispute）5, 281-283, 286, 314, 426
 与德国和苏联互不侵犯条约（and German-Soviet non-aggression pact）475
 与法国（and France）280, 412
 与凡尔赛（and Versailles）284-286
 与国际联盟（and the League of Nations）260
 与劳合·乔治（and Lloyd George）285
 与鲁登道夫（and Ludendorff）135
 与世界经济次序（and the world economy hierarchy）362
 与威尔逊十四点原则宣言（and Wilson's 14 Points manifesto）121
 与乌克兰（and the Ukraine）411-412
 与西方的保护（and western protection）109
 与英国（and Britain）412
 战争部（Ministry of War）411
 组合成波兰共和国（assembling and integrating Polish republic）284-285
波旁皇族（Bourbons）273
波斯（Persia）330, 377
波希米亚（Bohemia）281
伯尔尼，第二社会主义国际（Berne, Second Socialist International）240, 241-243, 409
伯明翰（Birmingham）179
铂（platinum）153
博伊斯·彭罗斯（Penrose, Boise）372
不列颠与联合王国（Britain and the United Kingdom）
 1918 年作为协约国战时努力的驱动力（as driver of Allied war effort in

1918）178-179

阿斯奎斯政府（Asquith government）48, 178-179, 180

罢工与工人阶级的斗争（strikes and working class militancy）246-248, 247, 356, 359; 1918年5月罢工（1918 May strikes）182-183; 1925–1926年矿业工人罢工（1925–1926 miners' strike）466; 与共产主义的看法（communist vision）409; 警察罢工（police strike）246

比例代表制提议（Proportional Representation proposal）184, 245

财政部（Treasury）36, 37, 39, 51, 59, 196, 208, 215-216, 358, 359, 366, 465, 473

船舶（shipping）207, 292

帝国主义，见帝国主义/殖民主义：英国（imperialism see imperialism/colonialism: British）

独立工党（Independent Labour Party）26, 76, 79, 183, 241, 296

对德国的"制胜一击"（'knock-out blow' goal against Germany）42

福利支出（welfare spending）248

工党（Labour Party）56, 184, 197, 221, 244-245, 250; 1918年选举（1918 election）245; 1923年选举胜利（1923 election victory）455; 反欧情绪（anti-European mood）455; 呼吁英格兰银行国有化（calls for nationalization of Bank of England）465; 与道威斯计划（and the Dawes Plan）461; 工党政府依赖自由党的支持（dependence of Labour governments on Liberal support）244; 与法国的关系（and French relations）455-456, 457; 与劳合·乔治战争目标的声明（and Lloyd George's war aims declaration）244; 麦克唐纳政府（MacDonald government）455-456, 457, 461, 465, 470, 491, 493, 500-501; 与威尔逊（and Wilson）241

工会（trade unions）42, 184, 244, 246, 247-248, 359, 466

工人的"三角联盟"（workers' 'Triple Alliance'）247, 359

工作小时数（working hours）246-247

公民权改革（franchise reform）183-185

海外购买的战争物资（war materials purchased abroad）39

海洋封锁（naval blockade）34-35, 39, 56

红色恐惧（Red Scare）465, 470

皇家空军（Royal Air Force）446

加入战争的理由（reasons for entering war）42

阶级冲突（class conflict）356

经济（economy）：通货紧缩（deflation）358-360, 367, 397, 466; 黄金储备（gold reserves）52; 与金本位制（and the gold standard）36, 208, 363, 465-466, 500-501, 504; 与大萧条（and the Great Depression）500-501; 通货膨胀（inflation）356-358; 破产危机（insolvency threat）78; 国民财富（national wealth）12; 海外投资（overseas investment）36; 战后预算（post-war budget）248; 公共债务（1914–1919）（public debt）249; 依赖美国的危险（risk of dependence on the US）40, 48-49, 78, 207-209; 英镑

（sterling）见英镑（see sterling）；战时批发价格混乱（wartime wholesale price dislocation）213；与世界经济等级（and the world economy hierarchy）362

军费开支（military spending）364, *514*

劳工运动（labour movement）56, 76, 192, 240, 241, 244

劳合·乔治带领下的联合政府（Coalition government under Lloyd George）40, 48-49, 245-249

利率（interest rates）359, 501

《领土防御法》（Defence of the Realm Act）183

麦克唐纳领导下的全国政府（National Government under MacDonald）500-501

煤（coal）247, 366, 466

美索不达米亚战役（Mesopotamian campaign）186

民主（democracy）26, 59, 62, 183, 245, 248；民主重建计划（Democratic Programme of Reconstruction）248；印度与"英国民主遗产"的叙事（India and the narrative of 'British legacy of democracy'）386

民主控制联盟（Union of Democratic Control）244, 455

内阁（cabinet）42, 48, 52, 192, 193, 195, 196, 376, 384, 428, 481；委员会（committee）51

帕斯尚尔战役（Passchendale offensive）78

迫切要求协约国在西伯利亚进行干涉（Siberian Entente intervention pressed for by）156-157

社会服务开销（social services expenditure）359-360

失业（unemployment）359, 360, 370, 465；救济金（dole）500

世界体系（world system）20-21 另见大英帝国（see also British Empire）

税收系统（tax system）248, 250

铁路罢工（railway strike）246, *247*

托利党（Tory Party）42, 180, 184, 191, 246, 384；1923年选举失败（1923 election defeat）455；1924年选举胜利（1924 election victory）465；与爱尔兰（and Ireland）376；与劳合·乔治（and Lloyd George）245, 248；与矿业工人罢工（1925–1926）（and the miners' strike）466

外交部（Foreign Office）180, 195, 463-464, 474

武装力量（armed forces）见英国陆军、皇家海军（see British Army; Royal Navy）

信贷（credit）204

选举改革（electoral reform）183-185

英格兰银行，见英格兰银行（Bank of England see Bank of England）

与爱尔兰自治危机（and the Irish Home Rule crisis）179-180, 190-193, 376 另见爱尔兰（see also Ireland）

与奥斯曼帝国（and the Ottoman Empire）193

与波兰人（and the Poles）412

与德国，见德国：与英国（and Germany see Germany: and Britain）

与俄罗斯/苏联（and Russia/USSR）：

1919年试图阻退革命（attempt in 1919 to roll back revolution）410-411；英国保护奥斯曼帝国抵御沙皇扩张（British protection of Ottoman Empire against Tsarist expansion）193；与丘吉尔（and Churchill）235, 236, 410；共产国际第三次代表大会和平共处政策（Comintern Third Congress policy of coexistence）419；共产党人在亚洲的斗争（Communist struggle in Asia）415-416；缓和政策（détente policy）424-425；与德国经济（and the German economy）427-429；与劳合·乔治（and Lloyd George）235-236, 411；摩尔曼斯克反苏维埃阵地（Murmansk anti-Soviet base）166；在19世纪（in the nineteenth century）20；与帕斯尚尔战役（and the Passchendale offensive）78；与彼得格勒方案（and the Petrograd formula）183；苏格兰场突袭苏维埃贸易代表在伦敦的办公室（Scotland Yard raid on Soviet trade delegation offices in London）483；断绝外交关系（1927年）（severing of diplomatic relations）483；英国大使在彼得格勒的猛烈攻击（storming of British embassy in Petrograd）168；贸易协定（1921年3月）（trade treaty）417；与土耳其（and Turkey）438 另见协约国（see also Entente）

与法国，见法国/法国人：与英国（and France see France/the French: and Britain）

与凡尔赛（and Versailles）255, 256

与国际联盟（and the League of Nations）258, 259-261, 262-263, 264-265, 266, 267, 268-270, 271, 455, 470

与华盛顿会议（and the Washington Conference）见华盛顿海军会议（see Washington Naval Conference）

与美国，见美国：与英国（and the US see United States of America: and Britain）

与墨索里尼（and Mussolini）446-447

与南斯拉夫（and Yugoslavia）308

与日本，见日本：与英国（and Japan see Japan: and Britain）

与土耳其（and Turkey）436, 437-438

与中国（and China）322, 478, 481-482

《战壕选举法案》（Trench Voting Bill）184, 246

战时内阁（War Cabinet）196-198, 244

战争赔款，见赔款：与英国（war reparations see reparations: and Britain）

涨工资（wage increases）246

政府债券（government bonds）37, 189, 210, 211, 215

自由党（Liberal Party）244, 429；1918年选举（1918 election）245；1923年选举赢得（1923 election gains）455；反欧情绪（anti-European mood 455）；工党政府依赖自由党的支持 dependence of Labour governments on Liberal support 244

自由贸易文化（free trade culture）14

作为协约国成员（as member of Entente）见协约国（see Entente）

作为一个全球和海军力量（as a global and naval power）11 另见英帝国（see

also British Empire）

作为伊斯兰教的"主要敌人"（as Islam's 'arch enemy'）384

布尔什维主义/布尔什维克（Bolshevism/Bolsheviks）71-72, 76, 79, 81, 164-165

 1917年革命（1917 Revolution）见俄国条目下（see under Russia）

 1918年后布尔什维克革命的威胁（post-1918 threat of Bolshevik revolution）21

 波兰谈判（1919年10月）（Polish negotiations）411

 布尔什维克中央委员会（Bolshevik Central Committee）132, 136, 151, 165, 168

 布列斯特—立陶夫斯克（Brest-Litovsk）见《布列斯特—立陶夫斯克条约》（see Brest-Litovsk Treaty）

 《布列斯特条约》的补充条约（Supplementary Treaty to Brest）167-169

 第七次全国代表大会（Seventh National Congress）137

 否认债务（debt repudiation）129

 "红色恐怖"（Red Terror）168-169, 237

 立宪会议选举（1917年）（Constituent Assembly elections）85, 85

 美国反布尔什维克骚动（American anti-Bolshevik agitation）340

 迁都到莫斯科（capital moved to Moscow）413

 屈服于德国（1918年2月）（surrender to Germany）136

 全俄罗斯大会（All-Russian congress）见全俄罗斯苏维埃代表大会（see All-Russian congress of Soviets）

 十月革命（1917年）（October Revolution）83-86

 斯大林主义者/托派在共产党内部分裂（Stalinist/Trotskyite split within Communist Party）483

 与白军（and the Whites）见白军（see White forces）

 与芬兰（and Finland）150-151

 与霍亨索伦王朝（and the Hohenzollerns）134

 与喀琅施塔得起义（and the Kronstadt rebellion）422-423

 与劳合·乔治（and Lloyd George）235-236, 411

 与丘吉尔（and Churchill）235, 236, 410

 与苏维埃政权（and the Soviet regime）见苏联（see Soviet Union）

 与威尔逊的十四点原则宣言（and Wilson's 14 Points manifesto）121-123, 134, 145

 与乌克兰（and the Ukraine）124-126, 234

 与协约国干涉西伯利亚（and the Allied Siberian intervention）156-170

 与中欧的革命化（and the revolutionizing of central Europe）409-410

 转向与德国结盟（shift towards German alliance）151-152, 156-157, 159, 164, 166

布莱兹·迪亚涅（Diagne, Blaise）227

《布列斯特条约》的补充条约（Supplementary Treaty to Brest）167-169

《布列斯特—立陶夫斯克条约》（Brest-Litovsk Treaty）22, 24-25, 108-123, 124-127, 129-

索引

131, 136-139, 143, 145, 146-147, 155, 157-158, 161, 166, 169, 170, 197, 222, 225, 236, 418
 补充条约（Supplementary Treaty）167-169
 错误理解1914年的现状（misunderstanding the 1914 status quo）116-117
 德国的诡计（German trickery）116-117, 119
 德国的国际声誉遭到损害（German international credibility undermined by）219
 列宁让条约固定下来的决心（Lenin's determination to solidify Treaty）151-152, 157
 圣诞节宣布（Christmas Day declaration）116-117
 威尔逊十四点原则宣言的回应（response of Wilson's 14 Points manifesto）119-123 另见伍德罗·威尔逊：十四点原则宣言（see also Wilson, Woodrow: 14 Points manifesto）
 协约国乱了阵脚（wrong-footing of Entente）116
 形式合法性（formal legality）163-164
 与俄国退出战争（and Russia's withdrawal from the war）132-133
 与所提出的针对德国的"民主战争"同盟（and the proposed 'democratic war' alliance against Germany）119
 与乌克兰（and the Ukraine）109, 124-126, 130-132, 148-149
 与犹太复国主义（and Zionism）195

 与犹太人（and the Jews）195
 左派社会主义革命党人要求拒绝承认（renunciation demand by Left Socialist Revolutionaries）164-165
布鲁塞尔会议（Brussels Conference）425
布鲁斯·洛克哈特（Lockhart, Bruce）145, 157, 160, 168
布鲁西洛夫进攻（Brusilov offensive）46-47, 70
布洛涅协议（Boulogne agreement）36
布宜诺斯艾利斯（Buenos Aires）353

C

裁军/军备限制（disarmament/armaments limitation）45, 53, 227, 264-265, 277, 280, 313, 504, 506 海军，见海军裁军（naval see naval disarmament）
曹锟（Cao Kun）403
曹汝霖（Cao Rulin）328
查尔斯·埃文斯·休斯（Hughes, Charles Evans）46, 368, 372, 395, 406, 425, 441, 443-446, 453, 454, 458, 492
 与华盛顿会议（and the Washington Conference）397-398
 与《日内瓦议定书》（and Geneva Protocols）470
查尔斯·奥斯汀·比尔德（Beard, Charles Austin）55
查尔斯·道威斯（Dawes, Charles）454
查尔斯·梅里曼（Merriman, Charles）309
产权（property rights）430, 434
朝鲜（Korea）92, 93, 233
赤卫队（德国分队）（Red Guards）319
赤卫队（俄国）（Red Guards）84, 127-128, 150-151, 167, 423

与捷克的冲突（clashes with Czechs）158

冲锋队（Sturmabteilung, SA）451

冲锋枪（machine guns）156, 202, 204

船舶（shipping）202-204, 205, 207, 292

紧急船运公司（Emergency Fleet Corporation）35, 203

另见大西洋封锁（see also Atlantic blockade）

D

达纳特银行（Danat bank）495

《大阪朝日新闻》（报纸）（Osaka Asahi Shimbun）363

大炮（artillery）180, 200, 204, 375

大使级会议（Conference of Ambassadors）447

大隈重信（Okuma Shigenobu）94, 95

大卫·冯·约克（York, David von）314

大卫·劳合·乔治，第一代伯爵（Lloyd George, David, 1st Earl）3, 21, 42, 178-179, 432, 436

1918年选举（1918 election）245

对战争和战后的反思（reflections on the war and its aftermath）5

枫丹白露备忘录（Fontainebleau memorandum）285

鼓励"战壕选举"（'trench vote' encouragement）246

戛纳会议（Cannes Conference）429-430

卡里斯玛（charisma）173-174

联合政府（Coalition government）40, 48-49, 245-249

论英帝国（on the British Empire）392

民主重建计划（Democratic Programme of Reconstruction）248

热那亚会议，见热那亚会议（Genoa Conference see Genoa Conference）

首相生涯的结束（end of premiership）438

宣布战争目标（war aims declaration）197, 244

英国依靠美国的风险（and the risk of British dependence on the US）207

与1917年美国和英国战时内阁联合会议（and 1917 joint conference of US and British War Cabinet）196-198

与爱尔兰（and Ireland）：征兵（conscription）192；地方自治（Home Rule）191, 192；大规模镇压的威胁（threat of massive repression）376

与波兰人（and the Poles）285

与波希米亚（and Bohemia）281

与布尔什维克（and the Bolsheviks）235-236, 411

与布列斯特—立陶夫斯克（and Brest-Litovsk）109

与但泽（and Danzig）282

与德国赔款（and German reparations）249-250, 293, 314

与德国请求信贷（and Germany's appeal for credit）427-428

与俄国饥荒（and the Russian famine）424

与法国（and France）59；法美冲突（Franco-American clashes）298

与凡尔赛（and Versailles）249-250, 282, 307, 314, 328

与工会（and trade unions）244

与工人阶级斗争（and working class militancy）246-248, 359
与罗曼诺夫王朝（and the Romanovs）74
与门罗主义（and the Monroe doctrine）269
与民族自决（and self-determination）120
与墨索里尼（and Mussolini）306
与普恩加莱（and Poincaré）431, 454
与税收系统（and the tax system）248
与通货紧缩（and deflation）359
与土耳其（and Turkey）381, 382
与威尔逊（and Wilson）62, 158-159, 203, 224, 243, 244, 269-270, 335
与西伯利亚干预（and the Siberian intervention）159-160, 170
与希特勒（and Hitler）306
与协约国内部会议（1917年11月）（and the Inter-Allied Conference）116, 197
与亚美尼亚（and Armenia）378
与印度（and India）181, 387, 388, 389
与英国工资（and British wages）246
与犹太复国主义（and Zionism）195
与战争意识形态上的领导（and the ideological leadership of the war）197-198
与中东（and the Middle East）195, 378, 381, 382
越过威尔逊向美国发出请求（American appeal, over Wilson's head）203
战争战略（war strategy）181
重新恢复东欧经济的计划（scheme to restore eastern European economies）428-429

作为民主的先锋（as pioneer of democracy）62
作为自由帝国的代表（as an exponent of liberal Empire）179
大西洋封锁（Atlantic blockade）34-35, 39, 56, 473
大萧条（Great Depression）14, 18, 28, 487-507
其间的通货紧缩（deflation during）345, 487, 495, 500, 502-503, 504
与德奥关税同盟（and the Austro-German customs union）494-495
与德国（and Germany）495-496, 497-498, 502-503
与美国（and the US）345, 488-489, 495-497, 504-506
与日本（and Japan）499-500, 501-502
与英镑脱离金本位制（and sterling's departure from the gold standard）500-501, 504
与英格兰银行（and the Bank of England）500-501
大战，见第一次世界大战（Great War see World War I）
戴高乐（de Gaulle, Charles）290
戴维·H.米勒（Miller, David H.）324
丹麦（Denmark）
罢工（strikes）247
战时批发价格混乱（wartime wholesale price dislocation）213
但泽（Danzig）282, 286
道德权威与新秩序（moral authority, and the new order）8
道德事业（moral entrepreneurship）23
道德秩序（moral order）10

道格拉斯·黑格,第一代黑格伯爵(Haig, Douglas, 1st Earl)78
道威斯计划(Dawes Plan)453-461, 464, 497
　　与凡尔赛(and Versailles)458-459, 460-461, 470
德国(Germany)
　　1919年反叛运动(putschist movement of 1919)318-19
　　1990年"2+4"谈判(Two Plus Four 1990 negotiations)275-276
　　19世纪统一(unification in nineteenth century)5
　　U形潜艇,见U形潜艇(U-boats see U-boats)
　　巴伐利亚,见巴伐利亚(Bavaria see Bavaria)
　　罢工(strikes)130, 247, 432; 总罢工(1919年)(general strike)319
　　柏林示威游行(1919年1月)(Berlin demonstrations)238
　　俾斯麦式民族自由派(National Liberals, Bismarckian)240, 459
　　布吕宁政府(Brüning government)493, 494, 503
　　裁军(disarmament)227, 277, 280, 313
　　参与奥地利向塞尔维亚发出的最后通牒(complicity in Austria's ultimatum to Serbia)313
　　冲锋队(Sturmabteilung, SA)451
　　春季攻势(Spring offensive)140, 192
　　德奥关税同盟(Austro-German customs union)494-495
　　德国国家人民党(German National People's Party, DNVP)320, 459-461, 503

德国海军(German Navy)34-35, 148, 225, 317; 日德兰海战(battle of Jutland)35; 德国海军部(German Admiralty)225; 被扣押在斯卡帕湾(internment in Scapa Flow)271, 317, 395 另见U形潜艇(see also U-boats)
德国人民党(German People's Party, DVP)320, 450
"德国政策的目标"('The Aims of German Policy')161
德国驻彼得格勒大使(German embassy in Petrograd)168
德国祖国党(Homeland Party / Vaterlandspartei)82, 111, 112, 130
德皇威廉(Kaiser Wilhelm)见德皇威廉二世(see Wilhelm II of Germany)
德军(German Army)40, 82, 112, 139-140, 228; 废除征兵制度(abolition of conscription)277, 313; 进军俄国(advance into Russia)135-136; 裁军(disarmament)227, 277, 280, 313; 与鲁登道夫的俄国目标(and Ludendorff's aims for Russia)161-162; 1918年夏天(summer of 1918)173; 在乌克兰(in Ukraine)154
帝国银行(Reichsbank)215, 431, 432, 460, 497, 502, 506
第二次世界大战后的重建(reconstruction after World War II)275
东德(East Germany)275
独裁(autocracy)86, 155, 170
法西斯主义(fascism)17; 与意大利法西斯主义者(and Fascist Italy)494
反杨格运动(anti-Young campaign)

索引

503, 506

泛日耳曼（pan-Germans）113, 281, 459-460

工会（trade unions）43, 237-238, 313, 503

工人阶级爱国主义（working-class patriotism）112

共产主义（Communism）：与共产国际（and the Comintern）413, 449; 德国共产党（Communist Party, KPD）238, 319, 320; 政变（1921年3月21日）（coup）418; 哈布斯堡起义（Hamburg uprising）449; 1919年1月起义（January 1919 uprising）238-239; 党的准军事演练（Party's paramilitary drilling）449; 与红军（and the Red Army）319, 337, 449; 赤卫队（Red Guard detachments）319; 独立社会民主党口号"一切权力归苏维埃"（USPD slogan 'All Power to the Soviets'）409

国会多数派（Reichstag majority）25, 75, 82, 108, 111, 119, 122-123, 130, 132, 138-139, 140, 153-155, 168, 170, 219-223, 225, 228, 237, 239, 316, 320

国会和平决议（Reichstag peace resolution）75, 78-79, 82, 111, 113, 122, 163, 170

国会化（parliamentarization）111

国家社会主义德国领导人（leaders of National Socialist Germany）7

国家资本主义（state capitalism）200

国民大会（National Assembly）237, 238; 与凡尔赛（and Versailles）313, 317, 318-319

国内与国外政策的联系（nexus between domestic and foreign policy）24-25

饥荒（starvation）39-40

基督教民主党（Christian Democrats, CDU）24, 25, 75

加入战争的理由（reasons for entering war）42

经济（economy）199, 200, 237-238; 通货紧缩（deflation）360, 427, 460, 503; 国内债务（domestic debt）464; 与法国入侵鲁尔区（and the French invasion of the Ruhr）443; 国内生产总值（GDP）13; 与金本位制（and the gold standard）503; 与金马克（the Goldmark）370; 与大萧条（and the Great Depression）495-496, 497-498, 502-503; 通货膨胀/恶性通货膨胀（inflation/hyperinflation）355, 371, 443, *444-445*, 454, 464; 马克（the mark）436, 443; 国民财富（national wealth）12; 与赔款，见赔款：与德国经济（and reparations see reparations: and the German economy）; 1924年后通过美国贷款获得稳定（stabilization after 1924 by US credit）461, 464-465; 贸易恢复，1929–1931（trade recovery, 1929–1931）494; 战时批发价格混乱（wartime wholesale price dislocation）*213*

军国主义（militarism）：1919年复兴（1919 revival）361; 军事开销（military spending）513, *514*; 布列斯特之后军事政策的激进化（radicalization of military policy after Brest）161; 重整军备的动力（rearmament drive）506, 513

凯恩斯关于德国外国债券的提议（Keynes' proposal of German foreign bonds）300-301

莱茵区，见莱茵区（Rhineland see Rhineland）

劳工运动（labour movement）319, 371

立宪会议（1919年2月）（Constituent Assembly）237, 239-240

立宪主义（constitutionalism）41, 162

鲁尔区，见鲁尔区（Ruhr see Ruhr）

马克思主义（Marxism）237

马克斯·冯·巴登政府（Max von Baden government）224, 225

煤炭（coal）167, 290, 366, 426, 431, 440, 442, 452, 466

民主（democracy）25, 75, 111, 112-113, 130, 223, 224-225, 237-238; 与立宪会议（and the Constituent Assembly）237, 239-240; 道威斯援救（Dawes rescue）453-461; 与凡尔赛（and Versailles）312-313; 投票支持魏玛共和国第一届国会（vote for first Reichstag of Weimar Republic）319-320

民族主义（nationalism）225, 273-274, 306; 德国国家人民党（DNVP）320, 459-461, 503; 与军国主义复兴（1919年）（and militarism revival）361; 民族主义权利（nationalist right）426-427, 494-495; 1919年反叛运动（putschist movement of 1919）318-319

纳粹（Nazi）472, 513

破产（bankruptcies）503

普鲁士，见普鲁士（Prussia see Prussia）

社会党（Socialist Party）219, 450

社会民主党，见德国社会民主党（Social Democrats see Social Democratic Party of Germany, SPD）

社会民主党、中央党和自由派联合政府（coalition of SPD, Centre Party and Liberals）163, 239, 243, 313, 320

社会主义者（socialists）48, 234, 237; 与伯尔尼会议（and the Berne conference）241-242; 德国投票反对社会主义共和国（German vote against a socialist republic）237-240 另见德国社会民主党（see also Social Democratic Party of Germany, SPD）

失业（unemployment）503

施特雷泽曼与德国亲西方政策的形成（Stresemann and the anchoring of its western orientation）24

食物补贴结束（food subsidies, ending of）431

食物短缺（food shortages）111

斯巴达克派（Spartakist faction）238

停火，见停火谈判（armistice see armistice negotiations）

外交部（Foreign Office）65-66, 147-148, 152, 167, 169, 434

维尔特政府（Wirth government）370, 371, 426, 431

魏玛国家的重建（restructuring of Weimar state）490

希特勒主义（Hitlerism）495

协约国封锁（blockade by Entente）34-35, 39, 56, 473

信贷（credit）300-301

兴登堡计划（Hindenburg programme）48

索引

宣布成为一个共和国（declaration as a republic）232

与《威斯特伐利亚和约》（and the Treaty of Westphalia）273

与阿尔萨斯—洛林，见阿尔萨斯—洛林（and Alsace-Lorraine see Alsace-Lorraine）

与八小时工作制（and the eight-hour day）247, 426

与波兰（and Poland/the Poles）114, 138-139, 161, 285; 西里西亚边界争端（Silesian boundary dispute）5-6, 281-283, 286, 314, 426

与俄国／苏联（and Russia/USSR）: 俄国1917年的军事失败（1917 military defeat of Russia）82, 276; 布尔什维克投降（Bolshevik surrender）136; 布列斯特—立陶夫斯克，见《布列斯特—立陶夫斯克条约》（Brest-Litovsk see Brest-Litovsk Treaty）; 与共产主义1923年的战斗（and Communist 1923 militancy）449; 俄国革命的后果（effect of Russian Revolution）73; 与热那亚会议（and the Genoa Conference）434-435; 德国进军俄国（1918年2月）（German advance into Russia）135-136; 德国出口（German exports）494; 列宁的经济合作提议和转向德国（Lenin's economic cooperation proposal with and shift towards Germany）151-152, 156-157, 159, 164, 166, 170, 200; 鲁登道夫实现一个附属的俄国的目标（Ludendorff's aims for a dependent Russian state）161; 摩尔曼斯克干预和最后一着计划（Murmansk intervention and Operation Capstone plans）166-167, 170;《拉帕洛条约》后不侵略协定（non-aggression pact following Rapallo）475; 彼得格勒和平方案（Petrograd formula for peace）71, 74, 76-78, 79, 115, 124, 183; 后停战关系（post-armistice relations）237;《拉帕洛条约》（Rapallo Treaty）435, 436, 494; 回应左派社会主义革命起义（response to Left Socialist Revolutionary uprising）165; 关于沙皇和皇后叛变的传言（rumors of treachery by Tsar and Tsarina）70; 俄国在德国历史上的阴影（Russian overshadowing of German history）276; 1815年秘密警察压制了对德国统一的要求（secret police in 1815 silencing pretension to German unity）273-274;《布列斯特条约》的补充条约（Supplementary Treaty to Brest）167-169; 独立社会民主党口号"一切权力归苏维埃"（USPD slogan 'All Power to the Soviets'）409; 第一次世界大战的斗争（World War I struggles）70, 81-83

与俄国革命（and the Russian revolution）141; 与俄国的贸易可能（1921年）（and Russian trade possibilities）427-429; 与潜艇战（and the U-boat campaign）74-75

与法国，见法国：与德国（and France see France/the French: and Germany）

与凡尔赛，见凡尔赛／巴黎和平会议和条约（and Versailles see Versailles/

Paris peace conferences and Treaty）

与芬兰（and Finland）150-151, 155

与格鲁吉亚（and Georgia）148, 161

与关于国际仲裁的海牙会议（and the Hague conference on international arbitration）221

与国际联盟（and the League of Nations）313, 315-316, 506

与华盛顿海军会议（and the Washington Naval Conference）11

与捷克斯洛伐克（and Czechoslovakia）281

与美国，见美国：与德国（and the US see United States of America: and Germany）

与诺斯克的政治秩序（and Noske's politics of order）238-239

与欧盟（and the EU）276

与世界经济等级制度（and the world economy hierarchy）362

与乌克兰（and the Ukraine）：与布列斯特-立陶夫斯克（and Brest-Litovsk）109, 124-126, 130-132, 148-149; 基辅的跌落（fall of Kiev）136; 德国军队在乌克兰（German Army in Ukraine）154; 德国军队政变和"盖特曼政权"（German coup d'état and Hetmanate）150; 鲁登道夫就乌克兰回归莫斯科讨价还价（Ludendorff's bartering over Ukraine's return to Moscow）161; 维持独立（maintenance of independence）154; 军事干预（military interference）154-155

与协约国和美国合作（cooperation with Entente and US powers）23

与意大利，见意大利：与德国（and Italy see Italy: and Germany）

与英国（and Britain）：攻击英军前线，1918年3月（attack on British front line）140; 与信贷（and credit）427-429; 与法国入侵鲁尔区（and the French invasion of the Ruhr）443, 446, 456; 帝国军队在德国部署，1920年2月（Imperial Forces deployed in Germany, February 1920）375; 对德国的"制胜一击"（'knock-out blow' goal against Germany）40, 59, 207-208, 296; 英国提供担保的多边贸易（multilateral trade underwritten by Britain）503; 摩尔曼斯克干预和最后一着计划（Murmansk intervention and Operation Capstone plans）166-167, 170; 与赔款（and reparations）249-250, 292-295, 349, 427-429; 莱茵区安全协定（Rhineland security pact）471; 另见《洛迦诺公约》（see also Locarno Treaty）

与中国，见中国：与德国（and China see China: and Germany）

战争赔款（war reparations see reparations）

中央党（Centre Party），见德国中央党（see Centre Party, Germany）

重新统一（reunification）275-276

重整军备的动力（rearmament drive）506, 513

驻墨西哥城大使（embassy in Mexico City）65-66

自决／主权（self-determination/sovereignty）113, 114, 117, 119, 138-

索引

139, 189, 448-449; 与1945年和平协议（and the 1945 peace settlement）275-276; 与凡尔赛（and Versailles）272-276, 287, 289, 436, 448-449

自由军团（Freikorps）242, 318-319, 337, 426

自由民主党（Free Democrats, FDP）25

自由民主党/进步自由派（Liberal Democrats/Progressive Liberals）24, 34, 75, 111, 130, 134-135, 219-220, 239, 312, 315, 317, 318, 319; 与社会民主党和中央党组成联合政府（coalition with SPD and Centre Party）163, 239, 243, 313, 320

总统令的权力（Presidential decree powers）494, 498

最高指挥部（High Command）147

德国，见德国：自决/主权（German see Germany: self-determination/sovereignty）与凡尔赛（and Versailles）272-276, 287, 289, 436, 448-449

德国共产党（Communist Party of Germany, KPD）238, 319, 320

德国国会和平方案（Reichstag peace resolution）75, 78-79, 82, 111, 113, 122, 163, 170

德国国家人民党（German National People's Party, DNVP）320, 459-461, 503

德国国有铁路（Reichsbahn）427, 442, 460

德国基督教民主党（Christian Democrats, Germany, CDU）24, 25, 75

德国人民党（German People's Party, DVP）320, 450

德国社会民主党（Social Democratic Party of Germany, SPD）24, 25, 34, 42, 73, 75, 112, 113, 162, 163, 319, 371, 448

多数派社会民主党（MSPD）73, 75, 130

立宪会议选举成功（Constituent Assembly election success）239

批准反革命暴行（counter-revolutionary barbarity licensed by）238-239

《前进报》（报纸）（Vorwaerts）162-163

与伯尔尼会议（and the Berne conference）241-242

与布列斯特—立陶夫斯克（and Brest-Litovsk）139

与德国国家人民党（and the DNVP）459

与第二社会主义国际（and the Second Socialist International）240, 241-242

与凡尔赛（and Versailles）317-318

与民主建制（and the establishment of democracy）237-238

与苏维埃政权（and the Soviet regime）237

与停战（and the armistice）219-221

与中央党和自由派组成联合政府（coalition with Centre Party and Liberals）163, 239, 243, 313, 320

德国苏维埃代表大会（German Congress of Soviets）237

德国战后重建（post-war reconstruction of Germany）275

德国中央党（Centre Party, Germany）34, 75, 130, 219-220, 239

魏玛国家改制（restructuring of Weimar state）490

与凡尔赛（and Versailles）312-313, 317-318

与社会民主党和自由派联合（coalition

with SPD and Liberals）163, 239, 243, 313, 320

德国祖国党（Deutsche Vaterlandspartei）82, 111, 112, 130

德哈维兰DH9A轰炸机（de Haviland DH9A bombers）364

德皇威廉二世（Wilhelm II of Germany）5, 47, 112

 1918年6月15日讲话（speech of 15 June 1918）162

 巴特洪堡会议（1918年2月）（Bad Homburg conference）134-135

 反犹主义（anti-Semitism）134-135

 复活节宣言（1917年）（Easter proclamation）73

 威尔逊要求其退位（Wilson's demand for abdication）224, 225

 宣布全国庆贺（1918年3月23日）（national celebration proclamation）140

 宣告有罪（criminalized）9

 与布列斯特—立陶夫斯克（and Brest-Litovsk）118, 126

 与芬兰（and Finland）150-151

德意志银行（Deutsche Bank）152

的黎波里塔尼亚共和国（Tripolitanian Republic）233

帝国蚕丝株式会社，日本（Imperial Silk Filiature Company, Japan）361

帝国会议，伦敦（Imperial Conference, London）394-396

帝国银行（Reichsbank）215, 431, 432, 460, 497, 502, 506

帝国战时内阁（Imperial War Cabinet）181, 196-198

帝国主义/殖民主义（imperialism/colonialism）15-16

 20世纪30年代的新帝国主义（new imperialism of the 1930s）515

 德国（German）22

 德国vs协约国的帝国主义（Germany vs imperialism of Entente）313

 德国赔款与回想起帝国主义时代（German reparations and echoes of the age of）289

 法国（French）17, 22, 223-224, 273, 280

 反殖民运动（anti-colonial activists）23

 共产主义抗争（Communist struggle against）111, 412-413, 415-416, 419 另见布尔什维主义/布尔什维克；共产主义（see also Bolshevism/Bolsheviks; Communism）

 基于市场的自由主义作为对帝国主义的提防（market-based liberalism as guard against）488

 "旧世界"的（of the 'old world'）233

 美国压制（US suppression of）15-16

 破坏力量（destructive force of）19-23

 日本（Japanese）16, 22, 258, 515

 意大利（Italian）22

 英国（British）15, 17, 20, 22；战后挑战和危机（post-war challenges and crises）374-393；被威尔逊看作新秩序的威胁（seen by Wilson as threat to new order）223-224；在苏联的想象中（in Soviet imagination）483 另见英帝国（see also British Empire）

 与威尔逊（and Wilson）17, 22-23

 "自由帝国主义"（'liberal imperialism'）15-16

索引 639

帝国自由主义（imperial liberalism）179, 383-393

第二次摩洛哥危机，阿加迪尔（Second Moroccan Crisis, Agadir）59

第二次世界大战（World War II）40, 42, 216, 218, 275

第二社会党国际，伯尔尼（Second Socialist International, Berne）240, 241-243, 409

第三国际，见共产国际（Third International see Comintern）

第一次世界大战（World War I）
- 1916年协商的和平前景（1916 negotiated peace prospect）48, 52
- 1916年战争平衡（1916 balance of the war）33-49
- 彼得格勒和平方案（Petrograd formula for peace）71, 74, 76-79, 115, 124, 138, 183
- 《布列斯特—立陶夫斯克条约》，见《布列斯特—立陶夫斯克条约》（Brest-Litovsk Treaty see Brest-Litovsk Treaty）
- 参战国，见具体国家（participant nations see individual nations）
- 德国国会和平方案（Reichstag peace resolution）75, 78-79, 82, 111, 113, 122, 163, 170
- 东南战线（South-Eastern Front）147
- 东线（Eastern Front）33, 46-47, 73, 139, 143
- 对和平与绥靖战略的探求（and the quest for pacification and appeasement strategies）26
- 和平谈判与解决，见停火谈判；和平解决（peace negotiations and settlements see armistice negotiations; peace settlements）
- "没有胜利者的和平"（'peace without victory'）16, 50-67, 72, 75-78, 86-87, 211, 222, 257, 461
- 赔款，见赔款（reparations see reparations）
- 停火，见停火谈判（armistice see armistice negotiations）
- 同盟国，见同盟国（Central Powers see Central Powers）
- 协约国，见西方大国（Allies see Western Powers）
- 协约国，见协约国（Entente see Entente）
- 与阿尔萨斯—洛林，见阿尔萨斯—洛林（and Alsace-Lorraine see Alsace-Lorraine）
- 与俄国民主的坟墓（and the grave of Russian democracy）76-87
- 与全面战争的概念（and the concept of Total War）175-176, 329
- 与全球通货膨胀（and global inflation）212-215; 批发价格混乱（wholesale price dislocation）*213-214*
- 与中东（and the Middle East）22, 193-197, 377-382 另见中东（see also Middle East）
- 与自由国家联盟（and the coalition of liberal powers）511 另见自由主义（see also liberalism）
- 战后全球秩序，见新的世界秩序（global order after see new world order）
- 战时金融（war finance）36-40, 45-46, 48-49, 50, 51, 52-53, 78, 173, 206-

208;在美国（in America）215-216, *217*;与协约国内部债务（and inter-Allied debts）298-304, *302*, 349, 439, 440, 466-470, 468, 473, 488-489, 496-497, *498* 削弱参战国（weakening of combatants）5, 11 西线，见西线（Western Front see Western Front）战役，见具体战役（battles see specific battles）

东德（East Germany）275
东方各民族代表大会（Congress of Peoples of the East）415-416, 420
东南战线（South-Eastern Front）147
东条英机（Tojo Hideki）329
东线（Eastern Front）33, 46-47, 73, 139, 143
都柏林复活节起义（Dublin, Easter uprising）79, 180, 376
都灵（Turin）74
独裁统治（autocracy）
 德国（German）86, 155, 170
 美国反对（US stand against）8, 67, 103, 190
 沙皇的（Tsarist）24, 59, 69, 73, 93-94, 276
 因德国投降遭到挑战（challenged by Germany's surrender）8
 与英帝国（and the British Empire）187-189
独裁主义（authoritarianism）90-91, 96, 102, 144, 154-155, 161, 259, 354, 380, 515
 法西斯主义者（fascist）见法西斯主义（see fascism）
 另见独裁统治（see also autocracy）
独立工党，英国（Independent Labour Party, Britain）26, 76, 79, 183, 241, 296

独立社会民主党，德国（Independent Social Democratic Party, USPD, Germany）73, 75, 111, 130, 237, 238, 239, 242, 319, 320
 调查德国战争罪行（inquiry into German war guilt）313
 "一切权力归苏维埃"口号（'All Power to the Soviets' slogan）409
 与伯尔尼会议（and the Berne conference）242
 与布列斯特－立陶夫斯克（and Brest-Litovsk）139
 与第二社会主义国际（and the Second Socialist International）240, 242
 与共产国际的二十一条分离（split with Comintern's 21 Points）418
杜伊斯堡（Duisburg）319
段祺瑞（Duan Qirui）90-92, 98, 100, 101, 104, 321, 323, 403
顿河（Don）130
多米尼加共和国（Dominican Republic）44
多数派社会民主党，德国（Majority Social Democratic Party, MSPD, Germany）73, 75, 130

E
俄国（Russia）
 1917年革命（1917 Revolution）68-72, 73, 79-80;十月革命（October Revolution）83-86;春季民主革命（spring democratic revolution）189
 1918–1920年衰落（weakening between 1918 and 1920）21
 罢工（strikes）247
 彼得格勒和平方案（Petrograd formula for peace）71, 74, 76-78, 79, 115, 124,

索引

138, 183
布尔什维主义，见布尔什维主义/布尔什维克（Bolshevism see Bolshevism/Bolsheviks）
布列斯特—立陶夫斯克，见《布列斯特—立陶夫斯克条约》（Brest-Litovsk see Brest-Litovsk Treaty）
布鲁西洛夫进攻（Brusilov offensive）46-47, 70
成立苏维埃社会主义共和联盟的条约（1922年12月28日）（treaty of the USSR）417-418
赤卫队，见赤卫队（俄国）（Red Guards see Red Guards）
杜马复兴（Duma revival）42
《俄国各族人民权利宣言》（Declaration of the Rights of the People of Russia）114
俄国军队（Russian Army）69, 71, 81-83; 帝国的（Imperial）46; 农民士兵起义（rebellion of peasant soldiers）82-83
俄罗斯帝国（Russian empire）5, 21
恶性通货膨胀（hyperinflation）212
否认外国债务（repudiation of foreign debts）129, 425
革命护国主义（revolutionary defensism）71-72, 76, 82, 87, 110, 118, 122
黄金储备（gold reserves）51
货币（currency）422
饥荒（famine）12, 423, 424, 425
军事开支（military spending）514
喀琅施塔得起义（Kronstadt rebellion）422-423
立宪会议（Constituent Assembly）69,

83-85, 85, 86, 125
临时政府（Provisional Government）68, 70, 71, 75-76, 79, 80, 81, 110, 125
罗塞尼亚（Ruthenia）132
满洲铁路系统权利（Manchurian railway system rights）420
煤炭（coal）108
孟什维主义/孟什维克（Menshevism see Menshevism/Mensheviks）
民主（democracy）：1917年春季民主革命（1917 spring democratic revolution）189; 协约国以民主名义干涉西伯利亚（Allied intervention in Siberia on behalf of）156-170; 立宪会议选举（1917年）（Constituent Assembly elections）84-85, 85; 民主复兴（1917年）（democratic renewal）68-70; 与协约国一起作为一个民主联合（and the Entente as a democratic coalition）69-73; 战争坟墓（war grave of）76-87; 与威尔逊（and Wilson）145
民族主义（nationalism）150, 411
内战（civil war）142, 165, 173, 422
《赛克斯—皮科协定》（Sykes-Picot agreement）193
沙皇独裁（Tsarist autocracy）24, 59, 69, 73, 93-94, 276
沙皇退位（Tsar's abdication）68
社会主义革命党，见社会主义革命党（Socialist Revolutionaries see Socialist Revolutionaries）
死刑（death penalty）69, 83
苏维埃，见苏维埃（集会）（Soviets see Soviets）

退出战争（abandonment of War）133

西伯利亚，见西伯利亚（Siberia see Siberia）

协约国对其的胜利（Central Powers' victory over）11

协约国关系和成员，见协约国：与俄国／苏联（Entente relations and membership see Entente: and Russia/USSR）

犹太人（Jews）69

与奥斯曼帝国（and the Ottoman Empire）193, 194

与德国，见德国：俄国／苏联（and Germany see Germany: and Russia/USSR）

与法国，见法国／法国人：与俄国／苏联（and France see France/the French: and Russia/USSR）

与美国，见美国：与俄国／苏联（and the US see United States of America: and Russia/USSR）

与日本，见日本：与俄国／苏联（and Japan see Japan: and Russia/USSR）

与苏维埃政权，见苏联（and the Soviet regime see Soviet Union）

与乌克兰（and the Ukraine）124-126

与英国，见不列颠与联合王国：与俄国／苏联（and Britain see Britain and the United Kingdom: and Russia/USSR）

与整个旧沙皇帝国的独立运动（and independence movements throughout the old Tsarist Empire）234-235

与中国，见中国：俄国／苏联（and China see China: and Russia/USSR）

征用（requisitioning）422, 423

自决（self-determination）79, 108, 110, 114, 116, 125-126, 130-131

左派社会主义革命党人，见左派社会主义革命党人，俄国（Left Socialist Revolutionaries see Left Socialist Revolutionaries, Russia）

俄国尼古拉二世（Nicholas II of Russia）165

恶性通货膨胀，两次世界大战之间（hyperinflations, interwar）37, 212, 362

德国（Germany）443, *444-445*, 454, 464

恩维尔帕夏（Enver Pasha）147, 148, 416, 418

F

法国／法国人（France/the French）

1917年危机（1917 crisis）74, 174-175

罢工（strikes）*247*, 356, 360

大西洋联盟（Atlantic alliance）24

帝国主义（imperialism）17, 22, 223-224, 273, 280

法国海军（French Navy）235, 401

法军（French Army）33, 73-74, 491-492；入侵／占领鲁尔区（invasion/occupation of the Ruhr）440-446, 447-449, 452-457, 459, 473；兵变（mutiny）74, 174；莱茵区（of the Rhine）442

法兰西帝国（French Empire）13, 20

法兰西银行（Bank of France）215, 356, 361, 457, 469-470, 500

飞行器（aircraft）202

服从于一个新秩序（subordination in new order）289-290

工人阶级斗争（working class militancy）246, *247*

共产党（Communist Party）418, 430-431

国民财富（national wealth）12

国民联盟政府（Bloc national government）360

赫里欧政府（Herriot government）457, 458-459

加入战争的理由（reasons for entering war）42

经过战争法国失去了其在全球的地位（loss of French global power through war）5, 11

经济（economy）199, 469-470; 信贷（credit）37, 372; 通货紧缩（deflation）502; 法郎（the franc）37, 208, 355, 361, 366, 456-457, 458, 459, 469, 497, 506; 法兰西帝国的GDP（GDP of French Empire）13; 黄金储备（gold reserves）469-470, 495, 502; 与金本位制（and the gold standard）502; 通货膨胀（inflation）355-356, 469; 公共/外国债务（public/foreign debt）*249*, 298, 299, *302*, 304, 349, 366, 367, 440, 467-470, 468, 473, 496-497, *498*, 506-507; 稳定（stabilization）360-361, 362, 495; 战时批发价格混乱（wartime wholesale price dislocation）213

军事开支（military spending）361, *514*

贸易联盟（trade unions）175

煤炭进口（coal imports）365-366, 426

拿破仑时期的法国（Napoleonic France）273, 289

《赛克斯—皮科协定》（Sykes-Picot agreement）193

塞内加尔权利交易（Senegalese rights deal）227

社会主义者（Socialists）42, 55, 175, 221, 240, 241, 250, 457; 与伯尔尼会议（and the Berne conference）241, 242-243; 分裂出共产主义（Communist split from）418; 与米勒兰（and Millerand）361; "爱国的"（'patriotic'）241

神圣联盟（Union Sacrée）42, 175

食物进口（food imports）74

协约国内部会议（1917年11月）（Inter-Allied Conference）197

与波兰（and Poland）280, 412

与德国（and Germany）: 与阿尔萨斯—洛林, 见阿尔萨斯—洛林（and Alsace-Lorraine see Alsace-Lorraine）; 与德奥关税同盟（and the Austro-German customs union）495; 白里安和施特雷泽曼的关系/讨论（Briand and Stresemann relationship/discussions）473, 492, 493; 克列孟梭与德国主权（Clemenceau and German sovereignty）272-274, 289; 裁军目标（disarmament goal）277; 英法保证抵抗德国（Franco-British guarantees against Germany）431; 与法国跨大西洋联盟（and the French transatlantic alliance）276; 德国1918年进攻协约国在法国战线（German attacks in 1918 on Allied lines in France）173; 德国对法国北部的占领和毁坏（German occupation and devastation of northern France）279; 德国违背战争法（German violations of laws of war）278-279; 与

希特勒（and Hitler）450; 与煽动德国民族主义（and the incitement of German nationalism）273; 入侵/占领鲁尔区（invasion/occupation of the Ruhr）440-446, 447-449, 452-457, 459, 473; 占领法兰克福（1920年）（occupation of Frankfurt）337; 与赔款，见赔款：法国（and reparations see reparations: and France）; 与莱茵区（and the Rhineland）176, 227, 272, 274, 277, 278, 288, 440-446; 图瓦里倡议（Thoiry initiative）473; 在鲁尔危机后与美国（and the US after the Ruhr crisis）453; 凡尔赛与法国安全和德国主权的平衡（Versailles and the balancing of French security with German sovereignty）272-275, 448-449

与俄国/苏联（and Russia/USSR）176, 235, 236, 276, 425; 与《凯洛格—白里安公约》（and the Kellogg-Briand Pact）472 另见协约国（see also Entente）

与凡尔赛会议（and the Versailles conference）5, 255, 256, 257-258, 271-275, 277-280, 281, 286-287, 291 另见凡尔赛/巴黎和平会议和条约（see also Versailles/Paris peace conferences and Treaty）

与国际联盟（and the League of Nations）257-258, 261, 262, 263, 264-265, 266-268, 271, 277, 287, 325-326, 470, 492-493

与华盛顿会议（and the Washington Conference）400-401, 406

与减轻战时债务（and war debt relief）298, 299

与捷克斯洛伐克（and Czechoslovakia）280

与伦敦海军会议（and the London Naval Conference）491-492, 493

与罗马尼亚（and Romania）280

与美国，见美国：与法国（and the US see United States of America: and France）

与全面战争（and total war）175-176

与热那亚会议（and the Genoa Conference）431, 433, 435

与日本（and Japan）323, 325, 327

与土耳其（and Turkey）437

与威尔逊（and Wilson）240, 276-277

与叙利亚（and Syria）380, 381

与意大利（and Italy）308; 与墨索里尼（and Mussolini）447, 491

与英国（and Britain）：英国对法国的怀疑（British suspicion of the French）395; 与债务（and debts）367; 法国达成跨大西洋三方公约的目标（French goal of trilateral transatlantic pact）268, 290; 与热那亚会议（and the Genoa Conference）431, 433, 435; 与德国赔款（and German reparations）455-456, 461, 496; 与德国申请贷款（and Germany's appeal for credit）428; 与《凯洛格—白里安公约》（and the Kellogg-Briand Pact）472-473; 与麦克唐纳工党政府（and the MacDonald Labour government）455-456, 457; 与中东（and the Middle East）193-194, 378, 379, 380; 相互

索引

保证一致对德（mutual guarantees against Germany）431; 普恩加莱希望与英国结盟（Poincaré's pursuit of an Entente）431, 453; 与皇家海军的支持（and the Royal Navy's support）491; 团结（solidarity）59; 与日本和德国新兴力量的威胁（and the threats of emergent powers of Japan and Germany）20; 与美国三边安全保证（trilateral security guarantee with US）277-280; 与美国（and the US）277-280, 400-401; 与华盛顿会议（and the Washington Conference）400-401

另见协约国（see also Entente）

与征兵（and conscription）265

与中东（and the Middle East）193-194, 378, 380

战争损失（war damage）251, 279, 365-366

征税（taxation）251

重建法国北部（reconstruction of northern France）292, 355-356, 367

左派联盟（Cartel de Gauche）457, 467

左翼激进分子（left Radicals）457

作为协约国一部分，见协约国（as part of Entente see Entente）

法兰克福（Frankfurt）337

法兰西银行（Bank of France）215, 356, 361, 457, 469-470, 500

法律（law）

国内概念（domestic notions of）9

国际的（international）9

法西斯主义（fascism）17, 174, 354

凡尔登战役（Verdun, battle of）3, 11, 33, 37, 46, 47, 57, 176

凡尔赛/巴黎和平会议和条约（Versailles/Paris peace conferences and Treaty）223, 226, 229, 251, 255-270

奥赛码头会议（Quai d'Orsay conference）235, 255

巴黎和会前美国对各国预算情况的评估（US assessment of budget positions ahead of）249

德国的考虑（German consideration of）312-318

凡尔赛会议的残酷与仁慈（cruelty and kindness of）271-272, 280, 287

分配战争罪责（assigning of war guilt）9

给德皇定罪（criminalizing of the Kaiser）9

国民大会投票（National Assembly vote）318

欧洲的履行（compliance in Europe）305-320

欧洲与威尔逊冲突的威胁（danger of clash between Europeans and Wilson）277-278, 307

《圣日耳曼条约》（Saint-Germain Treaty）330

十人会（Council of Ten）291

未完成的和平（unfinished peace of）4

亚洲的履行（compliance in Asia）321-332

与《国际联盟盟约》（and the League of Nations Covenant）255-256, 259-270, 271, 324-326, 335

与埃及（and Egypt）379

与道威斯计划（and the Dawes Plan）458-459, 460-461, 470

与德国国家人民党（and the DNVP）

460-461

与德国国民大会（and the German National Assembly）313, 317, 318-319

与德国赔款（and German reparations）288, 292, 295, 297-298, 313-314, 489

与德国修正主义（and German revisionism）489, 490

与德国主权（and German sovereignty）272-276, 287, 289, 436, 448-449

与法国（and France）5, 255, 256, 257-258, 271-275, 277-280, 281, 286-287, 291; 与中东（and the Middle East）378 另见乔治·克列孟梭：与凡尔赛（see also Clemenceau, Georges: and Versailles）

与废除征兵（and the abolition of conscription）265, 277, 313

与凯恩斯（and Keynes）271, 295-301

与劳合·乔治（and Lloyd George）249-250, 282, 307, 314, 328

与自决/主权（and self-determination/sovereignty）272-276, 287, 289, 436, 448-449

与普鲁士（and Prussia）283, 314, 316

与日本（and Japan）255, 256, 258-259, 321-328, 329, 363; 与山东（and Shandong）321, 323, 326-329, 336, 397

与山东（and Shandong）321, 323, 326-329, 336, 397

与威尔逊，见伍德罗·威尔逊：与凡尔赛（and Wilson see Wilson, Woodrow: and Versailles）

与一个拼凑的世界秩序（and a patchwork world order）255-270

与意大利（and Italy）255, 308-311

与中国（and China）255, 282, 321-323; 与山东（and Shandong）321, 323, 326-329, 336, 397

预期的失败（anticipated failure of）17

在巴黎郊区的小型会议（smaller conferences in Parisian suburbs）330

最后阶段（从1919年5月起）（final phase）312-318

反犹主义（anti-Semitism）17, 195-196

波兰国家民主党（of Polish National Democrats）284

德国国家人民党（of the DNVP）460

德皇威廉（of the Kaiser）134-135

沙皇主义（Tsarist）43

英国托利党后座议员（of British Tory backbenchers）384

在阿根廷（in Argentina）353

反殖民主义积极分子（anti-colonial activists）23

泛非大会（Pan African Congress）374

梵蒂冈和平提议（Vatican peace initiative）87

放任自由主义（laissez-faire liberalism）300

飞行器（aircraft）137, 200, 201, 202, 204

非裔美国人（African Americans）63, 339

《非战公约》，见《凯洛格—白里安公约》（Kellogg-Briand Pact）

非政府组织（NGOs）23

非洲（Africa）

泛非大会（Pan African Congress）374

美国私人长期投资（1930年12月）（US private long-term investment）476

南部（South）见南非（see South Africa）

西部（West）374

菲利普·贝当（Pétain, Philippe）74, 76, 469

索引

菲力浦·屠拉梯（Turati, Filippo）176
菲利普·斯诺登（Snowden, Philip）456
菲利普·谢德曼（Scheidemann, Philipp）114, 221, 312, 313, 315, 317, 426
菲律宾（Philippines）
 帝国统治（imperial rule）15
 美国私人长期投资（1930年12月）（US private long-term investment）476
 美国征服（US conquest of）41
斐迪南·福煦元帅（Foch, Ferdinand, Marshall）158, 205, 227, 264
费迪南德·拉尔诺德（Larnaude, Ferdinand）261, 267, 268
芬兰（Finland）122, 150-151, 161, 167
 芬德进军彼得格勒（Finno-German march on Petrograd）150, 155
 美国债务（US debts）507
 宣布成立共和国（declaration as a republic）232
枫丹白露备忘录（Fontainebleau memorandum）285
奉天（Mukden）499-500, 503
佛兰德斯（Flanders）40, 82
弗拉基米尔·伊里奇·列宁（Lenin, Vladimir Ilyich）10, 50, 71-72, 79-80, 83, 413, 418
 1918年7月29日在党的中央委员会上的讲话（speech of 29 July 1918 to party's Central Committee）165-166
 布列斯特－立陶夫斯克和平协议，见《布列斯特－立陶夫斯克条约》（Brest-Litovsk peace agreement see Brest-Litovsk Treaty）
 嘲笑社会革命党人（SR mocking by）128
 刺杀企图（1918年8月）（assassination attempt）168
 "帝国主义是资本主义的最高阶段"（'Imperialism, the Highest Stage of Capitalism'）50
 观点（views）：关于资本主义（of capitalism）141；关于历史（of history）141-142；关于帝国主义战争（of imperialist war）142
 和平要求（peace demands）24, 132, 133
 阶级恐怖（class terror）242
 《来自另一世界的人们》（'People from Another World'）128
 批评革命护国主义者（as critic of revolutionary defensists）71-72, 110
 平衡帝国主义力量战略（balancing of imperialist powers strategy）151, 152, 153, 157, 234, 418
 全俄罗斯代表大会（1918年）（at All-Russian congress）138, 141
 《权利宣言》（Declaration of Rights）114
 十月革命（October Revolution）83-86
 死亡（death）233
 《四月提纲》（April theses）71-72
 提议与美国经济合作（1918年5月）（economic cooperation proposal with the US）153
 停战后的挑战（post-armistice challenges）234-235
 停战之后的协约国关系（Entente relations after the armistice）：调解考虑（conciliation concerns）236；与王子群岛会议提议（and the Princes' Islands conference proposal）236
 "土地、面包与和平"口号（'Land, Bread and Peace' slogan）86

误解战争的逻辑（misreading of logic of war）142

新经济政策（New Economic Policy）423, 424, 435, 483

宣布戒严令（1918年5月）（martial law declaration）157

与"阶级斗争"（and the 'class struggle'）128-129

与布尔什维克屈服（and the Bolshevik surrender）132, 136

与共产国际（and the Comintern）413, 414-415

与凯恩斯（and Keynes）295

与日本（and Japan）146

与苏维埃黄金储备（and Soviet gold reserves）427

与威尔逊（and Wilson）10, 17, 21, 109, 146；十四点原则宣言（14 Points manifesto）123

与新芬党（and Sinn Fein）79

与亚洲（and Asia）414-415

在第四次全俄罗斯代表大会（at Fourth All-Russian congress）138, 164

转向德国，并与德国进行经济合作（economic cooperation proposal with, and shift towards, Germany）151-152, 156-157, 159, 164, 166, 170, 200

弗兰克·B. 凯洛格（Kellogg, Frank B.）458

弗兰克·波尔克（Polk, Frank）322

弗朗西斯科·尼蒂（Nitti, Francesco）176, 306, 311, 312, 320, 361, 466

弗雷德里克·塞西杰，第一代切姆斯福德子爵（Thesiger, Frederic, 1st Viscount Chelmsford）181, 182, 187, 384

弗里德里希·艾伯特（Ebert, Friedrich）111, 219, 223, 238, 312, 317-318, 460

弗里德里希·恩格斯（Engels, Friedrich）138

弗里德里希·冯·派尔（Payer, Friedrich von）111, 134-135, 154, 163, 168-169

弗里德里希·瑙曼（Naumann, Friedrich）220

符腾堡（Württemberg）232, 274

《福斯报》（Vossische Zeitung）154

妇女参政论激进分子（suffragette militants）340

阜姆（Fiume）308, 310, 311, 337

复辟君主制的衰弱（restorationist monarchism, absence of）232

复兴金融公司（Reconstruction Finance Corporation）505

富兰克林·D. 罗斯福（Roosevelt, Franklin D.）505

"电报炸弹"（bombshell telegram）506

G

钢铁（steel）125, 152

美国钢铁（US Steel）341, 342

美国钢铁罢工（American steel strike）341

高加索（Caucasus）130

高桥是清（Takahashi Korekijo）363, 399, 403, 502

哥伦比亚，美国私人长期投资（1930年12月）（Colombia, US private long-term investment）477

格奥尔格·米夏埃利斯（Michaelis, Georg）111

格奥尔基·契切林（Chicherin, Georgy）164, 166, 236, 331, 425, 433-434

格拉斯哥（Glasgow）356

索引

格里戈里·季诺维也夫（Zinoviev, Gregory）
413, 415-416, 420, 421
驱逐（exile）483
格里戈里·索科利尼科夫（Sokolnikov, Grigori）136
工会（trade unions）
德国（German）43, 237-238, 313, 503
法国（French）175
美国（American）46, 340, 341-342
日本（Japanese）356
英国（British）42, 184, 244, 246, 247-248, 359, 466
与通货紧缩（and deflation）362
与通货膨胀（and inflation）356
工人党，英国，见不列颠联合王国条目下（Labour Party, Britain see under Britain and the United Kingdom）
工人阶级斗争（working class militancy）246-248, 247, 319, 356, 359, 466, 479
另见具体国家的"罢工"子条目下（see also subheading 'strikes' under specific countries）
工作时间（working hours）246-247, 374, 426
公海自由（freedom of the seas）16, 45, 53, 75, 120, 226, 228, 257, 268-270
公民权（franchise）
出现默认成年男子拥有普选权（emerging default of manhood suffrage）515
俄国和喀琅施塔得起义（Russia and the Kronstadt rebellion）422-423
妇女参政论激进分子（suffragette militants）340
日本（Japanese）259, 324, 356
印度（Indian）386; 市区（urban）188

英国改革（British reform）183-185
公民社会（civil society）23
共产国际（Comintern）
第二次代表大会（Second Congress）413-417, 418-419
第三次代表大会（Third Congress）419
第四次代表大会（Fourth Congress）420
第一次代表大会（First Congress）241, 408-409
二十一条（21 Points）418
企图形成全球政治运动（attempt to forge global political movement）414-416
与德国共产党（and the German Communist Party）413, 449
与独立社会民主党（and the USPD）242
与国际联盟（and the League of Nations）243
与中国（and China）475; 国民党（Guomindang）478-481, 482-483
共产主义（Communism）
1917–1923年苏联革命失败的前景（Soviet revolution prospect failure between 1917 and 1923）408
布尔什维克，见布尔什维主义/布尔什维克（Bolsheviks see Bolshevism/Bolsheviks）
东方各民族代表大会（Congress of Peoples of the East）415-416, 420
法国共产党（French Communist Party）418, 430-431
防御战（defensive fight of）21
《共产主义宣言》（Communist

Manifesto）414

国际革命幽灵般的威胁（international revolution spectral threat）353-354

激起极右人士（and the animation of the extreme right）17

马克思主义者，见马克思主义（Marxist see Marxism）

美国红色运动／"红色恐怖"（American Red movement/Red Scare）340, 342, 354, 409, 517

斯大林主义者／托派在苏联共产党内部分裂（Stalinist/Trotskyite split within Soviet Communist Party）483

苏联决心赶上并打败资本主义政权（Soviet determination to catch up with and beat capitalist regimes）512

苏联外交政策想要革命化中国（Soviet diplomacy to revolutionize China）419-421, 478-480

西欧共产主义者接受列宁阶级斗争的理论（western European Communist adoption of Lenin's class war doctrine）418

英国"红色恐怖"（British Red Scare）465, 470

与白军，见白军（and the Whites see White forces）

与农民（and the peasantry）408, 415-416, 420-422, 483; 在中国（in China）421, 479, 480, 481, 483

与匈牙利起义（and the Hungarian uprising）409-410

与亚洲（and Asia）: 阿富汗（Afghanistan）416, 418; 印度（India）387, 414; 红军进入阿塞拜疆（Red Army drive into Azerbaijan）415; 与罗易的第三世界主义（and Roy's Third Worldism）414-415; 苏联试图极端化亚洲的穆斯林（Soviet attempt to radicalize Asian Muslims）415

与中欧的革命（and the revolutionizing of central Europe）409-410

远东劳动者代表大会（Congress of the Toilers of the Far East）420

在德国，见德国：共产主义（in Germany see Germany: Communism）

在伊朗（in Iran）419

在中国，见中国：共产主义（in China see China: Communism）

左派共产主义（Left Communists）137, 151

孤立主义，美国（isolationism, US）348, 505, 517

古巴，美国私人长期投资（1930年12月）（Cuba, US private long-term investment）477

古斯塔夫·鲍尔（Bauer, Gustav）317, 318

古斯塔夫·诺斯克（Noske, Gustav）238, 239, 317, 318, 319

古斯塔夫·施特雷泽曼（Stresemann, Gustav）24, 113, 155, 240, 320, 447-448, 450-451, 459-460, 461, 475, 495

  诺贝尔和平奖（Nobel Peace Prize）23, 462

  谈债务（on debt）465

  与白里安（and Briand）473, 492, 493

  与洛迦诺（and Locarno）23, 462

谷物（grain）39, 47, 111, 125, 132, 149-150, 237, 310

顾维钧（Koo, Wellington）103, 323, 328, 402,

索引

404, 405, 406

关东军（Kwantung army）499

《关于太平洋区域岛屿属地和领地的条约》（Pacific Treaties）4, 11, 397, 400-402, 474

　　另见华盛顿海军会议（see also Washington Naval Conference）

广东（Canton）420, 478-480

国际联盟（League of Nations）4, 221-222, 231, 395, 470, 515-516

　　担心英美共同统治（and fears of an Anglo-American condominium）257-258

　　凡尔赛与《国际联盟盟约》（Versailles and the League Covenant）255-256, 259-270, 271, 324-326, 335

　　《海牙和平解决国际争端公约》（and the Hague Peace Arbitration Treaties）267

　　起草盟约（Covenant drafting）255-256, 259-267, 271, 392

　　强制机制（enforcement mechanisms）264-267

　　《日内瓦议定书》（Geneva Protocols）470-471

　　《圣日耳曼条约》与《国际联盟盟约》（Saint-Germain Treaty and the League Covenant）330

　　提议作为国际金融安排的工具（proposal as vehicle of international financial settlement）268

　　与伯尔尼会议（and the Berne conference）243

　　与裁军（and disarmament）264-265

　　与但泽（and Danzig）282

　　与德国（and Germany）313, 315-316; 希特勒退出裁军谈话（disarmament talks withdrawal by Hitler）506

　　与法国（and France）257-258, 261, 262, 263, 264-265, 266-268, 271, 277, 287, 325-326, 470, 492-493

　　与公海自由（and freedom of the seas）268-270

　　与激进的非歧视政策（and racial non-discrimination）392

　　与科孚危机（and the Corfu crisis）447

　　与美国，见美国：与国际联盟（and the US see United States of America: and the League of Nations）

　　与民主（and democracy）243, 258

　　与人类平等（and human equality）324-325

　　与日本（and Japan）324-326, 329, 499

　　与停火（and the armistice）220, 222-223, 228

　　与威尔逊（and Wilson）16, 53, 54, 222-223, 243, 255-256, 259-263, 264, 266, 269-270, 277, 325, 326, 337, 516

　　与西里西亚（and Silesia）286

　　与英国（and Britain）258, 259-261, 262-263, 264-265, 266, 267, 268-270, 271, 455, 470

　　与中国（and China）261, 328, 330

国际清算银行（Bank of International Settlements）489

国际主义（internationalism）

　　不受制裁（without sanctions）517

　　大萧条与国际主义的悲剧（Great Depression and the tragedy of）487-507

　　德国的大西洋主义者也是国际主义者（Germany's Atlanticist

internationalism）221-222

苏维埃的路线（Soviet line of）433-434

威尔逊式的（Wilsonian）16, 27, 119, 241, 244

与《海牙公约》（and the Hague Treaties）267

与法国（and France）457

"资产阶级的"（'bourgeois'）243

国家计划经济模型（national planned economy model）199-200

国家社会主义德国工人党（National Socialist German Workers' Party, NSDAP）450, 503, 506, 515

国家自由联盟，印度（National Liberal League, India）386

国民党，中国（Guomindang/Kuomintang, China）90, 91, 100, 101, 478-483

　　北伐（Northern Expedition）480-483, 511

　　苏联支持（Soviet sponsorship）480-483, 511

国民革命军（Chinese National Republican Army, NRA）480-481, 482-483, 485

H

H. H. 阿斯奎斯，第一代牛津及阿斯奎斯伯爵（Asquith, H. H., 1st Earl of Oxford and Asquith）42, 48, 179

哈布斯堡王朝（Habsburg Empire）3, 5, 9, 173, 177

　　解体（disintegration）306

　　就捷克支持西伯利亚讨价还价（bartered over Czech assistance in Siberia）158

　　协约国民族自决的要求（Entente self-determination demands）52, 177

与布鲁西洛夫进攻（and the Brusilov offensive）46-47

与威尔逊十四点原则宣言（and Wilson's 14 Points manifesto）121

哈尔滨（Harbin）331-332

哈拉雷（Harare）212

哈里·S. 杜鲁门（Truman, Harry S.）277, 291

哈伊姆·魏茨曼（Weizmann, Chaim）195

海地（Haiti）44

海法（Haifa）193

海军裁军（naval disarmament）

　　华盛顿会议（Washington Conference）397-402

　　伦敦会议（London Conference）474, 486, 490-493, 499, 512

海军军备竞赛（naval arms race）35-36, 248, 268-270, 396

海上封锁（naval blockade）34-35, 39, 56, 473

海牙会议，关于国际仲裁（Hague Conference on international arbitration）221, 267

　　第二次会议（Second Conference）488

海因里希·布兰德勒（Brandler, Heinrich）449

海因里希·布吕宁（Brüning, Heinrich）493, 494-495, 497-498

海因里希·克拉斯（Class, Heinrich）113

海约翰（Hay, John）15

汉堡（Hamburg）418

　　共产主义起义（Communist uprising）449

汉口—武昌（Hankou-Wuchang）481

汉诺威（Hannover）274

汉萨同盟（Hanseatic League）221

汉斯·冯·泽克特（Seeckt, Hans von）66,

索引   653

147, 450
汉斯·路德（Luther, Hans）460
和平方案（peace settlements）
    1918年停火，见停火谈判（1918
        armistice see armistice negotiations）
    《洛迦诺安全公约》，见《洛迦诺公约》
        （Locarno Security Pact see Locarno
        Treaty）
    与新秩序（and the new order）4, 5
    另见凡尔赛/巴黎和平会议和条
        约（see also Versailles/Paris
        peace conferences and Treaty）
    俄国和协约国之间，见《布列斯特—
        立陶夫斯克条约》（between Russia
        and Central Powers see Brest-Litovsk
        Treaty）
    另见具体条约（see also specific treaties）
和平运动（peace movement）23
荷兰，战时批发价格混乱（Netherlands,
    wartime wholesale price dislocation）213
荷属东印度，美国私人长期投资（1930年
    12月）（Dutch East Indies, US private
    long-term investment）476
核武器（nuclear weapons）10
赫伯特·胡佛（Hoover, Herbert）17, 200,
    291, 301, 303, 372, 439, 497, 504, 505, 507,
    516
    救济管理局（Relief Administration）
        425, 435
    与伦敦海军会议（and the London
        Naval Conference）491
    与麦克唐纳（and MacDonald）474, 504
    中止政治债务（moratorium on political
        debts）496-497, 498, 502-503, 506,
        507

赫尔曼·鲍里斯·弗拉基米罗维奇
    （Wladimirovich, Germán Boris）354
赫尔曼·冯·艾希霍恩（Eichhorn, Hermann
    yon）150
赫尔曼·戈林（Goering, Hermann）200
赫尔辛基（Helsinki）150
黑森（Hesse）274, 316
亨利·F. 阿什赫斯特，美国参议员（Ashurst,
    Henry E, US Senator）230, 373
亨利·福特（Ford, Henry）200-201, 202
亨利·卡伯特·洛奇（Lodge, Henry Cabot）
    231, 334, 335, 336
亨利·史汀生（Stimson, Henry）492, 496
亨利·威尔逊爵士（Wilson, Sir Henry）364,
    376
红军（Red Army）21, 136, 234, 235, 236, 411
    1919年7月在乌克兰对抗白军（fight
        against White forces, July 1919, in
        Ukraine）410
    波苏战争（Polish-Soviet War）412-413,
        417
    红色骑兵（First Red Cavalry Army）417
    鲁尔（Ruhr）319, 337
    内战胜利（civil war triumph）422
    入侵阿塞拜疆（Azerbaijan invasion）
        415
    匈牙利（Hungarian）410
    与德国共产主义战斗主力（and German
        Communist militancy）449
    占领外高加索（Transcaucasian
        occupation）417
后藤新平（Goto Shinpei）22, 96, 143, 144,
    146
胡戈·普罗伊斯（Preuss, Hugo）315
胡戈·施廷内斯（Stinnes, Hugo）426, 427, 452

胡志明（Ho Chi Minh）421

湖南（Hunan）104, 483

湖南"秋收起义"（'autumn harvest' uprising in Hunan）483

华盛顿海军会议（Washington Naval Conference）4, 11-12, 396-407, 435, 439

 海军裁军（naval disarmament）397-402

 《九国公约》（Nine Power Treaty）405

 罗脱方案（Root resolutions）402-403

 与法国（and France）400-401, 406

 与加拿大（and Canada）437

 与日本（and Japan）11, 397-400, 402-407

 与中国（and China）397, 402-407

"华盛顿号"，美国军舰（*George Washington*, USS）257

皇家海军（Royal Navy）

 1931年建战舰（1931 battleship construction）490

 "海军主义"对美国的挑战（'navalism' challenge to US）45

 日德兰海战（battle of Jutland）35

 削减开支（1919年）（cut in spending）364-365

 英国海军部（British Admiralty）34, 194, 365, 394

 与帝国海军的提议（and the proposition of an imperial navy）394-395

 与法国防御（and the defence of France）491

 与华盛顿会议（and the Washington Conference）398, 401

 与美国要求海上主导地位（and US claim to naval dominance）269

 与苏联在东地中海的战舰（and Soviet vessels in eastern Mediterranean）438

 与中国（and China）481-482

 战后主导地位（post-war dominance）374, 398

皇家空军（Royal Air Force）446

黄金（gold）

 俄国/苏联储备（Russian/Soviet reserves）51, 427

 法国储备（French reserves）469-470, 495, 502

 金本位制（standard）207-209, 365, 383, 464, 487-488；英国（Britain）36, 208, 363, 465-466, 500-501, 504；法国（France）502；德国（German）503；意大利（Italy）502；日本（Japan）94, 467, 486, 487, 502, 504；美国（US）38, 345, 346, 355, 363, 505

 跨大西洋黄金流通（trans-Atlantic gold flow）345

 伦敦作为一个黄金供应世界中心（London as a world supply centre for）209

 美国（American）344, 345, 349, 359, 505

 南非（South African）209, 212；兰德金矿工（Rand gold miners）374-375

 协约国储备（Entente reserves）36-37, 51, 52

 英国储备（British reserves）52

 与英帝国（and the British Empire）374-375

黄埔军校（Whampoa military academy）479

霍尔姆（Cholm）132

霍亨索伦王朝（Hohenzollerns）134

J

J. P. 摩根（Morgan, John Pierpont）461
J. P. 摩根（银行）(J. P. Morgan) 37, 45, 51, 52-53, 206, 366, 372
 金马克贷款（Goldmarks loan）461
 英法债券问题（Anglo-French bond issue）51, 52-53
 与法国（and France）440, 457-459, *467*
 与日本（and Japan）12, 105, *467*, 487
 与中国（and China）105
饥荒（starvation）39-40, 156, 423, 443, 447
基督教民主联盟（德国）(Christian Democratic Union, CDU) 24, 25, 75
基拉法特运动（Khilafat movement）384, 416
吉尔伯特·M. 希契科克（Hitchock, Gilbert M.）337
吉兰共和国（Gilan, Republic of）415
吉亚琴托·梅诺蒂·塞拉蒂（Serrati, Giacinto Menotti）414
吉野作造（Yoshino Sakuzo）95, 144, 259
加埃塔诺·萨尔韦米尼（Salvemini, Gaetano）310
加布里埃尔·邓南遮（d'Annunzio, Gabriel）311
加勒比海（Caribbean）44
加里，印第安纳州（Gary, Indiana）341
加拿大（Canada）
 胡佛延债宣言（Hoover moratorium）*498*
 美国私人长期投资（1930年12月）(US private long-term investment) 477
 与华盛顿会议（and the Washington Conference）437
 与英联邦（and the Commonwealth）395
战时批发价格混乱（wartime wholesale price dislocation）213
种族歧视（racial discrimination）393
加沙（Gaza）193
加藤高明（Kato Takaaki）92, 94, 95, 96
加藤宽治（Katō Kanji）399, 491
加藤友三郎（Kato Tomosaburō）398
戛纳会议（Cannes Conference）429-430
蒋介石（Chiang Kai-shek）479, 480, 482, 485, 511
捷克斯洛伐克（Czechoslovakia）
 独立（independence）158, 284
 胡佛延债宣言（Hoover moratorium）*498*
 马萨里克的捷克军队（Masaryk's Czech forces）157-158, 161
 民族主义（nationalism）158, 159, 284
 受到协约国支持的新兴国家（Allied sponsorship of new state of）276
 宣布成立共和国（declaration as a republic）232
 英法声明支持捷克民族主义（British and French declaration of support for Czech nationalism）159
 与德国（and Germany）281
 与法国（and France）280
 与凡尔赛（and Versailles）281, 284
 与国际联盟（and the League of Nations）260
戒严令（martial law）157
紧急船运公司（Emergency Fleet Corporation）35, 203
紧缩（austerity）487, 488
经济模型（economic models）
 计划国民经济（of planned national

economy）199-200

经济优越性，见新世界秩序：与经济优越性（economic supremacy see new world order: and economic supremacy）

民主资本主义（of democratic capitalism）200-201

协约国内部合作（of inter-Allied cooperation）204-205

井上准之助（Inoue Junnosuke）499

军备竞赛（armaments race）512-513

军国主义（militarism）

 德国人，见德国：军国主义（German see Germany: militarism）

 军事力量与新秩序（military power and the new order）8

 日本人，见日本：军国主义（Japanese see Japan: militarism）

 受到德国投降的挑战（challenged by Germany's surrender）8

君士坦丁堡，见伊斯坦布尔/君士坦丁堡（Constantinople see Istanbul/Constantinople）

K

喀布尔（Kabul）416

喀琅施塔得叛乱（Kronstadt rebellion）422-423

卡博雷托战役（Caporetto, battle of）82, 174, 176

卡尔·古斯塔夫·曼纳海姆（Mannerheim, Carl Gustaf）150-151

卡尔·赫弗里希（Helfferich, Karl）166, 169

卡尔·考茨基（Kautsky, Karl）237, 242

卡尔·拉狄克（Radek, Karl）126, 137

卡尔·莱吉恩（Legien, Carl）313

卡尔·李卜克内西（Liebknecht, Karl）131, 238-239

卡尔·马克思（Marx, Karl）138

卡尔·泽韦林（Severing, Carl）432

卡洛伊·米哈伊（Karolyi, Mihaly）409-410

卡特·格拉斯（Glass, Carter）298, 345

《凯洛格—白里安公约》（Kellogg-Briand Pact）472-473, 484, 485

康拉德·阿登纳（Adenauer, Konrad）239, 451-452

科孚危机（Corfu crisis）446-447

科隆（Cologne）451

克虏伯（Krupp）152

克伦斯基攻势（Kerensky offensive）40, 86

肯尼亚（Kenya）

 白人团结（White solidarity）392, 393

 印度定居者受排斥（Indian settlement exclusions）393

空中优势（air superiority）200

恐怖（terror）165

 阶级恐怖（class terror）242

 白色恐怖，中国（White Terror, China）483

库恩·贝拉（Kun, Bela）410

库尔德人（Kurds）381, 415

库尔德斯坦（Kurdistan）233

库尔兰（Courland）113, 116, 138

库尔特·艾斯纳（Eisner, Kurt）242

库尔特·古斯塔夫·维尔肯斯（Wilckerls, Kurt Gustav）353-354

库尔特·里茨勒（Riezler, Kurt）58, 112, 114

库诺·冯·韦斯塔普（Westarp, Kuno von）112

矿工联合会（United Mine Workers, UMW）341-342

L

拉丁美洲（Latin America）353-354

拉夫尔·科尔尼洛夫（Kornilov, Lavr）82, 83

拉合尔（Lahore）383

拉姆齐·麦克唐纳（MacDonald, Ramsay）26, 241, 244, 245, 455-456, 457, 470, 489

 论中止支付美国债务（on cessation of US debt payments）507

 与布吕宁（and Brüning）495

 与法国不支持胡佛的提议（and French non-cooperation with Hoover proposals）496

 与胡佛（and Hoover）474, 504

 与伦敦海军会议（and the London Naval Conference）491-492

 与英国脱离金本位制（and Britain's leaving the gold standard）500-501

《拉帕洛条约》（Rapallo, Treaty of）435, 436, 494

拉塞尔·莱芬韦尔（Leffingwell, Russell C.）301, 345

拉脱维亚（Latvia）138-139

 布尔什维克拉脱维亚政权（Bolshevik Latvian regiments）161

 拉脱维亚库尔兰人口（Latvian population of Courland）113

 宣布成立共和国（declaration as a republic）232

莱昂·布鲁姆（Blum, Léon）251

莱昂·布儒瓦（Bourgeois, Léon）258, 261, 262, 267, 268, 457

莱昂·甘必大（Gambetta, Léon）220

莱奥尼达·比索拉蒂（Bissolati, Leonida）176, 306, 307, 310

莱茵区（Rhineland）277, 278, 279

 鲁尔区，见鲁尔区（Ruhr see Ruhr）

 与阿登纳（and Adenauer）451-452

 与法国（and the French）176, 227, 272, 274, 277, 278, 288

劳工运动（labour movement）

 德国的（German）319, 371

 美国的（American）43, 340-342

 欧洲的（European）243, 244

 亚洲的（Asian）246

 英国的（British）56, 76, 192, 240, 241, 244

 与通货紧缩（and deflation）362

劳伦斯·邓达斯，第二代设得兰的罗纳谢侯爵（Ronaldshay, Lawrence Dundas, 2nd Marquess of Zetland）182

《勒克瑙协定》（Lucknow agreement）181, 188, 384, 391-392

雷·斯坦纳德·贝克（Baker, Ray Stannard）309

雷金纳德·戴尔（Dyer, Reginald）383-384, 385

雷金纳德·麦克纳（McKenna, Reginald）48, 465

雷蒙·普恩加莱（Poincaré, Raymond）24, 430-431, 440, 469-470

 辞职（1924年）（resignation）457

 法令权力（decree powers）456

 退休（retirement）473

 与法国基于协约国的安全（and French security based on Entente）431, 453

 与法国入侵鲁尔区（and the French invasion of the Ruhr）442, 446, 448, 456-457, 473

 与劳合·乔治（and Lloyd George）431, 454

与热那亚会议（and the Genoa
　　Conference）431, 433
雷蒙德·罗宾斯（Robins, Raymond）145,
　　152-153
冷战（Cold War）10
　　与威尔逊十四点原则宣言（and
　　　Wilson's 14 Points manifesto）119,
　　　122
黎巴嫩（Lebanon）193
黎元洪（Li Yuanhong）91-92, 98, 100-101
礼萨汗将军（Reza Khan）419
里加（Riga）82
《里加和约》（Riga, Treaty of）417
理查德·冯·屈尔曼（Kühlmann, Richard
　　von）
　　巴特洪堡会议（Bad Homburg
　　　conference）133-135
　　反驳德皇，事业的终结（contradiction
　　　of Kaiser, and end of career）162, 163
　　反对入侵俄国（against intervention in
　　　Russia）153-154, 161
　　与布列斯特—陶夫斯克（and Brest-
　　　Litovsk）108, 112, 114, 116-117, 118,
　　　124, 130
　　自由帝国主义（liberal imperialism of）
　　　108
立陶宛（Lithuania）114, 116, 139, 411
　　宣布成立共和国（declaration as a
　　　republic）232
立宪会议（Constituent Assemblies）
　　德国（Germany）237, 239-240
　　俄国，见俄国：立宪会议（Russia see
　　　under Russia）
　　乌克兰（Ukraine）149
立宪主义（constitutionalism）41, 162

利比亚（Libya）233
利沃夫围困（Lwow, siege of）417
利沃尼亚（Livonia）167
例外论（exceptionalism）27, 28-29, 54-55
联合进步委员会（Ittihadists）147
列夫·加拉罕（Karakhan, Lev）331
列夫·托洛茨基（Trotsky, Leon）
　　对战争及其后果的反思（reflections on
　　　the war and its aftermath）4, 18
　　发布《伦敦条约》的内容（publishing
　　　text of London Treaty）116
　　反对1919年与协约国对话（opposition
　　　to 1919 talks with Entente）236
　　呼吁释放（calls for release of）83
　　阶级恐怖（class terror）242
　　流亡（exile）483
　　驱逐（deportations）5
　　谈布尔什维克暴力（on Bolshevik
　　　violence）126-127
　　谈德国赔款与协约国（on German
　　　reparations and the Entente）489
　　与布列斯特—陶夫斯克（and Brest-
　　　Litovsk）109, 116, 117, 118, 119, 126-
　　　127, 129, 130-131, 132-133, 137
　　与捷克人（and the Czechs）158
　　与凯恩斯（and Keynes）295
　　与美国（and the US）6, 8-9, 11, 12
　　与农民（and the peasantry）421
　　与十月革命（and the October
　　　Revolution）84
　　与威尔逊（and Wilson）109, 122
　　与西方力量修复关系的尝试
　　　rapprochement attempts with Western
　　　Powers）145
　　与新秩序（and the new order）8, 11-12,

18, 23, 26, 29-30

与中国共产党人（and the Chinese Communists）480

作为革命军事委员会领导（as head of revolutionary military council）168

作为国际关系新原则的倡导者（as exponent of international relations）108

作为红军的领导（as head of Red Army）136, 234, 422

临城（Lincheng）406

"卢西塔尼亚号"（*Lusitania*）34, 43

鲁尔区（Ruhr）

1919 年起义（1919 uprising）319

1922 年法国入侵并占领（French 1922 invasion and occupation）440-446, 447-449, 452-457, 459, 473

1923 年危机（1923 crisis）24

红军（Red Army）319, 337

饥荒（starvation）443, 447

与希特勒（and Hitler）450, 452

鲁弗斯·艾萨克斯·雷丁，第一代雷丁侯爵（Reading, Rufus Isaacs, 1st Marquess）385, 387, 388

路德维希·冯·罗伊特（Reuter, Lugwig von）317

路易·马尔维（Malvy, Louis）175

路易—吕西安·克洛茨（Klotz, Louis-Lucien）251

路易十四（Louis XIV）273

伦敦（London）

1916 年经济会议（1916 economic conference）290

1918-1919 年冬季混乱（disorder, winter of 1918-1919）356

黄金供应（gold supplies）209

世界经济会议（World Economic Conference）504, 506

伦敦帝国会议（London Empire Conference）394-396

伦敦海军会议（1930 年）（London Naval Conference）474, 486, 490-493, 499, 512

伦敦会议（1924 年）（London Conference）461

伦敦赔款最后通牒（London Reparations Ultimatum）368, 371-372

《伦敦条约》（London Treaty）116, 176, 177, 178, 306-307, 308, 310, 438

罗伯特·兰辛（Lansing, Robert）49, 57, 59, 65, 66, 67, 69

暴露与威尔逊的分歧（divisions with Wilson exposed）334

与捷克军队（and the Czech Army）158

与列宁政权（and Lenin's regime）121, 144

与日本（and Japan）103, 327

与西伯利亚干预（and the Siberian intervention）158

与中国（and China）91, 92, 99, 102, 105, 106

罗贝尔·尼韦勒（Nivelle, Robert Georges）74

罗伯特·塞西尔，切尔伍德第一塞西尔子爵（Cecil, Robert, 1st Viscount Cecil of Chelwood）260-263, 264, 267, 269, 285, 325, 326

罗得西亚（Rhodesia）374

罗马（Rome）

被压迫民族代表大会（Congress of the Oppressed Nationalities）177-178

权力真空（power vacuum）433
罗马·德莫夫斯基（Dmowski, Roman）326
罗马尼亚（Romania）
 美国债务（US debts）*302, 468, 498*
 强加和平（peace imposition）158
 协约国外交（Entente diplomacy over）34
 匈牙利—罗马尼亚战争（Hungarian-Romanian War）410
 与布鲁西洛夫进攻（and the Brusilov offensive）70
 与法国（and France）280
 与国际联盟（and the League of Nations）260
 与协约国站在一边（siding with Entente）47, 70
 战争期间亡国的威胁（threat of national extinction during war）5
罗曼诺夫家族，被杀害（Romanov family, murder of）165
罗纳德·林赛爵士（Lindsay, Sir Ronald）507
罗莎·卢森堡（Luxemburg, Rosa）166, 167, 237, 238-239
罗斯福新政（New Deal）505, 517
罗脱决议（Root resolutions）402-403
《洛基山新闻报》（Rocky Mountain News）230
《洛迦诺公约》（Locarno Treaty）4, 23, 462
洛桑会议（1932 年）（Lausanne Conference）504, 506
《洛桑条约》（Lausanne, Treaty of）438, 446
吕迪格·冯·德·格尔茨（Goltz, Rüdiger von de）150

M

M. N. 罗易（Roy, M. N.）414, 415, 416
 伊斯兰军队（Islamic army）416, 418
马德拉斯（Madras）180, 188, 386
马蒂亚斯·埃茨贝格尔（Erzberger, Matthias）24, 75, 82, 112, 113, 154-155, 168, 220-223, 228, 243-244, 448
 《国际联盟》（*Der Völkerbund*）221
 布列斯特—立陶夫斯克和平（Brest-Litovsk peace）114, 118, 138-139
 与凡尔赛（and Versailles）312, 313, 315, 316, 317
 遇刺（assassination）426
马克思主义（Marxism）
 进入第四代（entering fourth generation）414-415
 史观（view of history）141-142
 与农民（and the peasantry）408
 与新芬党（and Sinn Fein）79
 在德国（in Germany）237
 在中国（in China）91
 另见布尔什维主义／布尔什维克；共产主义（see also Bolshevism/Bolsheviks; Communism）
马克斯·鲍尔（Bauer, Max）112
马克斯·冯·巴登（Baden, Max von）
 见马克斯·冯·巴登亲王（see Max von Baden, Prince）
马克斯·冯·巴登亲王（Max von Baden, Prince）140, 220, 222, 225
马克斯·霍夫曼（Hoffmann, Max）114, 117, 126, 127, 131, 133, 135, 150, 166
马克斯·韦伯（Weber, Max）58
马克西姆·高尔基（Gorky, Maxim）128, 422, 424

索引

马萨诸塞州民主党（Massachusetts Democrats）343
马歇尔计划（Marshall Plan）277
迈尔斯·波因德克斯特，美国参议员（Poindexter, Miles, US Senator）230
迈伦·赫里克（Herrick, Myron T.）456, 469
满洲（Manchuria）
    俄国对铁路系统的权利（Russian rights over railway system）420
    与日本（and Japan）22, 93, 96, 322, 403, 484-485, 499-500
《曼彻斯特卫报》（*Manchester Guardian*）56
毛泽东（Mao Zedong）91, 330, 421, 479, 481
《梅隆—贝朗热协议》（Mellon-Berenger accord）469, 473, 497
煤/煤矿（coal/coal mines）39, 204
    波兰（Polish）466
    德国（German）167, 290, 366, 426, 431, 440, 442, 452, 466
    俄国（Russian）108
    法国进口（French imports）365-366, 426
    美国（American）341-342
    欧洲煤钢共同体（European Coal and Steel Community）205, 290
    萨尔（of the Saar）277, 278, 279, 289, 366, 466, 473
    乌克兰（Ukrainian）125
    西里西亚（Silesian）281
    意大利（Italian）74, 310
    英国（British）247, 366, 466
《每日邮报》（*Daily Mail*）465
美国（United States of America）
    1920年大选（1920 general election）338

罢工（strikes）：1914–1921 *247*; 1919 341-343; 与共产主义的愿景（and the Communist vision）409; 西雅图总罢工（1919年2月）（Seattle general strike）340
霸权危机模型（hegemonic crisis model）18-20, 26
保护主义（protectionism）15, 349, 492, 493, 501
保守主义（conservatism）27-28, 29
财政部（Treasury）80, 216, 303, 304, 343-345; 认证（Certificates）345
承认俄国临时政府（recognition of Provisional Government of Russia）68
充满问题地进入现代（problematic entry into modernity）27-29
出口计划，公开资助（export scheme, publicly funded）207
船舶（shipping）202-204, 205; 紧急船运公司（Emergency Fleet Corporation）35, 203
大国军事化的命运（militarized great power destiny）517
德裔美国人（German-Americans）43
抵制独裁（autocracy resisted by）8, 67, 103, 190
第十五修正案（Fifteenth Amendment）63
对战后国际秩序不可见的影响（invisible influence on post-war international order）3-4, 515-516
飞行器（aircraft）202
非裔美国人（African Americans）63, 339

富足的寓言（abundance fable）201

《福德尼—麦坎伯关税法》（Fordney-McCumber tariff）349

工会（trade unions）46, 340-342

工人阶级斗争（working class militancy）246, 247 另见美国：罢工（see also United States of America: strikes）

工业（industry）41; 工业界的行动（1919年）（industrial action）247, 341-343, 409; 工业会议（Industrial Conference）341

工资（wages）46, 216, 339, 343

工作时间（working hours）246

共和党（Republican Party）37, 231, 347, 348, 396; 1916年总统竞选（Presidential campaign）46; 1918年中期竞选（1918 mid-term election campaign）340; 废奴主义者（abolitionists）63; 协约国支持者（Entente supporters）59; 与国际联盟（and the League of Nations）335; 对威尔逊"没有胜利者的和平"的反应（reaction to Wilson's 'peace without victory'）55; 与合约斗争（and the Treaty Fight）335-336

孤立主义（isolationism）348, 505, 517

国会与"和约斗争"（Congress and the Treaty Fight）335-338

哈定政府（Harding administration）348-349, 372, 432, 439, 441, 443; 与华盛顿会议（and the Washington Conference）396-397, 401

海军（navy）15, 268-269, 362, 490; 1916年扩张（expansion）35-36, 56; 与大西洋（and the Pacific）401 另见华盛顿海军会议（see also Washington Naval Conference）

红色运动/红色恐惧（Red movement/Red Scare）340, 342, 354, 409, 517

胡佛政府（Hoover administration）488

华盛顿会议，见华盛顿海军会议（Washington Conference see Washington Naval Conference）

黄金（gold）344, 345, 349, 359, 505; 金本位制（standard）38, 345, 346, 355, 363, 505

经济（economy）: 罗斯福的"电报炸弹"（'bombshell telegram' of FDR）506; 与英国依赖美国的风险（and British risk of dependence on the US）40, 48-49, 78, 207-209; 资本主义（capitalist）7, 8, 200-201; 通货紧缩（deflation）345-347, 349, 354, 358-359, 367, 397, 504; 因战时动员导致经济不稳定（destabilization through wartime mobilization）216; 美元（the dollar）207-209, 344, 355, 358, 370, 427, 436, 443, 456, 469, 505, 506; 与美元—英镑汇率（and the dollar-sterling rate）207-209; 经济作为权力中介（economics as medium of power）12, 200-201, 206-208; 联邦政府债务（Federal government debt）349; 联邦政府利率增长50%（and the Fed's 50 per cent interest rate increase）345, 349; 国家生产总值（GDP）13, 216; 全球经济主导地位（global economic dominance）12-16, 36, 206-209, 211, 349-350, 362; 国民生产总值（GNP）217; 与黄金，见美国：

索引

黄金（and gold see United States of America: gold）；与大萧条（and the Great Depression）345, 488-489, 495-497, 504-506 另见大萧条（see also Great Depression）1865–1914 年经济增长（growth between 1865 and 1914）14；通货膨胀税（inflation tax）216；通胀紧缩相继发生（1919–1920）（inflation-deflation succession）342-347；低增长的战时经济（low-growth war economy）215-216, *217*；国民财富（national wealth）12；衰退（1919–1921）（recession）345-347, *346*；与复兴金融公司（and the Reconstruction Finance Corporation）505；与战时金融（and war finance）36-40, 45-46, 48-49, 50, 51, 52-53, 78, 173, 206-208, 215-216, *217*；战时批发价格混乱（wartime wholesale price dislocation）214；威尔逊式溃败（Wilsonian fiasco）342-347, 349-350

拒绝在战争中站队（refusal to take sides in War）16, 44-45, 46, 52, 53-57, 60, 65

军备（armaments）：生产（production）202；股价跳水（share crash）52

军事开支（military spending）*514*

柯立芝政府（Coolidge administration）467

劳工运动（labour movement）43, 340-342

冷战，见冷战（Cold War see Cold War）

利率（interest rates）344-345, 349

例外论（exceptionalism）27, 28-29, 54-55

联邦储备，见联邦储备（Federal Reserve see Federal Reserve）

联邦调查局（FBI）339-340

联邦政府债务（Federal government debt）349

流进欧洲的资源（resource funneling into Europe）201-205

罗斯福政府（FDR administration）505-506

贸易政策在威尔逊后逆转（trade policy reversal after Wilson）348-349

没能支持全球民主计划（failures to aid global democratic campaigns）86-87, 102-106

"没有胜利者的和平"目标（'peace without victory' goal）16, 50-67, 72, 75-78, 86-87, 211, 222, 257, 461

煤炭（coal）341-342

美国劳工联合会（American Federation of Labour）340

美军（American Army）35, 173, 201-202, 203, 204, 205, 218

美利坚合众国的开始与发展（beginning and development of American Republic）14-16

美式和平（Pax Americana）7

美西战争（Spanish-American War）15, 41, 44

门户开放政策（Open Door policy）15-16, 44, 103, 205；与华盛顿会议（and the Washington Conference）397, 405

民粹运动（populist movement）43

民主（democracy）62, 196；民主资本主义（democratic capitalism）200-201；与新政（and the New Deal）505

民主党（Democratic Party）230-231, 340, 346, 347; 1916年总统竞选（Presidential campaign）46; 铜头蛇（Copperheads）65; 与劳工（and labour）340-342; 马萨诸塞州（Massachusetts）343; 南方民主党人（Southern Democrats）64; 与和约斗争（and the Treaty Fight）335

民族主义（nationalism）: 与例外论（and exceptionalism）27; 与美国在国际经济中的角色（and US role in international economy）349; 威尔逊任职总统作为胜利的民族主义（Wilson presidency as triumphant nationalism）348

内战（Civil War）14, 29, 41, 44, 61, 63, 65

农业（agriculture）346, 347; 农业集团（Farm Bloc）347, 373; 国会联合委员会调查农业状况（Joint Congressional commission of agricultural inquiry）347

农业集团（Farm Bloc）347, 373

欧洲出口税（European exports tax）46

欧洲大国与美国相形见绌（European power states' overshadowing by）463-464

彭罗斯法案（Penrose Bill）372-373

皮特曼法案（Pittman Act）210

丘吉尔的看法（Churchill's view of）6

趋向"世界霸权"（drive towards 'world hegemony'）8-9, 16

全国平等权利联盟（National Equal Rights League）339

认为欧洲是"黑暗大陆"（perception of Europe as the 'Dark Continent'）17-18, 26

生产主义（productivism）201

生活成本上升（cost of living rise）45-46, 216, 343

失业（unemployment）345-346, 348

十四点原则，见伍德罗·威尔逊：十四点原则宣言（Fourteen Points see Wilson, Woodrow: 14 Points manifesto）

实力因战争增长（growth in power through the war）6-7, 11

《斯姆特—霍利关税法案》（Smoot Hawley tariff）501, 504

私人长期外国投资（private long-term foreign investment）495-496; 1930年12月（December 1930）476-477

土地运动（agrarian movement）43

托洛茨基的担心和看法（Trotsky's concerns and views）6, 8-9, 11, 12

威尔逊主义，见威尔逊主义（Wilsonianism see Wilsonianism）

威尔逊总统，见伍德罗·威尔逊（Wilson presidency see Wilson, Woodrow）

西雅图总罢工（1919年2月）（Seattle general strike）340

协约国关系（Entente relations）: 表现为国际合作的新级别（appearing as new level of international cooperation）515; 与停战（and the armistice）224-228, 229, 231; 与大西洋封锁（and the Atlantic blockade）34-35, 56, 473; 在凡尔赛发生冲突的危险（dangers of clashes at Versailles）277-278, 307; 道威斯计

划（Dawes Plan）453-461, 470, 497; 与对美国的依赖（and dependence on the US）38, 40, 48-49, 78, 207-209, 211; 与美元汇率（and the dollar exchange rate）207-209; 与法俄同盟的终结（and the end of Franco-Russian alliance）276; 与阜姆（and Fiume）308, 337; 与德国赔款（and German reparations）293-295, 297-304, 441, 453-461, 488-489, 496-497; 德国U形潜艇战以及与协约国关系的倾覆（German U-boat campaign and the tipping of）58-59; 1918年12月美国巩固（hardening by US in December 1918）257; 哈定与欧洲保持距离的战略（Harding strategy of distance from Europe）372; 与协约国内部经济合作（and the inter-Allied economic cooperation）205; 与协约国内部供应委员会（and the Inter-Allied Supply Council）207; 与海军力量（and naval power）35-36, 56, 268-269; 政治的（political）40-46; 与拒绝美国全球领导地位（and rejection of American global leadership）231; 罗斯福赞赏协约国的努力（Roosevelt's admiration for Entente efforts）43; 与俄国革命和民主化（and the Russian Revolution and democratization）69-73; 与美国宣布参战（and the US declaration/entry of war）66-67, 68, 78; 美国拒绝公然结盟（US refusal of overt association）16, 44-45, 46, 52, 53-57, 60, 65; 与美国资源的传送（and US resource funneling）201-205;

与战时金融和债务（and war finance and debts）36-40, 45-46, 48-49, 50, 51, 52-53, 78, 173, 206-208, 298-304, 302, 349, 366, 372-373, 439, 440, 466-470, 468, 473, 496-497, 498, 506-507; 与华盛顿会议，见华盛顿海军会议（and the Washington Conference see Washington Naval Conference）

新政（New Deal）505, 517

新自由纲领（New Freedom）340, 346, 461

信贷，见信贷：美国（credit see credit: American）

形象（image）41

宣布参战（declaration and entry of war）66-68, 78, 87, 100, 106

移民法案（immigration law）348

银（silver）210

银行系统（banking system）38-39, 500, 504-505

优越的超然地位（privileged detachment of）67, 516

犹太美国人（Jewish-Americans）43

与《海牙公约》（and the Hague Convention）267

与1916年战争的平衡（and the 1916 balance of the war）34-40

与巴拿马运河（and the Panama Canal）44

与德国（and Germany）：与美国的商业利益（and American business interest）320; 反美墨西哥联盟提议（anti American Mexican alliance proposal）65-66; 与停战（and the armistice）220-231; 外交关系破裂（1917年2月）（breaking of

diplomatic relations）89; 道威斯计划
（Dawes Plan）453-461, 464, 497; 威
尔逊"没有胜利者的和平"偏离轨
道（derailment of Wilson's 'peace
without victory'）52, 56-58; 与法国入
侵鲁尔区（and the French invasion
of the Ruhr）443-446, 448, 459; 德国
驻华盛顿大使（German embassy in
Washington）56; 德国大西洋主义者
的国际主义（Germany's Atlanticist
internationalism）221-222; 与大萧
条（and the Great Depression）495-
496; 希特勒对美国的担心（Hitler's
concerns over the US）6, 7; 胡佛延债
宣言（Hoover moratorium）498, 502-
503, 507; 与赔款（and reparations）
293-295, 297-304, 441, 453-461, 495-
496, 498, 506; 终止外交关系（severing
of diplomatic relations）59; 1924 年
后魏玛共和国通过美国信贷实现稳
定（stabilization of Weimar Republic
after 1924 by US credit）461, 464-
465; 施特雷泽曼接受美国霸权地
位的政策（Stresemann's policy of
accommodation）448; 图瓦里倡议
（Thoiry initiative）473; U 形潜艇战
（U-boat campaign）24, 45, 48, 57-
58, 64, 66; 美国债务（US debts）498,
502-503, 506-507; 美国私人长期投资
（1930 年 12 月）（US private long-
term investment）476, 495-496; 与威
尔逊十四点原则宣言（and Wilson's
14 Points manifesto）122-123, 134,
143, 144, 145, 198, 224, 226, 227, 228,
230, 233, 327; 威尔逊要求德皇退

位（Wilson's demand for Kaiser's
abdication）224, 225; 威尔逊与英
国的单边谈判（Wilson's unilateral
negotiations with Berlin）222-5, 229,
231

与对和平与绥靖战略的探求（and the
quest for pacification and appeasement
strategies）26

与俄国 / 苏联（and Russia/USSR）：
帮助（1917 年）（aid）80; 美国反
布尔什维克煽动（American anti-
Bolshevik agitation）340; 布利特对
俄国的任务（Bullitt's mission to
Russia）236; 冷战，见冷战（Cold
War see Cold War）; 欠美国的债
务（debts to US）302; 经济合作
提议（1918 年 5 月）（economic
cooperation proposal）152-153; 减轻
饥荒（famine relief）12, 425, 435; 与
俄国民主的坟墓（and the grave of
Russian democracy）86-87; 与豪斯
（and House）86-87; 与日本（Japan）
141, 144-145, 408; 与《凯洛格—白
里安公约》（and the Kellogg-Briand
Pact）472; 兰辛对布尔什维克的看
法（Lansing's view of Bolshevism）
144; 在十月革命后（in October
Revolution aftermath）86-87; 与
彼得格勒方案（and the Petrograd
formula）76-78;《朴茨茅斯条约》仲
裁（Portsmouth Treaty arbitration）
408; 与拒绝出席热那亚会议（and
refusal to attend Genoa Conference）
430; 与共产主义的再造（and the
reinvention of Communism）409;

与西伯利亚干预（and the Siberian intervention）156, 158-159；与苏联支持北伐（and Soviet sponsorship of Northern Expedition）511；与西伯利亚铁路（and the Trans-Siberian railway）80, 158；美国承认临时政府（US recognition of Provisional Government）68；与华盛顿海军会议（and the Washington Naval Conference）11；与威尔逊十四点原则宣言（and Wilson's 14 Points manifesto）121-123, 134, 143, 144, 145

与法国（and France）：美国银行家庭离开巴黎（American banker families leaving Paris）469；收支平衡（balance of payments）12；与英国（and Britain）268, 277-280, 290, 400-401；1919年和1945年地位的变化（changing position between 1919 and 1945）291；与法俄同盟的终结（and the end of Franco-Russian alliance）276；法国的团结请求（French appeal for solidarity）59-60；法国与英国和美国达成跨大西洋三边协议的目标（French goal of trilateral transatlantic pact with Britain）268, 290；与德国赔款（and German reparations）441, 453-461, 488-489, 496-497；与鲁尔危机后的德国（and Germany after the Ruhr crisis）453；胡佛延债宣言（Hoover moratorium）498, 506, 507；《凯洛格—白里安公约》（Kellogg-Briand Pact）472-473；与国际联盟（and the League of Nations）257-258, 263；与伦敦海军会议（and the London Naval Conference）491-492, 493；《梅隆—贝朗热协议》（Mellon-Berenger accord）469, 473, 497；与占领鲁尔区（and the occupation of the Ruhr）443-446, 448, 459；图瓦里倡议（Thoiry initiative）473；与英国和美国的三边安全保障（trilateral security guarantee with Britain）277-280；美国私人长期投资（1930年12月）（US private long-term investment）476；与战争补偿和重建（and war compensations and reconstruction）251；与战争债务（and war debts）298, 299, *302*, 304, 349, 366, 367, 440, 467-470, 468, 473, 496-497, *498*, 506-507；与华盛顿会议（and the Washington Conference）400-401；与华盛顿海军会议（and the Washington Naval Conference）11；威尔逊和社会党人（Wilson and the Socialists）240；威尔逊谈法国自由（Wilson on French freedom）276-277

与凡尔赛，见伍德罗·威尔逊：与凡尔赛（and Versailles see Wilson, Woodrow: and Versailles）

与国际联盟（and the League of Nations）267, 336-337；与美国力量缺席在场（and the absent presence of US power）515-516；与盟约第十条（and Article X of Covenant）335-337；与英国（and Britain）258-261, 266, 268-271, 455；与《日内瓦议定书》（and Geneva Protocols）470-471；与美国同之前的盟友解除关系的需要

（and the need for the US to dissociate from former allies）303; 共和党的支持（Republican support）335; 与威尔逊（and Wilson）16, 53, 54, 222-223, 243, 255-256, 259-263, 264, 266, 269-270, 277, 325, 326, 337, 516

与加勒比海（and the Caribbean）44

与伦敦海军会议（and the London Naval Conference）491-492, 493

与门罗主义（and the Monroe doctrine）15, 310

与日本，见日本：与美国（and Japan see Japan: and the US）

与三K党（and the Ku Klux Klan）339, 347

与世界经济（and the world economy）26, 476-477

与停战（and the armistice）220-231

与土耳其（and Turkey）194

与压制帝国主义（and the suppression of imperialism）15-16

与意大利，见意大利：与美国（and Italy see Italy: and the US）

与印度（and India）210

与英国（and Britain）：1923年英国政治中英美的雄心（Anglo-American ambitions in 1923 British politics）455; 反战派系（anti-war faction）56; 收支平衡（balance of payments）12; 与美元—英镑双边汇率（and the bilateral dollar-sterling rate）207-209; 英国驻华盛顿大使（British embassy in Washington）34; 英国外交部1928年关于美国现象的备忘录（British Foreign Office 1928 memo on the US phenomenon）463-464, 474; 与英国的海军至上主义（and British 'navalism'）45; 丘吉尔的大西洋一体化提议（Churchill's Atlantic unity appeal）206; 与英帝国合作（collaboration with British Empire）259; 与道威斯计划（and the Dawes Plan）454-455; 与通货紧缩（and deflation）358-359; 英国依赖美国的经济风险（economic risk of British dependence on the US）40, 48-49, 78, 207-209; 与美国力量的兴起（and emergent US power）6, 26; 与欧洲担心出现英美共同统治的局面（and European fears of an Anglo-American condominium）257-258; 与公海自由（and freedom of the seas）226, 228, 257, 268-270; 与伦敦会议上的法国代表（and French delegation at London Conference）491-492, 493; 与华盛顿会议上的法国代表（and French delegation at Washington Conference）400-401; 法国达成跨大西洋三边协定的目标（French goal of trilateral transatlantic pact）268, 290; 法国三边安全保障（French trilateral security guarantee）277-280; 与德国赔款（and German reparations）293-295, 297-303, 454-455, 488-489; 胡佛延债宣言（Hoover moratorium）498, 506, 507; 与爱尔兰问题（and the Irish question）190-193, 377; 与日本（and Japan）322, 395-396; 1917年11月与英国战时内阁的联合会议（joint conference November 1917 with British War Cabinet）196-198；与《凯洛格—白里安公约》（and the Kellogg-Briand Pact）472-473；与凯恩斯（and Keynes）296-303；与国际联盟（and the League of Nations）258-261, 266, 268-271, 455；劳合·乔治呼吁美国公众（Lloyd George's appeal to American public）203；贷款将英国从破产边缘拯救（loans saving Britain from insolvency）78；与伦敦海军会议，见伦敦海军会议（1930年）（and the London Naval Conference see London Naval Conference）；与中东（and the Middle East）193-196, 378, 379；与门罗主义（and the Monroe doctrine）269；与海上封锁（and the naval blockade）35, 56, 473；反对加大对美国的依赖（opposition to increasing US dependence）40, 48, 296；受威斯敏斯特模式影响的政治科学（political scientists influenced by Westminster model）41；与分享海上霸权地位（and shared naval supremacy）365；与美国海军扩张（and US naval expansion）35-36, 56, 268-269；美国私人长期投资（1930年12月）（US private long-term investment）476；与战争贷款（and war debts）*302*, 349, 366-367, 373, 439, 465, 468, *498*, 506-507；与华盛顿会议，见华盛顿海军会议（and the Washington Conference see Washington Naval Conference）；威尔逊和英国在土耳其的政策（Wilson and British policy in Turkey）337；威尔逊和劳合·乔治（Wilson and Lloyd George）62, 158-159, 203, 224, 243, 244, 269-270；威尔逊与工党（Wilson and the Labour Party）241；威尔逊的白金汉宫讲话（Wilson's Buckingham Palace speech）240 另见英帝国：与美国（see also British Empire: and the US）

与中东（and the Middle East）193-196, 378

与中国，见中国：与美国（and China see China: and the US）

战后问题（post-war problems）：经济（economic）342-347, 346, 349-350；工业（industrial）341-343；种族（racial）338-340；"红色运动"（'Red movement'）340, 342, 354, 409, 517；不愿面对挑战（reluctance to face challenges）26-27

战胜菲律宾（Philippine conquest）41

战时工业委员会（War Industries Board）207

种族暴乱（1919年）（race riots）339-340

重建（Reconstruction）44, 63-64

资本主义，见资本主义：美国（capitalism see capitalism: American）

自由公债/贷款（Liberty Bonds/Loans）206-207, 208, 215, 216, 342, 343, 344

作为世界事务的仲裁者（as arbiter of world affairs）16, 54-55, 67, 220-222

美国《福德尼—麦坎伯关税法》（Fordney-McCumber tariff, US）349

美国钢铁（US Steel）341, 342

美国国会大战债务融资委员会(Congressional World War Debt Funding Commission) 440

美国劳工联合会（American Federation of Labour, AFL) 340, 341

美国劳工联合会—产业工会联合会（AFL-CIO) 342

美国联邦调查局（FBI）339-340

美国内战（American Civil War) 14, 29, 41, 44, 61, 63, 65

美联储（Federal Reserve) 334, 344-345, 346-347, 358-359, 500, 504

    董事会（Board) 38-39, 51, 206, 304, 344, 345

    利率上调 50%（interest rate 50 per cent increase) 345, 349

美索不达米亚（Mesopotamia) 186, 193, 375, 381

    在此的印度穆斯林（Indian Muslims in) 390

    美索不达米亚战役（Mesopotamian campaign) 186

门户开放政策, 美国（Open Door policy, US) 15-16, 44, 103, 205

    与华盛顿会议（and the Washington Conference) 397, 405

门罗主义（Monroe doctrine) 15, 269, 310

蒙塔古·诺曼, 第一代诺曼男爵（Norman, Montagu, 1st Baron) 373

蒙塔古—切姆斯福德改革（Montagu-Chelmsford reforms) 188-189, 210, 382, 383, 385

盟军（Allies), 见西方大国（see Western Powers)

锰（manganese) 125, 148, 153

孟买（Bombay) 180, 210, 383, 386

孟什维主义 / 孟什维克（Menshevism/ Mensheviks) 80, 83, 84, 85-86, 126, 138

    从全俄罗斯代表大会中央执行委员会驱逐（expulsion from Central Executive Committee of All-Russian Congress) 157

    立宪会议选举（1917 年）（Constituent Assembly elections) 85, 85

米哈伊尔·鲍罗廷（Borodin, Mikhail) 478, 479

米哈伊尔·图哈切夫斯基（Tukhachevsky, Mikhail) 412, 417, 422-423

米哈伊洛·胡舍夫斯基（Hrushevsky, Mykhailo) 154

米利森特·福西特（Fawcett, Millicent) 185

米切尔·帕尔默（Palmer, A. Mitchell) 340, 342, 343, 345

米骚乱, 日本（rice riots, Japan) 212, 258, 324

秘鲁（Peru)

    美国私人长期投资（1930 年 12 月）（US private long-term investment) 477

    战时批发价格混乱（wartime wholesale price dislocation) 214

棉（cotton) 181, 212, 347, 379

民政党, 日本（Minseito / Constitutional People's Government Party, Japan) 485-486

民主（democracy)

    俄国, 见俄国：民主与帝国的紧张关系（Russian see Russia: democracy in tension with empire) 177-178

    德国, 见德国：民主（German see Germany: democracy)

索引

民主力量早期失败在 20 世纪 30 年代的后果（results in 1930s of earlier failure of democratic powers）511
美国没能帮助全球民主运动（US failures to aid global democratic campaigns）86-87, 102-106
美国，见美国：民主（American see United States of America: democracy）
日本（Japanese）25, 96, 259, 355
意大利民主干涉主义者（Italian democratic interventionists）307-308
印度（Indian）386
英国，见不列颠联合王国：民主（British see Britain and the United Kingdom: democracy）
与征兵（and conscription）265
与国际联盟（and the League of Nations）243, 258
与威尔逊，见伍德罗·威尔逊：与民主（and Wilson see Wilson, Woodrow: and democracy）
中国（Chinese）88, 90, 102-103
战后压力和挑战（post-war pressure and challenges）232-251
另见自由主义（see also liberalism）
民主控制联盟（Union of Democratic Control, UDC）244, 455
民主资本主义（democratic capitalism）200-201
民族共和主义（national republicanism）221, 515
另见中国国民革命军（see also Chinese National Republican Army, NRA）
民族主义（nationalism）
埃及（Egyptian）378-380

爱尔兰（Irish）179-180, 190-193, 376-377
北约（North Atlantic Treaty Organization, NATO）109, 276, 277
波兰（Polish）284
德国，见德国：民族主义（German see Germany: nationalism）
俄国（Russian）150, 411
捷克（Czech）158, 159, 284
"旧世界"的（of the 'old world'）233
美国，见美国：民族主义（American see United States of America: nationalism）
日本（Japanese）259, 324, 329-330, 485, 499-500
土耳其（Turkish）381-382, 437-438
乌克兰（Ukrainian）122, 125
意大利（Italian）306, 308
印度，见印度：民族主义（Indian see India: nationalism）
与"积极"经济（and 'positive' economics）488
与金融霸权（and financial hegemony）435
中国（Chinese）90, 91, 96, 100, 103, 106, 327-329, 404, 419, 435, 475-483, 499
摩尔曼斯克前线（Murmansk front）166
最后一着计划（Operation Capstone plans）166-167, 170
莫汉达斯·甘地（Gandhi, Mohandas）182, 189, 384, 385-388, 436
被捕（arrest）389-390
在南非（in South Africa）392
莫斯科（Moscow）
布尔什维克首都搬到（move of

Bolshevik capital to）413
第四次全俄罗斯代表大会（Fourth All-Russian congress）138, 145-146, 164
共产国际（Comintern）：第一次代表大会（First Congress）241, 408-409; 第三次代表大会（Third Congress）419
解除武装的德国军队被送往（unarmed German troops sent to）165
企图刺杀列宁（1918年8月）（assassination attempt on Lenin）168
墨西哥（Mexico）44
　　美国私人长期投资（1930年12月）（US private long-term investment）477
　　提议与德国结盟（proposed alliance with Germany）65-66
牧野伸显（Makino Nobuaki）144, 258, 259
穆斯林联盟（Muslim League）181, 188
穆斯塔法·凯末尔·阿塔图尔克（Ataturk, Mustafa Kemal）233, 382, 419, 436, 437, 446

N

拿破仑三世（Napoleon III）273
拿骚（Nassau）274
纳粹德国（Nazi Germany）472, 513
纳粹主义（Nazism）
　　纳粹德国（Nazi Germany）472, 513
南非（South Africa）
　　白人团结（White solidarity）392, 393
　　甘地在南非（Gandhi in）392
　　胡佛延债宣言（Hoover moratorium）498
　　黄金（gold）209, 212; 兰德金矿矿工（Rand gold miners）374-375
　　印度人的权利（Indian rights in）392-393
　　与土耳其和英帝国（and Turkey and the British Empire）437
　　战时批发价格混乱（wartime wholesale price dislocation）213
南京（Nanjing）482, 483, 485
南斯拉夫（Yugoslavia）232, 308
　　美国债务（US debts）*302, 468, 498*
　　与意大利（and Italy）178
内田康哉子爵（Uchida Yasuya, Viscount）326
尼古拉·布哈林（Bukharin, Nikolai）118, 132, 137, 413, 421, 480
尼古拉·苏汉诺夫（Sukhanov, Nikolai）71
尼古拉·尤登尼奇（Yudenich, Nikolai）234, 410, 411
《纽约时报》（*New York Times*）55
农民（peasantry）408, 415-416, 420-422, 483
　　德国恶性通货膨胀（German hyperinflation）443
　　农民国际第一次代表大会（First International Peasant Conference）421
　　中国的（Chinese）421, 479, 480, 481, 483
农民国际第一次代表大会（First International Peasant Conference）421
奴隶贸易（slave trade）27
挪威，战时批发价格混乱（Norway, wartime wholesale price dislocation）213
诺曼·安吉尔（Angell, Norman）278-279
女性（women）
　　妇女运动（women's movement）23
　　公民权（franchise）：英国（Britain）183-185; 印度（India）188; 妇女参

索引 673

政论激进分子（suffragette militants）340

劳工（labour）212

O

欧盟（European Union）109, 205, 276

欧内斯特·贝文（Bevin, Ernest）247

欧文·D.杨格（Young, Owen D.）454, 459, 488

欧洲和平公约，《洛迦诺公约》，见《洛迦诺公约》（European Peace Pact, Locarno Treaty see Locarno Treaty）

欧洲经济（European economy）290, 293, 320, 428, 429

欧洲煤钢共同体（European Coal and Steel Community, ECSC）205, 290

欧洲铁路网（European rail network）427-428

欧洲一体化（European integration）290, 492

欧洲作为"黑暗大陆"（Europe as the 'Dark Continent'）17-18, 26

P

帕夫洛·斯科罗帕德斯基（Skoropadskyi, Pavlo）150, 154

帕斯尚尔战役（Passchendaele offensive）78

帕维尔·米留科夫（Miliukov, Pavel Nikolayevich）71, 161, 194

赔款（reparations）249-251, 288-304, 367-371, 426

　　道威斯计划（Dawes Plan）453-461, 464, 470, 497

　　减债（deleverage）349, 366

　　伦敦赔款最后通牒（London Reparations Ultimatum）368, 371-372

　　洛桑会议（1932年）解决（Lausanne Conference resolution）504, 506

赔款委员会（Reparations Commission）294, 431, 432, 458-459

赔款支付（1918–1931）（payments made 1918–1931）369

苏联对协约国在内战期间造成损失的索赔账单（Soviet bill for damage by Allies in civil war）434

杨格计划（Young Plan）488-489, 493, 497; 反杨格运动（anti-Young campaign）503, 506

移交保护系统（transfer protection system）489

与德国经济（and the German economy）368-371, 369, 427, 431-432, 441, 495-496; 与道威斯计划（and the Dawes Plan）453-461, 464

与法国（and France）288, 292, 294-295, 366, 367-372, 426, 429, 432, 488-489, 496-497; 道威斯计划（Dawes Plan）453-461, 470, 497; 与法国入侵/占领鲁尔区（and the French invasion/occupation of the Ruhr）440-449, 452-457, 459; 杨格计划（Young Plan）489, 497

与凡尔赛（and Versailles）288, 292, 295, 297-298, 313-314, 489

与国际清算银行（and the Bank of International Settlements）489

与凯恩斯，见约翰·梅纳德·凯恩斯：与战争赔款（and Keynes see Keynes, John Maynard: and war reparations）

与劳合·乔治（and Lloyd George）249-250, 293, 314

与美国（and the US）293-295, 297-304,

441, 453-461, 488-489, 496-497, *498*, 506

与欧洲经济（and the European economy）290, 293

与协约国内部战争债务（and inter-Allied war debts）298-304, *302*, 349, 439, 440, 466-70, 468, 473, 488-489, 496-497, *498*

与英国（and Britain）249-250, 292-295, 349, 427-429, 488-489; 英国单边取消协约国债务（British unilateral cancellation of allied debts）435-439

佩雷斯·米兰（Milan, Perez）354
彭湃（Peng Pai）479
《皮特曼法案》（Pittman Act）210
片山潜（Katamaya, Sen）421
葡萄牙（Portugal）255

胡佛延债宣言（Hoover moratorium）498

普鲁士（Prussia）274, 451

1815年秘密警察镇压了对德国统一的要求（secret police in 1815 silencing pretension to German unity）273-274

1919年7月普鲁士军团策划的政变（Prussian guards unit coup plot July 1919）318

德皇的宪法改革承诺（Kaiser's constitutional reform promises）73, 75

民主化（democratization）75, 111
"普奥战争"（'Austro-Prussian War'）274
上议院（House of Lords）112
与凡尔赛（and Versailles）283, 314, 316
《朴茨茅斯条约》（Portsmouth, Treaty of）408

Q

契卡（Cheka）165, 168
恰纳卡莱（Chanak）437
《前进报》（*Vorwaerts*）162-163
枪骑兵（Uhlans）417
强制和平同盟会（League to Enforce Peace）45
乔瓦尼·乔利蒂（Giolitti, Giovanni）177, 361
乔治·冯·赫特林（Hertling, Georg von）111, 113, 133, 155, 160-161, 163, 219
乔治·克列孟梭（Clemenceau, Georges）24, 63, 64, 70, 116, 228, 236, 277

背景和声名鹊起（background and rise to prominence）175

访问美国寻求美国对赔款的支持（1922年）（US visit for American support over reparations）441

共和派史观（republican view of history）273

减轻战时债务（and war debt relief）298
卡里斯玛（charisma）173-174
枪击（shooting）340
全面战争（and total war）175-176
任命为首相（appointment as PM）175
与八小时工作制（and the eight-hour day）247
与波西米亚（and Bohemia）281
与德国主权（and German sovereignty）272-274, 289
与迪亚涅（and Diagne）227
与凡尔赛（and Versailles）267-268, 272-273, 274, 277-280, 281, 283, 286-287
与国际联盟（and the League of Nations）257-258, 263, 267-268

索引

与米勒兰（and Millerand）361
与赔款（and reparations）288
与威尔逊（and Wilson）243, 244, 277-278
与西园寺公望（and Saionji）327
与意大利（and Italy）308

乔治·寇松（Curzon, George Nathaniel, Marquis）186-187, 192-193, 194, 195, 390, 436, 437, 446

乔治·马歇尔（Marshall, George）291

乔治·西尔韦斯特·菲尔埃克（Viereck, George Sylvester）66

乔治五世（George V）52, 74, 191

"侵略战争"，被认为不合法（'aggressive war', pact to outlaw）9, 23

青岛（Qingdao）89

去殖民化（decolonization）512

权力真空（power vacuum）
　　在东部（in the East）134
　　在俄国（in Russia）83
　　在罗马（in Rome）433
　　在欧亚（in Eurasia）21
　　在乌克兰（in the Ukraine）124-125

全国平等权利联盟，美国（National Equal Rights League, US）339

全球化（globalization）13-14
　　世界经济（of world economy）199

全球经济，见世界经济（global economy see world economy）

全球秩序，见世界秩序（global order see new world order）

R

让·莫内（Monnet, Jean）205, 290, 291

热那亚会议，1922年4—5月（Genoa Conference）430, 433-436
　　与法国（and France）431, 433, 435
　　与金本位制（and the gold standard）464
　　与《拉帕洛条约》（and the Rapallo Treaty）435, 436
　　与伦敦的外交政策濒临崩溃（and London's diplomacy at breaking point）433-439
　　与美国（and the US）430
　　与苏联（and the Soviet Union）433-435

日本（Japan）
　　1905年起民众的怒潮（popular agitation waves from 1905）94-95
　　1919年选举（1919 elections）94
　　罢工（strikes）356
　　滨口雄幸政府（Hamaguchi government）490
　　大正时期（Taisho era）25, 94, 355, 399, 491
　　地震（1923年）（earthquake）467
　　帝国蚕丝株式会社（Imperial Silk Filiature company）361
　　帝国主义（imperialism）16, 22, 258, 515
　　工业主义（industrialism）364
　　公民权（franchise）259, 324, 356
　　国内与国外政策的联系（nexus between domestic and foreign policy）25
　　进入国际贷款财团（entry to international loan consortium）322
　　经济（economy）：收支平衡（balance of payments）12, 96, 97, 364；经济紧缩（deflation）358, 363-364, 397, 499；日本帝国GDP（GDP of Japanese empire）13；与金本位制（and the

gold standard）94, *467*, 486, 487, 502, 504; 通货膨胀（inflation）355, 363; "民族耻辱贷款"（'national humiliation loan'）*467*; 区域霸权（and regional hegemony）363; 稳定（stabilization）360, 361-362; 股票市场崩溃（stock market crash）358; 股票市场支持（stock market support）361-362; 战时批发价格混乱（wartime wholesale price dislocation）214; 日元（the yen）355, 358, *467*

军国主义（militarism）：换取工业主义（exchanged for industrialism）364; 军事领导人受到议会政治的限制（military leadership checked by parliamentary politics）25; 军事开支（military spending）355, 502, *514*

军事警察（military police）356

劳动组合总联合会（Trade Union Congress）356

立宪国民党（Kokuminto Party）364

立宪同志会（Doshikai party）94

立宪主义（constitutionalism）41, 485-486

米骚乱（rice riots）212, 258, 324

民政党（Constitutional People's Government Party/Minseito）485-486

民主（democracy）25, 96, 259; 大正民主时期的开始（birth of Taisho democracy era）355

民族主义（nationalism）143, 259, 324, 329-330, 485, 499-500

日本海军（Japanese Navy）323, 484; 与伦敦会议（and the London Conference）490-491, 493, 499; 与华盛顿会议（and the Washington Conference）11, 397-401

日本陆军（Japanese Army）499

日本银行（Bank of Japan）361, *467*

声明和加入战争（declaration and entry of war）92, 95

寺内政府（Terauchi government）95-96, 99-100, 143, 144, 146, 212, 258, 323

铁路（railways）355

霞关外交（Kasumigaseki diplomacy）25

宪政会（Kenseikai Party）364

与《凯洛格一白里安公约》（and Kellogg-Briand）485

与20世纪20年代末的战略不确定（and the strategic uncertainty of the late 1920s）484-486

与澳大利亚（and Australia）325

与朝鲜（and Korea）92

与大萧条（and the Great Depression）499-502

与俄国/苏联（and Russia/USSR）146;《朴茨茅斯条约》（Portsmouth Treaty）408; 日俄战争（Russo-Japanese War）55, 408; 苏联对日本与西方大国的关系感到警惕（Soviet alarm at Japanese relations with Western Powers）475; 与美国（and the US）141, 144-145, 408

与法国（and France）323, 325, 327

与凡尔赛，见凡尔赛/巴黎和平会议和条约：与日本（and Versailles see Versailles/Paris peace conferences and Treaty: and Japan）

与国际联盟（and the League of

索引

Nations）324-326, 329, 499

与华盛顿会议（and the Washington Conference）11, 397-400, 402-407

与满洲（and Manchuria）22, 93, 96, 322, 403, 484-485, 499-500; 关东军（Manchurian army）403, 485

与美国（and the US）: 美国资本主义民主（American capitalist democracy）7; 与英国（and Britain）322, 395-400, 401-402; 与原敬（and Hara Takashi）144, 258; 胡佛延债宣言（Hoover moratorium）498; 与日中关系（and Japanese relations with China）93, 96, 99-106, 144, 259, 322-323, 328; "民族耻辱贷款"（'national humiliation loan'）467;《朴茨茅斯条约》（Portsmouth Treaty arbitration）408; 对"二十一条"的反应（reactions to 21 Points）93, 96; 与俄国革命（and the Russian revolution）141, 144-145; 战略性过渡办法（strategic modus vivendi）25; 与寺内政府（and the Terauchi government）95-96, 99-100, 146, 323; 美国对日本历史的看法（US perception of Japanese history）17; 美国私人长期投资（1930年12月）（US private long-term investment）476; 与凡尔赛会议（and the Versailles conference）258-259, 325-326, 327; 与华盛顿会议（and the Washington Conference）11, 397-402; 与威尔逊十四点原则宣言（and Wilson's 14 Points manifesto）143, 144, 145

与热那亚会议（and the Genoa Conference）431

与山东，见山东，日本占领和要求（and Shandong see Shandong, Japanese occupation and claims）

与世界经济（and the world economy）25, 358

与威尔逊的口号（and Wilson's slogan）233

与西伯利亚（and Siberia）143, 146, 170, 321, 355, 363

与协约国（and the Entente）: 贷款给协约国（loans to Entente）96, 97, 105; 俄国在布列斯特达成单独和平之后（after Russia's separate peace at Brest）143; 与协约国站在一方（siding with Entente）33, 92

与英国（and Britain）20, 25, 92, 323; 英日同盟（Anglo-Japanese alliance）94, 95, 322, 325, 395-396, 400; 从英国的监管下逃离（escape from British tutelage）363; 与日本和美国的关系（and Japanese relations with US）322, 395-396, 397-400, 401-402; 英国提供担保的多边贸易（multilateral trade underwritten by Britain）503; 与华盛顿会议（and the Washington Conference）397-400, 401-402

与中国（and China）89, 91-94, 96-98, 99-106, 484-485; 二十一条（21 Points）93, 95, 96, 100, 327; 与中国要求国际尊重（and China's demand for international respect）99; 布尔什维克掌权后的合作提议（collaboration proposal after Bolshevik seizure of power）143-144; 日本分而治之的策略（Japan's divide and rule tactics）

95, 100; 提供给中国的贷款（loan offer to China）99, 100; 与山东问题, 见山东, 日本占领和要求（and the Shandong problem see Shandong, Japanese occupation and claims）; 1931 年上演的危机（staged crisis of 1931）499-500; 与美国（and the US）93, 96, 99-106, 144, 259, 322-323, 328; 与凡尔赛（and Versailles）321-323, 326-329; 与华盛顿会议（and the Washington Conference）402-407

原敬影响（Hara Takahashi influence）96, 104, 105, 144, 146, 258, 321, 324, 356, 362, 363

政党政府的终结（end of party government）511

政友会（Seiyukai Party）96, 105, 144, 355, 363, 399, 467, 485, 491, 511

重整军备的动力（rearmament drive）513

作为"黑暗大陆"的学生（as pupil of the 'Dark Continent'）17

日本立宪同志会（Doshikai Party, Japan）94

日本银行（Bank of Japan）361, 467

日德兰海战（Jutland, battle of）35

日内瓦（Geneva）515

　　1932 年裁军对话（disarmament talks in 1932）504

　　协议（Protocols）470-471

儒家（Confucianism）91

瑞典（Sweden）

　　罢工（strikes）247

　　战时批发价格混乱（wartime wholesale price dislocation）213

S

萨德·帕夏·扎格卢勒（Zaghloul, Sa'd Pasha）378, 379

萨蒂延德拉·普拉桑诺·辛哈（Sinha, Satyendra Prassano）181

萨尔（Saar）277, 278, 279, 288, 289, 366, 447, 473

萨克森（Saxony）232, 274, 418, 449-450

塞尔维亚/塞尔维亚人（Serbia/Serbs）

　　德国参与奥地利对塞尔维亚的最后通牒（German complicity in Austria's ultimatum to Serbia）313

　　协约国要求驱逐（Entente demands for evacuation of）52

　　与凡尔赛（and Versailles）255

　　与国际联盟（and the League of Nations）261

　　战争期间亡国的威胁（threat of national extinction during war）5, 48

《赛克斯−皮科协定》（Sykes-Picot agreement）193, 438

塞拉利昂（Sierra Leone）212, 374

塞缪尔·E. 亚克森（Axson, Samuel E.）341

塞缪尔·龚帕斯（Gompers, Samuel）340, 341

塞内加尔（Senegal）227

三K党（Ku Klux Klan）339, 347

《色佛尔条约》（Sèvres, Treaty of）381-382, 385

色雷斯（Thrace）381, 390

山东, 日本占领和要求（Shandong, Japanese occupation and claims）33, 89, 92-93, 99, 485

　　与凡尔赛（and Versailles）321, 323, 326-329, 336, 397

索引

与华盛顿会议（and the Washington Conference）403
山县有朋（Yamagata Aritomo）143-144, 356
上海（Shanghai）321, 328, 478, 481-482
社会民主党国际（Social Democratic International）409
社会主义（socialism）
    1919年极端社会主义的失败（1919 defeat of radical socialism）233
    劳工运动，见劳工运动（labour movement see labour movement）
    欧洲社会主义与战后重建（European socialism and post-war reconstruction）240-244
    在奥地利（in Austria）243
    在德国，见德国：社会主义者（in Germany see Germany: socialists）
    在俄国（in Russia）141, 151-152;
    在法国，见法国/法国人：社会主义者（in France see France/the French: Socialists）
    在意大利（in Italy）176, 177, 241, 311, 409
    在英国（in Britain）：劳工运动，见不列颠联合王国：劳工运动（labour movement see Britain and the United Kingdom: labour movement）；工党，见不列颠联合王国：工党（Labour Party see Britain and the United Kingdom: Labour Party）
社会主义革命党人（俄国）（Socialist Revolutionaries, SRs）84, 85, 85, 118, 128, 136, 138, 157
    被从全俄罗斯代表大会中央执行委员会中驱逐出去（expulsion from Central Executive Committee of All-Russian Congress）157
社会主义国际（Socialist International）416
    第二（Second）240, 241-243, 409
生产主义（productivism）201
圣康坦战役（St Quentin, battle of）140
《圣日耳曼条约》（Saint-Germain Treaty）330
胜利贷款（Victory Loan）343
失业（unemployment）
    德国（Germany）503
    美国（US）345-346, 348
    失业救济金（dole）500
    英国（Britain）359, 360, 370, 465, 500
    与劳工运动（and the labour movement）362
十月革命（1917年）（October Revolution）83-86
石井菊次郎子爵（Ishii Kikujiro, Viscount）103
士麦那（Smyrna）381, 437
世界产业工人联盟（International Workers of the World, IWW）340
世界经济（world economy）12-16, 18-19, 26
    大萧条，见大萧条（Great Depression see Great Depression）
    艰苦的经济政策（economic policies of austerity）487, 488
    伦敦世界经济会议（London's World Economic Conference）504, 506
全球化（globalization）199
通货紧缩（deflation）349-350, 354, 358-373, 487; 大萧条期间（during Great Depression）345, 487, 495, 500, 502-503, 504
通货膨胀（inflation）212-215, 355-

358; 两次大战间的恶性通货膨胀，见恶性通货膨胀，两次世界大战之间（interwar hyperinflations see hyperinflations, interwar）；批发价格混乱（wholesale price dislocation）213-214

与美国私人长期外国投资（1930年12月）（and US private long-term foreign investments）476-477

与热那亚，见热那亚会议（and the Genoa Conference see Genoa Conference）

与日本（and Japan）25

政治化（politicization of）291

重建中的新次序（new hierarchy in reconstruction of）362

世界经济会议，伦敦（World Economic Conference, London）504, 506

世界政治竞争（world political competition）20

世界秩序，见新世界秩序（world order see new world order）

衰退（recession）

　大萧条，见大萧条（Great Depression see Great Depression）

　美国，1919–1921年（US, 1919-1921）345-347

　周期的（cyclical）488

私人投资（private investment）37, 425, 504

　美国私人长期外国投资（US private long-term foreign investment）476-477, 495-496

斯大林主义（Stalinism）515

斯德哥尔摩（Stockholm）

　和平会议（peace conference）244

进程（process）122

斯卡帕湾（Scapa Flow）271, 317, 395

斯拉夫人（Slavs）158, 283-284, 307, 308

　与《伦敦条约》（and the London Treaty）307

　另见南斯拉夫（see also Yugoslavia）

《斯姆特—霍利关税法案》（Smoot Hawley tariff）501, 504

斯帕（Spa）161, 219, 228

斯坦利·鲍德温（Baldwin, Stanley）465

斯坦利·霍夫曼（Hoffmann, Stanley）30

寺内正毅（Terauchi Masatake）95-96

松冈洋右（Matsuoka Yosuke）501-502

苏尔坦·扎德（Zade, Sultan）415

苏联（Soviet Union）

　1917–1923年间革命输出失败（revolutionary export failure between 1917 and 1923）408

　白军（Whites）235, 236

　波苏战争（Polish-Soviet War）284, 411-413, 417;《里加和约》（Treaty of Riga）417

　布尔什维主义，见布尔什维主义/布尔什维克（Bolshevism see Bolshevism/Bolsheviks）

　东方各民族代表大会（Congress of Peoples of the East）415-416, 420

　否认债务（debt repudiation）129, 425

　革命军事委员会（revolutionary military council）168

　工业化（industrialization）483-484, 502, 511-512

　共产国际，见共产国际（Comintern see Comintern）

　共产主义，见共产主义（Communism

索引

see Communism）

红军，见红军（Red Army see Red Army）

饥荒（famine）12, 423, 424, 425

集体化（collectivization）484, 511-512

经济（economy）408, 422, 423, 483；五年计划（Five Year Plan）483-484, 511-512；苏联GDP（GDP of total former USSR）13；黄金储备（gold reserves）427；新经济政策（New Economic Policy）423, 424, 435, 483

喀琅施塔得起义（Kronstadt rebellion）422-423

签署条约建立苏维埃社会主义共和联盟（1922年12月28日）（creation of USSR by treaty）417-418

热那亚会议，见热那亚会议（Genoa Conference see Genoa Conference）

苏联对协约国在内战期间造成损失的索赔账单（Soviet bill for damage by Allies in civil war）434

亚洲优先（Asian first）414-416

与《凯洛格—白里安公约》（and the Kellogg-Briand Pact）472, 484

与20世纪20年代末的战略不确定性（and the strategic uncertainty of the late 1920s）475-484

与阿富汗（and Afghanistan）416, 418

与遍布旧沙皇帝国的独立运动（and independence movements throughout the old Tsarist Empire）234-235

与布鲁塞尔会议（and the Brussels Conference）425

与德国，见德国：与俄国/苏联（and Germany see Germany: and Russia/USSR）

与反革命敌人（and counter-revolutionary armies）234-235

与美国，见美国：与俄国/苏联（and the US see United States of America: and Russia/USSR）

与丘吉尔（and Churchill）235, 236

与热那亚会议（and the Genoa Conference）433-435

与土耳其，见土耳其：与苏联（and Turkey see Turkey: and the Soviet Union）

与王子岛会议提议（and the Princes' Islands conference proposal）236

与协约国（and the Entente）235-237, 434

与伊朗（and Iran）419

与英国，见不列颠联合王国：与俄国/苏联（and Britain see Britain and the United Kingdom: and Russia/USSR）

与中国，见中国：与俄国/苏联（and China see China: and Russia/USSR）

远东劳动者代表大会（Congress of the Toilers of the Far East）420

在波兰和中国战场上的防御斗争（defensive struggle between Poland and China arenas）475

政治局（Politburo）483

左派共产党人（Left Communists）137, 151

苏联五年计划（Five Year Plan, Soviet）483-484, 511-512

苏维埃（大会）（Soviets）68-69

全俄罗斯代表大会，见全俄罗斯苏维埃代表大会（All-Russian congress see

All-Russian congress of Soviets）

德国苏维埃代表大会（German Congress of Soviets）237

彼得格勒苏维埃，见彼得格勒苏维埃（Petrograd Soviet see Petrograd Soviet）

苏维埃全俄罗斯代表大会（All-Russian congress of Soviets）

 第二次（Second）84

 第四次（Fourth）138, 145-146, 164

 列宁1918年5月在中央执行委员会上的讲话（Lenin's May 1918 addressing of Central Executive Committee）141

 孟什维克和社会革命党被逐出中央委员会（Menshevik and SR expulsion from Central Executive Committee）157

苏维埃社会主义共和联盟，见苏联（USSR see Soviet Union）

苏伊士运河（Suez canal）193, 377-379

孙中山（Sun Yat-sen）90, 100, 101, 322, 330-331, 421, 478, 479

 去世（death）480

 《孙文越飞宣言》（Sun-Joffe Declaration）478

索姆河战役（Somme, battle of the）33, 37, 46, 47

T

T. E. 劳伦斯（Lawrence, T. E.）380

《泰晤士报》（Times, The）52, 56, 184, 195-196, 224

坦克（tanks）200, 201, 202, 204

特奥巴登·冯·贝特曼·霍尔维格（Bethmann Hollweg, Theobald von）3, 10, 34, 42, 48, 56, 58, 73, 75, 114

特兰西瓦尼亚（Transylvania）47

天津（Tianjin）331

天主教人民党，意大利（Popular Catholic Party, Italy）312

田中义一（Tanaka Giichi）95, 321, 485

停火谈判（1918年10–11月）（armistice negotiations）218-231, 286

 德国裁军（German disarmament）227

 关于威尔逊谈判的争论（contention over Wilson's negotiations）229-231

 见赔款（see reparations）

 威尔逊与柏林的单边谈判（Wilson's unilateral negotiations with Berlin）222-225, 229, 231

 与英帝国的保留意见（and British Empire reservations）227-228

 与改变政体（and regime change）9

 与美国（and the US）220-229

 与赔款（and reparations）

 争论（controversy）218

通货紧缩（deflation）

 大萧条时期（during Great Depression）345, 487, 495, 500, 502-503, 504

 德国（German）360, 427, 460, 503

 法国（French）502

 美国（American）345-347, 346, 349, 354, 358-359, 367, 397, 504; 通胀紧缩相继发生（1919–1920）（inflation-deflation succession）342-347

 日本（Japanese）358, 363-364, 397, 499

 世界经济，见世界经济：通货紧缩（of world economy see world economy: deflation）

意大利（Italian）502
英国（British）358-360, 367, 397, 466
与联邦储备银行利率上涨50%（and the Federal Reserve's 50 per cent interest rate increase）349
通货膨胀（inflation）
德国（German）355, 371, 454; 超级通货膨胀（hyperinflation）443, *444-445*, 454, 464
法国（French）355-356, 469
凯恩斯论通货膨胀政策（Keynes on inflationism）356
两次大战期间恶性通货膨胀（interwar hyperinflations）37, 212, 362; 德国（Germany）443, *444-445*, 454, 464
美国（American）: 通货膨胀税（inflation tax）216; 通货膨胀—通货紧缩相继发生（1919—1920年）(inflation-deflation succession）342-347
全球的（global）212-215, 355-358; 与批发价格混乱（and wholesale price dislocation）*213-214*
日本（Japanese）355, 363
苏联（Soviet）423
英国（British）356-358
与英帝国（and the British Empire）374
通用电气（General Electric）341
通用电气公司（AEG）454
同盟国（Central Powers）
布列斯特—立陶夫斯克，见《布列斯特—立陶夫斯克条约》（Brest-Litovsk see Brest-Litovsk Treaty）
经济扼杀（economic strangulation of）34
开销限制（expense limitations）39

与乌克兰的和平条约（peace treaty with Ukraine）132
拒绝威尔逊的调解提议（rejection of Wilson's mediation offer）52
与东方的和平（and the Eastern peace）135-139
1916年的挣扎（1916 struggles）33-34
协约国的集中攻击（Entente's concentric assaults on）33-34, 40
激烈的战场与失败的痛苦（battlefield dramas and bitterness of defeat）10-11
另见具体国家（see also specific nations）
铜头蛇（Copperheads）65
图林根（Thuringia）418
图瓦里提议（Thoiry initiative）473
土耳其（Turkey）5, 113, 147, 193, 194
部署帝国军队，1920年2月（deployment of Imperial Forces, February 1920）*375*
大国民议会（Grand National Assembly）382
伦敦方面的侵略（London's aggression）381-382
《伦敦条约》对土耳其人的影响（London Treaty's effect on Turks）307
民族主义（nationalism）381-382, 437-438
《色佛尔条约》（Treaty of Sèvres）381-382, 385
土耳其军队（Turkish Army）437
威尔逊和英国在土耳其政策（Wilson and the British policy in）337
与法国（and France）437-438

与苏联（and the Soviet Union）419; 与英国（and Britain）438; 与苏维埃的条约（Soviet treaty）382

与希腊（and Greece）381, 382, 390, 437

与亚美尼亚（and Armenia）147, 148, 381

与印度（and India）391

与英国（and Britain）436, 437-438

与英国统治下的印度（and the Raj）384-385, 390

另见奥斯曼帝国（see also Ottoman Empire）

团琢磨（Dan Takuma）499

托利党，英国，见不列颠与联合王国：托利党（Tory Party, Britain see Britain and the United Kingdom: Tory Party）

托马斯·巴宾顿·麦考利，第一代麦考利男爵（Macaulay, Thomas Babington, 1st Baron）391

托马斯·富兰克林·费尔法克斯·密勒（Millard, Thomas Franklin Fairfax）88, 89, 92

托马斯·加里格·马萨里克（Masaryk, Tomas Garrigue）157-158, 284

托马斯·杰弗逊（Jefferson, Thomas）14

托马斯·拉蒙特（Lamont, Thomas W.）293-294, 301, 405

U

U形潜艇（U-boats）24, 34, 43, 45, 48, 57-58, 64, 66, 74-75, 89

W

瓦尔特·冯·吕特维茨（Lüttwitz, Walther von）318-319

瓦尔特·拉特瑙（Rathenau, Walther）66, 152, 200, 426, 427, 432-435

刺杀（assassination）436

瓦西里·布柳赫尔（Blyukher, Vasily）479-480

外高加索共和国（Transcaucasian Republic）109, 147, 417-418

外交（diplomacy）

把国家拖进战争（dragging countries into the war）33-34

道威斯计划（Dawes Plan）453-461

俄法外交（between Russia and France）176

《国际联盟盟约》（League of Nations Covenant）255-256, 259-270, 271, 324-326, 335

海军会议，见伦敦海军会议（1930年）（naval conferences see London Naval Conference）;

华盛顿海军会议（Washington Naval Conference）

伦敦与华盛顿的债务结算（London's debt settlement with Washington）439

热那亚与伦敦的外交政策濒临崩溃（Genoa and London's diplomacy at breaking point）433-439

施特雷泽曼（Stresemannian）23, 462, 488 另见《洛迦诺公约》（see also Locarno Treaty）

苏联外交政策要革命化中国（Soviet diplomacy to revolutionize China）419-421, 478-480

停火，见停火谈判（armistice see armistice negotiations）

通过军事、经济和外交互动的权力转移（power shift through interaction of

military force, economics and) 23-30

威尔逊的和约斗争（Wilsonian Treaty Fight）335-338 另见具体的条约（see also specific treaties）

霞关（Kasumigaseki）25

"新外交"（'new diplomacy'）517

在布列斯特—立陶夫斯克，见《布列斯特—立陶夫斯克条约》(at Brest-Litovsk see Brest-Litovsk Treaty)

在凡尔赛，见凡尔赛/巴黎和平会议和条约（at Versailles see Versailles/Paris peace conferences and Treaty）

王正廷（Wang, C. T.）91, 103

王子岛会议提议（Princes' Islands conference proposal）236

威尔士亲王爱德华（Edward, Prince of Wales）387

威尔逊主义（Wilsonianism）

    惨败（fiasco of）333-350

    对国内不利（as detrimental to domestic）

    对欧洲和日本历史的看法（perception of European and Japanese history）17-18

    国际主义（internationalism）16, 27, 119, 241, 244

    建构两次世界大战间的历史（construction of interwar history）17-18

    例外论（exceptionalism）27

    十四点原则，见伍德罗·威尔逊：十四点原则宣言（14 Points see Wilson, Woodrow: 14 Points manifesto）

    威尔逊设想的停火，见伍德罗·威尔逊条目下（armistice as Wilsonian script see under Wilson, Woodrow）

    先进的联合（progressive coalitions）243-244

    新自由（New Freedom）340, 346-347, 461

    宣传家对威尔逊的描述（propagandist depiction of Wilson）17, 256

    与大萧条（and the Great Depression）28 另见大萧条（see also Great Depression）

    与凡尔赛，见伍德罗·威尔逊：与凡尔赛（and Versailles see Wilson, Woodrow: and Versailles）

    另见伍德罗·威尔逊（see also Wilson, Woodrow）

威廉·布利特（Bullitt, William）145, 158-159, 334

    对俄国的任务（mission to Russia）236

    与弗洛伊德（and Freud）335

威廉·布伦雅特（Brunyate, William）378

威廉·冯·米尔巴赫伯爵（Mirbach, Count Wilhelm von）164-165

威廉·格勒纳（Groener, Wilhelm）317, 318

威廉·怀斯曼爵士（Wiseman, Sir William）146

威廉·霍华德·塔夫脱（Taft, William Howard）230

威廉·吉布斯·麦卡杜（McAdoo, William Gibbs）52, 105, 207, 208, 291, 347

威廉·兰道夫·赫斯特（Hearst, William Randolph）66

威廉·帕尔默，第二代塞尔伯恩伯爵（Palmer, William, 2nd Earl of Selborne）191

威廉·詹宁斯·布莱恩（Bryan, William Jennings）43, 346, 398

《威斯特伐利亚和约》（Westphalia, Treaty of）
273, 274-275
威尼斯（Venice）82
维克多·切尔诺夫（Chernov, Viktor）86, 127, 128
维克托·韦尔斯利（Wellesley, Victor）406
维托里奥·奥兰多（Orlando, Vittorio）176, 177, 178, 306-311
维也纳（Vienna）42, 109, 116-118
　　国会（Congress of）273, 274-275
　　信贷银行（Kreditanstalt）495
尾崎行雄（Ozaki Yukio）94, 96, 144, 324, 364
委内瑞拉，美国私人长期投资（1930年12月）（Venezuela, US private long-term investment）477
温莎王室（Windsor, House of）74
温斯顿·丘吉尔（Churchill, Winston）
　　呼吁大西洋两岸的联合（Atlantic unity appeal）206
　　论德国1918年3月西线上的进攻（on Germany's March 1918 Western Front assault）140
　　与"第二次三十年战争"（and the 'second Thirty Years War'）7
　　与"和平金字塔"（and the 'pyramids of peace'）8, 9
　　与布尔什维克（and the Bolsheviks）235, 236, 410
　　与美国（and the US）6
　　与新秩序（and the new order）8, 9, 18, 23
　　与伊拉克托管（and the Iraq Mandate）364
　　与英联邦（and the Commonwealth）395
　　与中国民族主义者（and the Chinese Nationalists）481
　　《战后》（The Aftermath）4, 18
　　作为财政大臣（as Chancellor of the Exchequer）4, 465
沃尔夫冈·卡普（Kapp, Wolfgang）318-319
沃尔特·海因斯·佩奇（Page, Walter Hines）45
沃尔特·罗斯柴尔德，第二代罗斯柴尔德男爵（Rothschild, Walter, 2nd Baron）196
沃伦·哈定（Harding, Warren）347, 348, 349, 372
　　与华盛顿会议（and the Washington Conference）397
乌尔里希·冯·布罗克多夫—兰特佐（Brockdorff-Rantzau, Ulrich von）313, 316, 317
乌克兰（Ukraine）114, 117, 124-125, 417
　　波兰的袭击（Polish assault on）284
　　波兰—乌克兰军队（Polish-Ukrainian army）412
　　成立苏维埃社会主义共和联盟的条约（1922年12月28日）（USSR treaty）417-418
　　顿涅茨河工业区（Donets industrial region）149
　　谷物（grain）111, 125, 132, 149-150
　　国家银行（National Bank）149-150
　　国民大会（National Assembly）150
　　拉达（Rada）125, 126, 130-131, 149, 154
　　立宪会议选举（Constituent Assembly elections）149
　　煤炭（coal）125
　　民族主义（nationalism）122, 125

索引

农民（peasants）149, 150, 154, 164
农民分贵族土地（1917年）（landgrab by peasants）149
社会革命党人（Social Revolutionaries）149
与奥地利（and Austria）132
与波苏战争（and the Polish-Soviet War）411-412, 417
与布尔什维克（and the Bolsheviks）124-126, 234
与布列斯特—立陶夫斯克（and Brest-Litovsk）109, 124-126, 130-132, 148-149
与德国，见德国：与乌克兰（and Germany see Germany: and the Ukraine）
与同盟国的和平协议（peace treaty with Central Powers）132

吴佩孚（Wu Peifu）403, 478, 484

伍德罗·威尔逊（Wilson, Woodrow）67
十四点原则宣言（14 Points manifesto）53, 109, 119-123, 134, 143, 144, 145, 158, 198, 224, 226, 227, 228, 230, 233, 327
与1920年大选（and the 1920 general election）338
与阿尔萨斯—洛林（and Alsace-Lorraine）242
与美国海军（and the American navy）35-6, 56
美国反对停火和十四点原则（American opposition over armistice and 14 Points）229-231
在全球范围内呼吁公众（appeal to public on global scale）416
与亚美尼亚（and Armenia）378
像威尔逊设想的停火（armistice as Wilsonian script）218-231；与在美国的争论（and contention in the US）229-231；威尔逊与柏林的单边谈判（Wilson's unilateral negotiations with Berlin）222-225, 229, 231
与南方民主党人的优势（and the ascendency of the Southern Democrats）14
背景和上升到显赫位置（background and rise to prominence）43-44, 61
抵制斯德哥尔摩进程（boycotting of Stockholm process）122
与德国断绝外交关系（breaking of diplomatic relations with Germany）89
与布列斯特—立陶夫斯克（and Brest-Litovsk）109
白金汉宫讲话（Buckingham Palace speech）240
与布利特的德国目标（and Bullitt's mission to Russia）236
与伯克（and Burke）61
与中国（and China）60, 91, 92, 98-99, 102, 105
与克列孟梭（and Clemenceau）243, 244, 277-278
与捷克独立（and Czech independence）158
与但泽（and Danzig）282
去世（death）233
宣战（declaration of war）66-67, 78
与民主（and democracy）29, 41, 44, 190；"民主式和平"提议（'democratic

peace' initiative）240; 俄国的民主
（Russian democracy）145; 威尔逊对
欧洲民主的看法（Wilson's view of
European democracy）61
离开白宫（departure from White
House）348
威尔逊式宣传家的描述（depiction by
Wilsonian propagandists）17, 256
与战时动员在美国的后遗症（and after-
effects of war mobilization in the US）
338-340
与协约国贷款（and Entente loans）51
欧洲访问（1918年）（European tour）
21, 232-233, 240, 257, 279
与联邦储备委员会（and the Federal
Reserve Board）38-39
与法国（and France）240, 276-277, 400
与公海自由（and freedom of the seas）
16, 45, 53, 120, 228, 257, 268-270
与德国赔款（and German reparations）
293-295
作为全球名人（as global celebrity）16
目标（goals）: 美国清白和卓越地
位（of American vindication and
pre-eminence）44-45, 55, 516; 控制
英帝国联盟（of controlling British
Empire associations）106-107; 使世
界对民主安全（of making world safe
for democracy）29; "没有胜利者的和
平"（of 'peace without victory'）16,
50-67, 72, 75-78, 86-87, 211, 222, 257,
461
承诺政府形式（governmental style
promise）338
与哈布斯堡王朝（and the Habsburgs）9

过度紧张（hypertension）334
外交政策的意识形态视角，见威尔逊
主义（ideological perspectives on
foreign policy see Wilsonianism）
驳回梵蒂冈的和平提议（Vatican peace
initiative dismissal）87
参议院演讲，1917年1月22日（Senate
speech, 22 January 1917）53, 55-56
对历史的看法（view of history）61-62
否定革命护国主义者（rejection of
revolutionary defensists）122
改选（1916年）（re-election）46
工业会议（Industrial Conference）341
罗斯福谈威尔逊与"铜头蛇"（Roosevelt
on Wilson and the 'Copperheads'）
64-65
《伦敦条约》谴责（London Treaty
denunciation）307
门户开放政策（Open Door policies）
16, 44
南方的事业（Southern cause）64
谈判的和平观点（negotiated peace
idea）16, 48, 50-67; 努力隔离国内
改革（as effort to insulate domestic
reform）28; "和平照会"（'Peace
Note'）52
谈新秩序（on the new order）45
调停提议被同盟国拒绝（mediation
offer rejected by Central Powers）52
与爱尔兰（and Ireland）190, 193, 377
与奥斯曼（and the Ottomans）9
与巴勒斯坦（and Palestine）196
与巴拿马运河（and the Panama Canal）
44
与白人文明（and 'white civilization'）

索引

60, 92
与船舶（and shipping）203
与帝国主义者 and the imperialists 17, 22-23
与俄国人（and the Russians）76-78, 236; 试图支持革命反对德国（attempts to enlist revolution against Germany）145; 列宁（Lenin）17, 21, 109, 146; 与俄国的和平诉求（and Russia's appeals for peace）87; 托洛茨基（Trotsky）109, 122
与凡尔赛（and Versailles）28, 63, 193, 255-256, 277-278, 280-281, 282, 283, 307, 323, 328, 516; 拒绝提出爱尔兰问题（refusal to raise Irish question）377; 与在国会的和约斗争（and the Treaty Fight in Congress）335-338 另见国际联盟：与威尔逊（see also League of Nations: and Wilson）
与干预西伯利亚（and the Siberian intervention）158, 159-160
与工业界的行动（1919 年）（and industrial action）341-342
与国际联盟（and the League of Nations）16, 53, 54, 222-223, 243, 255-256, 259-263, 264, 266, 269-270, 277, 325, 326, 337, 516
与凯恩斯（and Keynes）296-297
与劳工运动（and the labour movement）340-342
与劳合·乔治（and Lloyd George）62, 158-159, 203, 224, 243, 244, 269-70, 335
与列宁（and Lenin）10, 17, 21, 109, 123, 146

与罗宾斯（and Robins）153
与民主控制联盟（英国）（and the Union of Democratic Control）244
与全国平等权利联盟（and the National Equal Rights League）339
与日本（and Japan）144-145, 146, 327
与世界和平（and world peace）255
与西伯利亚铁路（and the Trans-Siberian railway）80
与协约国内部会议（1917 年 11 月）（and the Inter-Allied Conference）116
与意大利（and Italy）307, 308-310
与自由主义（and liberalism）221, 232-233
中风（strokes）335, 341
总统（presidency）：新的使用方式（new ways of using）334; 胜利的民族主义（as triumphant nationalism）348
伍廷芳（Wu Tingfang）101-103
武汉（Wuhan）482

X

西奥多·罗斯福（泰迪）（Roosevelt, Theodore）28, 43, 44, 55, 59, 66, 67, 230
《朴茨茅斯条约》仲裁（Portsmouth Treaty arbitration）408
谈休斯（on Hughes）372
与威尔逊和"铜头蛇"（on Wilson and the 'Copperheads'）64-65
西班牙（Spain）282, 354
西伯利亚（Siberia）130, 235
赤卫队与捷克的冲突（clashes between Red Guards and Czechs）158
协约国干预（Allied intervention）156-170

与日本（and Japan）143, 146, 170, 321, 355, 363

　　在此的白军（White forces in）410

西伯利亚铁路（Trans-Siberian railway）80, 158, 331-332

西德尼·罗拉特爵士（Rowlatt, Sir Sidney Arthur Taylor）182, 383

西德尼·松尼诺（Sonnino, Sidney）177, 178, 306, 307, 310, 311

西方大国（Western Powers）

　　布鲁塞尔会议（Brussels Conference）425

　　"二战"后与德国（and Germany after World War II）275-276

　　凡尔赛会议，见凡尔赛/巴黎和平会议和条约（Versailles conference see Versailles/Paris peace conferences and Treaty）

　　攻击兴登堡防线（Hindenburg line assault）173, 200

　　华盛顿会议，见华盛顿海军会议（Washington Conference see Washington Naval Conference）

　　经济与安全的双生问题（twin problems of economics and security）26

　　《九国公约》（Nine Power Treaty）405

　　两次大战间的失败（interwar failures）26-27 另见欧洲作为"黑暗大陆"（see also Europe as the 'Dark Continent'）；霸权危机模型（hegemonic crisis model）；自由主义：两次大战间的偏离（liberalism: interwar derailment of）

　　热那亚会议，见热那亚会议（Genoa Conference see Genoa Conference）

　　视为压迫威胁（seen as oppressive threat）7-8

　　苏维埃对日本与西方大国的关系感到警惕（Soviet alarm at Japanese relations）475

　　托洛茨基试图与西方大国修好（Trotsky's rapprochement attempts with）145

　　协约国，见协约国（Entente see Entente）

　　协约国内部供应委员会（Inter-Allied Supply Council）207

　　协约国内部会议（1917年11月）（Inter-Allied Conference）116, 197

　　协约国内部经济合作（inter-Allied economic cooperation）204-205

　　协约国内部战争债务（inter-Allied war debts）298-304, *302*, 349, 439, 440, 466-470, 468, 473, 488-489, 496-497, *498*

　　与日本占领满洲（and Japan's grip on Manchuria）500

　　与山东（and Shandong）321, 323, 326-329, 336, 397, 403

　　与苏维埃否认债务（and Soviet debt repudiation）129, 425

　　与土耳其的民族主义（and Turkish nationalism）381-382

　　与中国国民党（and the Chinese Nationalists）481-483, 511

　　最高作战委员会（Supreme War Council）205

　　另见具体国家（see also specific nations）

西非（West Africa）374

索引

西格蒙德·弗洛伊德（Freud, Sigmund）335
西里西亚（Silesia）5, 281-283, 286, 314, 426
西蒙·彼得留拉（Petliura, Simon）412
西线（Western Front）11, 33, 39, 116, 139
 春季进攻（Spring offensive）140
 决定性地转向反对德国（1918年7月）（decisive turn against Germany）218
 美国到达（American arrival on）202, 204
 索姆河进攻（Somme offensive）33, 37, 46, 47
 战略平衡（strategic balance）206
西雅图总罢工（1919年2月）（Seattle general strike）340
西园寺公望侯爵（Saionji Kinmochi, Prince）144, 258-259, 321, 327, 478, 491
西原龟三（Nishihara Kamezo）96, 99, 101, 104, 105, 143, 323
希腊（Greece）
 《伦敦条约》对希腊的影响（London Treaty's effect on Greeks）307
 美国债务（US debts）302, *468*, *498*
 希腊军队兵变（coup by Greek Army）438
 与阿尔巴尼亚（and Albania）446
 与国际联盟（and the League of Nations）260
 与土耳其（and Turkey）381, 382, 390, 437-438
霞关外交（Kasumigaseki diplomacy）25
夏尔·莫里斯·德·塔列朗－佩里戈尔（Talleyrand-Périgord, Charles-Maurice de）273
相互保证毁灭（Mutually Assured Destruction）10

香港（Hong Kong）420, 479
小本杰明·斯特朗（Strong, Benjamin, Jr）344, 345, 373
协约国（Entente）
 1916年计划和挣扎（1916 plans and struggles）33-34
 1917年1月声明战争目标和需求（1917 January statement of war aims and demands）52
 1917年进攻（1917 offensives）40
 1917年停顿（1917 paralysis）74
 1918年最后行动（1918 final drive）40
 彼得格勒战争会议（Petrograd war conference）52
 《布列斯特－立陶夫斯克条约》使协约国措手不及（Brest-Litovsk's wrong-footing of）116
 对同盟国的集中打击（concentric assaults on Central Powers）33-34, 40
 封锁（blockade）34-35, 39, 56, 473
 黄金储备（gold reserves）36-37, 51, 52
 激励（energizing of）173-198
 经济努力（economic effort）199
 《伦敦条约》（London Treaty）116, 176, 177, 178, 306-307, 438
 罗马尼亚的支持（Romania's siding with）47
 《赛克斯－皮科协定》（Sykes-Picot agreement）193
 王子岛的会议提议（Princes' Islands conference proposal）236
 西伯利亚干预（Siberian intervention）156-170
 协约国内部供应委员会（Inter-Allied Supply Council）207

协约国内部会议（1917年11月）
　（Inter-Allied Conference）116, 197
协约国内部经济合作（inter-Allied
　economic cooperation）204-205
兴登堡防线进攻（Hindenburg line
　assault）173, 200
意大利的支持（Italy's siding with）33,
　116, 176
与奥斯曼帝国和哈布斯堡王朝的终
　结（and the end of Ottoman and
　Habsburg empires）9
与德国的潜艇战（and the German
　U-boat campaign）74-75 另见U形潜
　艇（see also U-boats）
与德国的战时赔款，见赔款（and
　German war reparations see
　reparations）
与俄国/苏联（and Russia/USSR）：
　试图在1919年击退布尔什维克
　革命（attempt in 1919 to roll back
　Bolshevik revolution）410-411；与
　协约国作为一个民主联盟（and the
　Entente as a democratic coalition）
　69-73；热那亚会议，见热那亚会
　议（Genoa Conference see Genoa
　Conference）；俄国封锁（Russian
　blockade）235-236；俄国作为德国帝
　国主义附属的处境（Russian scenario
　as auxiliary of German imperialism）
　156-157；俄国否认外国债务（Russia's
　repudiation of foreign debts）129,
　425；俄国在布列斯特单独寻求和平
　（Russia's separate peace at Brest）143
与美国关系，见美国：协约国关系（US
　relations see United States of America:

　Entente relations）
与全球战略纠葛（and global strategic
　entanglements）20
与日本，见日本：与协约国（and Japan
　see Japan: and the Entente）
与苏维埃政权（and the Soviet regime）
　235-237, 434
与停战，见停战谈判（and the armistice
　see armistice negotiations）
与土耳其（and Turkey）52, 381
与匈牙利和罗马尼亚的战争（and the
　Hungarian-Romanian War）410
与中国，见中国：与协约国（and
　China see China: and the Entente）
战时金融（war finance）36-40, 48-53,
　78, 173, 206-208；与债务（and debts）
　298-304, *302*, 349, 366, 372-373, 439,
　440, 466-470, 468, 496-497, *498*；与美
　国出口税（and US tax on exports）46
最高作战委员会（Supreme War
　Council）205
作为一个民主联盟，与俄国（as a
　democratic coalition, and Russia）69-
　73
协约国内部供应委员会（Inter-Allied Supply
　Council）207
协约国内部会议（1917年11月）（Inter-Allied
　Conference）116, 197
谢苗·布琼尼（Budennyi, Semen）412, 417
新芬党（Sinn Fein）79, 180, 190, 192, 193,
　227
　爱尔兰内战（Irish civil war）377
　复活节起义（Easter uprising）79, 180,
　　376
列宁，和马克思主义者（Lenin, the

索引

　　Marxists and）79
新加坡（Singapore）394-395
新经济政策（New Economic Policy, NEP）
　　423, 424, 435, 483
新世界秩序（new world order）
　　法国服从（French subordination in）
　　　　289-290
　　国际主义，见国际主义（internationalism
　　　　see internationalism）
　　国外政策与国内政治之间的防火墙
　　　　（firewall between foreign policy and
　　　　domestic politics）9
　　和平解决（peace settlements）4, 5 另见
　　　　具体条约（see also specific treaties）
　　"和平金字塔"（'pyramids of peace'）8,
　　　　9
　　拉平欧洲的财富（levelling of wealth
　　　　across Europe）250-251
　　美国给其蒙上阴影，见美国（America's
　　　　overshadowing of see United States of
　　　　America）
　　墨索里尼的谴责（Mussolini's
　　　　denunciation of）10
　　丘吉尔的看法（Churchill's vision）4, 8,
　　　　9, 18, 23
　　世界经济重建中的新次序（new
　　　　hierarchy in reconstruction of world
　　　　economy）362
　　威尔逊将英国和法国的帝国主义看作
　　　　主要威胁（Wilson's view of French
　　　　and British imperialism as main threat
　　　　to）223-224
　　威尔逊谈（Wilson on）45
　　希特勒的看法（Hitler's vision）4-5, 18,
　　　　23, 26

　　英帝国成为关键支柱（British Empire
　　　　secured as key pillar to）198
　　与《凡尔赛条约》，见凡尔赛 / 巴黎和
　　　　平会议和条约（and Versailles Treaty
　　　　see Versailles/Paris peace conferences
　　　　and Treaty）
　　与 1919 年"世界范围"革命的限制（and
　　　　limitations of the 1919 'worldwide'
　　　　revolution）233
　　与裁军 / 军备限制（and disarmament/
　　　　armaments limitation）45, 53, 227,
　　　　264-265, 277, 280, 313; 海军，见海军
　　　　裁军（naval see naval disarmament）
　　与道德权威（and moral authority）8
　　与帝国主义，见帝国主义 / 殖民主
　　　　义（and imperialism see imperialism/
　　　　colonialism）
　　与对和平与绥靖战略的探求（and the
　　　　quest for pacification and appeasement
　　　　strategies）26
　　与公海自由（and freedom of the seas）
　　　　16, 45, 53, 75, 120, 226, 228, 257, 268-
　　　　270
　　与共产主义的再造（and Communism's
　　　　reinvention）408-434
　　与国际联盟，见国际联盟（and the
　　　　League of Nations see League of
　　　　Nations）
　　与华盛顿海军会议，见华盛顿海军
　　　　会议（and the Washington Naval
　　　　Conference see Washington Naval
　　　　Conference）
　　与经济优越地位（and economic
　　　　supremacy）8, 12-16; 美国的（of the
　　　　US）12-16, 36, 206-209, 211

与军事力量（and military power）8 另见军国主义（see also militarism）

与伦敦与华盛顿解决债务（and London's debt settlement with Washington）439

与洛迦诺（and Locarno）4, 23, 462

与民主，见民主（and democracy see democracy）

与权力挫败的模式（and patterns in the frustration of power）463-464

与权力真空，见权力真空（and power vacuums see power vacuum）

与体制改革（and regime change）9

与停战文件（and the armistice document）227-229

与通过军事、经济和外交互动的权力转移（and power shift through interaction of military force, economics and diplomacy）23-30

与通货紧缩（and deflation）354, 358-373

与托洛茨基（and Trotsky）8, 11-12, 18, 23, 26, 29-30

与外交，见外交（and diplomacy see diplomacy）

与威尔逊式溃败（and the Wilsonian fiasco）333-350；破坏国内进步的联合（undermining of domestic progressive coalitions）243-244

与现代"一条铁链上的囚犯"（and the modern 'chain gang'）30, 463, 511, 517-518

与自由主义，见自由主义（and liberalism see liberalism）

新西兰（New Zealand）

胡佛延债宣言（Hoover moratorium）498

美国私人长期投资（1930年12月）（US private long-term investment）477

与英联邦（and the Commonwealth）394

战时批发价格混乱（wartime wholesale price dislocation）213

种族歧视（racial discrimination）393

信贷（credit）36-40, 70, 204, 425

德国（German）300-301

法国（French）37, 372

美国（American）：以信贷为动力助推出口（credit-fuelled boost in exports）45-46；协约国借款和战时债务（Entente borrowing and war debts）36-40, 45-46, 48-53, 78, 173, 206-208, 298-304, *302*, 349, 366, 372-373, 439, 440, 466-470, 468, 496-497, *498*, 506-507；与黄金（and gold）359；从J. P. 摩根，见J. P. 摩根（银行）（from J. P. Morgan see J. P. Morgan）；与魏玛共和国1924年之后的稳定（and the stabilization, after 1924, of Weimar Republic）461, 464-465

印度（Indian）210

英国（British）204

政治的（political）37

兴登堡防线（Hindenburg line）173, 200

兴登堡计划（Hindenburg programme）48

兴登堡军备计划（Hindenburg armaments programme）200

匈牙利（Hungary）

胡佛延债宣言（Hoover moratorium）498

美国私人长期投资（1930年12月）（US

private long-term investment）476

起义和罗马尼亚战争（1919年）（uprising and Romanian war）409-410

匈牙利红军（Hungarian Red Army）410

宣布成立共和国（declaration as a republic）232

与俄国／苏联（and Russia/USSR）410

与凯恩斯关于外国债券的提议（and Keynes' proposal of German foreign bonds）301

战争期间亡国的威胁（threat of national extinction during war）5

休・坎贝尔・华莱士（Wallace, Hugh Campbell）360-361

徐世昌（Xu Shichang）328, 329

叙利亚（Syria）193, 377, 380, 381

选举权，见公民权（suffrage see franchise）

Y

雅各布・古尔德・舒尔曼（Schurman, Jacob Gould）405, 406

公海自由（seas, freedom of the）16, 45, 53, 75, 120, 226, 228, 257, 268-270

雅克・班维尔（Bainville, Jacques）271, 272, 449

亚伯拉罕・林肯（Lincoln, Abraham）41

亚尔马・沙赫特（Schacht, Hjalmar）460, 506

亚历山大・高尔察克（Kolchak, Alexander Vasilyevich）234-235, 410, 411

亚历山大・季诺维也夫（Zinoviev, Alexander）146

亚历山大・克伦斯基（Kerensky, Alexander Fyodorovich）71, 81, 83, 121, 158

亚历山大・米勒兰（Millerand, Alexandre）361

亚历山德拉・柯伦泰（Kollontai, Alexandra）83, 137

亚美尼亚（Armenia）147, 148, 193, 378, 381

亚眠战役（Amiens, battle of）140, 219

亚瑟・亨德森（Henderson, Arthur）76, 244

亚瑟・詹姆斯・贝尔福勋爵（Balfour, Arthur James, Lord）62, 78, 192, 195, 231, 248, 283, 308, 394-395, 434-439

与日本、人类平等和《国际联盟盟约》（and Japan, human equality and the League Covenant）324-325

与华盛顿会议（and the Washington Conference）398, 400, 401

扬・史末资（Smuts, Jan）181, 197, 285-286, 375

扬・约内尔・康斯坦丁・布勒蒂亚努（Bratianu, Ion I. C.）47

杨格计划（Young Plan）488-489, 493, 497

反杨格运动（anti-Young campaign）503, 506

耶利米・精其（Jenks, Jeremiah）105

叶夫根尼・米勒（Miller, Yevgeny）234

伊拉克（Iraq）380-381

独立（independence）381

英国托管（British Mandate）364

《英伊条约》（Anglo-Iraq Treaty）381

伊拉克利・策列铁里（Tsereteli, Irakli）71, 81, 83, 121, 127, 128

伊莱休・罗脱（Root, Elihu）80, 336

伊朗（Iran）419

《伊犁议定书》（Yili Protocol）331

伊曼纽尔・康德（Kant, Immanuel）221

伊斯兰（Islam）

基拉法特运动（Khilafat movement）384, 416

罗易的伊斯兰军队（Roy's Islamic army）416, 418

穆斯林联盟（Muslim League）188;《勒克瑙协定》（Lucknow agreement）181, 188, 384, 391-392

苏联试图极端化亚洲的穆斯林（Soviet attempt to radicalize Asian Muslims）415

印度穆斯林少数（Indian Muslim minority）181, 384-385, 390

英国视为"死敌"（Britain seen as 'arch enemy' of）384

伊斯坦布尔/君士坦丁堡（Istanbul/Constantinople）381, 390, 437

意大利（Italian）17, 174, 311, 354, 433; 与1919年选举（and the 1919 election）311; 与科孚岛（and Corfu）446-447; 与法国（and France）442; 与德国联系（German ties with）494; 墨索里尼法西斯党的起步（launch of Mussolini's Fascist Party）10; 与里拉（and the lire）466-467; 与罗马的权力真空（and the power vacuum in Rome）433; 与美国（and the US）7

意大利（Italy）
  1915–1919年政治和战争努力（1915–1919 politics and the war effort）176-178
  1917年德奥进军（1917 Austro-German advance）82
  1918年夏天进攻（1918 summer offensive）306
  帝国主义（imperialism）22
  法西斯主义，见法西斯主义：意大利（fascism see fascism: Italian）

工人阶级斗争（working class militancy）246, 247

公共债务（public debt）249; 对美国（to US）298, 302, 466-468, 498

谷物进口（grain imports）310

国家防御议会联盟（Fascio for National Defence）178, 311

红色两年（Biennio Rosso）356

进步主义者（progressives）177

经济（economy）: 通货紧缩（deflation）502; 与金本位制（and the gold standard）502; 里拉（the lire）355, 466-467; 稳定（stabilization）360, 362; 战时批发价格混乱（wartime wholesale price dislocation）213 另见意大利: 公共债务（see also Italy: public debt）

卡波雷托的灾难（Caporetto disaster）82, 174, 176

劳工骚乱（labour unrest）247, 361

立宪主义（constitutionalism）41

《伦敦条约》（London Treaty）116, 176-178, 306-307, 308, 310

罗马权力真空（power vacuum in Rome）433

煤炭（coal）74, 310

面包补助（bread subsidy）361

民主干预主义（democratic interventionists）307-308

民族主义（nationalism）306, 308

乔利蒂政府（Giolitti government）361

社会党（Socialist Party, PSI）176, 177, 241, 311, 409, 418

天主教人民党（Popular Catholic Party）312

协约国内部会议（1917年11月）
（Inter-Allied Conference）197
意大利军队（Italian Army）82, 306; P
部门（Servizio P）177
英国和法国支持民主干预主义（British
and French support for democratic
interventionists）307-308
与德国：1917年德奥进军（and
Germany: 1917 Austro-German
advance）82; 与法西斯主义（and
fascism）494; 与德国潜艇战（and the
German U-boat campaign）74; 墨索
里尼和希特勒（Mussolini and Hitler）
305-306; 赔款（reparations）298
与法国，见法国/法国人：与意大利
（and France see France/the French:
and Italy）
与凡尔赛（and Versailles）255, 308-311
与阜姆（and Fiume）308, 310, 311
与科孚危机（and the Corfu crisis）446-
447
与美国（and the US）177, 312; 收支平
衡（balance of payments）12; 胡佛延
债宣言（Hoover moratorium）498;
与意大利法西斯主义者（and Italian
Fascists）7; 美国私人长期投资（1930
年12月）（US private longterm
investment）476; 战时债务（war
debts）298, 302, 466-468, 498; 与威尔
逊（and Wilson）307, 308-310
与南斯拉夫（and Yugoslavia）178
与自决（and self-determination）177
在19世纪统一（unification in
nineteenth century）5
战后二等国家感受（post-war sense of
second-class status）6
站在协约国一边（siding with Entente）
33, 116, 176
意大利前线（Italian front）11
意大利社会党（Italian Socialist Party, PSI）
176, 177, 241, 311, 409, 418
银（silver）209, 210-211, 355, 358
印度（India）180-182, 185-190, 196-197, 364,
382-390, 475
阿姆利则惨案（Amritsar massacre）
383-384, 385, 387, 463
公民权（franchise）188, 386
共产主义运动（Communist movement）
387
国家自由联盟（National Liberal
League）386
国民大会党，见印度国民大会
党（National Congress see Indian
National Congress）
经济榨干（economic drain）209, 383
雷丁关于圆桌会议的提议（Reading's
offer of a Round Table）388-389
贸易平衡（trade balance）209-210
蒙塔古—克列孟梭改革（Montagu-
Chelmsford reforms）188-189, 210,
382, 383, 385
民主（democracy）386
民族主义（nationalism）180-182, 187,
382-390, 392; 与甘地的运动（and
Gandhi's movement）385-390; 与
自治（and Home Rule/Swaraj）181,
182, 186-189, 382, 385-390; 群众运
动威胁英国统治（mass movement
threatening British rule）382-390; 与
非暴力（and non-violence）385

穆斯林少数（Muslim minority）181,
384-385, 390
普选（general elections）386
乔里乔拉暴行（Chauri Chaura violence）
389
通货和卢比（currency and the rupee）
209-211, 383
信贷（credit）210
印度军（Indian Army）186, 194, 375
印度人在南非的权利（Indian rights in
South Africa）392-393
《印度政府法案》（Government of India
Bill）385
与阿富汗（and Afghanistan）393
与德国的东非殖民地（and Germany's
East African colonies）194
与国际联盟（and the League of
Nations）262
与罗易的第三世界主义（and Roy's
Third Worldism）414-415
与美国（and the US）210
与土耳其（and Turkey）384-385, 390,
391
与银价（and silver prices）355
战时批发价格混乱（wartime wholesale
price dislocation）213
战争服务（war services）390
正义党（Justice Party）386
印度国民大会党（Indian National Congress）
181, 186, 188, 383, 392
抵制威尔士亲王的访问（boycott of
Prince of Wales' visit）387-388
《勒克瑙协定》（Lucknow agreement）
181, 188, 384, 391-392
与甘地运动（and Gandhi's movement）
385-386
印度—穆斯林《勒克瑙协定》（Hindu-Muslim
Lucknow agreement）181, 188, 384, 391-
392
英镑（sterling）37, 51, 207-211, 355, 358, 374,
457, 506
贬值（devaluation）210-211, 501
偏离金本位制（departure from gold
standard）500-501, 504
自由浮动汇率（free-floating exchange
rate）501
英帝国（British Empire）
埃及保护国（Egypt protectorate）193,
378-380
罢工（strikes）374, 375
保护主义（protectionism）501
部署帝国军队（1920年2月）（Imperial
Force deployment）375
帝国战时内阁（Imperial War Cabinet）
181
帝国主义（imperialism）见帝国主义/
殖民主义：英国（see imperialism/
colonialism: British）
独裁统治（autocracy）187-189
黄金（gold）374-375; 南非（South
African）209, 212
经济（economy 12, 13-14）; 通货紧缩
的影响（deflation effects）374-375;
GDP（GDP）13; 通货膨胀的影响
（inflation effects）374; 美国支持只
局限于美元与英镑的双边汇率（US
support limited to dollar-sterling rate）
209
劳合·乔治解释战争目标（war aims,
expounded by Lloyd George）197

劳合·乔治论英国（Lloyd George on）392

热那亚与英国霸权的失败（Genoa and the failure of British hegemony）433-436

《赛克斯—皮科协定》（Sykes-Picot agreement）193

亚洲的共产主义斗争（Communist struggle in Asia）415-416

与爱尔兰（and Ireland）见爱尔兰（see Ireland）

与美国（and the US）：希特勒和托洛茨基希望帝国成为对美国的挑战（Hitler's and Trotsky's hopes for Empire's emergence as challenge to US）26；为法国提供三边安全保障（trilateral security guarantee for France）277-280；美国支持只局限于美元与英镑的双边汇率（US support limited to dollar-sterling rate）209；美国在1919年对合作需要的理解（US understanding in 1919 of need for collaboration）259

与停战（and the armistice）117-118

与土耳其，见土耳其（and Turkey see Turkey）

与伊拉克（and Iraq）364, 380-381

与印度，见印度（and India see India）

与英帝国和世界历史的牵连（and the entanglement of British imperial and world history）20-22

与犹太复国主义（and Zionism）194-196

与中东（and the Middle East）22, 193-197, 364, 374, 375, 377-382, 463

与中国（and China）322, 478, 481-482

战后危机（post-war crisis）374-393

自由主义和帝国主义（liberalism and imperialism）15-16, 375, 383-393

作为联邦（as Commonwealth）197, 392-395, 416, 455

英格兰银行（Bank of England）36, 52, 215, 359, 457, 461, 465

与大萧条（and the Great Depression）500-501

英国，见不列颠与联合王国（United Kingdom see Britain and the United Kingdom）

英国保守党，见不列颠与联合王国：托利党（Conservative Party, Britain see Britain and the United Kingdom: Tory Party）

英国工会大会（Trade Union Council, TUC）466

英国矿工联合会（Miners' Federation of Great Britain）248

英国陆军（British Army）

跨大西洋供给线（transatlantic supply line）11

削减开支（1919年）（cut in spending）364

英国统治印度时期，见印度（Raj see India）

英联邦（Commonwealth, British）392-395, 416, 455

劳合·乔治的看法（Lloyd George's vision for）197

尤金·德布斯（Debs, Eugene）340

尤利乌斯·赫什（Hirsh, Julius）427

尤利乌斯·库尔提乌斯（Curtius, Julius）494

犹太复国主义（Zionism）194-196, 380

犹太人（Jews）

波兰人（Polish）135

俄国人（Russian）69

反犹主义，见反犹主义（anti-Semitism see anti-Semitism）

美国人（American）43

威廉二世论布尔什维克和世界犹太人（Wilhelm II on Bolsheviks and world Jewry）134

犹太复国主义（Zionism）194-196, 380

与《贝尔福宣言》（and the Balfour Declaration）196

与鲁道夫（and Ludendorff）135

油（oil）39, 47, 148, 153, 167, 394, 415

宇垣一成（Ugaki Kazushige）329, 330

袁世凯（Yuan Shi-Kai）90-91, 93, 95, 479

原敬（Hara Takashi）96, 104, 144, 146, 258, 321, 330, 335, 403

遇刺（assassination）398-399

远东劳动者代表大会（Congress of the Toilers of the Far East）420

《远东评论》（Review of the Far East）88

约旦国王阿卜杜勒一世（伊拉克国王费萨尔一世之兄）（Abdullah I of Jordan）381

约翰·V. A. 马慕瑞（MacMurray, John V. A.）398

约翰·狄龙（Dillon, John）190

约翰·海因里希·冯·伯恩斯托夫（Bernstorff, Johann Heinrich von）52, 56-57, 72

约翰·杰利科（Jellicoe, John）394

约翰·雷德蒙德（Redmond, John）179, 180

约翰·梅纳德·凯恩斯（Keynes, John Maynard）207, 208, 229, 282, 295-296, 465

《和约的经济后果》（The Economic Consequences of the Peace）295-298, 299, 300, 314

论反对英国依赖美国（opposition to British dependence on the US）296

论通货膨胀主义（on inflationism）356

与凡尔赛（and Versailles）271, 295-301

与劳合·乔治（and Lloyd George）296

与威尔逊（and Wilson）296-297

与战争赔款（and war reparations）：减除债务（deleverage）349, 366; 协约国战争债务（Entente war debts）298-303; 德国（German）250, 295-298, 300, 314, 370-371

"真正的自由主义"（'real liberalism'）501

约翰·潘兴（Pershing, John J.）202, 206

独立美国军队，见美国：美国军队（independent American Army see United States of America: American Army）

约翰·斯凯尔顿·威廉姆斯（Williams, John Skelton）347

约翰·辛克莱，第一代彭特兰男爵（Pentland, John Sinclair, 1st Baron）182

约翰·朱尔典爵士（Jordan, Sir John）322

约瑟夫·毕苏斯基元帅（Pilsudski, Joseph）284, 411-412, 417, 475, 483

约瑟夫·卡约（Caillaux, Joseph）175

约瑟夫·斯大林（Stalin, Joseph）

《俄国各族人民权利宣言》（Declaration of Rights）114

五年计划（Five Year Plan）483-484, 511-512

与布列斯特—立陶夫斯克（and Brest-Litovsk）116

与红军在扎莫希奇的战败（and the Red Army's defeat at Zamosc）417

索引

与美国（and the US）7
与亚洲（and Asia）415
约瑟夫·塔马尔蒂（Tumulty, Joseph）257
约瑟夫·维尔特（Wirth, Joseph）370, 430, 432

Z

扎莫希奇战役（Zamosc, battle of）417
詹姆斯·布莱斯，第一代布莱斯子爵（Bryce, James, 1st Viscount）184
詹姆斯·加斯科因-塞西尔，第四代索尔兹伯里侯爵（Salisbury, James Gascoyne-Cecil, 4th Marquess of）184
詹姆斯·劳瑟（Lowther, James）183, 185
战舰（battleships）11, 12, 317, 394, 397, 398, 401, 490
  另见海军裁军（see also naval disarmament）
战争抚恤金（war pensions）248
战争罪（war guilt）9
张学良（"少帅"）（Chang Hsueh-liang）485, 499
张勋（Zhang Xun）101
张作霖（Chang Tso-Lin）403, 404, 478
  遇刺（assassination）485, 499
《真理报》（报纸）（Pravda）128, 232
征兵（conscription）
  德国废止征兵（German abolition）277, 313
  俄国（Russian）136
  凡尔赛与废除征兵（Versailles and the abolition of）265, 277, 313
  与民主（and democracy）265
  在爱尔兰（in Ireland）192, 193
  在印度（in India）190

政府债券（government bonds）
  欧洲（European）215
  英国（British）37, 189, 210, 211, 215
政体改变（regime change）9, 219, 275
政友会（Seiyukai）96, 105, 144, 355, 363, 399, 467, 485, 491, 511
政治信贷（political credit）37
芝加哥（Chicago）339
直隶军阀，中国（Zhili militarist group, China）101, 104, 403, 404, 475-478
直系冯国璋将军（Feng of Zhili, General）90, 101, 104
殖民主义，见帝国主义/殖民主义（colonialism see imperialism/colonialism）
智利，美国私人长期投资，1930年12月（Chile, US private long-term investment）477
中东（Middle East）
  与法国（and France）193-194, 378, 380
  与美国（and the US）193-196, 378
  与英国（and Britain）22, 193-197, 364, 374, 377-382, 463; 部署帝国力量，1920年2月（deployment of Imperial Forces, February 1920）375
  另见具体国家（see also specific countries）
中东铁路（Chinese Eastern Railway）331-332, 405
中国（China）21, 22, 88-106
  1917年4月起为"中华民国"未来的斗争（battle from April 1917 for future of Chinese Republic）100-104
  白色恐怖（White Terror）483
  北伐（Northern Expedition）480-483, 511
  共产主义（Communism）：共产党

（Communist Party, CCP）420-421, 482-483, 511; 与国民党（and the Guomindang/Kuomintang）420-421, 478-483; 苏联外交政策要革命化中国（Soviet diplomacy to revolutionize China）419-421, 478-480

国民党，见国民党，中国（Guomindang see Guomindang/Kuomintang, China）

国内斗争与世界大战纠缠在一起（entanglement of domestic struggle with World War）88-106

《九国公约》（Nine Power Treaty）405

马克思主义者（Marxists）91

民主（democracy）88, 90, 102-103

民族统一的动力（national unification drive）104

民族主义（nationalism）90, 91, 96, 100, 103, 106, 327-329, 404, 419, 435, 475-483, 499

内战（civil war）3, 101, 104

农民（peasantry）479, 480, 481, 483

钱能训内阁（Qian Nengxun cabinet）329

清朝（Ch'ing dynasty）89

儒家（Confucianism）91

《圣日耳曼条约》（Saint-Germain Treaty）330

皖系军阀（Anhwei militarist group）101

香港罢工（Hong Kong strike）479

宣战（declaration of war）101

与波斯的协议（Persian treaty）330

与德国（and Germany）：关系破裂（break of relationship）98-99; 与魏玛共和国的外交联系（diplomatic contacts with Weimar Republic）330; 中德贸易协定（Sino-German trade treaty）330-331; 与凡尔赛（and Versailles）321-323

与俄国／苏联（and Russia/USSR）88-89, 92, 331-332, 475-481, 482-483; 支付庚子赔款（Boxer indemnity payments）331; 共产国际与国民党（Comintern and Guomindang）478-481, 482-483; 俄国对满洲铁路系统的权利（Russian rights over Manchurian railway system）420; 苏联在波兰和中国战场上的防御斗争（Soviet defensive struggle between Polish and Chinese arenas）475, 483; 苏联外交政策要革命化中国（Soviet diplomacy to revolutionize China）419-421, 478-480; 苏联支持北伐（Soviet sponsorship of Northern Expedition）480-483, 511;《孙文越飞宣言》（Sun-Joffe Declaration）478; 与华盛顿会议（and the Washington Conference）404; 与西方的警告（and Western alarm）404; 伊犁协定（Yili Protocol）331

与凡尔赛，见凡尔赛／巴黎和平会议和条约：中国（and Versailles see Versailles/Paris peace conferences and Treaty: and China）

与国际联盟（and the League of Nations）261, 328, 330

与华盛顿会议（and the Washington Conference）397, 402-407

与美国（and the US）60, 89, 98-99, 101-104; 与中日关系（and Chinese

索引

relations with Japan）93, 96, 99-106, 144, 159, 322-323, 328; 与兰辛（and Lansing）91, 92, 99, 102, 105, 106; 与北伐（and the Northern Expedition）511; 与国民革命军（and the NRA）481; 承认蒋介石政府（recognition of Chiang government）483; 中美友谊（Sino-American friendship）91-92; 美国私人长期投资（1930年12月）（US private long-term investment）476; 与华盛顿会议（and the Washington Conference）397, 402-407; 与威尔逊（and Wilson）60, 91, 92, 98-99, 102, 105, 233

与日本，见日本：与中国（and Japan see Japan: and China）

与威尔逊的口号（and Wilson's slogan）133

与协约国（and the Entente）91-92, 93; 华盛顿会议（Washington Conference）397, 402-407

与银价（and silver prices）355

与英国（and Britain）322, 478, 481-482

战时批发价格混乱（wartime wholesale price dislocation）214

支付庚子赔款（Boxer indemnity payments）406

直系军阀（Zhili militarist group）101, 104, 403, 404, 475-478

中国国民革命军（Chinese National Republican Army, NRA）480-481, 482-483, 485

转型为共和主义（transition to republicanism）89-90

中国共产党（Chinese Communist Party, CCP）420-421, 482-483, 511

中国国民革命军（Chinese National Republican Army, NRA）480-481, 482-483, 485

《中欧》（Mitteleuropa）113

《中原报》（Chung-Yuan Pao）98

周恩来（Zhou Enlai）479

朱塞佩·马志尼（Mazzini, Giuseppe）177

朱塞佩·沃尔皮（Volpi, Giuseppe）466

主权（sovereignty）5, 287, 289

资本税（capital levy）250

资本主义（capitalism）

德国国家资本主义（German state capitalism）200

凯恩斯谈面临的危险（Keynes on the dangers facing）300

列宁的看法（Lenin's view of）141

美国的（American）220-221; 资本主义经济（capitalist economy）7, 8, 200-201 另见美国：经济民主资本主义（see also United States of America: economy democratic capitalism）200-201; 重新调整的尝试（rebalancing attempts）346

苏联决定追赶并打败资本主义政权（Soviet determination to catch up with and beat capitalist regimes）512

自由党，英国，见不列颠与联合王国：自由党（Liberal Party, Britain see Britain and the United Kingdom: Liberal Party）

自由公债/贷款（Liberty Bonds/Loans）206-207, 208, 215, 216, 342-344

自由军团（Freikorps）242, 318-319, 337, 426

自由贸易（free trade）13, 14, 75, 501

自由民主党（德国）（Free Democrats, FDP）

25
自由主义（liberalism）
　　大战间的脱轨（interwar derailment of）17-21；与1918年夏天的干预政治（and the 1918 summer politics of intervention）156-170；与"黑暗大陆"模型（and the 'Dark Continent' model）17-18, 20, 26；与帝国主义的破坏力量（and the destructive force of imperialism）19-23；与霸权危机模型（and the hegemonic crisis model）18-20, 26
　　抵御帝国主义再起（as guard against resurgence of imperialism）488
　　帝国自由主义（imperial liberalism）15-16, 375, 383-393
　　第一次世界大战与自由国家联盟（World War I and the coalition of liberal powers）511
　　放任（laissez-faire）300
　　凯恩斯式"真正的自由主义"（Keynesian 'real liberalism'）501
　　内在基于市场的（embedded market-based）488
　　伤感的（sentimental）272
　　威尔逊论（Wilson on）232-233
　　新世界对欧洲的支持（New World support for European）312
　　与"西方价值"（and 'Western values'）10
　　与20世纪20年代（and the 1920s）9
　　与腐败的"旧世界"（and the corrupt 'old world'）17
　　与门户开放（and the Open Door）15-16, 44, 103, 205, 397, 405
　　与日本（and Japan）259
　　与威尔逊的十四点原则宣言（and Wilson's 14 Points manifesto）119-123, 198, 233
　　与威尔逊的宣传（and Wilsonian propaganda）17
　　与种族（and race）392-393
　　自由浮动汇率的经济自由主义（economic liberalism with free-floating exchange rate）501
　　自由贸易（free trade）13, 14, 75, 501
　　另见民主（see also democracy）
最高作战委员会（Supreme War Council）205
最后一着（Capstone, Operation）166-168, 170
左派社会主义革命党人，俄国（Left Socialist Revolutionaries, Russia）86, 110-111, 118, 138, 157, 167
　　米尔巴赫大使与起义（Ambassador Mirbach and the uprising of）164-165
佐治亚（Georgia）44, 147, 148, 161, 167

译后记

对于大多数历史研究者，尤其是近现代史研究者来说，20 世纪上半叶的两次世界大战始终是一个难以绕开，同时也充满吸引力的课题。在对两次大战进行研究时，一个经典的问题便是：为什么第一次世界大战后建立起来的国际秩序未能阻止第二次世界大战的爆发？国际联盟为什么失去了它应有的作用？

研究者对这一问题给出了不同的解答。最广为人知的回答便是巴黎和会的复仇色彩过于浓厚，对德国的过分削弱导致其国内经济与社会生活崩溃，从而为希特勒的上台创造了条件。从国际关系的角度来看，也有学者指出，第一次世界大战本身就是源于对海外殖民地的争夺，因此战后建立起来的凡尔赛—华盛顿体系也必然服务于这一目的，对世界进行重新瓜分。这本身就孕育着新的矛盾与冲突，也为法西斯主义的产生和发展创造了空间。"二战"后兴起的现代化理论则认为，在人类社会步入工业文明的这一现代化进程中，法西斯主义所代表的实际上是反现代化的力量。在工业文明需要进一步深入发展的时候，即将被现代化进程抛弃的社会阶层——主要是旧中间阶层，希望能够阻止这一社会变革的发生甚至是回到过去，因此出现了现代化与反现代化力量的角逐。

本书作者亚当·图兹则将视线转到"一战"后坐上世界第一把交椅的美国身上，关注美国在战后新秩序中所起到的作用。第一次世界大战结束后，美国国家实力与国际地位的上升已是共识。然而，不同于一些人认为美国当时的优势地位还很有限的看法，本书明确指出，美国在"一战"后已经占据了绝对的优势地位，而且这一优势地位也得到了当时世界绝大多数国家的承认。问题的根本在于，从战争时期开始，美国对战后新秩序及自身在其中的领导地位就有自己独特的逻辑："在20世纪早期，美国的领导人无意将自己塑造成一个世界范围的军事大国。他们通常不会直接出面，而是采取间接的方式、用潜在的手段来施加自己的影响。""美国在用自己标榜的和平、进步和繁荣的国际主义精神来追求'世界霸权'。"正是出于这样的逻辑，美国不愿意采用强力手段，而是希望在世界范围内推广自己的自由主义理念，巩固自己的领导地位。

在本书作者看来，第一次世界大战深刻地改变了世界，人类历史不可能再回到过去，这一点在战争当中就已经成为参战各国的共识。因此，与现代化理论的看法不同，本书作者认为，在战争结束后，即使是对现状不满的各国政治家，也并没有想要回到过去，而是在思考应该用一种怎样的新秩序来取代现状。包括德国、日本在内的各主要国家都曾经或多或少寄希望于美国，而威尔逊总统给出的方案则是著名的"十四点原则"，以及建立在这一基础之上的国际联盟的构想。

很显然，无论是"十四点原则"，还是国际联盟，最后都没能按照威尔逊的预想实现。即使在美国国内，各派政治力量也无法达成一致意见。最后便出现了一个奇怪的错位：在国际社会处处施加影响的美国却不在国际联盟之中，本书中称之为美国权力的"缺席存在"。尽管美国依然拥有实际领导力,但这种错位本身也说明威尔逊希望在美国国内与世界范围内推广自己政治理念的努力未能成功。其他各国,尤其是在战后国际新秩序中处于中下层的国家,开始以自己的方式来回应现状,这就使"一战"后建立起的国际秩序处于不稳定的状态。在本书的前言和结论部分,作者都借用了斯坦利·霍夫曼的说法——"一条铁链上的囚犯"(a 'chain gang')——来描述这种不稳定性,每一个囚犯都有可能改变自己的位置,试图领导整条铁链,秩序随时有可能被打破。

如果结合中国自身的历史,我们也能看到这一点。中国参与第一次世界大战的程度显然远不能与"二战"相比,但"一战"对于中国同样有着极其重大的影响,巴黎和会及其引发的五四运动在中国近代历史上具有划时代的意义。而对于美国的影响,徐中约先生就曾指出,威尔逊的政治理念对中国的知识分子有着强烈的吸引力,"威尔逊的理想主义和十四点和平计划已使中国人着迷,许多人相信,久已期待的世界民主终于到来了,威尔逊要从破碎的旧世界中锻造出一个新的世界"*。然而巴黎和会的现实却给了中国沉痛一击,许多知识分子对威尔逊和美国感到极度失望,他们中的一部分人受到俄国革命的影响,开始转向社会主义。

总之,本书在前人研究成果的基础之上提供了一个新的视角,对两次大战间所发生的一切描绘出了一个新的画面,对当前的研究形成了有益的补充。作者本人是著名的金融史学家,书中也提供了大量经济数据,使其论证更加具有科学性。但同时,作者也有一些看法存在偏见甚至是错误,例如,对俄国十月革命的评价等。为尊重原著的本来面貌,我们在翻译时基本还是保留了原文。

译者水平有限,翻译中难免有错漏之处,还请读者批评指正。

---

* 徐中约,《中国近代史:1600—2000,中国的奋斗》(北京:世界图书出版公司,2008),400 页。

理想国译丛

imaginist [MIRROR]

001　没有宽恕就没有未来
　　　[南非] 德斯蒙德·图图 著

002　漫漫自由路：曼德拉自传
　　　[南非] 纳尔逊·曼德拉 著

003　断臂上的花朵：人生与法律的奇幻炼金术
　　　[南非] 奥比·萨克斯 著

004　历史的终结与最后的人
　　　[美] 弗朗西斯·福山 著

005　政治秩序的起源：从前人类时代到法国大革命
　　　[美] 弗朗西斯·福山 著

006　事实即颠覆：无以名之的十年的政治写作
　　　[英] 蒂莫西·加顿艾什 著

007　苏联的最后一天：莫斯科，1991年12月25日
　　　[爱尔兰] 康纳·奥克莱利 著

008　耳语者：斯大林时代苏联的私人生活
　　　[英] 奥兰多·费吉斯 著

009　零年：1945：现代世界诞生的时刻
　　　[荷] 伊恩·布鲁玛 著

010　大断裂：人类本性与社会秩序的重建
　　　[美] 弗朗西斯·福山 著

011　政治秩序与政治衰败：从工业革命到民主全球化
　　　[美] 弗朗西斯·福山 著

012　罪孽的报应：德国和日本的战争记忆
　　　[荷] 伊恩·布鲁玛 著

013　档案：一部个人史
　　　[英] 蒂莫西·加顿艾什 著

014　布达佩斯往事：冷战时期一个东欧家庭的秘密档案
　　　[美] 卡蒂·马顿 著

015　古拉格之恋：一个爱情与求生的真实故事
　　　[英] 奥兰多·费吉斯 著

016　信任：社会美德与创造经济繁荣
　　　[美] 弗朗西斯·福山 著

017　奥斯维辛：一部历史
　　　[英] 劳伦斯·里斯 著

018　活着回来的男人：一个普通日本兵的"二战"及战后生命史
　　　[日] 小熊英二 著

019　我们的后人类未来：生物科技革命的后果
　　　[美] 弗朗西斯·福山 著

020　奥斯曼帝国的衰亡：一战中东，1914—1920
　　　[英]尤金·罗根 著

021　国家构建：21世纪的国家治理与世界秩序
　　　[美]弗朗西斯·福山 著

022　战争、枪炮与选票
　　　[英]保罗·科利尔 著

023　金与铁：俾斯麦、布莱希罗德与德意志帝国的建立
　　　[美]弗里茨·斯特恩 著

024　创造日本：1853—1964
　　　[荷]伊恩·布鲁玛 著

025　娜塔莎之舞：俄罗斯文化史
　　　[英]奥兰多·费吉斯 著

026　日本之镜：日本文化中的英雄与恶人
　　　[荷]伊恩·布鲁玛 著

027　教宗与墨索里尼：庇护十一世与法西斯崛起秘史
　　　[美]大卫·I. 科泽 著

028　明治天皇：1852—1912
　　　[美]唐纳德·基恩 著

029　八月炮火
　　　[美]巴巴拉·W. 塔奇曼 著

030　资本之都：21世纪德里的美好与野蛮
　　　[英]拉纳·达斯古普塔 著

031　回访历史：新东欧之旅
　　　[美]伊娃·霍夫曼 著

032　克里米亚战争：被遗忘的帝国博弈
　　　[英]奥兰多·费吉斯 著

033　拉丁美洲被切开的血管
　　　[乌拉圭]爱德华多·加莱亚诺 著

034　不敢懈怠：曼德拉的总统岁月
　　　[南非]纳尔逊·曼德拉、曼迪拉·蓝加 著

035　圣经与利剑：英国和巴勒斯坦——从青铜时代到贝尔福宣言
　　　[美]巴巴拉·W. 塔奇曼 著

036　战争时期日本精神史：1931—1945
　　　[日]鹤见俊辅 著

037　印尼Etc.：众神遗落的珍珠
　　　[英]伊丽莎白·皮萨尼 著

038　第三帝国的到来
　　　[英]理查德·J. 埃文斯 著

039 当权的第三帝国
　　[英]理查德·J.埃文斯 著

040 战时的第三帝国
　　[英]理查德·J.埃文斯 著

041 耶路撒冷之前的艾希曼：平庸面具下的大屠杀刽子手
　　[德]贝蒂娜·施汤内特 著

042 残酷剧场：艺术、电影与战争阴影
　　[荷]伊恩·布鲁玛 著

043 资本主义的未来
　　[英]保罗·科利尔 著

044 救赎者：拉丁美洲的面孔与思想
　　[墨西哥]恩里克·克劳泽 著

045 滔天洪水：第一次世界大战与全球秩序的重建
　　[英]亚当·图兹 著